# Excomunhão e economia da salvação

Queixas, querelas e denúncias no tribunal eclesiástico de Minas Gerais no século XVIII

**CONSELHO EDITORIAL**
Ana Paula Torres Megiani
Eunice Ostrensky
Haroldo Ceravolo Sereza
Joana Monteleone
Maria Luiza Ferreira de Oliveira
Ruy Braga

# Excomunhão e economia da salvação

Queixas, querelas e denúncias no tribunal eclesiástico de Minas Gerais no século XVIII

Patrícia Ferreira dos Santos Silveira

Copyright © 2016 Patrícia Ferreira dos Santos Silveira

Grafia atualizada segundo o Acordo Ortográfico da Língua Portuguesa de 1990, que entrou em vigor no Brasil em 2009.

Edição: Joana Monteleone/Haroldo Ceravolo Sereza
Editora assistente: Camila Hama
Projeto gráfico, capa e diagramação: Cristina Terada Tamada
Assistente de produção: Dafne Ramos
Assistente acadêmica: Bruna Marques
Revisão: Andressa Neves

*Imagem da capa: Palais d'Ouro Preto (Palácio de Ouro Preto) de Carl Friedrich Phillip von Martius.*

*Esta edição contou com o apoio da Fapesp, n° do processo 2014/10786-4.*

CIP-BRASIL. CATALOGAÇÃO-NA-FONTE
SINDICATO NACIONAL DOS EDITORES DE LIVROS, RJ

S237e

Silveira, Patrícia Ferreira dos Santos
EXCOMUNHÃO E ECONOMIA DA SALVAÇÃO: QUEIXAS, QUERELAS E DENÚNCIAS NO TRIBUNAL ECLESIÁSTICO DE MINAS GERAIS NO SÉCULO XVIII
Patrícia Ferreira dos Santos Silveira. - 1. ed.
São Paulo: Alameda, 2015.
518 p.: il.; 23 cm.

Inclui bibliografia e índice
ISBN 978-85-7939-342-6

1. Igreja Católica - Minas Gerais - História - Séc. XVIII.
2. Igreja Católica - Brasil - História - Séc. XVIII.
3. Direito eclesiástico - Brasil - História - Séc. XVIII.
4. Tribunais eclesiásticos - Minas Gerais - História - Séc. XVIII. I. Título.

15-25975

CDD: 262.9098151
CDU: 262

ALAMEDA CASA EDITORIAL
Rua 13 de Maio, 353 – Bela Vista
CEP 01327-000 – São Paulo, SP
Tel. (11) 3012-2403
www.alamedaeditorial.com.br

*Para o meu pequenino Filipe Augusto,*
*que acaba de chegar e singelamente me mostra*
*o poder de renascer e seguir que a vida tem.*

# Sumário

Apresentação 13

Introdução 15

Parte 1 33
Estado e Igreja na colonização da América Portuguesa

### Capítulo 1 - Igreja e colonização 35
O padre e o bispo na colonização da América Portuguesa 35
Estado, religião e sociedade em Minas Gerais no século XVIII 54
Nas freguesias dos Setecentos: o exercício do poder simbólico 61

### Capítulo 2 - A justiça episcopal: panorama normativo 73
O Concílio de Trento e os bispos: o pastor e o juiz 73
A jurisdição episcopal nos debates teojurídicos 79
Modelos doutrinários e suas implicações: 88
excomunhão e correção fraterna
A AÇÃO DO TRIBUNAL: CARIDADE E JUSTIÇA PERFEITA NA ECONOMIA DA SALVAÇÃO 98
As reformas pombalinas: redefinição normativa 104

## Parte 2
### A Justiça Eclesiástica em Minas Gerais: estabelecimento
115

### Capítulo 3 - O episcopado e as justiças
117

**Os capitães generais: justiça e boa ordem** — 119

A CONSOLIDAÇÃO DA MALHA CIVIL E ECLESIÁSTICA: LUTAS E DISPUTAS — 130

QUERELAS E DENÚNCIAS NO FORO SECULAR — 133

**A justiça eclesiástica à época da instalação do bispado de Mariana** — 137

O VIGÁRIO DA VARA: A TAREFA DA COESÃO — 138

O FORO CONTENCIOSO: O VIGÁRIO GERAL — 141

O TRATAMENTO DAS DENÚNCIAS: O PROMOTOR — 146

O PROVISOR E O FORO GRACIOSO — 148

O CHANCELER E A FISCALIZAÇÃO DO SISTEMA — 150

OS OFICIAIS AUXILIARES: SUBSÍDIO À AÇÃO — 151

O TRIBUNAL ECLESIÁSTICO E O CABIDO — 152

### Capítulo 4 - As prerrogativas episcopais: limitações e dependências
157

**A jurisdição episcopal: justificativa normativa e doutrinal** — 159

**Os casos de foro misto** — 167

**O perdão reservado** — 168

**A ajuda do braço secular** — 171

ALJUBES IMPROVISADOS: A CASA E O TRONCO — 175

### Capítulo 5 - O recrutamento dos juízes eclesiásticos: o episcopado e o cabido
181

**Dom Frei Manuel da Cruz: a organização diocesana** — 185

JOSÉ DOS SANTOS, TEODORO JÁCOME E VICENTE ALMEIDA — 189

**O Cabido em Sede Vacante (1764-1771): as contestações** — 197

O COBIÇADO LUGAR DE COMANDO: DISPUTAS ENTRE OS CÔNEGOS — 200

A diocese de Mariana sob governo dos procuradores diocesanos (1772-1779) — 210

OS CÔNEGOS SUSPEITOS DE INCONFIDÊNCIA — 212

A ilustração de Dom Frei Domingos da Encarnação Pontevel — 220

PARADIGMÁTICA TRAJETÓRIA DOS VIGÁRIOS GERAIS — 235

Parte 3 — 241
A ação: entre o campo religioso e o campo do poder

## Capítulo 6 - A inculcação da norma e a agência de coerção — 243

A economia da salvação na pastoral tridentina — 251

Da paróquia ao tribunal: conexões institucionais e normativas — 255

AS VISITAS PASTORAIS COMO INTERFACE DA JUSTIÇA ECLESIÁSTICA — 263

OS TIPOS DE LIVRAMENTOS JUDICIAIS: CAMERÁRIO, POR DESPACHO E ORDINÁRIO — 270

As ações civis e criminais no foro contencioso — 274

## Capítulo 7 - Os mecanismos de averiguação da justiça eclesiástica — 283

A eficácia persuasiva das denúncias — 283

AS DENÚNCIAS LEVADAS A LIVRAMENTO JUDICIAL — 292

A DEVASSA GERAL DA VISITA NAS FREGUESIAS E CAPELANIAS — 297

Tipologia das Queixas ao bispo: o réu anônimo — 302

OS CRIMES CONTRA A PESSOA E CONTRA O PATRIMÔNIO — 311

PAPÉIS EXTRAVIADOS — 324

AS QUEIXAS PAULINAS — 334

As querelas: os réus notórios — 335

## Capítulo 8 - Diálogos e embates no campo do poder — 353

Os juízes eclesiásticos nos círculos letrados — 353

O perjuro do Cônego Domingos Fernandes de Barros — 358

As penalidades espirituais entre o secular e o eclesiástico 366

Os incômodos visitadores 371

**As alianças locais e o exercício da dominação pessoal** 375

O Padre José de Oliveira acusado de depredação do patrimônio público 378

Crime canônico no convento das Macaúbas: 384
o Padre Jorge Álvares Diniz

Padre Cristóvão Jorge de Barcellos réu por cumplicidade em 387
desafio com armas

A emblemática sentença do Padre Jerônimo de Sá 395

*Considerações Finais* 405

*Anexos* 411

*Fontes e Bibliografia* 441

*Agradecimentos* 513

# Lista de tabelas

1. Penalidades aplicadas no tribunal eclesiástico (1748-1793) — 276

2. Delitos e Réus do tribunal eclesiástico (1748-1793) — 280

3. Denúncias levadas a livramento (1748-1793) — 286

4. Pecados reservados à Santa Sé - Bula da Ceia do Senhor - Paulo IV — 416

5. Pecados reservados em quatro das dioceses portuguesas — 417

6. Pecados reservados na Arquidiocese da Bahia e na diocese de Mariana no século XVIII — 420

7. O cabido e o tribunal eclesiástico — 423

8. Vigários gerais do Juízo Geral da Sede Mariana — 429

# Lista de gráficos

1. Movimento das Sentenças de repressão (1748-1793) — 234

2. Movimento dos Mandados da Justiça Eclesiástica (1748-1793) — 237

3. Movimentação das Cartas de Seguros (1748-1793) — 274

4. Ações da Justiça Eclesiástica (1748-1793) — 279

5. Panorama Geral das Queixas (1746-1796) — 332

Organograma sumário dos cargos do tribunal eclesiástico — 148

# Apresentação

O papel da Igreja em nossa história é bastante óbvio, mesmo para leigos, e não carece de maiores comentários. No entanto, quando se trata especificamente da Justiça Eclesiástica, pouco se conhece, principalmente no que diz respeito às suas práticas cotidianas e aos usos que os fiéis faziam dela, e daí temos a importância evidente desta obra. O que Patrícia Ferreira dos Santos nos oferece, nesta volumosa obra, é um estudo profundo, detalhado e precioso dos mecanismos de funcionamento dessa Justiça nas paragens mineiras.

Seria importante, para o leitor, recuperar, mesmo que brevemente, a trajetória da autora. Conheci-a, há muitos anos, quando me procurou com uma instigante proposta para um mestrado. Com uma profusão de ideias na cabeça, Patrícia já demonstrava, então, possuir o indispensável faro do historiador de ofício. Não chegara para fazer um mestrado qualquer, pois já tinha desde o princípio alinhavada a espinha dorsal de sua investigação. A partir de então, dedicou-se à pesquisa nos acervos da Cúria de Mariana, que todos sabemos magníficos. Ao final do curto prazo disponível para um mestrado, Patrícia acumulara volume surpreendente de dados, muito além do necessário para uma dissertação. Meu principal papel, no momento em que redigia seu texto definitivo, foi de cortar e enxugar o resultado final, restringindo-o a um volume de páginas aceitável. Não produzira uma dissertação usual de mestrado, pois era uma evidente tese inédita, como se espera de um doutorado. E o que foi deixado de fora não eram bobagens, excessos supérfluos, mas escritos de excelente qualidade, que simplesmente não cabiam naquele mestrado já bastante volumoso. O resultado dessa pesquisa transformou-se em livro, o excelente *Poder e palavra: discursos, contendas e direito de padroado em Mariana (1748-1764)*.

Ao continuar sua trajetória, agora no doutorado, Patrícia me surpreendeu novamente. Eu pensava, a princípio, que o grande volume de documentos levantados para o mestrado já compunha um *corpus* documental suficiente para sustentar uma tese, mas estava enganado. De imediato convenceu-me da importância de compulsar novas fontes, que lhe permitiriam discutir os meandros do funcionamento da Justiça Eclesiástica no Bispado de Mariana, detalhar os embates dos poderes civis versus eclesiásticos. Fazia questão de retornar às fontes, e especialmente conseguir acesso àquelas que não estavam facilmente acessíveis, que obrigam o historiador a malabarismos nas relações pessoais para abrir portas costumeiramente fechadas ou somente entreabertas. Não somente retornou com afinco aos arquivos, como também esteve por alguns meses em Coimbra, sob orientação do Prof. José Pedro Paiva, tendo oportunidade de maiores debates e de garimpar preciosidades na famosa biblioteca local.

O resultado chega agora às mãos do leitor neste livro. Não é, mais uma vez, uma obra qualquer: uma rápida observação do imenso volume de documentos e bibliografia consultados já permite constatar o fôlego da investigação. É uma análise larga e ao mesmo tempo profunda, de grande erudição, que raras vezes encontramos nos jovens que frequentam a Pós-Graduação. Um texto sempre denso, por vezes exigindo mais de uma leitura, para que possamos captar o grande volume de informações que nos são generosamente oferecidas. Ao final da agradável leitura, reconhecemos a obra de uma historiadora consumada, erudita, grande pesquisadora e profundamente inserida no debate historiográfico mais atual. Não me alongo mais, pois caberá ao leitor descobrir a importante obra que tem em mãos.

*Carlos de Almeida Prado Bacellar*
Universidade de São Paulo

# Introdução

A frequência da pauta judiciária no epistolário dos bispos nos impressionou desde o início dos nossos estudos sobre a autoridade episcopal. A correspondência pública e particular dos bispos da diocese de Mariana do século XVIII é composta, em sua imensa maioria, de deliberações judiciais, endereçadas às freguesias de sua jurisdição, bem como para outras comarcas e dioceses do Império Português. As ações evidenciavam as relações entre o trabalho religioso na capitania de Minas Gerais no século XVIII e as prerrogativas episcopais no mundo português. Sobretudo, no que se refere ao poder religioso, que açambarcava a administração da justiça e as punições aos públicos pecadores. Entretanto, além da correspondência episcopal, não dispúnhamos de quantidades massivas de processos judiciais para esta investigação, embora estivéssemos convencidos da estreita identificação entre a execução do trabalho religioso e a aplicação da justiça no século XVIII. Com este mote de investigação, nosso trabalho seguiu a trilha aberta por importantes estudos acerca dos fundos eclesiásticos.[1]

Uma insistente busca destes nexos entre a ação pastoral tridentina e a administração da justiça eclesiástica nos conduziria ao primeiro contato com os processos de livra-

---

1  SOUZA, Laura de Mello e. "As devassas eclesiásticas da Arquidiocese de Mariana." In: *Norma e conflito: aspectos da história de Minas no século XVIII*. Belo Horizonte: Editora da UFMG, 1999, p. 19-29; FIGUEIREDO, Luciano Raposo de Almeida. "Visitas e Visitações". In: *Barrocas famílias: vida familiar em Minas gerais no século XVIII*. São Paulo: Hucitec, 1995, p. 70-79. (Estudos Históricos, 30); VAINFAS, Ronaldo. *Trópico dos Pecados: moral, sexualidade e inquisição no Brasil*. Rio de Janeiro: Nova Fronteira, 1997; BOSCHI, C. C. "As visitas diocesanas e a Inquisição na Colônia." In: *Revista Brasileira de História*, São Paulo: Anpuh/Marco Zero, v. 7, N. 14, p. 151-184, mar/ago. de 1987; KANTOR, Iris. *Pacto festivo em Minas colonial: a entrada triunfal do primeiro bispo na sé de Mariana*. São Paulo: FFLCH-USP, mestrado, 1996; KANTOR, Iris. "Um visitador na periferia da América portuguesa: visitas pastorais, memórias históricas e panegíricos episcopais". *Varia História*, Belo Horizonte, v. 19, n. 21, p. 436-446, 1999. PAIVA, José Pedro. *Os bispos*

mento ordinário do tribunal episcopal de Mariana no século XVIII. No estudo destas fontes, o exercício da justiça eclesiástica suscitou muitas interrogações. Entre 1706, data do processo mais antigo catalogado, e 1922, baliza da última série catalogada, tramitaram no tribunal eclesiástico de Mariana cerca de cinco mil ações judiciais. Desta intensa movimentação sobreviveram 1398 ações judiciais do século XVIII, circunscrevendo um macroconjunto que engloba as concessões do foro gracioso e as ações do foro contencioso – cíveis e criminais. Dentre estas ações, identificamos entre pastas esparsas, três séries de ações decisivas para este estudo. Tratava-se, primeiro, das queixas; segundo, das denúncias, cuja atribuição de gravidade pelo juiz obrigou o suspeito a livrar-se ordinariamente no tribunal eclesiástico; e o terceiro mecanismo não é uma série, mas um livro de registros de querelas eclesiásticas. Querela era uma denúncia dada contra um réu sacerdote, por crime violento, sendo obrigatório ao acusador o pagamento das diligências de acusação e a apresentação de testemunhas idôneas.[2]

Nossa intenção era realizar triagem dos casos que mostrassem a dinâmica das ações da mitra diocesana no âmbito da justiça eclesiástica – inquirir desta ação quais recursos e estra-

---

*de Portugal e do Império*. Coimbra: Imprensa da Universidade de Coimbra, 2006; CARVALHO, J. R. & PAIVA, José Pedro. "Les visites pastores dans le diocèse Coimbre aux XVIIᵉ-XVIIIᵉ siècle." *La recherche Portugaise en Histoire du Portugal*, 1, (1989), p. 49-55. VÉNARD, Marc. "le répertorie comme instrument d'analyse". *Revue d'Histoire de l'Église de France*, LXIII, 1977, p. 214-28; MARCHANT, Ronald. *The Church under the law. Justice, administration and discipline in the Diocese of the York, 1560-1640*. Cambridge: University Press, 1969. PIRES, Maria do Carmo. *Juízes e infratores: o tribunal eclesiástico do bispado de Mariana (1748-1800)*. São Paulo: Annablume; Belo Horizonte: Fapemig/Pós graduação em História da UFMG, 2008, p. 26 (Olhares); RAMOS, Donald. "A 'voz popular' e a cultura popular no Brasil do século XVIII". In: SILVA, M. B. N. *Cultura Portuguesa na Terra de Santa Cruz*. Lisboa: Estampa, 1995. HIGGS, David. "The portuguese Church." In: *Idem* & CALLAHAN, W. J. *Church and society in Catholic Europe of the eigtheenth century*. Cambridge University Press, 1979; TORRES-LONDOÑO, F. *Público e Escandaloso: Igreja e concubinato no antigo bispado do Rio de Janeiro*. São Paulo, 1992. (Tese de doutorado) - FFLCH/ USP; *Idem*. *A Outra Família: Concubinato, Igreja e escândalo na Colônia*. São Paulo: Loyola, 1999. SANTANA, Marilda. *Dignidade e transgressão: mulheres no tribunal eclesiástico (1748-1830)*. São Paulo: Editora da Unicamp, 2001.

2    Foro, segundo Prodi, é "o lugar onde a lei e o poder se encontram com o cotidiano dos homens." O foro, define ainda o mesmo, é "aquele local físico ou ideal em que as controvérsias entre os homens, as causas, são concretamente definidas em relação à lei e ao poder." O foro é onde o poder se materializa em decisões ou sentenças e se torna realidade concreta. O termo foro, de grande complexidade teminológica na literatura jurídico-teológica da Idade Média e Moderna, possui como elemento comum o tornar concreta uma norma (divina, natural ou humana) num caso concreto mediante um poder de coerção. PRODI, Paolo. *Uma história da justiça. Do pluralismo dos foros ao dualismo moderno entre consciência e direito*. Trad. Karina Jannini. São Paulo: Martins Fontes, 2005, p. 8-10. (Justiça e Direito).

tégias eram possíveis de serem aplicados, tendo em vista as restrições do padroado régio ultramarino e a obrigatória ajuda do braço secular em caso de aplicação de punição física; bem como indagar os usos e apropriações pelos aplicados, ou fregueses dos recursos das instituições Estado e Igreja. Procurávamos compreender este complexo exercício do múnus episcopal sobre os chamados pecadores públicos sob o padroado: as denúncias e as ações criminais; as cartas de excomunhão geral, bem como as queixas – contra réus desconhecidos – e querelas – contra réu sacerdote – registradas junto aos bispos e vigários gerais. A compreensão da estrutura do tribunal eclesiástico, na qual atuavam estes juízes eclesiásticos, deve levar em conta a existência dos dois foros: o contencioso reúne ações cíveis e criminais contra sacerdotes e leigos, sob responsabilidade do vigário geral. O foro gracioso, sob a competência do Provisor, expedia ou denegava autorizações para edificação de capelas, e padroados de igrejas particulares; expedia ou denegava autorizações a pedidores de esmolas para arrecadar dinheiro por devoção, em lugares e períodos determinados. No foro gracioso, eram concedidas também licenças para sacerdotes atuarem como confessores e pregadores.[3]

Nossa procura se concentrou nas ações e documentos do *foro contencioso*, a procurar o que restou dos libelos criminais eclesiásticos. Mesmo percebendo que a imensa maioria dos processos do foro contencioso era formada por ações cíveis, considerando o privilégio de foro das pessoas eclesiásticas, e a exclusiva competência da mitra diocesana em julgar ações que envolviam os bens dos sacerdotes. Esta prerrogativa possibilitou enorme movimentação processual envolvendo os seus testamentos e dívidas, ações de crédito, execução e penhoras.[4]

As ações criminais do acervo eclesiástico de Mariana, ainda que contabilizem menor número de ocorrências, nos auxiliam a verificar níveis e limites de atuação da Mitra diocesana e seus delegados contra as pessoas leigas ou da jurisdição real– cerne da restrição imposta ao episcopado sob o padroado régio ultramarino, tendo em vista a reivindicação de exclusividade da coroa em exercer a força física sobre os vassalos. As penalidades aplicadas no tribunal eclesiástico, porém, implicavam em uma variação bem grande, entre punições

---

3    SANTOS, Patricia Ferreira dos. "As práticas de caridade na diocese de Mariana: estímulos devocionais, interditos e protestos anónimos no século XVIII". *Revista de História da Sociedade e da Cultura*, v. 11, p. 195 – 221, 2011.

4    Primeiras Constituições sinodais do Arcebispado da Bahia feitas e ordenadas pelo Ilustríssimo e Reverendíssimo Senhor Dom Sebastião Monteiro da Vide, 5° Arcebispo da Bahia, do Conselho de Sua Majestade. Propostas e aceitas em o Sínodo Diocesano, que o Dito Senhor celebrou em 12 de junho do ano de 1707. Coimbra: no Real Colégio das Artes da Companhia de Jesus, 1720. Com todas as licenças necessárias. Lib. IV, tít. IX – De alguns privilégios concedidos aos clérigos, e pessoas eclesiásticas; tít. I – da imunidade e isenção das pessoas eclesiásticas: tit. VI – Que os Ministros da Justiça Secular não penhorem os clérigos nem lhes entrem em casa nem tomem seus bens.

espirituais, pecuniárias e físicas. Estas últimas eram o limite que tornava obrigatório o pedido de ajuda do braço secular para promover prisões e açoites. Como a documentação judicial eclesiástica apresenta séries fragmentadas ou dispersas, lançamos mão dos registros dos livros de sentenças do Tribunal Eclesiástico de Mariana para complementar as informações tanto dos processos como das penalidades aplicadas e para perceber as interações entre os foros secular e eclesiástico. Com a análise das sentenças, alcançamos, porém, mais que as penalidades: foi possível vislumbrar as estratégias dos réus para livrar-se em liberdade, com as cartas de seguro; e as astúcias cotidianas, com as protelações, depoimentos de amigos, depoimentos contra inimigos, e as recorrentes vinganças e reapropriações de recursos dos tribunais, inclusive das famosas queixas ao bispo. As sentenças evidenciam, ainda, uma origem comum a grande parte das ações criminais: as *denúncias*. Estas poderiam ser oferecidas pelas pessoas leigas, ou pelos agentes: pároco ou capelão, solicitador de causas, ou o próprio promotor eclesiástico, ou o Procurador da Mitra.[5]

A ação destes agentes expunha um trabalho sistemático promovido pela hierarquia eclesiástica. Um trabalho que compreendia a doutrinação das gentes, complementada por um aparelho de coerção preparado para punir os desviantes ou os que fossem apontados como pecadores públicos. Deste modo, as denúncias eram constantemente estimuladas no cotidiano religioso das freguesias; eram a matéria-prima principal dos processos; alimentavam o sistema que articulava a cristianização das gentes dos espaços e o exercício das justiças.[6] Esta ação da hierarquia eclesiástica ancorava-se nos decretos do Concílio de Trento e nas constituições diocesanas. O escopo seria impor, no plano das dioceses e suas freguesias, um ordenamento social calcado na *economia da salvação*, cujo bem maior a lucrar seria a salvação eterna. O sentimento religioso apresentava-se ligado ao temor da cólera divina e do castigo pela trasgressão das normas. Este sistema de valores morais e normas canônicas seria apresentado como via legítima para que o fiel pudesse obter o benefício da salvação da sua alma.[7]

A esta altura do século XVIII era difusa a distinção entre o conceito de pecado – a desobediência à lei moral – e o conceito de infração, ou a desobediência à lei positiva. De

---

5    Arquivo Eclesiástico da Arquidiocese de Mariana (AEAM). Governos Episcopais, Armário 6, prateleira 2, Livros 1029 (1748-1765), 1030 (1765-1784) e 1031 (1784-1830).

6    CARVALHO, J. R. "A jurisdição episcopal sobre leigos em matéria de pecados públicos: as visitas pastorais e o comportamento moral das antigas populações portuguesas de Antigo Regime". *Revista Portuguesa de História*, tomo XXIV. Coimbra: Instituto de História Econômica e Social da Faculdade de Letras da Universidade de Coimbra, 1990, p. 122.

7    O uso do conceito de economia da salvação baseia-se em: WEBER, Max. *Economía Y Sociedad*. 17ª reimpresión. Trad. José M. Echavarría *Et alli*. México: Fondo de Cultura econômica, 2008. (Secci-

EXCOMUNHÃO E ECONOMIA DA SALVAÇÃO

acordo com Paolo Prodi, a progressiva distinção entre pecado e infração na história concreta da civilização ocidental constituiu-se por meio de um processo longo e penoso, que envolveu o nascimento do estado de direito e do ideal liberal.[8]

A associação entre a documentação eclesiástica e o exercício da justiça se verifica nos estudos de historiadores ingleses e franceses sobre as visitas pastorais. Em Portugal, segundo Joaquim Ramos de Carvalho, a jurisdição episcopal sobre leigos em matéria de pecados públicos alcançou características bem específicas.[9] Principalmente mediante o uso de recursos judiciais de procura de pecadores públicos pela hierarquia eclesiástica do século XVIII, conforme a orientação doutrinal tridentina. Nas dioceses do mundo português, estimulavam-se as denúncias, a qualquer tempo. Durante a devassa geral da visita no âmbito da visita pastoral, havia um maior número de ocorrência das denúncias. As devassas eram inquirições judiciais, que poderiam ser gerais, como as que ocorriam durante as visitas pastorais; ou especiais – investigações particulares ocorridas no âmbito de processos judiciais para apurar informações sobre pessoas ou delitos específicos.[10]

Além das devassas, denúncias e querelas eclesiásticas, os róis de confessados alimentavam o exercício da justiça episcopal. Elaborados pelos párocos, os róis deveriam

---

ón de obras de Sociologia), p. 452-53, § 11 – Etica religiosa y "mundo"; II – Economia y sociedad en general, p. 273-75. Mas nossa propensão em apontar a aplicação dos decretos tridentinos no Brasil encontra base de sustentação em sólidos estudos, que indicaremos ao longo do trabalho. Vide, particularmente a este respeito, a apurada análise de SOUZA, Evergton Sales de. "A construção de uma cristandade tridentina na América Portuguesa (séculos XVI-XVII)". Comunicação no Colóquio *Trent and beyond: the Council, other powers, other cultures*, Trento, outubro de 2013. In: GOUVEIA, A. C.; SAMPAIO, D. B.; PAIVA, J. P. *O concílio de Trento em Portugal e suas conquistas: olhares novos*. Lisboa: Centro de Estudos de História Religiosa, 2014, p. 173-193.

8 Primeiras Constituições sinodais do Arcebispado da Bahia. *Op. Cit.* Liv. I, tít. III – Da especial obrigação dos Párocos para ensinarem a doutrina cristã a seus fregueses. Liv. III, Tit. 32 – Da obrigação que os Párocos tem de fazer práticas espirituais e ensinar a Doutrina cristã a seus fregueses, n. 549; Forma da Doutrina Cristã, n. 551. Liv. V, tít. 34 – Das acusações e pessoas que a ela podem ser admitidas; tít. 38 – Da denunciação judicial; tít. 37 – Da correção fraterna. vide: PRODI, Paolo. *Uma história da justiça. Do pluralismo dos foros ao dualismo moderno entre consciência e direito*. Trad. Karina Jannini. São Paulo: Martins Fontes, 2005, p. 11. (Justiça e Direito).

9 VÉNARD, Marc. "le répertorie comme instrument d'analyse". *Revue d'Histoire de l'Église de France*, LXIII, 1977, p. 214-28; MARCHANT, Ronald. *The Church under the law. Justice, administration and discipline in the Diocese of the York, 1560-1640*. Cambridge: University Press, 1969. RAMOS, Donald. "A 'voz popular' e a cultura popular no Brasil do século XVIII". In: SILVA, M. B. N. *Cultura Portuguesa na Terra de Santa Cruz*. Lisboa: Estampa, 1995. HIGGS, David. "The portuguese Church." In: *Idem* & CALLAHAN, W. J. *Church and society in Catholic Europe of the eigtheenth century*. Cambridge University Press, 1979.

10 Primeiras Constituições sinodais do Arcebispado da Bahia. *Op. Cit.*, Liv. V, tít. 39. N. 1056. Ver:

trazer a informação detalhada de cada morador da freguesia. Os róis de confessados trazem um levantamento sobre cada morador, em cada casa, de todas as freguesias do bispado ou arcebispado, com nome e sobrenome, além de outras informações acerca da idade, lugares e ruas onde vivem, ou fazendas. A obrigação de confissão e comunhão recaía sobre uma maioridade de 14 anos para homens e 12 anos para mulheres. Esta informação circunstanciada, atualizada a cada ano, deveria ser enviada à Sede até a Dominga da Quinquagésima. Os párocos deveriam elaborar o rol sob pena de multa de mil réis para a Sé e o Meirinho. O documento deveria apontar os revéis, isto é, as pessoas que persistiam em não receber os sacramentos. Elas receberiam uma carta de participante das mãos do Escrivão da Câmara Eclesiástica. Em seguida, este mesmo ministro encaminhava as informações ao Promotor de Justiça ou Procurador da Mitra, para que procedesse contra elas. Malgrado as reclamações sobre o não cumprimento desta obrigação, os róis também originavam devassas às localidades.[11]

Deste modo, os estudiosos das devassas e das visitas pastorais na América Portuguesa abriram uma fecunda trilha de investigação dos registros paroquiais, vistos como instrumento de controle social no panorama da colonização. Segundo Carvalho, "as visitas pastorais são uma instituição a levar em conta em qualquer panorâmica acerca dos processos de controlo social em Portugal".[12]

Este sistema de ação pastoral guiava-se pelos decretos do concílio de Trento, modelo doutrinário e o corpo normativo que, a fundamentar as constituições diocesanas,

---

TORRES-LONDOÑO, Fernando. *A Outra Família: Concubinato, Igreja e escândalo na Colônia*. São Paulo: Loyola, 1999, p. 142-154 – A devassa eclesiástica: separando os fiéis em justos e relapsos.

11    CARVALHO, J. R. "A jurisdição episcopal sobre leigos em matéria de pecados públicos. *Op. Cit.*, p. 121-23; Primeiras Constituições sinodais do Arcebispado da Bahia. Liv. I, tit. 37 e 38.

12    CARVALHO, J. R. *Op. Cit.*, p. 124; CARVALHO, J. R. & PAIVA, José Pedro. "Les visites pastores dans le diocèse Coimbre aux XVII$^e$-XVIII$^e$ siècle." *La recherche Portugaise en Histoire du Portugal*, 1, (1989), p. 49-55; FIGUEIREDO, L. R. de A; SOUSA, Ricardo Martins de. "Segredos de Mariana: Pesquisando a Inquisição Mineira". *Acervo*, Rio de Janeiro, v. 2, n. 2, jul-dez, 1987, p. 9; TORRES-LONDOÑO, F. *Público e Escandaloso: Igreja e concubinato no antigo bispado do Rio de Janeiro*. São Paulo, 1992. (Tese de doutorado) – FFLCH/USP; *Idem. A Outra Família: Concubinato, Igreja e escândalo na Colônia*. São Paulo: Loyola, 1999. BOSCHI, C. C. "As visitas diocesanas e a Inquisição na Colônia." In: *Revista Brasileira de História*, São Paulo, Anpuh/Marco Zero, v. 7, n. 14, p. 151-184, mar/ago. de 1987; RAMOS, Donald. "A 'voz popular' e a cultura popular no Brasil do século XVIII". In: SILVA, M. B. N. *Cultura Portuguesa na Terra de Santa Cruz*. Lisboa: Estampa, 1995; HIGGS, David. The Portuguese Church (Org.). In: HIGGS, D. & CALLAHAN. *Church and society in Catholic Europe of the eighteen century*. Cambridge: Cambridge University Press, p. 51-65. CARRATO, J. F. *Igreja, Iluminismo e Escolas mineiras coloniais*. São Paulo: Companhia Editora Nacional, 1968, p. 5-17. (Brasiliana, 334).

orientava o funcionamento do auditório eclesiástico. Os títulos das *Constituições Primeiras do Arcebispado da Bahia* regulamentavam os costumes, a administração diocesana, a frequência e os registros dos sacramentos, a adequação canônica do culto e a reverência aos santos, bem como a situação de conservação do templo, altares, alfaias e santos óleos na maior parte das dioceses da América Portuguesa. A norma eclesiástica, sob a forma das *Constituições* e do *Regimento do Auditório Eclesiástico*, estabelecia os mecanismos para efetivar a inculcação da norma e a instalação de agências locais de coerção, articuladas com a sede e com as vigararias das varas. A hierarquia diocesana firmaria os seus principais pontos de apoio nas paróquias e capelanias espalhadas pelo vasto território diocesano de Minas Gerais. A norma eclesiástica vigente preconizava uma vigilância regular acerca da vida pública e privada.[13]

A atividade repressora do tribunal expressa nas sentenças de execução, penhora, ou nas sentenças criminais de prisão, degredo, multas e excomunhões, identificava-se, portanto, com a procura e a punição dos públicos pecadores. Estes réus eram pessoas leigas e eclesiásticas. Assim, esboçavam-se múltiplas conexões da justiça eclesiástica com o cotidiano nas paróquias. Elas são verificáveis por meio das centenas de mandados avocatórios, emitidos pelo vigário geral, para avocar ações das comarcas eclesiásticas cuja jurisdição lhes pertencesse; ou por meio dos mandados de diligência cometidos a Vigários das Varas, párocos e capelães para inquirirem testemunhas junto a um escrivão que nomeassem a seu cargo.[14]

A figura do pároco impunha-se como agente fundamental de uma ação coordenada desenvolvida pela hierarquia eclesiástica. O objetivo visava a reforçar a autoridade eclesiástica. Assim, cada capelão ou pároco instalados em sua circunscrição deveria se comprometer com o ensino da doutrina.[15] Por meio desta prática, os fiéis eram orientados a colaborar com as justiças. Os padres, pregadores e confessores, e os párocos estimulavam, à Estação das missas, as denúncias, tanto as referentes às habilitações matrimoniais, sacerdotais, quanto aos maus costumes, justificada pelo ensinamento paulino da correção fraterna. A doutrina teojurídica orientava o compromisso dos párocos e capelães em cooperar com as justiças, cientes da ne-

---

13    TORRES-LONDOÑO, Fernando. *Paróquia e comunidade: uma perspectiva histórica*. São Paulo: Paulus, 1997. Introdução.

14    Arquivo Eclesiástico da Arquidiocese de Mariana (AEAM). Governos Episcopais, Armário 6, prateleira 2, Livros 1029 (1748-1765), 1030 (1765-1784) e 1031 (1784-1830); CARVALHO, J. R. *Op. Cit.*, p. 124.

15    TORRES-LONDOÑO, Fernando. *A Outra Família. Op. Cit.*, p. 154.

cessidade, respaldada nos decretos tridentinos, de administrar justiça aos pecadores escandalosos.[16]

Desta sorte, fontes manuscritas e estudos especializados indicam a função das paróquias, como receptoras privilegiadas de uma cadeia de informações e dependências entre a sede e a malha paroquial. Fernando Torres Londoño analisou a autoridade do bispo enquanto pastor, e as redes de inimizades locais, que fomentavam denúncias; Laura de Mello e Souza e Luciano Raposo de Almeida Figueiredo mostraram diferentes enfoques e alvos das visitas e devassas, bem como as suas interrelações com a hierarquia do Santo Ofício, em sua procura pelos hereges. Iris Kantor mostrou a importância dos registros do visitador, por vezes como um antropólogo, mas em uma interface fundamental: a ritualidade pedagógica, que ensina hierarquias sociais, em consonância com o objetivo oficial de territorializar a autoridade diocesana na América Portuguesa.[17]

Esta questão da territorialização é central para a compreensão dos arranjos entre os mecanismos de controle social desenvolvidos e executados pela Igreja e pelo Estado. Ao palmilhar o território, impondo a uma presença institucional, robustecida com os meios e mecanismos jurídicos para julgar e punir os infratores, os visitadores e juízes eclesiásticos assumem a sua responsabilidade no projeto comum ao Estado e a Igreja no século XVIII. Recentemente, Iris Kantor apontou outros aspectos e usos dos territórios e as suas ligações com a moderna noção de soberania e o padroado régio ultramarino. A importância do estudo da experiência americana é ressaltada pela autora; seus aspectos comporiam uma nova fundamentação do direito imperial português elaborada pelos historiadores da Academia Real nas primeiras décadas do século XVIII. A colonização da América

---

16 Primeiras Constituições sinodais do Arcebispado da Bahia. *Op. Cit.* Liv. I, tít. III – Da especial obrigação dos Párocos para ensinarem a doutrina cristã a seus fregueses. Liv. III, Tit. 32 – Da obrigação que os Párocos tem de fazer práticas espirituais e ensinar a Doutrina cristã a seus fregueses, n. 549; Forma da Doutrina Cristã, n. 551. Liv. V, tit. 34 – Das acusações e pessoas que a ela podem ser admitidas; tit. 38 – Da denunciação judicial; tit. 37 – Da correção fraterna. TORRES-LONDOÑO, Fernando. *Paróquia e comunidade. Op. Cit.*

17 KANTOR, Iris; DORÉ, Andréa Carla. "Soberania e territorialidade colonial: Academia Real de Hitória Portuguesa e a América Portuguesa". In: DORÈ, Andrea, SANTOS, Antonio Cesar de Almeida. (Org.). *Temas Setecentistas: governos e populações no império português.* Curitiba: UFPR-SCHLA Fundação Araucaria, 2009, v. 1, p. 232-239. Versão eletrônica consultada: KANTOR, Iris. "Soberania e territorialidade colonial: Academia Real de História da América Portuguesa e a América Portuguesa". Disponível em <http://www.humanas.ufpr.br/portal/cedope/files/2011/12/Soberania-e-territorialidade-colonial-%C3%8Dris-Kantor.pdf>. Acesso em 30 jun. 2015. KANTOR, Iris. "Um visitador na periferia da América Portuguesa: visitas pastorais, memórias históricas e panegíricos episcopais." *Vária História*, Belo Horizonte: FAFICH-UFMG, n. 21, jul. 1999, p. 438; 444-46. Especial Códice Costa Matoso.

EXCOMUNHÃO E ECONOMIA DA SALVAÇÃO

constituiria um "laboratório de novas soberanias" modernas; a experiência americana, juntamente com a atlântica, contribuiria para uma "redefinição de novos discursos de legitimação do império lusitano".[18]

Nessas circunstâncias, a hierarquia diocesana do século XVIII, em caráter complementar à do Santo Ofício, perseguia os públicos pecadores: infamados pelos seus próprios pares, escandalizados por sua conduta na contramão da norma constantemente afirmada.[19] É das paróquias e capelanias distantes que os denunciantes se faziam ouvir. Deslocamo-nos, pois, do enfoque no discurso da alta hierarquia, para este universo em escala reduzida, onde as ações, e o exercício das justiças ganhavam múltiplos sentidos: da execução de um mandado às contaminações do exercício da autoridade que levariam à prática abusiva da dominação pessoal, sem que faltassem testemunhos destas ações. Os fundos do juízo eclesiástico revelam, deste modo, as tarefas destinadas aos capelães e párocos com vistas a uma cooperação com a justiça eclesiástica. Isto se dava com a emissão e envio de certidões, com a publicação dos mandados da justiça, a declaração dos públicos excomungados, evitando-os aos ofícios enquanto não se reconciliassem e quitassem suas multas; a pública absolvição, como exigia o ritual romano, por meio de mandados oriundos da sede; as queixas, a serem recebidas dos fregueses; a publicação das cartas de excomunhão geral, sobre os danos reclamados; a execução dos mandados de comissão para fazer diligências, inquirir testemunhas. Os livros de sentenças do tribunal eclesiástico revelam os párocos cumulados de tarefas burocráticas e judiciárias, tais como envio de documentos e certidões aos vigários, gerais e das varas, recepção e remessa de queixas diversas aos tribunais, realização de diligências, como ouvir testemunhas, nomeando sacerdote idôneo para auxilar como escrivão; a remessa dos ditos em segredo de justiça. Diogo de Vasconcellos escandalizou-se com esta ênfase judiciária da Igreja diocesana. Observava, inconformada, que esta característica a aproximava de uma ação de "polícia" nas freguesias.[20]

Nesta dinâmica entre a paróquia e o tribunal, destacou-se um subconjunto documental nos processos. Estes possuíam características e regulamentos bem definidos e específicos; a sua execução se revelaria particularmente dependente da estrutura paro-

---

18  KANTOR, Iris. Soberania e territorialidade colonial: Academia Real de História da América Portuguesa e a América Portuguesa. *Op. Cit.*, p. 233-234.

19  PAIVA, J. P. "Inquisição e visitas pastorais: dois mecanismos complementares de controle social?". *Revista de História das Idéias*. V. 11 (1989), p. 87- 96; VAINFAS, Ronaldo. *Trópico dos Pecados: moral, sexualidade e inquisição no Brasil*. Rio de Janeiro: Nova Fronteira, 1997, p. 219-221.

20  VASCONCELLOS, Diogo de. *História do Bispado de Mariana*. Belo Horizonte: Apollo, 1935. (Biblioteca Mineira de Cultura), p. 22.

quial e do cotidiano litúrgico. Estes processos sumários tratavam de uma pública averiguação de perdas e danos; eram identificados como Queixas.[21] Verificando as normas eclesiásticas, foi possível reconhecer as suas características canônicas, isto é - as fórmulas e regras nelas determinadas para serem corretamente empregadas nos autos judiciais. Para encontrar coisas furtadas ou perdidas, o queixoso solicitava do bispo ou vigário geral uma carta de excomunhão geral que, depois de ser lida às Estações da Missa conventual, era afixada à porta da Igreja, para atrair denúncias a respeito. As características das queixas localizadas no *Epistolário dos Bispos* encontram-se nas constituições diocesanas de Portugal e da Bahia, com o regulamento detalhado da sua execução. A outra porção foi identificada por analogia, em meio a um grosso montante dos demais processos cíveis e criminais do tribunal eclesiástico.[22]

As queixas viriam a somar-se às devassas, e às querelas (acusações judiciais de crimes violentos), como um terceiro mecanismo de averiguação de delitos empregados pela hierarquia eclesiástica. A diferença em relação às querelas, nas quais a vítima acusava o autor, é que as queixas eram anunciadas nas paróquias para conclamar denúncias sobre coisas furtadas ou perdidas, cujos culpados eram incógnitas. Segundo os manuais jurídicos coevos, nas querelas, a vítima conhecia o seu agressor, e o acusava mediante a apresentação obrigatória de provas testemunhais. As querelas contra pessoas leigas eram oferecidas junto às Ouvidorias de Comarca; já a querela contra pessoa eclesiástica era apresentada ao ordinário diocesano. As querelas eram oferecidas mediante a acusação formal, apresentação de provas testemunhais e o pagamento das custas das diligências de apuração de crimes violentos. Os autos de querelas eclesiásticas registrados no tribunal eclesiástico de Mariana davam conta de violências físicas, ferimentos com armas, furtos, raptos e adultérios, praticados por sacerdotes.[23]

Levados a efeito pela hierarquia eclesiástica, estes mecanismos de averiguação de delitos combinavam-se ao hábil trabalho de estímulo às denúncias realizado junto aos fiéis nas menores comunidades. As querelas representavam uma audição atenta e regu-

---

21 Porém, vale lembrar, nos fundos do tribunal eclesiástico, muitos processos encontram-se referidos como queixas, sem corresponder à forma canônica regulamentada nas constituições sinodais; configuram, por vezes, representações, não queixas, como definem as constituições. Ver: Primeiras Constituições sinodais do Arcebispado da Bahia. *Op. Cit.* Liv. V - Da carta de excomunhão por coisas furtadas e perdidas, n. 1087.

22 Primeiras Constituições sinodais do Arcebispado da Bahia. *Op. Cit.* Liv. 5, tít. XLVI, n. 1087-93.

23 AGUIAR, Marcos Magalhães de. *Negras Minas Gerais: uma história da diáspora africana no Brasil Colonial.* Tese de Doutorado em História, FFLCH, USP, São Paulo, 1999, p. 45; 54-56; Primeiras Constituições sinodais do Arcebispado da Bahia. *Op. Cit.*, n. 644, 1039-1045; 1058.

lamentada do tribunal acerca dos seus crimes e irregularidades. As queixas eram uma forma de mediação e solução de perdas e danos cotidianos. Proferindo-as, os párocos apelavam às consciências, com ameaças de excomunhão geral, aos que soubessem dos fatos e se calassem. Por fim, as devassas, gerais e especiais, eram inquirições recorrentes, utilizadas pelas justiças para a averiguação dos costumes ou de um delito específico. Somados a determinadas práticas, tais como a composição amigável, as denúncias e os pecados reservados, a utilização destes três mecanismos de busca e averiguação, evidencia a grande influência da hierarquia eclesiástica na vida e no cotidiano do século XVIII. A justiça eclesiástica oferecia correções e censuras, mas também disponibilizava recursos de resolução de conflitos. Promovia, ademais, a caridade, por meio da orquestração de composições amigáveis nas causas cíveis do tribunal.[24]

Estas práticas da justiça eclesiástica evidenciam um espaço significativo de atuação do episcopado e seus agentes no âmbito da correção e dos costumes. Revelam facetas das relações dos sacerdotes e da cúria episcopal entre si e com a população. Estas relações se verificam em diferentes escalas: da paróquia à esfera diocesana, das instâncias seculares às eclesiásticas, do clero para os fregueses e vice-versa. A quantidade expressiva dos processos que sobreviveram, bem como a sua regularidade espaço-temporal, testemunham uma ação pastoral ligada ao escopo de afirmação hierárquica visado pela cúria diocesana. O episcopado exerceu, por si e por meio de delegados, a sua jurisdição exclusiva em matéria eclesiástica.[25]

O seu escopo de imposição de autoridade, todavia, foi estabelecido em um meio de luta social que envolvia, desde as pessoas mais simples, às altas esferas administrativas e eclesiásticas, em atuação no controle da capitania de Minas Gerais no século XVIII. Obviamente, demarcam-se diferenças e especificidades entre os governos episcopais, o perfil de ação dos seus titulares e o contexto sócio-político. Levando em conta estas variáveis, situamos nossas balizas cronológicas entre 1748 e 1793. A baliza inicial remete à entronização do primeiro bispo de Minas Gerais Dom Frei Manuel da Cruz. Era religioso

---

24  Sobre a criação do direito canônico como ordenamento, e as penalidades impostas pela Igreja, tais como as excomunhões e pecados reservados, vide: PRODI, Paolo. *Uma história da justiça. Do pluralismo dos foros ao dualismo moderno entre consciência e direito.* Trad. Karina Jannini. São Paulo: Martins Fontes, 2005, p. 63; 101 et seq. (Justiça e Direito).

25  Os provimentos episcopais eram expedidos com a cláusula *ad presentationem* de El-Rei, conforme decisão de Bento XIV, em 12 de dezembro de 1740. Isto é, por apresentação régia e instituição pontifícia, se fazia a nomeação de bispos e arcebispos titulares. ALMEIDA, Fortunato de. *História da Igreja em Portugal.* Nova edição preparada e dirigida por Damião Peres, Professor da Universidade de Coimbra. Porto/Lisboa: Civilização, 1968, 5 tomos, v. 3, Cap. II, p. 23-30.

da Ordem de Cister, e procurou reorganizar a administração diocesana, tendo como pano de fundo o apoio de Dom João V, entusiasmado com a conquista, junto à Santa Sé, do honroso título de Rei Fidelíssimo, para si e seus sucessores. Era um sinal de reconhecimento das suas iniciativas em defesa da fé católica, que equiparava a Coroa Portuguesa às demais potências católicas. Dom João V manteve muitos padres da Companhia de Jesus em sua Côrte; conferiu prestígio a religiosos como o cardeal da Motta e Dom Frei Gaspar da Encarnação. Este religioso alcançou grande influência sobre algumas nomeações episcopais na América Portuguesa e estreito contato com o bispo de Mariana.[26]

Por outro lado, quando Dom Frei Manuel da Cruz faleceu, em 1764, o panorama jurídico-normativo em Portugal se encontrava em processo de reformulação, sob a influência de Sebastião José de Carvalho e Melo. O ocaso do século XVIII trouxe uma atmosfera de enfraquecimento de algumas das forças políticas que, até meados do século, exerciam grande influência na corte de Dom João V. No reinado de seu filho, outras ordens religiosas ascenderam, com ideias mais afinadas com as novas tendências esclarecidas, configuradas nas reformas pombalinas.[27]

À altura de 1793, nossa baliza final, falecia o quarto titular da diocese de Mariana, o segundo bispo residente, o frade dominicano, Dom Frei Domingos da Encarnação Pontevel. Havia assumido a diocese, em 1780, com tendências de atuação mais afinadas com as diretrizes da Ilustração; mas guardaria ainda alguns matizes da tradição tridentina, como veremos.[28]

Com o exercício destes agentes, o exercício da justiça não se apresenta despersonalizado. Entre 1748 e 1793, transcorreram processos distintos de afirmação da autoridade eclesiástica, mas o contexto de luta social e as estratégias de concorrência, cooptação e eliminação, por grupos rivais instalados na capitania, mostram-se constantes. A ação dos dignitários eclesiásticos, individuais ou respaldados por grupos, como capitulares, advogados, titulares de cargos e oficiais, revela a busca do poder e da distinção que o exercício da justiça conferia, propiciando canais de comunicação e negociação entre os foros e com as gentes. Agentes da Coroa e da mitra estabelecidos na recém-

---

26  PAIVA, José Pedro. *Os bispos de Portugal e do Império*. Coimbra: Imprensa da Universidade de Coimbra, 2006, p. 78-93; 213-277.

27  WEHLING, Arno; WEHLING, M. J. "Linhas de força da legislação pombalina e pós-pombalina: uma abordagem preliminar". *Anais da Sociedade Brasileira de Pesquisa Histórica*, 2004, p. 136-138. Disponível em <http://sbph.org/2004/personagens-poder-e-cultura/arno-wehling--maria-jose-wehling>

28  CARRATO, J. F. *Igreja, Iluminismo e Escolas mineiras coloniais*. São Paulo: Companhia Editora Nacional, 1968, p. XIII. (Brasiliana, 334).

-descoberta região das Minas desenvolveram e aplicaram as suas estratégias, com vistas à ampliação do controle dos recursos e dos dispositivos institucionais. Atuavam nas justiças visando o enquadramento das populações, em prol da estabilização social. Por outro lado, os usuários dos *produtos institucionais*, para usar a expressão de Michel de Certeau, não se revelavam passivos. As denúncias, por exemplo, eram largamente subvertidas. Era comum o desvirtuamento do escopo oficial de conversão e correção fraterna. Muitas vezes as denúncias se tornavam instrumento de perseguição de inimigos e vinganças, no seio das comunidades, e nos círculos letrados. Nos livros de Sentenças do tribunal eclesiástico de Mariana inscreveram-se centenas de referências às provas, reunidas pelo réu, de estar sendo vítima de calúnia, da parte de "inimigos capitais." Nessas circunstâncias, as instituições e suas normas viam-se manobradas, como arma de vinganças e retaliações. Eram, portanto, múltiplas, como apontou Certeau, as astúcias dos consumidores dos produtos das instituições. Como defendeu Michel de Certeau, o historiador deve observar as "múltiplas operações dos seus usuários", não pelos *produtos culturais obtidos no mercado de bens*, ou pelos *produtos institucionais*; é necessário voltar-se para a "proliferação disseminada" de criações anônimas e "perecíveis" que irrompem com vivacidade no cotidiano.[29]

Os consumidores dos produtos institucionais de Minas Gerais – réus nos processos eclesiásticos, autores das denúncias, autores de queixas – não utilizavam passivamente o aparato da justiça: conheciam-nos, burlavam-nos, subvertiam-nos e submetiam-nos a seus interesses. Considerando este panorama das normas e práticas das justiças, a dimensão humana dos agentes das justiças e os consumidores dos produtos institucionais, dividimos este estudo em três partes. A primeira intitula-se "Estado e Igreja na Colonização da América Portuguesa", e possui dois capítulos. O primeiro apresenta uma discussão historiográfica acerca da colonização, sob o direito do padroado régio ultramarino. No segundo, se esboça um panorama normativo do exercício da justiça eclesiástica, e as elaborações dos teóricos regalistas em delimitar as suas liberdades, tais como os direitos exclusivos do soberano, a *regia protectio*, a força a ser exercida sobre os vassalos, as imunidades e liberdades eclesiásticas, como o porte de armas, o privilégio de foro, a imunidade fiscal e o direito de asilo. O debate doutrinal sobre estes pontos rendeu importantes tratados impressos a partir do século XVII, como *De Manu Regia* e a *Monomachia sobre as concórdias que fizeram os reis com os prelados de Portugal*, ambos de Gabriel Pereira de Castro. Este debate mostra que a Coroa empreenderia um movimento progressivo de

---

29  CERTEAU, Michel. *A Invenção do cotidiano - As artes de fazer*. Petrópolis: Vozes, 2009, p. 13; 88-91. "O uso ou o consumo."

contenção e restrição das chamadas liberdades eclesiásticas, que encontraria um ápice no período pombalino. [30]

A segunda parte, intitulada "A Justiça Eclesiástica em Minas Gerais: estabelecimento", propõe uma discussão distribuida em três seções. No capítulo "O episcopado e as justiças", terceiro da tese, procuramos mostrar as representações da justiça enunciadas pelos capitães generais e pela hierarquia eclesiástica no âmbito das diretrizes estabelecidas pela Metrópole. Imbuídos de objetivos comuns, como a luta em prol da consolidação político-territorial na região mineradora, estes agentes demarcaram distinções nas categorias de discurso, bem como nos seus métodos de ação. Neste capítulo, também procuramos acompanhar a instalação da burocracia eclesiástica, e as específicas atribuições do tribunal eclesiástico.

O capítulo quarto apresenta-se como um desdobramento desta discussão, intitulado "As prerrogativas episcopais: limitações e dependências", abordando os limites desta ação da justiça eclesiástica, em relação à justiça secular. Buscamos compreender a abrangência das prerrogativas episcopais; as suas formas de proceder contra pessoas leigas e eclesiásticas, respeitando os direitos exclusivos do soberano e a regra do padroado régio ultramarino. Desta análise, ressalta a dimensão humana da justiça eclesiástica, uma das facetas mais relevantes no trabalho religioso. A dimensão humana mostrou, na prática, um potencial catalisador de conflitos pessoais e jurisdicionais; ou de tornar viável a cooperação entre os foros. Respeitando esse caráter específico da pessoa do agente, o capítulo quinto, "Bispos e Vigários Gerais" ensaia uma análise prosopográfica dos juízes eclesiásticos: os seus desafios pessoais no contexto político da capitania, a sua relação com o bispo, com seus pares, e com os réus.

Este enfoque na dimensão humana, prefigurada nos agentes do tribunal eclesiástico, encontra certa continuidade na terceira e última parte da tese. Intitulada "A ação: entre o campo religioso e o campo do poder". A terceira parte enfoca, no capítulo 6, o tribunal eclesiástico e as suas conexões com as paróquias e capelanias. Analisamos a atuação da agência eclesiástica de coerção nas freguesias do bispado, o trabalho de inculca-

---

30  Vide a esse respeito: HESPANHA, A. M. *História das Instituições: épocas medieval e moderna.* Coimbra: Almedina, 1982, p. 519-522. Um ótimo estudo a este respeito, com farta citação de fontes e análise erudita é de autoria de: SOUZA, Evergton Sales. "Igreja e Estado no período pombalino". *Lusitania Sacra*, 2ª série, tomo XXIII, Jan/Jun 2011, p. 207-232. Dossiê Clero, doutrinação e disciplinamento. Fundamental para a compreensão de embate doutrinal coevo, a tese do mesmo autor: SOUZA, Evergton Sales. *Du jansènisme français au jansènisme portugais: L'Empire portugais et la reforme de son Église.* Université de Paris Sorbonne (Paris IV), 2002. Tese de doutoramento.

ção da norma, o quadro das ações judiciais do tribunal, e os tipos de livramento nele praticados: por despacho, camerário e o ordinário; os mandados e as sentenças; e as conexões entre a paróquia e o tribunal. Eram mecanismos judiciais aplicados como parte da estratégia de imposição da ordem e da justiça oficial.[31]

No capítulo 7, verificam-se os usos e aplicações destes mecanismos eclesiásticos de averiguação dos pecadores públicos, bem como a eficácia do conclame às denúncias. Destes mecanismos, destacamos as especificidades das queixas e das querelas eclesiásticas, em relação às devassas gerais; verificamos as suas normas e os casos ocorridos. Notamos que nesta estrutura firmavam-se as conexões entre as atividades paroquiais e o exercício das justiças eclesiásticas e seculares. Subversiva e alheia à caridade recomendada no discurso religioso, e que deveria pautar o exercício da justiça, surgem cooptações e induções de testemunhas, e inúmeras vinganças pessoais, como motivações de denúncias. Estas seriam manifestações do que, na visão de Michel de Certeau, seria a "liberdade gazeteira das práticas"; ou as múltiplas "astúcias dos consumidores", em meio aos procedimentos canônicos da justiça eclesiástica - os produtos institucionais.[32]

A vingança é uma suspeita - e uma prática - onipresente nos arrazoados jurídicos. As partes, em justificações e libelos com frequência aventavam estar sendo denunciados por ódio e maquinações urdidas por pessoas inimigas. Em conformidade com as constituições, o Vigário geral inquire as testemunhas arroladas a este respeito; deveria assegurar-se de que a denúncia era dada pelo bem da Justiça, nunca "por dolo ou malícia", ou por "ódio e vingança". Mas a constatação da vingança é referência constante na sentença que concede o livramento ao réu. É tão comum e previsível que o arrazoado sempre deixa claro se o réu, ao longo do processo, prova ou não haver sido vítima de astúcias e enredos de inimigos capitais. Em caso positivo, o vigário geral deixava salvo, à parte interessada, o direito de requerer seus danos pela injúria, a quem couber. Assim, abria-se margem a outro processo judicial, e à continuidade daquela dinâmica de controle social.

Naturalmente, nesta prática judiciária, em situações determinadas, os agentes dialogavam, disputavam e debatiam. Os registros destes embates possibilitam verificar as contaminações do exercício da autoridade legítima: uma destas formas de contaminação seria a dominação pessoal. Este é nosso objeto no oitavo e último capítulo da tese, no qual se expõe alguns estudos de livramentos criminais de eclesiásticos processados e os seus

---

31    Como propôs Pierre Bourdieu. Vide: BOURDIEU, Pierre. *A economia das trocas simbólicas*. São Paulo: Perspectiva, 2009.

32    CERTEAU, Michel. *Op. Cit.*, p. 13; 88-91. "O uso ou o consumo."

enredos e cooptações com autoridades locais para livrar-se. Estes réus eclesiásticos valeram-se de sua influência local para safar-se das condenações judiciárias. Nesta dinâmica, párocos, juízes eclesiásticos, letrados e réus leigos estabeleceram curiosos diálogos, demarcando pontos de tensão entre os campos religioso e o do poder.[33]

O presente estudo circunscreve-se no campo da História Social e Cultural, inspirado nos estudos de Michel de Certeau e Carlo Ginzburg, sobre a cultura e o papel dos indivíduos anônimos na dinâmica entre a imposição da regra e a sua recepção e reapropriação em uma multiplicidade de práticas sociais. Nossa perspectiva de análise das instituições e seus atores inspira-se, ainda, no modelo apresentado por Peter Burke, que propõe ao historiador lidar com as instituições e modos de pensar, procurando verificar as formas como atuam como freio ou acelerador para os acontecimentos.[34]

A administração da justiça eclesiástica no século XVIII se tornava mais eficaz quanto mais logravam os agentes religiosos articular e integrar as orientações do tribunal eclesiástico às atividades paroquiais. Por outro lado, o exercício da justiça eclesiástica forçava inevitáveis interações com as justiças seculares. Tais circunstâncias tocam o papel e as ações demarcadas pelo tribunal eclesiástico na interação entre os poderes, nas fronteiras entre o *campo religioso* e o *campo do poder*. Indagamos acerca das prerrogativas, mecanismos repressores e fundamentos normativos episcopais; a quem perseguiam, como julgavam e/ou puniam, que batalhas enfrentaram pelo controle do campo religioso na disputada região mineradora, quais as circunstâncias cerceadoras de sua atuação, e as especificidades da justiça episcopal no *campo religioso*. Este conceito, concebido por Bourdieu, enfoca o convívio sócio-religioso de atores diferenciados por sua posição na estrutura social. A sua ação social é analisada considerando os interesses pelos quais se moviam. Mostram-se diversos, observou Bourdieu, os interesses religiosos das classes dominantes e os das classes dominadas – estas, tenderiam a uma demanda de salvação; aquelas, à demanda de legitimação da ordem.[35]

Partindo destes pressupostos, mostram-se reveladores os trabalhos religiosos desenvolvidos pelos juízes eclesiásticos, os mecanismos que aplicaram e as múltiplas sub-

---

33  BOURDIEU, Pierre. "Gênese e estrutura do campo religioso". In: *A Economia das Trocas Simbólicas*. São Paulo: Perspectiva, 2009, p. 27.

34  "Densificando a narrativa". In: BURKE, Peter. "A história dos acontecimentos e o renascimento da narrativa." In. BURKE, P. (Org.). *A escrita da história: novas perspectivas*. Trad. Magda Lopes. São Paulo: Editora da Unesp, 1992. (Biblioteca Básica) – Narrativa X Estrutura, p. 339; LÉVI, Giovanni. Sobre a Micro-história. In: BURKE, Peter (Org.). *A escrita da história: novas perspectivas*. Trad. Magda Lopes. São Paulo: Editora da Unesp, 1992, p. 141-42.

35  BOURDIEU, Pierre. *Op. Cit.*, p. 27.

versões à ordem, promovidas pelos usuários dos produtos institucionais. O exercício da justiça eclesiástica dialogava com os dilemas da sua época – o padroado, as interações entre as justiças, a arrecadação dos dízimos da Coroa e dos dízimos pessoais. Desta forma, evidencia uma circulação entre o *campo religioso* – sobre o qual pretendiam hegemonia – e o *campo do poder,* no qual dividiam espaço com os juízes seculares, em meio a mútuas e constantes acusações de usurpações, inconfidências, roubos e extorsões.

# PARTE 1

*Estado e Igreja na colonização da América Portuguesa*

# Capítulo 1
## Igreja e colonização

### O padre e o bispo na colonização da América Portuguesa

A Igreja de Roma assumiu uma posição decisiva na sistematização jurídica da ordem de dominação colonial. A presença da Igreja diocesana na colonização – quer seja analisada por meio da via institucional, da atuação dos seus agentes, ou das condições legislativas de sua associação com o Estado – é tema de importantes estudiosos brasileiros, entre obras gerais e estudos monográficos. Existe uma vasta bibliografia sobre o tema, com vieses analíticos diversos, e interpretações acerca do papel, limites de ação e relações de subordinação da instituição, que envolvem aspectos controversos. É comum a subdivisão entre as correntes, levando-se em conta historiadores eclesiásticos e sociais; ou, como identificou Paolo Prodi, uma historiografia confessional e a historiografia laica.[1]

Expoente entre os historiadores eclesiásticos, o padre Arlindo Rubert caracteriza o século XVIII como um período de expansão da rede paroquial: *"se abrieron para la Iglesia las terras de Amazonía, de Goiás, del Mato Grosso, de Minas Gerais, de Paraná, de Santa Catarina e de Río Grande do Sur"*. Como lembra o mesmo, criaram-se os bispados de Belém, Mariana e São Paulo, e as duas prelazias de Goiás e Cuiabá. As fundações de seminários contribuiriam, também, para a formação de um clero mais preparado. Rubert acrescenta ainda que, além desta expansão, a Igreja também circunscreve uma "resistencia ante el absolutismo estatal." O século XVIII é uma época de profunda crise, que tem uma de suas causas no padroado régio, *"mal interpretado y peor aplicado, que desembocó en un absolutismo pleno y estatal"*. Sintetizando a experiência da Igreja no século XVIII, em especial com

---

[1] PRODI, Paolo. "Cristianimo, modernidade política e historiografia." Trad. Carlos A. M. Zeron. *Revista de História*, nº 160, 1º semestre de 2009. São Paulo, Usp, p. 114; PRODI, Paolo. *Uma história da justiça. Do pluralismo dos foros ao dualismo moderno entre consciência e direito.* Trad. Karina Jannini. São Paulo: Martins Fontes, 2005. (Justiça e Direito).

a atuação pombalina, que considera nefasta, o estudioso considera haver sido *"una época difícil para la Iglesia."* Mas a esse período, exemplifica, *"se debe, pues, a la iniciativa del clero y del pueblo la erección de un gran número de parroquias"*, e isso *"sin esperar del patronazgo real la autorización para hacerlo."*[2]

Entre historiadores eclesiásticos e sociais, muitos estudiosos se debruçaram sobre a ação pastoral empreendida pelos bispos do Brasil. Os estudos clássicos brasileiros, como os de Caio Prado Júnior, Sérgio Buarque de Hollanda, Pedro Calmon, Raimundo Faoro, José Ferreira Carrato, foram antecedidos por crônicas de viajantes e estudiosos do século XIX, que analisaram a atuação eclesiástica no cotidiano das paróquias, e a vasta e complexa legislação que procurava delimitar as esferas de atuação civil e eclesiástica.[3] Recentemente esta história eclesiástica, renovada no âmbito do melhor movimento de renovação da história política e da história social, encontra novo impulso com uma vaga de estudos que dedicam-se ao tema com muito vigor. Dedicam-se a compreender a dinâmica do tribunal eclesiástico, como Pollyanna Gouveia, e a perceber a importância-chave de certas distinções e funções como os familiares do Santo Ofício e os vigários das varas, no caso de Aldair Rodrigues. Ainda, procuram perceber a dinâmica da administração diocesana e sua tensa relação com a norma, como Dalila Zanon.[4]

O lugar de centralidade da história da Igreja nos estudos da colônia foi ressaltada por Sérgio Buarque de Hollanda, segundo o qual não é clara a inteligência de "numero-

---

2    RUBERT, Arlindo (Pe). *Historia de la Iglesia en Brasil*. Madrid: Mapfre, 1992, v. 7, "La vida parroquial" - p. 318-19.

3    Sobre o padroado e a legislação, vide: LOPES PRAÇA, J. J. *Ensaio sobre o padroado*. Coimbra: Imprensa da Universidade, 1869; ALMEIDA, Cândido Mendes de. *Direito Civil eclesiástico brasileiro Antigo e Moderno em suas relações com o direito canônico Ou: Colecção completa cronologicamente disposta desde a primeira dinastia portuguesa até o presente, compreendendo, além do Sacrossanto Concílio de Trento, concordatas, Bullas e Breves; Leis, tanto do Governo como da antiga Mesa da Consciência e Ordens, e da Relação Metropolitana do Império; relativas ao direito público da Igreja, a sua jurisdição, e disciplina; à administração temporal das Catedrais e Paróquias, às Corporações Religiosas, aos Seminários, Confrarias, Cabidos, Missões, etc., etc., etc. A que se adicionam notas históricas e explicativas indicando a legislação atualmente em vigor, e que hoje constitui a jurisprudência civil eclesiástica do Brasil por Cândido Mendes de Almeida*. Tomo Primeiro. Primeira parte. Rio de Janeiro: B. L. Garnier Livreiro Editor, 1866.

4    É o caso, por exemplo, entre outros, de Pollyanna Gouveia, com ótima contribuição para a compreensão do funcionamento e redes que envolveram a complexa atuação do tribunal eclesiástico do Maranhão, e de Aldair Carlos Rodrigues, cuja tese dedica-se a perceber os nexos entre a Inquisição e o episcopado em Minas Gerais e São Paulo e importante análise acerca dos vigários das varas eclesiásticas. MENDONÇA, Pollyanna Gouveia. *Parochos imperfeitos: justiça eclesiástica e desvios do clero no Maranhão colonial*. Niterói. Tese de Doutorado, Universidade

sas questões de História do Brasil sem a exploração prévia e isenta de nossa história eclesiástica." O autor justifica este ponto de vista: "A história eclesiástica, como toda história, sustenta-se sobre uma realidade viva e fluida, que a todo instante transborda dos preceitos jurídicos."[5]

Importantes estudos contemporâneos salientam a importância política da atuação do episcopado e dos sacerdotes; os aspectos políticos de seu trabalho religioso, de sua atuação, bem como na dimensão subjetiva presente em sua ação, no exercício de suas funções.[6]

Por outro lado, o estudo da instituição eclesiástica no panorama normativo da colonização envolve questões complexas. Estes aspectos tocam a legislação civil e eclesiástica, a ação pastoral, ou o trabalho religioso, as suas práticas e o seu peso no controle social. Desta forma, a compreensão da Igreja colonial deve levar em conta o episcopado, no topo da cadeia hierárquica eclesial. As esferas de influências dos bispos na corte e nas suas dioceses respectivas tornam o estudo da Igreja na colônia objeto da História Social. A instituição não se dissocia da interpretação dos imperativos da colonização. Os agentes religiosos atuaram em diferentes circunstâncias políticas, nas quais a Coroa elegia os critérios para proceder às nomeações episcopais.[7]

Em situação descendente na hierarquia diocesana, temos o clero secular – um segmento que se diferenciava socialmente, por sua formação intelectual privilegiada e

---

Federal Fluminense, Rio de Janeiro, 2011; RODRIGUES, A. C. *Igreja e Inquisição no Brasil*. São Paulo: Alameda, 2014; ZANON, Dalila. *A ação dos bispos e a Orientação Tridentina em São Paulo (1745-1796)*. Dissertação de mestrado, IFCH, Unicamp, Campinas, 1999.

5     HOLLANDA, Sérgio Buarque de. "Prefácio". In: CARRATO, J. F. *As Minas Gerais e os primórdios do Caraça*. São Paulo: Companhia Editora Nacional, 1963, p. XIII-XIV. (Brasliana, 317). Sobre a união entre a Igreja e o Estado, desde os primeiros sinais de aliança e ajuda mútua, é lapidar a análise de José Ferreira Carrato: CARRATO, José Ferreira. *As Minas Gerais e os primórdios do Caraça*. São Paulo: Companhia Editora Nacional, 1963, Cap. III – A Igreja Mineira e sua hierarquia no século XVIII, p. 97-103.(Brasiliana, 317).

6     Vide: AZZI, R. "Entre o trono e o altar: a Igreja Católica em São Paulo como poder espiritual" e SOUZA, Ney de (Pe) "Catolicismo e padroado na São Paulo colonial." Ambos os estudos encontram-se em: VILHENA, M. A. & PASSOS, J. D. (Org.) *A Igreja de São Paulo: presença católica na história da cidade*. São Paulo: Paulinas, 2005, respectivamente às p. 101-128 e p. 395-430; OLIVEIRA, Alcilene Cavalcante de. *A ação pastoral dos bispos da diocese de Mariana: mudanças e permanências (1748- 1793)*. Dissertação de mestrado. Campinas: Unicamp, 2001; ZANON, Dalila. *A ação dos bispos e a Orientação Tridentina em São Paulo (1745-1796)*. Dissertação de mestrado, IFCH, Unicamp, Campinas, 1999.

7     PAIVA, José Pedro. *Os bispos de Portugal e do Império*. Coimbra: Imprensa da Universidade de Coimbra, 2006, p. 78-93; 213-277.

por seu estatuto de autoridade. Na base deste sistema, situam-se os leigos: os alvos do trabalho religioso. Em sua tarefa de controle social, estes agentes travaram relações de cooperação e conflito na diocese de Mariana, Minas Gerais. É possível verificar tais relações a partir de dois enfoques: os leigos e os juízes seculares e eclesiásticos.

Estas relações alcançavam aspectos e variáveis, na teia de relações locais, com vetores e lógicas diversas. Convém, deste modo, iniciar pela figura do padre um périplo pela historiografia especializada. Raimundo Faoro observou que ao lado do burocrata e do militar, o sacerdote marcou uma presença decisiva na colonização da América Portuguesa. O sacerdote da época colonial possuía as suas ações condicionadas por um panorama normativo específico, em cuja cúpula se encontrava o Estado. Na tentativa de dominar as orientações dissidentes ao seu fortalecimento, o Estado moderno se apoiava, principalmente, em uma circunstância: haver logrado, ao longo da história portuguesa, e desde as suas origens, vencer, vigiar e limitar o clero. Componente constante no relacionamento entre o sacerdote e a Coroa, que se verifica até mesmo quando as suas influências se orientavam a um alvo comum, foram as desconfianças da Coroa em relação aos eclesiásticos.[8]

Estas desconfianças entre os agentes das duas principais instituições modernas são tributárias de algumas circunstâncias históricas específicas. As normativas envolviam as deliberações conciliares tridentinas e a sua incorporação ou adaptação às leis do Reino; a negociação e constantes recomposições do padroado régio ultramarino, o complexo conjunto de direitos que regulavam as relações entre o Estado e as Igrejas diocesanas na época colonial.[9]

Desde os tempos do Infante Dom Henrique, os papas vinham elogiando as iniciativas expansionistas, em diversos documentos pontifícios. Estimulavam, portanto, o avanço dos reis católicos pelos domínios dos infiéis - os muçulmanas. O padroado régio configurou uma aliança entre os reis lusitanos e o papado, sistematizada em concordatas. Foi conferido gradativamente, por meio de bulas, documentos de grande valor jurídico, que foram concedendo prerrogativas e, paulatinamente, estendendo as concessões. Entre estas, o papa concedia aos reis lusitanos prerrogativas de re-

---

8    FAORO, Raimundo. *Os donos do poder: a formação do patronato político brasileiro*. São Paulo: Editora Globo, 2004, v. 1, p. 196-197.

9    Para um resumo das prerrogativas, direitos e deveres do rei nestas circunstâncias, vide: RUBERT, Arlindo (Pe). "El ambiguo ejercicio del patronazgo". *Historia de la Iglesia en Brasil*. Madrid: Mapfre, 1992, v. 7, p. 42-43. (Colección Iglesia Católica en el Nuevo Mundo); e PRODI, Paolo. "Cristianimo, modernidade política e historiografia." Trad. Carlos A. M. Zeron. *Revista de História*, nº 160, 1º semestre de 2009. São Paulo, Usp, p. 107-130 (especialmente p. 123).

ger a organização eclesiástica, com a fundação das dioceses e a arrecadação dos dízimos, que implicavam no provimento e manutenção do clero diocesano nas dioceses ultramarinas.[10]

Segundo Paolo Prodi, foi à custa de dois instrumentos específicos – a concordata e a nunciatura –, que a Igreja romano-tridentina conseguiu, "ao preço de grandes sacrifícios, evitar a estatização das igrejas locais e conservar uma função universal." A universalidade seria um elo e um "compromisso permanente entre o Estado e a Igreja, as duas únicas *societates perfectae* soberanas existentes na terra, e ao controle das almas dos súditos-fiéis."[11]

Malgrado o grande número de estudos sobre esta aliança, muitas interrogações pairam acerca da administração local do padroado, e os seus dilemas encontram-se referidos nos estudos específicos.[12] Entre as razões da complexidade do padroado, encontram-se os efeitos das prerrogativas conferidas pelo papa ao rei lusitano, na

---

10  A seguir elencamos as Bulas e as respectivas prerrogativas que conferiam: *Etsi Suscepti*, 09-01-1442: o mestre da ordem de Cristo poderia escolher do bispo que deveria reger espiritualmente as ilhas pertencentes à Ordem, não sendo de outra diocese; *Dum Diversas*, 18-06-1452, concede a faculdade de adquirir bens públicos e particulares dos muçulmanos; *Romanus Pontífex*, 08-01-1455, considera de interesse do mundo cristão o plano de "alargar a fé católica", referindo a expansão até o Oriente, com fixação de postos comerciais na África, concede ao rei erigir igrejas e oratórios e enviar missionários; *Inter Coetera*, 13-03-1446, considerado o fundamento do direito de padroado no Brasil colonial - confirma a *Romanus Pontífex*, concede o padroado espiritual à Ordem de Cristo para colar todos os benefícios, proferir excomunhão, censuras e penas eclesiásticas e perceber os dízimos eclesiásticos nas terras do padroado; *Dum Fidei Constantium* (07-06-1514) e *Pro Excellenti praeeminentia* (12-06-1514) marcam o apogeu do padroado - a primeira concede o direito de apresentação episcopal nas terras adquiridas e por adquirir; a segunda erige a diocese do Funchal, na Ilha da Madeira, com jurisdição sobre as regiões além do Cabo Bojador. A *Praecelsae Devotionis*, de 03-11-1514, confirma os privilégios concedidos anteriormente e os estende a todas as terras desconhecidas. Em 1551, a diocese do Funchal passa à jurisdiação da Arquidiocese de Lisboa; a *Bula Super Specula Militantis ecclesiae* cria o bispado de Salvador, cujo bispo se intitula "Bispo de Salvador e comissário geral em todas as terras do Brasil" com jurisdição em todas as partes da colônia. HOLLANDA, S. B. de. (Dir.) *História Geral da Civilização Brasileira: a época colonial*, tomo 1, v.1, 14ª Ed. Rio de Janeiro: Bertrand Brasil, 2004, tomo 1, vol 2, Livro Segundo - Vida Espiritual, Cap. 1 - A Igreja no Brasil Colonial, p. 52-56; PAIVA, José Pedro. "A Igreja e o poder." In: AZEVEDO, C. M. (dir.) *História Religiosa de Portugal*. Lisboa: Círculo de Leitores, 2000, v. 2 - Humanismos e Reformas, p. 149.

11  PRODI, Paolo. *Op. cit.*, p. 107-130.

12  "El ambiguo ejercicio del patronazgo". In: RUBERT, Arlindo (Pe). *Historia de la Iglesia en Brasil. Op. Cit.*, p. 42-43.

qualidade de Grão-Mestre da Ordem de Cristo. Uma delas estava a de perceber os dízimos eclesiásticos.[13]

A arrecadação das rendas eclesiásticas era um trunfo importante, que garantia ao rei o controle de uma importante fonte de renda eclesiástica: os dízimos. A contrapartida era a obrigação que recaía sobre o soberano, de realizar uma correta administração da arrecadação. A Coroa deveria usar dos dízimos eclesiásticos para promover benfeitorias, manter e conservar as igrejas – embora estudos indiquem que isso não ocorreu com a devida presteza. Além do retardo da Coroa nos provimentos, no período colonial, a arrecadação dos dízimos eclesiásticos ficou a cargo de ambiciosos contratadores, que os arrematavam em hasta pública. Estas circunstâncias causariam grandes transtornos aos ordinários diocesanos, na pacificação dos protestos da população, sobrecarregada de taxas.[14]

Entre os estudos eclesiásticos, a obra de Dom Oscar de Oliveira mostra as confusas origens dos dízimos eclesiásticos, e aponta a ausência de referências precisas sobre a sua concessão. Assim, sugeriu que, provavelmente, não existiram bulas pontifícias concedendo explicitamente os dízimos do ultramar à Ordem de Cristo, mas sim, implicitamente – pelo fato da concessão espiritual que lhe fora feita de todas as possessões ultramarinas portuguesas pela *bula Inter Caetera quae*, de Calisto III em 1455, a qual Xisto IV confirmou em 1481, na sua bula *Aaeterni Regis* Clementia."[15]

É curioso verificar as circunstâncias da aplicação local das prerrogativas do soberano sob o padroado e as suas ingerências na administração diocesana. As normas da administração eclesiástica, sob este sistema, atrelavam os representantes da Igreja às diretrizes colonialistas metropolitanas. Não é novidade o fato de que isto causou impasses e abalos entre os agentes eclesiásticos e seculares nas suas relações locais. Na *História Geral da Civilização Brasileira*, Sérgio Buarque de Hollanda ava-

---

13    Vide: OLIVEIRA, Oscar de (Dom) *Os dízimos eclesiásticos do Brasil nos períodos da Colônia e do Império*. Tese de Láurea em Direito Canônico defendida na Pontifícia Universidade Gregoriana no dia 16 de fevereiro de 1938, p. 43–46; p. 48. Sobre os dízimos, bens e rendimentos eclesiásticos em: ALMEIDA, Fortunato de. *História da Igreja em Portugal*, Porto/Lisboa: Civilização, 1968, 5 tomos, vol 3, p. 55–91.

14    "Contrato ou arrendamento dos dízimos era a convenção pela qual alguém comprava ao governo por preço fixo os dízimos avaliados de tantos anos.". OLIVEIRA, Oscar de (Dom). *Op. Cit.*, Parte IV – "Arrematação ou Administração dos dízimos e contrato ou arrendamento dos dízimos", p. 17; 56–57; p. 58 ss.

15    OLIVEIRA, Oscar de (Dom). *Op. Cit.*, Parte IV – "Arrematação ou Administração dos dízimos e contrato ou arrendamento dos dízimos", p. 17; 56–57; p. 58 ss.

liou: "não foi simples o regime das relações entre o Estado português e a Igreja em face da colonização".[16]

A administração dos dízimos pela Coroa possuía um desdobramento crucial: a obrigação de provimento de igrejas e cargos perpétuos, tais como dotar as freguesias colativas de padres-curas. A Coroa colava os párocos por meio de concursos ou nomeações, promovidos pelo tribunal da Mesa da Consciência e Ordens.[17] Sendo estes párocos pagos pela Coroa, observam-se complexas situações a configurar-se no campo local, tais como imbróglios dos párocos colados com o ordinário e com os fregueses. Como observou Raimundo Faoro, a dependência financeira da Igreja e do clero tornava a submissão do padre um tanto relutante e inconformada. Por outro lado, o clero se distinguia da nobreza e dos letrados por suas tradicionais liberdades e incolumidades jurídicas e fiscais.[18]

Uma das consequências locais destas imunidades do clero, observadas na documentação eclesiástica, foi o acúmulo de processos envolvendo os bens dos sacerdotes, executados exclusivamente no juízo eclesiástico. Todos os credores de sacerdotes deveriam executá-los no tribunal diocesano. Nas séries de processos do juízo eclesiástico incluem-se, portanto, as ações de cobrança, dívidas, execuções e penhoras de bens. Ainda, os alcances em testamentarias de sacerdotes, ou dos que faleciam nos meses da alternativa eclesiástica. As ações judiciais em torno dos bens dos eclesiásticos eram julgadas pelo vigário geral do bispado. Era um juiz eclesiástico delegado pelo bispo para gerir o tribunal episcopal, com prerrogativas para dirimir as ações cíveis e criminais, envolvendo pessoas leigas e eclesiásticas.[19]

Além dos privilégios que usufruíam os sacerdotes, muitos eram atraídos para a carreira eclesiástica movidos por aspirações materialistas, como ressaltou Caio Prado

---

16  HOLLANDA, S. B. de. *Op. Cit.*, p. 56.

17  A Mesa da Consciência e Ordens era um misto de conselho e tribunal régio com competências amplas e heterogêneas, e com atribuições definidas em regimentos. Estudos identificam alguns grupos destas atribuições, os quais, a grosso modo, tocavam a: vigilância das instituições religiosas, assistenciais e culturais nas quais tradicionalmente se reconhecia a competência da Igreja; ordens militares adstritas à Coroa; questões tocantes à Igreja no Reino e nas conquistas; questões acerca da consciência. A presença de laicos exercendo ofício no tribunal da Mesa é considerada sintomática das intenções do monarca, qual seja, melhor garantir a sua intervenção nos negócios eclesiásticos. PAIVA, José Pedro. "A Igreja e o poder." *Op. Cit.*, p. 152.

18  FAORO, Raimundo. *Op. Cit.*, p. 196-197; 179.

19  O mestre pedreiro e carpinteiro português José Pereira Arouca, importante construtor de Mariana no século XVIII, foi um entre centenas de comerciantes e mesteres que executaram sacerdotes no tribunal eclesiástico. Por não receber pagamento por seus serviços realizados

Júnior. Tendo em vista a escassez de oportunidades de formação intelectual nas terras da América Portuguesa, a Igreja, observou o autor, "esta sim, oferece oportunidades mais amplas." As profissões liberais, naturalmente, eram de acesso restrito, e exigiam aptidão especial, preparos e estudos não oferecidos na colônia, exigindo, deste modo, recursos de monta. Na carreira eclesiástica, os estudos se poderiam realizar no Brasil. Mesmo considerando a restrição a pessoas que não fossem de pura origem branca, que necessitavam de licença especial do ordinário, assinala o autor, os mestiços são numerosos no corpo clerical brasileiro.[20]

Para destacar este caráter central dos agentes eclesiásticos na empresa colonial, é célebre o apelo do padre Manuel de Nóbrega pela vinda de um bispo para a Bahia. Em Abril de 1549, o jesuíta suplicava à Coroa o envio de um vigário geral e de um bispo. Ressaltava que não pedia a vinda deste dignitário para "fazer-se rico, porque a terra é pobre, mas para buscar as ovelhas tresmalhadas ao rebanho de Jesus Cristo."[21]

Para Sérgio Buarque de Hollanda a publicação da bula *Super Specula Militantis Ecclesiae*, em 1551, que criava o novo bispado de São Salvador, complementaria a estrutura administrativa do Brasil. Com esta nova criação, o território do Brasil era desmembrado da antiga diocese do Funchal, da qual era sufragâneo. Nomeou-se o primeiro bispo para a América Portuguesa, Dom Pedro Fernandes Sardinha. Para o autor, aquele era um impulso ao processo de cristianização da América Portuguesa, e de consolidação das fronteiras. Sérgio Buarque de Hollanda lembra que a criação dos novos bispados em 1676, de Olinda e Rio de Janeiro, auxiliaria a demarcação de fronteiras nos territórios disputados por Portugal e por Espanha. [22]

Sob o padroado régio ultramarino, a prerrogativa régia de criar dioceses no ultramar, escolher seus titulares, submetendo os nomes à confirmação do papa era muito conveniente. A apresentação dos nomes dos bispos à Sé Apostólica envolvia critérios e contemplavam necessidades políticas da Coroa, ou influências dos protetores dos nomeados na Côrte. As diretrizes do processo de escolha episcopal variavam conforme a

---

na chácara da Olaria, do Reverendo Domingos José Coelho Sampaio, Arouca logrou receber a quantia pedida, em ação judicial de 1767. AEAM, Seção de Escrituração da Cúria, Juízo Eclesiástico, processo n. 3401. VEIGA, Afonso Costa Santos. *José Pereira Arouca: mestre pedreiro e carpinteiro - Mariana - Minas Gerais (Século XVIII)*. Arouca: Edição da Real Irmandade da Rainha Santa Mafalda, 1997, p. 25-49. (Colecção Figuras e factos de Arouca - 1)

20  PRADO JÚNIOR, C. P. *Formação do Brasil Contemporâneo. Op. Cit.*, p. 281 - Organização social.

21  *Ibidem*, tomo 1, vol 1. p. 133 - Dos serviços espirituais. WEHLING, A. *Op. Cit.*, p. 82.

22  HOLLANDA, S. B. de. *Op. Cit.*, v. 1, p. 113-114 - Dos Serviços espirituais; p. 159. No tomo 1, v. 2, (Administração, Economia e Sociedade), p. 20.

configuração de cada reinado; ou as circunstâncias políticas e as boas relações dos nomeados com pessoas da corte.[23] Segundo José Pedro Paiva, no século XVII houve preferência por representantes episcopais formados em teologia, pertencentes ao clero regular. Buscava-se a distribuição equitativa dos cargos episcopais entre as congregações religiosas. À altura de 1680, de forma pontual, algumas características novas se fizeram observar. Estas características ficaram evidentes à altura de 1720, e inauguraram uma segunda fase de nomeações, marcada pela inserção de canonistas e clérigos seculares. Estes novos escolhidos haviam adquirido experiência na administração de dioceses do Reino. Eram sacerdotes que atuaram como vigários gerais, provisores ou desembargadores nos tribunais eclesiásticos, sob a tutela de prelados do continente. Para o autor, a Coroa julgava melhorar o desempenho dos bispos com este novo padrão. Eles deveriam governar dioceses, tomar decisões, gerir recursos materiais e humanos. Ademais, os bispos necessitavam conviver com poderes seculares, respeitar limites jurisdicionais e competências.[24]

Esta inflexão entre a tendência de escolha de bispos teólogos e de canonistas sinaliza a importância da administração da justiça nas conquistas. Seus agentes usufruíam de faculdades especiais e poder de intervenção e controle social, que possibilitavam o exercício de influência e uma abundante fonte de arrecadação. Esta ordem, sancionada pelas concordatas do padroado, propiciava uma sistematização legislativa ao expansionismo português e à ordem colonial que ele inaugurava nas terras de conquistas. Assim, como apontou Eduardo Hoornaert, à época da descoberta do Brasil, o império colonial português apresentava um avanço crescente, pois havia acumulado longa experiência de administração ultramarina. Este esforço organizatório eclesiástico colonial se encontrava inserido em um movimento mais complexo, que envolvia diretrizes econômicas, sociais e políticas da metrópole. Da Europa partia um movimento que buscava articular as colônias aos imperativos expansionistas rumo ao Novo Mundo.[25] A colonização foi um empreendimento alimentado pelo comércio, pelo patrocínio real, esforços e fortunas parti-

---

23   PAIVA, José Pedro. *Os bispos de Portugal e do Império. Op. Cit.*, p. 78-93; 213-277.

24   PAIVA, José Pedro. "Dom Sebastião Monteiro da Vide e o episcopado do Brasil em tempo de renovação (1701-1750)". In: FEITLER, Bruno; SOUZA, Evergton S. *A Igreja no Brasil: Normas e práticas durante a vigência das Constituições Primeiras do Arcebispado da Bahia*. São Paulo: Editora da Unifesp, 2011, p. 29-59 (especialmente p. 33).

25   HOORNAERT, Eduardo. *A Igreja no Brasil-colônia. (1500-1800)*. 3ª Ed. São Paulo: Brasiliense, 1994, p. 11 - Como estava organizada a Igreja que entrou no Brasil? Quais eram os seus quadros? (Tudo é História, 45)

culares, mas legitimado pela Igreja. Para Novais, "sobreleva a importância das normas legais, pois nelas se cristalizam os objetivos da empresa colonizadora".[26]

Em Roma, as conquistas de Portugal no Oriente, na África e na América causavam excelente impressão. As missões em desenvolvimento eram uma forma de expandir a Igreja pelos novos territórios, em um tempo de forte contestação de sua hegemonia na Europa. Por outro lado, como observou Sérgio Buarque de Hollanda, na América Portuguesa existiam agrupamentos humanos de cultura primitiva. De sorte que a Coroa deparava-se com a necessidade de travar contato com eles, e de povoar as novas terras. Nessa tarefa, foi decisiva a ajuda dos missionários – "co-participantes infatigáveis da tarefa da colonização".[27]

Para Faoro, o Estado português não permitia outro poder senão o de sua administração e seus agentes, "frustrado o plano de uma teocracia limitada ao sertão". Assim, observa o autor, "o respeito devotado ao padre e ao clero, a obediência aos padrões religiosos, não impediram que a supremacia civil mantivesse suas prerrogativas de comando, alicerçadas numa secular luta".[28]

A obra da catequização, na qual grandes vitórias alcançaram os jesuítas, teve um preço, ressalta Faoro – "que a cultura brasileira rigorosamente pagou." O padre, "embora impelido por uma constelação autônoma de valores, relutante a se subordinar a uma ordem civil, contribuiu para reforçar a tendência de concentrar em poucas mãos e numa camada homogênea de comando, a direção da vida espiritual, autoritariamente fixada e controlada." De modo que a "consciência do homem, sua palavra e suas expressões políticas estavam à mercê dos censores informais ligados ao padre e ao funcionário." A autoridade régia subjaz, para Faoro, no trabalho destes agentes: "O rei, por seus delegados e governadores, domina as vontades, as rebeldes e as dissimuladas." Era uma estrutura estamental, revestida de uma armadura ministerial, na fronteira entre o tipo patrimonial de domínio e o burocrático. Ao seu lado articulavam-se o conselho de Estado, que o rei presidia; colégios, tribunais, mesas e conselhos, com competências que ele traçava com base nas leis do Reino.[29] A justiça, ressaltou Faoro, "investida de jurisdição administrati-

---

26   NOVAIS, Fernando Antônio. *Portugal e Brasil na crise do Antigo Sistema Colonial (1777-1808)*. 9ª edição. São Paulo: Hucitec, 2011, p. 57-58 – "A colonização como sistema".

27   HOLLANDA, S. B. *Op. Cit.*, Tomo 1, v. 1, p. 69-70 – Colonização do Brasil: auxílio dos missionários; PAIVA, José Pedro. "A Igreja e o poder." *Op. Cit.*, p. 147.

28   *Idem*, p. 198-99.

29   *Idem*, p. 179-180; 202-03.

va", se perde nos meandros da vida social e econômica da colônia "apesar da aparente clareza das funções tratadas pelas ordenações".[30]

Caio Prado Júnior, considerando este panorama, apontara que a "relação que encontramos entre aquilo que lemos nos textos legais e o que efetivamente se pratica é muitas vezes remota e vaga, senão redondamente contraditória." O governador, prossegue o autor, é uma figura híbrida, que reúne as funções de governador das armas das províncias metropolitanas e da justiça. Muito embora, ressalva o autor, "nunca se caracterizou nitidamente a sua competência e jurisdição, variavam sempre e de um governador para o outro." Para Caio Prado Júnior, o governador sempre foi um militar, acima de tudo. E na maior parte da colônia, a administração da justiça não tinha autoridade alguma presente ou acessível; ou então se entregavam à incompetência de juízes leigos, como eram os ordinários.[31]

Por outro lado, o autor de *Formação do Brasil Contemporâneo* observou que dois mecanismos de fiscalização – um secular e outro eclesiástico – poderiam ser capazes de preencher o vazio da justiça colonial. Para Caio Prado Júnior, as correições e as visitações obviaram em parte o mal, a lacuna deixada pela vaga administração da justiça naqueles territórios imensos. Mesmo assim, afirma, somente as autoridades mais diligentes aplicariam estes recursos, e com objetivos de fiscalização geral – mais do que agir efetiva e diretamente. Mas, afirma, não se deve diminuir a importância do governador, e sua autoridade, que se imiscuía também nos assuntos municipais, com faculdade de se manifestar "como se fossem o próprio monarca". Acresce, ainda, o elemento da distância e a morosidade da comunicação; sobraria "boa margem para a autonomia e mesmo o arbítrio", senão do abuso.[32]

Após apresentar este panorama das funções civis e administrativas, Caio Prado Júnior traz à baila os eclesiásticos e a sua importância na administração colonial. Por mais indevida que à primeira vista pareça sua inclusão neste lugar, a religião e o clero a ele pertencem por todos os títulos. A Igreja, justificou, "forma uma esfera de grande importância na administração pública. Emparelha-se à administração civil, e é mesmo muito difícil, senão impossível distinguir na prática uma da outra".[33]

A historiografia sobre a colonização manifesta, deste modo, visões muito distintas acerca do papel desempenhado pelos eclesiásticos no plano social. Entre os autores, há

---

30    *Idem*, p. 187.

31    PRADO JÚNIOR, Caio. *Op. Cit.*, p. 299-303.

32    *Ibidem*, p. 309-317.

33    *Ibidem*, p. 328-31.

os que mostram-se reticentes acerca da qualidade desta cooperação entre eclesiásticos e seculares nos seus locais de atuação. Para Caio Prado Júnior, por exemplo, a colaboração predominou entre eles. Uma "colaboração tão íntima e indispensável ao funcionamento regular da administração em geral que nada há que lembre o que se passa na atualidade".[34] Por outro lado, sobre a eficácia da cristianização na ordem colonial a avaliação do autor era pessimista. Daquela forte influência católica, a um verdadeiro respeito religioso, observava, "vai uma distância considerável", vez que não é "de se esperar dos mandamentos religiosos um freio sério à corrupção dos costumes". Para Caio Prado Júnior, a "incoerência e instabilidade no povoamento, pobreza e miséria na economia, dissolução nos costumes, inércia e corrupção nos dirigentes leigos e eclesiásticos" foram as características básicas da sociedade colonial.[35]

Esta interpretação influenciou muitos estudiosos. Julita Scarano a seguiu de perto, principalmente ao afirmar que os soberanos portugueses se esforçaram sempre por colocar-se no papel de filhos extremosos da Igreja Romana. Como Sérgio Buarque de Hollanda, na *História da Civilização Brasileira*, e como Caio Prado Júnior, Scarano ressalvava também que a postura católica dos reis lusos não representava submissão; antes, era habilidade política. Especialmente contando a Coroa com a atuação de alguns governadores nas circunstâncias locais.[36]

O padroado, observou a autora de *Devoção e Escravidão*, "resultará em uma íntima ligação entre o poder eclesiástico e o temporal". Mas, constatava, "esta união foi, posteriormente, causa de conflitos e confusões". E dentre estas confusões, a seu ver, "muito mais sérios e complexos foram os debates entre os representantes do poder temporal e os bispos". Estes sempre assumiram uma postura ambígua, e suas medidas desgostavam os delegados régios, de modo que "em poucas ocasiões houve concordâncias entre uns e outros". William Callahan e David Higgs expõem constatações similares, analisando os estudos sobre as relações entre a Igreja e o Estado em algumas cortes europeias modernas.[37]

Deste modo, nota-se uma inflexão entre as interpretações acerca da predominância da harmonia entre os agentes eclesiásticos e seculares. Julita Scarano apresenta uma cla-

---

34    *Idem*, p. 328-29.

35    *Ibidem*, p. 354-56.

36    SCARANO, Julita. *Devoção e Escravidão: a irmandade de Nossa Senhora do Rosário dos Pretos no Distrito Diamantino*. 2ª ed. São Paulo: Nacional, 1978. (Brasiliana), p. 11-21.

37    SCARANO, Julita. *Op. Cit.*, p. 11-12; HIGGS, David. "The portuguese Church." In: *Idem* & CALLAHAN, W. J. *Church and society in Catholic Europe of the eigtheenth century*. Cambridge University Press, 1979, p. 2. Introduction.

ra percepção das relações de concorrência entre os juízes seculares e eclesiásticos: o "fato de os bispos poderem administrar a justiça suscitava questões." Por sua vez, os eclesiásticos, afirmou a mesma, reclamavam das ingerências civis. Assim, expressou um ponto de vista diferente do enunciado por Caio Prado Júnior: "apesar de não faltarem casos em que colaboraram", nas relações entre a Igreja e o Estado, predominava a disputa, "constante no decorrer do século XVIII".[38]

Para Arno Wehling, a concepção de justiça que informava tais práticas encontra-se sintetizada em uma frase do padre Antônio Vieira: "Deus é o Juiz Supremo de todo o Universo." Sendo o Criador, exerce a faculdade de julgador, mas caberia ao rei "aperfeiçoar os instrumentos de justiça, aproximando-os da perfeição divina".[39]

Configura-se, deste modo, um aspecto de grande realce entre estudos brasileiros sobre a época colonial, bem como entre muitos brasilianistas, a aliança do clero com a Coroa. O clero é um elemento onipresente na colonização, como definem Caio Prado Júnior, José Ferreira Carrato, Caio César Boschi, Arno e Maria José Wehling, Charles Boxer, David Higgs, entre outros. Onipresente, observam os Wehling, mas com uma existência desarticulada nos espaços coloniais. Dedicavam-se os clérigos, muitas vezes, a interesses pessoais, em detrimento dos objetivos pastorais. A historiografia atribui-lhes, amiúde, um estatuto político, e refere-se a eles como um "braço do estado".[40]

Por sua vez, Thales de Azevedo detecta uma lacuna na administração destas relações durante a era colonial: à falta de estatuto das relações dos eclesiásticos com a administração colonial e com a Metrópole. Observe-se as contendas entre bispos e ouvidores, ou entre estes e os vigários gerais, que também se desentendiam com juízes de fora. Para Azevedo, foi por não haver clara prescrição nesse sentido que "a Igreja confunde-se ou se integra com o Estado, jungida ao padroado muito estreitamente". Por outro lado, como mostrou Antônio Manuel Hespanha, a "situação privilegiada da Igreja era vista com preocupação pela Coroa, que tentava atenuá-la de diversas formas. O beneplácito e a prer-

---

38  *Idem*, p. 14.

39  WEHLING, Arno. *Direito e Justiça no Brasil Colonial: o tribunal da Relação do Rio de Janeiro (1751-1808)*. Rio de Janeiro: Renovar, 2004, p. 90-92; 109-12.

40  WEHLING, Arno; WEHLING, M. J. *Formação do Brasil Colonial*. 3ª ed. Revista e ampliada. 4ª reimpressão. Rio de Janeiro: Nova Fronteira, 1999, p. 82; HIGGS, David. "The portuguese Church." In: *Idem* & CALLAHAN, W. J. *op. cit.*, p. 2 et. Seq. Introduction; BOXER, Charles Ralph. *O império marítimo português: 1415-1825*. Trad. Anna O. B. Barreto. São Paulo: Companhia das Letras, 2002, p. 244 - O padroado e as missões católicas.

rogativa da *regia protectio* eram duas delas. Ademais, o direito de padroado atribuía à Coroa a faculdade de apresentar múltiplas dignidades eclesiásticas".[41]

Levando em conta tais prerrogativas, alguns historiadores avaliaram que os bispos ficaram impossibilitados de agir totalmente segundo os parâmetros eclesiásticos, tendo em vista as amplas prerrogativas do soberano, considerado, durante a época colonial, vigário apostólico. Os bispos são encarados como "responsáveis perante o rei pela execução das políticas governamentais".[42]

A paulatina institucionalização da Igreja na América Portuguesa é um processo que não deve ser dissociado dos grandes objetivos da colonização: lucro, império e fé. Esta última ocupava espaço proeminente nos discursos oficiais. A oratória sacra apresentava os imperativos da colonização como muito elevados e perfeitos, estando os seus escopos ligados à missão apostólica e à expansão da fé, à evangelização dos gentios.[43]

Deste modo envolvidos na catequização, este padres e missionários exaltavam a expansão da fé católica no Novo Mundo. Crônicas, sermões e obras literárias coevas veiculavam a magnanimidade do Rei em defender e propagar a fé católica. Justificativas teológicas para a escravidão eram elaboradas e difundidas. O deslocamento de grandes levas de cativos supria a necessidade de mão de obra na grande lavoura e, posteriormente, da mineração. A historiografia, não raro, descreve a Igreja na América Portuguesa em uma situação de total dependência da Coroa lusitana:

> a Igreja estava comprometida com os intentos dos Estados colonizadores e com os avanços do capitalismo triunfante. A Igreja julgava que só a instituição hierárquica era válida, e não conseguia perceber que esta estava pervertida pela sua aliança com o poder colonizador.[44]

---

41 AZEVEDO, T. *Igreja e Estado em Tensão e Crise: a conquista espiritual e o Padroado na Bahia.* São Paulo: Ática, 1978, p. 85; HESPANHA, Antônio Manuel. "O poder eclesiástico. Aspectos institucionais". In: José Mattoso. (Org.) *História de Portugal.* Lisboa: Estampa, v. IV, 1993, p. 287-288.

42 RUBERT, Arlindo (Pe). "El ambiguo ejercicio del patronazgo". *Historia de la Iglesia en Brasil.* Madrid: Mapfre, 1992, v. 7, p. 42-43. (Colección Iglesia Católica en el Nuevo Mundo). Interpretações semelhantes encontram-se nos estudos de TRINDADE, Raimundo (Côn.) *A Arquidiocese de Mariana: subsidios para sua História.* 2ª Ed. Belo Horizonte: Imprensa Oficial, 1953; WEHLING, Arno; WEHLING, M. J. *Op. Cit.*, p. 319.

43 SERRÃO, Joel & MARQUES, A. H. de Oliveira. (Dir.) *Nova História da Expansão Portuguesa: o Império Luso-Brasileiro (1620-1750).* Trad. Franco de Sousa (Partes I, II e IV). Lisboa: Estampa. Vol 3, tomo II. Coordenado por Artur Teodoro de Matos, 2005. vol 7. Cordenado por Frédéric Mauro, 1991. v. 8. Coordenado por Maria B. Nizza da Silva, 1986, p. 177-82 – "A articulação entre o poder civil e o poder religioso: funcionamento e disfuncionamento do sistema".

44 HOORNAERT, Eduardo. *A Igreja no Brasil-colônia. (1500-1800).* 3ª Ed. São Paulo: Brasiliense,

De tal forma se combinaram os três objetivos atinentes ao lucro e à expansão que o sistema implantado entre os séculos XVI e XIX não pode ser estudado fora do contexto do império colonial criado pelos portugueses.[45] Corroborando à ideia da perfeita colaboração do episcopado com a Coroa, observa-se uma presença frequente de bispos e eclesiásticos a assumir postos de governos, auxiliar em Juntas de Governos, ou a assumir cargos judiciais e administrativos em órgãos da Coroa.[46]

O aparato judicial eclesiástico convinha aos desígnios de afirmação hierárquica e de ordenamento da Metrópole. Não raro, bispos substituíram governadores e compuseram juntas de justiça ou governos provisórios. Para Sérgio Buarque de Hollanda, "de tal maneira estava a administração eclesiástica entronizada na máquina administrativa do governo civil, que seria difícil ao vulgo ver nela não um departamento do Estado, mas um poder autônomo." Raimundo Faoro observou, por sua vez, que, na época colonial, assistiu-se a uma "redução do clero a um ramo da administração pública".[47]

A Igreja dos tempos coloniais é encarada como um "departamento de Estado". Para Roberto Romano houve uma "luta, surda de início, contra a proteção abafante do Estado". Esta luta, explica, empreendida pela Igreja, "foi tornando-se pública, chegando-se ao clímax no final do Império, com a Questão Religiosa".[48]

No volume sétimo da Nova História da Expansão Portuguesa, coordenado por Frédéric Mauro, se indica o papel do episcopado na colonização: "o bispo torna-se uma espécie de funcionário"; ou "a docilidade dos bispos é evidente e a contestação raríssima". Quando se descreve os bispos de um modo geral, diz-se que "reagem como bons portu-

---

1994, p. 27. (Tudo é História, 45).

45   WEHLING, Arno; WEHLING, M. J. *Op. Cit.*, p. 38; 61. Com este ponto de vista concordam: HOORNAERT, Eduardo. *A Igreja no Brasil-colônia. (1500-1800).* 3ª Ed. São Paulo: Brasiliense, 1994, p. 29 – Os cinco ciclos da evangelização do Brasil. (Tudo é História, 45); e HANSEN, J. A. "*Ratio Studiorum* e política católica ibérica no século XVII". In: D. G. Vidal e M. L. Hilsdorf (Org.) *Brasil 500 anos: tópicas em história da educação.* São Paulo: Edusp, p. 27-28.

46   Sobre a presença dos bispos e homens da Igreja em cargos religiosos, judiciais e políticos em Portugal, ver: PAIVA, J. P. de M. "Interpenetração da Igreja e do Estado." In: AZEVEDO, C. M. (dir.) *História Religiosa de Portugal.* Lisboa: Círculo de Leitores, 2000, v. 2 – Humanismos e Reformas, p. 117-118.

47   HOLLANDA, S. B. de. (Dir.) *Op. Cit.*, tomo 1, vol 2, p. 56. SCARANO, Julita. *Devoção e Escravidão: a irmandade de Nossa Senhora do Rosário dos Pretos no Distrito Diamantino.* 2ª ed. São Paulo: Nacional, 1978; WEHLING, Arno; WEHLING, M. J. *Formação do Brasil Colonial.* Rio de Janeiro: Nova Fronteira, 1994; FAORO, Raimundo. *Op. Cit.*, p. 197-198.

48   Ver: "Colônia e Império: o ser-para-o-outro da Igreja". In: ROMANO, Roberto. *Brasil: Igreja contra Estado - crítica ao Populismo Católico.* São Paulo: Kairós, 1979, p. 81-83.

gueses". Eles "encorajam os fiéis a manterem-se dedicados ao Rei, a obedecerem e a orarem por ele, como representante de Deus na terra". Esta visão, entretanto, se relativiza ao descrever o papel individual e destacar as especificidades das atuações de cada titular diocesano. Como exemplos, encontram-se os arcebispos da Bahia, Dom José Botelho de Matos e Dom Sebastião Monteiro da Vide; Dom Frei José Fialho em Pernambuco; Dom Frei Francisco de São Jerônimo e Dom Frei Antônio de Guadalupe, da diocese do Rio de Janeiro; e Dom Frei Manuel da Cruz. Após as descrições de suas realizações, observa-se que "a dependência dos bispos em relação ao Rei e à cultura portuguesa não se pode considerar sinónima de escravatura. Graças a fortes personalidades, a cultura da Metrópole foi adaptada e difundida progressivamente na sociedade brasileira".[49]

Ademais, não faltam bispos "adeptos do padroado", conforme os denominou Charles Ralph Boxer.[50] Dom José Joaquim de Azeredo Coutinho, arcebispo de Olinda entre 1798 e 1802 é um caso exemplar. Nascido no Brasil, escreveu livros defendendo a jurisdição da Coroa sobre as terras do padroado. Segundo Dom Oscar de Oliveira, os "regalistas procuraram sempre confundir os dízimos da Ordem de Cristo com os dízimos eclesiásticos". O autor refere-se a Dom Azeredo Coutinho, que afirmava "que os dízimos pertencentes à Ordem de Cristo eram dízimos civis, provenientes de impostos alfandegários, pois diz que eram 'as ditas Igrejas Benefícios ultramarinos'". Mas a ausência de referências precisas evidencia a confusão nas origens dos dízimos eclesiásticos, pois de acordo com o autor,

> Entre o Clero, se excetuarmos Azeredo Coutinho, todo o resto estava convencido de que os dízimos da Ordem de Cristo, que os reis arrecadavam no Brasil, eram dízimos eclesiásticos propriamente ditos. As Constituições da Bahia, doutrinando sobre os dízimos e urgindo o pagamento deles aos reis como Grão Mestres da Ordem de Cristo, se referem aos dízimos estritamente eclesiásticos.

Os documentos pontifícios - inclusive a bula *Super Specula Militantis*, de 1551, que criou o Arcebispado da Bahia "supõe já o fato dos dízimos da Ordem de Cristo, que o rei como Grão-Mestre deve arrecadar para prover os benefícios". Mas o bispo de Olinda ex-

---

49  SERRÃO, Joel & MARQUES, A. H. de Oliveira. (Dir.) *Nova História da Expansão Portuguesa: o Império Luso-Brasileiro (1620-1750)*. Trad. Franco de Sousa (Partes I, II e IV). Lisboa: Estampa, 1991, p. 373-376. Vol 7, Cordenado por Frédéric Mauro.

50  BOXER, Charles Ralph. *O império marítimo português: 1415-1825*. Trad. Anna O. B. Barreto. São Paulo: Companhia das Letras, 2002, p. 244 - O padroado e as missões católicas.

EXCOMUNHÃO E ECONOMIA DA SALVAÇÃO

pressava os seus pontos de vista acerca de diversos aspectos, como a evolução política e econômica colonial.[51]

Sobre este aspecto econômico, Azeredo Coutinho defendeu uma posição veemente em prol da agricultura em detrimento da exploração das Minas as quais poderiam representar a ruína a Portugal, mesmo rendendo dividendos. "Eu só trato de apontar os meios de aproveitar um país reconcentrado no interior do Brasil, cercado de montanhas, e muito longe ainda de um comércio de navegação interior e manufaturas".[52] Sabendo que suas ideias seriam alvos de ataques, o bispo adiantou aos que talvez o acusassem "de ocupar de um estudo mais próprio de um agricultor, e de um comerciante, que de um Bispo." É necessário lembrar-lhes, asseverou "que *eu, antes de ser um bispo, eu já era, como ainda sou, um cidadão ligado aos interesses do Estado*; e que os objetos que eu trato não ofendem a Religião, nem ao meu Estado." Ademais, observou, "é um dever servir ao Estado, que

---

51 OLIVEIRA, Oscar de (Dom). *Os dízimos eclesiásticos do Brasil nos períodos da Colônia e do Império.* Tese de Láurea em Direito Canônico defendida na Pontifícia Universidade Gregoriana no dia 16 de fevereiro de 1938, p. 39-46.

52 COUTINHO, José Joaquim da Cunha de Azeredo. *Discurso sobre o atual estado das Minas dividido em quatro capítulos. No primeiro mostra-se que as Minas de oiro são prejudiciais a Portugal. No segundo mostra-se a necessidade que há de se estabelecerem Escolas de Mineralogia nas Praças principais das capitanias do Brasil, especialmente nas de São Paulo, Minas Gerais, Goiás, Mato Grosso. No terceiro aponta-se o meio para facilitarem as descobertas da História Natural e dos ricos tesouros das colónias de Portugal. No quarto aponta-se os meios de se aproveitarem as produções e a agricultura do continente das Minas que, aliás, já é perdido para o ouro.* Lisboa: Imprensa Régia, 1804. Itálicos nossos. *Idem. Alegação Jurídica na qual se mostra que são do padroado da Coroa e não da Ordem Militar de Cristo as Igrejas Dignidades e Benefícios do Cabo Bojador.* (1804). *Idem. Comentário para a Inteligência das Bulas e Documentos que o Reverendo doutor Dionízio Miguel Leitão Coutinho juntou à sua Refutação contra alegação jurídica sobre o padroado das Igrejas e Benefícios do cabo Bojador para o Sul.* Há muitos outros exemplos de bispos conselheiros de Estado, como: D. Jerônimo Osório, no reinado de Dom Sebastião; e Dom Baltasar Limpo, Arcebispo de Braga, no reinado de Dona Catarina; Antônio Vieira, no governo de Dom João IV, o padre jesuíta Pedro Fernandes, no governo de Dom Pedro II; e do italiano João Batista Carbone, de Frei Gaspar da Encarnação e o Cardeal Pedro da Mota e Silva, no governo de Dom João V. Há, ainda, o exemplo do padre oratoriano Antônio Pereira de Figueiredo, teólogo de prol no ministério pombalino. Ver: PAIVA, J. P. de M. "Interpenetração da Igreja e do Estado." In: AZEVEDO, C. M. (dir.) *História Religiosa de Portugal.* Lisboa: Círculo de Leitores, 2000, p. 117-118. ASSIS, Ângelo F. "Entre a coerção e a misericórdia: sobre o tribunal do Santo Ofício da Inquisição em Portugal." *Op. Cit.*, p. 140.

me honra, que me sustenta, e que me defende." Todo o cidadão tem obrigação de concorrer para o bem geral da sociedade com a sua quota parte.[53]

Este testemunho do bispo de Olinda ressalta a importância do padroado régio. Não escapa à argúcia dos estudiosos, por outro lado, as circunstâncias de concorrência local entre os representantes. Houve associação entre o governo eclesiástico e o temporal, na colônia, mas a harmonia não era a regra na prática cotidiana da administração eclesiástica. Examinando a carreira e o perfil dos representantes episcopais na colônia, Sérgio Buarque de Hollanda identificou três grandes obstáculos à ação dos bispos: o primeiro, o poder civil. Os seus agentes opunham empecilhos à ação disciplinadora da Igreja, fundados em uma legislação confusa. O poder civil tirava a sua autonomia, e conformava um conflito crescente ao longo do século XVIII.[54]

Como apontam os estudiosos, colaboração e concorrência coexistiram naquele sistema. O objetivo dos funcionários régios era afirmar sua legitimidade, como representantes do poder da Coroa. Para o Estado "toda a falta religiosa implicava, pelo menos em teoria, em punição e repressão". O batismo, era um sinal de submissão; a procissão do Santíssimo, um sinal de adesão política.[55]

Segundo Sérgio Buarque de Hollanda, à Igreja desta época parecia que "o braço secular não chegou senão em poucos momentos a constituir um apoio, mas foi o mais das vezes um empecilho ao cumprimento de sua missão." O segundo e o terceiro problemas enfrentados pelo episcopado, seriam, segundo aponta, os poderes concorrentes: religiosos de ordens regulares, representantes dos Cabidos, que frequentemente levantavam conflitos com bispos. O espírito regalista das forças ligadas ao Estado agravaria o problema.[56]

Como mostra a documentação paroquial, nomeadamente as atas de visitas pastorais e processos judiciais, o caráter frequente dos desentendimentos interinstitucionais tocava o execício da justiça e discrepâncias quanto ao uso dos recursos e aplicações de sentenças. José Pedro Paiva citou um parecer dado ao Conselho Ultramarino em 1698, pelo doutor José de Freitas Serrão, que salientou a importância do juízo eclesiástico nas dioceses das conquistas. O mesmo sentido pautou outro parecer do ministro em 1704: "todas as controvérsias que tem havido nas conquistas entre os seculares e eclesiásticos é por falta de ciência do direito canônico e ordem judicial e eclesiástica". Desde o século XVI, após a publicação dos decretos do

---

53  COUTINHO, José Joaquim da Cunha de Azeredo. *Discurso sobre o atual estado das Minas. Op. Cit.*, p. 10. Itálico nosso.

54  HOLLANDA, S. B. de. *Op. Cit.*, tomo 1, v. 2, p.70.

55  SERRÃO, Joel & MARQUES, A. H. de Oliveira. (Dir.) *Op. Cit.*, Vol 7, Coord. Frédéric Mauro, p. 380.

56  *Idem.*

Concílio de Trento, o perfil ideal de bispo foi tema de debate entre tratadistas e conselheiros reais. Nesse contexto, a posição de Dom Frei Bartolomeu dos Mártires era a favor da preferência pelos bispos teólogos: "os bispos são sucessores dos apóstolos e não dos juristas. Portanto, o seu múnus é ensinar o que os apóstolos ensinaram". No século XVIII, porém, as nomeações episcopais para as dioceses do Brasil refletiram a preferência pelos canonistas.[57]

Em seu conjunto, tais caracterizações dos bispos sob o padroado enfatizam o seu compromisso com a colonização e a necessidade de cooperar com a Coroa. O governo espiritual estava associado ao temporal, que lhe cedia uma base elementar de apoio.[58] Por outro lado, a contínua interferência do Estado nos assuntos eclesiásticos, que se verifica durante o período colonial e se aguça durante o ministério pombalino, por meio do chamado despotismo esclarecido, expressam, segundo Sérgio Buarque de Hollanda, uma "feição portuguesa do regalismo".[59] O rei lusitano contava com órgãos consultivos para o exame das situações controversas, sobre as quais emitiam pareceres: a Mesa da Consciência e Ordens e o Conselho Ultramarino. Para Eduardo Hoornaert, de tal modo predominaram as prerrogativas do padroado, que a influência de Roma nas terras do Brasil seria mínima no século XVIII.[60]

O padroado se torna, deste modo, um importante mecanismo de dominação da Igreja pelo Estado. Se a Igreja de Roma permanece distante e sem espaço para exercer influência maior que a do soberano, nossas interrogações devem voltar-se à atuação da Igreja diocesana e sua hierarquia. Mesmo nesta ótica, não são poucos os estudiosos que analisaram a sua atuação no âmbito da justiça. Sabe-se que os seus interesses comuns e as interações dos foros na administração da justiça levaram aqueles agentes da Coroa e da mitra a travar relações complexas no plano local. A norma e a prática dos agentes expõem as cisuras no pacto que envolveu o padroado. Os estudos de Iris Kantor demonstram algumas manifestações dos acordos e desacordos do padroado régio ultramarino, tomando por base a análise da ordem de precedência e o cerimonial festivo de Minas Gerais. A festa representaria um pacto festivo, mas que

---

57    PAIVA, José Pedro. "Dom Sebastião Monteiro da Vide e o episcopado do Brasil em tempo de renovação (1701-1750)". In: FEITLER, Bruno; SOUZA, Evergton S. *A Igreja no Brasil: Normas e práticas durante a vigência das Constituições Primeiras do Arcebispado da Bahia*. São Paulo: Editora da Unifesp, 2011, p. 34-35.

58    José Pedro Paiva demonstra como os monarcas espanhóis procuraram cooptar membros da Casa de Bragança, em busca de conquistar apoio de uma linhagem poderosa, que lhe poderia oferecer obstáculos. Esta estratégia se verificou mediante a nomeação de bispos desta linhagem para as dioceses como a de Évora e Viseu. PAIVA, José Pedro. "A Igreja e o poder." *Op. Cit.*, p. 145.

59    HOLLANDA, S. B. de. *Op. Cit.* Tomo 1, v. 2 - Administração, Economia e Sociedade. Livro segundo: Vida espiritual. Cap. 1: a Igreja no Brasil colonial, p. 51.

60    HOORNAERT, Eduardo. *A Igreja no Brasil. Cit.*, p. 12 - Aliança com o Estado. (Tudo é História, 45).

comportaria conflitos de etiqueta, cuja explicação estaria longe de ater-se à ordem cerimonial. Para a autora, as tensões e disputas por precedências às cerimônias públicas refletem as preocupações referentes às clivagens sociais, à necessidade de demarcar distância social e hierarquias. Por seu turno, a sociedade mineradora evidenciava algumas ambiguidades que a distinguiam de uma estrutura típica de Antigo Regime.[61]

Em Minas Gerais, sendo o conflito uma constante, ministros régios e eclesiásticos se defrontavam com uma espécie de contra-ordem. Pairava uma atmosfera de ameaça constante, levantes, invasões, assaltos, disputas, conspirações. O território das Minas foi grassado por crises de fome, violência e criminalidade em diversos momentos. Considerando estes motes, a representação pública de autoridade dos agentes, e os instrumentos legislativos disponíveis para o seu exercício, esboçam-se os distintos níveis de relações dos juízes seculares e eclesiásticos: as que se entabulavam com os seus pares; com as gentes; e as suas relações com a autoridade metropolitana. Cartas dos agentes da capitania ao Conselho Ultramarino de Lisboa tornaram célebres e temidos os assaltos de bandos armados nas beiras dos precários e recém-abertos caminhos; o contrabando de metais e pedras preciosas requeria providências, pois se mostrou persistente em toda a centúria. Para confrontar tais contingências, a Coroa procurava impor normas que visavam a estabilização social e a eficácia fiscal na região mineradora.[62]

## Estado, religião e sociedade em Minas Gerais no século XVIII

A descoberta do ouro na região das Minas alterou o panorama da colonização da América portuguesa no século XVIII, e provocou o deslocamento administrativo para o sul. Este movimento foi acompanhado da elaboração legislativa, a qual constituía-se, nesse período, de cartas de lei, cartas-patentes, alvarás e provisões reais, regimentos, estatutos, pragmáticas, forais, concordatas, privilégios, decretos, resoluções de consultas, portarias e avisos.[63]

A ocupação da região mineradora foi também fortemente marcada pela ação eclesiástica, cuja fase correspondente ao início do século, é apontada como a do "catolicismo

---

61 KANTOR, Iris. *Pacto festivo em Minas colonial: a entrada triunfal do primeiro bispo na sé de Mariana.* Dissertação de mestrado, FFLCH, USP, São Paulo, 1996, p. 16; 32; 52-53; 119 et seq.; 134. Aprendi muito, também, com o artigo, da mesma autora: "Tirania e fluidez da etiqueta nas Minas Setecentistas". *Lph: Revista de História*, n. 5, 1995, p. 112-13; 116-21.

62 BOSCHI, Caio César. *Os leigos e o poder: irmandades leigas e política colonizadora em Minas Gerais.* São Paulo: Ática, 1986, p. 50ss. ANASTASIA, Carla. *A geografia do crime: violência nas Minas Setecentistas.* Belo Horizonte: Editora da UFMG, 2005. (Humanitas).

63 HOLLANDA, S. B. de. *Op. Cit.*, tomo 1, v. 2 - Administração, economia, sociedade, p. 27; p. 46;

mineiro". Para o provimento de canonicatos e benefícios eclesiásticos nos novos bispados, vigoravam as determinações do padroado régio. As paróquias eram centrais para o exercício local do padroado. Eram providas por apresentação do rei padroeiro ou por concurso. Este sistema consistiu "no controle das nomeações das autoridades eclesiásticas pelo Estado e na direção, por parte deste, das finanças da Igreja".[64]

Estes direitos, como referimos, foram gradativamente sendo outorgados aos soberanos lusitanos pelo papado, por meio de concórdias e concordatas, sobre as criações de dioceses e as apresentações dos bispos titulares, além do controle da arrecadação dos dízimos eclesiásticos, e o provimento e pagamento dos párocos.[65]

De modo que, como observou Raimundo Faoro, ao final do século XVIII, a rede eclesiástica na América Portuguesa se estrutura da seguinte forma: o arcebispado da Bahia, e os seis outros bispados: Rio de Janeiro, Pernambuco, Maranhão, Pará, Mariana e São Paulo. Os dois últimos, criados em bula de 1745 juntamente com as duas prelazias de Goiás e Cuiabá.[66]

A título de comparação, observe-se que as coroas ibéricas administraram de formas distintas os direitos de padroado nas suas colônias. Os reis espanhóis, entre 1504 e 1850, obtendo o patronato do Papa Júlio II, fundara 58 dioceses nas suas colônias. Já na América Portuguesa um pequeno número de dioceses deveria assumir a missão da assistência religiosa e da catequese, com uma estrutura que compreendeu, por mais de cem anos, tão-somente a diocese da Bahia, fundada em 1551; as dioceses de Pernambuco e Rio de Janeiro, criadas em 1676; a diocese do Maranhão, em 1677; a diocese do Pará, criada em 1719; as dioceses de Mariana e São Paulo, em

---

p. 56.

64  HOLLANDA, S. B. de. *Op. Cit.*, tomo 1, v. 2, p. 27; p. 46; p. 56; DUSSEL, Enrique. (Org.) *Historia Liberationis: 500 anos de História da Igreja na América Latina*. São Paulo: Paulinas/Cehila, 2005, p. 15.

65  J. J. Lopes Praça distingue concórdias e concordatas entre pontífices e príncipes. As concordatas, mais solenes que as primeiras, não implicavam em privilégios, mas em pacto bilateral, convênio ou transação que obrigava as duas partes envolvidas. A concórdia é uma convenção cuja força promana do mútuo consenso, é dada pelas circunstâncias, e não implica em tendência permanente, na qual pondera o poder mais forte e mais acreditado na ocasião; só se podem ab rogar por mútuo consentimento dos que d'antes a consentiram. LOPES PRAÇA, J. J. *Ensaio sobre o padroado*. Coimbra: Imprensa da Universidade, 1869, p. 44-45.

66  FAORO, Raimundo. *Os donos do poder. Op. Cit.*, p. 196-98.

1745, pela bula *Candor Lucis Aeternae*, de Bento XIV, que sancionou também as prelazias de Goiás e Cuiabá.[67]

Esta bula correspondia, portanto, ao contexto em que a Coroa portuguesa estimulava iniciativas exploradoras. Este esforço, de escopos mercantis, proporcionou um incremento do *rush* expedicionário em busca de jazidas minerais pelo interior das terras do Brasil. À medida em que se anunciavam as primeiras descobertas, baixava-se uma legislação específica no alvorecer do século XVIII.[68]

Nestas circunstâncias, tomava impulso um processo de estabilização social que contemplaria a cristianização dos novos espaços. A Coroa procurava criar condições mínimas para a administração da capitania, conforme os parâmetros da administração e da legislação portuguesa. As condições inóspitas, dificuldades de acesso e de abastecimento eram circunstâncias que marcavam este processo. A ocupação das Minas nada poderia ter de pacífico; ao contrário, dava-se em meio a enorme tumulto de interesses, oposições e lutas de pessoas em busca de enriquecimento de condições sociais diversas. Assim, a compreensão histórica da ação dos grupos estabelecidos em Minas Gerais na segunda metade do século XVIII deve considerar a dinâmica dos interesses e estratégias de dominação que empreenderiam as suas lutas.[69] Diversas tentativas de estabelecer um monopólio das riquezas da região foram ensaiadas, empreendidas por grupos sociais rivais as-

---

67 RUBERT, Arlindo (Pe). "Historia de la Iglesia en Brasil. Madrid: Mapfre, 1992, v. 7, "Erección de diocésis y prelaturas" - p. 68; HOORNAERT, Eduardo *et al. História da Igreja no Brasil: ensaio de interpretação a partir do povo*. T. II/1 - Primeira Época: período colonial. 5ª ed. Petrópolis: Vozes, 2008, p. 173; Sobre a negociação das bulas do patronato espanhol, descrição contextualizada, mapa e listagem das dioceses da América espanhola: CASTAÑEDA-DELGADO, Paulino; FERNÁNDEZ, Juán Marchena. *La Jerarquía de la Iglesia en Indias: el episcopado americano (1500-1850)*. Madrid: Fundación Mapfre América, 1992, p. 153-185.

68 Como mostrou CALÓGERAS, Pandiá. *As minas do Brasil e a sua legislação (Geologia Econômica do Brasil)*. 2ª ed. Refundida actualizada e dirigida por Djalma Guimarães. São Paulo: Companhia Editora Nacional, 1938, p. 507. Sobre Minas Gerais, vide ainda: HOLLANDA, S. B. "Metais e pedras preciosas." In: *História Geral da Civilização Brasileira*. 11ª ed. Rio de Janeiro: Bertrand Brasil, 2004.

69 A ação é a conduta humana à qual os sujeitos vinculam um sentido subjetivo, ao assumir comportamentos mentais ou exteriores, manifestos por meio da ação ou da inação. WEBER, Max. *Conceitos básicos de sociologia*. São Paulo: Centauro editora, 2002; WEBER, Max. *Economia y sociedad*. México: Fondo de Cultura Económica, 1944.

pirantes ao poder. Lutas culminavam em incruentos conflitos; a Guerra dos Emboabas em 1709 foi um entre numerosos exemplos.[70]

Ao longo da centúria, diferentes ciclos podem ser identificados, mas a instabilidade social perduraria. Nos discursos dos agentes e na sua ação, por eles orientada ou justificada, notam-se tentativas de estabelecer o controle da região mineradora. Esta compreensão relaciona-se à identificação dos tipos de autoridade estabelecidas na região, à reivindicação de legitimidade e as estratégias de legitimação que efetuariam.[71]

Ações e estratégias de afirmação implicam, portanto, em um trabalho de afirmação de autoridade, a par e passo com estratégias de legitimação. Estas envolvem recursos institucionais de persuasão e coerção. Este conjunto de tarefas não poderia prescindir da participação de agentes especializados.[72] Cada qual com as suas especificidades, os burocratas, sacerdotes e militares constituíam corpos especializados. Deviam obediência às diretrizes da metrópole, que os recrutara para executar as políticas colonizadoras nos sertões da América Portuguesa. Em Minas Gerais, o povoamento teve impulso nos anos finais do século XVII, quando espalhou-se a notícia dos descobertos auríferos. Não tardou a instalar-se também a celeuma, com o afluxo desordenado e massivo de aventureiros, viajantes, escravos, mineradores, comerciantes, burocratas, sacerdotes e militares.[73]

O surgimento de comunidades e suas relações é passível de verificação em um momento posterior àquela desordem inicial. O envio de eclesiásticos e agentes da Coroa para a região, posicionados em uma estrutura administrativa, indicam o avanço metropolitano visando a administração eficaz das riquezas da região. Este trabalho amparava-se na legislação do Reino e em uma legislação mineral, que os órgãos da Coroa amiúde readaptavam, no século XVIII.[74]

O emprego de força militar e estratégia política, além de iniciativas como a fundação de municipalidades e a ampliação da rede paroquial marcaria um segundo momento da ocupação da região mineradora. A rápida proliferação dos arraiais e povoados é um marco, ainda na primeira década do século. Logo após a pacificação dos conflitos da

---

70  WEBER, Max. *Conceitos básicos. Op. Cit.*, p. 67-69. Cap. 8 - O conceito de luta.

71  *Idem.*

72  Reside aí a importância conferida por Weber à ação individual tipicamente diferenciada dos agentes sociais: é preciso saber o que faz um rei, um oficial, um alcoviteiro; conhecer o seu tipo de ação funcional em termos de sobrevivência, necessária à continuidade de determinada unidade cultural. WEBER, Max. *Conceitos básicos. Op. Cit.*, p. 26-27; 32-33; 72-74.

73  HOLLANDA, S. B. "Metais e pedras preciosas". In: *História Geral da Civilização Brasileira*. 11ª ed. Rio de Janeiro: Bertrand Brasil, 2004.

74  HOLLANDA, S. B. "Metais e pedras preciosas." *Op. Cit.*

Guerra dos Emboabas, em 1711, o governador Antônio de Albuquerque assinou o ato de criação das três primeiras vilas na região mineradora – Vila de Nossa Senhora do Ribeirão do Carmo, Vila Rica e Sabará. Nesta ordem, estas três vilas encabeçaram uma fileira de municipalidades que posteriormente seriam fundadas na nova capitania. Em alguns casos, a criação das câmaras municipais advinham em atenção a pleitos de grupos sociais dominantes, estabelecidos em localidades em desenvolvimento. Quando atingiam patamar de importância militar, religiosa ou econômica e civil, estes locais passavam a demandar o título de vila.[75]

Acompanhando este impulso povoador, instalava-se um pároco ou um capelão a oferecer assistência espiritual, nas vilas, e nas menores e mais distantes povoações. O seu trabalho na região passaria a ser fiscalizado, por meio de visitas regulares dos visitadores delegados e dos próprios bispos do Rio de Janeiro, com jurisdição sobre a região mineradora. Com a presença eclesiástica, o ritmo da vida e do trabalho das gentes passava a ser marcado pelas atividades religiosas, prescritas e apregoadas pela cúria diocesana. As capelas e paróquias ofereciam aos fregueses uma vida religiosa marcada por um diversificado repertório de festas, novenas, celebrações e cerimônias públicas, festivas e fúnebres.[76]

Estabelecidos em sua circunscrição eclesiástica, os párocos reivindicavam uma autoridade legítima, como sacerdotes da Igreja. As manifestações religiosas eram inculcadas na rotina das incipientes comunidades. Este calendário religioso exercia um papel importante. Representavam o *habitus*, conforme expressou Pierre Bourdieu, que se inculcava. Foi por meio deste trabalho especializado que, paulatinamente, propiciava que o culto católico se imiscuísse ao cotidiano das gentes, impondo uma disciplina social, e a ação da justiça eclesiástica. A organização paroquial se fazia acompanhar dos mecanismos institucionais de controle social. A importância da paróquia para a administração civil eclesiástica encontra-se realçada em estudos de referência.[77]

A paróquia funcionava como um importante polo irradiador da doutrina católica e da norma cultural dominante. Como tal, constituía um polo de reprodução da disciplina

---

75 FONSECA, C. D. *Des terres aux Villes d'Or: pouvoirs et territoires urbains au Minas Gerais (Brésil, XVIIIe. siècle*. Paris: Centre Culturel Calouste Gulbenkian, 2003, p. 23.

76 TORRES-LONDOÑO, Fernando. (Org.) *Paróquia e comunidade no Brasil: perspectiva histórica*. São Paulo: Paulus, 1997.

77 "Cuanto más se estudian los documentos de la época colonial, más se evidencia la importancia de la organización de la Iglesia a través de las parroquias, ya desde los inicios de la colonización." RUBERT, Arlindo (Pe). *Op. Cit.*, p. 64; TORRES-LONDOÑO, Fernando. (Org.) *Paróquia e comunidade no Brasil. Op. Cit.* Introdução. Vide as reflexões de Iris Kantor em: KANTOR, Iris; DORÉ, Andréa Carla. "Soberania e territorialidade colonial: Academia Real de Hitória Portu-

entre os fregueses. Como diziam os padres jesuítas, a "instrução do espírito não estava dissociada do caráter." Promovia a formação de "homens virtuosos", que eram considerados "úteis à sociedade".[78]

Reside aí, neste trabalho religioso levado a efeito em cada freguesia, e em suas menores capelanias, um dos elos fundamentais da ação da Igreja tridentina no século XVIII. Esta matriz foi orientava as disposições diocesanas. Seus títulos regulamentavam um trabalho pedagógico dos párocos e capelães, a colaboração com as justiças, a aplicação das censuras, punições, recepção das queixas. Esta dinâmica se apoiava no calendário festivo, e em ritos e cerimônias litúrgicas públicas e pedagógicas. Era um dever institucional apresentar aos leigos o que era lícito e ilícito, conforme os enquadramentos institucionais vigentes e aceitos.[79]

Thales de Azevedo salientou a importância da estrutura paroquial em prol da imposição da hierarquia: "a Igreja era a instituição dominante em todas as esferas da sociedade" e possuía "o monopólio de todos os meios para a salvação". Daí "lhe advinha a autoridade sobre o espiritual e o temporal." Esse princípio de organização cobre a totalidade dos territórios, cabendo ao administrador cristão converter todos ali residentes. Disso decorre, para o autor, a imposição da obrigação de aceitação espontânea ou pela coerção, uma expressão das formas concretas que o padroado assumiu.[80]

Considerando a importância central da regulamentação do padroado régio ultramarino na configuração da ordem administrativa da colônia, estudos mostram a importância das visitas pastorais como forma de controle social, com vistas à observância da ortodoxia religiosa, mas, também e sobretudo, tendo em conta esta dimensão colonial, como "instrumen-

---

guesa e a América Portuguesa". In: DORÈ, Andrea, SANTOS, Antonio Cesar de Almeida. (Org.). *Temas Setecentistas: governos e populações no império português.* Curitiba: UFPR-SCHLA Fundação Araucaria, 2009, v. 1, p. 232-239. Versão eletrônica consultada: KANTOR, Iris. "Soberania e territorialidade colonial: Academia Real de História da América Portuguesa e a América Portuguesa". Disponível em <http://www.humanas.ufpr.br/portal/cedope/files/2011/12/Soberania-e-territorialidade-colonial-%C3%8Dris-Kantor.pdf> Acesso em 30 jun. 2015.

78 SERRÃO, Joel & MARQUES, A. H. de Oliveira. (Dir.). *Op. Cit.*, p. 388. v. 7, Cordenado por Frédéric Mauro.

79 RUBERT, Arlindo (Pe). *Op. Cit.*, p. 65.

80 AZEVEDO, Thales de. *Op. Cit.*, p.86-88.

PATRÍCIA FERREIRA DOS SANTOS SILVEIRA

to de informação e domínio territorial". Exercendo as visitas um papel ancilar em relação à justiça civil, observou Iris Kantor, não era rara a eclosão dos conflitos de jurisdição.[81]

O padre Arlindo Rubert também assinalou a importância da fiscalização, e da coerção - sobre a administração e a vivência das práticas religiosas: a conservação do templo, das alfaias e objetos de culto. Mas para o estudioso eclesiástico, lado a lado com a implantação da estrutura paroquial, ressaltou, as visitas pastorais desempenharam um papel primordial na consolidação da hierarquia eclesiástica.[82]

Estes parâmetros de vivência religiosa e fiscalização encontravam-se nas disposições das constituições diocesanas. Eram transmitidos aos paroquianos, por meio de variados recursos, orais, escritos, artísticos, rituais. A instância de coerção sob o arbítrio da autoridade episcopal representou um entroncamento entre a persuasão e o trabalho de doutrinação, ocorrida no cotidiano das comunidades religiosas.

Tais orientações guardam estreita ligação com a administração do tribunal eclesiástico, que concentrou importantes mecanismos de coerção. Fundamentado em normas diocesanas e na doutrina religiosa, a sua organização e funcionamento amparavam-se nas atividades dos agentes eclesiásticos responsáveis por todos os registros e execuções das ações judiciais cíveis e crimes movidos contra pessoas leigas e eclesiásticas. Tais atividades possibilitaram que o tribunal eclesiástico estabelecesse uma relação hierárquica e inquiridora para com os leigos e mesmo com os representantes do poder secular. Às visitas pastorais, esta faceta coercitiva ficava evidente. Além de avaliar a vivência e a administração da paróquia, o visitador, um dos principais agentes especializados deste sistema, assumia múltiplos papéis. A um só tempo, tornava a justiça eclesiástica bem visível e presente, demonstrando a sua legitimidade, expressa em fundamentos bíblicos e legais. Exercia o arbítrio, concedendo os rápidos livramentos por despachos, aos culpados menos graves. Por fim, aplicava as multas e condenações, mesmo mantendo um tenso relacionamento com os juízes e oficiais das justiças seculares.[83]

Deste modo, para mapear estas relações de tensão, concorrência e colaboração, bem como as mediações simbólicas efetuadas no cotidiano das comunidades setecentis-

---

81    KANTOR, Iris. "Um visitador na periferia da América Portuguesa: visitas pastorais, memórias históricas e panegíricos episcopais." *Vária História*, nº 21, jul. 1999, FAFICH, UFMG, Belo Horizonte, p. 438; 444-46. Especial Códice Costa Matoso.

82    RUBERT, Arlindo (Pe). *Op. Cit.*, p. 65.

83    SANTOS, Patrícia Ferreira dos. *Poder e Palavra: discursos, contendas e direito de padroado em Mariana (1748-1764)*. São Paulo: Hucitec, 2010, (Estudos Históricos, 83), p. 123-27 - O aparelho eclesiástico em movimento; *Idem.* "A Coroa e a Mitra no espaço público: representação de poder nas festas e cerimônias litúrgicas do século XVIII em Minas Gerais". *Horizonte: Revista de*

tas de Minas Gerais, é importante compreender o papel dos vigários locais, instalados nas freguesias. Cabia a eles a tarefa da tradução dos cânones, e a sua inculcação nas mentes das populações incultas. Esta comunicação de persuasão concretizava-se por meio de recursos e trocas simbólicas que envolvia o culto religioso.

## Nas freguesias dos Setecentos: o exercício do poder simbólico

Os recursos institucionais aplicados no tribunal episcopal de Mariana para o enquadramento dos fiéis, se expressam em centenas de processos eclesiásticos. Reunindo os ditos das testemunhas, a pronúncia do réu e a defesa, eles fornecem pistas da ação dos vigários gerais, e da sua busca de hegemonia do campo religioso e do monopólio da assistência espiritual.

Lançando mão de penalidades espirituais como a excomunhão e outros mecanismos de coerção, os agentes da hierarquia eclesiástica reivindicaram a sua autoridade. Ao longo do século XVIII, a prerrogativa episcopal de excomungar representou mais que um recurso de coerção, ou uma penalidade espiritual. Foi um recurso de coerção empregado com frequência pelos agentes da justiça eclesiástica, na sede e nas vigararias das varas. Expedia-se declaratórias de excomunhão para se obrigar pessoas a comparecer ao tribunal, quando notificadas, punindo-as caso faltassem; cartas de excomunhão geral para conclamar denúncias sobre perdas e danos reclamados junto aos párocos; as excomunhões eram também aplicadas como penalidades eclesiásticas para punir alguns casos processados nos tribunais eclesiásticos.

Os mandados monitórios eram outra forma de empregar a excomunhão. Consistiam em grave censura eclesiástica aos que devessem às fábricas das paróquias, que previam a excomunhão maior aplicada ao termo de nove dias caso o devedor não quitasse suas dívidas. Os monitórios eram comumente expedidos a pedido dos párocos e capelães. A excomunhão era, deste modo, uma das mediações promovidas pelo tribunal diocesano, que ensejavam aos bispos, vigários gerais e das varas, exercer a sua jurisdição espiritual e a coerção. Era este um trabalho altamente especializado daqueles agentes, em atuação no campo religioso, após percorrer em um processo de seleção social, uma trajetória com alto nível de especialização, com vistas a esse fim. [84]

A presença eclesiástica era muito importante para a manutenção da ordem e para o estabelecimento de uma disciplina social. De modo que estudiosos notam uma flexibiliza-

---

*Estudos de Teologia e Ciências da Religião*, v. 9, 2011, p. 32-45.

84 BOURDIEU, Pierre. "Condição de classe e posição de classe". In: *Idem. A economia das trocas simbólicas*. Vários tradutores. Introdução, organização e seleção de Sérgio Miceli. 6ª ed. 2ª reimpressão. São Paulo: Perspectiva, 2009. (Estudos; 20/ dirigida por J. Guinsburg), p. 32-33.

ção, naquele período, para os bispos de Minas Gerais, quanto aos requisitos para as nomeações episcopais. Não raro, os bispos de Mariana obtinham a dispensa pontifícia da exigência de titulação acadêmica, a uma altura em que esta exigência era tradicionalmente observada em Roma, como pré-requisito para se deferirem as nomeações episcopais.[85]

Nas freguesias do bispado, os agentes eclesiásticos lançavam mão de recursos simbólicos para atuar junto ao cotidiano. Alvos desta mensagem religiosa, os leigos, ocupantes de posições determinadas na estrutura social constituiriam o fiel da balança no interior do campo religioso.[86]

Por outro lado, as pessoas leigas não se mantiveram passivas nesta dinâmica de relações institucionais e pessoais, que possibilitavam a recepção de queixas, denúncias e querelas eclesiásticas. Se pareciam aceitar passivamente a ordem social, os fiéis, por meio das brechas institucionais, logravam burlá-las. Como mostram os estudos alinhados com a perspectiva da micro-história, toda ação social é resultado de uma constante negociação, manipulação, escolhas e decisões do indivíduo, diante de uma realidade normativa que, embora difusa, oferece possibilidades de liberdades pessoais. Este enfoque seleciona áreas importantes para exame, nomeadamente, o papel ativo do indivíduo que parece passivo ou indiferente.[87]

Assim, verificam-se diferentes modalidades de remanejamento do próprio campo religioso, por meio da observação e do resultado das lutas entre os diversos grupos de

---

"Lançando a sociologia estes conceitos gerais, cabe à História a análise e a explicação causal da ação culturalmente significativa destes indivíduos, instituições e personalidades." WEBER, Max. *Conceitos básicos...Op. Cit.*, p. 26-29; 32-33; 72-74.

85 POLITO, Ronald. "Estudo Introdutório: Visitas Pastorais de Dom Frei José da SantíssimaTrindade (1821-1825)". Estudo introdutório de Ronald Polito de Oliveira; estabelecimento de textos e índices, por José Arnaldo Coelho de Aguiar Lima. Belo Horizonte: Centro de Estudos Históricos e Culturais; Fundação João Pinheiro; Instituto Estadual do Patrimônio Histórico e Artístico de Minas Gerais, 1998, p. 20-21. (Mineiriana)

86 O campo religioso apresenta-se como uma luta entre três protagonistas centrais: os sacerdotes, os profetas e os leigos, sendo que os dois primeiros constituem agentes a serviço da sistematimação e racionalização da ética religiosa, cujo alvo último é o grupo de leigos. MICELI, S. *Op. Cit.*, p. LVII-LVII.

87 LÉVI, Giovanni. Sobre a Micro-história. In: BURKE, Peter (Org.). *A escrita da história: novas perspectivas.* Trad. Magda Lopes. São Paulo: Editora da Unesp, 1992. (Biblioteca Básica), p. 135-39; p. 153-55;157-60.

leigos; das suas relações com os sacerdotes e com os profetas, bem como do grau de autonomia de que dispõe a igreja dominante.[88]

Segundo estudiosos, a religião apresenta-se, institucionalmente, como garantia e proteção, justificação e legitimação de interesses econômicos e sociais: proteção de bens materiais, proteção da propriedade, proteção das barreiras sociais etc. Envolve um sistema de regras e normas, cujo *habitus* orienta as condutas e os pensamentos dos leigos, de acordo com uma doutrina que justifica a ordem social prevalecente numa determinada sociedade.[89]

No auditório eclesiástico, os recursos de repressão visavam a correção, não mais por meio da persuasão, como nos sermões e ritos litúrgicos, mas pela via da coerção. Ao juiz eclesiástico pertencia proclamar a justiça, a partir de arrazoados jurídicos produzidos a partir de um emaranhado de delações, denúncias, queixas, acusações, depoimentos e desqualificações cruzadas entre a acusação e a defesa no tribunal episcopal onde exercia, por faculdade episcopal, o poder de julgar. Mas, como adiante se verá, dentre muitas das denúncias verificadas, o vigário geral constata tratar-se de perseguições e vinganças. Esta, a ação dos usuários dos recursos institucionais, que subvertiam os critérios e os recursos normativos ao favor dos seus interesses. Estas circunstâncias expõem, como observou Giovanni Lévi, o relacionamento entre os sistemas normativos e a liberdade de ação criada para os indivíduos nos espaços que sempre existem e pelas inconsistências internas que fazem parte de qualquer sistema de normas.[90]

O juiz eclesiástico, ciente da distância entre o ser e o dever ser, era convocado a exercer a justiça como um exercício de caridade cristã. A justiça não poderia ser denegada aos que não dispunham de recursos para assumir as custas das diligências e da expedição dos documentos. Associada à dimensão espiritual, destacava-se a justificativa oficial da ação da justiça eclesiástica: a promoção da unidade do rebanho, a correção fraterna, a mediação das discórdias, composições acerca de dívidas e informações sobre danos reclamados. A excomunhão era um dos recursos de mediação da justiça episcopal no cotidiano da população. Os recursos do tribunal episcopal não se esgotam, todavia, na oferta de bens simbólicos, ou na proteção dos bens materiais. Os seus mecanismos visavam a correção e a coerção do fiel à obediência aos cânones sagrados e à ordem colonial.

Naturalmente, esta atitude de obediência era esperada também dos sacerdotes. Mesmo que, como representantes da ordem, eles a acatassem e transgredissem. Cente-

---

88    MICELI, S. Op. Cit, p. LVII-LVII.

89    *Idem*, p. LVIII-LXI.

90    LÉVI, Giovanni. Sobre a Micro-história. *Op. Cit.*, p. 135-39; p. 153-55;157-60.

nas de sentenças e de penalidades aplicadas contra réus eclesiásticos, em processos civis e criminais no século XVIII evidenciam esta vigia institucional. Paradoxalmente, como se constata à tabela 1 (p. 291), as pessoas eclesiásticas obtinham maior número de absolvições e de alvarás de perdão, concedidos diretamente pelos bispos, no tribunal eclesiástico. Pelos cômputos expostos na Tabela 1, o maior número de excomungados e de degredados no século XVIII eram réus leigos, não eclesiásticos. Mesmo com a jurisdição contra as pessoas leigas restrita pelas determinações do padroado régio ultramarino.

Remontando a outro nível da ação da justiça eclesiástica, o das relações com a Coroa. A penalidade da excomunhão, além da influência exercida junto aos povos, era, não raro, empregada contra ministros da Coroa. Não à toa, em meados do século, a excomunhão foi alvo de reformas. Exercendo seu múnus, os juízes eclesiásticos não puderam furtar-se a dialogar com a Coroa e os seus representantes, em ações de cooperação e concorrência. A sua ação não se restringiu ao campo religioso, estabelecendo seus diálogos com o campo do poder. Como entendeu José Pedro Paiva, houve uma expressiva interpenetração entre a Igreja e o Estado. Havia uma "mutua dependência entre ambos". Estado e Igreja constituíam dois universos que viviam uma relação de osmose. O Estado demarcava intervenções nas atividades da Igreja, e vice-versa. Para Paiva, pode-se afirmar que "sem a Igreja não teria havido império; e sem as armas do império, a ação evangelizadora da Igreja dificilmente teria tido o êxito que alcançou".[91] Esta interpenetração e o interesse recíproco em travar uma relação de osmose, se verificava a par e passo com os conflitos entre os respectivos agentes, dissensões e disputas entre facções internas ao Cabido da Catedral.[92]

Era, todavia, complexa esta rede de interdependência. A Igreja e o Estado não são esferas coesas e homogêneas. Ademais, ambas possuem hierarquias específicas. A Igreja moderna é formada por múltiplos organismos e grupos, com pretensões nem sempre coincidentes. Esta ação, levada a efeito por grupos sociais e indivíduos, é verificável no plano local onde atuavam os juízes seculares e eclesiásticos. Analisando as suas relações

---

91    PAIVA, José Pedro. "El estado en la Iglesia y la Iglesia en el Estado: contaminaciones, dependencias y disidencia entre la monarquia y la Iglesia del reino de Portugal (1495-1640)". Traducción de Ignasi Fernández Terricabras. *Manuscrits*, n. 25, 2007. Separata. Barcelona: Universidad Autónoma de Barcelona, p. 44-45; 46-57, especialmente p. 50 et seq; *Idem*. "Interpenetração da Igreja e do Estado." In: AZEVEDO, C. M. (dir.) *História Religiosa de Portugal. Op. Cit.*, p. 117-118.

92    ALMEIDA, Fortunato de. *História da Igreja em Portugal*. Nova edição preparada e dirigida por Damião Peres, Professor da Universidade de Coimbra. Porto/Lisboa: Civilização, 1968, 5 tomos, v. 3, Cap. 2. Benefícios eclesiásticos e seus provimentos. Cabidos, p. 30-34.

EXCOMUNHÃO E ECONOMIA DA SALVAÇÃO

e estratégias em escala reduzida – as vilas e freguesias –, nota-se que a sua ação individual e coletiva nas justiças não se situaria nem se encaminharia puramente ao plano estritamente institucional.[93]

Como agentes especializados e tendo em vista o corolário institucional, seu trabalho procurava enquadrar as gentes incultas das freguesias setecentistas nos moldes da religião oficial. A sua ação eclesiástica era fundamental para que as denúncias de crimes contra a fé ocorressem. Eles deveriam estimulá-las e recebê-las, encaminhando-as para que fossem processadas. Porém, como observou Pierre Bourdieu, as práticas não devem se confinar aos modelos normativos e seus enquadramentos. Devem ser pensadas como algo distinto da pura execução de uma norma social coletiva e onipotente. Os testemunhos são ricos por revelarem usos e práticas populares naquele panorama social, mais do que a simples descrição da norma da instituição e da ação dos seus agentes.[94]

Por fim, dois conceitos são fundamentais à compreensão das vinculações entre religião e política em Portugal Moderno: confessionalização e disciplinamento. A constituição de uma identidade confessional é típica de sociedades nas quais os serviços espirituais constituíram peças essenciais. Logo, o conceito de confessionalização envolve uma amplitude da intervenção dos estados sobre a Igreja, especialmente sobre seus recursos materiais; expressa a consonância de objetivos entre poder político e religioso. A confessionalização se apresenta como instrumento de afirmação do poder político. Contribuía para o disciplinamento e homogeneização dos súditos.[95]

A identidade confessional de Portugal remonta aos tempos de fundação do Reino, associada a um milagre divino. Segundo José Pedro Paiva, o conceito de confessionalização deve ser apreendido em paralelo ao de disciplinamento social, para a compreensão do caso português. Os dois conceitos remetem à relação de mútua dependência entre o Estado e Igreja. Elaborado por Shilling e Reinhard, o conceito de confessionalização refere-se à organização de igrejas confessionais, que visam o aumento da coesão social no contexto do fortalecimento do absolutismo. Para Paiva, o caso português coaduna-se melhor com o conceito de disciplinamento. Retomando a tese de Federico Palomo, o

---

93    Conforme as linhas interpretativas propostas por José Pedro Paiva: PAIVA, José Pedro. "A Igreja e o poder." In: AZEVEDO, C. M. (dir.) *História Religiosa de Portugal. Op. Cit.*, p. 117-118; p. 146.

94    BOURDIEU, Pierre. *Esquisse d'une théorie de la pratique*. Genebra: Droz, 1972, p. 171-72. *Apud.* MICELI, Sérgio. "A força do Sentido". In: BOURDIEU, Pierre. *A economia das trocas simbólicas*. São Paulo: Perspectiva, 2009. (Estudos; 20/ dirigida por J. Guinsburg), p. XVIII-XXIX.

95    PAIVA, José Pedro. "El estado en la Iglesia y la Iglesia en el Estado...". *Op. Cit.*, p. 49.

## PATRÍCIA FERREIRA DOS SANTOS SILVEIRA

autor observa que em Portugal o disciplinamento aplica-se às medidas de renovação do catolicismo propugnado pelo concílio de Trento.[96]

A Coroa portuguesa, porém, ao mesmo tempo que regulamentava as liberdades eclesiásticas em seus domínios, buscou um trabalho de disciplinamento partilhado com a mitra. O trabalho religioso, dessa forma, envolvia a "inculcação da doutrina e da norma, isto é de educação e disciplinamento" na sociedade.[97] Amparadas pelas concordatas com a Santa Sé, a Coroa e a mitra implantariam um sistema de administração colonial que se intercambiava à cristianização da população da América Portuguesa.[98]

A matriz normativa do Concílio de Trento propugnava várias reformas, para obstar à falta de disciplina e a ignorância generalizada entre clérigos e leigos. Reforma das ordens religiosas, dos corpos capitulares e do clero secular, através do qual visava-se atingir os fiéis. Segundo Maria de Lurdes Fernandes, a publicação dos decretos tridentinos consagraria um ideal de "perfeição do cristão" em qualquer estado, que tinha em vista a articulação do viver religioso e espiritual com o moral e social. Buscava-se como resultado a conciliação do cumprimento dos deveres sociais e morais sem violar a prática continuada das virtudes cristãs. O ideal de perfeição tridentina não era superior ao grau de perfeição assumido pelos clérigos e religiosos, que deveriam ser modelo, a cuja imitação os leigos se esmerariam, na frequência aos sacramentos, nas práticas ascéticas e espirituais baseadas na oração, vocal e mental, na meditação e contemplação.[99]

Assim se compreende e se justifica as relações de interpenetração entre as duas instituições modernas, que podem ainda serem compreendidas à luz de uma concepção

---

96   *Ibidem*, p. 47-48.

97   *Ibidem*.

98   "Concórdia é o nome que dá Gabriel Pereira de Castro aos tratados celebrados pelo Clero, e os reis de Portugal. Preferimos a expressão – Concordata, por ser hoje a que se acha em uso; e já assim eram denominadas há um século, as convenções com o clero na obra de José Seabra da Silva – a famosa Dedução Chronológica." ALMEIDA, Cândido Mendes de. *Direito Civil eclesiástico brasileiro Antigo e Moderno em suas relações com o direito canônico Ou: Colecção completa cronologicamente disposta desde a primeira dinastia portuguesa até o presente, compreendendo, além do Sacrossanto Concílio de Trento, concordatas, Bullas e Breves; Leis, tanto do Governo como da antiga Mesa da Consciência e Ordens, e da Relação Metropolitana do Império; relativas ao direito público da Igreja, a sua jurisdição, e disciplina; à administração temporal das Catedrais e Paróquias, às Corporações Religiosas, aos Seminários, Confrarias, Cabidos, Missões, etc., etc., etc. A que se adicionam notas históricas e explicativas indicando a legislação atualmente em vigor, e que hoje constitui a jurisprudência civil eclesiástica do Brasil por Cândido Mendes de Almeida.* Tomo Primeiro. Primeira parte. Rio de Janeiro: B. L. Garnier Livreiro Editor, 1866, p. 2.

99   FERNANDES, M. L. C. "Da Reforma da Igreja à reforma dos cristãos: reforma, pastoral e espiritualidade." *Op. Cit.*, p. 20-21.

geral da sociedade que privilegia os seus aspectos políticos. Nesta visão, o resultado da hegemonia de um grupo e dos conflitos entre as forças mestras no curso de seu desenvolvimento histórico, se materializa por meio de um estilo de vida baseado na usurpação do prestígio e na dominação que se exerce por intermédio das instituições que dividem entre si o trabalho de dominação simbólica.[100]

A cooperação entre os poderes da Coroa e da mitra não implicava em ausência de conflitos locais. Foi constante a preocupação do rei com o excessivo fortalecimento de autoridades naquele solo, especialmente as eclesiásticas. Basta observar o volume de representações contra bispos e agentes eclesiásticos nos arquivos do antigo Conselho Ultramarino as regulamentações ocorridas no século XVIII, sobretudo à época pombalina.[101]

Carlo Ginzburg aponta uma característica central da hierarquia católica pós-tridentina: "a doutrinação paternalista das massas."[102] Talvez, no que se refere à ação pastoral nas partes das conquistas, a questão a ser formulada seja: como realizar a tradução das práticas litúrgicas católicas para aproximar-se dos sentidos produzidos no universo rústico das populações incultas dos lugares da ação colonizadora?

Esta, a tarefa a ser desempenhada pelos eclesiásticos nas partes das conquistas lusas. O trabalho religioso, e o convencimento a ele interligado, exigiam uma comunicação eficaz, que atingisse a toda a gente. Um trabalho de persuasão, que incluía o ensinamento de aspectos fundamentais de norma e de doutrina, que deveriam alcançar uma finalidade prática para o bem da reprodução da engrenagem de coerção: as denúncias. As denúncias, calúnias e difamações eram, então, uma das maiores expressões da dinâmica produzida entre as instituições, os seus agentes e alvos.[103]

Os enquadramentos institucionais de cada época e sociedade não podem, por outro lado, apagar o viés do leigo, a ação da pessoa comum, visando detectar as brechas que localizam para desenvolver suas manobras. Segundo Giovanni Lévi, a micro-história busca uma descrição mais realista do comportamento humano, empregando um

---

100 MICELI, Sérgio. "A força do Sentido". In: BOURDIEU, Pierre. *A economia das trocas simbólicas.* São Paulo: Perspectiva, 2009. (Estudos; 20/ dirigida por J. Guinsburg), p. LII-LIV.

101 AZZI, RIOLANDO. "Entre o trono e o altar: catolicismo e padroado na São Paulo colonial." In: VILHENA, M. A. & PASSOS, J. D. (Org.) *A Igreja de São Paulo: presença católica na história da cidade.* São Paulo: Paulinas, 2005, p. 104-06.

102 GINZBURG, Carlo. *O queijo e os vermes: o cotidiano e as idéias de um moleiro perseguido pela Inquisição.* São Paulo: Companhia das Letras, 1987, p. 30-46.

103 DARNTON, Robert. *O diabo na água benta: ou a arte da calúnia e da difamação de Luís XIV a Napoleão.* Trad. Carlos A. Malferrari. São Paulo: Companhia das Letras, 2012, p. 134-35.

modelo de ação e conflito do comportamento do homem no mundo, que reconhece a sua relativa liberdade, para além, mas não fora das limitações dos sistemas normativos prescritivos e opressivos.[104]

A propagação da mensagem religiosa, desta sorte, envolvia múltiplos recursos a serem empregados nas circunscrições eclesiásticas. Os bispos e os párocos deveriam proporcionar o pasto espiritual às ovelhas cristãs, acalmar os espíritos inquietos, disciplinar os ânimos insubordinados. Deveriam, outrossim, estimular as sensibilidades coletivas mediante tragédias como a guerra, catástrofes naturais, ou bodas reais, exemplificam muitas cartas pastorais dos bispos do sudeste. Fernando Torres-Londoño identificou um conjunto temático verificado em estudos de 130 cartas pastorais. Deste grupo, identificou diretivos norteadores, como: *administração religiosa*; *controle do clero*; *normativo do Sacramento*; *sentir com a Igreja*; *sentir com o Reino*; e *vida espiritual e moral dos fiéis*. Em artigo posterior, o autor sintetizou estes diretivos apontando que as cartas pastorais poderiam ser divididas em três grupos, em ordem de grandeza decrescente: 1°) interesses pastorais; imposição de normas conforme as Constituições da Bahia, e a reforma dos costumes do clero e dos povos; 2°) dimensões locais e universais da igreja: incluía normatização embasada em bulas e breves pontifícios; 3°) sintonia com a Coroa portuguesa.[105]

As cartas pastorais publicadas na diocese de Mariana seguiam esta linha; estimulavam constantemente a caridade entre os fiéis. Nos textos do primeiro bispo, Dom Frei Manuel da Cruz, era comum a referência aos "banquetes espirituais", os quais deveriam ser praticados pelos vivos em intenção dos mortos, pois não poderem louvar a Deus. Os banquetes espirituais consistiam na frequência aos sacramentos e às práticas de contrição. Arrependidas e contritas, as pessoas deveriam confessar-se e comungar, em honra a seus entes falecidos. A caridade era estimulada, portanto, para com as pessoas vivas e falecidas. Desta sorte, o trabalho religioso propagava representações dos homens da

---

104 LÉVI, Giovanni. "Sobre a Micro-história". In: BURKE, Peter (Org.). *A escrita da história: novas perspectivas*. Trad. Magda Lopes. São Paulo: Editora da Unesp, 1992. (Biblioteca Básica), p. 135-39; p. 153-55;157-60.

105 TORRES-LONDOÑO, Fernando. "Sob a autoridade do pastor e a sujeição da escrita". *História: Questões e Debates*. Curitiba: Editora da UFPR, Ano 19, v. 36, 2002, p. 164. TORRES-LONDOÑO, Fernando. "Las cartas pastorales del Brasil del siglo XVIII". *Separata ao Anuario de Historia de la Iglesia*, XII. Navarra: Faculdade de Teología/ Instituto de História de la Iglesia, 2003, p. 231.

EXCOMUNHÃO E ECONOMIA DA SALVAÇÃO

Igreja, como legítimos pastores do rebanho cristão, à imitação do Supremo Pastor. Eram dispensadores dos *bens de salvação*, tais como os sacramentos e o perdão.[106]

Tomando parte neste repertório de bens de salvação oferecido pela Igreja tridentina, encontram-se as queixas aos bispos. Eram constantemente oferecidas pelos fiéis no século XVIII, e até as últimas décadas do século XIX. Configuravam um mecanismo eficaz, para obter denúncias sobre perdas ocorridas nas freguesias, mediante a publicação das cartas de excomunhão geral. O recurso às queixas demonstra a ação evangelizadora junto aos sentimentos de esperança, solidariedade ou o temor, nas comunidades. Obviamente, a pessoa queixosa conhecia o efeito da carta de excomunhão e a possibilidade de suscitar denúncias, após as três admoestações canônicas. A excomunhão favorecia, portanto, um uso pragmático: as pessoas delatavam, por vingança, ou por medo da eterna condenação. Mediante ameaças ao patrimônio, a excomunhão geral servia ao queixoso, como apelo, socorro ou esperança de obter informações sobre danos materiais e ameaças físicas.

Nesse contexto, do ponto de vista de quem sofreu um dano, solicitar a excomunhão geral era um recurso de apelo para a recuperação e proteção de seus bens materiais. Uma composição fraterna, sob a égide da instituição, era estimulada no âmbito de um processo civil para reaver os prejuízos. A Igreja diocesana tridentina tomava parte em uma importante alçada judiciária e sócio-reguladora. As querelas foram outro de seus mecanismos. Era uma acusação formal apresentada pela vítima, juntamente com as provas testemunhais de delitos violentos cometidos por padres. Era obrigatório o pagamento das custas das diligências.[107]

A norma eclesiástica, fundamentada nos decretos do concílio de Trento, fornecia fundamentos para que o trabalho religioso assumisse este cariz fiscalizador e sócio-regulador. A ação pastoral assumia um caráter de disciplinamento social. Assim, a hierarquia diocesana voltava-se com grande interesse para as devassas sobre os comportamentos desviantes testemunhados pelos processos, queixas, denúncias e querelas. Para promover o chamado geral do rebanho para o seio da instituição era necessária a persuasão, e a difusão de um sentido de pertença à comunidade. Esta pertença era fundamental na identificação dos infratores. Com novo impulso após o concílio, as autoridades eclesiásticas perseguiam, com base em denúncias, os chamados pecadores públicos. A Igreja tri-

---

106  BOURDIEU, Pierre. "Gênese e Estrutura do campo religioso."Tradução de Sérgio Miceli. In: BOURDIEU, Pierre. *A economia das trocas simbólicas*. São Paulo: Perspectiva, 2009, p. 27-31, especialmente p. 31. (Estudos; 20/ dirigida por J. Guinsburg). (*"Genèse et structure du champ religieux", publicado originalmente in: Revue *Française de Sociologie*, Vol XII, n. 3, jul-set/1971, p. 295-334.)

107  Primeiras Constituições do Arcebispado da Bahia. *Op. Cit.*, Liv. V, n. 1087.

dentina esboçara as pretensões de punir, por seus próprios recursos, os condenados por culpas eclesiásticas.[108]

Esta ação punitiva da Igreja encontraria entraves na legislação portuguesa, por meio da qual os Príncipes refrearam as liberdades dispostas na Sessão *De Reformatione* do Concílio de Trento. Segundo Cândido Mendes de Almeida, alguns Estados, depois de aceitarem a Reforma Católica, a sofismaram, para que a realeza consolidasse o seu predomínio. Em Portugal esta tendência ficou explícita nas chamadas Ordenações Filipinas, impressas em 1603, no Mosteiro de São Vicente de Fora, da Ordem dos Cônegos Regulares em Lisboa. A recompilação das leis do reino procurava anular algumas disposições de Dom Sebastião, e minorar excessos verificados no Concílio de Trento no tocante à jurisdição episcopal.[109]

Este novo corpo de leis foi organizado, incorporando outros que vigoravam anteriormente em Portugal: Afonsino (1447), Manuelino (1513), decisões da Corte, Leis Gerais, Municipais, assentos das Casas de Suplicação e do Porto. As novas ordenações eram influenciadas pelo direito romano e canônico; leis pertencentes à Legislação Espanhola reelaboradas para conformar-se à realidade portuguesa.[110] As chamadas Ordenações Filipinas foram objeto de estudos e debates, que gradativamente se estabeleceriam acerca das competências, bem como se conformava um repertório de punições que fosse da alçada da Igreja diocesana.[111]

Segundo Antônio Manuel Hespanha, as Ordenações Filipinas são o produto de uma revisão das Ordenações Manuelinas, desatualizadas devido à abundante legislação extravagante promulgada nos reinados de Dom João III e Dom Sebastião. Encomendadas por Filipe I, as Ordenações Filipinas eram um instrumento para consolidar a monarquia, aos inícios do movimento expansionista.[112]

Entre as máximas dessa época, encontrava-se a comparação do Reino de Portugal com o "Patrimônio de Cristo". O mote da colonização, propagado pelos reis portugueses, cronistas e religiosos seria "Dilatar a fé".[113] Segundo estudiosos, a expansão religiosa não

---

108 CARVALHO, Joaquim Ramos de. "A jurisdição episcopal sobre leigos em matéria de pecados públicos". *Op. Cit.*, p. 135.

109 ALMEIDA, Cândido Mendes. *Op. Cit.*, p. XXXVI.

110 *Idem. Ibidem*, p. XXXVI.

111 *Idem.*

112 LARA, S. H. (Org.). "Introdução". In: *Ordenações Filipinas: Livro V*. São Paulo: Companhia das Letras, 1999, p. 29-30.

113 ANÔNIMO do Século XVIII. *Arte de Furtar: espelho de enganos, teatro de verdades, mostrador de horas minguadas, gazua geral dos Reinos de Portugal oferecida a El Rei Nosso Senhor Dom João IV para que a emende.* Apresentação de João Ubaldo Ribeiro. Porto Alegre: L & PM, 2005, p. 13.

implicava sujeição da monarquia ao clero ou a Roma, em cuja corte os reis lusitanos mantinham constante negociação e pleiteavam prerrogativas de intervenção nos negócios eclesiásticos. A coroa dirimia as questões tocantes à administração eclesiástica, às ordens religiosas, e as nomeações e concursos para provimentos das paróquias, por meio de seus órgãos e tribunais, como o Conselho Ultramarino e a Mesa de Consciência e Ordens. Tendia a controlar e cooptar os eclesiásticos também convocando-os a participarem do Conselho do rei, ou exercer funções do interesse do Reino.[114]

O ponto comum e constante que aí se evidencia, e que doa sentido às investidas da Igreja e do Estado na Época Moderna, é a proposição emanada da *autoridade legítima*, reivindicada por ambos: orientar as relações sociais, exercer a coerção. O que os distinguiria, porém, seriam as formas de reivindicar e de legitimar esta autoridade. A concretização de uma influência dependia de um trabalho de 'validação', ou legitimação da autoridade, decisiva para a sua estabilidade. A identificação do episcopado com a justiça se tornaria um fator decisivo a influenciar a administração eclesiástica na América Portuguesa e as suas relações com a Coroa.[115]

Essa afinidade com a justiça possuía orientação conciliar. Nas dioceses e paróquias, deste modo, os agentes da Igreja reivindicam um monopólio do uso legítimo da *coerção hierocrática*; ela se perfazia mediante o emprego da "coerção psíquica", e da concessão ou não de benefícios religiosos. Para manter a sua autoridade, e formar a base da *dominação espiritual*, era preciso exercer o controle sobre o modo de obter a salvação.[116]

A Igreja diocesana receberia a influência europeia, e deve as suas orientações normativas ao contexto das reformas e das guerras religiosas modernas. Na velha Europa, dividida entre o protestantismo, o judaísmo e as heresias, deflagraram-se golpes na hegemonia católica. Este dissenso acerca dos dogmas católicos marcou uma época de grande perseguição religiosa. A Igreja romana reagiu aos ataques, promovendo uma minuciosa e sistemática reafirmação de dogmas e pontos de disciplina e doutrina da religião

---

114  HOLLANDA, S. B. de. *Op. Cit.*, v.1, p. 19-21.

115  A legitimidade da autoridade pode advir de várias formas: aceitação afetiva, ou crença racional na validade absoluta da autoridade como expressão de valores obrigatórios – éticos, estéticos e outros. WEBER, Max. *Conceitos básicos de sociologia. Op. Cit.*, p. 53-58; p. 63 - Cap. 7: A validade da autoridade legítima: tradição, fé, lei.

116  "O conceito de 'Igreja' caracteriza-se pelos atributos da associação racional compulsória, com organização contínua, e pela reivindicação de ser uma autoridade monopolizadora." WEBER, Max. *Conceitos básicos de sociologia. Op. Cit.*, p. 99-100; 103. Cap. 17. Tipos de associações políticas e religiosas. Ver ainda: "Ética religiosa y 'mundo'." In: WEBER, Max. *Economía y Sociedad.* Nueva Reimpresión. Trad. J. Medina Echavarría *et al.* México: Fondo de Cultura Económica, 2008, p. 452-75.

cristã. Este trabalho tomou forma no concílio de Trento, ocorrido em meados do século XVI, após as sessões de trabalho ocorridas entre 1545 e 1563.[117] Mediante a publicação dos decretos do concílio de Trento os bispos de Portugal propagaram a sua autoridade em nova chave, como se mostra no próximo capítulo.

---

117 VÉNARD, Marc. "O Concílio Lateranense V e o Tridentino". In: Giuseppe Alberigo. (Org.) *História dos Concílios Ecumênicos*. Trad. José M. de Almeida. São Paulo: Paulus, 1995, p. 317.

# Capítulo 2
## A justiça episcopal: panorama normativo

### O Concílio de Trento e os bispos: o pastor e o juiz

Da publicação dos decretos tridentinos em 1563 à sua aplicação, no âmbito das dioceses, houve um percurso, que comportou entraves e embaraços. Houve também algumas circunstâncias facilitadoras, que encontravam-se, via de regra, na legislação destinada a regular a ação pastoral. Esta ação eclesiástica, capitaneada pelos bispos, invariavelmente, esbarrava no problema da soberania. Deveria, desta sorte, haver-se com os direitos exclusivos do rei.

Segundo José Pedro Paiva, "os bispos portugueses formavam uma elite detentora de um amplo e forte poder". Formavam uma minoria seleta, e os efeitos da sua ação projetam-se sobre amplas zonas da vida social. Os bispos consolidam em si os meios que o poder permite obter: riqueza e domínio sobre terceiros, utilização de meios de coerção, grande influência na definição dos valores dominantes nas suas circunscrições. Muitos ocupavam os lugares mais prestigiados na cúspide da hierarquia eclesiástica. Para o autor, é "vulgar que uma elite de clérigos, detentores de sólida cultura e conhecimentos, alcancem uma parte do poder político e da riqueza disponíveis".[1]

O poder religioso dos bispos deve ser compreendido em uma tríplice natureza: ordem – ou *ministerium*, correspondente às suas faculdades sacramentais e penitenciais. A jurisdição, ou *imperium*, referente ao poder de legislar, julgar e condenar nos seus territórios, uma competência que exerça sobre o clero e sobre os fiéis; por fim, o *magisterium*,

---

1 PAIVA, José Pedro. *Os bispos de Portugal e do Império. Op. Cit.*, p. 7-15.

que implicava as suas responsabilidades no ensino, catequização e na erradicação dos erros de doutrina.[2]

Enfocaremos, doravante, este exercício do *imperium*, o exercício da faculdade de julgar que propiciava ao episcopado promover o disciplinamento social nas suas circunscrições. Conforme os decretos de Trento, tratava-se de robustecer a autoridade episcopal.[3] Para José Pedro Paiva, em Trento reafirmou-se um modelo de bispo sucessor dos apóstolos, com superioridade garantida sobre os sacerdotes. Este bispo pastor assumia características bem marcadas na literatura eclesiástica: era visitador de sua diocese, realizador de sínodos, justo, caritativo, e moderado nos gastos.[4]

A consolidação deste modelo, entretanto, se encontrava nas mãos dos bispos. Antônio Camões Gouveia observou que as determinações tridentinas promulgadas em 1564, além de conceder ao episcopado um papel preponderante, tiveram a sua aplicação condicionada ao interesse posto nesse processo pelos bispos, cada qual em sua diocese. Isto se dava, principalmente, por meio da convocação dos concílios provinciais, da elaboração ou adoção de constituições diocesanas e da construção de seminários para a formação sacerdotal.[5]

As constituições diocesanas seriam reformuladas, com base nas novas deliberações. De acordo com Gouveia, as constituições diocesanas seriam impressas, e tornavam-se lei dentro de cada circunscrição diocesana. Embora variassem, mantinham o mesmo sentido: a definição do poder dos bispos e seus limites, o papel formativo do clero, a fixação de normas e preceitos a cumprir. Assim, de Trento saíram as diretrizes normativas e doutrinais que pautariam a vida religiosa em todas as paróquias e circunscrições eclesiásticas.[6]

Desde a sua publicação, e adaptação às Leis do Reino, a 24ª sessão do Concílio de Trento seria exaustivamente citada pelas autoridades civis e eclesiásticas no mundo católico. Com base na sua orientação, os bispos fundamentavam a sua autoridade de pastores. Em 1633, Dom Sebastião de Matos de Noronha, Arcebispo de Elvas, procurou

---

2     *Idem.*

3     *Ibidem.* "Introdução", p. 9.

4     PROSPERI, Adriano. "La figura del vescovo fra Quattro e Cinquecento: persistenze, disagi e novitá". In: CHITTOLINI, Giorgio; MICCOLI, Giovanni (Dir.). *Storia d'Italia.* Torino: Giulio Einaudi Editori, 1986, v. 9, p. 217-262, esp. p. 258. *Apud* PAIVA, José Pedro. *Os bispos de Portugal e do Império. Op. Cit.* Cap. 2: "O(s) modelo(s) de bispo: pastor, pai, santo, político e ilustrado – O perfil episcopal concebido no Concílio de Trento", p. 131-36.

5     GOUVEIA, António Camões. "O enquadramento pós-tridentino e as vivências do religioso". *Op. Cit.*, p. 290-91.

6     *Idem.*

adequar a sua diocese aos novos parâmetros normativos convocando um sínodo diocesano. Seu encargo era apresentado no Preâmbulo: "a vigia dos súditos, que Deus foi servido entregar-nos".[7]

Adriano Prosperi demonstrou que a faceta tridentina de pastor responsável pelas suas ovelhas e pela diocese do bispo tridentino era cultivada em articulação com a do juiz, severo e paternal.[8] Na mesma linha, Paolo Prodi havia chamado a atenção para a grande influência do catolicismo pós-tridentino na formação do Ocidente, e na própria construção da modernidade. Esta influência, como mostrou, foi exercida especificamente sobre as noções modernas de Estado e Justiça.[9]

Na mesma linha, Maria de Lurdes Correia Fernandes observou que a reforma pela qual passou a Igreja na Época Moderna "pressupõe uma forte dimensão institucional e jurídica que, sob alguns pontos de vista, poderá estar distante, se não da 'doutrina', pelo menos da pastoral e das sensibilidades religiosas".[10]

O discurso dos prelados pós-tridentinos pleiteava, portanto, uma administração da justiça eclesiástica por seus próprios meios, em suas dioceses. Além da sistematização canônica de tais reivindicações, expressa nas constituições sinodais e concílios, os bispos de Portugal recordavam as mais antigas tradições e liberdades da Igreja. Deixavam explícito o alvitre de penalizar os súditos cristãos com o que eles mais temiam: as penitências públicas.[11]

Em seu preâmbulo às Constituições do Arcebispado de Lisboa, o arcebispo metropolitano ressaltou que os males advinham da malícia e desordenada cobiça dos homens. Urgia a necessidade de leis que refreassem os vícios. Por isso quiseram os sumos pontífi-

---

7    Primeiras Constituições Sinodais do bispado de Elvas feitas e ordenadas pelo Illmo. e Revmo. Senhor Dom Sebastião de Matos de Noronha, 5° Bispo d'Elvas & do Conselho de Sua Majestade. Lisboa. Sínodo realizado entre 1633-34. Convocatória; Edital da Procissão; Tít. 6°: Sacramento da Confissão, fls. 27-8; CASTRO, Gabriel Pereira de. *Monomachia sobre as concórdias etc.*, p.246-247.

8    PROSPERI, Adriano. "La figura del vescovo fra Quattro e Cinquecento: persistenze, disagi e novità". In: CHITTOLINI, Giorgio; MICCOLI, Giovanni (Dir.). *Storia d'Italia*. Torino: Giulio Einaudi Editori, 1986, v. 9, p. 217-262, esp. p. 258. *Apud* PAIVA, José Pedro. *Os bispos de Portugal e do Império. Op. Cit.* Cap. 2: "O(s) modelo(s) de bispo: pastor, pai, santo, político e ilustrado – O perfil episcopal concebido no Concílio de Trento", p. 131-36.

9    PRODI, Paolo. "Cristianimo, modernidade política e historiografia." *Op. Cit.*, p. 107-130.

10    FERNANDES, M. L. C. "Da Reforma da Igreja à reforma dos cristãos: reforma, pastoral e espiritualidade". In: AZEVEDO, C. M. (dir.) *História Religiosa de Portugal*. Lisboa: Círculo de Leitores, 2000, v. 2 – Humanismos e Reformas, p. 15.

11    CASTRO, Gabriel Pereira de. *Monomachia sobre as concórdias etc. Op. Cit.*, 1738, p. 247-249.

ces e os concílios da Igreja que os arcebispos e bispos tivessem o poder e a obrigação de legislar e administrar a justiça.[12]

A missão episcopal assumia a imagem de pastoreio do rebanho, mas com uma face duplicada. A figura do Bom Pastor, metáfora presente no texto bíblico, informava um dos modelos de bispo tridentino. Dom Frei Manuel da Cruz, primeiro bispo de Mariana, reiterou sua missão de pastor em diversas ocasiões em sua comunicação com os fiéis: "desejando nós que os fiéis deste novo bispado, nossos súditos, sejam mais prontamente remediados com o pasto espiritual que lhe devemos dar, como seu legítimo pastor." Na primeira carta pastoral, o bispo saudou os súditos da nova diocese de Mariana; afirmou sua autoridade para admoestá-los paternalmente, trazendo-os ao caminho da salvação espiritual, à imitação de Cristo, o "Supremo Pastor", que conferia o "prêmio condigno" aos merecimentos humanos, assim neste mundo, como na vida eterna.[13] Mas à faceta de pastor, articulava-se a de juiz. Os bispos deveriam conduzir as suas ovelhas como pastores, pela persuasão, ou pela coerção: "Por ser tão próprio do nosso pastoral ofício *encaminhar por todos os modos possíveis as almas dos nossos súditos a Deus.*" Em outra carta pastoral, o bispo de Mariana advertia os párocos para não permitirem a quaisquer clérigos, que chegassem recentemente ao bispado, o uso de ordens sem a licença episcopal, com "pena de lho estranharmos como transgressores das nossas leis, que queremos se observem".[14]

Dom Frei Caetano Brandão, arcebispo de Braga, manifestou tendência semelhante. À segunda metade do século XVIII, expediu uma ordem circular na qual proibia, sob pena de

---

12  Constituições sinodais do Arcebispado de Lisboa novamente feitas no sínodo diocesano, que celebrou na Sé Metropolitana de Lisboa o Ilustríssimo e Reverendíssimo Senhor Dom Rodrigo da Cunha, Arcebispo da mesma cidade, do Conselho de Estado de Sua Majestade em os 30 dias de maio de 1640. Concordadas com o Sagrado Concílio Tridentino, e com o Direito Canônico, e com as Constituições Antigas, e Extravagantes primeiras, e segundas deste Arcebispado. Ano: 1656. Acabadas de imprimir e publicadas por mandado dos muito Revdos. Srs. Deão, & Cabido da Santa Sé de Lisboa, Sede Vacante, no ano de 1656. Em Lisboa: com todas as licenças necessárias. Na oficina de Paulo Craesbeeck. Taxado em oitocentos réis em papel. Ver: Princípio; Lib. 1, tít. 3°, p. 2-3.

13  AEAM. Seção de Livros Paroquiais. Livro de Visitas e Fábrica, Prateleira H, Livro n. 14 (1727-1831). Ata de visita pastoral do Dr. José dos Santos à freguesia de N. Sra. da Conceição das Catas Altas, 04-03-1758, fl. 83.

14  AEAM. Seção de Livros Paroquiais. Livro de Disposições Pastorais, Prateleira W, Livro n. 3 (1727-1853). Cópia de uma Pastoral do Excelentíssimo e Reverendíssimo bispo deste bispado, dom frei Manuel da Cruz, 28-02-1748, fl. 45; AEAM. Seção de Livros Paroquiais. Livro de Visitas e Fábrica, Prateleira H, Livro n. 14 (1727-1831). Pastoral do Excelentíssimo e Reverendíssimo bispo deste bispado, dom frei Manuel da Cruz sobre a beatificação do venerável Padre Anchieta, 17-01-1758, fl. 80-81. O itálico é meu.

excomunhão reservada a si próprio, todas as vendas e contratos feitos aos domingos e dias santos não dispensados. Desta excomunhão nenhum sacerdote poderia absolver, sem a sua especial licença: "*Tendo eu por longo tempo esgotado os meios da doçura (...) julguei que me faria certamente responsável no tribunal divino deste escândalo se lhe deixasse de aplicar (...) um remédio mais forte.*" Sobre a eficácia desta medida, o arcebispo comentou: "ainda se respeita a Espada da Igreja entre o povo: desapareceu o abuso grosseiro".[15]

Na mesma linha, o bispo de Mariana justificou, em 1753, perante os povos de Minas Gerais, a necessidade da reativação das casas de fundição, ao justificar a inclusão do contrabando entre os crimes graves cujo perdão somente o ordinário poderia conceder.[16]

Para exercer esta influência, os bispos não poderiam prescindir do auxílio fundamental dos visitadores, parócos e confessores. Estes agentes desempenhariam importante papel, assumindo uma associação com a figura de juízes das consciências.[17]

Esta aproximação do sacerdote com a imagem de juiz da consciência se dava, de forma especial, em relação aos confessores, cujo poder de absolver se chama poder das ordens. Recebendo esta prerrogativa quando se ordenam, os confessores, não os poderiam usar sem serem habilitados com a jurisdição "com que ficam confessores & juízes das consciências". A qual prerrogativa "*de jure* têm o papa e os bispos & Reitores das igrejas e por comissão aqueles a quem estes o encomendam & os que o bispo apresenta por idôneos". Os confessores deveriam ter em mãos também os casos reservados ao bispo e ao Sumo Pontífice.[18]

Paolo Prodi mostrou que as concepções de justiça no Ocidente organizaram-se em torno ao dualismo entre os foros. O autor refere ao desdobramento concreto da jurisdi-

---

15 ALMEIDA, Fortunato. *História da Igreja em Portugal. Op. cit.*, v. III, cap. VI – Privilégios e Imunidades eclesiásticas, p. 178.

16 AEAM. Seção de Livros Paroquiais. Livro de Disposições Pastorais, Prateleira H, Livro n. 14 (1727-1853). *Idem.* Cópia de uma Pastoral de S. Excelência Reverendíssima sobre o provimento de não extraírem ouro das Minas sem ir à Fundição, por evitar a derrama dos povos. 12-03-1752, fl.61-61v; Outra pastoral do mesmo Senhor que torna reservado o descaminho do ouro. 09-09-1753, fl. 63v.

17 Sobre o uso da categoria "juízes das consciências", a fundamentação localiza-se nas disposições das constituições diocesanas, de Portugal e do Brasil, que estimulavam a cooperação dos fiéis com as justiças eclesiásticas com o Santo Ofício. Primeiras constituições sinodais do bispado de Elvas. *Op. Cit.*, fls. 27-8.

18 Constituições sinodais do Arcebispado de Lisboa novamente feitas no sínodo diocesano, que celebrou na Sé Metropolitana de Lisboa o Ilustríssimo e Reverendíssimo Senhor Dom Rodrigo da Cunha, Arcebispo da mesma cidade, do Conselho de Estado de Sua Majestade em os 30 dias de maio de 1640. Concordadas com o Sagrado Concílio Tridentino, e com o Direito Canônico, e com as Constituições Antigas, e Extravagantes primeiras, e segundas deste Arcebispado. Ano: 1656. Acabadas de imprimir e publicadas por mandado dos muito Reverendos Srs. Deão, &

ção, com um foro externo, cujo intérprete é o juiz e um foro interno, administrado normalmente pelo confessor. Este não o faria como simples perdão dos pecados, mas sobretudo, com o exercício efetivo de um juízo, de um poder sobre o homem.[19]

Naquele trabalho de vigilância, os párocos, confessores e visitadores, configuraram-se como os agentes fundamentais do trabalho religioso a ser executado nas circunscrições eclesiásticas. Contudo, a jurisdição episcopal sobre os pecados públicos – bigamia, sodomia, concubinato, incesto, sevícias, blasfêmia, feitiçaria, curandeirismo, ébrios, não pascalizantes, pais consentidores, cônjuges separados, prostitutas – se mostrou controversa, no Reino e nas colônias da América portuguesa.[20]

A tentativa de articulação das paróquias com a sede episcopal, assim como a dimensão do *imperium* do poder religioso dos bispos encontra nas visitas pastorais e na atividade do tribunal eclesiástico a sua grande expressão. As visitas pastorais filtravam *in loco* os casos a serem despachados mediante multas ou penas menores, e os casos a serem encaminhados ao tribunal. Joaquim Ramos de Carvalho demonstrou que este cariz judicial das visitas pastorais portuguesas configuram uma especificidade portuguesa em relação aos demais países da Europa, com visitas menos repressoras, e de cariz mais administrativo. Em especial, esclarece o autor, este traço ressalta com a comparação às visitas pastorais da França e da Inglaterra do mesmo período, de caráter administrativo e bem mais sucinto.[21]

A coerção sobre as pessoas leigas, isto é, da jurisdição real, expunham complexidade da atuação da justiça eclesiástica. A identificação dos bispos tridentinos com um juiz e um pastor dialoga diretamente com justificativas distintas. Primeiro, a doutrina eclesiástica que regulamentava o trabalho pastoral e o tribunal eclesiástico. Estes fundamentos doutrinários seriam propagados nas cartas pastorais, manuais e tratados jurídicos impressos após o concílio, e que constituía uma literatura eclesiástica recomendada aos sacerdotes.[22] Em segundo lugar, uma produção regalista tendia, como observou Antônio

---

Cabido da Santa Sé de Lisboa, Sede Vacante, no ano de 1656. Em Lisboa: com todas as licenças necessárias. Na oficina de Paulo Craesbeeck. Taxado em oitocentos réis em papel. Ver: Princípio; Lib. 1, tít. 3°, p. 2-3.

19    PRODI, Paolo. *Uma história da justiça. Op. Cit.*, p. 9; 70 et seq. (Justiça e Direito).

20    CARVALHO, J. R. "A jurisdição episcopal sobre leigos em matéria de pecados públicos." *Op. Cit.*, p. 151.

21    *Idem. Ibidem*; CARVALHO, J. R. & PAIVA, José Pedro. "Les visites pastores dans le diocèse Coimbre aux XVIIe-XVIIIe siècle." La recherche Portugaise en Histoire du Portugal, 1, (1989), p. 49-55.

22    Cito, entre vários exemplos, o tratado de Dom Themudo. FONSECA, Manuel Themudo da. *Decisiones et Quaestiones senatus archiepiscopalis metropolis ulyssiponensis regni portugaliae ex gravis-*

Camões Gouveia, não à concorrência entre as autoridades real e episcopal, mas à sobreposição da primeira. Juristas de prol publicavam nos séculos XVII e XVIII, tratados sobre o exame que realizavam da adequação das reivindicações dos prelados às leis do Reino. Este exame influenciou algumas das principais teses que nortearam as medidas pombalinas, no século XVIII.

## A jurisdição episcopal nos debates teojurídicos

Desde os tempos de Dom Dinis, centenas de representações foram encaminhadas pelos prelados de Portugal ao pontífice. Pretendiam ampliar ou conservar sua jurisdição exclusiva e liberdades que usufruíam desde tempos imemoriais. Estes documentos testemunham as suas manifestações ao longo de sucessivos reinados, sobre os aspectos nos quais julgavam a jurisdição eclesiástica ofendida pelo soberano lusitano. Nestes textos, insistiam em um alvo: poder aplicar as penalidades que os súditos temessem mais. Alegavam que a Sessão 24, *De Reformatione*, Cap. 8, do Concílio tridentino rezava que os pecadores públicos fossem admoestados três vezes, e não apontava o modo da admoestação, se em público, se em secreto, porque isso deveria ficar a critério dos prelados, considerando as circunstâncias, ordenando o que lhes parecesse melhor. Defendiam ser grande excesso querer o secular dar regras ao eclesiástico, que usa deste modo de admoestar por ventura, porque tem enxergado que os leigos o temem mais.[23]

Estas reclamações dos prelados de Portugal ocasionaram impasses com a Coroa, havendo, por conseguinte, rearranjos e cerceamentos oriundos de sucessivas negociações do papado com os reis.[24] Entre outros argumentos, os teóricos da monarquia alegavam que somente ao rei pertencia a prerrogativa de defender os seus vassalos e de puni-los. Era direito legítimo e exclusivo do rei exercer a força física, e exercer a *regia protectio*.[25]

Em Portugal, à época da dominação filipina, houve uma inflexão da linha de ação implementada até então pelos reis lusitanos, junto à Santa Sé, para um "quadro geral de

---

*simorum patrum responsis collectae, tam in judicio Ordinario, quàm Apostolico.* A Dom Emmanuele Themudo da Fonseca, Illius Senatus Senatore, & Olim Gubernatore Episcopatus Portaleggrensis, & Provinciae Sanctae Crucis Brasiliensis. Pars prima. Eminentissimo, ac Reverendissimo Domino D. Joanni S. R. e Presbytero Cardinali da Mota. Ulyssipone Occidentali: Expensis, & Tipis Michaelis Rodrigues, D. Patriarchae Typographi. 1734, *cum facultate superiorum.*

23   CASTRO, Gabriel Pereira de. *Monomachia sobre as concórdias que fizeram os reis com os prelados de Portugal nas dúvidas da jurisdição eclesiástica e temporal. Op. Cit.*, p. 247-49. Itálicos meus.

24   *Idem.*

25   CASTRO, Gabriel Pereira de. *Tractatus de Manu Regia. Pars prima. Editio novíssima auctior, infi-*

esbatimento do poderio de Portugal em Roma". Alguns sinais foram o cerceamento de alguns privilégios, d'antes concedido aos monarcas lusitanos; o envio, pela Santa Sé, de missionários para a Ásia, onde não houvesse domínio lusitano, e a oposição quase nula de Portugal a esta iniciativa.[26]

A partir de 1640, trinta anos de ruptura de relações diplomáticas de Portugal com Roma transcorreriam, apesar de iniciativas de diversos representantes da diplomacia lusitana e membros do estado eclesiástico em sanar o impasse. O imbróglio se complicava, sob pressões do partido espanhol junto ao papa, e intervenções da França, favorável ao reconhecimento da Coroa em Portugal. Nesse período, à medida que iam vagando as dioceses do Reino, permaneciam sem uma efetiva nomeação dos titulares pelo papa. Após insucessos diplomáticos, em 1668 a independência de Portugal foi reconhecida pela Santa Sé, e a paz de Portugal com Castela criaria condições para uma recomposição das relações diplomáticas entre as cortes de Roma e a lusitana. Em 1670 reiniciou-se o provimento de bispados no Reino, mas ainda mediante o uso da fórmula *"Ad suplicationem"*. Apenas em 1740, no pontificado de Bento XIV, a Coroa de Portugal obteria a menção *"Ad presentationem"* nas bulas de nomeações episcopais.[27]

Naquela época, havia ganhado destaque um dos mais significativos debates acerca das jurisdições da Igreja e do Estado, demarcando-se nítida oposição entre duas grandes linhas doutrinárias, nomeadamente, a regalista e a eclesiástica. A dualidade jurisdicional e as lacunas da legislação, que destinava-se a regular as práticas judiciárias civis e eclesiásticas, eram objeto de discussão nos tratados teológicos e jurídicos produzidos nos círculos acadêmicos e intelectuais. Neste campo, destacou-se a obra de Gabriel Pereira de Castro, desembargador da Casa da Suplicação, considerado um dos grandes teorizadores das doutrinas regalistas emergentes em Portugal, em sua primeira fase.[28]

Castro apontava o motivo de uma das mais antigas contendas do episcopado e os reis de Portugal: a força que cabia a cada um exercer legitimamente sobre os vassalos leigos. Castro rechaçava as investidas eclesiásticas no campo que defendia ser exclusivo

---

*nitis pene Mendis, quibus fcatebat, ad amuffin expurgata. Cum novis additoinibus, et duplici Indice locupletiffimo.* Ulyssipone. Ex tipis Joannis Baptiste Lerzo, 1742, p. 1-32 - duelo escolástico.

26   PAIVA, José Pedro. "A Igreja e o poder". *Op. Cit.*, p. 156-157.

27   *Idem; Ibidem Op. Cit.*, p. 154-164.

28   ALMEIDA, Cândido Mendes de. *Op. Cit.*, p. XXXVII-XXXVIII.

do soberano: a defesa dos súditos e o uso da força sobre eles. Assim, publicou em seu próprio livro as respostas de Suárez às suas questões.[29]

As liberdades eclesiásticas foram objeto de grande debate. Um dos mais importantes foi protagonizado pelo jurista Gabriel Pereira de Castro com o padre jesuíta Francisco Suárez, de Granada, conhecida como o "duelo escolástico". Desafiado acerca de alguns pontos que defendia sobre as prerrogativas eclesiásticas, Suárez rebateu, um a um, os argumentos apresentados por Gabriel Pereira de Castro.[30]

A reivindicação de monopolizar o uso da força é marca distintiva do Estado Moderno. É essencial a ele como o seu aspecto de jurisdição compulsória e de organização contínua. Conceitualmente, o Estado assim se caracteriza na medida em que dispõe de quadro administrativo a reivindicar com sucesso a monopolização do uso legítimo da *força física* para garantir a sua existência e a validade de suas leis dentro de uma área territorial definida.[31]

Assim defendeu Gabriel Pereira de Castro, no Duelo escolástico: os leigos só deveriam comparecer ao juízo eclesiástico *ad correctionem*, não para serem castigados.[32] O jurista rechaçava, desta forma, as queixas dos prelados, quanto ao procedimento das justiças eclesiásticas mediante a infâmia. Segundo ele, os prelados queixavam-se que os oficiais seculares impedem as visitações e os seus efeitos e procedimentos de punições; e

---

29 CASTRO, Gabriel Pereira de. *Tractatus de Manu Regia. Op. Cit.*, 1742; CASTRO, Gabriel Pereira de. *Monomachia sobre as concórdias que fizeram os reis com os prelados de Portugal. Op. Cit.*, 1788.

30 De autoria de Gabriel Pereira de Castro, *Tractatus De Manu Regia* é apontada como a principal obra sobre as relações entre os poderes espiritual e temporal em Portugal seiscentista. Mais tarde, observou Antônio Manuel Hespanha, em um ambiente "político-cultural que prenuncia a completa laicização do Estado, aparecerá o *De sacerdotio et imperio* (1770), de António Ribeiro dos Santos". HESPANHA, A. M. "O poder eclesiástico. Aspectos institucionais". In: MATOSO, José (Dir.). *História de Portugal*. Lisboa: Estamoa, 1999, p. 287, vol 4 – O Antigo Regime (1620-1807). Coordenação de António Manuel Hespanha.

31 WEBER, Max. *Conceitos básicos de sociologia. Op. Cit.*, p. 99-103. Cap. 17. Tipos de associações políticas e religiosas.

32 CASTRO, Gabriel Pereira de. *Monomachia sobre as concórdias etc. Op. Cit.* Artigo XII. Sobre culpados em visitação, p. 242-46. Ord. Lib. 1, Tít. 9 – Dos Juízes dos Feitos del rei da Coroa, § 12. Disponível em <http://www1.ci.uc.pt/ihti/proj/filipinas/l1p31.htm> Consultado em 10-05-2011. CASTRO, Gabriel Pereira de. *Tractatus de Manu Regia. Pars prima. Editio novíssima auctior, infinitis pene Mendis, quibus fcatebat, ad amuffin expurgata. Cum novis additoinibus, et duplici Indice locupletiffimo*. Ulyssipone. Ex tipis Joannis Baptiste Lerzo, 1742, p. 1-32 – duelo escolástico. A segunda parte de *De Manu Regia* se compôs de resoluções que se tomaram em casos graves e que foram decididos por cartas e alvarás reais.

que os culpados eram com isso favorecidos, permanecendo em seus pecados públicos com muito escândalo:

> Estando os prelados em uso antiquíssimo de admoestarem três vezes à Estação às pessoas que por visitação acham em pecados públicos, para satisfazerem o escândalo, que tem dado, *e por ser esta a penitência, que eles temem* nestes tempos, o não consentem, e impedem este tão antigo costume, dizendo que estes pecadores públicos, os não devem admoestar à estação, senão secretamente, e que se lhes hão de fazer três distintas admoestações, em suas pessoas, e não se emendando, que hão de vir com libelos contra eles nas audiências, aonde poderão ser condenados, e não pelas visitações, de que se seguem muitos inconvenientes, que se apontaram e taxam o modo, em que estas admoestações particulares se hão de fazer, e ainda que depois os acham reincididos, não consentem, que sejam presos, e condenados em degredo, conforme ao concílio, o que tudo é contra a jurisdição eclesiástica e bem das almas.[33]

Segundo o jurista, o direito natural não consente o condenar-se nem infamar-se publicamente pessoa alguma, sem ser primeiro ouvida e convencida por sua confissão, ou judicialmente, pelo grande escândalo e perturbação que se segue na república do tal costume, opressão e dano aos vassalos. Apontava que o soberano, como Rei, e Senhor, possuía obrigação de acudi-los, e que nisto os prelados e seus oficiais não poderiam se queixar, devendo guardar em suas visitações a forma do direito canônico e do concílio tridentino não procedendo:

> à prisão, ou ao degredo contra os barregueiros casados, ou solteiros, sem precederem primeiro as três admoestações do dito decreto, as quais devem fazer com o intervalo de tempo, que lhes parecer, que convém para bem das Almas. E nos outros casos fora destes, em que o dito concílio lhe dá faculdade para prenderem ou penhorarem os leigos, por se evitarem as censuras, devem guardar a forma dele. Porém se os prelados nestes crimes ou em outros, de que, conforme a direito, podem conhecer, quiserem proceder ordinariamente sem prisão, penhora ou degredo, antes de final sentença, podê-lo hão fazer e minhas justiças lho não impedirão.[34]

Gabriel Pereira de Castro compilou as concordatas dos reis com os prelados e a Santa Sé, e as respectivas Ordenações, que mostravam os justificados motivos dos acordos.

---

33 CASTRO, G. P. de. *Monomachia sobre as concórdias* etc. *Op. Cit.*, p. 246-247.

34 *Idem.*, p. 246-247.

Os teóricos regalistas empreendiam a defesa radical do poder exclusivo dos senhores reis "concordando o do sumo-sacerdote com o régio".[35]

Na avaliação de Cândido Mendes de Almeida, o duelo escolástico alcançou importante resultado. A polêmica se deve ao Tratado *De Manu Regia*, que o autor escreveu com o propósito de sustentar com mais vigor as suas opiniões – o que não conseguiu, considera o célebre jurista. Não obstante o seu grande merecimento, o Tratado foi condenado pela Sagrada Congregação do Índex, em 1640.[36]

Todavia, as posturas nele veiculadas se acentuaram, atingindo um ápice no reinado de Felipe IV. Este período foi tenso entre Portugal e a Cúria de Roma. O movimento de defesa das liberdades eclesiásticas, de certa forma, chegou a se confundir com a oposição de alguns bispos à monarquia dual.[37]

O prestígio alcançado pela obra de Castro alcançou o século XVIII. As suas proposições encontram referências nas constituições sinodais e nas Ordenações Filipinas. Na *Monomachia sobre as Concórdias que fizeram os reis com os prelados de Portugal*, um tratado posterior, Gabriel Pereira de Castro revisitou as polêmicas suscitadas em *De Manu Regia*. Contestava as razões enunciadas pelo padre jesuíta Francisco Suárez em favor das liberdades eclesiásticas. Lançava mão da argumentação histórica, e reportava a situações desde os primórdios da constituição do Reino, para mostrar que os prelados nunca se satisfaziam com o que os píssimos reis de Portugal lhe destinavam.[38]

Como fez em *De Manu Regia*, na *Monomachia sobre as concórdias*, o jurista expunha que na era da República nascente, aquando da expulsão dos mouros pelos primeiros reis,

---

35   *Idem.*

36   O Breve – *Exponi nobis* – a cujo texto se socorre, não lhe dá razão, ainda com interpretações um pouco cerebrinas com que procura acomodá-lo à sua doutrina no cap. 6 – *Ex concórdia*. ALMEIDA, Cândido Mendes de. *Op. Cit.*, p. 313. Sobre o impacto de tais ideias na América Portuguesa, vide o estudo de: SOUZA, Evergton Sales de. "Jansénisme te réforme de l'Église dans l'Amérique portugaise au XVIIIᵉ siécle". *Revue d'histoire des religions*, 226-2/2009, p. 201-226.

37   PAIVA, José Pedro. "A Igreja e o poder." In: AZEVEDO, C. M. (dir.) *História Religiosa de Portugal*. Lisboa: Círculo de Leitores, 2000, p. 156, v. 2 – Humanismos e Reformas.

38   Castro declarava que queria tratar das vantagens da Coroa sobre as jurisdições eclesiásticas, definidas através de concordatas sancionadas pelo pontífice entre os reis e os prelados do Reino de Portugal. O autor faleceu em Lisboa, em 20 de outubro de 1632. A *Monomachia* veio à luz em 1738. CASTRO, Gabriel Pereira de. *Monomachia sobre as concórdias que fizeram os reis com os prelados de Portugal nas dúvidas da jurisdição eclesiástica e temporal. E breves de que foram tiradas algumas Ordenações com as Confirmações Apostólicas, que sobre as ditas Concórdias interpuseram os Sumos Pontífices*. Composta por Gabriel Pereira de castro, Desembargador da Casa da Suplicação, dedicada a Jeronymo Leite de Vasconcellos Pacheco Malheiro, Fidalgo da Casa de Sua Majestade, e Cavalleiro Professo na Ordem de Cristo. Lisboa Ocidental: por José Francisco Mendes,

não havia letrados com quem os reis lusos pudessem resolver-se nas dúvidas entre a jurisdição temporal e a espiritual. Mas havia a necessidade de dar leis ao povo. Os reis de Portugal, defende, tão pios, sempre davam aos prelados toda a liberdade de indicar em quais casos e circunstâncias se sentiam ofendidos da jurisdição temporal. Tal iniciativa originou, desde os tempos de Dom Afonso, sucessivas concórdias e assentos entre os reis e os prelados, sem que estes se dessem por contentes. As dúvidas de jurisdição continuavam a originar queixas, demandas e denúncias de abusos da jurisdição temporal junto ao papa, que baixava interditos a Portugal.[39]

O Padre Francisco Suárez, jesuíta e teólogo renomado, era Lente de Prima de Teologia na Universidade Coimbra. Suárez posicionou-se bem próximo às posições romanistas na discussão sobre a exclusividade do papa em definir cânones doutrinais sem o beneplácito do Estado. Na *Defensio Fidei*, que compôs em inícios dos Seiscentos defendeu algumas de suas teses. No livro apontava e criticava os erros e invasões de jurisdição do rei sobre a da Igreja, com exemplos retirados da Inglaterra. No capítulo 34, associava os costumes do Reino de Portugal aos erros da Inglaterra. Entre outras críticas, o padre Francisco Suárez reprovava os costumes e posses com que naquele reino se intrometia o juiz da Coroa no conhecimento das matérias eclesiásticas. Questionava a existência de concórdias sobre estas práticas, sem as quais se não podia formar juízo certo nestas dúvidas.[40]

Gabriel Pereira de Castro declarava temer estas ideias, "por mover humores perigosos" e fomentar grande revolução. Uma das consequências das elaborações de Suárez, verificadas na Relação do Porto, seria que muitas partes se utilizavam de razões e argumentos de seu livro, para se ajudar contra o tribunal da Coroa. Incentivado pelo governador da Relação Diogo Lopes de Sousa, remetera uma respeitosa carta ao Padre Francisco Suárez, encaminhando-lhe as dúvidas e dificuldades que juridicamente se opunham às suas afirmações. O intento de Castro era mostrar que o livro de Soares é que ofendia as leis e costumes do Reino.[41]

Para Suárez, os seguintes costumes dos reis de Portugal feriam a liberdade da Igreja: o de se tomar as armas dos clérigos nas horas proibidas; as visitas que faziam os reis às pessoas eclesiásticas que residem em seus tribunais e conselhos para castigá-los; o acudir a supostas opressões feitas pelos prelados. Explicava que estas práticas, que "os doutores desculpam como costume imemorial", somente poderiam ocorrer mediante privi-

---

Livreiro, que dá à luz a dita Obra. Ano de 1738.

39 CASTRO, Gabriel Pereira de. *Monomachia sobre as concórdias etc. Op. cit.*, p.3-4.

40 *Idem*, p. 8-9.

41 *Ibidem*.

légio do papa. E este, da mesma forma como o concedia, poderia revogar quando quisesse. Deste modo, ficavam claras algumas diferenças entre reis e prelados, pois estes podem defender as violências que se lhe fizerem por modo de jurisdição, ou excomungando e pondo interdito; o rei não poderia, por modo de jurisdição, defender-se sem especial privilégio apostólico, porque sem este ficam os atos usurpados.[42]

Castro contra argumentava que o costume não origina a jurisdição, apenas a confirma. Os reis não dependem de costume imemorial ou privilégio especial para defender seus vassalos. Para a conservação de sua República, poderiam levantar as forças entre seus vassalos. Com a dignidade real nasce a jurisdição sobre o vassalo secular, bem como a proteção, como procedem as ordenações, comunicado aos seus tribunais. As ordenações não se fundam em costume nem alegação de privilégio. Se os reis possuem este poder, não ofendiam as liberdades eclesiásticas e a sua autoridade se igualava ou superava a dos papas, cujas proibições canônicas não se estenderiam aos casos nos quais, por violências, os reis conhecem, para bom governo de sua República. Assim recordava as orientações transmitidas aos juízes dos feitos da Coroa, quanto ao discernimento das situações cujo conhecimento pertencia à justiça eclesiástica ou às reais.[43]

Reiterando suas afirmações no *Tractatus De Manu Regia*, recordava a orientação aos ouvidores para que: quando os juízes eclesiásticos não desistissem de tomar a sua jurisdição, deveriam dar cartas, encomendando-lhes que não procedessem contra eles, e nelas declarando que a jurisdição pertence ao rei. Em seguida deveriam mandar às justiças régias que não guardassem seus mandados, como juízes incompetentes; não evitassem nem prendessem por suas censuras, nem levassem deles penas de excomungados, nem guardassem nem executassem suas sentenças. Se os prelados ou juízes eclesiásticos, sem embargo das tais cartas, não desistirem dos procedimentos que tiverem feito contra os leigos, o rei os chamaria por cartas, estando fora da Corte, ou de onde estiver o desembargo do Paço. E estando o prelado ou juiz onde a Corte estiver, será chamado por recado

---

42  *Idem*, p.6-8.

43  Sobre a defesa dos vassalos contra a injúria e opressão, citava a Ord. Liv. 1, tít. 9, § 12; e liv. 2, tít. 3 e 4; em caso de violência contra eles, os reis mandariam outorgar as apelações, cf. as Ord., liv. 2, tít. 10 e liv. 3, título 85; e liv. 1, tít. 3, § 6; Ord. Lib. I, tít. 12, § 6, onde se regulamentava o grau de conhecimento dos ouvidores na jurisdição da Coroa, as notificações que farão aos juízes eclesiásticos, e o chamado dos reis aos prelados quando estes os não atenderem. In: CASTRO, G. B. *De manu regia. Op. Cit.*, p. 151. *Quomodo vocant praelat.* Cap. XII. ad Ord. Lib.1, tit. 12, § 6. Ordenações Filipinas, Lib. I, tít. 12, § 6 - Que os reis chamem os prelados. Sobre as violências, ver as Ordenações do Reino: liv. 2, tít.1, *in fine principii*; liv.1, Tít. 8, §12 e tít. 62, § 4 e tít. 12; liv. 1, § 1 e tít. 52, § 8 e liv. 2, tít. 10, *in fine principii*. CASTRO, Gabriel Pereira de. *Monomachia sobre as concórdias. Op. cit.*, p. 9.

do rei – "para nos dar razão de como toma a nossa jurisdição e para sobre isso ser ouvido perante os nossos Desembargadores do Paço".[44]

Por outro lado, orientava-se que os ouvidores não deveriam tomar conhecimento de agravo que as partes tirarem de Juízes eclesiásticos, nos casos que o conhecimento lhes pertencesse, salvo quando se agravarem de notória opressão, ou de se lhes não guardar o direito natural, porque nestes casos o rei assumia a obrigação de acudir aos vassalos. Se os juízes dos feitos julgarem que o conhecimento pertence às Justiças régias, e não às Eclesiásticas, mandarão àquelas Justiças que não evitem os réus, nem lhes levem penas de excomungados.[45]

Considerando estas orientações, é curioso que o Padre Raphael Bluteau em seu famoso Vocabulário Português e Latino, afirmasse que a "Igreja não derrama sangue, e por isso a justiça eclesiástica relaxa ao braço, ou justiça secular os criminosos". A discussão coeva é acirrada, e é posta em outros termos, pelos juristas que examinaram as liberdades eclesiásticas e a regulamentação do uso da força física. As controvérsias do duelo escolástico foram, portanto, relevantes na delimitação dos alvos das reformas pombalinas, na segunda metade do século XVIII.[46]

Como afirmou António Camões Gouveia, de forma progressiva, os debates entre regalistas e escolásticos, obrigariam a redefinições de esferas de atuação eclesiástica. Segundo o autor, o que tocava a articulação dos poderes do papa, do rei e dos bispos, per-

---

44 Ordenações Filipinas, Lib. I, tít. 12, § 6. Que os reis chamem os prelados. Disponível em: <http://www1.ci.uc.pt/ihti/proj/filipinas/ordenacoes.htm> consultado 04/04/2011. CASTRO, G. B. *De manu regia. Op. Cit.*, p. 151. *Quomodo vocant praelat.* Cap. XII. ad Ord. Lib.1, tit. 12, § 6.

45 CASTRO, G. B. *De manu regia. Op. Cit.*, p. 151. *Quomodo vocant praelat.* Cap. XII. ad ord. Lib.1, tít. 12, § 6; *Idem, Monomachia etc. Op. Cit.*, p. 34. ORDENAÇÕES Filipinas, Lib. I, tít. 12, § 6. Que os reis chamem os prelados; Lib. 5, tít. 80, al. 4-10-1649 e al. 18-2-1683; Liv. II, tít. 8, § 5, que manda levar pena de excomungado; tít. 10 – dos excomungados apelantes; Liv. III, Tít. 49. Sobre a exceção de excomunhão. Disponível em: <http://www1.ci.uc.pt/ihti/proj/filipinas/ordenacoes.htm> consultado 25/08/2011. CASTRO, G. B. *De manu regia. Op. Cit.*, p. 151. *Quomodo vocant praelat.* Cap. XII. ad ord. Lib.1, tit. 12, § 6; *Idem,* Monomachia etc. *Op. Cit.*, p. 34. Gabriel Pereira de Castro recorda que muitas destas ordenações derivam do § 8° da segunda concordata do Rei D. Dinis, da Segunda de D. João I e da concordata firmada pelo rei Dom Sebastião com o clero em 1568. Assim, defendia o jurista, pela atribuição que se arrogaram, os reis católicos tornavam-se iguais, senão superiores aos papas.

46 PAIVA, José Pedro. "A Igreja e o poder." In: AZEVEDO, C. M. (dir.) *História Religiosa de Portugal.* Lisboa: Círculo de Leitores, 2000, p. 181-182, v. 2 – Humanismos e Reformas.

manecia sem resolução na cristandade há séculos. Portugal não escapou a este debate nem às suas consequências.[47]

Segundo Paolo Prodi, a Igreja que renasce entre meados do século XV e meados do XVIII: é a "Igreja romana das concordatas e das nunciaturas – com uma relação complexa entre o trono e o altar que se declina, ao longo dos séculos, em conflitos, acordos, compromissos – e de outro lado nascem as igrejas de Estado, diretamente ligadas ao poder político por meio da variedade das suas configurações".[48] A concordata e a nunciatura seriam os instrumentos pelos quais os pontífices conseguiriam conter, em vastas regiões da Europa, e ao preço de grandes sacrifícios, a estatização das igrejas locais. O objetivo seria conservar uma função universal, o compromisso permanente entre o Estado e a Igreja, as duas únicas *societates perfectae* soberanas existentes na terra, e o controle das almas dos súditos-fiéis.[49]

Houve prolífica literatura jurídica seiscentista e setecentista, dedicada à regulamentação destas esferas. De acordo com Antônio Manuel Hespanha, esta pode ser dividida em três gêneros: os comentários às Ordenações, obras nas quais o jurista procede a minuciosa exegese das Ordenações; são exemplares os trabalhos de Manuel Álvares Pegas, um dos maiores comentadores coevos. O segundo tipo é o das obras casuístas – as *Decisiones*, como servem de exemplos Gabriel Pereira de Castro e Dom Manuel Themudo: nestas obras, juristas de carreira indicavam soluções lançadas pela aplicação prática do direito. O terceiro tipo, segundo Hespanha, compreende as obras dedicadas à prática notarial e forense, segundo a ordem normal, cronológica, do decurso processual – como fez Manuel Mendes de Castro, autor de uma das obras mais utilizadas deste gênero. Além destes três gêneros, Hespanha elenca as obras monográficas sobre pontos de direito nacional, com destaque para obras de Gabriel Pereira de Castro e Manuel Álvares Pegas; ainda, os Repertórios, destinados a facilitar a consulta das obras, em virtude da grande dispersão da própria legislação, e assumindo em relação a elas a função de guias bibliográficos.[50]

Neste panorama, a regra moral teológico-cristã exercia ainda grande influência sobre a orientação da conduta dos juízes seculares e eclesiásticos. Esta linha de orientação,

---

47 BLUTEAU, Raphael (dom). *Vocabulário português e Latino*, v. VII, 1720, p. 218; GOUVEIA, António Camões. "O enquadramento pós-tridentino e as vivências do religioso". In: MATTOSO, José. *História de Portugal*. v. IV – O Antigo Regime (1620-1807), coordenação de António Manuel Hespanha, p. 297.

48 PRODI, Paolo. "Cristianismo, modernidade política e historiografia." Trad. Carlos A. M. Zeron. *Revista de História*, nº 160. 1º semestre de 2009. São Paulo, Usp, p. 111.

49 PRODI, Paolo. "Cristianismo, modernidade política e historiografia". *Op. Cit.*, p.118-119.

50 A esse respeito, vide: HESPANHA, A. M. *História das Instituições: épocas medieval e moderna*.

conforme as lições cristãs, influenciavam não apenas as constituições diocesanas, como também era nítida em uma série de tratados e manuais jurídicos impressos.[51] Influenciado por esta literatura, em boa parte do século XVIII vigoraram modelos de juízes virtuosos, ainda que esta maneira de julgar encontrasse muitos críticos entre juristas coetâneos, que as consideravam ambíguas.

## Modelos doutrinários e suas implicações: excomunhão e correção fraterna

Na década de 1760, o jurista Cesar Beccaria informava que as fontes que derivavam os princípios morais e políticos vigentes na maior parte da Europa, a essa época, eram três princípios, que regulavam a todos os homens: a revelação, a lei natural e as convenções factícias da sociedade. Beccaria criticava severamente estes usos, bem como a sua excessiva influência nos arrazoados e nas práticas da justiça. Considerava o jurista que, de tal maneira eles influenciavam a prática judiciária, que os julgamentos baseavam-se em critérios considerados ambíguos, como os de virtude e vício.[52]

As práticas da justiça, em quase todo o século XVIII, envolviam uma compreensão moral da virtude e do vício, que influenciaram também a conformação de exemplos de conduta moral dos juízes seculares e eclesiásticos. Como uma antítese dos vícios, o juiz eclesiástico deveria ter e mostrar suas virtudes para ter a sua autoridade reconhecida e exaltada por seus superiores.[53]

António Manuel Hespanha lança mão do conceito de economia moral elaborado por Edward Palmer Thompson, para indicar o alicerce dos cânones do poder na sociedade do

---

Coimbra: Almedina, 1982, p. 519-22.

51  SOUZA, Evergton Sales de. "Jansénisme te réforme de l'Église dans l'Amérique portugaise au XVIIIᵉ siécle". *Revue d'histoire des religions*, 226-2/2009, p. 201-226; SOUZA, Evergton Sales de. "A construção de uma cristandade tridentina na América Portuguesa (séculos XVI-XVII)". Comunicação no Colóquio *Trent and beyond: the Council, other powers, other cultures*, Trento, outubro de 2013. In: GOUVEIA, A. C.; SAMPAIO, D. B.; PAIVA, J. P. *O concílio de Trento em Portugal e suas conquistas: olhares novos*. Lisboa: Centro de Estudos de História Religiosa, 2014, p. 173-193.

52  BECCARIA, Cesare Bonesana, Marchese di. *Dos delitos e das penas*. Trad. Maurício Barca do original italiano *Dei delitti e delle pene*. São Paulo: Cedic-Germape, 2003, p. 10.

53  "*Judices potiùs corrigantur quàm à Deo correctionem sperent; Judicibus convenientius est se corrigere in mellius.*" FONSECA, Manuel Themudo da. *Decisiones et Quaestiones, Op. Cit., p. 38*. SANTA CLARA, Joaquim (Fr.). SANTA CLARA, frei Joaquim de. Sermão do Santíssimo Coração de Jesus recitado diante de Sua Majestade e Altezas na primeira festa que se celebrou em 11 de Junho de 1790 na Igreja do Real Convento do Coração de Jesus com assistência dos Grão-Cruzes, e

Antigo Regime. O conceito de virtude que informava o modelo de juiz possuía a matriz nas reelaborações cristãs das virtudes clássicas, por meio de releituras da obra de Aristóteles. Estas virtudes da moral clássica e cristã foram transformadas em deveres jurídicos pela estrutura absorvente e esponjosa do direito comum.[54]

Um bom exemplo desta influência são as *Decisiones* do arcebispo de Lisboa, Dom Manuel Themudo da Fonseca. Este tornou-se um famoso tratado jurídico acerca das virtudes cristãs. Impresso em 1734, esboça um amplo panorama das qualidades e virtudes morais consideradas imprescindíveis nos juízes eclesiásticos, sendo citado com frequência nas constituições diocesanas do mundo português. *Decisiones et Quaestiones* foi logo incorporado ao acervo da Casa da Livraria, criada por Dom João V, que possuía grande interesse pelos livros.[55]

Segundo Antônio Camões Gouveia, "o rei preocupa-se com o enquadramento de seus súditos, sabendo que este ultrapassa um simples exercício de poder e se referenda numa determinada atitude sacral". A educação dos príncipes se inspirava nas virtudes de Cristo; mostra-se, ainda, a necessidade de sagrar o poder que é devido ao bispo. Este enquadramento episcopal, do clero e dos fregueses, realiza-se numa linha de continuidade com as deliberações tridentinas e assenta na definição geral das virtudes cristãs.[56]

O modelo máximo de perfeição de virtudes é Cristo, o Divino Mestre, que se oferece em sacrifício, perante o peso da Mão Poderosa da Justiça Divina sobre a Humanidade

---

comendadores das três ordens militares, por Frei Joaquim de Santa Clara, Monge Beneditino. Lisboa: na Oficina de Fernão Tadeu Ferreira, com licença da Real Mesa da Comissão Geral sobre o Exame e Censura dos Livros. Ano 1791, p. 29-34, especialmente p. 30.

54 HESPANHA, A. M. "Depois do Leviathan." *Almanack Braziliense*, n. 5, mai. 2007, p. 56-57.

55 FONSECA, Manuel Temudo da. *Decisiones et Quaestiones senatus archiepiscopalis metropolis ulyssiponensis regni portugaliae ex gravissimorum patrum responsis collectae, tam in judicio Ordinario, quàm Apostolico*. A Dom EmmanueleThemudo da Fonseca, Illius Senatus Senatore, & Olim Gubernatore Episcopatus Portaleggrensis, & Provinciae Sanctae Crucis Brasiliensis. Pars prima. Eminentissimo, ac Reverendissimo Domino D. Joanni S. R. e Presbytero Cardinali da Mota. Ulyssipone Occidentali: Expensis, & Tipis Michaelis Rodrigues, D. Patriarchae Typographi. 1734, cum facultate superiorum. Vide: Exemplum patientiae in regni Joanes II; Judex quas qualitates habeat. Sobre a Biblioteca Joanina e o grande interesse de Dom João V pelos livros, ver: ALMEIDA, Luís Ferrand. "Dom João V e a biblioteca real." In: *Idem. Páginas Dispersas: estudos de História Moderna de Portugal*. Coimbra: Instituto de História Económica e Social/Faculdade de Letras da Universidade de Coimbra, 1995, p. 209 ss.

56 GOUVEIA, António Camões. "O enquadramento pós-tridentino e as vivências do religioso". In: MATTOSO, José. *História de Portugal. v. IV – O Antigo Regime (1620-1807)*, p. 290-91. Sobre a influência exercida pela Igreja e dos sermões na conformação de noções de direito associadas ao exemplo moral no caso inglês, vide: THOMPSON, E. P. *Costumes em comum: estudos sobre a*

decaída. É um Juiz Indulgente, mais preocupado em instruir do que em condenar. Mais ainda, é o Supremo Legislador. É aquele que reduz todas as Leis a um preceito somente: a caridade. Assim proferiu o monge Beneditino Frei Joaquim de Santa Clara, diante de Sua Majestade, em 11 de Junho de 1790, *Sermão do Santíssimo Coração de Jesus*. Exaltava a grandeza do amor divino, realçando a culpa humana.[57]

Estes parâmetros orientavam a conduta dos juízes e sacerdotes, que deveriam pautar-se na caridade, a maior virtude cristã. Na linha de ação pastoral tridentina, a caridade deveria ser praticada em favor dos vivos e dos mortos. No bispado de Mariana difundiram-se várias práticas que envolviam este exercício espiritual. Nas paróquias, fregueses arrecadavam e distribuíam donativos e esmolas a órfãos, viúvas e necessitados. A oração mental e a frequência a sacramentos em intenção das almas do purgatório representavam atos de caridade para com os mortos. Este foi um dos traços marcantes na linha de ação pastoral de Dom Frei Manuel da Cruz, bispo de Mariana entre 1748 e 1764.[58]

De acordo com Jacques Le Goff, os cristãos adquiriram muito cedo o hábito de rezar pelos seus mortos. Esta atitude devocional e a preocupação com a sorte dos mortos foram essenciais para o desenvolvimento da crença no Purgatório, não para a invocação da proteção dos defuntos, mas pela utilidade das preces feitas em sua intenção. Por outro lado, como mostrou Paolo Prodi, o nascimento da doutrina do Purgatório marcou também a existência de um julgamento individual e particular após a morte, com a expiação dos pecados com as penas no Purgatório. Esta concepção se difundiu rapidamente no Oci-

---

*cultura popular tradicional.* Trad. R. Eichemberg. São Paulo: Companhia das Letras, 1998, p. 198-202.

57 SANTA CLARA, Frei Joaquim de. Sermão do Santíssimo Coração de Jesus recitado diante de Sua Majestade e Altezas na primeira festa que se celebrou em 11 de Junho de 1790 na Igreja do Real Convento do Coração de Jesus com assistência dos Grão-Cruzes, e comendadores das três ordens militares, por Frei Joaquim de Santa Clara, Monge Beneditino. Lisboa: na Oficina de Fernão Tadeu Ferreira, com licença da Real Mesa da Comissão Geral sobre o Exame e Censura dos Livros. Ano 1791. Cristo como Juiz Indulgente, mais preocupado em instruir do que em condenar (p. 29-30); Cristo como o Supremo Legislador (p. 30-34); o Amor que *desarmaria as vinganças divinas, e reconciliaria o Céu com a terra*, (p.37).

58 AEAM. Seção de Livros Paroquiais. Livro de Disposições Pastorais, Prateleira W, Livro n. 3 (1727-1853), fl. 33. Visita do Dr. José dos Santos à freguesia de Nossa Senhora da Boa Viagem do Curral del rei; Livro de Visitas e Fábrica (1727-1831), Prateleira H, Livro n. 14. Ata de Visita Pastoral do Dr. José dos Santos à freguesia de Nossa Senhora da Conceição das Catas Altas, Cap. 12º, fl. 109 v. Primeiras Constituições sinodais do Arcebispado da Bahia... *Op. Cit.* Lib. IV, tít. 59. Que na nossa Sé Catedral e nas igrejas paroquiais de nosso arcebispado se façam procissão pelos defuntos e se reze por eles.

EXCOMUNHÃO E ECONOMIA DA SALVAÇÃO

dente, fornecendo motivações e elementos coercitivos à ação penal no foro da penitência. Para o autor, este sistema seria ainda fortalecido com as práticas de indulgências.[59]

No século XVIII encontram-se estreitamente imbricadas ação pastoral e exercício da justiça eclesiástica. Outrossim, a orientação para a caridade exerceu grande influência nas ações e procedimentos do tribunal eclesiástico de Mariana no século XVIII. Os juízes não podiam negar as providências da justiça aos que não tivessem como pagar; os registros de sentenças demonstram a observação da norma eclesiástica, para que o juiz procurasse comutar as penas dos arrependidos e contritos. Também as querelas deveriam ser assumidas pelo Promotor ou Procurador da Mitra quando a vítima não tivesse condições de custear as diligências.[60]

A virtude da caridade ganhava expressão, ainda, nos modelos de conduta que tocavam as justiças régias. Modelos propagados por meio de prédicas e também pela leitura pública dos documentos oficiais, ocorridas nos púlpitos, ou aos pés dos pelourinhos, símbolos da justiça régia. A imagem régia também imitava o exemplo de Cristo e suas virtudes. Antônio Vanguerve Cabral, um famoso tratadista, autor da "*Prática judicial muito útil e necessária*", realiza um percurso semelhante acerca da conduta dos juízes.[61]

Dom Manuel Themudo da Fonseca, nas famosas *Decisiones et Quaestiones*, aponta virtudes como requisitos do juiz: a paciência, para ambas as partes; a força; o esclarecimento; a inteligência preclara, o amor às letras, pois um juiz iletrado não será digno de crédito, e se equipararia aos brutos e rústicos; a força e a autoridade moral para discernir o bem do mal, o falso do verdadeiro. As virtudes conferiam ao juiz a autoridade para julgar, por analogia aos exemplos de Cristo, o Supremo Legislador, e do Rei, como distribuidor da justiça.[62] Além das qualidades morais, a experiência alcançou um estatuto de

---

59 LE GOFF, Jacques. *O nascimento do purgatório*. Lisboa: Editorial Estampa, 1993. Oração pelos mortos, p. 64-65. (Nova História, 1); PRODI, Paolo. *Uma história da justiça. Do pluralismo dos foros ao dualismo moderno entre consciência e direito*. Trad. Karina Jannini. São Paulo: Martins Fontes, 2005, p. 75-77. (Justiça e Direito).

60 Ordenações Filipinas, Querelas.

61 CABRAL, António Vanguerve. *Practica judicial muyto util e necessaria para os que principiam os officios de julgar e advogar, e para toso os que solicitão causas nos auditorios de hum e outro foro tirada de varios autores practicos e dos estylos mais praticados nos auditorios*. Lisboa Ocidental: Oficina de Carlos Esteves Mariz, 1740.

62 FONSECA, Manuel Temudo da. *Decisiones et Quaestiones etc. Op. Cit.*, "*Exemplum patientiae in regni Joanes II; Judex quas qualitates habeat.*"; "*judex patiens sit*"; "*Patientia in judice est laudabilis*"; "*Judex audiat patienter ambas partes*"; "*judex debet esse fortis*"; "*judex illiteratus equiparatur rusticis, vilibus, e caecis*"; "*judex illiteratus non est dignus excusatione*"; "*judices prudentiae suae non semper nitantur; e Judex non debet esse pertinax in sua opinione*".

grande importância, na carreira do juiz, pois a atuação em meio à diversidade e às contingências sociais conferiam ao juiz um alto grau de conhecimento e autoridade.[63]

O tratado de Manuel Themudo é uma das fontes citadas nas normas que regulamentavam as práticas dos tribunais eclesiásticos na América portuguesa: as *Constituições Primeiras do Arcebispado da Bahia*. A Arquidiocese da Bahia era sufragânea de Lisboa, e guiava-se pelas suas Constituições.[64]

Dom Sebastião Monteiro da Vide, o quinto Arcebispo Metropolitano da Bahia, era canonista. Ressaltando a importância das leis diocesanas para a quietação dos súditos, conclamou um sínodo diocesano, em 1707. Havia assumido a mitra de Salvador em 1702. Em preâmbulo às Constituições da Bahia, fruto dos trabalhos do sínodo, explicou que, diligenciando as constituições de Lisboa, reconhecia a especificidade do Brasil, pois "as ditas Constituições de Lisboa se não podiam em muitas cousas acomodar a esta tão diversa região, resultando daí alguns abusos no culto divino, administração da justiça, vida e costumes de nossos súditos." As constituições da Bahia, assim como o *Regimento do Auditório Eclesiástico do Arcebispado da Bahia*, visavam a "direção dos costumes, extirpação dos vícios e abusos, moderação dos crimes e reta administração da justiça".[65]

Nesta norma eclesiástica, encontravam-se dispostos os requisitos morais e intelectuais do vigário geral. Era um juiz eclesiástico de tal importância que "da boa ou má eleição que dele fizermos havemos de dar conta a Deus." Como juiz, ele deveria mostrar-se benevolente, mas usar de rigor: "com todos muito tratável, benigno e brando e nas represões que der deve temperar a severidade e rigor, com paciência, e ouvirá as

---

63    FONSECA, Manuel Themudo da. *Decisiones et Quaestiones etc. Op. Cit. "Experientia in judice est necessaria"*.

64    À altura de 1574, época do 2º Concílio Provincial de Lisboa, congregado em 25 de dezembro desse ano, a Igreja nascente do Brasil, pelo Metropolitano dom Jorge de Almeida, dependia inteiramente da Metrópole Lisbonense. Já depois de criada a Província Eclesiástica da Bahia, dois bispados, o do Maranhão, e o do Grão-Pará, continuaram sufragâneos do Arcebispado de Lisboa, até 1827, após a Independência do Império. Ver: ALMEIDA, Cândido Mendes de. *Op. Cit.*, p. VI.

65    Primeiras Constituições sinodais do Arcebispado da Bahia feitas e ordenadas pelo Ilustríssimo e Reverendíssimo Senhor Dom Sebastião Monteiro da Vide, 5º Arcebispo da Bahia, do Conselho de Sua Majestade. Propostas e aceitas no Sínodo Diocesano, que o Dito Senhor celebrou em 12 de junho do ano de 1707. Coimbra: no Real Colégio das Artes da Companhia de Jesus, 1720. Com todas as licenças necessárias. Preâmbulo.

partes com afável acolhimento, de qualquer qualidade que sejam, para que sem pejo lhe requeiram sua justiça".[66]

Por meio da ação de juízes eclesiásticos, como os vigários gerais e das varas, os bispos exerceram o poder religioso em suas dioceses. Por meio deste trabalho pastoral, propagava-se a mensagem religiosa, o estímulo às virtudes, com ampla apresentação hagiográfica de modelos. Como observou Gouveia, os bispos eram exemplos, primeiro que tudo, e assim deveriam apresentar-se aos seus diocesanos.[67] Os próprios sacerdotes e juízes eclesiásticos eram incitados a servirem como modelos de virtude aos fiéis. Via de regra, as provisões dos titulares de cargos eclesiásticos mencionavam as suas virtudes, méritos e letras.[68]

Interligadas como as facetas de uma moeda, encontravam-se a palavra e a ação, a persuasão e a coerção. O discurso religioso procurava apontar o contraponto das virtudes e perseguir os vícios; e, juntamente apontar os lugares da condenação: Inferno, Purgatório. Por analogia à Justiça Divina e às Eternas Penas, a justiça eclesiástica aplicaria as condenações temporais, sob a forma de penalidades espirituais, pecuniárias e corporais.

Por meio desta difusão da mensagem religiosa tridentina, apoiada no estímulo às virtudes, horror aos vícios, temor da eterna condenação, difundia-se uma prática ligada à missão de procura dos pecadores públicos: a correção fraterna. Corresponde a uma lon-

---

66  Regimento *do Auditório Eclesiástico do Arcebispado da Bahia feitas e Ordenadas pelo Ilustríssimo e Reverendíssimo Senhor D. Sebastião Monteiro da Vide*. São Paulo: Typografia 2 de dezembro de 1853. Tít. I, § 1° - Do Vigário geral e do que a seu ofício pertence.

67  GOUVEIA, António Camões. "O enquadramento pós-tridentino e as vivências do religioso". In: MATTOSO, José. *História de Portugal*. v. IV – *O Antigo Regime (1620-1807)*, p. 290.

68  Entre muitos exemplos, veja-se o caso da eleição do Dr. José dos Santos, Cônego da Sé de Mariana, que atuara entre 1750 e 1756 como vigário geral do bispado, para o cargo de Visitador Geral, em 1761. AEAM. Seção de Livros paroquiais, Livro de Visitas e Fábrica (1727-1831). Pastoral do Excelentíssimo Senhor bispo dom frei Manuel da Cruz nomeando o Dr. José dos Santos Visitador Geral do Bispado. 08-07-1761, fl. 105-106v. Outro exemplo, veja-se a escolha, por Dom Frei Manuel da Cruz, do Dr. Lourenço José de Queirós Coimbra, comissário do Santo Ofício, para ser governador do bispado, pouco antes de sua chegada ao bispado de Mariana. Pouco depois o bispo o nomeou vigário da Vara perpétuo na Vila Real do Sabará: "Sujeito de virtudes e letras, para bem das almas (...) a que todos estes requisitos concorrem na pessoa do Dr. Lourenço José de Queirós Coimbra." In: AEAM. Livro de Registro Geral da Cúria da Diocese de Mariana. Provisões, portarias, licenças etc. período de 1748 a 1750, fls. 1.1v – Provisão para o Provisor Geral da diocese, em 04-03-1748. As Constituições da Bahia aconselhavam também aos prelados a observaçao das virtudes daqueles que seriam provisionados nos cargos eclesiásticos. Assim se pode ler no título I, concernente ao ofício de Provisor. *Regimento do Auditório Eclesiástico. Op. Cit.*

ga tradição literária, pagã, e principalmente judaica, nas quais a comunidade deveria condenar os comportamentos reprováveis, por meio de uma correção fraterna. Como ensinamento bíblico, encontra-se mencionada nas cartas de São Paulo Apóstolo.[69]

De acordo com esta tradição, os fiéis e sacerdotes, integrantes essenciais da comunidade cristã, são responsáveis pela salvação uns dos outros. A correção fraterna deveria ocorrer em passos gradativos: um fiel estivesse ciente de um desvio, deveria, de maneira pessoal e horizontal, fazer uma primeira e fraterna admoestação. Configurava-se o primeiro passo: uma admoestação que provinha de um fiel para outro, como irmão na fé, em particular. Caso o infrator reincidisse, deveria ser denunciado à autoridade eclesiástica competente, para que o admoestasse paternalmente. A última tentativa de recuperar o réprobo envolvia uma punição mais severa, para que o desviante tomasse emenda de seus pecados. Se ainda não se emendasse, deveria ser expulso da comunidade – ou excomungado. Esta tradição foi reavivada nas prédicas modernas, sob as constituições diocesanas de Portugal e da Bahia. As constituições do Arcebispado de Lisboa recomendavam e ressaltaram o fundamento bíblico da correção fraterna:

> todos os nossos súditos devem obviar os pecados de seu próximo por meio da correção fraterna, na forma em que Cristo Nosso Senhor mandou no Evangelho, emendando-os deles fraternalmente quando há esperança de que se emendarão, e não se emendando, têm obrigação de recorrer a nós, e fazerem denunciação do mal estado em que vivem.[70]

---

69 Os textos de São Paulo Apóstolo exortam os fiéis à imitação de seus atos: imitando Paulo, se imita Cristo, e imitando-se a Cristo, imita-se a Deus. Bíblia de Jerusalém. Edição portuguesa trad. dos originais da Sociedade Bíblica de Jerusalém. 4ª impressão. São Paulo: Paulus, 2006. Mt 18, p. 15-18; Primeiras Constituições sinodais do Arcebispado da Bahia feitas e ordenadas pelo Ilustríssimo e Reverendíssimo Senhor Dom Sebastião Monteiro da Vide, 5° Arcebispo da Bahia, do Conselho de Sua Majestade. Propostas e aceitas em o Sínodo Diocesano, que o Dito Senhor celebrou em 12 de junho do ano de 1707. Coimbra: no Real Colégio das Artes da Companhia de Jesus, 1720. Com todas as licenças necessárias. Liv. 5, tít. XXXVII, n. 1047-49.

70 Constituições sinodais do Arcebispado de Lisboa novamente feitas no sínodo diocesano, que celebrou na Sé Metropolitana de Lisboa o Ilustríssimo e Reverendíssmo Senhor Dom Rodrigo da Cunha, Arcebispo da mesma cidade, do Conselho de Estado de Sua Majestade em os 30 dias de maio de 1640. Concordadas com o Sagrado Concílio Tridentino, e com o Direito Canônico, e com as Constituições Antigas, e Extravagantes primeiras, e segundas deste Arcebispado. Ano: 1656. Acabadas de imprimir e publicadas por mandado dos muito Revdos. Srs. Deão, & Cabido da Santa Sé de Lisboa, Sede Vacante, no ano de 1656. Em Lisboa: com todas as licenças necessárias. Na oficina de Paulo Craesbeeck. Taxado em oitocentos réis em papel, p. 13. Da Santa Fé Católica. Decreto III. Princípio: Que todas as pessoas são obrigadas, sob pena de excomunhão maior reservada, a descobrir, e denunciar os hereges e as pessoas suspeitas na fé; par. 1. Que a

A obrigatoriedade das denúncias dos hereges e réprobos, sob pena de excomunhão, era apregoada em sermões e às estações das missas:

> Declaramos que é obrigado toda a pessoa cristã a denunciar e descobrir a nós, ou aos Inquisidores Apostólicos, todas e quaisquer pessoas que souberem de vista ou certa ciência, ou por outro modo, que sente mal dos artigos da nossa Santa Fé Católica (...) E assim exortamos e mandamos (...) sob pena de excomunhão *ipso facto*, reservada a nós, descubram e denunciem as tais pessoas, levados somente com o zelo da mesma fé e não com ódio nem outra tenção má. E particularmente encarregamos aos párocos tenham grande cuidado, cada um em suas paróquias, de o guardarem assim e de encarregar a seus fregueses que o façam.[71]

Fundamentando os títulos das constituições diocesanas do mundo português, como um sinal de cooperação dos fiéis para com a justiça eclesiástica e a Inquisição, a correção fraterna ganhou grande ênfase no discurso religioso. A hierarquia eclesiástica exortava os fiéis a denunciarem todos os comportamentos desviantes da sã doutrina.[72]

Assim procedeu o Arcebispo de Braga, onde a recusa em denunciar os que estivessem em falta era um dos pecados mortais, de perdão reservado ao bispo.[73] Também o arcebispo de Elvas, Dom Sebastião de Matos de Noronha, exortava, no livro 1 das Constituições sinodais promulgadas após o concílio:

> E mandamos a todos os que souberem, que alguma pessoa, de qualquer qualidade que seja, (...) discrepa da nossa Santa Fé Católica (...) que com a brevidade

---

mesma denunciação se faça dos que encobrirem, ajudarem, ou favorecerem aos hereges; par. 2. Que os párocos das igrejas de Lisboa observem o modo de vida das pessoas que tratam familiarmente com estrangeiros hereges.

71 Constituições sinodais do Arcebispado de Lisboa. *Op. Cit.*, Liv. 5, Tít. 18, p. 450.

72 BETHENCOURT, Francisco. "A Inquisição." In: AZEVEDO, C. M. (dir.) *História Religiosa de Portugal*. Lisboa: Círculo de Leitores, 2000, p. 117-118. ASSIS, Ângelo F. "Entre a coerção e a misericórdia: sobre o tribunal do Santo Ofício da Inquisição em Portugal." *Idem* & PEREIRA, M. S. (Org.) *Religiões e Religiosidades: entre a tradição e a modernidade*. São Paulo: Paulinas, 2010, p. 108.

73 Este livro, de formato 15x10, teve sua primeira edição em latim, em 1566, e reúne as primeiras constituições feitas em Portugal após o Concílio de Trento, no reinado de Dom Sebastião. SUMA BREVE dos casos reservados do Arcebispado de Braga. Pelo Douto Manuel de Barros e Costa Abade de S. Cipriano da Refontoura do dito Arcebispado, natural da cidade de Braga das Hespanhas e Primaz etc. Oferecidos à Virgem Senhora da Conceição segunda vez, e acrescentado com o aviso e exame dos confessores. Coimbra: com as licenças necessárias na Oficina de Joseph Ferreira, Impressor da Universidade, ano 1681. Sobre a condenação aos que se recusassem à denúncia, vide p. 24.

possível, o denunciem, e façam saber os inquisidores, a nós, ou a nosso provisor, ou visitador. E não o cumprindo assim, além da graveza do pecado, de que hão-de dar conta a Deus, e da excomunhão maior, e penas graves, em que incorrem por Direito, serão castigados com as mais que a sua culpa merecer.[74]

Essas diretrizes normativas e doutrinais associavam a evangelização católica à punição dos pecadores públicos. Recorde-se, nesse sentido, o debate exposto na obra de Gabriel Pereira de Castro que define como violência aos vassalos reais e ao direito natural a aplicação dos castigos públicos pelas justiças eclesiásticas. As correções, conforme defendia o jurista, deveriam ser particulares.[75]

Por conseguinte, nota-se, nas práticas do juízo eclesiástico, que a hierarquia eclesiástica aplicou penalidades pecuniárias e espirituais em profusão. A excomunhão revelou-se uma pena espiritual constantemente utilizada no tribunal eclesiástico. Era um campo específico de exercício da autoridade espiritual, que passaria a ser, cada vez mais, desde os tempos de Dom Dinis, considerado perigoso. Assim, a faculdade de excomungar foi alvo de várias regulamentações das Coroas, ao longo de sucessivos reinados; à sua aplicação foram se impondo várias restrições. À época das reformas pombalinas, esta tendência restritiva se acentuou.[76]

As menções à correção fraterna, e à excomunhão, porém, permaneceram recorrentes no discurso religioso do episcopado, contra os fregueses, e contra autoridades coloniais.[77] Em todo o século XVIII, o ensino da doutrina mostrava-se muito importante. Esta obrigação decisiva para a inculcação das práticas e noções essenciais à alimentação do sistema era atribuída aos párocos:

> E nesta matéria de ensinar a doutrina observará o Reverendo pároco e mais capelães o disposto na pastoral do Excelentíssimo e Reverendíssimo dom frei Antônio

---

74 Primeiras constituições sinodais do bispado de Elvas feitas e ordenadas pelo Illmo. e Revmo. Senhor Dom Sebastião de Matos de Noronha, 5º Bispo d'Elvas & do Conselho de Sua Majestade. Lisboa. Sínodo realizado entre 1633-34. Liv.1, Tít. 1. Da fé católica. § 3, p.7. Também Dom Francisco Barreto, bispo do Algarve, dedicou um capítulo das Constituições Sinodais para exortar os fiéis à responsabilidade no combate às heresias. Constituições sinodais do Bispado do Algarve. *Op. Cit.* Capítulo VII: "De como se há-de denunciar dos hereges e dos fautores deles", p. 11.

75 CASTRO, G. P. de. *Monomachia sobre as concórdias que fizeram os reis com os prelados* de Portugal. *Op. Cit.*, p.246-247.

76 ALMEIDA, Cândido Mendes de. *Op. Cit.* Parte 2 - Concordatas.

77 Serve de exemplo o sermão de Frei Joaquim de Santa Clara, citado anteriormente. SANTA CLARA, Joaquim (Fr.). *Op.cit.*, p. 29-34, especialmente p. 30.

de Guadalupe, que a Santa Glória haja, a qual manda se observe, inviolavelmente, ainda que na Igreja haja outras práticas, pois com elas não fica o Reverendo pároco e mais capelães isentos de ensinarem a doutrina pessoalmente. E para que todos concorram a ela com maior cuidado o Reverendo confessor ou outro algum capelão (ou) sacerdote não admitirão a satisfação dos preceitos pessoa alguma que ao menos não saiba o que é necessário (...).[78]

Em 20 de agosto de 1749, o próprio Dom Frei Manuel da Cruz, recém-chegado ao bispado de Mariana, visitava a freguesia de Nossa Senhora da Conceição das Catas Altas. Ao pároco da igreja matriz, ressaltou as virtudes e méritos, e a "grande prontidão na administração dos sacramentos aos seus fregueses, ensinando-lhes a doutrina cristã, e fazendo-lhes prática nas Estações, dirigindo todos ao bem espiritual de suas almas". O bispo lembrava aos fiéis que o Santíssimo Padre, Benedito XIV, havia expedido uma bula, a qual circulava pela diocese, segundo a qual os párocos deveriam ter como grave a obrigação de ensinar a doutrina a seus aplicados, em domingos e dias santos, e tocar os sinos da matriz, aos quais deveriam acorrer os escravos e filhos.[79]

A aplicação da correção fraterna se relaciona às ações coercitivas da justiça eclesiástica: o estímulo a esse comportamento se tornou fundamental para obter informações, seja nas devassas gerais das visitas, ou na averiguação de queixas por coisas perdidas. Veja-se o expressivo conjunto de queixas aos bispos do século XVIII sobre furtos, perdas e danos superiores a um marco de prata. Admoestadas às paróquias, eram encaminhadas para a sede episcopal, para os procedimentos de praxe, como o juramento quanto à veracidade, valores e usos das informações. O despacho final autorizava a expedição de uma carta de excomunhão geral, a ser lida às Estações das missas e afixada às portas das igrejas. A carta de excomunhão geral historiava o caso, anatemizava os

---

78    AEAM. Seção de Livros Paroquiais. Prateleira W, Livro n. 3 (1727-1853), fl. 6v. 11-09-1748. Ata de visita pastoral do Dr. Miguel de Carvalho Almeida Matos à freguesia de Nossa Senhora da Boa Viagem do Curral del Rei. Ver também o capítulo de visita do prelado fluminense, Dom Frei João da Cruz, em 1745, à mesma freguesia. Prateleira W, Livro n. 3 (1727-1853), 18-02-1745. Ainda, a ata de visita pastoral do Dr. Manuel Ribeiro Taborda à mesma freguesia em 28-08-1756. Prateleira W, Livro n. 3 (1727-1853), fl. 11-12; Visita do Dr. José dos Santos à freguesia de Curral del Rei, Prateleira W, Livro n. 3 (1727-1853), Capítulo 3°, fl. 31v.

79    AEAM. Seção de Livros Paroquiais. Prateleira H, Livro n. 14 (1727-1831). Ata de visita pastoral do Excelentíssimo e Reverendíssimo Senhor dom frei Manuel da Cruz, bispo de Mariana, à freguesia de Nossa Senhora da Conceição das Catas Altas do Mato Dentro, fl. 46; 48v-49. 20-08-1749.

autores do dano e os que se calassem sobre os fatos. O temor da excomunhão funcionava como um catalisador das denúncias. [80]

O episcopado, como mostrou Gouveia, se distinguia por exercer influência sobre as consciências dos faltosos.[81] Para Paolo Prodi, a Igreja moderna pretendeu se distinguir, assumir as características de uma sociedade perfeita ou soberana, à imitação do Estado e não somente no estado pontifício. Segundo Prodi, a Igreja se esforça por criar uma dimensão normativa que não coincida com a do Estado, "que se subtraia à dimensão estatal positiva". E o ponto central nesta direção, ressalta Prodi, é o seu poder sobre as consciências. A tentativa da Igreja romana reside na construção de uma soberania paralela de tipo universal. Não conseguindo enfrentar a concorrência no plano das ordenações jurídicas, ela joga todas as suas cartas no controle das consciências.[82]

Fortunato de Almeida também citou os embates frontais entre dignidades eclesiásticas e autoridades da Casa da Suplicação e da Relação do Porto, a respeito de uma sentença derrogada e uma declaratória de excomunhão. Para o autor, as censuras eclesiásticas não deixaram de ser utilizadas como armas pelo clero.[83] As observações de Paolo Prodi e Fortunato de Almeida se coadunam com as práticas da justiça eclesiástica detectadas em Minas Gerais. De acordo com a doutrina oficial da Igreja o juiz sacerdote deveria exercer a *caritas* em seu ministério. O exercício prático da justiça eclesiástica, embora assumisse, não raro, múltiplos matizes, fundamenta-se em um ideal: o da justiça perfeita.

## AÇÃO DO TRIBUNAL: CARIDADE E JUSTIÇA PERFEITA NA ECONOMIA DA SALVAÇÃO

Na ação pastoral dos bispos da época moderna, as noções de virtude e de vício eram parâmetros fundamentais para o julgamento dos indivíduos. Essa característica é realçada pelos estudiosos. Por outro lado, como mostrou Paolo Prodi, houve muita tensão

---

80 AEAM. Governos Episcopais. Epistolário dos bispos. Queixas. Dom Frei Manuel da Cruz, Dom Joaquim Borges de Figueiroa, Dom Bartolomeu Manuel Mendes dos Reis e Dom Frei Domingos da Encarnação Pontevel.

81 GOUVEIA, Antônio Camões. "O enquadramento Pós-Tridentino e as vivências do religioso". In: J. Mattoso, (Dir.) *História de Portugal*, v. 4. Lisboa: Estampa, 1993, p. 293-298.

82 PRODI, Paolo. "Cristianimo, modernidade política e historiografia." Trad. Carlos A. M. Zeron. *Revista de História*, n. 160. 1º semestre de 2009, São Paulo, Usp, p. 118.

83 ALMEIDA, Fortunato de. *História da Igreja em Portugal...Op. cit.*, v. III, cap. VI - Privilégios e Imunidades eclesiásticas, p. 177.

EXCOMUNHÃO E ECONOMIA DA SALVAÇÃO

àquela altura, entre a regra escrita e a regra moral.[84] Os sacerdotes eram conclamados pelos seus diocesanos a exaltar as virtudes, a condenar os vícios. Troavam as eloquentes vozes dos pregadores contra a dissolução dos costumes. Misturava-se a mística cristã, a poesia e o vigoroso gestual oratório para disseminar o horror do pecado.[85]

Procurava-se enfatizar a virtude cristã da caridade. Era esta a virtude magna, que permeava o ideal de justiça perfeita preconizado pelas normas do tribunal eclesiástico. São reflexos desta orientação o recorrente franqueamento da assistência judicial às pessoas que declarassem extrema pobreza. A indulgência dos juízes eclesiásticos para com os mais pobres se registrou também comumente nas querelas apresentadas pelos fregueses de diversas localidades ao vigário geral, com a exigência da atestação de pobreza. Em um caso de defloramento de 1767, a mãe da deflorada acusou o autor do crime, mas alegou pobreza e impossibilidade de custear as diligências das investigações que, conforme a regra, foram assumidas pelo vigário geral. O mesmo ocorreu em uma acusação de furto de uma escrava sofrido por um sacerdote em 1769. Também Quitéria Antônia que, em sua querela declarou haver sido levada de sua honra e virgindade, alegou pobreza e teve a assistência judicial gratuita em maio de 1776. Vítima do mesmo crime, Maria Antônia foi ao tribunal eclesiástico querelar do Padre Lourenço Jaques, Vigário Encomendado da freguesia e vila de São João del Rei, que a teria levado de sua honra e virgindade em 1777. João da Silva Cardoso, da freguesia de São José da Barra Longa, também obteve assistência gratuita, na querela dada contra o Reverendo Vigário da freguesia, Felipe Néri de Almeida, por adultério cometido com sua mulher, Sebastiana de Mendonça Martins. Sendo a garantia da assistência da justiça eclesiástica um procedimento regulamentado nas Constituições Primeiras do Arcebispado da Bahia, os promotores deveriam acolher a ação como denúncia, e promover as diligências, levando o acusado a livramento ordinário.[86]

Este ministério não prescindia da dimensão espiritual – complementava-a, de forma a atuar na mediação das discórdias e conflitos por dívidas, justificado na princípio da unidade, por meio da jurisdição voluntária, que propiciava a composição amigável. A faceta da caridade elevava a mediação do tribunal, aproximando-o de um ideal de justiça

---

84    PRODI, Paolo. "Cristianimo, modernidade política e historiografia." Trad. Carlos A. M. Zeron. *Revista de História*, n. 160. 1° semestre de 2009, São Paulo, Usp, p. 107.

85    SERRÃO, Joel & MARQUES, A. H. de Oliveira. (Dir.) *Nova História da Expansão Portuguesa: o Império Luso-Brasileiro (1620-1750)*. Trad. Franco de Sousa (Partes I, II e IV). Lisboa: Estampa, 1991, p. 396.

86    AEAM. Governos Episcopais. Armário 1, gaveta 3. Livro de Querelas (1776), respectivamente às fl. 4v-5; fl. 9-10v; fl. 11v; fl. 14v-15. Constituições Primeiras do Arcebispado da Bahia, Livro 5°, tít. 36, n. 1042.

perfeita. Apelava-se ao bispo como um Príncipe Legislador: "pertence a Vossa Excelência como *Príncipe Legislador* o dar providência pondo os oficiais necessários ao juízo para cumprimento dos requisitos das partes. Por isso recorre a Vossa Excelência para que se digne dar remédio a semelhante caso." E, nessa condição, o bispo concedia alvarás de perdão nos casos que julgasse conveniente ao "serviço de Deus".[87]

Naturalmente, aqueles juízes procuravam não deixar-se enganar pelos que ocultavam a sua verdadeira situação econômica. Assim mostra o livramento do Padre Cristóvão Jorge de Barcellos, vigário coadjutor na próspera freguesia de Guarapiranga que se envolveu em um desafio. O seu denunciante, vendo ser o Reverendo Réu absolvido, alegou, em maio de 1794, moléstias e extrema pobreza para tentar dilatar os prazos da apelação que interpusera. Para convencer o juiz, o advogado lançava mão da comparação: A indigência entra na classe daqueles impedimentos que o homem não pode remover. A pobreza é uma certa qualidade que mais se presume no homem do que as riquezas porque aquela é também natural e estas são adventícias, segundo *Plinius*. Ou, como diz o rifão português, "Nem sempre está a maré cheia".[88]

O pedido do médico foi indeferido em junho de 1794 pelo vigário geral do bispado, doutor José Botelho Borges, que estranhou muito o fato da pobreza do denunciante ser protestada somente ao decurso final, quando a causa seguia apelada para a Relação da Bahia. Não deixou de registrar sua incredulidade no pauperismo do suplicante: "sendo cirurgião de boa nota tem lucros avantajados e é presumível que a matéria de que se reformaram os embargos é fantástica só a fim de dilatar o procedimento".[89]

Esta situação, entretanto, é bem diferente dos casos nos quais o vigário geral deveria dar pronto atendimento à necessidade dos que procuravam a justiça, e provassem não dispor de condições de arcar com as custas processuais ou investigativas. Entre a justificativa da caridade e a procura dos pecadores públicos, o juiz eclesiástico sentenciava após analisar o emaranhado de denúncias, queixas, acusações e depoimentos. As virtudes e os vícios dos envolvidos e de suas testemunhas assumiam posição central na pro-

---

87    AEAM. Juízo Eclesiástico. 4638. Queixa a Dom Frei Manuel da Cruz. 10-12-1755. "(...) pois vão morrendo escravos e perecendo outros trastes; e porque pertence a Vossa Excelência como *Príncipe Legislador* o dar providência pondo os oficiais necessários ao juízo para cumprimento dos requisitos das partes. Por isso recorre a Vossa Excelência para que se digne dar remédio a semelhante caso por evitar as consequências expostas." Itálico nosso. Governos episcopais. Armário 6, prateleira 2, livro 1030 (1765-1784), fl. 73v-80.

88    AEAM. Seção de Escrituração da Cúria. Juízo eclesiástico; processo n. 2768. Réu: Padre Cristóvão Jorge de Barcellos - desafio com armas, fl.232-233v.

89    *Idem*, fl. 234.

dução de desqualificações cruzadas entre a acusação e a defesa. Nos trâmites judiciários do século XVIII, era comum que os vícios e maus costumes de criminosos constituíssem a matéria-prima dos libelos dos promotores, na tentativa de influenciar os despachos dos vigários gerais ou das varas. Parâmetros de julgamento de toda uma sociedade, legitimado pela tradição, costume e legislação, o ato de apontar as virtudes ou vícios de alguma testemunha poderia ser decisivo para desacreditar um depoimento:

> Vista ao Dr. Ribeiro para embargo de contraditas, a fim de que não se acreditem a deste rol no que juraram contra o Reverendo Embargante, diz este: provará que a testemunha Francisco Nunes de Oliveira é um rapaz vadio de maus costumes inquietador de negras cativas pelas quais arromba cercados e salta quintais como aconteceu com as escravas do Alferes Joaquim Eloy de Almeida; é muito pobre e quase nunca trabalha pelo ofício de sapateiro de que tem alguma luz (...) Provará que a testemunha Francisco Nunes de Oliveira já tem sido espancado e preso por furtos e com eles o apanhou// [fl. 52v] Matias Corrêa Bento de que surtiu tirar o Comandante do Distrito um Sumário, e pelo aí culpado remetido preso para Vila Rica, alcançando afinal soltá-lo pelas rogativas e choradeiras de seu pai, Eleutério Nunes.[90]

Da parte dos leigos se esboçava uma instância de apelo, que via na faculdade episcopal de julgar e punir um amparo na tentativa de sanar seus problemas cotidianos. Isto se deu com as queixas, com as querelas e mesmo com as denúncias. Na dinâmica de procura e punição dos públicos pecadores, a excomunhão assumia um sentido polissêmico: percorria um caminho, desde o seu uso como recurso de mediação e procura de notícias, ao temor da exclusão, infâmia e rejeição social, e ainda o medo da condenação eterna, tão presente na mentalidade religiosa colonial.[91]

Deste modo, na ação da justiça, a hierarquia eclesiástica evocava o medo. Acompanhava a linha dos ritos litúrgicos, que incluíam procissões de defuntos, que antecediam as missas conventuais; o anúncio dos pecados de perdão reservados ao bispo diocesano, dos públicos excomungados, às Estações, após a procissão. Ainda, as cerimônias públicas de absolvição da excomunhão, reguladas pelo ritual romano. As cartas de excomunhão geral, com assustadores anátemas, que eram lidas, àquelas ocasiões e depois afixadas às portas das igrejas. Desta forma, ganhavam publicidade as penalidades que,

---

90 AEAM. Seção de Escrituração da Cúria. Juízo Eclesiástico, Processo n. 2768, contra o reverendo Cristóvão Jorge de Barcellos, por incentivar um desafio com armas.

91 Conforme a interpretação de DELUMEAU, Jean. *História do medo no ocidente: uma cidade sitiada (1300-1800)*. São Paulo: Companhia das Letras, 1993.

naquele âmbito, os juízes eclesiásticos poderiam aplicar, e a produção de sentidos acerca da excomunhão.[92]

As penas espirituais eram formas de coerção psíquica, exercida no ambiente comunitário. De forma que os familiares dos infratores, ou quem soubesse de tratos ilícitos e não denunciasse, tornava-se co-partícipe da infração. Nesse aspecto, a excomunhão extrapolava o aspecto religioso, e se revestia de mais uma função normalizadora da vida social, podendo ser aplicada como punição a casos particulares ou como forma de censura, geralmente para obtenção de notícias. O efeito das prerrogativas episcopais – particularmente a de excomungar – causava impacto junto aos fiéis do século XVIII, aterrorizados ante a ameaça e a exclusão social e de sepultamento em solo sagrado.[93]

Não por acaso, e malgrado a orientação das Constituições da Bahia para que houvesse cautela com a excomunhão; esta deveria ser empregada em casos extremos e graves. A movimentação do tribunal eclesiástico mostra, porém, uma variação na sua aplicação, mais frequente até a década de 1770. Até esse momento, a excomunhão era uma penalidade espiritual frequente empregada contra os infratores, uma forma de obrigar réus e testemunhas ao comparecimento. A mesma parcimônia era recomendada na legislação eclesiástica para a expedição das cartas de excomunhão geral e dos monitórios.[94]

Para aplicação das penas pecuniárias e espirituais, havia uma sanção eclesiástica e secular, expressa nas constituições sinodais e nas Leis do Reino. Para a aplicação de penas temporais, a Coroa garantia, mediante condições, a ajuda do braço secular, para maior brevidade do cumprimento das sentenças. O ouvidor, corregedor, ou juiz de fora "julgando que os processos foram *ordenadamente processados*, conceda ajuda do braço secular".[95] Por outro lado, a regulamentação da excomunhão e a execução das sentenças

---

92 Para um panorama comparativo sobre os usos da penalidade da excomunhão entre judeus e católicos, ver: SANTOS, J. H. dos. "A aproximação dos distantes: os Éditos de anátema e excomunhão cristão no século XVII". *Revista Vértice*, n. 10. São Paulo, Centro de Estudos Judaicos da FFLCH-USP, 2011.

93 HESPANHA, Antônio Manuel. *Às vésperas do Leviathan: Instituições e poder político em Portugal.* Coimbra: Almedina, 1998.

94 Conc. Trid. *De Reformatione*, Sess. 25, cap. 3; Constituições primeiras do Arcebispado da Bahia. *Op. Cit.*, Liv. 3, tít. 35, n. 602; Lib. 5, tít. 33-57, especialmente Liv. 5, tít. XLV, n. 1085-86.

95 Ordenações Filipinas, Livro 2, tít. VIII – Da ajuda do Braço Secular. Constituições do Arcebispado da Bahia, Livro 5º, título 46, § 1087.

sempre foi tensa. A autoridade episcopal de excomungar os juízes seculares incomodava, suscitando reformulações e concórdias entre os reis e prelados.[96]

Alguns limites entre as jurisdicões dos prelados e dos príncipes se encontravam indefinidos ainda no século XVIII. Esta situação gerou tensões que se agravaram com o ministério pombalino. As reformas elaboradas e implementadas durante este ministério atingiriam espaços de jurisdição espiritual dos prelados, antes consideradas exclusivas – como a excomunhão.[97] O objetivo, segundo estudiosos, era desequilibrar a sua influência na sociedade portuguesa e suas possessões. Observe-se, neste aspecto, as intervenções do Estado neste terreno espiritual na época da ruptura de Portugal com a Sé Romana, quando, por decreto de Maio de 1764, o rei passou a reservar a sua exclusiva jurisdição a excomunhão a membros de seus tribunais e ministros.[98]

A *potestas inspectiva* era a expressão teórica formulada para o exercício, pelo poder público, de uma contínua e atenta vigilância sobre todas as formas de atividade privada

---

96    AHU/MG, Cx. 72, doc. 22, 01/07/1757. Carta de Dom Frei Manuel da Cruz, Bispo de Mariana, informando a medida como os ministros eclesiásticos interpõem os recursos para o tribunal da Coroa, depois que os recorrentes os extraem do Juízo Preparatório de Vila Rica. AHU, Cx.55, doc.44, de 05/07/1750. Vila Rica. Carta de Caetano da Costa Matoso, Ouvidor de Vila Rica, para D. João V, dando conta dos conflitos que havia entre os eclesiásticos e as instituições judiciais, sobre diversas matérias; AHU MG/s/l, Cx. 59, doc. 52. 24/02/A752. Requerimento do bacharel Francisco Ângelo Leitão, juiz de fora da cidade de Mariana, solicitando provisão para que o bispo de Minas Gerais, Dom Frei Manuel da Cruz, suspenda o procedimento que tem contra ele; AHU, Cx. 60, doc. 44. 31/08/1752. Carta do Bispo de Mariana, D. Frei Manuel da Cruz, informando a Diogo de Mendonça Côrte-Real acerca dos atos porque se procedeu contra o Bacharel Francisco Ângelo Leitão; AHU/MG/Lisboa, Cx. 59, doc. 66. 11/03/1752. Consulta do Conselho Ultramarino sobre a conta que deu o bispo de Mariana, Dom Frei Manuel da Cruz, acerca do modo como deve responder os recursos; AHU/MG/s/l, Cx. 60, doc. 38. 28/08/1752. Carta de José Sobral e Sousa, Vigário da Vara da Comarca do Rio das Mortes, informando ao Reverendo Dom Frei Manuel da Cruz, Bispo de Mariana, sobre as repetidas violências à jurisdição eclesiástica cometidas pelo Ouvidor geral da referida Comarca.

97    Entre outros exemplos: AHU 07-12-1770. cx. 99, doc. 31, cd 28. Mariana. Representação do Cabido de Mariana a Martinho de Melo e Castro secr. De estado da marinha e ultramar, acusando a recepção de uma coleção de pastorais publicadas pelos prelados metropolitanos e diocesanos de Portugal; AHU 07-12-1770. cx. 99, doc. 32, cd 28. Mariana. Representação do Cabido de Mariana a D. José I acusando a recepção de uma carta sua datada de 23-8-1770, na qual informava não ser de sua intenção impedir os legítimos recursos do Sumo Pontífice, Clemente XIV e do Tribunal da Cúria de Roma nas matérias que fossem de sua competência; 02-10-1770. cx. 98, doc. 47, cd 28. Mariana. Representação do Cabido de Mariana a D. José I acusando a recepção da Bula do Jubileu pela exaltação do Santo Padre Clemente XIV ao pontificado bem como da carta evangélica dirigida a todos os prelados do mundo cristão.

98    PAIVA, José Pedro. "A Igreja e o poder." *Op. Cit.*, p.173-74.

que possa de qualquer modo apresentar um interesse, positivo ou negativo, em relação à consecução dos fins do Estado. Elaborada pelos poderes juristas reformadores, para justificar direitos fundamentais do príncipe, pretendia-se regular, por meio das funções públicas de inspeção ou vigilância, todas as formas da vida privada, material e espiritual. Disto decorre uma ampliação do âmbito das atividades da burocracia, e um efetivo aumento das funções públicas. Como característica peculiar, este chamado Estado de polícia verifica-se no decurso do século XVIII, e decorre de múltiplas razões e aspectos. O Estado, cada vez mais, deveria controlar e intervir nas mais variadas esferas: na vida econômica, social, intelectual, ético-religiosa e privada dos súditos. Isto ocorria em conformidade com a aspiração fundamental dos governos absolutos: aperfeiçoar o controle dos súditos.[99]

Estudiosos apontam, deste modo, a ruptura deflagrada ao longo deste período. Se permaneciam entre os juízes, seculares e eclesiásticos formados antes das reformas, influências teológico-jurídicas tridentinas, estas tendências deveriam, doravante, conformar-se às novas orientações legislativas pombalinas.[100]

O historiador Guido Astutti atribui ao cosmopolitismo dos soberanos europeus a propagação das ideias iluministas. Os reis costumavam viajar em busca do que havia de mais progressista na Europa setecentista. Esta característica favoreceu alguma uniformidade de princípios e tendências ilustradas, tais como um entendimento tácito entre os governos dos diversos Estados para a solução de um ou outro problema. Basta recordar, argumentou Astutti, "a atitude comum tomada ao mesmo tempo pela maior parte dos soberanos católicos na política relativa às jurisdições e, em especial, na luta contra os jesuítas".[101]

## As reformas pombalinas: redefinição normativa

Do século XVI a meados do século XVIII, vigorava em Portugal o sistema político das chamadas "monarquias corporativas". Estas correspondiam a tipos ideais das unidades políticas do primeiro Antigo Regime. A sua administração se organizava em torno de um paradigma jurisdicionalista, com um estilo de processamento de caráter burocrático.

---

99 ASTUTI, Guido. "O Absolutismo esclarecido em Itália e o Estado de Polícia". In: HESPANHA, A. M. *Poder e instituições na Europa do Antigo Regime: coletânea de textos*. Lisboa: Fundação Calouste Gulbenkian, 1984, p. 274-306.

100 PAIVA, José Pedro. "A Igreja e o poder." In: AZEVEDO, C. M. (dir.) *História Religiosa de Portugal*. *Op. Cit.*, p. 174-175.

101 ASTUTI, G. *Op. Cit.*, p. 249-306.

Este englobava, segundo António Manuel Hespanha, um panorama normativo que comportava "nichos institucionais", devido ao pluralismo político-normativo e a centralidade de um direito decalcado das várias leis que o mundo conhecia, presentes na administração como espaços de poder mais ou menos independentes. Muitos destes espaços tocavam a prática judicial.[102]

Como demonstrou Hespanha, o direito possuía duas naturezas distintas: a legislativa e a *prudencial* - o direito praticado, "o direito vivido, aos arranjos da vida". As práticas, as particularidades de cada caso e as sensibilidades jurídicas locais é que davam a solução jurídica; não as regras abstratas, estabelecidas nas leis formais do Reino. E o direito, dotado de alguma flexibilidade, permitia uma infinidade de recursos, e a possibilidade de paralisar um comando, "somando apelações a agravos, recursos eclesiásticos a recursos civis, súplicas ao rei, ao vice-rei, ao Conselho Ultramarino".[103]

À altura da segunda metade do século XVIII, entrava em vigor um conceito novo de Estado: o Estado de polícia, cujos teóricos reformadores eram iluministas. Segundo Astutti, os soberanos empreendiam tais reformas cada qual à sua maneira. Em Portugal, com a ascensão de Sebastião José de Carvalho e Mello no reinado de Dom José I, a eliminação dos localismos seria um dos principais alvos das reformas. O ministro de Dom José I assumia em 1756 a pasta de Secretário de Estado dos Negócios do Reino. A partir de então, atuaria como o principal responsável pela promulgação de uma série de medidas de orientação esclarecida. O principal alvo das chamadas reformas pombalinas seria a redefinição do Estado, conforme os parâmetros esclarecidos e racionalistas, que se inseria em um modelo que recusava as influências do estado eclesiástico.[104]

Carvalho e Melo pretendia criar um Estado católico, mas secular, livre da interferência da Igreja e do papado na administração temporal. As intervenções do Estado eram uma das medidas implementadas para restringir as imunidades e liberdades que

---

102  HESPANHA, A. M. *Às vésperas do Leviathan: Instituições e poder político - Portugal - século XVII.* Coimbra: Almedina, 1994, p. 232. HESPANHA, A. M. "Depois do Leviathan." *Almanack Braziliense*, n. 5, mai. 2007, p. 56.

103  HESPANHA, A. M. "Depois do Leviathan." *Op. Cit.*, p. 56-57.

104  *Idem*, p. 38-44. PAIVA, José Pedro. *Os bispos de Portugal e do Império*, p. 157; ASTUTI, Guido. "O Absolutismo esclarecido em Itália e o Estado de Polícia". In: HESPANHA, A. M. *Poder e instituições na Europa do Antigo Regime: coletânea de textos.* Lisboa: Fundação Calouste Gulbenkian, 1984, p. 264-275.

faziam com que o estado eclesiástico vivesse uma exceção, compreendendo-se fora da jurisdição do Estado.[105]

Esta nova concepção dos fins do Estado englobava uma série de ações que visava a segurança pública e a regulação de todas as instâncias que pudessem ser do interesse do Estado. Ocorria uma extensão das funções públicas e do Estado, cujo poder compete ao príncipe. A Razão de Estado dava lugar à Ciência do Estado, caracterizada pelo estudo cumulativo das atividades político-sociais e econômico-financeiras, conjuntamente com o da atividade jurídica do Estado.[106]

Dom José I inaugurou esta nova ordem em Portugal, admitindo auxiliares que condenavam o desempenho político e administrativo do reinado de seu pai. Uma das medidas de grande impacto foi a Lei da Boa Razão, de 1769, que preconizava uma interpretação das causas judiciais a serem elaboradas rigorosamente conforme a razão do estado; isto é, a boa razão, identificada por jurisconsultos fiéis ao regime. Isto visava evitar a influência do direito romano, que possuía um centro irradiador em Bolonha desde o século XIII, e do direito canônico. Para dificultar o gerenciamento local dos problemas, promovia-se uma afirmação da superioridade da lei régia sobre os costumes e outros corpos legais. Inviabilizavam-se ações coletivas fundadas em privilégios e particularismos, subtraindo prerrogativas de oficiais locais, como edis e ouvidores de comarca, de intervir. A segunda instância judicial passou a funcionar no tribunal superior da Relação.[107]

De forma diretamente proporcional à ampliação da jurisdição secular em Portugal, restringia-se a influência da Santa Sé. Vigiando-se os bispos mitigava a influência da Igreja, dividia o clero, explorava as rivalidades existentes entre as ordens religiosas. O Estado sob Dom José realizava a cooptação dos recursos eclesiásticos e inquisitoriais, com a publicação dos estatutos do Santo Ofício.[108]

No tocante à doutrina de justificação teológico-política do despotismo pombalino, devem ser citadas as obras do erudito oratoriano Antônio Pereira de Figueiredo (1725-

---

105  PAIVA, José Pedro. *Os Bispos de Portugal e do Império. Op. Cit.*, p. 534; MAXWELL, Kenneth. *O Marquês de Pombal: paradoxo do Iluminismo*. 2ª edição. Rio de Janeiro: Paz e Terra, 1996, p.168. DORNAS FILHO, João. *O padroado e a Igreja brasileira*. São Paulo/Rio de Janeiro/Recife/Porto Alegre: Companhia Editora Nacional, 1938. (Brasiliana, v. 125 – Biblioteca Pedagógica Brasileira).

106  ASTUTI, Guido. "O Absolutismo esclarecido em Itália e o Estado de Polícia". *Op. Cit.*, p. 264-275.

107  PAIVA, José Pedro. "A Igreja e o poder." *Op. Cit.*, p.171; ANASTASIA, C. M. J. "A lei da boa razão e o novo repertório de ação coletiva nas Minas Setecentistas". *Vária História*. Belo Horizonte: FAFICH-UFMG, n. 28, dez. 2002, p. 38.

108  Reorganizado, o Santo Ofício obteve pelos seus serviços o tratamento de Majestade, como tribunal régio (Lei de 20-05-1769 e a de 12-06-1769 na qual se compendiam os serviços prestados

1797), as ideias sistematizadas por Antônio de Gouveia, Pascoal de Melo Freire e as teses de Gabriel Pereira de Castro; a Dedução cronológica e analítica, de José de Seabra da Silva (1768); *De sacerdotio et imperio* (1770), de Antônio Ribeiro dos Santos; ainda, de João de Ramos Azeredo Coutinho, *Sobre o poder dos bispos* (1766). Além da tradução da doutrina estrangeira, por Miguel Tibério Pedegache Brandão Ivo, da obra de Febrônio de 1770, *Do estado da Igreja e poder legítimo do pontífice Romano.*[109]

Muitas destas obras tratavam especificamente das liberdades dos eclesiásticos, atingidas com a implementação de medidas decisivas na década de 1760. A partir de Setembro de 1762, o clero não era mais isento de pagar a décima. Desde 1763, os rendimentos da Bula da Cruzada passariam a ser aplicados à Coroa. Segundo Fortunato de Almeida, por decreto de 10 de maio de 1764, Dom José I reservou a seu imediato conhecimento, para decidir como bem entendesse, os casos de excomunhões fulminadas contra os seus tribunais, ministros, magistrados e oficiais de justiça, quando contra eles se procedesse em matéria de jurisdição ou de ofício de cada um. E o alvará de 18 de janeiro de 1765 reprovava a prática dos monitórios e de monir os despachos com ameaças de censuras. O alvará de 18 de fevereiro de 1766 repetia a orientação. No reino, as chamadas declaratórias de excomunhão eram suspensas por ordem do rei. Segundo Dom Oscar de Oliveira, em Abril de 1768, suprimiram-se os exemplares da Bula da Ceia, catálogos de excomunhão reservadas à jurisdição apostólica, que deixaram de ser lidos em 1769.[110]

A partir de 1768, o privilégio de foro do clero foi diretamente atingido. Uma lei de amortização limitou os direitos de propriedades das instituições eclesiásticas. O decreto

---

a Portugal por esse Tribunal. ALMEIDA, Cândido Mendes de. *Op. Cit.*, p. XCV- XCVI.

109 *Idem*, p. 171-173.

110 "Quando a Igreja sancionou a pena de excomunhão *ipso facto incurrenda* ou *latae sententiae* reservada à Santa Sé, foi-se, pouco a pouco, introduzindo o costume de ler ao povo nos domingos e dias de festa as penas que por certos delitos se ameaçavam nas decretais e nas Constituições Pontifícias. Este costume existiu em Roma no século XIII, e, provavelmente já vigorava no século anterior. Originou-se no séc. XIV outro costume: na Quinta Feira Santa era lida, solenemente, uma bula, dita *In Coena Domini* que em Portugal ficou sendo chamada Bula da Ceia. Era (...) um catálogo de excomunhões que desde Urbano V (1362-1370) se publicava solenemente em Roma, todos os anos no dia de Quinta Feira Santa. Tais excomunhões, coativas de delitos específicos, variavam conforme as necessidades de cada tempo. A última, que foi redigida por Urbano VIII (1627), continha 20 excomunhões. Em 1568 declarava São Pio V que a bula *In Coena Domini* tinha força de lei universal até que não fosse mudada por algum sucessor. E a última vez que se leu a Bula da Ceia foi na Quinta Feira Santa do ano de 1769. Precisamente um século depois Pio IX, pela Constituição *Apostolicoi Sedis*, de 12 de outubro de 1869, catalogou as penas eclesiásticas *latae sententae*. Desde então deixou de vigorar a Bula da Ceia." Ver: OLIVEIRA, Oscar de (Dom). *Os dízimos eclesiásticos do Brasil nos períodos da Colônia e do Império*. Tese de

de 16 de Janeiro de 1769 determinou que nenhum eclesiástico ficaria isento de jurisdição secular em matéria de natureza temporal. Em 1765, proibiu-se os núncios de lançar censuras em Portugal, determinando que as suas sentenças e as dos prelados somente poderiam vir a ser aplicadas mediante a ajuda do braço secular. Uma lei de 6 de Maio de 1765 restabelecia o beneplácito régio a ser concedido antes da adoção de quaisquer orientações papais em Portugal. Por decreto de Agosto de 1769, o direito canônico ficou circunscrito aos tribunais eclesiásticos.[111]

Algumas publicações em Portugal, como a *De potestade Regia*, de João Inácio Ferreira Souto acentuaram tais polêmicas. Reações contrárias, como a de Dom Miguel da Anunciação, foram reprimidas. Por assumir posições contrárias ao regalismo e veiculá-las por meio de cartas pastorais, o bispo de Coimbra esteve preso durante oito anos. À altura de sua prisão, em dezembro de 1768, deliberou-se que as pastorais dos bispos deveriam receber o beneplácito régio. À mesma altura, descobriram-se as *Theses* sobre a reforma religiosa que Frei Gaspar da Encarnação (de quem o bispo dom Miguel da Anunciação, da diocese de Coimbra era discípulo) havia feito outrora, por autoridade pontifícia - inventou-se a seita da Jacobeia, observou Cândido Mendes de Almeida.[112]

A Universidade de Coimbra foi um alvo importante dos reformistas pombalinos desejosos de remodelar seus estatutos conforme os novos parâmetros da Ilustração. Propugnando a necessidade de reestruturar a cúpula educacional portuguesa, os reformadores obtiveram a chancela régia expressa na carta de 23 de Dezembro de 1770, com a criação da Junta da Providência Literária. Esta deveria indicar os remédios, cursos e métodos que se deveriam instituir na universidade e ponderar as razões da sua ruína, entre as quais se apontavam os padres jesuítas.[113]

Os novos estatutos da Universidade de Coimbra fundamentados nos escritos de Ribeiro Sanches, Dom Francisco de Lemos, bispo de Coimbra, Luiz Antônio Verney e Dom Frei Ma-

---

Láurea em Direito Canônico defendida na Pontifícia Universidade Gregoriana no dia 16 de fevereiro de 1938, p. 72-73; ALMEIDA, Fortunato. *História da Igreja em Portugal. Op. cit.*, v. III, Cap. VI - Privilégios e Imunidades eclesiásticas, p. 177. ALMEIDA, F. De. *Op. Cit.*, p. 178 - Privilégios e imunidades eclesiásticas. Eram comuns, no tribunal eclesiástico de Mariana entre 1748-1793, a expedição de declaratórias de excomunhão por não comparecimento ao Auditório.

111 PAIVA, José Pedro. "A Igreja e o poder." *Op. Cit.*, p.173-74.

112 Há várias cartas régias sobre esta seita, de 14 e 19 de dezembro de 1768, 15 e 16 de março de 1769 e de 12 de junho de 1769, nas quais se acusava a Companhia de Jesus. ALMEIDA, Cândido Mendes de. *Op. Cit.*, p. XCV- XCVI.

113 CARRATO, José Ferreira. *Igreja, Iluminismo e Escolas Mineiras coloniais.* São Paulo: Companhia Editora Nacional, 1968, p. 131-140. (Brasiliana, 334).

nuel do Cenáculo foram apresentados em 1772. As transformações curriculares marcavam uma linha de oposição às dos inacianos. Havia agora a permissão para a dissecação de cadáveres, a valorização do método científico e a experimentação. Foram fundadas a imprensa régia, as escolas de náutica, comércio e desenho; convidava-se professores e técnicos estrangeiros, acelerando a entrada das concepções fisiocráticas e liberais em Portugal.[114]

A partir de 1772, os cursos de Direito e Teologia, que há muito desempenhavam um papel fundamental na formação dos eclesiásticos e jurisconsultos daquele tempo, eram readequados aos novos parâmetros. Orientados segundo a tendência regalista, os alunos defenderiam dissertações acerca de uma intervenção régia cada vez mais forte em assuntos de matéria eclesiástica, como a dissolução de casamentos e bens dos eclesiásticos.[115] Segundo se aponta, em 1786, doze dos vinte e sete brasileiros matriculados em Coimbra eram de Minas. Em 1787, de um total de 19, dez eram desta região.[116]

Entre 1770 e 1777, no pontificado de Clemente XIV (1769-1774) ocorreu a reaproximação entre a Cúria romana e a Coroa de Portugal. Estudiosos a veem como uma terceira fase do ministério pombalino, com celebração de um novo acordo de paz. Segundo Fortunato de Almeida, nas negociações que daí se realizam, um dos assuntos foi o foro eclesiástico. No que tocava o foro privativo dos eclesiásticos, as negociações entre o Marquês de Pombal e o núncio apostólico em Lisboa, o Cardeal Conti, não alcançaram efeito. A concordata de 1778 limitou-se à matéria do provimento de benefícios. O alvará de 11 de outubro de 1786 declarou que os bispos deveriam usar do foro eclesiástico na forma da Ordenação. E a carta régia de 17 de julho de 1790 exceptuou daquele foro o crime de lesa-majestade.[117]

Na avaliação de José Pedro Paiva, o conjunto das medidas reformistas punha termo a uma série de privilégios e imunidades eclesiásticas que haviam feito da Igreja uma força tão poderosa até então. A partir daí, ocorre a crescente sobreposição dos interesses do rei e da Coroa sobre os da Igreja e dos eclesiásticos. O Estado sob Pombal lograva

---

114 WEHLING, Arno; WEHLING, M. J. *Formação do Brasil Colonial. Op. Cit.*, p. 152.

115 PAIVA, José Pedro. "A Igreja e o poder." *Op. Cit.*, p.176-77.

116 SERRÃO, Joel & MARQUES, A. H. de Oliveira. (Dir.) *Nova História da Expansão Portuguesa. O Império Luso-Brasileiro (1750-1822)*. Lisboa: Estampa, 1986, p. 351-52. v. 8. Coordenado por Maria B. Nizza da Silva.

117 ALMEIDA, Fortunato. *Op. cit.*, v. III, cap. VI - Privilégios e Imunidades eclesiásticas – Foro eclesiástico, p. 179. Sobre a concordata de 1778, ver também: ALMEIDA, Cândido Mendes de. *Op. Cit.*, tomo I, p. VI; PAIVA, José Pedro. "A Igreja e o poder." *Op. Cit.*, p. 176-77.

reduzir o seu poderio econômico e jurisdicional, interferindo até mesmo em questões de fundo espiritual.[118]

Os grandes vultos do iluminismo mostravam-se hostis com o catolicismo, desacreditavam o poder temporal de Roma. Assim, segundo Fortunato de Almeida, as imunidades e privilégios dos eclesiásticos sofreram violações e restrições tão duras no reinado de Dom José I que delas nunca mais se refizeram.[119]

Segundo Iris Kantor, ao romper a base ideológica que dava legitimidade ao empreendimento ultramarino, o reformismo pombalino acirrava tensões entre as esferas de poder civil e eclesiástico. A racionalização da administração estatal liquidava a pluralidade de jurisdições e restringia a autonomia das ordens religiosas.[120] Fortunato de Almeida observa que no final do século XVIII, a confusão sobre a competência entre os foros era ainda tão grande que o arcebispo de Braga, tendo presos alguns réus por furtos em igrejas de sua diocese, hesitava entre fazê-los julgar no tribunal eclesiástico ou entregá-los à justiça secular. Por isso suplicou à rainha o exercício das faculdades necessárias, que lhes foram dadas efetivamente em carta régia de 23 de agosto de 1782.[121]

Deste modo, podemos dizer que o trabalho religioso seria desenvolvido nas dioceses em uma atmosfera de composição - necessária ao funcionamento do sistema. Todavia, as tensões, ou ainda os confrontos na produção de sentenças e aplicação de penas no tribunal eclesiástico, não seriam de todo eliminados. Exemplar nesse sentido, o caso de desafio com armas cujo réu, por ser cúmplice, era o Padre Cristóvão Jorge de Barcellos. Após a sentença do vigário geral de Mariana, que absolvia o réu, o autor, ofendido, recorreu, obtendo um Acórdão da Coroa em Junta de Justiça que ordenava a remessa dos autos para Lisboa, depois de uma dissertação do desembargador acerca dos méritos de um juiz da Coroa e de um juiz eclesiástico; este, em muito inferior, como pretendia demonstrar, à trajetória do primeiro. Há intervenções da Coroa, através de consultas da Mesa da Cons-

---

118   PAIVA, José Pedro. "A Igreja e o poder." *Op. Cit.*, p.172. SANTOS, Zulmira. *Op. Cit.*, p. 38-44.

119   SERRÃO, J. V. *Op. Cit.*, 14; ALMEIDA, Fortunato. *História da Igreja em Portugal. Op. cit.*, v. III, cap. VI - Privilégios e Imunidades eclesiásticas - Decadência de diversas imunidades e privilégios eclesiásticos, p. 182.

120   KANTOR, Iris. *Esquecidos e Renascidos: Historiografia acadêmica luso-americana (1724-1759).* São Paulo: HUCITEC/Centro Estudos Baianos, 2004, p. 246.

121   ALMEIDA, Fortunato. *Op. cit.*, v. III, cap. VI - Privilégios e Imunidades eclesiásticas - Foro eclesiástico, p. 179.

ciência; acórdãos, enviados pelos desembargadores às Juntas de Justiça, que definiam casos tramitados no auditório episcopal, cujas partes rogavam proteção à Coroa.[122]

Por outro lado, estas relações implicam em múltiplas composições cotidianas. Entre vários exemplos, uma sentença do doutor Francisco Inácio de Santa Apolônia, Vigário geral, ordenava que se refizesse um procedimento errado acerca de um caso de foro misto. Esclarecia que o tribunal eclesiástico só poderia conhecer dele se o réu fosse apanhado em culpa às visitas pastorais. [123]

Vale lembrar, conforme mostrou Fortunato de Almeida que, apesar de a influência do direito canônico haver sofrido rudes golpes no reinado de Dom José I, e praticamente ser excluído dos tribunais civis, continuava influente nos tribunais eclesiásticos. Assim, embora revogado nas matérias novamente reguladas pela lei civil, o Concílio de Trento continuou sendo observado como lei do Reino. Fundamentando a sua observação, o autor da *História da Igreja em Portugal* cita o decreto de 3 de novembro de 1776, que suscita a observância do concílio de Trento.[124]

Em meio ao recrudescimento da tendência regalista, deveria existir algum esforço de composição e de adesão dos eclesiásticos em torno da nova configuração do Estado. É o que se depreende da carta régia de Dom José I ao Cabido de Mariana, à mesma altura que o decreto mencionado, garantindo que não tinha a intenção de intervir nas matérias que fossem da competência da Santa Sé.[125]

Como observou Zulmira Santos, após as transformações trazidas pelas reformas, os anos de 1780 trouxeram novo tom nas relações entre Portugal e a Santa Sé, mas as polêmicas regalistas encontravam-se ainda acesas ainda nos anos 1790. [126] Para Antônio Camões Gouveia, ainda assim, os bispos, usando de suas prerrogativas, podiam enquadrar e controlar os fiéis. Integrando-os através de constituições, determinando-lhes ritmos de

---

122  AEAM. Seção de Escrituração da Cúria. Juízo Eclesiástico, Desafio com armas curtas – processo 2768.

123  Sentença de desagravo – Da carta de excomunhão sobre coisas furtadas. Mariana, 3-10-1784. AEAM. Tribunal eclesiástico. Governos episcopais. Armário 6, prateleira 2, livro 1030 (1765-1784), fl. 5-5v.

124  ALMEIDA, Fortunato. *História da Igreja em Portugal. Op. cit.*, v. III, Cap. VI – Privilégios e Imunidades eclesiásticas, p. 177.

125  AHU 07-12-1770. cx. 99, doc. 32, cd 28. Mariana. Representação do Cabido de Mariana a D. José I acusando a recepção de uma carta sua datada de 23-8-1770, na qual informava não ser de sua intenção impedir os legítimos recursos do Sumo Pontífice, Clemente XIV e do Tribunal da Cúria de Roma nas matérias que fossem de sua competência.

126  SANTOS, Zulmira. "Luzes e espiritualidades. Itinerários do século XVIII." *Op. Cit.*, p. 38-44.

sacralização da vida, fazendo-lhes chegar as opiniões verdadeiras por meio de doutrina e de um código de conduta prefigurado nos catecismo. [127]

Considerando estas tendências de ação e os enquadramentos normativos gerais, passamos a verificar, no desenrolar do processo de instalação das comarcas civis e eclesiásticas de Minas Gerais, o discurso dos governadores civis e eclesiásticos sobre a justiça e o sossego público. Eles eram agentes fundamentais da consolidação das fronteiras, informados pelas orientações normativas e administrativas da Coroa. A sua ação constituiria uma base para a criação do bispado de Mariana e a subsequente expansão da malha eclesiástica, a qual era o alvo e o circuito privilegiado do exercício cotidiano da jurisdição episcopal. Das esferas desta jurisdição e dos seus cerceamentos trataremos de analisar nesta segunda parte.

---

127 GOUVEIA, António Camões. "O enquadramento pós-tridentino e as vivências do religioso". In: MATTOSO, José. *História de Portugal.* v. IV – O Antigo Regime (1620-1807), coordenação de António Manuel Hespanha, p. 290.

# PARTE 2

*A Justiça Eclesiástica em Minas Gerais: estabelecimento*

# Capítulo 3
## O episcopado e as justiças

*E sem justiça lá se vai uma república; e esta virá a ser uma confusão babilônica de muitas vontades como aquela é de muitas incógnitas línguas. Abraça-se a Justiça com a Paz.*

Gomes Freire de Andrade, 1749.

De qual discurso necessita o Estado para afirmar sua transcendência em relação ao corpo social? – indagou Michel Senellart. Desde Cícero, muitos tratados políticos identificaram uma perfeita circularidade entre o príncipe, o espelho e o modelo de virtude que ele reflete. A Vulgata de São Jerônimo e a primeira associação entre a Igreja e o Estado, com Constantino, haviam consagrado a ideia de um imperador sagrado, o bem-amado de Deus. No século XVIII, as artes de governar assumiam a forma de espelho – sendo o próprio rei um espelho para os súditos. O rei é a imagem de Deus – comparavam os teóricos; o bispo, a imagem de Cristo.[1]

No século XVIII, a justiça possuía uma qualidade estruturante das relações sociais. Era tal a sua preponderância como esteio da monarquia, que o livro primeiro das Ordenações Filipinas dedicava cem títulos à regulação dos ofícios e atribuições dos titulares de cargos judiciários, desde o carcereiro até os desembargadores. O livro segundo, com 63 títulos, define as imunidades da Igreja, a ajuda do braço secular e os casos nos quais os sacerdotes deveriam responder perante autoridades judiciárias seculares, além de diversas questões sobre as ordens religiosas e de cavalaria. O livro terceiro, com 98 títulos, regulava os dispositivos jurídicos e processuais. O quarto,

---

[1] SENELLART, Michel. *As artes de governar: do regímen medieval ao conceito de governo.* Trad. Paulo Neves. São Paulo: Editora 34, 2006, p. 49-51; 109; 157; 161-162. (Coleção Trans).

dispunha acerca das relações comerciais, contratuais, aluguéis e herdades, com seus 107 títulos.[2]

O quinto e último livro estabelece, em 143 títulos, o código criminal e penal, em conformidade com os estatutos de pureza de sangue que determinavam o lugar das pessoas na ordem estamental do Antigo Regime. A caracterização do delito ou crime, assim como as penas, se estabeleciam conforme esta diferenciação, ligada à condição social do acusado e a da vítima. Para Sílvia Hunold Lara, as diferenças conferiam visibilidade à sociedade do Antigo Regime. Cabia ao rei, nesta ordem, garantir a correspondência entre os tribunais seculares locais e os eclesiásticos e proteger os vassalos, defendê-los dos abusos. A justiça eclesiástica deveria conformar-se aos parâmetros estabelecidos pela lei régia expressa nas Ordenações ou Leis do Reino.[3]

Mediante os primeiros descobrimentos auríferos, a Coroa portuguesa uniria a estratégia militar a um processo de urbanização e cristianização na região de Minas Gerais. Por meio de seus agentes, procuraria impor a sua autoridade na região de Minas Gerais, conter as iniciativas particulares e deter o contrabando, cujo agravamento desencadeou medidas como a proibição de atuação das ordens religiosas, e uma legislação mineral. Estas providências dotavam a sociedade mineradora de características e restrições peculiares.[4]

A atuação dos capitães generais em Minas Gerais foi, deste modo, decisiva para a sua conservação e defesa. Também em prol da ordem social, como voz de comando da força

---

2    Ordenações Filipinas *on line*. <http://www1.ci.uc.pt/ihti/proj/filipinas/ordenacoes.htm> consultado 11/09/2010. Sobre o "papel conformador do direito" e uma discussão sobre a lei, o direito e as práticas, ver: HESPANHA, Antônio Manuel. "Depois do Leviathan." *Op. Cit.*, p. 55-66.

3    Ordenações Filipinas *on line*. <http://www1.ci.uc.pt/ihti/proj/filipinas/ordenacoes.htm> consultado 11/09/2010. ALMEIDA, Ângela Mendes de. "Crime ou pecado – legislação civil e eclesiástica." In: *O gosto do pecado: casamento e sexualidade nos manuais de confessores dos séculos XVII e XVIII*. Rio de Janeiro: Rocco, 1992, p. 47. LARA, Silvia Hunold. *Fragmentos setecentistas: escravidão, cultura e poder na América Portuguesa*. Campinas, 2004. Livre-docência, p. 90.

4    BOXER, Charles R. *O império colonial português*. Trad. de L. S. Duarte. Lisboa: Edições 70, 1969. (textos de cultura portuguesa). *Idem. A Igreja e a expansão ibérica (1440-1770)*. trad. M. de Lucena Barros e de Sá Contreiras. Lisboa: Edições 70. (Lugar da história). *Idem. A idade de ouro do Brasil: dores de crescimento de uma sociedade colonial (1695-1750)*. Trad. Nair de Lacerda, 2ª ed. São Paulo: Companhia Editora Nacional, 1969. (Brasiliana 341); Donald. Ramos. "Códice Costa Matoso: reflexões". trad. Pedro. F. Gasparini. In: Vária História. N. especial Códice Costa Matoso. Belo Horizonte: Fafich-Ufmg, n. 21, jul. 1999, p. 17-32. RUSSELL-WOOD, A. J. R. "Identidade, etnia e autoridade nas minas do século XVIII: leituras do Códice Costa Matoso". In: Vária história. Belo Horizonte: Fafich-Ufmg, n. 21, jul. 1999, p. 100-118. (n. Especial Códice Costa Matoso).

oficial, militar e judiciária. Sem olvidar os provedores da Fazenda, responsáveis pela organização e eficácia da arrecadação fiscal, as tarefas dos capitães generais, firmaram um dos esteios de conservação do domínio de Portugal sobre as Minas do ouro. Nesta empresa, a justiça era uma preocupação comum aos agentes seculares e eclesiásticos.

Embora seja mais comum a associação dos capitães-generais ao exercício militar, a sua correspondência mostra grande presença da administração das justiças na sua pauta de ação. O Conde de Assumar e Gomes Freire de Andrade, dois capitães generais da capitania de Minas Gerais que adotaram um discurso afinado com a doutrina que orientava as suas práticas nas possessões do império português. De modo que chegaram a manifestar o desejo de alargar a sua jurisdição neste âmbito, pleitearam à Coroa mais autonomia. Esta aspiração foi manifestada por outros governadores ao longo do século XVIII.

Como a organização política da capitania envolvia a demarcação de circunscrições civis e eclesiásticas, verifica-se, em Minas Gerais, um trabalho destes capitães generais em prol da constituição de uma rede paroquial. O trabalho religioso em Minas Gerais, nas primeiras décadas do século XVIII, subordinava-se ao comando dos bispos da diocese do Rio de Janeiro. Como referem estudos, os bispos situavam-se lado a lado com os governadores civis e militares, "espécie de governadores religiosos, garantes da espiritualidade das almas e da expansão colonial do Reino".[5]

Naturalmente, tanto os governadores civis quanto os eclesiásticos encontravam-se afinados com as diretrizes políticas da Coroa de Portugal. Proclamavam um ideal comum de justiça como fundamento de suas ações; nem sempre seu discurso apresentaria a mesma missão, demarcando assim, especifidades de ação e legitimação de sua autoridade.

## Os capitães generais: justiça e boa ordem

A partir de 1710, logo após a ocupação das Gerais, estudiosos identificam um período de pacificação na região mineradora. As forças disciplinares desenvolveram-se com duas preeminências: a do capitão-general, que mantinha a ordem, e o fisco, a exigir o tributo real. A quietação seria progressiva e o governo forte, de crescente influência, com a organização triangulada expressa no conselho, na Igreja e na tropa – os

---

5    SERRÃO, Joel & MARQUES, A. H. de Oliveira. (Dir.) *Nova História da Expansão Portuguesa: o Império Luso-Brasileiro (1620-1750)*. Trad. Franco de Sousa (Partes I, II e IV). Lisboa: Estampa. Vol 3, tomo II. Coordenado por Artur Teodoro de Matos, 2005. Vol 7. Cordenado por Frédéric Mauro, 1991. v. 8. Coordenado por Maria B. Nizza da Silva, 1986, p. 177-82 – "A articulação entre o poder civil e o poder religioso: funcionamento e disfuncionamento do sistema".

Dragões Del Rei, que deveriam garantir a circulação do ouro liberado e impedir o contrabando do ouro bruto.[6]

Para compreender o processo de concentração da resolução dos conflitos pela justiça oficial, pelos mecanismos oficiais, observamos os escritos do Conde de Assumar, que aí atuou entre 1717 e 1721, e de Gomes Freire de Andrade, entre 1734 e 1763. As ideias que defenderam não apenas mostraram pontos comuns em sua atuação, como foram acolhidas por governadores que atuariam nas décadas de 1780 e 1790. Assumar e Gomes Freire circunscreveram um raio de ação objetiva e justificada, alinhada com as orientações metropolitanas. Ambos justificaram suas ações apontando-as como resposta a desafios e circunstâncias locais, prefigurados em outros atores, ou instituições; ou ainda, oponentes locais. A administração da justiça na capitania foi um dos pontos comuns em seus escritos: as acusações sobre a sua insuficiência; ser morosa, em tudo se reportando às Relações. Ambos acusavam muitas injustiças cometidas na sua administração, e uma grande demora nas comunicações dos ouvidores com o governador.

Desde a sua nomeação para o governo de Minas Gerais, em 23 de dezembro de 1716, as ações do Conde de Assumar, em prol da quietação da capitania de Minas Gerais, ganharam destaque propagandístico em jornais de Lisboa. Exaltava-se o volume da arrecadação aurífera, que rendia quantias fabulosas aos cofres reais, desde a partida de Assumar para a região mineradora. Sua Majestade o havia contemplado com o posto de governador da cobiçada capitania pelo "bem que serviu no Principado da Catalunha". Relatava-se que o Conde de Assumar recebeu grande aplauso nas Minas e permaneceria governando pacificamente os seus povos, com grande aceitação de seu governo. Às vésperas de São João, após dois meses de viagem, chegara ao Rio de Janeiro. Como lhe havia nascido um herdeiro, através da *Nau Santa Família*, atracada ao porto fluminense, enviou carta à sua esposa.[7]

Os feitos do Conde de Assumar eram alardeados no jornal lisboeta: em 15 de dezembro de 1718 acrescentara "aos quintos de Sua Majestade cinco arrobas de ouro a cada ano, granjeando de tal modo os ânimos daqueles moradores, que todos logram grande tranquilidade, e de todos está bem aceito". Em setembro de 1719, foi anunciada sua permanência nas Minas, por exercer um "governo de boa direção".[8] Em 20 de agosto de 1719,

---

6   CALMON, Pedro. *História do Brasil*. Com 940 ilustrações. Século XVII – conclusão: formação brasileira; século XVIII – Riquezas e vicissitudes. Volume 3. Rio de Janeiro: José Olympio, 1959, capítulo XXIX: Início do Ciclo do Ouro, p. 960.

7   ALMEIDA, M. L. de. *Notícias Históricas de Portugal e Brasil. (1715-1750)*. Coimbra: Coimbra Editora Ltda, 1961, p. 10-12; 21.

8   Arquivo Público Mineiro, Câmara Municipal de Ouro Preto, Códice 5, fl. 27-27v. *Apud* BORRE-

destacava-se "a notícia que temos da grande província das Minas he que tudo nella se acha em sossego, *pella muita justiça e boa direção do Conde de Assumar*, seu governador". Comemorava-se ainda novas descobertas de grande quantidade de ouro no Rio das Contas, abaixo da capitania dos Ilhéus, e na Jacobina. A ordem mantida na região era outro destaque: "os moradores recorrem a Sua Majestade por licença, oferecendo-se a pagar os Quintos". Havia ainda muito a fazer, relatava-se, pois por ordem da Corte continuava a guerra pelas Vilas de Baixo contra o gentio.[9]

De acordo com essas notícias, o bom governo do Conde Assumar combinava conquistas militares, a manutenção da ordem, a submissão dos gentios e da população. Isto se refletia, em termos práticos, com a eficácia na arrecadação, mediante um trabalho de validação de sua autoridade; isto é, o reconhecimento dela pelo povo, que "oferecia-se" a pagar os quintos. Assumar, em sintonia com estes parâmetros, estava a promover a *justiça régia*, associada ao *sossego dos povos* e ao *aumento da arrecadação*.[10]

Por outro lado, as notícias de Lisboa silenciavam sobre as contestações. Mesmo diante de um levante como o de 1720, violentamente sufocado. O Conde de Assumar e suas forças militares, que arquitetaram uma reviravolta fatal. Filipe dos Santos fora punido com justiça espetacular. Segundo estudiosos, o episódio demarca uma trajetória de oposição à metrópole. O levante representava a rebeldia que ameaçava o governo do conde, a insubordinação à qual respondeu com métodos violentos, e um indisfarçado desprezo aos mineiros - gente tão bruta os considerou, que adiou a criação de uma escola para o ensino de primeiras letras, para a qual houve recomendação régia, preferindo se impor através dos dragões, seu principal instrumento de poder.[11]

O ano de 1720 marcou a divisão político-geográfica da capitania de Minas Gerais. O governador fundador da capitania, Antônio de Albuquerque, foi ouvido, para que àquela altura se desmembrasse a volumosa capitania de Minas Gerais de São Paulo. Junto a Dom João V, Albuquerque alvitrou os novos limites. Assumar fixou residência em Vila Rica, emblematicamente transformada em sede do governo de Minas Gerais. Quando escreveu

---

GO, M. A. M. *Entre Códigos e Práticas. Códigos e Práticas: o processo de construção urbana de Vila Rica Colonial (1702-1748)*. São Paulo, 1999. (Mestrado) - FFLCH-USP, p. 159-160.

9    ALMEIDA, M. L. de. *Op. Cit.*, p. 37.

10   *Idem*.

11   SOUZA, Laura de Mello e. *O sol e a sombra: política e administração na América Portuguesa do século XVIII*. São Paulo: Companhia das Letras, 2006, p. 188; BOXER, Charles R. *A idade do ouro no Brasil: dores de crescimento de uma sociedade colonial*. Trad. Nair Lacerda. São Paulo: Companhia Editora Nacional, 1969, p. 190; CARRATO, José Ferreira. *Igreja, Iluminismo e Escolas Mineiras coloniais*. São Paulo: Companhia Editora Nacional, 1968, p. 96-97. (Brasiliana, 334).

à Câmara, solicitando providências para as suas acomodações, esforçou-se o Conde em transmitir uma imagem justa:

> Como El Rey Nosso Senhor resolveu que esta vila fosse a cabeça das Minas, me ordena que nela hei-de tomar posse do governo e assim me é preciso dizer a Vossas Mercês que me mandem ter casas prontas para eu haver de acomodar nelas e no caso que lhe seja necessário algum conforto ou limpeza, isto lhe mandem fazer pelos negros que se acham presos na cadeia ou por pessoas a que eu haja de pagar em chegando porque por nenhum caso quero que se façam vexação nenhuma ao povo.[12]

Não apenas o discurso, mas a ação do Conde de Assumar buscava construir uma imagem associada à justiça. O impacto dos seus feitos em Portugal evidenciam que, através da ênfase na correta administração da justiça se reforçavam os parâmetros do bom governo, mas realçado pelo sossego público, ou a quietação dos povos. Quando, novamente, Assumar lançou mão de meios violentos para sufocar uma ameaça de revolta de escravos, defendeu-se: era medida de muita prudência à qual fora obrigado, para "acudir a esta desordem tanto a tempo", havendo os negros que ali se levantaram "já eleito rei entre si". Um mês depois se deu, em Lisboa, a notícia que o conde continuava o "seu governo com louváveis acertos; aumentando muito as rendas reais; castigando, e exterminando os que viviam como régulos". Assumar governava com justiça, havendo "dissipado a conjuração da maior parte dos negros, que tinham eleito rei e generais e junto provimento de armas e munições, pretendendo aclamar liberdade, e matar todos os brancos no dia de Quinta Feira Santa". De modo que havia prendido os seis cabeças e castigado os mais culpados.[13]

A propaganda veiculada no jornal de Lisboa promovia a pedagogia real de premiar e castigar. Associando justiça e bom governo, o veículo ressaltava que o governador não deveria descurar da guerra justa, para a submissão dos gentios. A eficácia arrecadatória era um ponto basilar, assim como a obediência. Mas o bom governo estaria ligado à promoção do sossego das gentes. Não por acaso, o ato fundador de uma vila previa, deste modo, a fixação de um pelourinho, um sinal de centralização, de presença da justiça.[14]

O pelourinho defronte a Câmara cumpria o fito de exibir oficialmente o vínculo do município com a autoridade real. A justiça régia possuía nas ouvidorias de comarcas uma

---

12  Arquivo Público Mineiro. Fundo Câmara Municipal de Ouro Preto, Códice 5, fl. 27-27v. *Apud* BORREGO, M. A. M. *Op. Cit.*, p. 159-160. Sobre o Conde de Assumar, ver: SOUZA, Laura de Mello e. *O sol e a sombra. Op. Cit.*, p. 225; 237; 245; 248.

13  ALMEIDA, M. L. de. *Notícias de Portugal e Brasil. Op. Cit.*, p. 33.

14  FAORO, R. *Os donos do poder. Op. Cit.*, v. 1, p.149. ALMEIDA, M. L. de. *Notícias de Portugal e Bra-*

de suas mais importantes unidades de representação, com função corregedora e fiscalizadora sobre as Câmaras e o tribunal eclesiástico. Na região de Minas Gerais, haviam sido criadas três das comarcas civis em 1711, com suas sedes em Vila Rica do Ouro Preto, Rio das Velhas, com sede à Vila Real do Sabará, e Rio das Mortes, com sede em São João del Rei. Em 1714, o governador Dom Brás Baltazar da Silveira havia fundado a Vila do Príncipe, cabeça da comarca do Serro Frio, cujo primeiro ouvidor tomou posse em 1721.[15]

Entre os governadores, nota-se a preocupação comum com a justiça: não somente a sua instalação institucional, como a sua prática específica, pelos seus agentes. Isso porque a justiça era uma condição fundamental ao sossego dos povos. Gomes Freire de Andrade eloquentemente identificava-a à imagem real. Chamando, certa vez, a atenção do rei para a condenável atuação dos ministros da justiça, registrou o quanto o convívio entre as suas forças, agentes e a população das localidades da América lhe parecia difícil. Estas preocupações com a ordem pautaram o governo dos capitães-generais enviados às Minas. Portadores de insígnias militares, estes governadores buscariam o apaziguamento dos povos, e a eficácia na arrecadação real.[16]

Como definiu Raimundo Faoro, o cargo era um instrumento de amálgama e controle das conquistas para o soberano. A Coroa esperava que seus representantes exercessem o bom governo nas conquistas, com as implicações esperadas da noção: quietação, fisco eficiente e justiça.[17]

Para Marcos Aguiar, o surgimento das instâncias judiciárias, advindo com a pacificação dos conflitos, representam formas de presença do Estado na região. Para o sutor, em meados do século, ocorre uma fase decisiva no processo de afirmação institucional na capitania, que coincide com a atuação de Gomes Freire de Andrade. Estas circunstâncias

---

sil. *Op. Cit.*, p. 33. Dentre inúmeros outros documentos, é um belo exemplo desta prática a carta de D. José I oferecendo, em 1750, prêmios àqueles que auxiliassem de alguma forma no combate ao contrabando de ouro. Publicada em: ÁVILA, A. *Resíduos Seiscentistas em Minas: textos do século do Ouro e as projeções do mundo barroco, a academia cultista do Áureo Trono Episcopal e a Festa do Triunfo Eucarístico*, 2º volume. Belo Horizonte: Centro de Estudos Mineiros, 1967, p. 31.

15 CARRATO, José Ferreira. *As Minas Gerais e os primórdios do Caraça*. São Paulo: Companhia Editora Nacional, 1963, p. 16-17.(Brasiliana, 317); ROCHA, José Joaquim da. *Geografia Histórica da Capitania de Minas Gerais. Descrição topográfica, histórica e política da capitania de Minas Gerais. Memória histórica da capitania de Minas Gerais*. Estudo crítico de Maria Efigência Lage de Resende. Transcrição e colação de textos de Maria Efigência Lage de Resende e Rita de C. Marques. Belo Horizonte: Sistema Estadual de Planejamento/Fundação João Pinheiro/Centro de Estudos Históricos e Culturais, 1995, p. 106-07; 128-130. (Coleção Mineiriana, Série Clássicos)

16 BOSCHI, C. C. *Os leigos e o poder. Op. Cit.*, p. 97.

17 FAORO, R. *Op. Cit.*, p. 174-176.

correspondem às lutas deste capitão general contra as desordens na capitania, assolada por bandos armados, altas taxas de criminalidade e violência, e ministros sequiosos de poder e enriquecimento.[18]

A escolha de seu nome para exercer o governo em várias capitanias da América Portuguesa, inclusive Minas Gerais, não era fortuita. Gomes Freire de Andrade foi nomeado capitão-general do Rio de Janeiro em 1733. Assumiria a capitania de Minas Gerais a partir de 1735, onde foi encarregado de aplicar a nova política fiscal da capitação. Desde então, prestou importantes serviços aos reis lusitanos no âmbito da defesa e da consolidação do território: chefiou a comissão demarcatória do Tratado de Madri; liderou a repressão do Levante dos Sete Povos das Missões entre 1752-1759, que culminou com a expulsão dos jesuítas de Portugal e domínios.[19]

A esta altura, estabelece-se um novo marco no processo de consolidação das fronteiras da conquista. Entrava em cena, segundo Iris kantor, um novo modelo de "aculturação civil" determinada pelo projeto pombalino. Faziam parte deste programa a expulsão dos jesuítas, a aplicação do Diretório dos Indios (1755-1758), a substituição dos missionários por novos párocos, a demarcação das terras indígenas e a população da mestiçagem entre a população pobre e os índios, além do treinamento das lideranças indígenas. Este não seria um processo livre de tensões, já que, como mostrou a autora, os acadêmicos da Academia Brasílica dos Renascidos esboçaram alguma resistência à implementação do Diretório. Este momento, meados do século XVIII, demarcava um processo de reconstrução do imaginário das elites sobre os indios: o indígena tornava-se objeto de historiografia, e uma ancestralidade indígena poderia, desde então, ser enaltecida. Para a autora, um novo campo de reflexão era aberto pelos historiadores brasílicos sobre as diferenças culturais. A linguagem da cristianização seria deslocada para uma abordagem laica do processo civilizatório.[20]

A vitória na campanha contra o levante dos Sete Povos das Missões, em 1750, rendeu ao capitão general o título de Conde de Bobadela. Retornando vitorioso à região mineradora, ele a deixou outras vezes, para comandar as campanhas militares. Àquela altu-

---

18  AGUIAR, Marcos Magalhães de. *Negras Minas Gerais: uma história da diáspora africana no Brasil Colonial.* Tese de Doutorado em História, FFLCH, USP, São Paulo, 1999, p. 45. WEHLING, Arno; WEHLING, M. J. *Op. Cit.*, p.153-154.

19  SERRÃO, J. V. *História de Portugal (1750-1807).* v. 6 - O despotismo iluminado. Lisboa: Verbo, Capítulo 1, p. 185; TAU GOLIN, Luiz Carlos. *A guerra guaranítica: como os exércitos de Portugal e Espanha destruíram os Sete Povos dos jesuítas e índios guaranis no Rio Grande do Sul: 1750-1761.* Porto Alegre: Editora da Ufrgs, 1998, p. 25. Laura de Mello e. *O sol e a sombra. Op. Cit.*, p. 420.

20  KANTOR, Iris. *Esquecidos e renascidos. Op. Cit.*, p. 239-40. (Estudos Históricos, 55).

ra, Sebastião José de Carvalho e Melo foi agraciado com o título de Conde de Oeiras e Cavaleiro da Ordem de Cristo, que ganhavam uma pensão régia e um hábito branco bordado com o símbolo da Ordem, para assistir às cerimônias religiosas.[21]

Nota-se que no século XVIII, as fronteiras da América Portuguesa representavam ainda sérios problemas diplomáticos. A Coroa portuguesa realizava um intenso trabalho de defesa das suas fronteiras. Nestas circunstâncias, a malha eclesiástica era primordial. Durante todo o século XVIII, mostraram-se comuns orientações e medidas para que a estrutura diocesana encontrasse justaposição à organização civil. Os mecanismos de fiscalização e punição da Igreja e do Estado deveriam buscar complementaridade.[22] Gomes Freire de Andrade mostrou, em meados do século XVIII, que este ideal não seria simples. A justiça era alvo de muitas representações ao rei, através do Conselho Ultramarino. Entre 1749 e 1754, alguns ministros eram acusados pela Câmara de Mariana de se unir para oprimir os povos durante as correições.[23]

Os principais alvos destas acusações foram os ouvidores de Vila Rica, Francisco Ângelo Leitão e José Antônio de Oliveira. Respectivamente, eram o sucessor e o antecessor

---

21  AZEVEDO, Thales de. *Igreja e Estado em tensão e crise: a conquista espiritual e o padroado na Bahia. Op. Cit.*, p. 109. COPIADOR de Cartas Particulares do Exmº. e Revmº. Dom Frei Manuel da Cruz (1739-1762). Transcrição, Revisão e notas de Aldo Luiz Leoni. Brasília: Senado Federal, 2008, fl. 210v. ALMEIDA, Antônio da Rocha. *Dicionário de História do Brasil*. Porto Alegre: Globo, 1969. (Enciclopédia do Curso Secundário, 3), verbete "Companhia de Jesus"; p. 117; verbete "Pombal, Sebastião José de Carvalho e Melo, Marquês de"; p. 350. Sobre a expulsão dos padres jesuítas, SANTOS, C. M. dos. "Os Jesuítas e a demarcação dos limites estabelecidos pelo Tratado de 1750". *Vária História*, 21. Belo Horizonte: FAFICH-UFMG, 1999, p. 173. (Número especial sobre o Códice Costa Matoso. FALCON, F. J. C. *A Época Pombalina: política econômica e monarquia ilustrada*. São Paulo: Ática, 1982, p. 424-425. Ver também: CÓDICE Costa Matoso. Coleção das notícias dos primeiros descobrimentos das Minas na América que fez o Doutor Caetano da Costa Matoso, sendo ouvidor geral das do Ouro Preto, de que tomou posse em Fevereiro de 1749 & vários papéis. Belo Horizonte: Fundação João Pinheiro/ CEHC, 1999. (Mineiriana. Série Obras de Referência), v. 2, p. 24. Sobre a distinção dos Cavaleiros da Ordem de Cristo, ver: SERRÃO, Joel & MARQUES, A. H. de Oliveira. (Dir.) *Nova História da Expansão Portuguesa: o Império Luso-Brasileiro (1620-1750)*. Trad. Franco de Sousa (Partes I, II e IV). Lisboa: Estampa, 1991, p. 393. Vol 7, Cordenado por Frédéric Mauro. Ver também, desta mesma coleção, o volume 8, coordenado por Maria B. Nizza da Silva, p. 352.

22  CORTESÃO, Jaime. *Alexandre de Gusmão e o Tratado de Madrid*. São Paulo: Imprensa Oficial, 2006, p. 63-67. Alguns dos tratados negociados àquela altura foram o Tratado de Madri, em 1750; o Convênio de El Pardo, de 1761; Tratado de Santo Ildefonso, em 1º/10/1777; o Tratado de Badajós, em 1801. WEHLING, Arno; WEHLING, M. J. *Formação do Brasil Colonial*. Rio de Janeiro: Nova Fronteira, 4ª reimpressão, 1994, p. 153-154.

23  AHU,Cx. 53, doc. 37, 2/03/1749. Carta do ouvidor de Vila Rica apresentanda a sua defesa das acusações dos senadores da Câmara de Mariana.

de Caetano da Costa Matoso, ouvidor preso em 1751 por desmandos. O Doutor Francisco Ângelo Leitão, que já havia sido excomungado por Dom Frei Manuel da Cruz, reconheceu que os ouvidores eram odiados pelos povos, mas justificava com base no Regimento dos Ouvidores os seus procedimentos de cobranças de multas.[24] Acusado, o ouvidor José Antônio de Oliveira elaborou, em 1749, uma longa justificativa à Coroa, através do Conselho Ultramarino. Baseando-se nas Ordenações do Reino, procurava demonstrar que não vexava os povos das Minas - aplicava a lei.[25]

Havia, ainda, queixas do juiz de fora de Mariana, Silvério Teixeira, que este não apenas livrou-se, como obter diversos e importantes cargos judiciários e fazendários, mantendo-se influente em todo o século XVIII. Silvério teixeira capitaneou, a esta época, uma "inaudita concordata" dos homens de letras de Vila Rica e Mariana contra o juízo eclesiástico. Nestes termos o bispo de Mariana relatou a Dom José I, mostrando consternação.[26]

Estes desentendimentos evidenciam a necessidade das interações entre os agentes das instituições, para a eficácia da administração que incluía as justiças. Se os conflitos demandavam resposta urgente, o intercâmbio das informações com a corte em Lisboa se dava através de frotas bimestrais. Estas circunstâncias tornavam a espera uma variável a ser considerada na solução das questões. Dom Rodrigo de Menezes sintetizou a situação, por volta de 1780: o governante deveria conduzir os súditos com justiça, mas deveria guiar-se pela prudência.[27]

Durante o reinado josefino, a justiça continuaria a ocupar lugar fundamental na administração, ainda que informada por uma concepção de monarquia diferente do paternalismo dos reis Dom Pedro II e Dom João V. Com Dom José I, propugnava-se que o maior castigo que se poderia dar a um povo era o "ser privado da administração da justiça".[28]

Com efeito, as recomendações de virtudes aos ministros e juízes logravam discipliná-los, com vistas a uma atitude de espera? Para Gomes Freire de Andrade, a resposta era negativa. Em um parecer de 1749, criticou os gastos das câmaras com as perseguições aos ciganos e quilombolas; apontados como elementos desagregadores e ameaçadores da or-

---

24 AHU, Cx 53, doc. 37. 02/03/1749. Mariana. Carta de Francisco Ângelo Leitão, juiz de fora de Mariana, para Dom João V, dando conta das informações que colhera a respeito da representação dos moradores que se queixavam da administração da Justiça que se executava em Mariana.

25 AHU, Cx.53, doc. 14, de 28/01/1749.

26 AHU, Cx.73, doc.7. 25/01/1758.

27 SOUZA, L. de M. e. *Norma e conflito: aspectos da história de Minas no século XVIII.* Belo Horizonte: Editora UFMG, 1994, p. 86. (Humanitas)

28 SERRÃO, J. V. *História de Portugal (1750-1807).* v. 6 – O despotismo iluminado. Lisboa: Verbo, Capítulo 1, p. 13-14.

dem, eles não eram os criminosos mais perniciosos. Muito menos a ameaça quilombola, cuja repressão mobilizava inúmeras diligências. Havia uma guerra permanente contra os quilombolas, patrocinada pelas câmaras, que premiava êxitos com patentes e sesmarias.[29]

O governador almejava emprestar vigor à crítica da administração judiciária na capitania de Minas Gerais, inaceitavelmente falha.[30] A situação tornava-se mais grave porque a justiça era um dos mais importantes pilares de sustentação da ordem colonial. A justiça, como um espelho, deveria refletir a autoridade e a benignidade real crítica de Gomes Freire de Andrade sobre a administração da justiça, evidenciando múltiplas tendências que a envolviam em ações de resistências disputas e estratégias de eliminação. Por outro lado, o governador havia antes recomendado uma postura diplomática, em meio às contendas. Ao irmão que o substituía no governo, pedira muitos cuidados no trato com as autoridades da capitania: os ouvidores e os eclesiásticos. De forma especial, chamou-lhe a atenção sobre os bispos: "O senhor bispo é a principal dignidade destas minas". Aconselhou a maior cautela com relação aos eclesiásticos que "como não são vossos súditos, contemporalizai-os, pois tomam liberdade em murmurar, e às vezes sem temor de faltarem à verdade e à religião". Quanto aos ouvidores, pedia "muito particular atenção" para com eles.[31]

Desta feita, porém, chamado a manifestar-se formalmente, Gomes Freire elaborou uma caracterização radical do exercício judiciário na capitania de Minas. Tons e expressões dramáticos o marcaram, como a expressão "confusão de latrocínios", para caracterizar a justiça praticada na região. Clamava providências, e denunciava que os mecanismos de inspeção como as devassas, as eclesiásticas e as civis, criavam ocasiões de

---

29   BOXER, Charles R. *A idade de ouro do Brasil: dores de crescimento de uma sociedade colonial (1695-1750)*. Trad. Nair de Lacerda, 2ª ed. São Paulo: Companhia Editora Nacional, 1969, p. 192-193 (Brasiliana; 341); LEMOS, Carmem Sílvia. *A justiça local: os juízes ordinários e as devassas da comarca de Vila Rica (1750-1808)*. Mestrado. Belo Horizonte, Fafich-UFMG, 2003, p. 125.

30   AHU, Cx 53, doc. 51. 20/03/1749. Carta de Gomes Freire de Andrade, Governador de Minas Gerais, para Dom João V, dando seu parecer sobre uma queixa apresentada pelos moradores da cidade de Mariana contra o Ouvidor José Antônio de Oliveira Machado e o juiz de fora José Caetano Galvão de Andrade. SENELLART, Michel. *As artes de governar: do regímen medieval ao conceito de governo*. Trad. Paulo Neves. São Paulo: Editora 34, 2006, p. 49-51. (Coleção Trans).

31   Gomes Freire de Andrade. Instrução e norma que deu o ilustríssimo e excelentíssimo senhor Conde de Bobadela a seu irmão o preclaríssimo senhor José Antônio Freire de Andrade para o governo de Minas, a quem veio suceder pela ausência de seu irmão, quando passou ao sul. Datado de 2/02/1752. *Revista do arquivo público mineiro*. Belo Horizonte: Imprensa Oficial de Minas Gerais, ano IV, fascículos I e II, jan-jun de 1899, p. 729 ss.

desmandos, prisões injustas, e extorsões, e eram amiúde denunciadas à Coroa pelas câmaras municipais, ao contrário dos seus propósitos para o exercício da justiça.[32]

José Ferreira Carrato observa que os governadores desentendiam-se com os ouvidores das comarcas com uma frequência preocupante. Cita o exemplo do Doutor Manuel Musqueira da Rosa, e sua afamada ambição. Segundo o mesmo, este ministro teria transformado a ouvidoria de Vila Rica "em um reduto de agitação contra o Conde de Assumar, de tal modo que é obrigado a demitir-se". Foi sucedido por outros, em extensa lista, igualmente reputados por péssima fama de vexames às partes que os procuravam, provocadores e levianos.[33]

Gomes Freire quis denunciar tal situação em seu parecer de 23 de março de 1749. Descreveu os abusos, extorsões e corrupções cometidas pelos ministros da justiça. Escandalizava-o o fato de que, devendo os bacharéis nomeados para os cargos de ouvidor e juiz de fora em Vila Rica, agirem conforme a lei e o regimento de 23 setembro de 1721, obravam em contrário: agrediam a lei e ofendiam a justiça; agiam "sem respeito a Deus e sem temor a Vossa Majestade que também os ditos reis fazem a própria imagem de Deus". Lamentava estarem os povos "carentes de justiça", pois "sem justiça lá se vai uma República". Pela injustiça, os reverentes vassalos de Vossa Real Majestade experimentam a contínua *guerra de desassossego* nas Minas. Pela justiça florescem os reinos e se estabelecem os tronos. Apontava a consequência nefasta das vexações feitas pelos ministros: os vassalos suportavam uma *"confusão de latrocínios"*. Mas "sem justiça ou pela injustiça lá se vai um Reino e também o trono".[34] Gomes Freire de Andrade comparava a justiça real à Divina:

> Manda Deus aos homens que lhe peçam, e que receberão. *Petite e accipiitis.* E, pois se Vossa Real Majestade faz do mesmo Deus, a figura na terra. *Perme Regos Regnant*, os seus reverentes vassalos pedem, e querem receber justiça perfeita, acudindo Vossa Real Majestade com o remédio conveniente a tanta insolência, e roubo. Porque só cuidam uns e outros em se fazerem opulentos tanto à custa do seu povo, o que se mostrava em todo o tempo por testemunhas fidedignas, o que se não pode mostrar ao presente por papel. E se a justiça é virtude imortal, *Justitia enim perpetua est, e immortalis, sag,* 1.15. Como tal, torna os homens gloriosos. *Quis ergo illam non amet, et ambiat! Ipsa est athanatos, faeit ergo alhanacios gloriozos et immortalis.* (...) Majestade os seus reverentes vassalos esperam da alta grandeza de Vossa Real Majestade como Pai, como Senhor e como Legislador Supremo,

---

32 AHU/MG/Cx. 53, doc.51, p. 498, Parecer de Gomes Freyre de Andrade sobre as queixas apresentadas pelos moradores contra o Ouvidor e o Juiz de Fora.

33 CARRATO, J. F. *As Minas Gerais e os primórdios do Caraça. Op. Cit.*, p. 142-43.

34 AHU/MG/Cx. 53, doc.51. 1749. Parecer de Gomes Freyre...*Op. cit.* Itálicos nossos.

que pondo neles seus olhos, os livre das penas, que estão atualmente padecendo pela falta de justiça, para que se vejam gloriosos. *Justitia est athanatos gö facit altanacios gloriosos, et immortales.* E ficam rogando ao mesmo Deus conserve a saúde a Vossa Real Majestade por muitos séculos para amparo, e socorro de seus reverentes e humildes vassalos.[35]

Novamente inquirido por Dom João V, Gomes Freire de Andrade contestou os argumentos dos agentes reais acusados, apontando a exorbitância das taxas e multas cobradas por eles.[36] Este governador manteve o cargo entre períodos de ausências, para comandar campanhas militares, até seu falecimento, em 1763.[37]

Outros governadores da capitania de Minas Gerais, além do Conde de Assumar e Gomes Freire de Andrade emitiram pontos de vista semelhantes acerca da aplicação da justiça. A política de dominação deveria admitir castigos, punições exemplares e prêmios pelos bons serviços. Ainda que sem prescindir de violência, a justiça deveria ser utilizada como estratégia de defesa da integridade do governo e do monarca.[38] Os capitães generais pleitearam da Coroa, ao longo de todo o século XVIII uma ampliação da sua jurisdição no âmbito da justiça. Percebem-se ecos dos posicionamentos de Assumar e Gomes Freire de Andrade em algumas instruções e pareceres elaborados por governadores de Minas

---

35 AHU/MG/Cx. 53, doc.51, p. 498, Parecer de Gomes Freyre de Andrade sobre as queixas apresentadas pelos moradores contra o Ouvidor e o Juiz de Fora. LARA, S. H. (Org.) "Introdução". *Ordenações Filipinas: Livro V.* São Paulo: Companhia das Letras, 1999, p. 24.

36 AHU, Cx. 53, doc. 14. 28/01/1749. Carta de José Antônio de Oliveira Machado, Ouvidor de Vila Rica, para Dom João V, respondendo as acusações contidas na representação dos moradores, sobre a aplicação da Justiça. AHU, Cx 53, doc. 51. 20/03/1749. Carta de Gomes Freire de Andrade, Governador de Minas Gerais, para Dom João V, dando seu parecer sobre uma queixa apresentada pelos moradores da cidade de Mariana contra o Ouvidor José Antônio de Oliveira Machado e o juiz de fora José Caetano Galvão de Andrade. AHU, Cx 53, doc. 45. 06/03/1749. Representação da Câmara de Vila Rica a Dom João V, expondo as dúvidas que se levantavam aquando dos atos de posse dos ouvidores, sobre os assentos que deviam ter o Juiz Presidente e o juiz de fora de Mariana, que também exercia o cargo de Ouvidor. AHU Cx. 66, doc. 10. AHU, Cx.66, doc. 10. 06/11/1754. Mariana. Carta de Antônio Mendes da Costa, da Câmara de Mariana, informando a Dom José I acerca da Correição feita na referida Cidade pelo ouvidor Francisco Ângelo Leitão, assim como do conflito que travam com o mesmo.

37 SERRÃO, J. V. *História de Portugal (1750-1807).* v. 6 - O despotismo iluminado. Lisboa: Verbo, Capítulo 1, p. 185; TAU GOLIN, Luiz Carlos. *A guerra guaranítica: como os exércitos de Portugal e Espanha destruíram os Sete Povos dos jesuítas e índios guaranis no Rio Grande do Sul: 1750-1761.* Porto Alegre: Editora da Ufrgs, 1998, p. 25. Laura de Mello e. *O sol e a sombra. Op. Cit.*, p. 420.

38 SOUZA, Laura de Melo e. "Dom Pedro de Almeida Portugal e a revolta de 1720 em Vila Rica." In: SILVA, M. B. N. da. (coord.) *Cultura Portuguesa na Terra de Santa Cruz.* Lisboa: Estampa, 1995, p. 206.

Gerais nas décadas de 1770, 1780 e 1790. Em 1773, Antônio Carlos Furtado de Mendonça pediu providências para se evitarem excessos e injustiças cometidas pelas autoridades judiciais da capitania.[39] Em dezembro de 1781, uma carta do governador Dom Rodrigo José de Menezes Martinho de Melo e Castro, fornecia mais um testemunho da violência com que as populações têm sido tratadas por parte de alguns ministros. Dom Rodrigo não perdeu a oportunidade para pleitear maior jurisdição, especificamente no tocante ao exercício da justiça local. [40]

As queixas contra a carência de justiça na capitania de Minas Gerais são reiteradas ao longo de toda a centúria. Veja-se, por exemplo, a carta de 1793, de Antônio Gonçalves Gomide, professor de Gramática na vila de Caeté, queixando-se da situação da administração geral, das violências nas Minas Gerais e pedindo justiça para os povos que não se atrevem a queixar-se.[41]

A justiça e a sua administração eram, portanto, associadas aos parâmetros do bom governo, ao sossego e a quietação dos povos.[42] Eram metas a alcançar com o auxílio das instituições, tais como as Câmaras e a Igreja e toda a malha eclesiástica que subsidiava a adminstração da justiça episcopal, mas também a justiça régia.

## A CONSOLIDAÇÃO DA MALHA CIVIL E ECLESIÁSTICA: LUTAS E DISPUTAS

A coroa portuguesa cogitava a criação do bispado em Mariana desde o governo do Conde de Assumar. Vinte anos mais tarde, prestes a concretizar o antigo intento, a coroa requisitou o parecer do governador da capitania. Gomes Freire de Andrade mostrou oposição à ideia de Vila do Carmo como sede diocesana, lembrando das terríveis enchentes de que padecia. O rei, então, sugeriu a construção de uma nova cidade, em sítio melhor protegido contra as cheias do Ribeirão do Carmo. Persistiu na escolha de Vila do Carmo como sede diocesana. Cláudia Damasceno da Fonseca apontou como

---

39    AHU/MG/V. Rica. 20-12-1773. Cx 105, doc 72, cd 30. Carta de Antônio Carlos Furtado de Mendonça, Governador de Minas Gerais Anexo: 1 relação.

40    AHU/MG/31-12-1781. Cx. 117 doc. 82 cd 34. Carta de D. Rodrigo José de Menezes, governador de Minas informando a Martinho de Melo e Castro, entre outros assuntos, a violência com que as populações têm sido tratadas por parte de alguns ministros; AHU/MG/Vila Rica. 31-12-1781. Cx. 117 doc. 88 Cd. 34. Carta de D. Rodrigo José de Menezes dando conta a Martinho de Melo e Castro da necessidade que há em se ampliarem as competências dos governadores na América.

41    AHU/MG/Caeté.13-10-1793. Cx. 138, doc.35. Cd 40.

42    Para análise minuciosa deste evento: SOUZA, Laura de Mello e. *O sol e a sombra: política e administração na América Portuguesa do século XVIII*. São Paulo: Companhia das Letras, 2006, p. 188.

interface deste intento urbanizador o desejo de promoção dos potentados mediante a criação de uma vila e uma cidade colonial. Os que se tornassem edis das câmaras passavam a corresponder-se com o rei e seus ministros, dentre outras formas de distinção e exercício de poder.[43]

Os governadores conheciam estas pretensões. Não raro, defendiam posicionamentos contrários à fundação de câmaras. Para o Conde de Assumar, algumas deveriam mesmo ser suprimidas, pois existiam apenas para cuidar de interesses particulares, nem sempre compatíveis com os de Sua Majestade. A Gomes Freire de Andrade concordava. Vendo proliferar e se desenvolverem os arraiais, muitos dos quais pleiteando emancipação ao rei, não fundou nem uma vila a mais, em vinte e oito anos de governo em Minas (1735-1763). Para atenuar a carência de justiça alegada pelos súditos e prover o bem comum, juízes de vintena eram nomeados para se ocuparem das povoações.[44]

Importante para os objetivos deste estudo é lembrar, por outro lado, que estudos recentes, inclusive sobre as fontes cartográficas, mostram um estratégico, planejado e progressivo movimento de territorialização das hierarquias seculares e eclesiásticas no território minerador. Em um de seus estudos neste sentido, Íris Kantor cita importante fonte de um membro da Academia Real de História Portuguesa, que elencou as três principais funções do território. Além de dar o prêmio aos beneméritos da República, estava entre as funções do território no século XVIII dividir as jurisdições.[45]

Se a justiça era, então, uma obrigação moral do rei, que se estendia a seus representantes, tendo em vista a justificativa doutrinária que informava o sistema, esta ideia deveria sair da abstração jurídica, territorializar-se, tendo em vista, para tal, a experiência atlântica e americana, conforme explicitou Íris Kantor em estudo recente.[46] Inclusive, ganhando símbolos para se difundirem nos territórios das vilas e cidades – como o pelourinho, um

---

43 FONSECA, C. D. *Des terres aux villes d'or: pouvoirs et territoires urbains au Minas Gerais Brésil, XVIIIe siècle.* Paris: Centre Culturel Calouste Gulbenkian, 2003, p. 192-193; VASCONCELLOS, Diogo de. *História do Bispado de Mariana.* Belo Horizonte: Apollo, 1935. (Biblioteca Mineira de Cultura), p. 24-26. *Idem. Resumo da História da Arquidiocese de Mariana pelo Doutor Diogo de Vasconcellos.* Mariana: Typografia archiepiscopal, 1919, p. 4-5.

44 FONSECA, Cláudia Damasceno. *Op. cit.*, p. 192-193; p. 329-331.

45 KANTOR, Iris; DORÉ, Andréa Carla. "Soberania e territorialidade colonial: Academia Real de Hitória Portuguesa e a América Portuguesa". In: DORÈ, Andrea; SANTOS, Antonio Cesar de Almeida. (Org.). *Temas Setecentistas: governos e populações no império português.* Curitiba: UF-PR-SCHLA Fundação Araucaria, 2009, v. 1, p. 232-239, especialmente p. 233 e 237. Também disponível em <http://www.humanas.ufpr.br/portal/cedope/files/2011/12/Soberania-e-territorialidade-colonial-%C3%8Dris-Kantor.pdf>. Acesso em 25 jun. 2015.

46 *Idem; ibidem*, p. 233-34.

sinal de centralização, de presença da justiça. Fincado defronte a Casa de Câmara para lembrar o vínculo do município com a autoridade real, o pelourinho doava concretização ao sistema; dava a ciência aos povos da presença vigilante do braço judiciário real. O pelourinho era o lugar de onde se liam as determinações metropolitanas e da câmara. Era também palco de castigos públicos a criminosos, para os açoites ou enforcamentos.[47]

Os agentes da Coroa e das Câmaras deveriam se apresentar à altura da sua importância. Quando saíam às ruas para executar suas atribuições, os juízes faziam-se acompanhar pelos oficiais de justiça. Portavam varas brancas, se fossem togados; vermelhas, se fossem ordinários, ou leigos. Assim, reafirmavam as instituições judiciais e o poder real. Os juízes das câmaras municipais, ordinários, ou togados, eram supervisionados pelos ouvidores de comarca, que acumulavam a função de corregedores. Com esta atribuição, realizavam inspeções de fiscalização, denominadas correições.[48] Por meio destes agentes, ao longo de todo o século XVIII, a administração da justiça evidencia-se como importante esteio de manutenção da ordem da conquista. Um dos escopos mais importantes do exercício judiciário era o seu grande apelo à ordem, o estímulo à obediência. As penitências e castigos públicos cumpriam um objetivo pedagógico e exemplar acerca das hierarquias sociais na ordem vigente.[49]

Gradativamente esboçava-se uma malha administrativo-judiciária na capitania, encabeçada pelas comarcas civis e eclesiásticas. A criação do bispado de Mariana impulsionava a crescente burocratização da justiça, partilhando com os juízes eclesiásticos a administração dos delitos públicos, e ainda atuando contra os sacerdotes denunciados por desvios disciplinares e criminais. A câmara eclesiástica deveria corroborar à manutenção da ordem social.[50]

A estrutura diocesana visava a fiscalização do clero, cuja indisciplina motivava críticas dos governadores. O estabelecimento de uma rede paroquial, levando informação oficial e disciplina às freguesias, era conveniente à conservação da ordem. Era

---

47    FAORO, R. *Os donos do poder: formação do patronato político brasileiro*, v. 1. São Paulo: Globo, 2004, p. 149. LARA, S. H. (Org.) "Introdução". In: *Ordenações Filipinas: Livro V*. São Paulo: Companhia das Letras, 1999, p. 21-25; LARA, Silvia Hunold. *Fragmentos setecentistas: escravidão, cultura e poder na América Portuguesa*. Campinas, 2004. Livre-docência, p. 57.

48    FAORO, R. *Op. Cit.*, p. 149.

49    FAORO, R. *Op. Cit.*, v. 1, p. 149.

50    PAIVA, José Pedro de M. "Um Príncipe na diocese de Évora: o governo episcopal do cardeal infante Dom Afonso (1523-1540)". *Revista de História da Sociedade e da Cultura*, 7. Coimbra: Centro de História da Sociedade e da Cultura da Universidade de Coimbra; Fundação para a Ciência e Tecnologia, p. 137-138.

uma estratégia comum de parte da Coroa buscar garantir a sua capacidade de interferência na vida da Igreja através do domínio da alta hierarquia eclesiástica. A presença de um bispo reforçava a estabilização social, pois sua hierarquia assumia a sua margem da jurisdição sobre os pecados públicos, de pessoas leigas e eclesiásticas; bem como sediava o foro privativo das pessoas eclesiásticas, deste modo, a procurar e a penalizar os excessos. A Coroa preocupou-se, sendo assim, em dotar o sudeste da América Portuguesa de centros de poder religioso e de tribunais: em 1745, a bula *Candor Lucis Aeternae*, de Bento XIV, sancionou a criação das novas dioceses de São Paulo e Mariana, e as prelazias de Goiás e Cuiabá. Em 1763, a Coroa transferia a capital do vice-reinado para o Rio de Janeiro, onde havia criado, em 1751, o Tribunal da Relação. Um ciclo se fechava em 1763; a mudança da sede do governo para o Rio de Janeiro consolidava a transferência definitiva do governo-geral para o sul.[51]

## QUERELAS E DENÚNCIAS NO FORO SECULAR

Segundo Arno Wheling, ignora-se a existência de "corridas do ouro" que não tenham trazido consigo violências, abusos e muitas agitações. Em 1701, o governador-geral Dom João de Lencastre dizia temer a transformação das Minas em "valhacouto de criminosos, vagabundos e malfeitores". No correr do século XVIII, com a presença constante do governo e a organização da vida municipal, a insegurança diminuiu, embora a região sempre fosse considerada agressiva e turbulenta. Além da violência, criminalidade e contrabando, ocorreram conflitos de maiores dimensões, como a "guerra dos emboabas", a revolta de 1720 e os quilombos.[52]

Os registros criminais das ouvidorias, bem como as devassas das Câmaras municipais, evidenciam as estratégias da administração para conter o tumulto na região mineradora. Com base nestes registros, estudiosos identificaram as formas de imposição dos mecanismos do Estado na solução dos conflitos, bem como os padrões e variações de criminalidade da capitania de Minas Gerais setecentista. Marcos Magalhães de Aguiar, por exemplo, verificou as querelas interpostas na Ouvidoria da Comarca de Vila Rica.

---

51 VASCONCELLOS, Diogo de. *História do Bispado de Mariana*. Belo Horizonte: Apollo, 1935. (Biblioteca Mineira de Cultura), p. 24; ALMEIDA, L. F. de. "O absolutismo de Dom João V". *Op. Cit.*, p.189-190. CORTESÃO, J. *Alexandre de Gusmão e o Tratado de Madrid*. Rio de Janeiro: Ministério das Relações Exteriores, 1950. BOSCHI, C. C. *Os leigos e o poder. Op. Cit.*, p. 45; FAORO, R. *Os donos do poder*. Op. Cit., p. 182.

52 WEHLING, Arno; WEHLING, M. J. *Formação do Brasil Colonial*. Rio de Janeiro: Nova Fronteira, 4ª reimpressão, 1994, p. 159.

Esses registros, para o autor, permitem acompanhar o processo de implementação da autoridade régia na capitania. Se, entre 1730 e 1750, há significativa presença de crimes de violência, e contra a ordem pública, entre 1708 e 1721, ocorre a introdução das estruturas políticas, judiciais e administrativas, que delinearam os traços mais gerais da administração portuguesa em Minas. Entre 1730 e 1740 ocorreria uma solidificação das estruturas de sociabilidade e da vida associativa em Minas, e uma busca de estabilização das alianças familiares no interior das camadas dominantes com maior difusão do matrimônio. Esse período representa, para o autor, um momento de articulação das estruturas de sociabilidade responsáveis pelo Estado, fomentando formas mais estáveis de vida social. A segunda metade do século XVIII se caracterizaria por um crescimento paulatino dos crimes de honra. O autor chama a atenção para a disposição costumeira em regular as relações sociais por meio da violência, mas apontando a canalização dos conflitos pelas estruturas burocráticas da Coroa portuguesa.[53] Havia ainda margem significativa de resolução de contendas por meios extrajudiciais, com variações entre 1780 e 1790. As variações seriam indício da sensibilidade política da ouvidoria como instância privilegiada de recepção de causas atinentes à ordem pública.[54]

Marcos Magalhães Aguiar aponta uma ação de centralização progressiva. Segundo ele, os mecanismos extra-judiciais mostram-se mais nitidamente no primeiro momento da ocupação da região, dominado pela desordem, altura em que potentados e grandes senhores expressavam o vazio institucional, executando a justiça de moto próprio. Conforme ressaltou, a "elipse da autoridade régia também se fazia acompanhar pelas demonstrações de poder assinaladas nos atos de violência coletiva patrocinados por rixas pessoais e por disputas de espaço e de autoridade". Nas décadas de 1730 e 1740, correspondentes ao governo de Gomes Freire de Andrade e seus prepostos (1735-1763), haveria uma "intensificação das ações judiciais". Os róis de culpados do juízo da ouvidoria evidenciariam as dificuldades no processo de imposição do Estado na região. Efetivar essas instâncias oficiais como legítimas formas de canalização dos conflitos na sociedade seria uma das metas dos agentes do Estado nesse processo. Entretanto, estas tentativas oficiais ainda possuem, como pano de fundo, os usos de mecanismos extrajudiciais de resolução de conflitos.[55]

São esclarecedoras, ainda, as análises dos mecanismos de justiça pelos juízes seculares juízes de fora, que presidiam algumas câmaras, e os juízes ordinários. Carmem Le-

---

53  AGUIAR, Marcos Magalhães de. *Negras Minas Gerais. Op. Cit.*, p. 50.

54  *Idem. Ibidem.* p. 49-50.

55  AGUIAR, Marcos Magalhães de. *Negras Minas Gerais: uma história da diáspora africana no Brasil*

mos analisou a movimentação criminal e a atuação da justiça local por meio dos procedimentos da câmara municipal de Vila Rica. Seu estudo mostra números que correspondem à sua atuação em um meio de grande violência, com 83% dos autos de devassas referentes a crimes contra a pessoa.[56]

Estes estudos específicos mostram os dilemas implicados na administração de um universo que congregava populações de origens e culturas diversas, em um meio social violento. A análise de Liana Maria Reis sobre os crimes cometidos por escravos, e o exercício da justiça, pelas ouvidorias de comarca mostrou os vícios e contaminações no exercício da justiça, além dos desafios trazidos, entre outros aspectos, pela estrutura ainda em processo de constituição. Maria Lúcia Resende Chaves de Teixeira mostrou, com base nas cartas de seguro e a criminalidade na comarca do Rio das Mortes, que o aparelho punitivo do Estado efetiva-se em maior grau nas localidades mais antigas e com mais alto grau de institucionalização.[57]

No século XVIII, o trabalho de contenção da criminalidade deve-se muito às atividades das ouvidorias de comarcas. Segundo Aguiar, nesta dinâmica, o Estado lançou mão dos seguintes mecanismos de apuração dos crimes: as devassas, denúncias e querelas. Devassa era a apuração do delito tomada por autoridade do Juiz *ex officio*. Servia para efetuar o castigo dos delinquentes e conservar o sossego público. As devassas dividiam-se em gerais e especiais. Estas últimas apuravam delitos específicos e determinados; as primeiras tratavam de delitos incertos. As devassas gerais eram tiradas no início do ano, por meio de um conjunto de interrogatórios. Por ocorrerem em janeiro, as mais comuns eram conhecidas como "janeirinhas", mas denominavam-se correições. O juiz supria o lugar da parte, e o processo fazia-se entre duas pessoas: o juiz que inquiria e o réu que se culpava. As inquirições das devassas janeirinhas incluíam denúncias de concubinato, roubo e venda de equipamentos litúrgicos e outros. Visavam também a revelação de erros

---

*Colonial.* Tese de Doutorado em história, FFLCH, USP, São Paulo, 1999. Cap. 1: Estado e Justiça na capitania de MG, p. 45-49.

56    LEMOS, Carmem Sílvia. *A justiça local: os juízes ordinários e as devassas da comarca de Vila Rica (1750-1808).* Mestrado. Belo Horizonte, Fafich–UFMG, 2003, p. 105.

57    LEMOS, Carmem Sílvia. *Op. Cit.*, 2003; AGUIAR, Marcos Magalhães de. *Op. Cit.*; REIS, Liana Maria. *Crimes e escravos na capitania de todos os negros (Minas Gerais, 1720-1800).* São Paulo: Hucitec, 2008, especialmente p. 96-103. (Estudos Históricos, 70). TEIXEIRA, M. L. R. C. *As cartas de seguro: de Portugal para o Brasil Colônia. O perdão e a punição nos processos-crimes das Minas do Ouro (1769-1831).* Tese de Doutorado em História Social, FFLCH, USP, São Paulo, 2011, p. 267.

de ofício e desvios de atribuições jurídicas, corrupção, e dádivas ilícitas aos oficiais por favores, ou dormir com mulheres que perante o juiz ofereciam causas.[58]

Para Aguiar, os róis da ouvidoria inviabilizam a caracterização da justiça colonial como produto apenas da iniciativa particular, demonstrando uma atividade constante do Estado. Além das devassas janeirinhas, os agentes do Estado recebiam as querelas, isto é, a delação particular de um delito em juízo. Enquanto na devassa o juiz procedia em razão de seu ofício, na querela o fazia a requerimento da parte. O processo fazia-se entre três partes: o juiz, o queixoso e o réu. Na terceira esfera de investigação dos delitos, situam-se as denúncias, que se constituíam também em delação de particular, embora diferente das querelas: os denunciantes apenas levavam o fato ao conhecimento da justiça. Os querelantes, além de fazê-lo, eram obrigados a provar.[59]

Similares na regra e na forma às querelas e devassas eclesiásticas, a análise destes recursos institucionais é muito rica, pelos elementos de compreensão que traz das práticas das justiças. A sua aplicação na rotina de atuação dos agentes do Estado levou o autor a observar uma das lacunas na historiografia sobre as justiças: "conhecemos mal o desempenho das funções do Juízo Eclesiástico nos primeiros tempos da ocupação do território" – destacou ele.[60]

A instalação da câmara e do tribunal eclesiástico em Mariana inicia-se a partir de 1748, com a Entrada Solene do primeiro bispo de Mariana. Dom Frei Manuel da Cruz obedecia a orientação de Dom João V, para empregar a máxima solenidade na festa do Áureo Trono Episcopal.[61] As querelas, denúncias e devassas eclesiásticas eram práticas correntes no tribunal eclesiástico desde as primeiras inspeções dos bispos fluminenses. Doravante, o bispo de Mariana nomearia os titulares dos cargos que administrariam as justiças eclesiásticas. Em relação aos mecanismos do Estado, as queixas são, como se verá, um dos mais emblemáticos mecanismos específicos de afirmação da autoridade eclesiástica. De sorte que, analisados os mecanismos de apaziguamento social empregados pelo Estado e as suas justiças, passamos, doravante, a verificar os mecanismos de atuação, os cargos e funções, bem como o perfil pessoal e social dos agentes ligados às justiças eclesiásticas.

---

58  AGUIAR, Marcos Magalhães de. *Negras Minas Gerais. Op. Cit.*, p. 51-52; p. 64.

59  *Ibidem*, p. 51-52.

60  *Ibidem.*, p. 46.

61  ALMEIDA, L. F. de. "O absolutismo de Dom João V". *Op. Cit.*, p. 189-191; CORTESÃO, J. *Alexandre de Gusmão e o Tratado de Madrid*. Rio de Janeiro: Ministério das Relações Exteriores, 1950. BOSCHI, C. C. *Os leigos e o poder. Op. Cit.*, p. 45; FAORO, R. *Op. Cit.*, p. 182.

## A justiça eclesiástica à época da instalação do bispado de Mariana

Marco Antônio Silveira traçou uma boa cronologia do processo de avanço institucional que vimos referindo: situa o marco inicial entre a separação da região mineradora da capitania do Rio de Janeiro em 1709 e posterior desligamento de São Paulo em 1720. O aparelho judicial se consolidava a par e passo com estas providências administrativas, relacionadas aos conflitos dos Emboabas e de Filipe dos Santos. A urbanização ganhou impulso a partir de 1735, com o início do governo de Gomes Freire de Andrade (1735-1763). Em 1745-1748, o poder eclesiástico se efetivou mediante a criação do bispado de Mariana.[62]

O episcopado assumiria, nas circunscrições eclesiásticas, um papel expressivo, ao lado dos agentes da Coroa em Minas Gerais. Com os bispos, ascendiam ao topo da hierarquia social as dignidades eclesiásticas, e o clero, eclesiásticos, os quais, colados ou prebendados, deveriam ser pagos pela Coroa.[63] Ao mesmo tempo que os bispos se tornavam agentes centrais na colonização de regiões estratégicas, possuíam imunidades e importante jurisdição sobre os pecados públicos. A defesa destas prerrogativas influenciou decisivamente as suas relações com os representantes dos poderes coloniais. Quando Dom Frei Manuel da Cruz adentrou a diocese de Mariana, recém-criada cidade, encontrou a seguinte estrutura paroquial: "quarenta e três igrejas paroquiais maiores com reitores colados, três ainda amovíveis e duzentas e oitenta e nove igrejas menores, filiadas às primeiras". O tribunal eclesiástico possuía então muitos processos judiciais em andamento, conduzidos pelos vigários das varas ligadas à diocese fluminense.[64]

Estas circunscrições eclesiásticas contavam, desta sorte, com suas respectivas vigararias das varas, um juiz eclesiástico com jurisdição, para tomar conhecimento de causas cíveis e criminais atinentes à esfera eclesiástica, bem como expedir cartas de excomunhão geral, e promover devassas gerais e especiais, e receber querelas. Nesta ordem, as paróquias mostram-se fundamentais. Para traduzir às gentes incultas esta sua forma de agir, a igreja diocesana esmerou-se na inculcação dos pontos fundamentais da doutrina da Igreja e sua importância para a salvação da alma. A população, esta-

---

62 SILVEIRA, Marco Antônio. O *universo do indistinto: Estado e sociedade nas Minas Setecentistas (1735-1808)*. São Paulo: Hucitec, 1997, p. 25.

63 FAORO, R. *Op. Cit.*, p. 179-182.

64 Relatório do Episcopado de Mariana para a Sagrada Congregação do Concílio de Trento. In: RODRIGUES, Mons. Flávio Carneiro. *Cadernos Históricos do Arquivo Eclesiástico de Mariana: os Relatórios Decenais – Visitas ad limina.* v. 3. Mariana: Gráfica e Editora Dom Viçoso, 2006, p. 80-81, § 1º.

belecida em cada paróquia ou capelania da diocese, seria alvo das visitas pastorais, e também da Inquisição, ainda que mais seletiva, socialmente, por meio do trabalho dos vigários gerais e das varas.[65]

As circunscrições eclesiásticas submetiam-se às cabeças de comarcas ou varas eclesiásticas. Os vigários das varas usufruíam a jurisdição episcopal delegada sobre determinadas causas, assim como na autoridade para expedir cartas de excomunhão. As primeiras vigararias das varas eclesiásticas foram criadas pelos bispos fluminenses, os primeiros a pisar a região das Minas. Antes de ser instalada a Câmara Eclesiástica, em 1748, a vigararia de Vila do Carmo havia sido criada por um alvará de 1724.[66]

Muito antes da chegada do primeiro bispo, estas vigararias efetuavam, nas circunscrições eclesiásticas, procedimentos da justiça, como a averiguação dos delitos, por meio de queixas e devassas gerais das visitas e devassas especiais. Os párocos, coadjutores e capelães eram os primeiros a receber as denúncias de crimes e admoestar os fregueses em busca de informações, em caso de apresentação das queixas. Estes curtos processos eram remetidos, por conseguinte aos vigários das respectivas varas eclesiásticas. Juízes eclesiásticos delegados em primeira instância, com autoridade para cominar penas. Não é difícil perceber que eles desempenhavam o papel de interligar as paróquias, na tentativa de fazer valer as diretrizes eclesiásticas do século XVIII.

## O VIGÁRIO DA VARA: A TAREFA DA COESÃO

Antes da criação do bispado de Mariana, havia vigários da vara instalados em comarcas eclesiásticas criadas na região mineradora, subordinados à diocese fluminense. A região era visitada regularmente, e os vigários avaliados pelos bispos do Rio de Janeiro. Há referências a visitas pastorais à região logo no alvorecer do século XVIII, em 1701 e 1709, com a ação destes delegados sob o comando dos prelados do bispado do Rio de Janeiro. O Cônego da Sé fluminense, Doutor Henrique Moreira de Carvalho visitou a comarca de Ribeirão do Carmo em 1722, 1734 e 1747. Em 1725, sua missão foi sindicar a conduta do vigário da vara do Sabará, o Doutor João Vaz Ferreira e substituí-lo em seu impedimento. Doutor João Vaz era membro do cabido diocesano fluminense, e havia sido

---

65 CARVALHO, J. R. "A jurisdição episcopal sobre os leigos em maéria de pecados públicos."*Op. Cit.*, p. 123.

66 TRINDADE, Raimundo. *Arquidiocese de Mariana: subsídios para sua História*, 2ª ed., vol 1, p. 151-60; MATOS, Raimundo José da Cunha. *Corografia Histórica da Província de Minas Gerais*, v. 2. Belo Horizonte: Itatiaia/São Paulo: Edusp, 1981, p. 122-23. (Reconquista do Brasil, Nova Série, v. 61-62)

expulso da vila e comarca de Vila do Carmo, acusado de mau exercício de suas funções, mas saiu plenamente justificado da sindicância, instalada a mando do bispo Dom Frei Antônio de Guadalupe.[67]

Em 1717, o Doutor Manuel da Rosa Coutinho visitou as comarcas do Ribeirão do Carmo e de Sabará, por comissão de Dom Frei Francisco de São Jerônimo, bispo do Rio de Janeiro. Novamente a comarca de Ribeirão do Carmo recebeu a sua visita em 1729, comissão de Dom Frei Antônio de Guadalupe. Em 1748, ano da Entrada Solene do primeiro bispo de Mariana, este visitador ocupava o posto de vigário da Vara de São João del Rei.[68]

Alguns vigários da vara ganharam maior projeção no exercício de seu múnus após a entrada solene do bispo, pois se firmaram como colaboradores do bispo na administração da justiça eclesiástica. Neste exercício, faziam cumprir mandados de comissão, para promover diligências e ouvir testemunhas, obedecendo a mandados avocatórios para enviar autos para o juízo geral da sede, expedindo cartas de excomunhão geral e particular. Como juízes delegados, também aplicavam penas, se a jurisdição lhe competia. Foi o caso do Doutor Manuel da Rosa Coutinho. Dentre os mais antigos no bispado, era vigário da vara de São João del Rei. Foi o segundo escolhido por Dom Frei Manuel da Cruz, pouco antes de sua chegada, para ser seu procurador e assumir o bispado. Em 1717, havia percorrido freguesias de Minas como visitador, por comissão do bispo fluminense Dom Frei Francisco de São Jerônimo. Passou por Ribeirão do Carmo, Sabará e pela paróquia de Pitangui. Em 1729, durante o governo diocesano de Dom Frei Antônio de Guadalupe, visitou novamente a Vila do Ribeirão do Carmo, Nossa Senhora da Conceição dos Camargos, São Caetano, Inficionado e Nossa Senhora da Conceição das Catas Altas, bem como Santa Bárbara e São João do Rio Grande.[69]

Na mesma linha se verifica a atuação do vigário paroquial e da vara da comarca de Sabará, Doutor Lourenço José de Queiroz Coimbra, muito recomendado por Dom Frei Antônio de Guadalupe. Na década de 1734, realizou um importante ciclo de visita entre nove localidades de sua comarca, que deram origem a devassas em toda a região.[70]

Pouco antes da chegada do primeiro bispo, havia sido nomeado governador interino do bispado de Mariana. Doutor Lourenço pertencia a uma nobilíssima casa, os

---

67 TRINDADE, Raimundo. *Arquidiocese de Mariana: subsídios para sua História*, 2ª ed. Belo Horizonte: Imprensa Oficial, 1953, p. 57-59.

68 *Idem. Ibidem*, p. 57-59.

69 TRINDADE, R. *Arquidiocese de Mariana. Op. Cit.* 2ª ed, p. 57.

70 CARRATO, J. F. *Igreja, Iluminismo e Escolas mineiras coloniais.* São Paulo: Companhia Editora

PATRÍCIA FERREIRA DOS SANTOS SILVEIRA

queirozes do Amarante, nascido na região do Entre Douro e Minho, em Portugal. Lourenço José de Queirós e Coimbra foi o primeiro Vigário geral do bispado de Mariana, em caráter interino, nomeado por Dom Frei Manuel da Cruz. Entre Março e dezembro de 1748, atuou como governador diocesano, por procuração de Dom Frei Manuel da Cruz. Já de início, foi forçado a enfrentar uma polêmica sobre sua posse, levantada pelo então bispo do Rio de Janeiro, Dom Frei Antônio do Desterro, que se recusava a lhe entregar a bula do pontífice, para o efeito. A situação foi contornada e o vigário da vara conseguiu tomar posse. Em seguida foi nomeado vigário efetivo da Vara de Sabará, com jurisdição sobre diversos distritos, como Caeté e Pitangui. Em suas exéquias, ganhou elogio fúnebre elaborado pelo cónego Inconfidente Luís Vieira da Silva em 12 de Setembro de 1784.[71]

A justificativa institucional para a existência dos Vigários das Varas é que eles existiam "para que os bispos possam executar com maior diligência" as obrigações do seu pastoral ofício. Entre os requisitos necessários para o posto, se não fossem letrados, deveriam possuir virtudes e ter bom entendimento para dar exemplo e tirar devassas nos casos que lhe pretencessem – como de sacrilégio e contra clérigos da sua jurisdição; fazer deles sumários, tomar conta dos testamentos, passar monitórios e dar sentenças em causas sumárias, como os casamentos e sevícias. Os vigários das varas poderiam aplicar condenações até a quantia de uma pataca os que trabalhassem aos domingos, e absolver dos casos reservados ao bispo; proceder contra os que usurpassem a sua jurisdição, e contra os que pedissem esmola sem autorização. Assim, era "necessário que deputem e constituam vigários da vara em alguns lugares de sua diocese".[72] Aldair Rodrigues elaborou uma minuciosa caracterização da trajetória social dos vigários gerais e sua importância na malha administrativa eclesiástica, que releva na compreensão e aquilatação da sua importância para a coesão de todo o sistema.[73]

A prática do tribunal eclesiástico identifica os vigários das varas a juízes eclesiásticos locais. Os processos eclesiásticos mostram a sua influência no julgamento e no esta-

---

Nacional, 1968, p. 5. (Brasiliana, 334)

71   Cópia de uma pastoral do Excelentíssimo e Reverendíssimo bispo deste bispado, Dom Frei Manuel da Cruz, 28/02/1748. Aeam, Seção de Livros Paroquiais, Prateleira H, Livro 14 de visitas e fábrica (1727-1831), fl. 44v-45v; Livro I-1, fl. 23v-25. TRINDADE, Raimundo de O. (Côn.) *Arquidiocese de Mariana. Op. Cit.,* 2ª Ed., v. 1. Belo Horizonte: Imprensa Oficial, 1953, p. 77-80; 100-101.

72   Regimento do Auditório Eclesiástico da Arquidiocese da Bahia, tít. II – do Vigário geral e do que a seu ofício pertence, § 1º, n.64; título IX – do Vigário da Vara e do que a seu ofício pertence.

73   RODRIGUES, Aldair C. "Clergy, Society and relations Power in colonial Brazil: on the vicar

belecimento das punições nas freguesias de sua jurisdição, mas evidenciam também os seus desmandos. Na sede episcopal se concentrava o juízo geral eclesiástico, a segunda instância para apelação nas causas oriundas das vigararias. O vigário geral era o juiz competente para julgar as apelações oriundas das vigararias; poderia endossar como reformar as muitas sentenças dadas pelos vigários das varas. Receber os recursos oriundos das vigararias das varas era uma das responsabilidades do vigário geral. Com a atuação dos vigários das varas ocorria a articulação e a coesão das justiças eclesiásticas, que necessitava atuar por meio do trabalho desenvolvido por múltiplos juízes, espalhados pelo território.

Contando com a ajuda dos párocos e capelães, os vigários gerais expediam mandados de comissão para que alguns delitos fossem investigados nas vigararias. Ou mandados avocatórios, com a função de avocar certas causas para o Juízo Geral da Sede. Nos casos mais graves, o réu deveria livrar-se pelos meios ordinários de justiça.[74]

Quanto às relações dos vigários das varas com os demais representantes do poder esboçam-se as tradicionais tendências de colaboração e concorrência. Algumas câmaras solicitavam que fossem criadas as vigararias, para a consecução das tarefas de justiça; ocorreram, por outro lado, muitos casos de conflitos, no bispado de Minas Gerais. Os conflitos, não raro tocavam a desmandos, confrontos com autoridades locais, e também relacionavam-se às punições aplicadas por estes juízes.[75]

Os conflitos envolvendo os vigários das varas não ocorriam apenas na região de Minas Gerais. As câmaras municipais de São Paulo, segundo o Padre Ney de Souza, se debateram muito contra aqueles juízes eclesiásticos.[76]

## O FORO CONTENCIOSO: O VIGÁRIO GERAL

Dentre os juízes eclesiásticos, o ministro mais proeminente é o Vigário geral, não apenas devido à enorme visibilidade que as suas ações alcançavam. Era um mi-

---

forane (vigário da vara), 1745-1800". *e-Journal of Portuguese History*, v. 13, number 1, june 2015, p. 40-67.

74 *Idem. Ibidem.*

75 AHU/MG/Vila de São José. 24-09-1783. cx. 120, doc. 13. Cd 34. Representação da câmara da Vila de S. José a D. Maria I solicitando a criação do cargo de vigário da vara com seus oficiais para a referida vila; AHU/MG/Lisboa. 25-07-1782. cx. 118, doc. 61, cd 34. Carta de Gonçalo José da Silveira Preto para o Marquês de Angeja, dando o seu parecer sobre uma carta de excomunhão expedida pelo Vigário da Vara das Minas Novas relacionada com o pagamento dos dízimos.

76 SOUZA, Ney. "Catolicismo e padroado na São Paulo colonial". In: VILHENA, M. A. & PASSOS, J. D. (Org.) *A Igreja de São Paulo: presença católica na história da cidade*. São Paulo: Paulinas, 2005, p. 109-10.

nistro da mais alta confiança do bispo. O vigário geral usufruía jurisdição delegada ou, a especial faculdade, concedida pelo ordinário diocesano, para conhecer dos crimes contra a disciplina e as leis da Igreja, uma alçada exclusiva do juízo eclesiástico. É o segundo ministro a ter as suas funções regulamentadas no Regimento do Auditório Eclesiástico, em seu título II. A sua carta de provisão deveria conter uma cláusula especial que advertia que este ministro "sirva no cargo enquanto for de nossa vontade e ainda que assim se não ponha sempre se entenderá dessa forma, por ser removível a nosso beneplácito".[77]

A apresentação pública do vigário geral serviria também ao fito de revelar a toda a gente a sua proeminência. Rezava o Regimento que ele deveria acompanhar a procissão do Corpo de Deus, "e nas mais que o mandarmos assistir" portando a sobrepeliz e a vara da Justiça. O ouvidor Francisco Xavier Ribeiro de Sampaio mostra a proeminência do Vigário geral, em suas aparições públicas. Descreve, ele próprio, a correição que realizou pelo território do Grão-Pará após a expulsão dos jesuítas: "Às 7 e meia da manhã embarquei honrando-me nesta ocasião com a sua assistência o Ilustríssimo Governador desta capitania, o Reverendo Doutor vigário geral, os oficiais militares da guarnição e todas as mais pessoas qualificadas da capital".[78]

O Vigário geral respondia pelo governo temporal, ou o foro contencioso episcopal. Deveria ser "formado doutor ou bacharel em cânones". Dentre as virtudes, não podia prescindir da prudência, a gravidade e a inteireza de justiça. Deveria proceder contra os que atentassem contra o direito canônico e a jurisdição eclesiástica, imunidade e liberdade; e mandaria declarar por públicos excomungados os que por esta ou outra razão

---

77  Regimento do Auditório. *Op. Cit.*, Tít. II - Do Vigário geral e do que a seu ofício pertence.

78  *Idem*. Tít. II - Do Vigário geral e do que a seu ofício pertence, § 1, n. 67; tít. XIII - Do Escrivão da Câmara, n. 474-479. SAMPAIO, Francisco Xavier Ribeiro de. *Diário da Viagem que em Visita e Correição das povoações da Capitania de São José do Rio Negro fez o Ouvidor e Intendente Geral da mesma, Francisco Xavier Ribeiro de Sampaio, no ano de 1774 e 1775. Exornado com algumas notícias geográficas e hidrográficas da dita capitania com outras concernentes à história civil, política, e natural dela, aos usos, e costumes, e diversidade de nações de índios seus habitadores, e à sua população, agricultura, e commercio*. Lisboa: na Tipografia da Academia. 1825. Com licença de Sua Majestade, p. 1-46. Sendo ouvidor e narrador da correição, enquanto descreve o território, discute as questões territoriais com a Espanha, as estratégias políticas dos jesuítas e as questões com o bispo do Grão-Pará e Maranhão. Assim, ressaltam as suas ideias regalistas. Em 1773, Clemente XIV havia extinto a Companhia de Jesus. E o ouvidor, historiando o avanço da Espanha nas terras do Grão Pará, opina que: "Consta-me que algumas bulas pontifícias as aceitam ou regulam os Príncipes, segundo o que se acomoda a seus interesses."

incorressem na Bula da Santa Ceia do Senhor, catálogo de pecados que, até 1770, era lido às Quintas-feiras Santas.[79]

Para executar as diversas atividades de seu múnus, o Vigário geral contava com muitos oficiais auxiliares: o Meirinho, que conforme o título XVIII, deveria proceder às intimações, prisões, e acompanhar o Vigário geral nas audiências, até que se recolhesse. O meirinho portava a vara branca e deveria acompanhar o bispo e o vigário geral, e não se ausentar da Cidade sem sua licença.[80] Outrossim, entre importantes auxiliares do vigário geral, encontram-se os Escrivães do Auditório. De acordo com o Título XVII do regimento, eram responsáveis pelos registros e arquivos dos diversos livros e cadernos do Juízo eclesiástico, pelas facturas de cartas de participantes aos rebeldes, e as de excomunhão, além dos mandados de comissão, para que se procedessem às diligências, e avocatórios, conclamar alguma ação para o auditório. O Escrivão do auditório deveria ser "pessoa de muito crédito, fiel e legal", para fielmente escrever todos os autos judiciais, a que se desse inteira fé e crédito, pois "de sua fé, e autos que escreverem, pende a justiça das partes". Era examinado pelo Chanceler. Tomava posse do cartório de seu antecessor ao assumir as suas funções. Também eram obrigados a acompanhar o Vigário geral nas audiências, até que se recolhesse. Rezava a norma que deveria haver um escrivão por turno que assistisse a cada semana em casa do vigário geral, todos os dias de manhã e de tarde, três horas, ou o tempo que ao vigário parecesse. E deveriam saber dele se haveria diligências a proceder. Entre os escrivães do auditório deveria haver uma correta distribuição dos feitos, sumários, autos, querelas, denunciações, absolvições, monitórios etc. Os escrivães do auditório eclesiástico eram gravemente recomendados a não passar estes registros ao juízo secular.[81]

Entre o escrivão do auditório, o do Provisor e o da Visita deveria haver intercurso de informações, uma vez que dentre as atribuições do vigário geral se encontrava também conhecer dos chamados casos de foro misto. Previstos nas Ordenações do Reino e Constituições dos bispados, estes delitos poderiam ser do conhecimento dos juízes eclesiásticos se fossem apanhados por infâmia, durante as visitas. Assim, as informações dos condenados e os róis dos culpados, tão logo chegassem da visita, deveriam ser entregues ao provisor do bispado.

Era também com a fundamental cooperação dos Escrivães que os vigários gerais exerciam outra importante prerrogativa episcopal: expediam, por faculdade episcopal,

---

79  PAIVA, J. P. "A Igreja e o poder." In: AZEVEDO, C. M. de. *História Religiosa de Portugal. Op. Cit.*

80  REGIMENTO *do Auditório Eclesiástico do Arcebispado da Bahia. Op. Cit.* Meirinho – tít. XVIII.

81  REGIMENTO *do Auditório...* § 2º - Regimento das Audiências, § 1º, n. 90; *Escrivão do Auditório* - Título XVII; Meirinho – tít. XVIII.

as cartas de excomunhão, particulares e gerais. Estas atendiam ao que solicitava o queixoso, alegando haver necessidade de obter notícias de coisas perdidas e furtadas. Neste caso, a carta haveria de historiar a ocorrência de danos físicos ou materiais. Esta prerrogativa de excomungar era também facultada ao Provisor do Bispado.[82]

O vigário geral julgava, ainda, as causas cíveis contra réus eclesiásticos, presentes em grande quantidade nas séries de processos eclesiásticos. O privilégio de foro eclesiástico dos sacerdotes nas causas cíveis era, de tal forma amplo, que as Constituições diziam das dificuldades para que os eclesiásticos encontrassem pessoas com quem tratar de negócios. Recomendava-se aos vigários gerais, nesses casos, muito particular atenção ao julgar as causas.[83]

Malgrado esta ampla gama de atribuições disposta no *Regimento do Auditório Eclesiástico* para o vigário geral, os estudos do Cônego Raimundo Trindade mostram que nem todos os vigários gerais usufruíam plena jurisdição ordinária, "formando de fato uma pessoa com o bispo diocesano". As suas competências poderiam ser restringidas, conforme o arbítrio do bispo diocesano.[84]

Os vigários gerais do tribunal eclesiástico de Mariana no século XVIII foram, em sua imensa maioria, cônegos: Doutor Geraldo José de Abranches, arcediago. O Doutor José dos Santos, cônego; O Doutor Manuel Cardoso Fazão Castelo Branco, Arcipreste; Doutor Teodoro Ferreira Jácome, Cônego e Tesoureiro Mor. O Doutor José Lopes Ferreira da Rocha, natural da Bahia, interrompeu a sequência dos cônegos, servindo como vigário geral interino à altura de 1773. Era formado em direito canônico na Universidade de Coimbra em 1749. O Cônego Francisco Pereira de Santa Apolônia, ordenado em Coimbra em fevereiro de 1780, e colado no mesmo ano, atuou como vigário geral interino na década de 1780 o Cônego Vicente Gonçalves Jorge de Almeida. A partir de agosto de 1798, o doutor Quintiliano Alves Teixeira Jardim, natural de Santo Antônio do Rio Acima, comarca do Sabará, formado em Cânones pela Universidade de Coimbra e ordenado em Lisboa, por Dom Bartolomeu Manuel Mendes dos Reis.[85]

O vigário geral deveria administrar o foro contencioso do tribunal eclesiástico de acordo com as disposições do seu Regimento, e conforme o arbítrio do bispo. Mediante a

---

82    *Idem*, título I – Do Provisor e do que a seu ofício pertence, § n. 20; tít. II – do Vigário geral e do que a seu ofício pertence, § n.72. O procedimento quanto ao Santo Ofício é referido no § n. 84.

83    Constituições da Bahia: Lib IV, tít. XII, n.672.

84    Este detalhe é importante e poderá ser aprofundado mediante a comparação individualizada da atuação destes juízes delegados episcopais, temática proposta em nosso capítulo cinco. TRINDADE, Raimundo. *Arquidiocese de Mariana. Op. Cit.* p. 364.

85    TRINDADE, Raimundo. *Arquidiocese de Mariana. Op. Cit.*, p. 150; 364-367.

EXCOMUNHÃO E ECONOMIA DA SALVAÇÃO

jurisdição que lhe era facultada, poderia tomar conhecimento de todas as causas, exceto as de matéria de fé, que pertenciam ao Santo Ofício. Isto, na prática, foi um pouco mais complexo, como discutiremos adiante, porque cabia aos vigários gerais e aos das varas ou comarcas eclesiásticas, filtrar os casos que fossem da competência do tribunal eclesiástico, e separar as que coubessem ao Santo Ofício. O Santo Ofício deve ser considerado nas esferas de relações do poder episcopal, tendo em conta o trânsito de informações entre o foro inquisitorial e o eclesiástico já indicado pela historiografia especializada. O Santo Ofício constituía um campo de jurisdição eclesiástica especial, de exclusiva competência sobre os assuntos relativos à fé. Nos casos que tocassem matéria de fé, o provisor diocesano deveria remeter a denúncia assim que a recebesse.[86]

No século XVIII, a ação destes agentes aproximava a Inquisição deste universo colonial. Agentes e mecanismos, como as visitações gerais às partes da América Portuguesa: 1591, no nordeste açucareiro; a Salvador e Recôncavo da Bahia entre 1618 e 1621; e entre 1763 e 1769, houve visitações do Santo Ofício ao Grão Pará. Esta última vaga de visitações foi comandada por Geraldo de Abranches, Comissário do Santo Ofício, cônego e arcediago da Sé de Mariana. Além dos comissários do Santo Ofício, instalados no aparelho da justiça eclesiástica, como vigários das varas e cônegos capitulares, como Abranches, existiam ainda auxiliares, como os familiares do Santo Ofício.[87]

Estes comissários eram agentes locais da Inquisição, geralmente escolhidos entre vigários da justiça eclesiástica, habituados a concretizar mandados judiciais, desenvolver inquéritos, e proceder às diligências de averiguações acerca dos habilitandos a cargos no Santo Ofício.[88]

Esta engrenagem de coerção e persuasão congregava as múltiplas justiças que coexistiam nos espaços da colônia. Na diocese de Mariana, alguns membros do cabido e oficiais do tribunal episcopal acumularam as funções de comissários do Santo Ofício. Outros, atuavam nas vigararias das varas. É expressiva a observação do padre Arlindo Rubert, na *Historia de la Iglesia en Brasil*: "*Los obispos eran em sus diócesis, inquisidores de la fe*".[89] Porém, tendo as suas

---

86  PAIVA, J. P. "Inquisição e visitas pastorais: dois mecanismos complementares de controle social?". *Revista de História das Idéias*. V. 11 (1989), p. 87- 96.

87  WEHLING, Arno; WEHLING, M. J. *Op. Cit.*, p. 82-85. ASSIS, Ângelo F. "Entre a coerção e a misericórdia: sobre o tribunal do Santo Ofício da Inquisição em Portugal." In: ASSIS, Ângelo F. PEREIRA, M. S. (Org.) *Religiões e Religiosidades: entre a tradição e a modernidade*. São Paulo: Paulinas, 2010 (Coleção Estudos da ABHR, v. 7), p. 99.

88  Sobre a Inquisição e os seus agentes, ver: BETHENCOURT, Francisco. "A Inquisição." In: AZEVEDO, C. M. (dir.) *História Religiosa de Portugal*. Lisboa: Círculo de Leitores, 2000, v. 2 – Humanismos e Reformas, p. 114-116.

89  "Caracteristicas de la Inquisición en Brasil". RUBERT, Arlindo (Pe). "Historia de la Iglesia en Bra-

## O TRATAMENTO DAS DENÚNCIAS: O PROMOTOR

A figura do Promotor era onipresente nas ações cíveis e criminais levadas a livramento ordinário no tribunal eclesiástico do século XVIII. O promotor ou "A Justiça, por seu Promotor", aparecia como autora de grande parte das denúncias processadas pelo tribunal eclesiástico. Este ministro costumava ainda ser qualificado, após a menção de se nome, "promotor deste bispado e como tal fiscal do mesmo".[90]

Já referimos antes à profusão de estudos sobre a importância das denúncias para a alimentação do aparelho de vigilância eclesiástico, bem como para a sua reprodução, sob a forma de processos eclesiásticos e inquisitoriais. Logrando o acusado comprovar que fora vítima de acusações falsas, resultaria em nova ação a ser impetrada, desta vez, por injúria. Nesta dinâmica, encontrava-se o promotor, onipresente na tarefa de oferecer as denúncias a serem arguídas pelo vigário geral. Parte da missão do promotor, a procura e a acusação e a denúncia dos pecados públicos, crimes e vícios dos súditos. O título XII do Regimento do Auditório Eclesiástico referia que o promotor deveria ter "muita vigilância em saber dos pecados públicos e malefícios cometidos pelos clérigos de nossa jurisdição". O promotor necessitava de auxiliares, como o solicitador de causas. Este oficial levantava variadas informações, e as conduzia até sua casa, onde deve-

---

sil. Madrid: Mapfre, 1992, v. 7, "Ereción de diocésis y prelaturas" - p. 118-119. Sobre as articulações promovidas entre os vigários gerais e das varas, e os comissários do Santo Ofício sob o comando de Dom Frei Manuel da Cruz, vide RODRIGUES, Aldair Carlos. *Sociedade e Inquisição em Minas Colonial. Os familiares do Santo Ofício (1711-1808)*. Tese de Mestrado, FFLCH, USP, São Paulo, 2007, p. 46-50.

90   AEAM. Juízo Eclesiástico, n. 2782. 9-11-1750, fl.5v-6v. Autor: A Justiça, por seu Promotor. Auto da Denúncia oferecida pelo Dr. Antônio Tavares e Barros, promotor deste bispado "e como tal fiscal do mesmo (fl. 6)" ao Dr. Geraldo José de Abranches, Vigário geral. Concubinato. Esclarecia o Promotor que os denunciados saíram "culpados em a devassa da visita que na dita freguesia se tirou (em 1749) foram pronunciados a fazerem termo em forma de 1º lapso o que ate agora não fizeram". Réu. João Pinto dos Santos, morador no Redondo, freguesia das Congonhas do Campo, feitor de Salvador Dias, que se acha denunciado por concubinato com uma escrava maior de 60 anos por nome Inácia, de nação mina.

ria ir duas vezes por semana, para buscar e/ou levar culpas, feitos e papéis dos livramentos e outras informações. O solicitador também poderia apresentar denúncias.

Conformando o protocolo das audiências, o promotor e os advogados já deveriam estar presentes quando chegasse o vigário geral. Este juiz poderia condenar o promotor que, em meio à audiência, proferisse palavras descompostas, ou outros excessos, aos advogados. As folhas dos livros do promotor deveriam ser rubricadas pelo vigário geral. Entretanto, o Regimento, ressalta a sua obrigação em verificar se os vigários das varas e seus oficiais cumprem e guardam seus regimentos, se fazem as diligências que lhe são encarregadas, e o fará saber ao vigário geral para que avise ao bispo.[91]

De acordo com o Regimento, era recomendável, não obrigatório, que o promotor fosse um sacerdote. Assumindo, contudo, o cargo, deveria defender a jurisdição eclesiástica. No bispado de Mariana, ascenderam ao posto alguns promotores leigos. Eram advogados renomados nos auditórios civis e eclesiásticos da cidade, como o Doutor Manuel da Guerra Leal de Sousa e Castro; o Doutor José Lopes Ferreira da Rocha, minorita natural da Bahia, assumiu o posto de Promotor e Procurador da Mitra, em 3 de fevereiro de 1759. O primeiro promotor a atuar no bispado após a sua fundação foi o Cônego Doutoral João Martins Cabrita.[92]

O Promotor e os juízes eclesiásticos relacionavam-se diretamente com as gentes das freguesias e com as autoridades seculares, promovendo uma procura pelos pecadores públicos, recebendo e apurando denúncias, afirmando a jurisdição eclesiástica nos casos que lhe competia. Para a compreensão desta hierarquia eclesiástica esboçamos um organograma destes cargos e ofícios. Para sua disposição, seguimos de perto o Regimento do Auditório Eclesiástico. A prática do tribunal eclesiástico era muito mais complexa. No texto normativo constam oficiais, como o inquiridor, que nem sempre eram os responsáveis por suas funções, ou não existiam em número suficiente. Os párocos, frequentemente faziam as suas vezes, mas devido a sua função específica, não se pode inseri-los em um organograma de cargos e ofícios do tribunal eclesiástico. Procuramos, deste modo, incluir os cargos previstos no Regimento do Auditório Eclesiástico do Arcebispado da Bahia, adotado no bispado de Mariana, e sumariar os principais ministros do tribunal e os seus auxiliares diretos.[93]

---

91   Regimento do Auditório Eclesiástico da Arquidiocese da Bahia. *Op. Cit.* – Regimento das Audiências, § 2º, n. 98; tít. IX – do Promotor da Justiça, n. 403-413; 429-430t.

92   TRINDADE, Raimundo. *Arquidiocese de Mariana. Op. Cit.*, p. 364-367; 370.

93   O Cônego Raimundo Trindade enumera os seguintes ministros em sua síntese: "Vigário geral, oficial, chanceler, promotor, defensor do vínculo, juízes e examinadores sinodais, párocos consultores, auditores notários". Os ministros do tribunal eclesiástico, segundo o Cônego

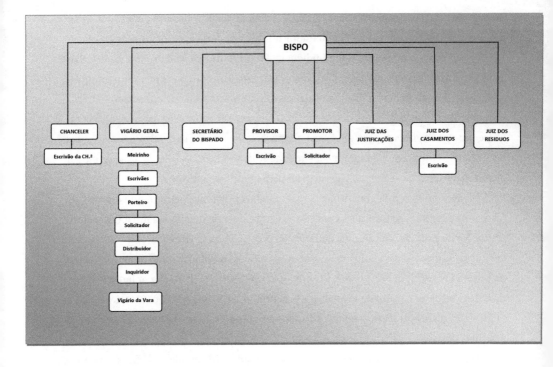

## O PROVISOR E O FORO GRACIOSO

A função do Provisor é a primeira descrita no Regimento do Auditório Eclesiástico. Para exercer o ofício ligado ao foro das concessões, ou o gracioso, o titular deveria ser formado em direito canônico e contar pelo menos trinta anos de idade, além de possuir as virtudes de idoneidade, prudência, inteireza e Letras. Não foi raro, no bispado de Mariana, que o Provisor acumulasse o cargo de Vigário geral – ou vice-versa. Quando isso ocorria, um único titular detinha a jurisdição sobre as concessões graciosas do auditório – o governo espiritual, ou o chamado foro gracioso; e o governo temporal, ou o foro contencioso.[94]

O provisor assumiria uma relação de grande proximidade com o senhor bispo. O regimento orientava que a ele o ministro deveria dar conta dos casos notáveis e de tudo

---

Trindade, são: Provisores, vigários gerais e vigários da vara. TRINDADE, Raimundo (Côn.) *Arquidiocese de Mariana. Op. Cit.*, 2ª ed., v. 1, p. 364-65.

94 Regimento do Auditório. *Op. Cit.*, tít. XIII – Do Escrivão da Câmara; título I – Do Provisor do bispado; título III – do Vigário geral; Do Notário Apostólico – título XVI. O Vigário geral ou o Provisor do bispado poderiam examinar e aprovar o notário apostólico – ministro responsável pela guarda e publicação, conforme o regimento no bispado, dos documentos pontifícios.

quanto julgasse ser para o bom governo do bispado. Ao Provisor era facultado absolver os casos reservados ao bispo, mas não poderia proceder sem especial comissão episcopal. Entre outras concessões facultadas ao Provisor, destacamos a de verificar os róis de confessados e fazê-los registrar nos Livros de Registro, bem como aplicar "saudáveis penitências" aos que saíssem acusados neles, que haviam incorrido em penas de excomunhão. O provisor possuía jurisdição para passar as cartas de excomunhão por coisas furtadas ou perdidas, mediante as queixas, representadas para se obter provas em ações cíveis. O título 1 do Regimento do Auditório Eclesiástico do Arcebispado da Bahia estabelece que cabia ao titular deste cargo o governo espiritual e as concessões do chamado foro gracioso, inclusive a atribuição das cartas anuais aos confessores, e concessões de padroados e autorizações para pedir esmolas por devoção.[95]

Para realizar seu trabalho, o provisor contava com alguns oficiais auxiliares, tais como o Escrivão da Câmara. Este deveria ser pessoa eclesiástica, limpo de sangue e de boa consciência, experiência e muito segredo, que saiba bem escrever e saiba latim. Deveria ser afável para com as partes e desocupado de outros ofícios e negócios. Serviria ou seria removido conforme o arbítrio do bispo, e tanto que assumisse o posto, tomaria posse do cartório dos livros e papéis que estavam na posse de seus antecessores. Entre dezenas de livros importantes que, por norma, deveriam estar em poder deste escrivão, se encontrava o que trazia o rol dos culpados na visitação, e aqueles que estavam obrigados a Livramento, para que pudesse preencher a folha, quando se livrassem das culpas. Quando acabasse este livro, o escrivão compraria outros, e todos deveriam conter a rubrica do Provisor. Conforme o título XIII, deveria atender aos chamados do Provisor do bispado, indo até a sua casa, levando, a seu pedido, alguma informação sobre culpado da visitação, ou tirando as testemunhas que ele houvesse de perguntar.[96]

Os provisores que exerceram no bispado de Mariana no século XVIII eram, em geral, recrutados entre os cônegos do Cabido, tais como: José de Andrade e Morais, Arcipreste;

---

95  Regimento *do Auditório Eclesiástico. Op. Cit.* Provisor - Tít. I; Vigário geral - Tít. II; Chanceler - Tít. III; Juiz dos Casamentos - Tít. V; Juiz das Justificações *De Genere et moribus* Tít. VI; Juiz dos Resíduos - Tít. VII; Visitador - Tít. VIII; Vigário da Vara - Tít. IX; Promotor - Tít. XII; Escrivão da Câmara - Tít. XIII; Escrivão da Visitação -Tít. XV; Escrivão do Auditório - Tít. XVII; Solicitador - Tít. XXIII; Escrivão da Chancelaria - Tít. XIV; Meirinho - Tít. XVIII; Distribuidor - Tít. XXI; Solicitador de causas - Tít. XXIII; Porteiro - Tít. XXIV. Desenvolvemos esta discussão acerca do controle episcopal sobre as práticas de caridade em: SANTOS, Patricia Ferreira dos. "As práticas de caridade na diocese de Mariana: estímulos devocionais, interditos e protestos anónimos no século XVIII". *Revista de História da Sociedade e da Cultura*, v. 11, p. 195 - 221, 2012.

96  Regimento do Auditório. *Op. Cit.*, tít. XIII - Do Escrivão da Câmara, n. 467; título I - Do Provisor do bispado; título III - do Vigário geral.

Cônego Amaro Gomes de Oliveira; cônego e vigário capitular Inácio Correia de Sá; Vicente Gonçalves Jorge de Almeida, cônego e vigário capitular; José Botelho Borges, cônego e vigário geral em diversos períodos.[97]

## O CHANCELER E A FISCALIZAÇÃO DO SISTEMA

Malgrado a proeminência conferida pelos regimentos diocesanos ao vigário geral e ao provisor, responsáveis respectivamente pelos foros contencioso e gracioso, assim como a do promotor, identificada à procura de pecadores públicos, o Regimento do Auditório Eclesiástico atribui ao chanceler uma função fiscalização geral do funcionamento do auditório e da correção dos procedimentos tomados pelos seus ministros. As múltiplas responsabilidades do chanceler são minuciosamente descritas no título III do Regimento, onde se refere que este ministro deveria examinar e fiscalizar os oficiais do juízo, e requerimentos, assim como as provisões e sentenças produzidas pelo Vigário geral e Provisor. Estes ministros recebiam a carta de provisão de seu ofício assinada pelo bispo, e antes de iniciar as suas atividades, juravam fidelidade a Sua Excelência perante o Chanceler. Este jurava fidelidade perante o próprio bispo. As Constituições publicaram o texto deste juramento, antes de expor as atribuições de cada ministro e oficial, os quais deveriam honrar e respeitar todas as cláusulas do regimento de seus cargos. Segundo o Regimento, o chanceler deve ser formado em Cânones, ser de bom entendimento, virtuoso e letrado, de autoridade e experiência e que tenha notícia das constituições, prática, estilo e bom acolhimento às partes. Consignado com salário, seu ofício serve ao fito de "uma reta administração da Justiça das partes" e para que "se não confundam as jurisdições dos mais Ministros e cada um conheça só do que lhe pertence a seu ofício".[98]

O Escrivão da Chancelaria, subordinado ao Chanceler, deveria registrar todas as provisões, cartas e papéis registrados em conformidade com o Título do Chanceler, bem como realizar diligências às suas ordens. Pertencia-lhe guardar este livro, bem como fazer registro de todos os juramentos de oficiais e ministros que assumiam os seus cargos. E assistir ao chanceler nos exames e aprovações.[99]

Outros juízes, como o Juiz dos Casamentos, segundo o título V do Regimento, possuem as seguintes atribuições: acompanhar os processos matrimoniais e as denunciações

---

97 TRINDADE, Raimundo. *Arquidiocese de Mariana. Op. Cit.*, p. 364-365.

98 *Idem*, título III - Do Chanceler da nossa Relação - os números 276 e 277, 278, 279, 280 e 283, 300, 301, 306 deixam clara a sua função de fiscalização de todos os ministros e oficiais do auditório eclesiástico.

99 *Idem*, título III - Do Chanceler da nossa Relação - os números 294 a 298; título XIV - Do Escri-

encaminhadas das paróquias, perguntar às testemunhas, investigar prováveis casos de bigamia, testemunhos falsos, e os impedimentos apresentados. Se constatadas provas suficientes, o caso deveria ser remetido ao tribunal, de onde se determinaria a conveniência em enviar os autos ao Santo Ofício. [100] Ainda, o Juiz das Justificações *De Genere et moribus,* a quem cabia acompanhar os processos de ordenações sacerdotais; primeiro as *De Genere,* por meio das informações obtidas junto às paróquias de origem; depois quanto à pureza de sangue, com informação de sete ou oito testemunhas, mediante denunciações e análise dos impedimentos, na forma do concílio tridentino. O Juiz dos Resíduos fiscaliza as contas e execuções dos testamentos. O Juiz das Capelas analisava os pedidos de autorização para ereção de construções religiosas, e a sua adequação. Esta análise dava origem às ações denominadas de Ereção. [101]

## OS OFICIAIS AUXILIARES: SUBSÍDIO À AÇÃO

Ao longo de todo o século XVIII, o tribunal eclesiástico concentrou um campo de oportunidades de cargos e ascensão, pela influência e rendas que garantia aos seus titulares. Além dos agentes altamente especializados que respondiam pela administração da justiça eclesiástica, observam-se, ainda, uma espécie de segundo escalão de oficiais da cúria – fundamentais para subsidiar a tarefa judiciária e sua execução, mas sem a obrigação de ser letrado, apenas saber ler e contar – porteiro, carcereiro, meirinho, solicitador.[102]

Estes oficiais eram extremamente necessários à ação dos escrivães e padres visitadores, que atuavam na doutrinação e na punição e perseguição dos criminosos, através dos procedimentos da justiça. Além dos ofícios ligados mais diretamente à manutenção da Catedral, como o sineiro, varredor, guarda-mor, sacristão, o juízo episcopal era também muito visado. O tribunal propiciava cargos estratégicos, rentáveis e de grande importância para o atendimento das demandas da população em torno da justiça local. O porteiro do auditório, que, subordinado ao vigário geral, deveria abrir o auditório, apregoar as ações e acompanhá-lo às audiências, intimações, execuções, penhoras etc. O distribuidor, que deveria zelar pela equidade entre os escrivães guardava o livro da distribuição, onde se encontrava o registro da distribuição das ações e feitos, rubricado pelo Vigário geral. O Solicitador de causas, e os préstimos devidos ao vigário geral, deveria ir

---

vão da Chancelaria.

100  Regimento *do Auditório Eclesiástico. Op. Cit.* Juiz dos Casamentos - Tít. V.

101  *Idem.* Juiz das Justificações *De Genere et moribus* Tít. VI; Juiz dos Resíduos - Tít. VII.

102  TRINDADE, R. *Arquidiocese de Mariana,* 2ª ed, p. 370-71.

duas vezes por semana à sua casa, buscar e levar culpas, feitos e papéis dos livramentos. Estando em contato com a população, deveriam dar bom tratamento, acolhimento e despacho às partes, "com afável acolhimento de qualquer qualidade que sejam", e como exigência, guardar segredo de justiça.[103]

O Inquiridor deveria tomar depoimentos nas freguesias mais distantes da sede, sendo vedado ao Vigario Geral sair "fora da Cidade mais de um dia ainda que seja diligência de Justiça sem licença" do bispo diocesano. O Inquiridor era aprovado pelo Chanceler. Assim como os notários apostólicos, responsáveis pelo arquivamento e registro dos documentos pontificais. Além do Regimento, encontramos referência a este oficial nas sentenças e movimentações do tribunal eclesiástico. Muitas vezes os párocos nas paróquias faziam as suas vezes, como referimos, tomando os depoimentos e remetendo-os em segredo de justiça para a Câmara Eclesiástica. Deve ser lembrada ainda, a figura onipresente à conclusão dos autos das ações judiciais: o Contador. Ligado diretamente à escrituração do tribunal eclesiástico, ele era o responsável por somar as despesas, e entregar as contas dos serviços a serem pagos pelas partes. O Regimento refere, ainda, um oficial denominado depositário eclesiástico, responsável pelas despesas de justiça, e de cuja ação não encontramos vestígios nos autos analisados.[104]

## O TRIBUNAL ECLESIÁSTICO E O CABIDO

Para compreender as atitudes de cada bispo, como ressaltou António Camões Gouveia, é preciso levar em conta as atitudes do clero regular e secular, os quais, com os cabidos à frente, muitas vezes mostram-se desinteressados quanto à necessidade de mudanças. No entanto, observou o mesmo, não se deve descurar o fato da impressão e aplicação dos cânones tridentinos alcançarem força de lei no Reino: era dos bispos que o rei esperava o enquadramento dos fiéis e do clero.[105]

As contendas envolvendo bispos e cabidos eram comuns, nas dioceses da América Portuguesa. Não raro, os cabidos de dioceses do Reino e da América são referidos como "coio de

---

103 *Idem*, - Regimento das Audiências, § 2º, n. 92 - Porteiro; distribuidor, Título XXI. Solicitador, Título XXIII.

104 *Idem*, título II - Do Vigário geral e do que a seu ofício pertence. O Depositário é referido neste título, § 75; Inquiridor, n. 82. Sobre a aprovação, pelo Chanceler, do oficial Inquiridor e do Notário Apostólico, vide o Regimento, título III - Do Chanceler da nossa Relação - n. 308; Do depositário - título XXV; do Notário Apostólico - título XVI.

105 GOUVEIA, António Camões. "O enquadramento pós-tridentino e as vivências do religioso". In: MATTOSO, José. *História de Portugal*. v. IV - O Antigo Regime (1620-1807), coordenação de

intrigas que por vezes afundam a acção episcopal".[106] E no mundo hispânico não era muito diferente, como observou Antonio Irigoyen Lopez: "*los cabildos hispanos se convirtieran en importantes focos de tensión ya las disputas con los prelados se multiplicaron por doquier*".[107]

Rafael Ruiz, analisando as múltiplas formas assumidas pelo direito nos lugares da colônia, mostra que a colonização não deve ser compreendida sob o binômio metrópole/colônia. O autor argumenta que, nos mais distintos espaços das colônias americanas, houveram grupos de intensa atividade política, tais como os cabidos, as câmaras, os bispos. Era complexa a constituição das redes de representantes de poderes nos lugares do Império português.[108]

Considerando tais perspectivas, não se deve descurar as nomeações dos titulares de cargos do tribunal eclesiástico de Mariana sempre em rotação, e em alguns casos, envolvendo quedas dramáticas. Houve, nesse sentido, frequente disputa, travada de forma flagrante entre os cônegos. Muitos quiseram assumir cargos no tribunal eclesiástico, como mostram as Tabelas 7 e 8, sobre os Cônegos e Vigários Gerais, na Seção dos Anexos. Para este elenco, reunimos informações de fontes diversas, e estudos específicos. Verificamos o inventário dos estudantes brasileiros na Universidade de Coimbra organizado por Franscisco Morais. Como a maior parte dos vigários gerais era de origem reinol, frequentamos algumas seções do Arquivo da Universidade de Coimbra. Na Seção Universidade, localizamos algumas Cartas de Curso, espécies de históricos escolares, expedidos mediante requerimentos; as Ordenações Sacerdotais, das quais localizamos alguns dos juízes eclesiásticos do tribunal de Mariana; e os livros e as fichas de matrículas dos ex--alunos, quando completas, informavam a naturalidade, filiação, datas das matrículas do aluno e os cursos que frequentou.[109]

Na Seção Universidade, consultamos, ainda, a *Série Actos e Graus*. Trata-se de cerimônias formais, como colações de grau, nas quais as autoridades da Universidade davam

---

António Manuel Hespanha, p. 290.

106 SERRÃO, Joel & MARQUES, A. H. de Oliveira. (Dir.) *Nova História da Expansão Portuguesa: o Império Luso-Brasileiro (1620-1750)*. Trad. Franco de Sousa (Partes I, II e IV). Lisboa: Estampa, 1991, p. 373-374. Vol 7, Cordenado por Frédéric Mauro.

107 LOPEZ, Irigoyen Antonio. "Casa y hogares de los prebendados murcianos durante el siglo XVIII". *Revista de demografía histórica*, XXVI, I, 2008, segunda época, p. 173-202.

108 GONZALEZ, Rafael Ruiz. "Duas percepções da justiça nas Américas: Prudencialismo e Legalismo". Publicado em 13 de junho de 2009. Disponível em <http://rafaruiz.wordpress.com/2009/06/13/duas-percepcoes-da-justica-nas-americas-prudencialismo-e-legalismo/> Acesso em 17 abr. 2012.

109 AUC. Seção Universidade. *Matrículas; Livro de Informações Gerais 1732-1770*. Cota: depósito IV. Secção 1ª D, Estante 2, Tabela 1, n. 53; Série Ordenações Sacerdotais. D. G., V. M. de 1719 - P. 1723. Caixa 113, D III - S. 1ª E - E. 3 - T. 3. n. 3; BOSCHI, Caio César. *O Cabido da Sé de Maria-*

publicamente os "justos louvores" e "o vexame" aos piores alunos. Outrossim, nos chamados *Livro de Informações Gerais*, eram atribuídas observações a cada estudante, entre as quais constavam a sua qualificação como *medíocre*, *suficiente*, *bom* e *excelente* aluno. Estes dados serviram à construção da tabela 7, na Seção dos Anexos, que mostra o intenso intercurso entre as atribuições do Cabido, assumidas pelos cônegos conforme o seu provimento. A tabela mostra que um bom número deles acumulou cargos e atribuições ligadas à justiça eclesiástica. Muitos, como melhor veremos, lutaram para alcançá-los com todos os meios e recursos possíveis.

Formando um contraponto à tendência de acumular cargos e disputá-los, os exemplos dos cônegos que preferiram renunciar à murça capitular para se dedicar às atividades paroquiais. Naturalmente o faziam para ir colar-se em alguma freguesia dentre as mais prósperas do bispado de Mariana; ou, para retornar a Portugal, como pároco, como fez o Doutor José de Andrade e Morais, Bacharel em Cânones. Ele renunciou à murça capitular e ao cargo para o qual havia sido nomeado, de Promotor Fiscal e Procurador da Mitra, em março de 1748, para o qual havia sido nomeado pelo Doutor Lourenço José de Queirós Coimbra, governador diocesano por comissão de Dom Frei Manuel da Cruz. Durante as festividades do Áureo Trono Episcopal, o sacerdote destacou-se pela erudição, proferindo, com brilho, elaborados sermões. Em dezembro de 1748, foi provido pelo primeiro bispo como Arcipreste do Cabido de Mariana, segunda dignidade na sua ordem hierárquica. Além deste provimento, em 16 de dezembro de 1748, foi nomeado Provisor do Bispado. O Arcipreste abandonou os cargos para voltar a Lisboa e ir colar-se na abadia de Quintela, em Santa Marinha, Trás-os-Montes.[110]

O Cônego doutoral João Martins Cabrita foi outro a renunciar à murça capitular. Formado em Cânones pela Universidade de Coimbra, ele deixou o cargo de Promotor do Juízo Eclesiástico, no qual fora o primeiro a atuar após a fundação do bispado, para ir colar-se na freguesia de Paróquia de Guarapiranga. Foi sucedido no cargo pelo Padre Amaro Gomes de Oliveira, não sem muitas contendas e disputas.[111] O cônego Amaro era

---

na *(1745-1820)*. Belo Horizonte: Fundação João Pinheiro | Editora PUC Minas, 2011, p. 45-48. (Coleção Mineiriana: Série Obras de Referência); TRINDADE, Raimundo. (Côn.) *Arquidiocese de Mariana: subsídios para sua História*, 2ª ed., 1955, p. 289-345; MORAIS, Francisco. *Estudantes da Universidade de Coimbra nascidos no Brasil*. Coimbra: Faculdade de Letras da Universidade de Coimbra/ Instituto de Estudos Brasileiros, 1949, p. 68-378 – Século XVIII.

110   *Idem. Ibidem*, 2ª ed., 1955 p. 344.

111   AUC. Seção Universidade. Ficha de Matrícula: CABRITA, João Martins. (Pe). Natural de Pêra, Bispado do Algarve. Faculdade: Cânones. Ficha de Matrícula: 01/10/1740 (Instituta); 01/10/1741; 01/10/1742; 01/10/1743; 01/10/1744. AUC. Seção Universidade. *Livro de Informações*

doutor em Cânones pela Universidade de Coimbra, formado em junho de 1724. Entre maio de 1752 e julho de 1758, acumulou a vara de Provisor do Bispado. Renunciou, também à vara e à murça capitular para colar-se à freguesia de Guarapiranga. Em sua vaga entrou o Dr. Inácio Correia de Sá, em 1759.[112]

O Doutor Simão Caetano de Moraes Barreto, Cônego Penitenciário renunciou também a seu provimento para ir colar-se em Queluz. A sua vaga foi assumida pelo Doutor José dos Santos, em 1752.[113]

De acordo com Caio César Boschi, tais renúncias, dentre os cônegos mais qualificados, se explicam, uma vez que, ao contrário das dioceses do Reino, nas quais o Cabido e a diocese possuíam patrimônio institucional, no bispado de Mariana isto não se verifica. O Cabido conferia um patrimônio simbólico, representado pelo prestígio e distinção que alcançavam seus membros. Do ponto de vista das rendas, porém, era mais rentável economicamente ir colar-se a uma freguesia próspera, de bons rendimentos anuais.[114]

Dom Frei Manuel da Cruz havia recebido de Dom João V a faculdade de escolher os titulares do Cabido. Quisera formar um corpo capitular de alto nível, com cônegos formados na Universidade de Coimbra, e ao menos um Comissário do Santo Ofício. Para tal, procurara levantar informações, à Metrópole, acerca dos melhores nomes. Em carta posterior, rejubilou-se pela composição alcançada, cujo alto nível não se via em todas as dioceses.[115] De acordo com o que mostrou Pollyanna Gouveia, em seu estudo do tribunal eclesiástico do Maranhão, o mesmo esmero foi adotado pelo prelado cisterciense no que concerne ao cabido, a sua formação universitária e os acúmulos de cargos no auditório eclesiástico. A autora mostrou também por meio de uma tabela, a forte presença dos cônegos nos cargos do tribunal eclesiástico, nos seus dois foros.[116]

O Cabido de Mariana, todavia, malgrado os esforços do primeiro bispo, como notou um célebre historiador eclesiástico, foi um edifício "carinhosamente sonhado", mas que

---

*Gerais 1730-1770*, fl. 132 - ano acadêmico de 1745/1746, Formatura em Cânones: "O Padre João Martins Cabrita, filho de João Martins Cabrita, natural de Pêra, Reino do Algarve. Bom Estudante". Cf. TRINDADE, Raimundo. *Arquidiocese de Mariana: subsídios para sua História*, 2ª ed. Belo Horizonte: Imprensa Oficial, 1953, p. 340 et seq.; 364-367; 370.

112   *Idem*, v. 1, p. 345.

113   *Idem, Ibidem.*

114   BOSCHI, Caio César. *Exercícios de Pesquisa Histórica*. Belo Horizonte: PUCMinas Editora, 2011, p. 216-20 – "Se não põe logo no princípio tudo em boa ordem, tudo para o futuro serão desordens"; p. 243-51 – "Provimentos de Dignidades e Canonicatos na Sé de Mariana (1748-1808)".

115   *Idem. Ibidem*, p. 243-46. COPIADOR...*Op. cit.*, fl. 73.

116   MENDONÇA, Pollyanna Gouveia. *Parochos imperfeitos: justiça eclesiástica e desvios do clero no*

"ruiu fragorosamente", pois os cônegos, "notáveis pelo seu saber", "jamais se serviram da Ciência para edificar".[117] Como veremos, a divisão do Cabido em facções rivais foi inevitável; fez parte de um conjunto de fatores que reforçariam as circunstâncias cerceadoras da linha de atuação pastoral dos bispos residentes.

---

*Maranhão colonial*. Niterói. Tese de doutorado, Universidade Federal Fluminense, 2011, p. 50-51.

117 TRINDADE, Raimundo (Côn.). *Arquidiocese de Mariana. Op. Cit.*, p. 300.

# Capítulo 4

## As prerrogativas episcopais: limitações e dependências

*"Como aos Arcebispos e Bispos, e seus Vigários Gerais, que fazem suas vezes, pertence punir os delitos, e excessos de seus súditos, e nestes o modo de proceder seja, ou por via de devassa, querela, ou denunciação; portanto, ao nosso Vigário geral pertence fazer inquirições, e devassas gerais dos sacrilégios, e quaisquer outros delitos, cujo conhecimento nos pertença, e ao nosso Juízo Eclesiástico, não se sabendo quem cometeu os tais delitos, e tomar as querelas, e denunciações que derem o Promotor, Meirinho, e as partes, e fazer, e mandar fazer sumário acerca delas, e proceder contra os culpados, segundo a qualidade dos delitos e das pessoas."*

Regimento do Auditório Eclesiástico da Bahia, 1720.

Com a publicação dos decretos do concílio de Trento, ganharam maior sistematização as obrigações pastorais, as imunidades eclesiásticas e as prerrogativas episcopais, especialmente as de procurar e punir os pecadores públicos.[1] Em um estudo sobre o governo diocesano de um bispo príncipe - Dom Afonso, bispo de Évora no século XVI - José

---

1     CASTRO, Gabriel Pereira de. *Monomachia sobre as concórdias que fizeram os reis com os prelados de Portugal nas dúvidas da jurisdição eclesiástica e temporal. E breves de que foram tiradas algumas Ordenações com as Confirmações Apostólicas, que sobre as ditas Concórdias interpuseram os Sumos Pontífices.* Composta por Gabriel Pereira de castro, Desembargador da Casa da Suplicação, dedicada a Jeronymo Leite de Vasconcellos Pacheco Malheiro, Fidalgo da Casa de Sua Majestade, e Cavalleiro Professo na Ordem de Cristo. Lisboa Ocidental: por José Francisco Mendes, Livreiro, que dá à luz a dita Obra. Ano de 1738; CARVALHO, J. R. de. "A jurisdição episcopal sobre leigos em Matéria de Pecados Públicos: as visitas pastorais e o comportamento moral das antigas populações portuguesas de Antigo Regime". *Revista Portuguesa de História*, tomo XXIV. Coimbra: Instituto de História Econômica e Social da Faculdade de Letras da Universidade de Coimbra, 1990.

Pedro Paiva demonstra a centralidade da faculdade episcopal de administrar a justiça.[2] Segundo Paiva, a partir de 1680, os conselheiros ultramarinos passaram a emitir pareceres que privilegiavam candidatos ao governo diocesano das conquistas com experiência na administração ou justiça episcopal. Obviamente, como reivindicavam os teóricos da Coroa, além do conhecimento dos decretos, até onde foram aceitos pela Coroa, os bispos e o clero tinham a obrigação de respeitar as *Ordenações do Reino*, que regulamentavam o uso da força sobre os vassalos.[3]

Ademais, o conhecimento e a obediência às Constituições diocesanas eram fundamentais ao agente religioso. Dom Sebastião Monteiro da Vide, Arcebispo Metropolitano da Bahia, tomou providências decisivas em prol da organização de um sínodo diocesano para a elaboração das Constituições. O arcebispo da Bahia, canonista, foi auxiliado pelo bispo de Angola, teólogos e canonistas, dando um passo decisivo com a publicação das *Constituições Primeiras do Arcebispado da Bahia*, base normativa que o bispado de Mariana adotou.[4]

Segundo Fernando Torres-Londoño, as *Constituições Primeiras do Arcebispado da Bahia* representam um esforço de estabilização e uniformização da Igreja no ultramar. Considerando as situações de conflito, cooperação e interesses que circundavam os governos episcopais, e descontados os entraves burocráticos e vetos da Coroa, as constituições forneceriam sustentação canônica para os procedimentos dos bispos que atuavam nas dioceses ultramarinas.[5] Tendo em vista estes entraves e confusões de jurisdição, releva observar os mecanismos e competências que a norma eclesiástica e as Leis do Reino possibilitavam ao ordinário diocesano exercer, em sua jurisdição episcopal.

---

2     PAIVA, José Pedro de M. "Um Príncipe na diocese de Évora: o governo episcopal do cardeal infante Dom Afonso (1523-1540). "*Revista de História da Sociedade e da Cultura*, 7. Coimbra: Centro de História da Sociedade e da Cultura da Universidade de Coimbra; Fundação para a Ciência e Tecnologia, p. 127-174.

3     PAIVA, José Pedro. "Dom Sebastião Monteiro da Vide e o episcopado do Brasil em tempo de renovação (1701-1750). )". In: FEITLER, Bruno; SOUZA, Evergton S. *A Igreja no Brasil: Normas e práticas durante a vigência das Constituições Primeiras do Arcebispado da Bahia*. São Paulo: Editora da Unifesp, 2011, p. 34.

4     HOLLANDA, S. B. de. (Dir.) *História Geral da Civilização Brasileira: a época colonial*, tomo 1, v. 1.14ª Ed. Rio de Janeiro: Bertrand Brasil, 2004, tomo 1, v. 1, p. 61-62.

5     TORRES-LONDOÑO, Fernando. *A outra família: concubinato, Igreja e escândalo na colônia*. São Paulo: História Social/USP/ Loyola, p. 154-157.

# A jurisdição episcopal: justificativa normativa e doutrinal

A ação da justiça eclesiástica, com a vigilância sobre clero e fiéis e o estabelecimento da correção aos abusos seria fundamental no trabalho religioso de orientação tridentina. Esta linha de ação encontra-se expressa no *Regimento do Auditório Eclesiástico*, que regulamentava as relações entre as instâncias e a administração das culpas.[6]

Anexo às Constituições, o *Regimento do Auditório Eclesiástico* destinava-se a organizar as atividades do aparelho judiciário episcopal, uma interface indissociável da evangelização àquela altura. Os juízes eclesiásticos deveriam tornar eficazes os aparelhos da justiça eclesiástica, procedendo contra pessoas leigas e eclesiásticas que vivessem em conflito com os cânones católicos. Mas Dom Sebastião Monteiro da Vide recomendou aos visitadores, vigários gerais, promotores e demais ministros eclesiásticos muita consideração ao determinar qualquer tipo de castigo, pecuniário, espiritual ou corporal, examinando bem as circunstâncias, particularidades e o escândalo que do delito resultou, e procurando o que podem aliviar o réu e comutar. Deixava bem claro que o exercício da jurisdição episcopal possuía seus limites em relação aos direitos reais.[7]

Por outro lado, como ressaltou José Pedro Paiva, a administração diocesana transcorria em uma relação de estreita interpenetração com as diretrizes da Coroa lusitana.[8] A justiça eclesiástica assumia importância fundamental na conservação da ordem política local. A Metrópole não apenas lançava mão da expansão da malha eclesiástica em prol da consolidação das fronteiras dos territórios, como o aparato institucional eclesiástico deveria atender aos objetivos de estabilização política e hierárquica locais.[9]

Considerando a importância da Igreja neste aspecto, Antônio Manuel Hespanha chama a atenção para a eficácia de sua ação entre as famílias e comunidades; e no âmbito corporativo, através de confrarias específicas de cada profissão, nos níveis territoriais, e intermédios, com a organização paroquial e a disciplina episcopal. A Igreja marcava pre-

---

6    *Idem. Ibidem*, p. 111-117; REGIMENTO *do Auditório Eclesiástico do Arcebispado da Bahia feitas e Ordenadas pelo Ilustríssimo e Reverendíssimo Senhor D. Sebastião Monteiro da Vide*. São Paulo: Typografia 2 de dezembro de 1853. Tít. I, § 1º - Do Vigário geral e do que a seu ofício pertence.

7    Primeiras Constituições sinodais do Arcebispado da Bahia. *Op. Cit.* Liv. 5, tít. XLIV, n. 1083-84.

8    PAIVA, José Pedro de M. "El Estado en la Iglesia y la Iglesia en lo Estado..." *Op. Cit.*, p. 47-48. Ver também: *Idem*. "Interpenetração da Igreja e do Estado." In: AZEVEDO, C. M. (dir.) *História Religiosa de Portugal*. Lisboa: Círculo de Leitores, 2000, v. 2 - Humanismos e Reformas.

9    CORTESÃO, Jaime. *Alexandre de Gusmão e o Tratado de Madrid*. São Paulo: Imprensa Oficial, 2006, p. 63-67.

sença no âmbito internacional, onde somente coexiste com o império. Atuava com mecanismos diversificados, importantes enquanto forma de cooperação estabelecida entre os dois gládios. O autor aponta inúmeros pontos de indefinição, e controvérsia, entre as instâncias. Uma delas, o uso da prerrogativa da *regia protectio*, a ser utilizada pelo vassalo que se sentisse oprimido da jurisdição eclesiástica, e quisesse apelar diretamente ao soberano. Outro ponto controverso, segundo Hespanha, foi o padroado, habilmente utilizado pela Coroa.[10]

Desta forma, malgrado a jurisdição episcopal compreendesse competências específicas, o seu exercício envolveu controvérsias que implicaram em reordenamentos jurídico-normativos ao longo de sucessivos reinados. À época pombalina, a coroa definiu com maior precisão os limites da ação da Igreja contra o leigo, na nova concepção de Estado que se inaugurava. Era um modelo de Estado que chamava cada vez mais a si a tarefa de zelar pela segurança pública e o bem-estar dos súditos.[11]

A Igreja possuía uma larga esfera de competências exclusivas prefigurada no ordinário da diocese - constatou Caio Prado Júnior. Uma das mais importantes, a seu ver, seria a jurisdição privativa nos casos de divórcio ou repúdio e em matéria de pecado; e a Bula da Santa Cruzada, cujo tribunal tomava conhecimento dos litígios e arrendamentos.[12]

Quanto aos privilégios das pessoas eclesiásticas deve ser citado que, no domínio criminal, os eclesiásticos gozavam de isenção geral, com exceção do crime de lesa-majestade, ou inconfidência. As suas competências se assentavam basicamente em dois fundamentos: em razão da pessoa (*ratione personae*), ou seja, quando a parte envolvida em demanda era pessoa eclesiástica. De acordo com Antônio Manuel Hespanha, as Ordenações estabeleciam os casos nos quais os eclesiásticos deveriam responder perante as justiças seculares, bem como as especificidades que resguardavam os capelães de ordens religiosas e os sacerdotes que moravam na corte, por exemplo. Os demais casos nos quais os eclesiásticos respondiam perante as jutiças seculares se aplicavam ao cível e incidiam

---

10    HESPANHA, A. M. "O poder eclesiástico. Aspectos institucionais". In: MATOSO, José (Dir.). *História de Portugal*. Lisboa: Estampa, 1999, vol 4 - O Antigo Regime (1620-1807). Coordenação de António Manuel Hespanha, p. 287.

11    ASTUTI, Guido. "O Absolutismo esclarecido em Itália e o Estado de Polícia" In: HESPANHA, A. M. *Poder e instituições na Europa do Antigo Regime: coletânea de textos*. Lisboa: Fundação Calouste Gulbenkian, 1984, p. 274-306.

12    ALMEIDA, Fortunato. *História da Igreja em Portugal. Op. cit.*, v. III, cap. VI - Privilégios e Imunidades eclesiásticas - Bula da Cruzada, p. 203-204.

sobre eclesiásticos sem superior no reino, os que residissem na corte; membros das ordens menres; sobre competência das justiças ordinárias laicas e reguengos.[13]

A jurisdição episcopal era definida, ainda, em razão da matéria (*ratione materiae*), que recaía sobre as causas relativas à disciplina interna da Igreja. A jurisdição em razão da matéria incluía a *Iurisdictio essentiallis*, e a adventícia. A primeira, referia-se às causas de matéria espiritual, da competência do Provisor; as causas relativas à fé, que o Vigário geral deveria remeter ao Santo Ofício; as causas sobre disciplina interna da Igreja, e as relativas ao matrimônio, anulação, divórcio e sevícias. A chamada *Iurisdictio adventícia* englobava causas sobre as coisas sagradas, bens eclesiásticos de natureza não controversa: dízimos, pensões, foros, usurpação da jurisdição eclesiástica; as causas contra leigos oriundas de devassas e visitações e dos delinquentes seculares asilados nas Igrejas.[14]

Nas causas que constituíam matéria de fé, objeto da *jurisdictio essenciallis*, a competência exclusiva do Santo Ofício deveria ser respeitada. O Vigário geral, averiguando que determinada infração configurava um delito desta matéria, remeteria os autos ao tribunal do Santo Ofício.[15]

Deste modo, a atuação dos agentes religiosos dão conta da configuração institucional e humana do poder religioso. Em Minas Gerais, muitos vigários gerais e das varas acumularam a função de comissários do Santo Ofício, facilitando o intercurso entre as jurisdições episcopal e inquisitorial. Entre alguns Cônegos que atuaram no bispado de Mariana como vigários gerais, provisores e comissários estão o Cônego Inácio Correia de Sá, que alcançou influência enquanto esteve no bispado. Durante a Sede Vacante de Dom Frei Manuel da Cruz, enfrentou um forte grupo aliado no Cabido; sendo, pouco depois, preso, voltou à sede episcopal de Mariana, assumindo cargos de relevo, como vigário geral e governador do bispado. O Arcediago Geraldo José de Abranches foi outro exemplo da intersecção entre os foros inquisitorial e espicopal. Foi Comissário do Santo Ofício, responsável pelas visitações do Santo Ofício ao Grão Pará, em 1763. Havia ainda o Doutor Teodoro Ferreira Jácome, amigo do primeiro bispo, governador diocesano, a partir de 1763, havendo atuado também como Promotor do juízo eclesiástico por volta de 1756, e vigário geral na década de 1760, além de haver visitado boa parte das freguesias do bispa-

---

13 PRADO JÚNIOR, Caio. *Formação do Brasil Contemporâneo*. São Paulo: Brasiliense, 1996, p. 329. HESPANHA, Antônio Manuel. "O poder eclesiástico. Aspectos institucionais." *Op. Cit.*, p. 287-290.

14 PRADO JÚNIOR, Caio. *Op. Cit.*, p. 329. HESPANHA, Antônio Manuel. "O poder eclesiástico. Aspectos institucionais." In: José Mattoso. (Org.) *História de Portugal*. Lisboa: Estampa, v. IV – O Antigo Regime (1620-1807) – coordenação de A. M. Hespanha, 1993, p. 287-288.

15 *Idem*, p. 287-288.

do por delegação de Dom Frei Manuel da Cruz. Outrossim, eram comissários do Santo Ofício os doutores Lourenço José de Queiróz Coimbra e José Sobral e Souza eram Vigários das Varas, respectivamente, de Rio das Velhas, com sede em Sabará, e Rio das Mortes, com sede na Vila de São João del Rei. E também Félix Simões de Paiva e Manuel Cardoso Frazão Castel-Branco, que também exercera como vigário geral do bispado.[16]

Não obstante esta interseção representada pela atuação ambivalente dos vigários gerais e das varas, no tribunal eclesiástico de Mariana tramitaram alguns livramentos de réus pronunciados por crimes contra a fé. Investigava-se, nestes casos, denúncias contra blasfêmios, feticeiros, curandeiros e pactos com o demônio e usos de cartas de tocar. Os réus foram inocentados, ou tiveram suas sentenças comutadas. Sobre as relações entre a jurisdição eclesiástica e a inquisitorial, Bruno Feitler mostrou que, mesmo sem querer invadir ou desrespeitar a jurisdição da Inquisição, nem sempre os bispos deixaram de conhecer de certos delitos em sua diocese, por pertencerem ao conhecimento do Santo Ofício.[17]

Assim como as suspeitas de crimes contra a fé, o direito de asilo foi mais um ponto controverso no exercício da justiça eclesiástica. De acordo com as Ordenações o ordinário poderia atuar no crime de réu leigo se o delinquente em fuga se asilasse no espaço da igreja, alcançando a imunidade. Embora, segundo Hespanha, o direito de asilo não valesse em todos os casos, não se aplicando aos crimes mais graves e dolosos, os bispos acusavam os oficiais das Justiças Seculares de invadir o espaço sagrado para capturá-los à força, chegando a danificar e até a incendiar os templos.[18]

Por outro lado, dentre os mecanismos eclesiásticos de resolução dos litígios, funcionaram com bastante frequência no tribunal eclesiástico de Mariana, as chamadas

---

16 Sobre a Inquisição e os seus agentes, ver: BETHENCOURT, Francisco. "A Inquisição." In: AZEVEDO, C. M. (dir.) *História Religiosa de Portugal*. Lisboa: Círculo de Leitores, 2000, v. 2 – Humanismos e Reformas, p. 114-116; RODRIGUES, Aldair Carlos. *Limpos de sangue: familiares do Santo Ofício, Inquisição e sociedade em Minas Colonial*. São Paulo: Alameda, 2010.

17 AEAM-JE, Proc. 4548. 13-10-1763. Denúncia – Carta de Tocar; AEAM-JE, Proc. 4530. Treslado de uns autos crimes que foram por recurso para o Juízo da Coroa em que são postos a justiça por Sacrilégio ou blasfêmia, perjuro ou desobediência. Réu, o Reverendo Doutor Provisor e Côn. Dr. João de Campos Lopes Torres. 13-1-1753; AEAM-Governos Episcopais, Livro 1030 (1765-1784), Denúncia de feitiçaria, fl. 18-19v; Livro 1029 (1748-1765), fl. 128-129v – uso de ervas medicinais – 05-04-64.

18 Ordenações Filipinas, liv. 2, tít.5: Da Imunidade da Igreja. Disponível em <http://www1.ci.uc.pt/ihti/proj/filipinas/l2p424.htm> Acesso em 14 mar. 2012. CASTRO, G. O. de. *Monomachia sobre as Concórdias etc. Op. Cit.*, p. 259. Ver também: ALMEIDA, C. M. *Direito civil eclesiástico brasileiro. Op. Cit.*, p. 177-178 – II. Que tira os acoutados às igrejas; p. 202-204 – I. Sobre os adros.

composições amigáveis, orientadas pela doutrina da *compositio fraterna* e a *correctio charitativa*. Estes mecanismos, segundo Hespanha, constituíam a chamada jurisdição arbitral ou voluntária, reservada ao ordinário diocesano nos casos em que as partes, por sua livre vontade, quisessem resolver um litígio perante um Tribunal Eclesiástico, para uma composição amigável.[19]

O Regimento do Auditório Eclesiástico estimulava a *Compositio Fraterna*, uma vez que "as demandas são causas de grandes males, e ódios entre as partes e delas nascem muitas vezes grandes desordens nas Repúblicas". Os juízes eram orientados a promovê--las "quanto em si for, para que estas se acabem, e abreviem"; logo no princípio das causas, sejam cíveis, ou crimes, ordenava-se ao vigário geral, que "procure concordar as partes, advertindo-lhes os danos espirituais, e temporais que lhe resultam".[20]

No tribunal eclesiástico de Mariana a *Compositio fraterna* é uma prática verificada com grande frequência nos processos cíveis:

> *Sentença de desistência e amigável composição.* "Julgo por sentença o termo de desistência e amigável composição a fls e para maior validade interponho a minha autoridade e decreto judicial e pague o desistente as custas. Mariana, 23 de outubro de 1776. Dr. José Justino de Oliveira Gondim.[21]

A mediação dos conflitos preconizada pelo tribunal eclesiástico pode ser verificada nitidamente por meio das Queixas ao bispo, processos sumários iniciados com a apre-

---

HESPANHA, Antônio Manuel. O poder eclesiástico. Aspectos institucionais. In: José Mattoso. (Org.) *História de Portugal.* Lisboa: Estampa, v. IV, 1993, p. 287-288.

19 HESPANHA, A. M. "O poder eclesiástico". *Op. Cit.*, p. 287. Os processos do tribunal eclesiástico de Minas Gerais encerrados com a composição amigável, nas causas cíveis: AEAM. Juízo Eclesiástico, n. 2811. Acordo de desistência de ação de libelo e acerto de dívida. Acordo entre as partes em 13 a 18-01-1785, promovido pelo Vigário geral e Provisor do bispado, Dr. Vicente Gonçalves Jorge de Almeida; AEAM. Juízo eclesiástico. Registro de uma sentença de composição entre as partes. Armário 6, prateleira 2, livro 1030 (1765-1784), fl.103; AEAM. Juízo eclesiástico, n. 2982B, 1765. Amigável composição a respeito de divisas de terras. AEAM. 2900-JE. Julgo o direito de composição e fiança depositária por sentença, com que interponho minha autoridade e direito judicial e mando que se cumpra e guarde como nele se contém e pague o Reverendo Réu as custas. V. do Carmo, 8-10-1736, promovido pelos Vigários das Varas Manuel Freire Batalha e José Simões, com o do Santo Ofício.

20 Regimento do Auditório Eclesiástico da Arquidiocese da Bahia. *Op. Cit.*, - Regimento das Audiências, § 5°, n.127. Os advogados do auditório eclesiástico eram proibidos por Regimento de obstar a composição entre as partes. Vide, título XII - Dos advogados, n. 457-458.

21 AEAM. Juízo eclesiástico. Registro de uma sentença de composição entre as partes. Armário 6, prateleira 2, livro 1030 (1765-1784), fl.103.

sentação da queixa nas paróquias, e que culmina no auditório episcopal com a expedição de Carta de Excomunhão Geral a todos os envolvidos, inclusive quem soubesse de alguma informação do dano reclamado e calasse. Como resultado deste processo de averiguação, o queixoso poderia obter depoimentos sobre suas perdas, cumpria os requisitos para retirar a certidão dotada de fé pública com os depoimentos sobre seus danos. Uma das exigências legais era não utilizar os depoimentos para acusar ninguém no âmbito criminal no juízo secular, limitando o uso dos testemunhos a uma solução ao cível no próprio tribunal eclesiástico.[22]

Tomemos o exemplo dos furtos na Fazenda Barra do Pinheiro, reclamados pelo seu proprietário, capitão Vicente Ferreira de Sousa. Quando ele foi avisado dos depoimentos sobre o caso, requereu as certidões com os depoimentos junto ao Vigário geral do bispado. Este despachou que "Feito termo pelo queixoso em que se obrigue com juramento não usar dos ditos para causa crime no juízo secular contra as pessoas denunciadas, passe a certidão com os ditos, ficando os próprios no cartório".[23]

No novo juramento em Mariana, a 25 janeiro de 1769, o capitão "disse que queria a certidão não para usar de causas crime no Juízo Secular contra as pessoas denunciadas". E, como nada mais continham, afirmou o Padre Ignacio Lopes da Silva, escrivão da Câmara Eclesiástica, assinava o termo junto ao Muito Reverendo Ministro doutor José Botelho Borges, e o queixoso Vicente Ferreira de Sousa.[24]

Aplicando estes mecanismos, a hierarquia eclesiástica congregava ampla gama de possibilidades de intervenção na vida social. Isto também ocorreu mediante a solução de conflitos, por meio de uma rede de agentes altamente especializados, à frente das paróquias e no tribunal. Estes ministros, oficiais e sacerdotes envolviam-se desta sorte a tarefa evangelizadora de inspiração tridentina: a procura e a punição dos pecadores públicos, a averiguação dos delitos, e as composições fraternas, aproximando-se mais do cotidiano dos aplicados. A Igreja tridentina e os seus agentes procuravam fortalecer a sua jurisdição sobre as consciências.[25]

Esta atuação se efetuava, contudo, em um campo bastante complexo. Não obstante usufruir a jurisdição e competências exclusivas regulamentadas também pelas Leis do

---

22 Primeiras *Constituições do Arcebispado da Bahia. Op. Cit.*, Livro 5, n. 1087.

23 AEAM. Juízo Eclesiástico, n. 2834I – 01-11-1768. Queixa do capitão Vicente Ferreira de Sousa, da Fazenda da Barra do Pinheiro, despachada pelo doutor José Botelho Borges. Denunciada na Catedral da Sé de Mariana. Furtos de bens valiosos.

24 *Idem.*

25 PRODI, Paolo. *Uma História da Justiça. Op. Cit.*, p. 359.

Reino, o ordinário diocesano era policiado pelo juiz dos feitos do rei. Esta atribuição era, em geral, acumulada pelos ouvidores das comarcas, como informou o memorialista José Joaquim da Rocha. A cidade episcopal de Mariana pertencia à correição, ou fiscalização da comarca de Vila Rica, e seu ouvidor.[26]

Por meio de recursos, este magistrado receberia a apelação das pessoas leigas, da jurisdição real, que se sentissem oprimidas pelas justiças eclesiásticas, e desejavam apelar ao soberano, que exercia a prerrogativa *regia protectio*.[27]

Havia as instâncias de apelação no âmbito da justiça eclesiástica. O bispo diocesano era o magistrado eclesiástico ordinário de primeira instância, assessorado pelos vigários gerais, e outros oficiais, como Promotor, escrivão, notário apostólico, contador e distribuidor. A segunda instância de apelação eclesiástica era constituída pelas "Relações eclesiásticas", tribunais que possuíam a sua sede nas cabeças metropolitanas. As Relações possuíam a competência de primeira instância nos litígios da diocese metropolitana, naqueles em que uma das partes era um bispo, ou nas causas que arrastassem por mais de dois anos nos tribunais da diocese sufragânea. O tribunal de Mariana subordinava-se à Arquidiocese da Bahia.[28]

A terceira instância de apelação das causas eclesiásticas era o Tribunal da Nunciatura, ou Legacia. Esta era a segunda instância das dioceses metropolitanas e dos territórios isentos de diocese. A Legacia obedecia às regulamentações do aviso régio de 14 de junho de 1744. Segundo Fortunato de Almeida, na segunda metade do século XVIII, o jurisconsulto Melo Freire reportou-se a este documento, para submeter o estabelecimento deste tribunal à autorização régia, afirmando que "o Núncio Apostólico tão somente pode exercer a jurisdição externa, judicial e econômica, declarada na carta régia que lhe for expedida". Depois, o alvará de 18 de

---

26 ROCHA, José Joaquim da. *Geografia Histórica da Capitania de Minas Gerais. Descrição topográfica, histórica e política da capitania de Minas Gerais. Memória histórica da capitania de Minas Gerais.* Estudo crítico de Maria Efigência Lage de Resende. Transcrição e colação de textos de Maria Efigência Lage de Resende e Rita de C. Marques. Belo Horizonte: Sistema Estadual de Planejamento/Fundação João Pinheiro/Centro de Estuidos Históricos e Culturais, 1995, p. 97-99. (Coleção Mineiriana, Série Clássicos)

27 HESPANHA, Antônio Manuel. "O poder eclesiástico. Aspectos institucionais." In: José Mattoso. (Org.) *História de Portugal.* Lisboa: Estampa, v. IV – O Antigo Regime (1620-1807) – coordenação de A. M. Hespanha, 1993, p. 287-288.

28 AEAM. Juízo Eclesiástico. Seção: Escrituração da Cúria, Processo n. 4519, fl. 32-34.

PATRÍCIA FERREIRA DOS SANTOS SILVEIRA

janeiro de 1765, estabeleceu que o Núncio deveria abster-se de censuras no exercício das funções judiciais.[29]

Ainda nos limites da prerrogativa da *regia protectio*, nomeadamente, em casos de abusos de jurisdição poderia haver recurso de agravo e apelação para a Coroa das decisões do tribunal da Legacia. A *regia protectio* assegurava as pessoas leigas enquadradas pelas instâncias das justiças eclesiásticas.

O tribunal da Mesa da Consciência intermediava, junto do Conselho Ultramarino, as questões eclesiásticas entre os diocesanos e o rei. Como funcionava à forma de conselho régio, deliberava sobre as questões e dúvidas acerca de matéria eclesiástica.[30] O Estado, observou Caio Prado Júnior, pleiteava amiúde à Igreja de Roma a faculdade de ministrar aos súditos o alimento espiritual, pois a religião supria necessidades espirituais equiparáveis às seculares, através de atos aos quais o indivíduo não escapava: a constatação do nascimento, o reconhecimento do casamento, a atestação da morte, a sucessão dos direitos, com a herança.[31]

O diocesano exercia seu múnus nos domínios portugueses - territórios do padroado régio ultramarino; portanto, sob a fiscalização e a orientação da Metrópole. A publicação das normas disciplinares e outros textos canônicos estavam condicionadas ao beneplácito régio. Como esclarece Fortunato de Almeida, a imposição do beneplácito régio intensificava-se e abrandava-se conforme as rupturas entre Portugal e a Santa Sé, no delicado e melindroso relacionamento que lograram manter ao longo do seculo XVIII.[32]

Não obstante a regulamentação da Coroa, que procurava regular os excessos eclesiásticos, os estudos específicos, como os de Marcos Magalhães de Aguiar e de Joaquim Ramos de Carvalho, apontam pontos omissos na administração judiciária e de inspeção

---

29  ALMEIDA, Fortunato. *História da Igreja em Portugal*. *Op. cit.*, v. III, cap. VI - Privilégios e Imunidades eclesiásticas - Tribunal da Legacia - Recursos para a Coroa, p. 181.

30  O tribunal da Nunciatura foi criado por uma bula do papa Júlio III, de 21-07-1554, segundo a qual as causas julgadas no Reino não teriam recurso para a Santa Sé. Assim, recursos foram abolidos também pelas Ordenações Filipinas, II, 13, pr. O Tribunal da Nunciatura foi abolido pelo decr. 23-08-1848, convenção de 21 de outubro de 1848, art. 12°, e lei de 04-09-1851. HESPANHA, A. M. "O poder eclesiástico". *Op. Cit.*, p. 287-299.

31  PRADO JÚNIOR, Caio. *Formação do Brasil Contemporâneo*. São Paulo: Brasiliense, 1996, p. 329.

32  Para uma panorâmica a este respeito ver: ALMEIDA, Fortunato. *História da Igreja em Portugal...* *Op. cit.*, v. III, cap. VI - Privilégios e Imunidades eclesiásticas - Cap. VI - ráter geral da relações entre Portugal e a Santa Sé; e Beneplácito régio, p. 261-264.

eclesiástica.[33] Um destes aspectos mal estudados, sob o ponto de vista da distribuição dos casos pela competência, são as ações e os delitos de foro misto.

## Os casos de foro misto

Os chamados casos de foro misto compreendiam os delitos que poderiam ser julgados pelo ordinário diocesano ou o juiz da Coroa. Segundo Antônio Manuel Hespanha, há que se discriminar as causas *mixti fori* (*causae mixti fori*), e os delitos *mixti fori*. As causas envolviam obras pias, capelas ou associações religiosas, casos de concubinato; e os delitos *mixti fori* tratariam de acusações ou suspeitas de delitos como: lenocínio, incesto, envenenamento, blasfêmia, usura, públicos adúlteros, barregueiros, concubinários, alcoviteiros, feiticeiros, benzedeiros, sacrílegos, perjuros, onzeneiros, simoníacos, e os que dão públicas tabolagens de jogos em suas casas. De acordo com o mesmo, a competência dos tribunais laicos e eclesiásticos era concorrente, nestes casos; a partilha se perfazia segundo as regras da *preventia* ou da *alternativa*.[34]

Alguns delitos mencionados supra, sendo de foro misto, foram objeto de livramentos no tribunal eclesiástico de Mariana. Uma sentença eclesiástica do século XVIII mostra que o exercício da jurisdição episcopal nos casos de foro misto encontrava-se condicionado aos requisitos da infâmia, ou denúncia recebida por ocasião de visita pastoral. Estas ocasiões eram, portanto, privilegiadas aos bispos, para procederem contra réus leigos, ou da jurisdição real, denunciados ou suspeitos dos delitos indicados nas Ordenações, e mediante a sua infâmia. De sorte que as visitas pastorais e a devassa geral da visita não apenas exerceriam a função de distribuição dos casos de foro misto, como representavam um mecanismo regulador estrategicamente posicionado entre o esforço de afirmação episcopal, como deixou clara a historiografia específica, e a regulação do direito sobre os delitos de foro misto. Como este procedimento envolvia

---

33 AGUIAR, M. M. de "Estado e Igreja na capitania de Minas Gerais: notas sobre mecanismos de controle da vida associativa". In: *Vária História*, 21 (Especial). Belo Horizonte: FAFICH-UFMG, 1999, p. 43: CARVALHO, J. R. de. "A jurisdição episcopal sobre leigos em Matéria de Pecados Públicos: as visitas pastorais e o comportamento moral das antigas populações portuguesas de Antigo Regime". *Revista Portuguesa de História*, tomo XXIV. Coimbra: Instituto de História Econômica e Social da Faculdade de Letras da Universidade de Coimbra, 1990.

34 HESPANHA, Antônio Manuel. "A Igreja". In: José Mattoso. (Org.) *História de Portugal*. Lisboa: Estampa, v. IV, 1993, p. 299. PEGAS, 1669. Obras pias: Ord. Liv I, tit. 62, § 39-42; Capelas ou associações religiosas: id. Ord. Liv I, tit.62, § 39; Concubinato: Ord. Liv II, tit. I, § 13; Liv II, tit. 9; Delitos Mixti Fori - Ord. Fil. Liv. II, tit. 9.

a obrigatoriadade em presença da infâmia, a denúncia alcança desdobramentos fundamentais, como escopo de um trabalho religioso, que possui seus efeitos nas relações comuniárias. Os casos localizados no acervo do tribunal eclesiástico de Mariana serão analisados em tópico específico, no sétimo capítulo.[35]

Os casos *mixti fori* foram abolidos somente em 16 de maio de 1832, Decreto número 24, dois anos depois de a jurisdição do Tribunal eclesiástico passar a tocar apenas causas espirituais.[36]

## O perdão reservado

Nos chamados casos de perdão reservado residia outro modo importante de exercício da jurisdição episcopal, em sua função reguladora da vida política e social. Conforme a explicação de diversas constituições sinodais do Reino, e da Bahia, a reservação pressupunha a consideração do delito em uma ordem maior de gravidade. Por essa razão, ele era inserido entre os pecados mortais – tornando-se, deste modo, de perdão reservado ao ordinário episcopal. Os chamados casos reservados ficaram definidos por envolver infrações consideradas tão graves, que essa posição deveria ser também inserida entre as faltas eclesiásticas. Os bispos exerciam certo arbítrio sobre quais delitos seriam considerados graves a tal ponto em suas dioceses, pois detinham esta faculdade de estabelecê-lo como entendesse, e reservar o perdão a si.[37]

De todo o modo, a eficácia dos casos de perdão reservado dependiam da participação do clero junto às consciências, pois as admoestações, práticas orais e confessionais deveriam considerá-los, e incutir aversão a eles, por medo da condenação. A hierarquia eclesiástica exercitava a persuasão, por meio do culto divino, do cerimonial eclesiástico, do calendário festivo, bem como das práticas orais e escritas. A lista dos pecados reserva-

---

35  Ordenações Filipinas, liv. 2, tít.9: Dos casos mixti-fori. Disponível em <www1.ci.uc.pt/ihti/ proj/filipinas/l2p427.htm> Consultado em 28 de Maio de 2011; CARVALHO, J. R. de. "A jurisdição episcopal sobre leigos em Matéria de Pecados Públicos: as visitas pastorais e o comportamento moral das antigas populações portuguesas de Antigo Regime". *Op. Cit.*, p. 178.

36  HESPANHA, Antônio Manuel. "A Igreja". In: José Mattoso. (Org.) *História de Portugal*. Lisboa: Estampa, v. IV, 1993, p. 299.

37  Primeiras Constituições sinodais do Arcebispado da Bahia feitas e ordenadas pelo Ilustríssimo e Reverendíssimo Senhor Dom Sebastião Monteiro da Vide, 5º Arcebispo da Bahia, do Conselho de Sua Majestade. Propostas e aceitas em o Sínodo Diocesano, que o Dito Senhor celebrou em 12 de junho do ano de 1707. Coimbra: no Real Colégio das Artes da Companhia de Jesus, 1720. Com todas as licenças necessárias. Liv. 1, tít. 44, n. 177. Dos Casos Reservados, p. 81; Liv. 5, tít. 52, n. 1160.

dos era afixada em uma tábua na sacristia, deixadas em locais visíveis, e frequentemente lida e divulgada pelos párocos e capelães, às Estações em dias de grande concurso de pessoas. A orientação pastoral rezava que estes graves delitos deveriam ser abominados pela hierarquia eclesiástica. Os párocos, capelães e confessores deveriam admoestar os fiéis sobre eles, apontando-os a toda a comunidade, com declarações orais e registros, como pecados mortais. Esta tendência de ação da Igreja tridentina, com a formulação do Deus Legislador, por Francisco Suárez, foi analisada por Paolo Prodi, sob a forma conceitual de juridicização das consciências.[38]

Em Minas Gerais foi significativo o exemplo deste arbítrio exercido pelo bispo na reservação de pecados. Sob pressão da Coroa, ocorreu, à altura da decadência da exploração aurífera, a declaração do crime de contrabando como pecado de perdão reservado. O primeiro bispo da diocese de Mariana, dom frei Manuel da Cruz, relutou em inserir o delito na relação dos pecados reservados, e declarou isto formalmente, propondo uma admoestação mais severa, por meio de cartas pastorais, elaborada por meio da ameaça da eterna condenação e na obrigação da restituição. Chegou a publicar esta carta pastoral. Mas, sob pressão do Rei Dom José I, acabou forçado, não apenas a publicar outra carta pastoral, declararando os descaminhos do ouro como pecado reservado, como também a ordenar a inclusão do delito na tábua dos demais reservados já expostos na sacristia. Mesmo obedecendo à imposição, o bispo fez questão de registrar em carta que duvidava da eficácia deste método na repressão ao contrabando. Este debate foi travado em meados do século XVIII, e envolveu os ministros da Corte, o governador da capitania, José Antônio Freire de Andrade, e o bispo de Mariana. Resultou na inclusão entre os delitos "gravíssimos" de perdão reservado à Sua Excelência, o contrabando de ouro e pedras preciosas.[39]

Através das constituições sinodais e das cartas pastorais, podemos saber quais eram estes casos, e observar as diferenciações entre as listas de algumas dioceses,

---

38 Sobre a juridicização das consciências vide: PRODI, Paolo. "Uma História da Justiça". *Op. Cit.*, p. 355-362. Constituições da Bahia. *Op. Cit.*, Liv. I, tít. 44, n. 177 – Dos casos reservados.

39 Carta para o Ilustríssimo e Excelentíssimo Senhor Gomes Freire de Andrade, governador e capitão-general destas Minas e Rio de Janeiro, de 24 de janeiro de 1752. In: COPIADOR de Algumas Cartas Particulares de Dom frei Manuel da Cruz. Brasília: Editora do Senado; Mariana: Gráfica e Editora Dom Viçoso, fl. 139-139v; (AEAM). Seção de Livros paroquiais. Prateleira W, Códice 41. "Pastoral pela qual Vossa Excelência Reverendíssima declara que as pessoas que desencaminharem ouro para fora destas Minas forem causa da Derrama Geral pelos povos delas não só pecam mortalmente, mas ficam com a obrigação de restituírem à República os danos que lhe causarem" – 12/03/1752, fls. 9-9v; AEAM. Seção de Livros paroquiais. Prateleira H, Códice 14 de Visitas e Fabrica (1727-1831). Pastoral de Dom Frei Manuel da Cruz que torna de

como mostram as tabelas 4, 5 e 6, da seção dos Anexos. Elas correspondem, respectivamente, aos casos reservados à Santa Sé, as listas comparativas de pecados reservados em quatro das dioceses de Portugal, e as suas variações; e as listas comparativas entre a diocese de Mariana e a Arquidiocese da Bahia. Até meados do século XVIII, a diocese de Mariana havia adotado lista idêntica à da Arquidiocese da Bahia, da qual era sufragânea. A tábua dos pecados reservados mudou sob ordem de Dom José I: em meio à decadência na extração mineral na capitania, o contrabando foi acrescentado à lista original.[40]

Na tabela 5 (Seção dos Anexos, Tabela 5, Pecados Reservados nas Dioceses de Portugal) mostra-se haverem sido pouquíssimas variações existentes nas listas dos pecados reservados afixados nas dioceses do mundo português. Conforme a explicação das Constituições de diversas dioceses, a reservação pressupunha a consideração do delito em uma ordem muito maior de gravidade. Por essa razão, esta falta

---

perdão reservado o crime de desencaminho do ouro destas Minas. Dada em 9 de setembro de 1753, fl.63v-64; AEAM. Seção de Livros Paroquiais. Livro de disposições pastorais W-3, 1727 a 1853, fl. 14. Sobre os casos de perdão reservado da diocese de Mariana.

40   Primeiras Constituições sinodais do Arcebispado da Bahia feitas e ordenadas pelo Ilustríssimo e Reverendíssimo Senhor Dom Sebastião Monteiro da Vide, 5º Arcebispo da Bahia, do Conselho de Sua Majestade. Propostas e aceitas em o Sínodo Diocesano, que o Dito Senhor celebrou em 12 de junho do ano de 1707. Coimbra: no Real Colégio das Artes da Companhia de Jesus, 1720. Com todas as licenças necessárias. Liv. 1, tít. 44, n. 177. Dos Casos Reservados, p. 81; Liv. 5, tít. 52, n. 1160; SUMA BREVE dos casos reservados do Arcebispado de Braga. Pelo Douto Manuel de Barros e Costa Abade de S. Cipriano da Refontoura do dito Arcebispado, natural da cidade de Braga das Hespanhas e Primaz etc. Oferecidos à Virgem Senhora da Conceição segunda vez, e acrescentado com o aviso e exame dos confessores. Coimbra: com as licenças necessárias na Oficina de Joseph Ferreira, Impressor da Universidade, ano 1681. Cap. IX. Dos casos reservados no Arcebispado de Braga; Carta para o Ilustríssimo e Excelentíssimo Senhor Gomes Freire de Andrade, governador e capitão-general destas Minas e Rio de Janeiro, de 24 de janeiro de 1752. In: COPIADOR de Algumas Cartas Particulares de Dom frei Manuel da Cruz. Brasília: Editora do Senado; Mariana: Gráfica e Editora Dom Viçoso, fl. 139-139v; Arquivo Eclesiástico da Arquidiocese de Mariana. (AEAM). Seção de Livros paroquiais. Prateleira W, Códice 41. "Pastoral pela qual Vossa Excelência Reverendíssima declara que as pessoas que desencaminharem ouro para fora destas Minas forem causa da Derrama Geral pelos povos delas não só pecam mortalmente, mas ficam com a obrigação de restituírem à República os danos que lhe causarem" - 12/03/1752, fls. 9-9v; AEAM. Seção de Livros paroquiais. Prateleira H, Códice 14 de Visitas e Fabrica (1727-1831). Pastoral de Dom Frei Manuel da Cruz que torna de perdão reservado o crime de desencaminho do ouro destas Minas. Dada em 9 de setembro de 1753, fl.63v-64; AEAM. Seção de Livros Paroquiais. Livro de disposições pastorais W-3, 1727 a 1853, fl. 14. Sobre os casos de perdão reservado da diocese de Mariana.

seria inserida entre os pecados mortais, dos quais somente o ordinário episcopal poderia absolver.[41]

Os procedimentos da justiça eclesiástica expressam, portanto, múltiplas formas de intervenção na vida social e política àquele tempo. No Arcebispado da Bahia, as excomunhões, em todas as suas modalidades, eram reservadas ao bispo. De igual forma, na diocese de Mariana, a inclusão do delito de contrabando tornou-se o único delito que passou a diferenciar a sua lista da Arquidiocese da Bahia (Seção dos Anexos, Tabela 6, Pecados Reservados na Arquidiocese da Bahia e Diocese de Mariana). Estes registros mostram a margem de ação dos juízes eclesiásticos e dos párocos, em circunstâncias diversas, que envolviam resistências dos povos, usuários dos bens espirituais e da assistência religiosa; bem como as tensões inter-institucionais.[42]

Malgrado tais tensões, agentes do Estado e da Igreja deveriam relacionar-se regularmente, em sua práxis judiciária. Isto se dava no âmbito da expedição de feitos judiciais como cartas precatórias e deprecatórias, expedidas e recebidas pelo tribunal eclesiástico; nas execuções de sentenças que envolviam uso de força. Estas execuções implicavam na obrigação de pedir a ajuda do braço secular. Da forma como é regulamentada nas Leis do Reino, esta ajuda era obrigatória. Implicava ainda em uma fiscalização dos autos e feitos, pelo ouvidor e juiz dos feitos do rei; forçava, por outro lado, o sentido normativo de cooperação entre os foros secular e eclesiástico.

## A ajuda do braço secular

O ouvidor, corregedor, ou juiz de fora "julgando que os processos foram ordenadamente processados, conceda ajuda do braço secular". Esta orientação por meio da expressão "ordenadamente processados" quer dizer juridicamente processados - ou seja, era o poder civil que de tudo conhecia. O juiz competente era orientado, desta forma, a inutilizar os processos que quisesse; e a verificar se concederia ou não a ajuda do braço secular, nos procedimentos dos prelados, seja censuras, visitações gerais ou inquirições particulares a pessoas leigas publicamente infamadas dos delitos. Verificado, porém, o processamento correto dos autos, deveria dar execução com a maior bre-

---

41  Remeto novamente a análise de PRODI, Paolo. *Uma História da Justiça. Op. Cit.*, Cap. 8: "A excomunhão, os pecados reservados e o nascimento da Penitenciária", p. 101.

42  *Idem*, p. 217. Cap. 4, "O conflito entre Lei e Consciência", n. 8 - Lei penal e lei moral.

vidade às sentenças do prelado, sem apelação nem agravo, em quaisquer penas que fossem condenados.[43]

De acordo com Manuel de Castro, caso os processos estivessem ordenados, as seguintes autoridades seculares poderiam conceder a ajuda do braço secular: os desembargadores do agravo, da Suplicação e da Relação do Porto ou de Lisboa, nos casos cíveis que envolvessem condenação de pessoa leiga a pagamento de quantia maior que trinta mil réis; o corregedor, ouvidor, ou provedor das comarcas, e na ausência destes, por via de correção, a concederia o juiz de fora, anexando-se a sentença do prelado, sem apelação ou agravo.[44]

Um exemplo da interação entre os foros foi estudado por Luiz Mott, que mostrou a punição da mística Rosa Egipcíaca. Ela escandalizou os contemporâneos, por interromper uma missa, no auge da pregação de um frade capuchinho. Quando as pessoas se voltavam viram a negra mística a gritar as visões que possuía do Além, até ser arrastada para fora da Igreja e levada à presença do vigário da vara. Este juiz eclesiástico lhe teria feito os devidos exorcismos, e trancafiado na cadeia pública. Afirmara que havia já um ano que recebia queixas da mística. Sendo comunicado, Dom Frei Manuel da Cruz ordenou que ela fosse levada para a sede, onde suas culpas seriam apuradas no tribunal eclesiástico.[45]

O primeiro bispo de Mariana não era muito afeito às dependências dos ouvidores, mas julgou necessário empregar rigor no caso de Rosa Egipcíaca. Solicitou a ajuda do braço secular, anexando a sentença com a condenação e o delito da escrava ao magistrado secular. A sentença prescrevia açoites em praça pública, atada ao pelourinho da sede episcopal. Era uma penalidade estabelecida nas Constituições Primeiras do Arcebispado da Bahia contra pessoas inferiores e incapacitadas de pagamento das multas pecuniárias.[46]

Pouco tempo depois, o mesmo bispo realizou uma visita pastoral à Matriz do Inficcionado. Na ocasião, mostrou certa irritação pela confusão causada quanto ao exorcismo.

---

43 Ordenações Filipinas, Liv. 2, Tít. 8. Da ajuda do braço secular. Acesso em 04 abr. 2011<http://www1.ci.uc.pt/ihti/proj/filipinas/ordenacoes.htm>

44 CASTRO, Manoel Mendes de. *Repertório das Ordenações do Reino de Portugal novamente recopiladas. Com as remissões dos doutores todos do Reyno, que as declaram, e concórdia das Leys de partida de Castela, e nesta terceira impressão muito mais emendado, e acrescentado.* Composto pelo Licenciado Manoel Mendes de Castro, lente de Leis que foi na Universidade de Coimbra, por S. Majestade, e seu Procurador e advogado nos Concelhos de Castela, e agora da Casa da Suplicação, com tença, e alvará de lembrança do dito Senhor. Com Privilégio Real. Em Lisboa, com as licenças necessárias. Por Pedro Craesbeeck Impressor Del Rey. Ano 1623. À custa de Domingos Martins, mercador de livros, p. 15-6. Indice das Ordenações – Da ajuda do Braço Secular.

45 MOTT, L. *Rosa Egipcíaca: uma santa africana no Brasil.* Rio de Janeiro: Bertrand Brasil, 1993, p. 30; 68-69; 98-106; p. 114-127.

46 *Idem. Ibidem.* p. 98-114; 127.

Em um dos capítulos da ata da visita, o bispo fizera questão de esclarecer os procedimentos quanto aos misticismos, censurando o pároco e o vigário da vara que não procederam da forma correta. Fez um alerta quanto às providências e os devidos cuidados a tomar quanto aos exorcismos:

> Por nos constar de muitas desordens que há nesta freguesia em fazer os exorcismos, *tendo por vexados dos Demônios os que os não são*, ordenamos que todos os que aparecessem nesta freguesia, *cuidando que o são vão até a cidade para se examinarem e curarem*, e mandamos sob pena de suspensão *ipso facto que nenhum sacerdote secular ou regular faça daqui por diante exorcismos sem licença nossa in scriptis*, e revogamos as licenças que temos dado, exceto uma, que nesta visita concedemos para uma mulher.[47]

A regulamentação da Coroa obrigava os ordinários a solicitar ajuda do braço secular para aplicar penas temporais. Mas para que se executassem as sentenças que envolviam a força física e/ou prisões, era necessário aguardar a cooperação da Coroa. As medidas coercivas deveriam ser requeridas ao braço secular por meio do juiz territorialmente competente.[48] A sentença assinada pelo ordinário diocesano era anexada ao seu mandado de prisão. Estes papéis, segundo as Ordenações do Reino, deveriam ser entregues ao juiz de fora, "não sendo nele presente o Corregedor, ou Ouvidor, achando que os ditos processos foram ordenadamanete processados, conceda a ajuda do braço secular".[49]

Um dos principais agentes a arbitrar neste aspectos seria o juiz dos feitos da Coroa.[50] As Ordenações especificavam os casos nos quais eles deveriam conceder a ajuda do braço secular para se aplicarem punições físicas: públicos amancebados – ainda que condenados a degredo temporal. Deveria o ouvidor dar cumprimento e ajuda, usando de sua alçada contra os leigos condenados nas causas de até 30 mil réis. Fariam prender, penhorar

---

47 Certamente, a mulher que o bispo menciona deveria ser a parteira da localidade. Visita Pastoral de Dom Frei Manuel da Cruz à freguesia de Catas Altas, em 20/08/1749. AEAM, Seção de Livros Paroquiais, Prateleira H, Livro 14 de Visitas e Fábrica (1727-1831), Capítulo 12, fl. 50.

48 HESPANHA, Antônio Manuel. "O poder eclesiástico. Aspectos institucionais." In: José Mattoso. (Org.) *História de Portugal*. Lisboa: Estampa, v. IV – O Antigo Regime (1620-1807) – coordenação de A. M. Hespanha, 1993, p. 287-288; Sess. XXV, Cap. III, De Reformatione; Ajuda do Braço Secular. Ord. Fil., II, 8.

49 Ordenações filipinas, Liv. 2, tít. 8: Da ajuda do braço secular. Disponível em <www1.ci.uc.pt/ihti/proj/filipinas/l2p427.htm> Consultado em 28 de Maio de 2011.

50 ALMEIDA, C. M. *Direito civil eclesiástico brasileiro. Op. Cit.*, p. 211-213. IX. Sobre o Juiz dos Feitos da Coroa.

e executar os culpados conforme o conteúdo das sentenças; casos cíveis que forem da competência dos prelados.[51]

Levando em conta a restrição da sua margem de ação com relação às punições físicas, não causa estranheza o fato de predominarem entre os registros do tribunal as penas que lhe permitiam autonomia na aplicação, como as penas espirituais e pecuniárias. Durante o reinado de Dom José I, as interferências do Estado nos casos que envolviam declaratórias de excomunhão, expedidas por vigários, bispos e até mesmo arcebispos, são flagrantes. Com a pressão régia, registram-se os casos nos quais os arcebispos, tiveram de suspender a penalidade, quando aplicada contra ministros da Coroa ou oficiais.[52]

Mas, para executar as sentenças das pessoas excomungadas, os prelados necessitariam da ajuda do braço secular, cujos termos se encontravam definidos nas Ordenações. A aplicação da pena de excomunhão – matéria específica da mitra pontifícia e da episcopal –, seria alvo de restrições da parte da Coroa desde tempos remotos.[53]

Por outro lado, o tribunal episcopal logrou manter sua autonomia quanto às rendas e emolumentos. Sem contar as receitas das visitas pastorais, ocasiões nas quais se cominavam penas espirituais e pecuniárias. Percebe-se, ao final de cada processo, mesmo aqueles que vão a recurso à Corte ou à Relação Metropolitana da Bahia, que as custas processuais eram contabilizadas. Nota-se, a depender da complexidade de cada caso, o rendimento de vultosas quantias. Conforme os Regimentos e Constituições do bispado, cada oficial descontava, na própria fonte, o que lhe cabia. Segundo os apontamentos de José Joaquim da Rocha, os rendimentos dos ofícios eclesiásticos das comarcas, junta-

---

51 Ordenações Filipinas, Livro 2, tít. VIII – Da ajuda do Braço Secular. Constituições do Arcebispado da Bahia, Livro 5º, título 46, § 1087.

52 Ver: ALMEIDA, Fortunato de. *História da Igreja em Portugal*. Nova edição preparada e dirigida por Damião Peres, Professor da Universidade de Coimbra. Porto/Lisboa: Civilização, 1968, 5 tomos, v. 3, Capítulo VI – Privilégios e imunidades eclesiásticas, p. 177-180.

53 SUMA BREVE dos casos reservados do Arcebispado de Braga. Pelo Douto Manuel de Barros e Costa Abade de S. Cipriano da Refontoura do dito Arcebispado, natural da cidade de Braga das Hespanhas e Primaz etc. Oferecidos à Virgem Senhora da Conceição segunda vez, e acrescentado com o aviso e exame dos confessores. Coimbra: com as licenças necessárias na Oficina de Joseph Ferreira, Impressor da Universidade, ano 1681, p. 24-27. Sobre as intervenções da Coroa, em sucessivos reinados, na aplicação, pelos prelados, das penalidades de excomunhão, vide: ALMEIDA, Cândido Mendes de. *Direito Civil eclesiástico brasileiro. Op. Cit.*, p. 110; 143; 151; 164; 175, sob a Coroa de Dom Afonso; p. 254-56, por fim, sob Dom José I publica a lei de 30-04-1768, que contesta o catálogo das culpas previstas na Bula da Ceia do Senhor, cuja leitura era, até então, realizada em todas as igrejas, às quintas-feiras santas.

mente com as Chancelarias, juntos, representavam uma renda de 12 a 14 mil cruzados, que poderia ser ainda maior, com a concorrência dos ordenados.[54]

A legislação do Reino que vedava ao ordinário proceder em punições temporais sem a ajuda do braço secular eram constantemente readaptadas. Assim ocorreu em 1794, quando se reafirmou expressamente a antiga proibição.[55]

A hierarquia eclesiástica, porém, demarcou certa insistência em manter prisões especiais para os réus eclesiásticos, pois seus registros mencionam ordens de prisão em qualquer casa ou lugar "que servisse de cadeia". Há registro de ocasiões, nas quais, para cumprir a prisão prescrita pelo juiz eclesiástico, até mesmo um tronco no meio da praça serviu como cadeia.

### ALJUBES IMPROVISADOS: A CASA E O TRONCO

A justiça eclesiástica e o seu exercício nos espaços de sua jurisdição tocavam diretamente a aplicação das punições e penitências públicas. Os estudos mostram que estas formas de coerção andaram muito presentes na administração eclesiástica. A sua atuação ocorria no cotidiano das paróquias, em sua multiplicidade de ocasiões, trabalhos e festas. Os costumes, práticas e crenças heterodoxas causavam pequenas e frequentes lutas entre os leigos, alvos da mensagem religiosa e os seus emissores oficiais, que apregoavam uma missão de procura dos pecadores públicos, que afrontavam as regras publicamente afirmadas pelas hierarquias do Estado e a Igreja. Mas nem sempre lograva a hierarquia eclesiástica desencorajar os culpados com tais métodos.[56]

Visando este alvo, as iniciativas do primeiro bispo de Mariana em construir um aljube para os presos condenados por culpas eclesiásticas foram cerceadas ao máximo. A

---

54 ROCHA, José Joaquim da. *Geografia Histórica da Capitania de Minas Gerais. Descrição topográfica, histórica e política da capitania de Minas Gerais. Memória histórica da capitania de Minas Gerais.* Estudo crítico de Maria Efigênica Lage de Resende. Transcrição e colação de textos de Maria Efigênica Lage de Resende e Rita de C. Marques. Belo Horizonte: Sistema Estadual de Planejamento/Fundação João Pinheiro/Centro de Estudos Históricos e Culturais, 1995, p. 90-91. (Coleção Mineiriana, Série Clássicos)

55 SOUSA E SAMPAIO, Francisco Coelho de. Preleções do direito pátrio, público e particular (...). Primeira e segunda parte em que se trata das noções preliminares e do direito público português. Coimbra, 1793, Terceira Parte. Em que se trata do livro II das ordenações Filipinas /.../, Lisboa, 1794, Cap. X. Da proibição que os Juízes Eclesiásticos têm, de executar as suas sentenças contra as pessoas leigas sem ajuda de braço secular, 123. In: HESPANHA, A. M. "Para uma teoria da história institucional do Antigo Regime." In: *Poder e instituições na Europa do Antigo Regime: coletânea de textos.* Lisboa: Fundação Calouste Gulbenkian, 1984, p. 395.

56 SERRÃO, Joel & MARQUES, A. H. de Oliveira. (Dir.) *Nova História da Expansão Portuguesa: o Império Luso-Brasileiro (1620-1750).* Trad. Franco de Sousa (Partes I, II e IV). Lisboa: Estampa,

instalação da hierarquia eclesiástica não deixava de instaurar um processo de luta por afirmação institucional. Embora não pudessem de todo impedir a justiça episcopal, ouvidores e juízes ordinários obstavam-na com múltiplas resistências conhecidas da historiografia especializada, que embargavam procedimentos do tribunal.[57]

O bispo de Olinda, Dom Frei Luís de Santa Tereza, influenciado pelas orientações da Jacobeia, demarcou uma linha de atuação pastoral bastante semelhante à do primeiro bispo de Mariana. Não descurou dos requerimentos para efetivar o exercício da justiça eclesiástica. Dada a inexistência de um aljube episcopal em Olinda, pediu autorização para poder encarcerar os presos da justiça eclesiástica na cadeia pública, como já faziam os seus antecessores. Pedia, ainda, para que o seu meirinho pudesse usar vara branca enquanto andasse a seu serviço.[58]

Na diocese de Mariana, estas tensões são verificáveis no que se refere às tentativas de aplicações das punições pela hierarquia episcopal. Houve atrasos e embargos da Coroa e seus agentes à construção do aljube. Os registros de sentenças do tribunal eclesiástico mostram, por outro lado, improvisos dos vigários das varas e párocos no estabelecimento das prisões aos réus condenados. Os autos mostram que qualquer casa que fosse indicada poderia "servir de aljube", ou cadeia. Nos casos que envolviam pessoas de condição social humilde, até mesmo um tronco no meio da praça poderia servir de prisão e de exemplo.[59]

Os juízes de fora e os ouvidores das comarcas obstaram a administração do aljube pela hierarquia eclesiástica. Esta postura não se verifica apenas durante a gestão do primeiro bispo. Em ata de reunião do Cabido de Mariana de 27 de outubro de 1769, os cônegos discutiam como proceder perante descumprimento da ordem régia de três de maio

---

1991, p. 393. Vol 7, Cordenado por Frédéric Mauro.

57 AHU/MG/Cx. 69, doc. 8. 08/01/1756. Consulta do Conselho Ultramarino sobre a pretensão do Bispo em construir aljube.

58 PAIVA, J. P. "Reforma religiosa, conflito, mudança política e cisão: o governo da diocese de Olinda (Pernambuco) por D. Frei Luís de Santa Teresa (1738-1754)". In: MONTEIRO, Rodrigo Bentes e VAINFAS, Ronaldo (Coord). *Império de várias faces: relações de poder no mundo Ibérico da Época Moderna*. São Paulo: Editora Alameda; PAIVA, Pedro José. Reforma religiosa, conflito, mudança política e cisão: o governo da Diocese de Olinda (Pernambuco) por D. Frei Luis de Santa Teresa( 1738-1754). *Revista de História da Sociedade e da Cultura*, v. 8. Coimbra/Viseu: Centro de História da Sociedade e da Cultura/Palimage Editores, 2008, p. 161-210.

59 AHU/MG/Cx. 69, doc. 8. 08/01/1756. Consulta do Conselho Ultramarino sobre a pretensão do Bispo em construir aljube. Realizamos uma discussão mais pormenorizada em: SANTOS, Patrícia Ferreira dos. *Poder e palavra: discursos contendas e direito de padroado em Mariana (1748-1764)*. São Paulo: Hucitec, 2010, cap. 3.

de 1747, para que as cadeias públicas, administradas pelas Câmaras, recebessem os presos. O ouvidor de Vila Rica, doutor José da Costa Fonseca, proibia, não obstante aquela ordem, ao carcereiro, que recebesse os presos eclesiásticos.[60]

Os registros do tribunal eclesiástico mostram, por outro lado, que os juízes lograram aplicar as punições, mesmo enquanto não se construiu uma prisão para os condenados por culpas eclesiásticas. A situação verificada não se coaduna perfeitamente às normas baixadas por provisão de 1747, na qual Sua Majestade determinava, primeiro, que a obra do aljube deveria ser feita à custa das despesas eclesiásticas; segundo, que, enquanto não se concluísse, "os presos que o merecessem ser pelas culpas da jurisdição eclesiástica seriam recolhidos nas cadeias públicas e os carcereiros obrigados a dar conta deles na forma em que o fazem dos que lhe são entregues pela justiça secular".[61]

Observe-se o caso de Vitória, uma mulher simples, denunciada pelo meirinho do Juízo Eclesiástico, Manuel José de Azevedo, pelo crime de matrimônio clandestino. Marido e mulher eram réus, e foram denunciados, mas quem estava presa era Vitória Maria Assunção. O seu cônjuge, Constantino Mendes Raposo, alcançou uma carta de seguro, que lhe garantia a liberdade, enquanto corria o seu livramento. Os autos referem que Vitória Maria estava presa em um *tronco que serve de cadeia no Arraial da Campanha do Rio Verde*", por ordem do Reverendo Vigário da Vara José Xavier da Silva Toledo, pelo crime de casar-se clandestinamente na freguesia de Nossa Senhora da Assunção do Descoberto do Cabo Verde do bispado. A ré alegava que havia incorrido naquela culpa "por ignorante e natural imbecilidade de mulher, além dos poucos anos". De acordo com a defesa, Vitória era uma menina de tenra idade, e estas características, segundo o seu procurador, "também conduzem para não acertar no que deve". Requerendo o advogado ao Reverendo Vigário da Vara que a admitisse a livramento, este lhe deferiu que lhe não pertencia e que recorresse ao governador do Bispado. A defesa alegava, ainda, "que a Suplicante é tão pobre que nada tem de seu e se está alimentando de algumas esmolas, pelo que lhe é dificultoso poder mandar tratar de seu livramento nesta cidade ou ainda em outra qualquer vila, e menos vir porque não tem para despesas da condução pretende que V. S.a lhe faça a es-

---

60 Acórdão sobre o Aljube e o Encarceramento de presos eclesiásticos. Livro Primeiro do Cabido, fl. 131 v. In: BOSCHI, Caio César. *O Cabido de Mariana (1745-1820): documentos básicos*. Fixação dos textos, organização e estudo introdutório por Caio César Boschi. Belo Horizonte: Fundação João Pinheiro, 2011, p. 335-36. (Coleção Mineiriana: Série Obras de Referência).

61 AHU/MG/08/01/1756, Cx.69, doc. 8. Consulta do Conselho Ultramarino sobre a pretensão do bispo em construir aljube.

mola de mandar que o Reverendo Vigário da Vara daquele continente da Campanha lhe dê livramento seguidos os termos".

A Suplicante pedia "pelas chagas de Cristo se dignasse a atender à súplica na forma que requeria, por cuja graça receberá do mesmo Senhor aquela de que se faz digna tão grande esmola E. R. M". Em janeiro de 1773, o governador do bispado, doutor Francisco Xavier da Rua, deferiu a súplica e delegou poderes ao Vigário da Vara para poder conhecer do crime. Recomendou, porém, que processados os autos até o final, para serem sentenciados os remetesse ao Juízo Geral. Por seu turno, Constantino alegou haver contraído o casamento clandestino com Vitória Maria "mal aconselhado". A primeira sentença dada ao caso foi uma interlocutória do Vigário da Vara: "Visto o que consta deste sumário obriga a prisão e livramento aos denunciados Constantino e Vitória de Tal. O escrivão os ponha no rol dos culpados e passe mandado com as diligências necessárias para serem presos".[62]

Punições como esta, à qual Vitória foi condenada, assumiam um caráter público. Estando amarrada a um tronco, cumpria uma tendência respeitante a um antiquíssimo ponto de disputa entre a Coroa e a mitra: as penitências públicas. Este foi o alvo de muitas das restrições normativas baixadas pela Coroa. Não à toa, verifica-se a expressividade das punições espirituais e pecuniárias, ou a combinação de ambas. As penalidades públicas foram largamente exercidas durante as devassas que os visitadores procederam nas freguesias do bispado de Mariana. Luciano Figueiredo e Ricardo Sousa localizaram nas devassas as penas pecuniárias e penitências públicas aplicadas a alcoviteiras, condenadas a assistir às missas de pé, a excomunhão, e as penas pecuniárias, massivamente empregadas contra casais concubinados.[63]

O tribunal diocesano, por meio de uma rede firmada em torno das vigararias das varas aplicou penas, comutou e degredou para fora da comarca, para fora do bispado, e mais raramente para Angola. As sentenças mostram o exercício da coerção física e psíquica junto às pessoas leigas e eclesiásticas que desafiavam a ortodoxia.[64]

Muitas vezes, algum problema eclodia no âmbito específico da atuação dos juízes, e algumas divergências, ou interesses e concorrências, emergiam e se acentuavam. Os âni-

---

62  AEAM. Juízo Eclesiástico, processo n. 2791 – 26-01-1773. Denúncia e autos de livramento crime. Autor: A Justiça, por denúncia que dela deu o meirinho do Juízo Manuel José de Azevedo, por matrimônio clandestino. Réus denunciados: Vitória Maria Assunção, presa; e Constantino Mendes Raposo, réu seguro.

63  FIGUEIREDO, L. R. de A; SOUSA, Ricardo Martins de. "Segredos de Mariana: Pesquisando a Inquisição Mineira". *Acervo*. Rio de Janeiro, v. 2, n. 2, jul-dez, 1987, p. 6.

64  Conforme Registros de Sentenças do Tribunal Eclesiástico: AEAM. Governos Episcopais, Ar-

mos se exaltavam, congregando partidos, ações e consequências com vistas a uma influência mais hegemônica. Sempre que os vassalos se sentissem vexados, não faltavam advogados e solicitadores de causas a orientá-los para representarem ao rei, e serem assistidos pela prerrogativa da *regia protectio*. Álvaro de Araújo Antunes e Carla Anastasia mostraram que a população conhecia e utilizava estes mecanismos de apelação à pessoa do soberano. Antunes mostrou a importância da atuação dos advogados e procuradores de causas como mediadores, entre os diversos segmentos na sociedade colonial e a justiça, que impregnava as noções de sossego e ordem pública. Quem estuda a documentação administrativa e judiciária do século XVIII não demora a notar que havia um conhecimento partilhado destes direitos que assistiam os vassalos, e isso não era fortuito, em um meio formado por uma imensa maioria iletrada. Julita Scarano e Carla Anastasia mostraram que mesmo as pessoas mais humildes não deixaram de apelar às prerrogativas da *regia protectio*.[65]

Além de outras limitações e dependências, como o uso da força, a *regia protectio* poderia configurar uma das circunstâncias cerceadoras de algum autonomismo que poderia possibilitar aos agentes do tribunal eclesiástico. Naquele modelo corporativo de fazer política, o argumento jurídico, e os seus operadores, os juristas, eram fundamentais. Citando o estudo de Shaubb, Hespanha ressaltou "que a política faz-se tanto na corte quanto no tribunal; e, mesmo quando se faz na corte, faz-se segundo os cânones do direito: estribada em requerimentos, em papéis arrazoados ao estilo do direito, invocando direitos, usos e estilos, clamando pela Justiça. A Justiça é um modo de governar do Estado Moderno, é sempre feita em nome do rei. Isto se verifica no ato de *deixar-se invocar"*.[66]

Pode-se concluir, por ora, que se a Igreja diocesana não se configurou, mediante os entraves legais e de fiscalização secular, um poder autonomista, logrou, por outro lado,

---

mário 6, prateleira 2, Livros 1029 (1748-1765), 1030 (1765-1784) e 1031 (1784-1830).

65  Julita Scarano refere a petição dos homens crioulos e mestiços a Sua Majestade em AHU/MG, Cx. 43, 18/01/1756. SCARANO, Julita. *Devoção e Escravidão: a irmandade de Nossa Senhora do Rosário dos Pretos no Distrito Diamantino*. 2ª ed. São Paulo: Nacional, 1978. (Brasiliana), p. 11-21; Álvaro de Araújo Antunes mostra a mediação exercida pelos advogados entre os pleitos da população e os mecanismos das justiças. ANTUNES, Álvaro de Araújo. *Fiat Justitia: os advogados e a prática da Justiça em Minas Gerais (1750-1808)*. Tese de Doutorado, IFICH-Unicamp, 2005, p. 264 et. seq. Carla Anastasia mostra como os povos encaminhavam as suas reivindicações à Coroa, cientes da prerrogativa da *regia protectio*. ANASTASIA, C. M. J. "A lei da boa razão e o novo repertório de ação coletiva nas Minas Setecentistas". *Vária História*. Belo Horizonte: Fafich-UFMG, n. 28, dez. 2002.

66  HESPANHA, A. M. "Depois do Leviathan." *Almanack Braziliense*, n. 5, Maio de 2007, p. 60; 64. Itálico do autor.

demarcar de maneira nítida e forte a especificidade eclesiástica na administração das suas justiças. Fê-lo de forma a empregar métodos coercitivos alternativos às penas físicas ou temporais, incentivando as penalidades e censuras espirituais, especialmente a excomunhão. A instituição, de outra forma, desempenhou o seu papel fazendo-se presente no cotidiano das pessoas, marcando os momentos do início da vida e da morte, em momentos de perdas extremas, recebendo as queixas; de crises de consciência, com a confissão e os sacramentos. A justiça eclesiástica encontrava-se enlaçada às práticas pastorais e aos ritos litúrgicos sob a norma tridentina.

Esta norma conciliar propugnava a cooperação entre as justiças. Em certa medida, a cooperação se verifica na diocese de Mariana, por meio das sentenças e cartas precatórias, enviadas às Justiças Seculares, ou das deprecações delas oriundas de casos pertencentes à alçada eclesiástica. Esta tarefa, levada a efeito pelos juízes seculares e eclesiásticos, não seria processada sem tensões, desafios pessoais, alianças, composições, escolhas de lados. Deste modo, releva conhecer a trajetória pessoal dos agentes da justiça eclesiástica, as suas alianças, desafetos e desafios, como se poderá acompanhar no capítulo a seguir.

# Capítulo 5

## O recrutamento dos juízes eclesiásticos: o episcopado e o cabido

Os processos de ascensão social no Império Português assumiram ligações com o estabelecimento das redes familiares e clientelares e a distribuição de cargos públicos. Segundo Russell-Wood, nas escolhas de governadores e vice-reis, relevavam características como o sangue nobre, que qualificava o pertencimento de um indivíduo a grupos familiares prestigiados. Mesmo fora destes grupos de grande prestígio, destacam-se outras estratégias de ascensão social, tais como as chamadas redes de clientelas. Como referiu o autor, estas redes poderiam ser horizontais, formadas junto aos agentes locais; e as verticais, que percorriam a hierarquia dos conselhos e tribunais, ligando o representante do cargo ao rei. A Coroa lusitana receava a influência local destas redes, evitando, como uma de suas estratégias para mitigá-las, as longas permanências de governadores e agentes em domínios longínquos.[1]

A correspondência episcopal e as disputadas nomeações dos titulares de cargos do tribunal eclesiástico, assim para as colações em paróquias próximas, permitem situar o episcopado em redes clientelares verticais e horizontais. Não é objetivo deste estudo rastrear tais laços e redes, mas indicá-los, para corroborar na busca de nexos das relações travadas pelos bispos e juízes eclesiásticos no século XVIII. Nesta perspectiva, é possível estabelecer ilações acerca do perfil de atuação destes agentes segundo a dimensão humana, conforme destacou Russell-Wood, que eles configuraram dos poderes. Para o autor, esta dimensão auxilia a compreensão das lógicas próprias da administração nas distintas partes do Império lusitano.[2]

Segundo Marcelo Rocha, as redes clientelares também podem ser compreendidas como a utilização dos laços de amizade, e dos laços familiares, como um dos fundamen-

---

1   RUSSELL-WOOD, A. J. R. "Governantes e agentes". In: BETHENCOURT, F. CHAUDHURI, K. *História da Expansão Portuguesa*. Lisboa: Círculo de Leitores, 1999, p. 169-193.

2   *Idem. Ibidem*, p. 169-172.

tos do exercício do poder. Os círculos de relações famliares e profissionais se complementam, tendo em vista a atuação social de um indivíduo. Rocha estabelece distinção entre as redes de amizades íntimas e as amizades instrumentais. Em geral, as primeiras possibilitariam o desenvolvimento lateral da rede relacional: aproximavam indivíduos relativamente idênticos socialmente por meio de alianças que situam-se em uma esfera intersticial à dos laços familiares. As amizades íntimas gerariam um parentesco artificial, mas de funcionamento eficaz como rede de solidariedade e proteção mútua. Por sua vez, as amizades instrumentais situariam-se, em geral, na esfera profissional: compreendem relações de poder, baseadas em interesses específicos. Permite a formação de redes de dependência e subordinação.[3]

O bom andamento da administração da justiça eclesiástica no bispado de Mariana condicionava-se às nomeações de ministros e oficiais, em geral destinada aos sacerdotes ligados ao bispo por laços de confiança. Estas nomeações eram alvos de disputas e de perseguições da parte dos que não eram contemplados com cargos e ofícios no tribunal e na Câmara eclesiástica. Esta dissidência possuía um importante foco no Cabido diocesano, campo de recrutamento destes agentes. Em sua análise do tribunal eclesiástico do Maranhão, Pollyanna Gouveia mostrou o acirramento das disputas, especialmente em torno do cargo de Vigário geral.[4]

No Cabido e em torno dos cônegos se fazem notar, por conseguinte, redes de dependência e subordinação, em um processo de constante recomposição e atrito, a exemplo das amizades instrumentais referidas por Marcelo Rocha. Os bispos ligavam-se verticalmente às redes clientelares formadas desde a Corte, correspondendo-se diretamente com o rei e seus ministros mais próximos. Outrossim, as escolhas feitas por estes bispos dos titulares para os seus cargos de confiança favorecia a formação de outra rede local, de natureza horizontal, como expôs Russell-Wood.[5]

A identificação de múltiplas redes formadas em torno dos bispos expõe algumas das suas linhas de ação, uma vez que as escolhas dos ministros variavam a cada gestão episcopal. As escolhas implicavam na fidelidade, em ideiais comuns, ou na formação, com a adoção de linhas de afinidade, como ocorreu com os nomeados por Dom Frei Manuel da Cruz. Já os bispos que o sucederam pemaneceram distantes da diocese (1771-1779). Ne-

---

3  ROCHA, Marcelo. *Papéis selados: carreira jurídica, estratégias de reputação e poder na Nova Espanha (1580-1730)*. Rio de Janeiro: Mauad | Faperj, 2010, p. 130-131.

4  MENDONÇA, Pollyanna Gouveia. *Parochos imperfeitos. Op. Cit.*, p. 53.

5  ROCHA, Marcelo. *Papéis selados. Op. Cit.*, p. 130.31; RUSSELL-WOOD, A. J. R. "Governantes e agentes". *Op. Cit.*, p. 169-72.

cessitando nomear procuradores para representá-los, buscaram levantar informações sobre os candidatos na Corte. Ou ainda, como fez Dom Bartolomeu Manuel Mendes dos Reis, terceiro bispo nomeado para a diocese de Mariana, nomear procuradores anteriormente eleitos por seus antecessores. Os comissionados eram investidos de autoridade por faculdade do titular, e assumiam o trabalho religioso em meio a um processo complexo de afirmação episcopal.[6]

Desde a criação do bispado de Mariana, e ao longo do século XVIII, houve grande disputa pelo acesso aos cargos proeminentes na hierarquia eclesiástica, desencadeando disputas entre os cônegos do Cabido. Essa relação conflituosa entre a mitra diocesana e o corpo capitular não é uma característica específica da América Portuguesa, por situar-se no ultramar, distante da Metrópole. Como demonstram os estudos de Antonio Irigoyen Lopez, a aplicação dos decretos do Concílio de Trento não foi nada simples. [7]

Segundo a norma tridentina, o corpo de cônegos, espécie de conselho episcopal, deveria configurar um braço auxiliar do bispo. Não foi exatamente esta a experiência vivenciada por Dom Frei Manuel da Cruz, entre 1748 e 1764. Tampouco, pelo quarto titular, e o segundo bispo a residir à diocese, Dom Frei Domingos da Encarnação Pontevel (1780-1793). Curiosamente, durante a própria gestão do Cabido, Sede Vacante (1764-1771), as contestações conformaram uma constante. Outrossim, durante o chamado período dos procuradores, (1771-1779) houve levantes e perseguições, internas, entre os Cônegos, e críticas à sua atuação iníqua.[8]

A administração da justiça episcopal transcorreu, portanto, em todo o século XVIIII, em meio a grande discórdia entre facções do Cabido. Entre 1748 e 1793, alguns juízes eclesiásticos, entre vigários gerais e das varas, também serviram como governadores diocesanos, por comissões dos bispos titulares. Isto ocorreu com maior frequência no

---

6     TRINDADE, Raimundo. *Arquidiocese de Mariana. Op. Cit.*, 2ª ed., v. 1, p.146-51; 290. VASCONCELLOS, Diogo. *História do bispado de Mariana. op. Cit.*, p. 77-79.

7     LOPEZ, Antonio Irigoyen. "La difícil aplicación de Trento: las faltas de los capitulares de Murcia (1592-1622)". *Hispania Sacra*, LXII, 125, enero-junio 2010, 157-179; *Idem*. "Aplicaciones Tridentinas: La visita Del obispo Sancho Dávila al cabildo de La catedral de Murcia (1592)." IH 22 (2002), p. 22.

8     Sobre o Cabido de Mariana, vide: TRINDADE, R. de Oliveira. (Côn.) *Arquidiocese de Mariana: subsídios para sua História*. 2ª ed. Belo Horizonte: Imprensa Oficial, 1953. CHIZOTTI, Geraldo. *O Cabido de Mariana (1747-1820)*. Dissertação de Mestrado. Unesp, Franca, 1984. CAVALCANTI, Alcilene. *A diocese de Mariana (1748-1764): palco de conflitos entre o bispo e o cabido*. Ouro Preto, 1999. (Monografia) IFAC-UFOP. BOSCHI, Caio César. *O Cabido da Sé de Mariana (1745-1820)*. Belo Horizonte: Fundação João Pinheiro | Editora PUC Minas, 2011. (Coleção Mineiriana: Série Obras de Referência).

chamado período dos procuradores (1771-1779). Em geral, os bispos do século XVIII não prescindiram de um representante nos inícios e fins de suas gestões. À época de Dom Frei Manuel da Cruz, o primeiro foi o doutor Lourenço José de Queiroz Coimbra. Era vigário da vara da comarca do Rio das Velhas, com sede na Vila Real do Sabará. Foi nomeado em 1748, pouco antes da sua chegada, para tomar as primeiras providências e deliberações da administração diocesana que então se iniciava.[9]

Por volta de 1763, o doutor Teodoro Ferreira Jácome atuou como o segundo governador diocesano, por comissão de Dom Frei Manuel da Cruz. Era comissário do Santo Ofício, e acumulara experiência como Promotor do Juízo Eclesiástico, em 1756; assumiu o governo diocesano quando o bispo adoeceu. Com sua morte, em 3 de janeiro de 1764, o Cabido Sede Vacante assumiu a jurisdição episcopal até 1771.[10]

Este período se encerrou com a nomeação do segundo bispo diocesano, em 1771. Entrou em cena o terceiro governador diocesano de Minas Gerais, que teria uma atuação mais longeva, devido ao absenteísmo dos bispos deste período. O Dr. Francisco Xavier da Rua tomou posse pelo segundo bispo, Dom Joaquim Borges de Figueiroa, em fevereiro de 1772. Da residência episcopal em Mariana, passou a despachar processos cíveis e criminais e as punições disciplinares aos cônegos e sacerdotes, assim como a administrar as contendas do Cabido e levantes na sede episcopal.[11]

A possibilidade de assumir cargos e ofícios na Câmara episcopal e no Tribunal eclesiástico representava um campo fértil de oportunidades de carreira e ascensão local – principalmente entre o clero e os advogados locais. Formavam-se, entre estes segmentos, alguns grupos, que promoviam reuniões e associações pautadas em atitudes de contestação ou apoio às políticas de nomeações dos representantes episcopais. Em torno ao bispo diocesano formava-se também uma corte de ministros e oficiais delegados de confiança, que sempre o acompanhavam, como prescreviam as Constituições diocesanas. Mediante a relação que construíram com o bispo, alguns ministros e oficiais se destacaram, principalmente, como juízes eclesiásticos. Vale, portanto, observar alguns traços biográficos, e os desafios que vivenciaram, ao longo das diferentes gestões episcopais,

---

9   TRINDADE, R. (Côn.) *Arquidiocese de Mariana*, v. 1, p. 72.

10  TRINDADE, R. (Côn.) *Arquidiocese de Mariana*, v. 1, p. 80; 290.

11  Após o doutor Francisco Xavier da Rua, o doutor José Justino de Oliveira Gondim atuou no governo diocesano. Foi sucedido pelo Dr. Inácio Corrêa de Sá. Este novo governador exerceu, por comissão de Dom Frei Domingos da Encarnação, até a sua Entrada Solene, em 1780. VASCONCELLOS, Diogo de. *História do Bispado de Mariana*. Belo Horizonte: Apollo, 1935. (Biblioteca Mineira de Cultura), p. 77-8. TRINDADE, R. de Oliveira. (Côn.) *Arquidiocese de Mariana. op. Cit.*, 2ª ed., v. 1, p. 146.48.

em seus postos à frente do tribunal eclesiástico. Houve os que, graças a estes antecedentes, lograram outras oportunidades no juízo eclesiástico, em gestões diferentes.

## Dom Frei Manuel da Cruz: a organização diocesana

Segundo José Pedro Paiva, um dos principais responsáveis pela nomeação do primeiro bispo de Minas Gerais foi Dom Frei Gaspar da Encarnação. Era monge no convento franciscano do Varatojo, e assumiu o posto de Secretário de Estado no reinado joanino, fortemente identificado à corrente de devoção chamada Jacobeia, que preconizava a urgência na reforma dos costumes no seio das congregações e no público. José Pedro Paiva observa que a partir dos anos vinte de Setecentos, em boa parte devido à influência de Frei Gaspar da Encarnação junto ao rei Dom João V, foram nomeados para várias dioceses de Portugal e do império, desde o Oriente até ao Brasil, muitos bispos recrutados entre os adeptos daquela corrente de renovação da vida religiosa e espiritual conhecida por jacobeia.[12]

Dos três primeiros bispos nomeados para a diocese de Mariana, apenas o primeiro fez-se presente. Dom Frei Manuel da Cruz (1748-1764) cultivava amizade com dom frei Gaspar e outros religiosos de altos postos em congregações no Reino, que ficou documentada no *Copiador de Cartas Particulares* de Dom Frei Manuel da Cruz. Estes registros permitem perceber a inserção do bispo na chamada rede vertical, que tocava as suas relações com ministros da Corte. Dom Frei Gaspar da Encarnação emerge das cartas como um grande amigo e conselheiro, um mentor da linha de ação pastoral que procurou implementar no bispado de Mariana. Dom Frei Manuel da Cruz o informava acerca de todas as discórdias e desafios que enfrentava em seu múnus.[13]

O programa da ação pastoral do primeiro bispo, deste modo, deve uma de suas matrizes à corrente propugnada por Dom Frei Gaspar da Encarnação: a Jacobeia. Entre os seus propósitos, encontra-se o de fazer observar escrupulosamente os preceitos religiosos, entre o clero e os seculares, a adequação dos costumes das populações à ética cristã, o aprofundamento da piedade, para que fosse mais espiritual e interior do que ritualista. Para isso deveriam ser praticadas diariamente a oração

---

12  PAIVA, Pedro José. "Reforma religiosa, conflito, mudança política e cisão: o governo da Diocese de Olinda (Pernambuco) por D. Frei Luis de Santa Teresa (1738-1754)". *Revista de História da sociedade e da cultura*, v. 8. Coimbra/Viseu: *Centro de História da Sociedade e da Cultura*/Palimage Editores, 2008, p. 161-210.

13  PAIVA, José Pedro. *Os bispos de Portugal e do Império. Op. Cit.*, p. 496-503. COPIADOR de algumas cartas particulares, fl. 70; 72.

mental, o regular exame individual da consciência, o empenho na correcção fraterna, a frequência dos sacramentos, com particular destaque para a confissão, a mor-
tificação dos vícios e das paixões desordenadas, os jejuns, o desprezo do mundo, a
pobreza no vestir. Em todo este projecto era dado especial relevo à formação do
clero regular e secular, considerado o suporte de toda a ofensiva de morigeração da
vida religiosa e moral do Reino.[14]

Ao longo da gestão diocesana de Dom Frei Manuel, nota-se grande cuidado quanto às nomeações de juízes e ministros para atuarem no tribunal e na Câmara episcopal.
O bispo não deixou de considerar laços de amizade, como o que o unia ao Cônego Vicente Gonçalves Jorge de Almeida. Enquanto esteve à frente do bispado, este cônego foi
Secretário pessoal. De igual forma, em várias cartas e em seu testamento, mostrou
amizade e confiança no doutor Teodoro Ferreira Jácome, Lourenço José de Queirós
Coimbra, e doutor José dos Santos. A estes, reservou os postos de visitadores gerais,
vigários gerais e das varas eclesiásticas.[15]

Doutor Teodoro e doutor Lourenço concluíram a sua ordenação sacerdotal e formação em Cânones em Coimbra. Do doutor José dos Santos, não logramos precisar os dados
de formação, tendo em vista as dezenas de homônimos entre as fichas de matrículas e a
ausência de informações adicionais sobre sua filiação. Teodoro Ferreira Jácome, filho de
Mateus Ferreira Jácome, era natural de Tavarede. Tornou-se bacharel em Cânones em
junho de 1749. Na formatura do ano acadêmico de 1748 para 1749, altura em que já era
padre, Teodoro Ferreira Jácome obteve de seus Lentes o conceito "Suficiente". O doutor
Lourenço de Queirós Coimbra, filho de João de Queirós Botelho, era natural do Amarante. Formou-se em Cânones em solenidade do ano acadêmico de 1726 para 1727, e foi con-
ceituado como "Bom Estudante".[16]

O diploma na Universidade de Coimbra foi um critério privilegiado por Dom Frei
Manuel da Cruz para a primeira formação do primeiro corpo capitular. Quis, conforme

---

14 PAIVA, J. P. "Reforma religiosa, conflito, mudança política e cisão: o governo da diocese de
Olinda (Pernambuco) por D. Frei Luís de Santa Teresa (1738-1754)". *Op. Cit.*, p. 161-210.

15 A sequência cronológica dos vigários gerais entre 1748 e 1764, por comissão de Dom Frei Manuel
da Cruz: Dr. Lourenço José de Queiroz Coimbra (1748); Dr. Geraldo José de Abranches (1748-
1752); Dr. José dos Santos (1752-1756); Dr. Manuel Cardoso Frazão Castelo-Branco (1756-1759);
Dr. Inácio Corrêa de Sá (1759-1762); Dr. Teodoro Ferreira Jácome (1762-1767). AEAM. Governos
Episcopais, Arm. 6, Prat. 2, Livro 1029 (1748-1765); COPIADOR de algumas cartas particulares
de dom frei Manuel da Cruz, fl. 106-106v; 119-121; 132.

16 AUC. Seção Universidade. *Livro de Informações Gerais 1713-1732*, fl. 93 - Lourenço José de Queirós
Coimbra; *Livro de Informações Gerais 1730-1770*, fl. 163 - Teodoro Ferreira Jácome, filho de Mateus Ferreira Jácome, natural de Tavarede. Matriculado na Faculdade de Cânones da U. C entre

fosse possível, que houvesse entre eles alguns Comissários do Santo Ofício. Para isso, informou-se à Corte acerca dos melhores nomes.[17]

Não se deve desprezar o fato de, na primeira gestão episcopal e nas subsequentes, a maioria dos vigários gerais haver sido recrutada entre os Cônegos do Cabido. Esta tornou-se uma das principais causas da grande divisão que ali se instalou, e permaneceu em toda a centúria. Dom Frei Manuel da Cruz admitiu em carta nunca haver alcançado verdadeira reconciliação, mesmo tendo usufruído a faculdade de apresentar os nomes. Malgrado os obstáculos, Dom Frei Manuel da Cruz é apontado pelos historiadores sociais e eclesiásticos como um dos bispos mais zelosos da diocese de Mariana desde a fundação. "Herói do Áureo Trono Episcopal" – o chamará José Ferreira Carratto, enumerando as suas realizações. O Padre Arlindo Rubert avalia que alcançou grande êxito em sua missão, que envolveu a responsabilidade da organização diocesana, a fundação do Cabido e a construção do seminário diocesano. Este edificou-se como um importante polo de ensino e formação religiosa durante todo o século XVIII.[18]

Como observou Rubert, malgrado as realizações do primeiro bispo, não foram poucos os seus contratempos, em meio à enorme dissolução dos costumes na região mineradora, quando a ganância dava o tom às explorações auríferas, controladas pela Coroa de Portugal. A cidade episcopal ainda estava precária e em construção.[19]

Tanto que ao iniciar a sua gestão, Dom Frei Manuel da Cruz empreendia dois movimentos para a organização da diocese: solicitava à Coroa o provimento da infra-

---

1732-1749, foi Bacharel em Cânones em 30/06/1749. Sobre o Doutor José dos Santos, uma das fichas prováveis pode ser: SANTOS, José dos. (Cx. 41, doc. IV, 2ª D – 12) Matriculado na Faculdade de Cânones entre 1734-1742. Filho de Ambrósio dos Santos, natural de Portunhos. Bacharel em Cânones em 27/07/1741, com formatura em 25/07/1742. Certidão de frequência e actos na Universidade.

17 COPIADOR de algumas cartas particulares, fl.73; 94v-95. BOSCHI, Caio César. *Exercícios de Pesquisa Histórica. Op. Cit.*, p. 245. O próprio bispo Dom Frei Manuel da Cruz, natural de Vila Nova de Famalicão, Bispado do Porto, filho de Francisco da Cruz, formou-se em Cânones na Universidade de Coimbra, foi classificado como "Suficiente" ao término de seus estudos, na Formatura e Encerramento do Ano Acadêmico de 1716 para 1717. AUC. Seção Universidade. *Livro de Informações Gerais 1713-1752*, fl. 25.

18 RUBERT, Arlindo (Pe). *Historia de la Iglesia en Brasil*. Madrid: Editorial Mapfre, 1992, v. 7. (Colección Iglesia Católica en el Nuevo Mundo), p. 313. El obispado de Mariana; CARRATO, J. F. *Igreja, Iluminismo e Escolas mineiras coloniais*. São Paulo: Companhia Editora Nacional, 1968, p. XIII; 58; 108. (Brasiliana, 334)

19 *Idem. Ibidem.*

-estrutura necessária para a Igreja Catedral na cidade episcopal que, como dizia, estava "muito em seu começo". E escrevia a vários amigos na Corte, solicitando proteção, apoio e reforço para seus projetos. Requeria reparos para o Côro, Cabido, Capela-mor e Sacristia; e a criação dos ofícios de sineiro e varredor para a Catedral. Solicitava, ainda, insistentemente a autorização para a construção do aljube para os réus do tribunal eclesiástico.[20]

Não obstante a insistência dispensada a estes fins, e a atenção que recebeu em alguns de seus pedidos, os planos do primeiro não se concretizaram perfeitamente: os jesuítas, velhos companheiros, foram expulsos dos domínios de Portugal, forçando-o a despedir um sobrinho professo na Companhia. Frei Gaspar da Encarnação, um dos precursores da Jacobeia, foi perseguido à época pombalina; os jacobeus, que preconizavam a ascese e a piedade, protestando contra as "glórias do mundo", tratados como inimigos do despotismo esclarecido. Dom José I considerou a sua atitude como "intromissão do poder religioso na esfera do social".[21]

Assim mesmo, o bispo de Mariana procurou dotar o tribunal eclesiástico com os melhores agentes, para levar a justiça eclesiástica a efeito. Principalmente os vigários gerais, responsáveis pela administração da justiça e do foro contencioso do tribunal eclesiástico. Ainda, os vigários das varas eclesiásticas, visitadores delegados, promotores e os próprios párocos, agentes chamados à tarefa de inculcação da doutrina em suas circuns-

---

20  AHU/MG/10/02/1747, Cx. 48, doc. 12. Consulta do Conselho Ultramarino sobre requerimento de Dom Frei Manuel da Cruz; AHU/MG/25/12/1746, Cx. 47, doc. 88; AHU/MG/08/01/1756, Cx. 69, doc. 8. Consulta do Conselho Ultramarino sobre a pretensão do Bispo em construir aljube. Petição de Dom Frei Manuel da Cruz. In: COPIADOR de algumas cartas Particulares do Excelentíssimo e Reverendíssimo Sr. Dom Frei Manuel da Cruz, fl. 205. Transcrição, Revisão e Notas de Aldo Luiz Leoni. Brasília: Senado Federal, 2008. CADERNOS Históricos do Arquivo Eclesiástico da Arquidiocese de Mariana: o Copiador de Cartas Particulares do Excelentíssimo e Reverendíssimo Sr. Dom Frei Manuel da Cruz, v. 5. Organização e Notas de Mons. Flávio Carneiro Rodrigues e Prof.a Maria José Ferro de Sousa. Mariana: Editora Dom Viçoso, 2008, parágrafo 1º, p. 80.

21  SERRÃO, J. V. História de Portugal (1750-1807). V. 6 - O despotismo iluminado. Lisboa: Verbo, Capítulo 1, p. 117; Àquela altura, o governador da capitania de Minas Gerais recebeu um memorial sobre o cisma do sigilismo, o qual, segundo apontavam, fora levantado no Reino pela seita dos jacobeus e beatos. As autoridades deviam mostrar que recebiam, e implantavam as diretrizes legislativas em cursoAHU/MG/V. Rica. 29-12-1769. Cx 96, doc. 59, cd 28. Carta do Conde de Valadares, D. José Luís de Meneses, governador das Minas, para Francisco Xavier de Mendonça Furtado, acusando a recepção de alguns exemplares da lei de 18 de agosto que remeteu aos ministros e dos exemplares do memorial sobre o cisma do sigilismo que os chamados jacobeus e beatos levantaram neste Reino.

crições. Em seu trabalho, entravam em contato com as gentes e com juízes seculares; não raras vezes, ocorriam conflitos.[22]

Muitos dos contratempos da primeira gestão episcopal não apenas foram compartilhados, mas tiveram íntima ligação com a atuação dos vigários gerais. No tempo de Dom Frei Manuel da Cruz, atuaram como vigários gerais os doutores Geraldo José de Abranches (1748-1752), José dos Santos (1752-1756), Manuel Cardoso Frazão Castelo Branco (1757-1761), Inácio Correia de Sá (1761-1762) e Teodoro Ferreira Jácome (1764-1765).[23]

Muitos destes juízes, cônegos e eclesiásticos estreitaram laços de amizade com o prelado, como o cônego da Sé maranhense, doutor Vicente Gonçalves Jorge de Almeida, que veio para Mariana na comitiva de Dom Frei Manuel da Cruz. Enquanto transcorreu a gestão episcopal do primeiro bispo, este foi um amigo fiel; exerceu o posto de Secretário da Câmara Episcopal, entre outros cargos importantes.[24]

Dentre os vigários gerais, os doutores José dos Santos e Teodoro Ferreira Jácome eram mais próximos de Frei Manuel da Cruz que os doutores Inácio Corrêa de Sá e Manuel Cardoso Frazão Castelo Branco. O doutor Geraldo José de Abranches migrou para o extremo oposto, opondo-se ao bispo com franca hostilidade.[25]

## José dos Santos, Teodoro Jácome e Vicente de Almeida

Se comparada com as águas calmas da atuação do doutor Teodoro Ferreira Jácome como Vigário geral, na década de 1760, a gestão do doutor José dos Santos, entre 1752 e 1756, foi bastante conturbada. Enfrentou enorme rejeição dos cônegos, associada aos ciúmes, pelo Cônego Raimundo Trindade. O posto de vigário geral revelava-se um honroso sinal da relação de confiança existente com o ordinário. Doutor José dos Santos havia se tornado o braço direito de Dom Frei Manuel da Cruz. Assu-

---

22    VASCONCELLOS, Diogo de. *História dos bispado de Mariana. Op. Cit.*, p. 76-8.

23    Sobre as visitas pastorais que empreenderam estes juízes eclesiásticos como visitadores delegados, e as providências tomadas às freguesias do bispado de Mariana, vide: SANTOS, Patrícia Ferreira dos. *Poder e Palavra: discursos, contendas e direito de padroado em Mariana (1748-1764).* São Paulo: Hucitec, 2010. Cap. 3. "Os bispos: poder e palavra – O aparelho eclesiástico em movimento".

24    BOSCHI, Caio C. *Exercícios de Pesquisa Histórica. Op. Cit.*, p. 326-27.

25    Geraldo José de Abranches era natural de Vila Cova de Sub Avô, filho de António Martins da Costa. Formou-se em Cânones na Universidade de Coimbra em maio de 1738. AUC, Seção Universidade, Série Cartas de Curso. (Cx 1, doc. IV, 2ª D – 12).

miu a vaga de Cônego Penitenciário, aberta por ocasião da renúncia do doutor Simão Caetano de Moraes Barreto. Foi provido no cargo de Vigário geral em maio de 1752. O vigário geral havia adotado uma linha devocional sintonizada com a Companhia de Jesus. Junto ao sobrinho do bispo, professo na Companhia, quis promover no bispado, a devoção tricordiana. Em sermões e cartas pastorais, apontava a imagem dos Três Sagrados Corações como o grande ícone da caridade cristã. Pretendia entronizar um exemplar especialmente encomendado pelo bispo em um dos altares da Catedral; mas a iniciativa acarretou feroz oposição do Cabido. A imagem desapareceu, e o Côro da Catedral foi abandonado pelos Cônegos no dia da festa, diante de uma multidão estupefacta.[26]

Diante destes conflitos, a situação do tribunal eclesiástico era delicada. À medida que pessoas envolvidas eram intimadas, o vigário geral ganhava vários inimigos ao mesmo tempo. Sobre os procedimentos judiciais, desentendia-se com várias autoridades da capitania ao mesmo tempo. O ouvidor de Vila Rica, que analisava os autos processuais para conceder ajuda do braço secular, soltava os presos enviados pelo ordinário, atendia aos seus recursos e requerimentos, segundo consta, de modo parcial; e aplicava multas gravíssimas ao tribunal eclesiástico, conhecidas como temporalidades. Estas multas desencadearam confrontos públicos com o ouvidor de Vila Rica, com ordens apregoadas a toques de caixas, sem respeitar a procissão, na qual se levava o Santíssimo Sacramento exposto. O Cônego José dos Santos havia também despertado a ira de doutor Silvério Teixeira, então juiz de fora da Câmara de Mariana. Este ministro sentenciou em 1754 uma concordata com os advogados de Mariana e Vila Rica para não patrocinarem causas no tribunal eclesiástico enquanto o Cônego fosse vigário geral. A pena para os que a descumprissem previa pesadas multas, extensivas aos solicitadores de causas.[27]

À mesma época, um dos desafetos do Vigário geral era o Cônego cura da Sé Catedral Domingos Fernandes de Barros. Havia sido pronunciado pelo crime de perjuro e desobediência ao bispo. Cônego Domingos desabafou, no libelo de defesa, contra o poderio do vigário geral, o qual acusava de julgá-lo previamente. Impetrou contra ele uma ação de

---

26 Copiador de algumas cartas particulares de Dom Frei Manuel da Cruz, fl.127-127v; fl.134-134v; fl. 177. TRINDADE, Raimundo O. *Arquidiocese de Mariana. Op. Cit.*, v. 1, 1ª Ed., p. 144-145. *Idem*. V. 1, 2ª Ed., p. 120-122; *Idem*, 1ª Edição, 1928, p. 156-157.

27 AHU/MG, Cx.67, doc. 15, 23/01/1755. Tejuco. Carta de José Antônio Freire de Andrade, Governador de Minas, informando Dom José I sobre o que lhe escreveu o Bispo de Mariana, Dom Frei Manuel da Cruz, acerca dos excessos cometidos pelos advogados e solicitadores da cidade de Mariana.

suspeição pelo fato de, sendo parte no processo, não dever ser ao mesmo tempo seu denunciante e seu julgador.[28]

O doutor José dos Santos se via diante de um dos momentos mais dramáticos de sua atuação como vigário geral. Acuado pelo movimento que envolveu os agentes seculares, como o juiz de fora de Mariana, doutor Silvério Teixeira, o ouvidor de Vila Rica, os advogados, e seus próprios pares, no Cabido diocesano, em torno da chamada Concordata Conspiratória dos Letrados de Mariana e Vila Rica. O arranjo acabou mediante a intervenção da Coroa e a punição dos seus líderes. O doutor José dos Santos perdeu o posto de Vigário geral. O governador ponderara sobre a necessidade da substituição do vigário geral por um "ministro de maior circunspecção assim para a boa administração da justiça como para a quietação dos povos". O doutor José dos Santos foi substituído no posto de Vigário Geral do bispado pelo doutor Manuel Cardoso Frazão Castelo Branco.[29] Álvaro de Araújo Antunes bem havia mostrado a centralidade da atuação dos advogados, suas relações e articulações nas partes onde se estabeleciam no império português.[30]

Não deixou, contudo, de continuar a servir ao tribunal eclesiástico. De sua atuação, temos, como últimos registros, as visitas pastorais que realizou após haver sido nomeado visitador geral do bispado, em 1762. Sabe-se que o visitador delegado realizava o primeiro filtro, nas freguesias, dos réus que seriam encaminhados a livramento ordinário no tribunal eclesiástico. A nova atribuição do Cônego foi solenemente levada

---

28  "O Recusante do Julgador devia declarar as causas da suspeição e prová-las como consta do capítulo *Cum speciali, De Appelation.* Procede isto na Suspeição do Julgador como assim diz e concorda a Ordenação do Reino Lib. 3, Tít. 21, § 4º." AEAM, Juízo Eclesiástico, n. 2733.

29  AHU/MG, Cx.67, doc. 11, 23/01/1755. Carta de José Antônio Freire de Andrade, governador de Minas Gerais, para Diogo de Mendonça Corte-Real, Secretário de Estado da Marinha e Ultramar, dando conta da concordata obtida pelo bispo de Mariana com vista a pôr termo às sublevações; AHU/MG, Cx.67, doc. 15, 23/01/1755. Tejuco. Carta de José Antônio Freire de Andrade, Governador de Minas, informando Dom José I sobre o que lhe escreveu o Bispo de Mariana, Dom Frei Manuel da Cruz, acerca dos excessos cometidos pelos advogados e solicitadores da cidade de Mariana; AHU, Cx. 68, doc. 28. 7/07/1755. Consulta do Conselho Ultramarino sobre a conta que deu o governador de Minas, José Antônio Freire de Andrade acerca do que lhe escreveu o bispo de Mariana, Dom Frei Manuel da Cruz, no que toca à conduta dos advogados e solicitadores face às justiças eclesiásticas.

30  ANTUNES, Álvaro de Araújo. *Um espelho de cem faces: o universo relacional de um advogado setecentista.* São Paulo/Belo Horizonte: Annablume/Pós-Graduação História da UFMG, 2004. (Olhares). Este estudo, fundamental para a nossa compreensão da complexidade das relações que envolveram o exercício da justiça na colônia foi depois brilhantemente complementado no doutoramento, do mesmo autor: ANTUNES, Álvaro de Araújo. *Fiat Justitia: os advogados e a prática da Justiça em Minas Gerais (1750-1808).* Tese de Doutorado, IFICH-Unicamp, 2005.

ao conhecimento dos súditos diocesanos por meio de uma carta pastoral de Dom Frei Manuel da Cruz de 1761. Em 1763, encontrava-se em visitas pelo bispado, como mostram as devassas estudadas por José Ferreira Carrato. Outro sinal revelador do grau de estima que lhe dedicou do primeiro bispo foi a escolha do seu nome como um dos seus testadores. A incumbência foi assumida pelo primeiro da lista, o padre José Pereira da Costa. Para o Cônego Raimundo Trindade, o doutor José dos Santos teria retornado a Portugal pouco depois da morte de Dom Frei Manuel da Cruz, para fazer votos à congregação franciscana.[31]

A experiência do doutor José dos Santos como Vigário geral do bispado evidencia o misto de desconfiança, concorrência e cooperação que pautou as relações entre os representantes eclesiásticos e seculares na administração diocesana. A concordata conspiratória que a princípio configurou estratégia de eliminação dos juízes e advogados seculares contra os eclesiásticos, se torna um emblema da composição entre a Mitra e a Coroa. As penalidades impostas pela Coroa aos envolvidos na conspiração indicam o reconhecimento, pelo rei, da importância da cooperação do estado eclesiástico na estabilização social que corroborava aos diretivos da colonização. O governador advertira que "o dito caso he digno de algum castigo" porque "praticada a concordata ficará sem exercício o juízo eclesiástico". Quanto aos seus mentores, pensava que, para evitar alguma "sublevação contra o estado eclesiástico", providências deveriam ser tomadas para que não se inflamassem novamente "as suas paixões para conspirarem novamente contra o respeito que é devido à Igreja".[32]

A Coroa e seus agentes preocupavam-se, deste modo, em equanimizar as influências, equilibrar as forças, exercer o arbítrio, expresso nas punições aplicadas a seus juízes. Naturalmente capitalizavam as informações enviadas por grupos distintos e opostos para a afirmação do rei e das suas justiças, mesmo quando isto envolvesse punição aos ministros e oficiais de cargos da Coroa – "*para exemplo sempre entendo que o dito caso he digno de*

---

31 TRINDADE, Raimundo. (Côn.) *Arquidiocese de Mariana: subsídios para sua História*, 2ª ed., 1955, p. 346; CARRATO, J. F. *Igreja, iluminismo e escolas mineiras coloniais*. São Paulo: Nacional, 1968, p. 7-8. AEAM, Seção de Livros Paroquiais, Prateleira H, Livro 14 de visitas e fábrica (1727-1831). Carta Pastoral de Dom Frei Manuel da Cruz nomeando o cônego José dos Santos o visitador geral do bispado. 08/07/1761, fl. 106-106v.

32 AHU-MG, Cx. 67, doc. 11. Deve-se lembrar, ainda, que em outras circunstâncias, os eclesiásticos implicados na Inconfidência Mineira tiveram o privilégio de, ainda que em situação gravíssima, ter as suas sentenças, por serem réus eclesiásticos no processo da Inconfidência, em segredo. ENNES, Ernesto. "The trial of the ecclesiastics in the inconfidência mineira". Washington: [s.n.], 1950, p. 183-213. Sep. de: *Americas*, v. 7, n. 2, 1950; *Idem. A inconfidência mineira e o processo dos réus eclesiásticos*. Lisboa: Oficina Gráfica Ramos, Afonso & Moita, 1950.

*algum castigo"* - ponderava o governador. O conselheiro concordara prontamente com o governador: a "perturbativa convenção se faz digna de exemplar castigo". Sugeria que Sua Majestade fosse servido ordenar ao governador "mande prender na cadeia pública de Vila Rica a todos que assinaram a concordara e assim estejam presos debaixo de chave por tempo de quinze dias e fiquem suspensos do exercício de suas ocupações por dois meses". Silvério Teixeira deveria ir pessoalmente à Relação do Rio de Janeio, levando os autos que sentenciara da concordata, e lá deveria ser repreendido como parecesse aos ministros. Mas nesse ponto houve intensa discussão entre os conselheiros. O governador deveria fazer descobrir "quem foi o cabeça deste excesso e o faça sair da dita cidade de Mariana para uma das comarcas do Sabará ou Rio das Mortes". E ao Conselho não parecia conveniente advertir o bispo: "por não ficarem estes perturbadores com o gosto de conseguirem por este meio dar ao bispo o dissabor de ser advertido". Como interpretou Maria Filomena do Nascimento, mais do que ser justo, o sistema deveria parecer justo.[33]

Isso porque esta situação se perpetuou enquanto durou o padroado setecentista. Até o final do século XVIII, uma série de juízes seculares foi preso por excessos cometidos contra o estado eclesiástico: os ouvidores Caetano Furtado de Mendonça, José Antônio de Oliveira Machado, Caetano da Costa Matoso e Francisco Ângelo Leitão, excomungado por Dom Frei Manuel da Cruz. Todos atuaram da comarca de Vila Rica. O ouvidor de comarca do Sabará contestou procedimentos do primeiro bispo de Mariana. Ao doutor José Antônio de Oliveira Machado, ouvidor de Vila Rica, o bispo escreveu, informando que se queixaria ao Rei de suas intromissões em sua jurisdição, e por intervir nas suas escolhas de Dignidades e canonicatos, privilégio que o rei lhe havia concedido.[34]

Em 1756, três meses após a saída do doutor José dos Santos, Teodoro Ferreira Jácome, um dos diletos amigos do bispo, passou a exercer o cargo de Promotor e Procura-

---

33  AHU-MG, Cx. 67, doc.s 11, 15 e 28; COELHO, Maria Filomena. "Justiça e representação: discursos e práticas da tradição portuguesa na América". *Revista Múltipla*, 21, v. 15, dez. 2006. Brasília|Distrito-Federal: UPIS - Faculdades Integradas, Ano XI, p. 85.

34  AHU/MG/Cx. 69, doc. 8. 08/01/1756. Consulta do Conselho Ultramarino sobre a pretensão do Bispo em construir aljube; AHU/MG/Lisboa, Cx. 59, doc. 66. 11/03/1752. Consulta do Conselho Ultramarino sobre a conta que deu o bispo de Mariana, Dom Frei Manuel da Cruz, acerca do modo como deve responder os recursos; AHU/MG/s/l, Cx. 60, doc. 38. 28/08/1752. Carta de José Sobral e Souza, Vigário da Vara da Comarca do Rio das Mortes, informando ao Reverendo Dom Frei Manuel da Cruz, Bispo de Mariana, sobre as repetidas violências à jurisdição eclesiástica cometidas pelo Ouvidor-Geral da referida Comarca; AHU, Cx. 60, doc. 30. 08/08/1752. Carta de Silvério Teixeira, Juiz de Fora da cidade de Mariana, informando a D. José I sobre a prisão e o envio do Ouvidor Caetano da Costa Matoso. COPIADOR de algumas cartas particulares, fl. 98v.

dor da Mitra. Anos mais tarde, iniciou sua atuação como Vigário geral, em 18 de outubro de 1764. Não registrou confrontos violentos com juízes seculares, mas não por falta de zelo ou severidade. Ao contrário, ele costumava apregoar o rigor e a conformidade com o ritual romano e tridentino, como visitador nas freguesias mais distantes. Realizando, como visitador delegado, uma visita pastoral às freguesias do bispado, admoestou gravemente o pároco por não encaminhar à Coroa o requerimento para prover a igreja paroquial, que se encontrava em estado lamentável. Lembrava-o que cabia ao Rei Padroeiro, que era muito pio, a obrigação de provimento das igrejas e a ele, a obrigação de solicitar o reparo.[35]

Em outro ângulo, nos bastidores das decisões da Mitra, situava-se o fiel Secretário da Câmara Episcopal, o doutor Vicente Gonçalves Jorge de Almeida, que desempenhou esta função enquanto viveu o primeiro bispo. Sua atuação no bispado foi a mais longeva. Sem deixar de ser um dos homens da mais alta confiaça de Dom Frei Manuel da Cruz; nem traí-lo, testemunhou e em alguns casos participou de disputas por cerca de quarenta anos. Após a morte do primeiro bispo, assumir postos elevados na hierarquia eclesiástica, chegando a ser vigário geral. O Cônego Vicente era Mestre em Artes e Cavaleiro da Ordem de Cristo.[36]

Em 1764, quando faleceu o bispo, veio à luz o seu testamento, documento que confirma a importância dos laços de amizades do primeiro bispo, não apenas na corte lusa e com colegas de Ordens; mas também as relações que firmou no âmbito local em meio à celeuma das disputas pelo comando da região mineradora. Certamente, os doutores Teodoro Ferreira Jácome, Vicente Gonçalves Jorge de Almeida e José dos Santos foram as figuras mais expressivas do governo diocesano de Dom Frei Manuel da Cruz. Dos três, apenas o doutor José dos Santos não permaneceu no bispado. Os dois primeiros atuaram até a morte, usufruindo cargos importantes.[37]

Destacados por haverem sido amigos do bispo, os três não foram os únicos vigários gerais em dezesseis anos. A esta época serviram também como vigários gerais os doutores Manuel Cardoso Frazão Castelo Branco e Inácio Correia de Sá. Ambos torna-

---

35 TRINDADE, R. *Arquidiocese de Mariana. Op. Cit.* v. 1, p. 80; 290. Visita do doutor Teodoro Ferreira Jácome à freguesia de Nossa Senhora da Boa Viagem de Curral Del Rei, em 29 de outubro de 1756. AEAM, Seção de Livros Paroquiais, Prateleira W, Códice 3, Disposições Pastorais (1727-1853), fl.17-18. Itálico meu.

36 TRINDADE, Raimundo. *Arquidiocese de Mariana: subsídios para sua História*, 2ª ed., v. 1, p. 291-92.

37 TRINDADE, R. O. (Côn.) *Arquidiocese de Mariana*. 2ª Ed. *Op. Cit.*, 1ª ed., v. 1. p. 178-180; 288-289; v. 2, p. 563-567; 2ª Ed., v. 1, p. 139.

ram-se Comissários do Santo Ofício. Manuel Cardoso Frazão havia sido Vigário da Vara em Vila Rica. Era natural de Castelo Branco, formando-se em Cânones na Universidade de Coimbra. Entre julho de 1756 e janeiro de 1761 exerceu o cargo de Vigário geral. O Doutor Inácio Corrêa de Sá era filho de João Moreira de Figueiredo, natural de Santa Marinha de Paradela. Já era padre quando tornou-se bacharel em Cânones, pela Universidade de Coimbra, formando-se em junho de 1735, à mesma turma do ouvidor do Sabará, Tomás Roby. Foi classificado no *Livro de Informações Gerais 1730-1770* como "Bom estudante". Após a morte do primeiro bispo, os dois continuaram no bispado, exercendo ministérios ligados à justiça eclesiástica.[38]

A esta altura, iniciava-se, porém, outro período de grandes controvérsias e perseguições, com uma composição diferente no quadro hierárquico. O comando da diocese cabia, agora, ao Cabido, que assumia a jurisdição episcopal, mas se degladiava internamente. Os Cônegos assumiam o tribunal eclesiástico e exerciam a autoridade episcopal em meio a problemas internos e com os juízes seculares, quanto às prisões e condenações.[39]

Estas divergências entre os tribunais e as justiças não devem ser vistas de forma superficial. A diocese de Mariana abarcava imenso território vigiado pela Coroa, e encontrava-se em uma conjuntura de tensão. O momento pode ser caracterizado pela instabilidade na arrecadação e a busca de soluções para a fuga do metal, sendo os capitães generais pressionados nesse sentido. A correspondência episcopal e a do Conselho Ultramarino fornecem importantes evidências das tensões, e testemunham os diálogos no campo religioso e no campo do poder. Muitas das discórdias e escândalos entre os agentes davam-se em público.[40]

A jurisdição legitimava o poder coercitivo do Estado e da Igreja, mas os embates jurisdicionais eram recorrentes e subsistiam. Talvez como tentativa de controlar a esfera

---

38  AUC. Seção Universidade. FRAZÃO, Manuel Cardoso. Natural de Castelo Branco. Já havia então sido provido como segundo Arcipreste, o segundo, depois do Cônego José de Andrade e Morais; Em 1772 vagou a sua cadeira. TRINDADE, Raimundo. (Côn.) *Arquidiocese de Mariana: subsídios para sua História*, 2ª ed., 1955 p. 337; AUC, Seção Universidade. Ficha de Matrícula: SÁ, Inácio Corrêa. Natural de Santa Marinha de Paradela; *Livro de Informações Gerais 1730-1770*.

39  AEAM. Governos Episcopais. Livros 1029, 1030, 1031.

40  AHU/MG, Cx. 70, doc. 13, 16/07/1756. Carta de Dom Frei Manuel da Cruz, bispo de Mariana, informando a Dom José I, com o seu parecer sobre conflitos havidos entre o vigário geral e o juiz de fora da cidade de Mariana. AHU/MG. 20-12-1773. V. Rica. Cx 105, doc 71, cd 30. Carta de Antônio Carlos Furtado de Mendonça, Governador de Minas Gerais, para Martinho de Melo e Castro, secr. De Estado, dando conta das desordens que grassavam no bispado de Mariana. Anexo: um auto – cópia; AHU,13-7-1775. Cx. 108, doc. 39, cd 30. Mariana. Carta de Antônio

## PATRÍCIA FERREIRA DOS SANTOS SILVEIRA

de influência da justiça episcopal. Os debates entre os agentes deixam entrever as lutas pela hegemonia política na região mineradora.[41]

Os vigários gerais destacaram-se pela sua visibilidade e deliberações, no âmbito da administração da justiça e na tensa relação com os agentes da Coroa, ou nas ações junto à população e aos eclesiásticos infratores. Administrando a justiça eclesiástica, alcançavam significativo potencial de intervenção na vida comunitária. Como segunda instância das demandas e crimes julgados nas comarcas eclesiásticas, os seus despa-

---

de Gouveia Araújo Coutinho, juiz de fora de Mariana dirigida a dom José I, queixando-se dos excessos praticados por Francisco Xavier da Rua, ex-governador do bispado. Anexo: 1 carta; outros documentos.

41  AHU, Cx.66, doc. 17, 10/11/1754. Carta de Silvério Teixeira, Juiz de Fora da cidade de Mariana, queixando-se a D. José I das perturbações que o Bispo de Mariana, Dom Frei Manuel da Cruz e os ministros eclesiásticos lhe causam pelos excessos que praticam; AHU, Cx.66, doc. 60. 22/12/1754. Carta de Dom Frei Manuel da Cruz, Bispo de Mariana, informando o Governador de Minas Gerais, José Antônio Freire de Andrade, sobre perturbações existentes no âmbito de sua jurisdição; AHU/MG/Mariana, Cx.66, doc. 62. 22/12/1754. Carta de Dom Frei Manuel da Cruz, Bispo de Mariana, informando José Antônio Freire de Andrade, governador de Minas Gerais, sobre o conflito que trava contra os advogados e agentes de causas, assim como o reflexo que o mesmo causa na jurisdição eclesiástica; AHU/MG, Cx.67, doc. 11, 23/01/1755. Carta de José Antônio Freire de Andrade, governador de Minas Gerais, para Diogo de Mendonça Corte-Real, Secretário de Estado da Marinha e Ultramar, dando conta da concordata obtida pelo bispo de Mariana com vista a pôr termo às sublevações; AHU/MG, Cx.67, doc. 15, 23/01/1755. Tejuco. Carta de José Antônio Freire de Andrade, Governador de Minas, informando Dom José I sobre o que lhe escreveu o Bispo de Mariana, Dom Frei Manuel da Cruz, acerca dos excessos cometidos pelos advogados e solicitadores da cidade de Mariana; AHU, Cx. 68, doc. 28. 7/07/1755. Consulta do Conselho Ultramarino sobre a conta que deu o governador de Minas, José Antônio Freire de Andrade acerca do que lhe escreveu o Bispo de Mariana, Dom Frei Manuel da Cruz, no que toca à conduta dos advogados e solicitadores face às justiças eclesiásticas; AHU/MG, Cx. 67, doc. 64. 05/05/1755. Carta de Dom Frei Manuel da Cruz, Bispo de Mariana, informando o Secretário de Estado, Diogo de Mendonça Corte-Real, ter recebido o novo Regimento dos Ministros e oficiais da justiça secular de Minas; AHU/MG/Cx. 69, doc. 8. 08/01/1756. Consulta do Conselho Ultramarino sobre a pretensão do Bispo em construir aljube; AHU, 6-3-1773. Vila de S. José. Cx. 104, doc 41, cd 30. Representação dos oficiais da Câmara da V. de S. José informando a D. José I, entre outros assuntos, sobre as irregularidades praticadas pelos eclesiásticos e solicitando providências contra as mesmas; AHU, 20-5-1773. São João Del Rei. Cx. 104, doc 60, cd 30. Carta de José Sobral e Sousa, Vigário da Vara, informando a D. José I, entre outros assuntos, sobre a tomada de posse de Francisco Xavier da Rua como governador interino do bispado de Mariana e solicitando providências contra os atos praticados pelo mesmo.

chos exerciam grande influência nas questões, procuras e demandas movidas nas vilas e freguesias do bispado.

O perfil de ação do vigário geral apresenta as variações proporcionais ao decurso do tempo, que tocam, em certa medida, a uma tendência da gestão em curso. Estas mudanças podem ser notadas por meio de uma série de fatores: maior frequência de concessões de cartas de seguros; comutações de pena, alvarás de perdão; o grau de rigor das sentenças criminais, a julgar pelo tipo de penalidade (conforme a Tabela 1); a frequência dos usos de monitórios e excomunhões. Na primeira gestão episcopal, notamos que o tribunal eclesiástico mostrou uma grande inclinação à aplicação das penalidades espirituais – principalmente a excomunhão, contra pessoas leigas e eclesiásticas. Ademais, as denúncias eram abundantes, com profusão de ações levadas a efeito, por denúncia da Justiça, Autora, por seu Promotor e Procurador da Mitra.[42] Esta tendência não se mantém nas décadas posteriores.

## O Cabido em Sede Vacante (1764-1771): as contestações

Após a atuação de um bispo presente, como Dom Frei Manuel da Cruz, cuja hierarquia apresentava um trabalho sistemático, a Sede Vacante representou um ponto de viragem, em um período de abusos e polêmicas no Cabido. As disputas giravam em torno do exercício da jurisdição episcopal. Isso repercutiria nas relações entre os juízes seculares e eclesiásticos. Se antes Dom Frei Manuel da Cruz se vira forçado a reservar a si a absolvição por crime de contrabando, em 1765, a tensão era maior. Os governadores discutiam sobre as derramas – já ocorridas (1762), e por promover, atendendo a Coroa à proposta por Luís Diogo Lobo da Silva. O governador apontava ao Secretário de Estado Francisco Xavier Furtado de Mendonça a insuficiência dos quintos da Câmara de Vila Rica. Esta câmara, juntamente com a de Vila Nova da Rainha, Sabará e outras vilas pediam a moderação da lei da derrama de 3 de Dezembro de 1750.[43]

Mesmo transcorridos alguns anos da expulsão dos padres jesuítas, vivia-se um clima de perseguições no bispado, motivadas por suspeitas de panfletagem a favor dos jesuítas pela sede e freguesias. Dois capitulares suspeitos foram presos e tiveram seus bens

---

42  Estas informações poderão ser analisadas no Gráfico *Movimento das Sentenças de Repressão*, que representa a variação das cominações de pena nas diferentes gestões episcopais transcorridas entre 1748 e 1793, com base nas informações dos livros do tribunal: AEAM. Governos Episcopais. Armário 6, prateleira 2, livro 1029 (1748-1765), 1030 (1765-1784), 1031 (1784-1830).

43  AHU/MG, cx. 85, doc. 54, 6-7-1765.

confiscados pela Coroa, até concluírem o seu livramento.[44] Com a expulsão dos jesuítas, mudavam os critérios de classificação dos concursos de colação de párocos no bispado de Mariana. A experiência anterior dos padres com gentios passaria a ser um critério decisivo para a sua colação em paróquias.[45]

O Estado recrudescia uma política regalista, que privilegiava, segundo estudiosos, duas formas para demarcar poder: a justiça e o fisco.[46] A ordem régia de 18 de janeiro de 1765 determinava a constituição de Juntas de Justiças em todos os lugares onde houvesse ouvidores. Malgrado serem apontadas como providência central para melhoria na administração da capitania, após a sua implementação, muitas dúvidas foram levantadas. O desembargador José João Teixeira Coelho lembrava que as Juntas foram criadas para conter os abusos dos juízes eclesiásticos, mas o objetivo não se concretizava devido à parcialidade dos ouvidores, que nomeavam para compô-las aqueles que bem entendessem.[47]

Nos processos eclesiásticos da segunda metade do século XVIII, nota-se a intervenção por meio de acórdãos das Juntas de Justiça Vila Rica, endossando ou reforman-

---

44  TRINDADE, Raimundo (Côn.). *Op. Cit*, v. 1, p. 343.

45  ANTT. Padroados do Brasil, Cx 5, Maço 5, da Mesa da Consciência e Ordens. 47º grupo. Petição do padre Manuel de Jesus Maria ao Rei dom José I para colá-lo na freguesia e sertões do rio da Pomba e Peixe dos índios cropos e croatos para civilizá-los, e obtém provimento; AHU/MG/ Vila Rica. 25-7-1775. cx. 108, doc. 48, cd 30. Carta de Dom Antônio de Noronha, governador de Minas, informando Martinho de Melo e Castro, secretário de Estado, sobre os métodos que devem ser utilizados na conversão dos índios. Diretório que se deve observar nas povoações dos índios do Pará e Maranhão enquanto Sua Majestade não mandar o contrário. In: ALMEIDA, Rita Heloísa de. *O Diretório dos índios: um projeto de civilização no Brasil no século XVIII*. Brasília: Editora da UnB, 1997, p. 371 ss.

46  Em reunião do Cabido de nove de setembro de 1769, os Cônegos registraram o recebimento e a guarda de livros como A dedução Cronológica e Analítica. Acórdão sobre a guarda de livros recebidos pelo Cabido e petição de recurso à Sua Majestade. In: Livro Primeiro do Cabido. In: BOSCHI, Caio César. *O Cabido de Mariana. Op. Cit.*, p. 335.

47  AHU 27-11-1770, cx. 99, doc. 29, cd 28. V. Rica. Carta de José da Costa Fonseca, ouvidor da comarca de Vila Rica, para Martinho de Melo e Castro Secretário de Estado da Marinha e Ultramar, informando, entre outros assuntos, sobre a ordem de 18-1-1765 que determinava se constituíssem Juntas de Justiças em todos os lugares onde houvesse ouvidores. A orientação era que os ouvidores deveriam tomar por adjuntos dois ministros letrados, ou bacharéis formados em sua falta. As suas funções cessavam nas capitanias onde se criavam Relações. ALMEIDA, Cândido Mendes de. *Direito Civil e Eclesiástico Brasileiro* 1, t. 3ª p. 1263 - Recursos à Coroa. COELHO, J. J. Teixeira. *Instrução e norma para o governo da capitania de Minas Gerais*, p. 106-107. AHU/MG/Vila Rica. 3-1-1772. Cx. 102, doc. 1, cd 29. Carta de D. José Luís de Menezes, Conde de Valadares e governador de Minas Gerais, para Martinho de Melo e Castro, secretário de Estado da Marinha e Ultramar, informando que ia dar pronta execução à ordem régia de criação de

do os despachos dos vigários gerais no auditório eclesiástico dados em casos crimes e cíveis.[48] Como se verá, o funcionamento do tribunal eclesiástico na Sede Vacante,

---

uma Junta de Justiça em Vila Rica; AHU/MG/Vila de S. João Del Rei. 30-7-1774. Cx. 107, doc. 23, cd 30. Representação da câmara da vila de São João Del Rei expondo os inconvenientes que havia em os ouvidores participarem na eleição das juntas de justiça, podendo fazer entrar pessoas da sua confiança. AHU/MG/Vila Rica. 9-7-1765. cx. 85, doc. 57, cd. 24. Carta de Luís Diogo Lobo da Silva, governador de Minas Gerais, para Francisco Xavier de Mendonça Furtado, informando que mandou cartas circulares aos ouvidores de câmaras para execução e afixação dos exemplares do alvará régio relativo à formação da Junta de Justiça para deferir aos recursos relacionados com o Vigário da Vara de Paracatu contra o juiz dos órfãos; AHU/MG/ Vila Rica. 15-08-66. cx. 88, doc. 25, cd. 25. Carta de José da Costa Fonseca, ouvidor de Vila Rica, para Francisco Xavier de Mendonça Furtado, enviando certidão a comprovar a execução do alvará de 1765, janeiro, 18, sobre as Juntas de Justiça para se deferirem os recursos da Coroa. AHU/ MG/Vila Rica.13-11-1770, cx. 99, doc. 11, cd. 28. Carta de dom José Luís de Meneses, conde de Valadares e Governador de Minas Gerais, para Martinho de Melo e Castro secretário de Estado da Marinha e Ultramar solicitando orientações a respeito das dúvidas que se levantaram a junta de ministros criada para julgar certos casos cometidos em Vila Rica. AHU 13-11-1770, cx. 99, doc. 11, cd. 28. Vila Rica. Carta de D. José Luís de Meneses, conde de Valadares e Governador de Minas Gerais, para Martinho de Melo e Castro Secretário de Estado da Marinha e Ultramar solicitando orientações a respeito das dúvidas que se levantaram a junta de ministros criada para julgar certos casos cometidos em Vila Rica; 12-8-1771. Cx 101, doc 27, cd 29. Lisboa. Carta (minuta) de D. José I para o conde de Valadares e Governador de Minas Gerais, D. José Luís de Meneses, informando da necessidade de se instituir uma Junta de Justiça em Minas. AHU/MG, 7-9-1771. Cx. 101, doc. 37 cd 29. Lisboa. Carta régia (cópia) de D. José I para o conde de Valadares e Governador de Minas Gerais, D. José Luís de Meneses, estabelecendo normas para melhor administração da referida capitania; AHU, 3-1-1772. cx. 102, doc. 1, cd 29. V. Rica. Carta de D. José Luís de Menezes, Conde de Valadares e governador de Minas Gerais, para M. de M. e Castro, secretário de Estado da M. e Ultramar, informando que ia dar pronta execução à ordem régia de criação de uma Junta de Justiça em Vila Rica; 11-6-1772. cx. 102, doc. 60 cd 29. Carta de D. J. L. de Menezes, o Conde de Valadares, gov. de Minas Gerais, para M. de M. e Castro, Secretário de Estado da Marinha e Ultramar, solicitando informações sobre os tipos de delitos que deveriam ser julgados pela junta de justiça de Vila Rica. Anexo: 6 cartas cópias; 30-7-1774. cx. 107, doc. 23, cd 30. Vila de São João Del Rei. Representação da câmara da vila de São João Del Rei, expondo os inconvenientes que havia em os ouvidores participarem na eleição das Juntas de Justiça, podendo fazer entrar pessoas da sua confiança; Regimento de 13-10-1751, § 94, carta régia de 23-08-1753, decretos de 3-4-1755, 28-9-1761, 18-9-1763 e 28-7-1779, e alvará de 18-01-1765, 11-10-1786, § 6, e alvará de 23-06-1790, e 27-11-1797. ALMEIDA, C. M. *Direito Civil e Eclesiástico Brasileiro*, t. 1, 3ª p. 1263.

48    AEAM-JE, n. 4236 exibe o debate sobre a submissão das leis eclesiásticas às civis: "Na falta de direito canônico as Leys dos Príncipes Seculares, que não são contrárias aos cânones estão aprovadas pela Igreja para se seguirem, como é doutrina do célebre ABB". Panormit. Inv.a L. et Cap. 1, N. 3; e Fagnan, in Cap. Cum e per de testament n. 18; o mesmo *Fagnan, in: Cap. Super specula et e eterie, vel Monail L. 12º, n. 30:* o legista sem Cânones pouco vale; porém o canonis-

transcorrida entre janeiro de 1764 e 1771 foi bastante tumultuado. Os cônegos impuseram reservas de jurisdição aos vigários capitulares que elegiam, desencadeando as polêmicas sob o exercício episcopal em Sede Vacante. Entre as reservas de jurisdição se encontrava o poder de eleger os principais cargos do tribunal eclesiástico, e os visitadores delegados.[49] A discussão a seguir confirma o que já mostram estudos consolidados: agentes oficiais e juízes lançavam mão dos recursos institucionais como arma de defesa contra inimigos.[50] Os dados da atuação dos juízes eclesiásticos mostram um movimento ainda intenso nas denúncias e nos registros de sentenças crimes. O trabalho evangelizador, porém, não parecia orientar-se por uma linha clara de ação. Se, no período anterior, o dissenso ocorria com os agentes da coroa, na Sede Vacante eles eram mais graves entre os próprios eclesiásticos e cônegos.

### O COBIÇADO LUGAR DE COMANDO: DISPUTAS ENTRE OS CÔNEGOS

O período da Sede Vacante na diocese de Minas Gerais teve algumas figuras centrais cuja ação é bastante sintomática do seu perfil de ação e das estratégias empreendidas nas disputas por espaços de poder. Neste tópico mostramos um pouco da vida dos Vigários Capitulares Alexandre Nunes Cardoso e Inácio Correia de Sá; e o Vigário geral José Bote-

---

ta sem Leis nada absolutamente aproveita ibi – *Legista Sine Cannonibus parum valet, canonista sine Legibus nihil.* In: AEAM-JE-4236, fl.13v-14v. O livramento do Padre Réu Cristóvão Jorge de Barcellos por crime de desafio com armas e injúrias ao médico Francisco Álvares da Silva, na freguesia de Guarapiranga, em 1792 foi decidido em Acórdão da Junta de Justiça de Vila Rica. AHU/MG/Vila Rica. 9-7-1765. cx. 85, doc. 57, cd. 24. Carta de Luís Diogo Lobo da Silva, governador de Minas Gerais, para Francisco Xavier Mendonça Furtado, informando que mandou cartas circulares aos ouvidores de câmaras para execução e afixação dos exemplares do alvará régio relativo à formação da Junta de Justiça para deferir aos recursos relacionados com o Vigário da Vara de Paracatu contra o juiz dos órfãos. VASCONCELLOS, Diogo de. *História do Bispado de Mariana.* Belo Horizonte: Apollo, 1935 (Biblioteca Mineira de Cultura), p. 77.

49   A imposição destas reservas de jurisdição foi discutida por Cônegos, Promotor e uma Junta de Teólogos e juristas do bispado de Mariana em Cabido de três de agosto de 1769. Vide o documento: "Resposta do Cabido a quesitos opostos por promotor sobre jurisdição e competências de órgãos e autoridades diocesanas". In: Livro Primeiro do Cabido, fl. 129. In: BOSCHI, Caio César. *O Cabido de Mariana (1745-1820): documentos básicos.* Fixação dos textos, organização e estudo introdutório por Caio César Boschi. Belo Horizonte: Fundação João Pinheiro, 2011, p. 330. (Coleção Mineiriana: Série Obras de Referência).

50   Como mostrou Marco Antônio Silveira em: "Governo, mercado e soberania na capitania de Minas Gerais". Belo Horizonte: s/e, *Cadernos da Escola do Legislativo*, v. 8, n. 13: 113-150, jan/dez. 2005. Disponível em <http://www.almg.gov.br/consulte/publicacoes_assembleia/periodicas/cadernos/arquivos/13.html>. Acesso em 14 out. 2012.

lho Borges.[51] Em 1764, um dia depois da morte de Dom Frei Manuel da Cruz, o cônego Alexandre Nunes Cardoso, português nascido em Couto de Verride. Sendo eleito Vigário Capitular, aceitou as reservas de jurisdição impostas pelo Cabido para o seu exercício, tais como: o regime e a administração do seminário; a faculdade de conhecer as causas, suspeições, justiça denegada e de delegar a outro; não poder conceder licença de ordenar sem expresso consentimento do Cabido, nem de Prima Tonsura.[52]

Segundo o Cônego Trindade, tais reservas de jurisdição eram irregulares, aceitáveis apenas em caso de suspeição do Vigário Capitular. Entretanto, em Cabido de 9 de janeiro de 1764, o cônego Alexandre Nunes Cardoso havia sido contemplado com outros cargos: escrivão da Câmara Eclesiástica, contador, inquiridor e Escrivão do Registro Geral. Ele também pôde escolher livremente um Vigário geral para o bispado: elegeu o Dr. Inácio Corrêa de Sá.[53]

A morte súbita do cônego Alexandre Nunes Cardoso, em 10 de Outubro de 1764, alteraria completamente a estabilidade daquele acordo, e alçou ao posto de Vigário Capitular o Cônego Inácio Corrêa de Sá, Comissário do Santo Ofício. Havia sido amigo de Dom Frei Manuel da Cruz, segundo Diogo de Vasconcellos, mas logrou manter um bom relacionamento com os demais cônegos. Tanto que votou em Alexandre Nunes Cardoso, da facção oposta ao bispo, no dia do seu funeral. Na mesma ocasião, o doutor Teodoro Ferreira Jácome havia se recusado a votar.[54]

Sucessor do Cônego Alexandre Nunes Cardoso no cargo de Vigário Capitular, o Cônego Inácio Corrêa de Sá se insurgiu contra as reservas de jurisdição impostas pelo Cabi-

---

51  TRINDADE, Raimundo. *Instituições de Igrejas no Bispado de Mariana*. Belo Horizonte: Instituto do Patrimônio Histórico e Artístico Nacional, p. 289.

52  TRINDADE, Raimundo. *Arquidiocese de Mariana*, 2ª ed. *Op. Cit.*, v. 1, p. 289-292 – Vigários Capitulares. BOSCHI, Caio C. *Exercícios de Pesquisa histórica. Op. Cit.*, p. 317. Alexandre Nunes Cardoso era filho de Antônio Nunes da Costa. Natural de Couto de Verride. Faculdade: Cânones, com Formatura em 30/07/1719. Localizado às *Ordenações*: Cx 23, D III, S 1ª E, E. 1, T. 3, n. 3 (1714-1715). À fl. 41 do *Livro de Informações Gerais 1713-1732*, em solenidade de Informações do Ano acadêmico de 1718 para 1719, o recém ordenado Padre Alexandre Nunes Cardoso, filho de Antônio Nunes da Costa, de Verride, foi assim classificado pelos seus lentes: «Medíocre». AUC. Fichas de Matrícula – CARDOSO, Alexandre; *Livro de Informações Gerais 1713-1732*, fl. 41.

53  TRINDADE, Raimundo. *Arquidiocese de Mariana*, 2ª ed. *Op. Cit.*, v. 1, p. 289-292 – Vigários Capitulares.

54  VASCONCELLOS, Diogo. *História do Bispado de Mariana*. Belo Horizonte: Apollo, 1935, p. 76; TRINDADE, Raimundo. *Arquidiocese de Mariana. Op. Cit.* v. 1, p. 290-91. AUC. Seção Universidade. Fichas de Matrícula. SÁ, Inácio Corrêa.

do, que considerou arbitrárias. Por meio de uma carta pastoral, denunciou-as como usurpações do Cabido, e aplicou censuras eclesiásticas e penas *ipso facto incorrenda*.[55]

De forma nada fortuita, a esta altura, cerca de 1768, o Cônego Inácio foi denunciado pelo crime de inconfidência, situação que o conduziu à prisão em 1769, interrompendo seu exercício como Vigário Capitular. O Conde de Valadares, governador da capitania, historiou toda a situação ao Conselho Ultramarino. Os Cônegos o teriam procurado e denunciado que o doutor Inácio "arrogou a si violentamente a jurisdição que tinha reservado para si o Cabido quando há quase cinco anos o tinha nomeado". Para insinuar que o Cônego Inácio era "inconfidente de sua Majestade", os Cônegos afirmaram que o então Vigário capitular teria se recusado a rubricar o exemplar da Dedução Cronológica; que pedindo-lha "várias vezes o Cabido, lhe respondia de modo que o mesmo Cabido julgou ser o dito Capitular inconfidente". Desde 1759, a apuração do crime de Inconfidência recebera especiais recomendações. Era considerado um "atroz delito" de "quaisquer pessoas que se descobrirem culpadas" ou "se atreverem a impugnar ou caluniar a execução das minhas leis e ordens". O documento instruía os governadores sobre como proceder em caso de suspeição deste crime.[56] Segundo o governador, "como esta matéria é de grande interesse e ponderação, mandei logo devassar". Após a oitiva de cinco testemunhas, o Vigário Capitular foi remetido a Lisboa por ordem do rei, juntamente com o Cônego Manuel Ribeiro Soares. Ficaria quatro anos afastado da diocese de Mariana.[57]

Para substituir o Dr. Inácio, o Cônego Vicente Gonçalves Jorge de Almeida foi eleito Vigário Capitular, em agosto de 1769. A condição, todavia, era de partilhar o comando da

---

55   *Idem.*

56   Sobre as instruções da coroa em relação ao crime de inconfidência, vide: AHU/MG, Cx. 90, doc. 26. Ver também o estudo de CATÃO, Leandro Pena. *Sacrílegas palavras: inconfidência e presença jesuítica nas Minas Gerais durante o período pombalino.* Tese de Doutorado FAFICH-UFMG, 2005.

57   AHU/MG.02-08-1769. Cx. 95, doc. 71, Carta do Conde de Valadares, governador da capitania de Minas Gerais ao Secretário de Estado da Marinha e Ultramar; AHU/MG.18-12-1769. Cx. 96 doc. 53 cd 28. Vila Rica. Carta de João Caetano Soares Barreto, provedor da real fazenda para Francisco Xavier de Mendonça Furtado, informando que a devassa de denúncia de inconfidência que tirou ao Cabido da Sé de Mariana e ao Vigário Capitular, Inácio Corrêa de Sá, será remetida para a Secretaria de Estado dos Negócios do Reino. IANTT. Padroados do Brasil, Cx. 5, da Mesa da Consciência e Ordens. 4º maço. 22-12-1772. Parecer da Mesa da Consciência e Ordens sobre Representação dos Cônegos de Mariana. Anexo: uma representação dos Cônegos José Botelho Borges e Francisco Ribeiro da Silva. Ver também: TRINDADE, Raimundo. *Op. Cit.*, 2ª ed. v. 1, p. 290-91.

diocese em questões cruciais. Assim como fizera Alexandre Nunes Cardoso em 1764, o novo Vigário Capitular aceitou as reservas de jurisdição impostas pelo Cabido. Elas tocavam a administração do Seminário e Recolhimento das Macaúbas, a admissão de ordinandos; o provimentos dos seguintes cargos: promotores, vigários gerais, das varas e seus escrivães, assim como dos capelães da Sé. A imposição destas reservas de jurisdição foi discutida por Cônegos, Promotor e uma junta de teólogos e juristas do bispado de Mariana em Cabido de três de agosto de 1769. O Cabido recuperava a sua influência sobre as nomeações e o tribunal eclesiástico.[58]

José Botelho Borges havia atuado como Vigário geral em diversos períodos, começando sua carreira como vigário substituto, por volta de 1750. Em 1755, atuou como Promotor e Procurador da Mitra. Nunca quis se afastar destas funções e, por alcançá--las, se envolveu em violentas disputas com outros cônegos, inclusive com o doutor Inácio Corrêa de Sá.[59]

Desde 1767, o Cônego José Botelho Borges exercia o cargo de Vigário geral. Acabara de reaver suas côngruas, depois "ter andado ausente e criminoso por haver dado uma facada no Magistral", o Cônego João Rodrigues Cordeiro, que recebera também pedradas, conforme auto de corpo de delito.[60] Na mesma carta, o governador insinuava haver mais consequências deste ato, muito "escandalosas, que omito expressá-las neste lugar".[61] Uma destas consequências seria a tentativa, levada a efeito pelo doutor José Botelho Borges, de depor o governador interino do bispado, alegando não poder o mesmo ausentar--se por mais de seis meses. A denúncia foi dada pelo Reverendo Promotor e Procurador

---

58  TRINDADE, Raimundo. *Arquidiocese de Mariana. Op. Cit.*, 2ª ed. v. 1, p. 290-91; Resposta do Cabido a quesitos opostos por promotor sobre jurisdição e competências de órgãos e autoridades diocesanas. In: Livro Primeiro do Cabido, fl. 129. In: BOSCHI, Caio César. *O Cabido de Mariana (1745-1820): documentos básicos*. Fixação dos textos, organização e estudo introdutório por Caio César Boschi. Belo Horizonte: Fundação João Pinheiro, 2011, p. 330. (Coleção Mineiriana: Série Obras de Referência).

59  As informações que dispomos sobre este Cônego foram extraídas da obra do Cônego Raimundo Trindade e do Prof. Caio César Boschi. Entre as Fichas de matrículas da Universidade de Coimbra, há mais de dez homônimos. *Afirma-se que este Cônego foi provido na Sé Catedral de Mariana em 18-04-1753, na vaga do Cônego Manuel Ribeiro Soares. Fonte:* TRINDADE, Raimundo. (Côn.) *Arquidiocese de Mariana: subsídios para sua História*, 2ª ed., 1955 p. 348. BOSCHI, Caio César. "Exercícios de Pesquisa Histórica". *Op. Cit.*, p. 302.

60  Querela que deu o Rev. Cônego João Rodrigues Cordeiro contra o Cônego José Botelho Borges por trazer armas defesas e lhe dar uma facada, de que esteve à morte, pelo qual foi pronunciado. 12-11-1758. AHU/MG. Cx. 96, doc. 68.

61  AHU/MG. Cx. 89, doc. 1. Carta do Governador Luís Diogo Lobo da Silva para o Conde de Oeiras sobre o Cônego José Botelho Borges.

da Mitra por andarem os dois Cônegos, José Botelho Borges e Francisco Ribeiro da Silva, "maquinando clandestinamente a deposição." Os autos foram encaminhados para Lisboa, "a entregar a Sua Majestade Fidelíssima".[62]

À altura de 1769, envolveu-se o mesmo Cônego em uma acusação de simonia, juntamente com o Cônego Francisco Ribeiro da Silva. Enquanto Vigário geral do Bispado, José Botelho Borges conquistara muitos desafetos, inclusive no Cabido. Um destes inimigos foi o Cônego Antônio Freire da Paz, que acusou de fraude, por permitir que um escrivão sem licença o auxiliasse enquanto servira neste emprego, na Câmara Eclesiástica.[63] Nesta demanda judicial, o Cônego Botelho atraiu mais oponentes, como o doutor José Antônio da Silva e Souza de Lacerda, advogado o qual chegou a processar por injúria, por haver tomado a defesa do Cônego Freire da Paz.[64]

A acusação movida por José Botelho Borges a Antônio Freire da Paz escondia uma resposta à oposição de Paz à sua eleição ao posto de Vigário geral. Em uma reunião do Cabido de 7 de abril de 1767, o Cônego Antônio Freire da Paz e o Cônego João Rodrigues Cordeiro declararam a eleição irregular; passaram a ser considerados inimigos da Mesa Capitular "e de cada um dos capitulares em particular". Tão inimigos que aos onze de setembro de 1770, os cônegos registraram em Acórdão que os dois não obedeciam mais ao toque de sino para vir às reuniões.[65]

Em junho de 1764, foram nomeados os cônegos visitadores gerais do bispado: Vicente Gonçalves Jorge de Almeida, das comarcas de Sabará, Pitangui e Serro Frio; e Fran-

---

62 AHU/MG. Cx. 96, doc. 68. Tendo todos os seus bens sequestrados, os dois Cônegos se justificaram ao Tribunal da Mesa da Consciência e Ordens, conforme documento: IANTT. Mesa da Consciência e Ordens, Caixa 5, Maço 5. Padroados do Brasil, Bispado de Mariana. 22-12-1772.

63 AUC. Seção Universidade. Ficha de Matrícula: PAZ, Antônio Freire da. Constantina, Freguesia de Anção, 1719, D. G., V. M. de 1719 - P. 1723. Caixa 113, D III - S. 1ª E - E. 3 - T. 3. n. 3. Antônio Freire da Paz era nascido na freguesia de Constantina, distrito do Anção, Porto. PAZ, Antônio Freire da Paz. AUC. Fichas de Matrícula; Ordenações sacerdotais, 1719.

64 Agradeço à historiadora Maria José Ferro de Sousa, que nos cedeu este valioso documento do seu banco de dados. ARQUIVO Histórico da Casa Setecentista de Mariana. 2º ofício. Códice 222, Auto 5535 de Injúria no qual é autor o Cônego José Botelho Borges e Réu o Dr. José Antônio da Silva e Souza de Lacerda, Advogado nos Auditórios Seculares da cidade de Mariana. 1768. Transcrição da historiadora Maria José Ferro de Sousa.

65 TRINDADE, Raimundo. *Arquidiocese de Mariana. Op. Cit.*, v. 1, 1953, p. 290-291. Obstáculos à reunião do Cabido por ausência de Capitulares. In: Livro Primeiro do Cabido, fl. 132. In: BOSCHI, Caio César. *O Cabido de Mariana (1745-1820): documentos básicos.* Fixação dos textos, organização e estudo introdutório por Caio César Boschi. Belo Horizonte: Fundação João Pinheiro, 2011, p. 336. (Coleção Mineiriana: Série Obras de Referência).

cisco Ribeiro da Silva, das comarcas de Ribeirão do Carmo, Vila Rica, e Rio das Mortes.[66] Finalmente, após difíceis confrontos com o primeiro bispo de Mariana, o Cônego Francisco Ribeiro da Silva conquistava a oportunidade de exercer o posto de visitador. Não obstante, a experiência não perdurou, pois foi detido, cerca de quatro anos depois, pelo governador e o ouvidor José da Costa Fonseca. No contexto de decadência aurífera, e pressões devido aos extravios dos recursos minerais, o Cônego era acusado de esfolar os fregueses com multas, durante as visitas. Em 1769, estes agentes acusaram o Cônego Francisco Ribeiro da Silva de extorquir os fregueses durante as visitas pastorais, utilizando o cargo de forma iníqua e violenta.[67]

Àquela altura, o Cônego Francisco Ribeiro da Silva era acusado de outros crimes: simonia, junto do Cônego José Botelho Borges; e escravização ilícita de uma índia. No início da década de 1772, os dois cônegos haviam ficado presos na Fortaleza da Ilha das Cobras.[68] Livraram-se judicialmente. O Cônego José Botelho Borges teve mais tempo, e outras duas oportunidades de atuar como vigário geral. Mas ambos tiveram uma morte

---

66 TRINDADE, Raimundo. *Arquidiocese de Mariana*, 2ª ed. *Op. Cit.*, v. 1, p. 289-292 – Vigários Capitulares. BOSCHI, Caio C. *Exercícios de Pesquisa histórica. Op. Cit.*, p. 317.

67 *Idem. Ibidem*, p. 344.

68 AHU/MG/Lisboa.25-06-1773. Cx 104 doc 71, cd 30. Carta de Martinho de Melo e Castro, secretário de Estado, dirigida a Manuel da Fonseca Brandão, pedindo que este informe com seu parecer sobre as culpas dos réus Francisco Ribeiro da Silva e José Botelho Borges, cônegos da Sé de Mariana. AHU/MG/Vila Rica. 15-10-1772. cx. 103, doc. 62, cd 30. Carta de D. J. L. de Menezes, o Conde de Valadares, governador de Minas Gerais, para o Marquês de Pombal, Sebastião José de Carvalho e Melo, dando conta do aviso recebido do presidente e mais deputados da Junta da Coroa evitar a ida dos cônegos da Sé de Mariana Francisco Ribeiro Silva e José Botelho Borges, que deveriam seguir presos para o Rio de Janeiro. AHU/MG/V. Rica. 2-7-1772. cx. 103, doc 3, cd 29. Carta de José João Teixeira Intendente e Ouvidor da comarca de Vila Rica para D. José Luís de Menezes, Conde de Valadares e governador de Minas Gerais, acusando a recepção da sua carta na qual determinava a suspensão do deferimento dos recursos dos cônegos Francisco Ribeiro da Silva e José Botelho Borges. Anexo: vários documentos. AHU/MG/Mariana. 2-7-1772. cx. 103, doc 4, cd 29. Carta de Francisco Xavier da Rua, Vigário geral e governador interino do bispado de Mariana, para D. José I, dando conta do estado do seu bispado. Anexo: rol dos feitos, certidões e documentos das culpas dos Reverendos Francisco Ribeiro da Silva e José Botelho Borges. AHU/MG/Mariana. 5-6-1772. 102, doc. 54, cd 29. Carta de Francisco Xavier da Rua para o governador de Minas Gerais, D. J. L. de Menezes, o Conde de Valadares, informando da prisão de José Botelho Borges. AHU/MG/Vila Rica. 20-11-1772. cx. 103, doc. 87, cd 30. Carta de D. J. L. de Menezes, o Conde de Valadares, governador de Minas Gerais, para o Marquês de Pombal, Sebastião J. de C. e Melo, informando, entre outros assuntos, da prisão dos cônegos da Sé de Mariana Francisco R. Silva e José Botelho Borges, bem como do caso de um índio que era tratado como escravo na fazenda do cônegos Francisco R. Silva.

súbita e misteriosa: o cônego Francisco Ribeiro faleceu de repente ao adentrar a Igreja de Santa Justa de Lisboa, em 13 de agosto de 1778. As misteriosas circunstâncias da morte do Dr. José Botelho, em 1795 coincidiam com as disputas de facções em torno do mesmo cargo de Vigário geral.[69]

Após a sublevação do Cônego Inácio perante as reservas de jurisdição impostas pelo Cabido, em 1764, as disputas entre as facções dos Cônegos haviam se aguçado. Não bastasse estarem os Cônegos digladiando-se internamente, enfrentavam denúncias de agentes e juízes seculares da capitania. O Cabido enfrentava uma batalha judicial contra a Ordem Terceira de Nossa Senhora do Carmo, sobre deliberações canônicas veiculadas por meio de uma carta pastoral.[70]

Certas ordens terceiras daquela época, observou Carrato, alcançavam tal força política, que conseguiam, por vezes, confrontar o próprio bispo em assuntos religiosos. Os irmãos da Ordem do Carmo de Mariana tinham a sua origem na "fina flor da sociedade", aponta o mesmo autor. A Ordem do Carmo de Mariana foi instituída por Breve de Bento XIV de 1751 e carta patente do mesmo ano. Congregavam-se os irmãos na capela do São Gonçalo, em Mariana.[71]

A discórdia dos Carmelitas de Mariana com o Cabido começou mediante a publicação de uma carta pastoral em 18 de janeiro de 1766. Assinada pelo Vigário Capitular, a carta censurava o descumprimento do rito romano pelos Carmelitas e a alteração do rito dos funerais, com procedimentos novos e irregulares: a supressão do cântico obrigatório, do Responsório *Subvenite Santi Dei*, dos salmos; ausência de outros eclesiásticos além do pároco nas cantorias, para que, vestidos com sobrepelizes, cantassem nos sepultamentos. O silêncio dos cânticos rituais nos acompanhamentos de defuntos, admoestava a pastoral, deveria ser observado apenas às Sextas-feiras Santas. A Catedral era, ademais, a igreja principal e dela emana as leis; assim deveria usufruir distinção, e tão-somente dela deveriam emanar as saudações angélicas. Era irregular que nas capelas houvesse festividades com músicas e sermões nas missas rezadas; ou se executassem as saudações angélicas de manhã, meio-dia e de noite à imitação da Catedral. Como capelas filiais, deveriam tocar fazendo três sinais no sino e não como se faz na Catedral. E sem o Reverendo Pároco, não se deveriam realizar novenas com música nas

---

69 TRINDADE, Raimundo. *Arquidiocese de Mariana*, v. 1. *Op. Cit.*, p. 292-93; 344.

70 CARRATO, José Ferreira. *Igreja, Iluminismo e Escolas Mineiras coloniais*. São Paulo: Companhia Editora Nacional, 1968, p. 88. (Brasiliana, 334).

71 TRINDADE, Raimundo. *Instituições de Igrejas no Bispado de Mariana*. Belo Horizonte: Instituto do Patrimônio Histórico e Artístico Nacional. VASCONCELLOS, Diogo de. *Op. Cit.*, p. 123.

capelas filiais, nem executar nas capelas os sinais dos óbitos com precedência à mesma Catedral quando morre alguma pessoa.[72]

Assinavam a carta pastoral os Cônegos Teodoro Ferreira Jácome, Vicente Gonçalves Jorge, Francisco Xavier da Silva, Domingos Fernandes de Barros, José Botelho Borges, Ignácio Corrêa de Sá. Este último era o Vigário Capitular e Geral do bispado. Possuía jurisdição para julgar a ação de embargo que a Ordem do Carmo impetrou, inicialmente, no juízo episcopal de Mariana. Naturalmente, o doutor Inácio Correia de Sá negou o provimento, por sentença de 2 de Abril de 1767. Nova ação de embargo de sentença foi interposta pela Ordem Terceira junto à Relação Metropolitana da Bahia. José Botelho Borges, Procurador do Cabido era, portanto, réu na ação.[73]

Ao que tudo indica, a polêmica judicial levada a efeito pelos carmelitas era um sinal de descontentamento de um grupo social influente, congregado sob a égide da ordem terceira de Mariana. Os doutores Domingos Gonçalves Fontes e Manuel Brás Ferreira, procuradores da Ordem, afirmavam que os Cônegos agiam por interesse econômico, com particular interesse no recolhimento dos emolumentos. Devotavam ódio à agremiação religiosa, pois desde que adquirira um sino novo, sagrado por Dom Frei Manuel da Cruz, usufruía a posse mansa e pacífica de realizar, com três bateladas compassadas, as saudações angélicas. Não esperavam as saudações da Catedral porque nem sempre as realizava, ou fazia "fora das horas competentes". Quanto aos sinais dos irmãos defuntos, desde a criação da Ordem Terceira na Cidade, usufruíam o costume de fazê-los, assim que lhes chegava a notícia do seu falecimento. Não esperavam os da Catedral porque se retardavam. O Ilustríssimo e Reverendíssimo Cabido não podia privá-los daquela posse por aquele meio, sem que fossem ouvidos. Somente em sábado de aleluia se não podem tocar os sinos em nenhuma igreja ou capela, antes de se tocarem na Catedral, ou Matriz.[74]

Ademais, esclareciam os procuradores dos carmelitas, os acompanhamentos e enterros feitos com silêncio eram de pessoas pobres. A última vontade do irmão defunto, expressa em testamento, ou na determinação de seus herdeiros, para o ritual fúnebre, havia de ser respeitada. Não se podia proibir o silêncio se eles o determinassem, por não ser contra direito.[75] Quanto ao Reverendo pároco, alegavam os carmelitas, não levantava as cantorias porque não quisera; se as levantasse, não faltariam pessoas eclesiásticas ou seculares que ajudassem. Mas o pároco era "Cônego na dita Catedral, queria que somen-

---

72    AEAM. Juízo Eclesiástico, n. 4519, fl. 32–34.

73    *Ibidem*, fl.49–49v.

74    Ibid., fl. 41–41v; 59–66.

75    AEAM. Juízo Eclesiástico, n. 4519, fl. 35v.

te os capelães da Sé cantassem nos acompanhamentos e enterros, e não outros sacerdotes para lucrarem os emolumentos deles".[76]

Antes da publicação da pastoral, o Cabido havia intentado ação de força nova contra a Mesa da Ordem Terceira no Juízo do Geral da Cidade, pelo fato dos irmãos fazerem os atos religiosos na Capela do São Gonçalo, em Mariana, sem assistência do Reverendo pároco. Fizeram-no também na Ouvidoria de Vila Rica, onde se revogou a sentença do Juízo do Geral a seu favor. Os embargantes apelaram da sentença para a Relação do distrito.[77]

Para os carmelitas, os cônegos eram movidos pelo ódio, pois a referida pastoral "somente se mandou publicar na dita Catedral e se o escândalo fora a causal dela se havia de mandar publicar em todas as igrejas do bispado". Em muitas partes e freguesias deste bispado se fazem os acompanhamentos e enterros sem cantorias; uns com assistência do Reverendo Pároco somente, outros com a de mais sacerdotes, com elas ou sem elas. E para os mesmos não houve proibição. Quando o Cabido mandou publicar a carta pastoral, sabia muito bem que em Vila Rica e São João del Rei as Veneráveis Ordens Terceiras de Nossa Senhora do Monte do Carmo e de São Francisco estavam fazendo os atos de acompanhamentos e enterros sem cantorias pelas ruas.[78]

A acusação do ódio como motivação da carta pastoral faz indagar das pessoas que naquela altura agremiavam-se na Capela de São Gonçalo, como carmelitas. A contenda entre a Ordem do Carmo e o Cabido aponta o descontentamento de um segmento de pessoas das elites locais com os cônegos. Evidencia o confronto entre oponentes que dispunham de recursos para obstar, se opor, reverter judicialmente as suas deliberações. A Venerável Ordem do Carmo chegou a conclamar a proteção régia, pedindo que tomasse a Ordem religiosa sob sua proteção para ficarem livres das opressões do Cabido de Mariana.[79]

O embargo proposto pelos Carmelitas foi acolhido em Acórdão da Relação Metropolitana da Bahia de 11 de outubro de 1768, dado em Relação em presença de Dom Frei Manuel de Santa Inês, bispo de Angola e Congo, Arcebispo Eleito e Governador Regente do Arcebispado da Bahia. Deliberou-se que a ação era ponderável e não deveria ser desatendida; fora mal julgada pelo Cônego Inácio Correia de Sá. Como vigário capitular e ge-

---

76   *Ibidem*, fl. 36v.

77   *Idem*, fl. 39v-40.

78   Ibid., fl. 41v-42; 59-66.

79   AHU/MG/s.l. Cx. 84, doc. 42, 05/11/A764. Representação dos irmãos da Ordem Terceira de Nossa Senhora do Carmo de Vila Rica, pedindo a Dom José I para tomar debaixo de sua proteção a dita ordem, concedendo para comissário um religioso da Província do Rio de Janeiro, para ficarem livres do cabido de Mariana.

ral, poderia tê-la julgado, mas a tratara com "formalíssimo desprezo". O Cabido foi condenado ao pagamento das custas processuais de 17$411 Réis. Na audiência pública de 18 de abril de 1770, José Botelho Borges, procurador dos Cônegos, anunciou que recorreria da sentença proferida por Acórdão da Relação da Bahia ao Tribunal da Legacia.[80]

A administração do tribunal eclesiástico, neste período da Sede Vacante, ainda registrava significativa quantidade de denúncias e sentenças de livramento crime; aplicavam-se ainda censuras públicas, como a excomunhão e os monitórios. Cremos, porém, que estes números refletem, antes, um resultado do trabalho religioso anterior, realizado à época do primeiro bispo, do que exatamente uma continuidade da linha de ação pastoral anterior. Na Sede Vacante de Dom Frei Manuel da Cruz, a tendência verificada nos registros de sentenças, quanto às práticas repressivas do tribunal eclesiástico, é de declínio das práticas de denúncias e correção. Antes estas práticas alcançavam grande ênfase. Este declínio é mais visível a partir da década de 1780, quando se nota uma clara diminuição nos registros de aplicação de penas solicitadas por denúncias da Justiça como Autora das ações. Esta comparação entre o período da primeira gestão episcopal e a Sede Vacante de Dom Frei Manuel da Cruz poderá ser efetuada pelo leitor no Gráfico 1 - *Movimento das Sentenças de Repressão*. Os dados referentes à Sede Vacante evidenciam que o número de sentenças cíveis executadas se mantém constantemente maior que o dobro do número de sentenças crimes. Na época do primeiro bispo, entre 1748 e 1764, as sentenças cíveis eram executadas em maior número; as diferenças entre os seus montantes e os de sentenças criminais se mantinham menores. Na Sede Vacante, as excomunhões registram-se em queda e em escala reduzida, se comparada ao volume das censuras espirituais aplicadas pelos juízes delegados por Dom Frei Manuel da Cruz. Tudo indica que o Cabido preocupou-se mais, à Sede Vacante, em afirmar-se perante outros poderes, no campo religioso e no campo político da capitania. Observe-se que Caio César Boschi indica o período entre 1769 e 1771 como ápice dos ácordãos do Cabido de Mariana, que refletiria suas disputas internas. Como se não bastasse, os Cônegos eram criticados em instruções e memórias elaboradas por governadores e oficiais da Coroa.[81]

A Sede Vacante perdurou até o dia 7 de Junho de 1771, quando Clemente XIV confirmou a nomeação de Dom Joaquim Borges de Figueiroa como titular da diocese de Mariana.

---

80  *Ibidem*, fl. 66-66v; 71v-72; 79v. O acórdão trazia as rubricas dos desembargadores Falcão, Costa, Borges, Fontoura, Correia, Almeida, Maciel, Doutor Velloso.

81  AEAM, Juízo Eclesiástico, n. 4519, fl. 77v; BOSCHI, Caio César. *O Cabido da Sé de Mariana (1748-1808)*. Belo Horizonte: Fundação João Pinheiro, 2011, p. 23. (Mineiriana, Série Obras de Referência).

Em três de fevereiro de 1772, o bispo iniciava sua gestão por meio de um procurador. Era o Reverendo doutor Francisco Xavier da Rua, antigo promotor da Comarca do Sabará, que passou a habitar o paço episcopal, de onde passaria a despachar. Natural de Alverca, era filho de António da Rua, formado em Leis pela Universidade de Coimbra no ano acadêmico de 1750 para 1751, obtendo de seus lentes o conceito "suficiente", em solenidade de *Actos e Graus* na referida Universidade.[82] Observemos, a seguir, a atuação dos procuradores diocesanos e os seus movimentos no que tocava a administração da justiça eclesiástica.

# A diocese de Mariana sob governo dos procuradores diocesanos (1772-1779)

O final da tumultuada administração do Cabido Sede Vacante ocorre à altura de 1772, em um período marcado pelo esgotamento político-econômico em Minas Gerais. Neste período, a Coroa procederia à nomeação de dois bispos que administraram a diocese por meio de procuração. O primeiro, Dom Joaquim Borges de Figueiroa, era doutor em direito canônico e em Leis pela Universidade de Coimbra, em 1740. Seu nome foi confirmado por Clemente XIV em junho de 1771, mas tomou posse por seu procurador, o doutor Francisco Xavier da Rua, em 3 de fevereiro de 1772. O período em que o segundo bispo titular respondeu pelo governo diocesano em Mariana foi breve; em abril de 1772, dois meses após a sua posse, foi nomeado arcebispo da Bahia. Este fato foi logo comunicado ao Cabido pelo bispo, embora seu nome tenha permanecido vinculado à diocese de Mariana até outubro de 1773. De acordo com o Padre Arlindo Rubert, o fato de haver sido rapidamente nomeado Arcebispo da Bahia, foi a justificativa para o fato do bispo não assumir a diocese de Mariana pessoalmente.[83]

A prática de governar por meio de procuradores encontrou continuidade entre 1773 e 1778, correspondente à gestão do terceiro bispo diocesano titular. Dom Bartolomeu

---

82  TRINDADE, Raimundo. *Arquidiocese de Mariana. Op. Cit.*, p. 292. AUC. Seção Universidade. Matrículas: RUA, Francisco Xavier; Certidão de Frequência e actos na Universidade. Arquivo da Universidade de Coimbra. Cx. 40, doc. IV, 2ª D – 12; *Livro de Informações Gerais 1730-1770*, ano de 1750 para 1751. fl. 188. Obteve de seus Lentes o conceito "suficiente". O Doutor Francisco Xavier da Rua havia sido provido como Promotor da Comarca de Sabará pelo Cabido Sede Vacante, conforme documento do Tribunal da Mesa da Consciência e Ordens. IANTT. Mesa da Consciência e Ordens, Caixa 5, Maço 5. Padroados do Brasil, Bispado de Mariana. Cartas dos Cônegos José Botelho Borges e Francisco Ribeiro da Silva de 22-12-1772 e 10-08-1772.

83  TRINDADE, Raimundo. *Arquidiocese de Mariana. Op. Cit.*, p. 57-59. VASCONCELLOS, Diogo de. *História do Bispado de Mariana*. Belo Horizonte: Apollo, 1935, p. 146-47. (Biblioteca Mineira de Cultura). RUBERT, Arlindo (Pe). "Historia de la Iglesia en Brasil. Madrid: Mapfre, 1992, v. 7, "El

Manuel Mendes dos Reis nasceu em Cercosa, bispado de Coimbra, em 1720. Era sacerdote secular, formado em Cânones pela Universidade de Coimbra. Dom Bartolomeu havia sido transferido de Macau por Clemente XIV, em 8 de março de 1772. Tomou posse do bispado de Mariana em 19 de dezembro de 1773, por meio de procurador, o doutor Francisco Xavier da Rua – o mesmo procurador de seu antecessor. O bispo não escondeu seus motivos por manter-se à distância. Estava muito bem informado acerca da dura empreitada que o aguardava caso se instalasse à sede diocesana. À guisa de justificativa, alegou não ter mais idade nem disposição para enfrentar os abusos e os maus costumes atribuídos às gentes da região:

> Se não temos o gosto de nos acharmos aí entre as nossas ovelhas, é pelas notícias que nos chegam dos maus costumes inveterados e da falta de disposição para se receber a palavra de Deus, não nos julgando consultada nossa consciência, com forças nem ânimo, *já idoso e cansado, de irmos arcar com abusos e tomar sobre nossos ombros a responsabilidade de tão melindroso serviço.* [84]

Dentre as poucas providências conhecidas da iniciativa de Dom Bartolomeu Manuel Mendes dos Reis está a publicação, por ordem do Marquês de Pombal, de duas cartas pastorais, manifestando grande júbilo pela supressão da Companhia de Jesus, efetivada em 1773. Após sofrer dura pressão da Rainha para ir residir à diocese de Mariana, renunciou definitivamente em 1779. Faleceu em Lisboa dez anos depois de renunciar à mitra, em 1799, aos 79 anos de idade. Deste modo, em razão dos dois titulares diocesanos que não residiram à sede, o período transcorrido entre 1772 e 1779, é conhecido como "dos procuradores".[85]

O ciclo dos procuradores – repudiados por inábeis pelos historiadores eclesiásticos e ministros coevos – encerra com a chegada do quarto titular.[86] Na *Instrução para o governo da Capitania de Minas Gerais*, o desembargador José João Teixeira Coelho reputou o governo diocesano de Dom Joaquim Borges de Figueiroa como responsável por conferir "ordens a um grande número de sujeitos sem necessidade e sem escolha, alguns ex-oficiais mecâni-

---

obispado de Mariana", p. 313.

84  TRINDADE, Raimundo. *Arquidiocese de Mariana. Op. Cit.*, p. 146-49; VASCONCELLOS, Diogo de. *História do Bispado de Mariana. Op. Cit.*, p. 77.

85  RUBERT, Arlindo (Pe). *Historia de la Iglesia en Brasil.* Madrid: Mapfre, 1992, v. 7, "El obispado de Mariana", p. 313; TRINDADE, R. *Arquidiocese de Mariana*, 2ª ed. *Op. Cit.*, p.150-51; p. 340. TRINDADE, Raimundo. *Instituições de Igrejas no bispado de Mariana. Op. Cit.* VASCONCELLOS, Diogo de. *História do Bispado de Mariana. Op. Cit.*, p. 146-49.

86  TRINDADE, Raimundo. *Arquidiocese de Mariana*, 2ª. Ed. *Op. Cit.*, p. 150-51.

cos, outros, oriundos de tropas pagas". Esta característica foi atribuída a vários dos procuradores dos bispos, como o doutor Francisco Xavier da Rua e o seu sucessor, doutor José Justino de Oliveira Gondim. O doutor Inácio Correia de Sá teria ordenado cerca de oitenta padres em sete meses, pouco antes da Entrada Solene de Dom Frei Domingos da Encarnação Pontevel. O doutor Diogo de Vasconcellos contestou esta acusação. Ponderou que o desembargador publicara a *Instrução* por volta de 1780, quando já tornara a residir em Portugal. Para Vasconcellos, Teixeira Coelho devia ter se baseado em informações de terceiros. Além de não haver sido constatado o salto que acusava, no número de ordenações, é discutível o fato de procuradores ministrarem o sacramento da Ordem, uma exclusiva faculdade episcopal. O Cônego Raimundo Trindade concorda com Diogo de Vasconcellos, estimando os ordinandos do período dos procuradores a um número pouco maior que cem.[87]

O doutor Francisco Xavier da Rua, entretanto, enfrentou diversas turbulências em seu governo diocesano. À altura da década de 1770, efetuava-se uma série de acusações formais, envolvendo suspeitas graves contra Cônegos, como Inácio Correia de Sá, acusado de inconfidência; José Botelho Borges e Francisco Ribeiro da Silva eram pronunciados por praticarem violências; o último, também por simonia e escravização ilícita de uma índia que mantinha em cárcere privado e por maus tratos a um escravo.[88]

## OS CÔNEGOS SUSPEITOS DE INCONFIDÊNCIA

Desde 1772, o Conde de Valadares, governador de Minas Gerais, enviava correspondências ao Conselho Ultramarino, acerca dos processos dos cônegos do Cabido de Mariana, e sobre a prisão de um escrivão em vias de ser suspenso do cargo. Naquela altura, acusava-se que muitos réus de processos tramitados nas vigararias de varas da diocese, apelavam ao Rio de Janeiro, ao invés de ir à Sede. A atuação conflituosa do Cabido da Sé de Mariana à Sede Vacante certamente era nefasta aos interesses metropolitanos. Reper-

---

87 VASCONCELLOS, Diogo de. *História do Bispado de Mariana. Op. Cit.*, p. 22; TRINDADE, Raimundo. *Arquidiocese de Mariana.* v. 1. *Op. Cit.* p. 148-49. A produção dos memoriais administrativos, muito comum entre os desembargadores e agentes da administração do período pode estar ligada a estratégias para obtenção de remunerações de serviços prestados à Coroa. Outras possibilidades de compreensão desta prosa historiográfica na América Portuguesa no século XVIII em: KANTOR, Iris. *Esquecidos e Renascidos. Op. Cit.*, p. 243-44.

88 AEAM. Epistolário, 1607. Assunto: Carta Rogatória – autos de notificação. Requerente: Cônego José Botelho Borges, contra os cônegos Alexandre Nunes Cardoso e Francisco Ribeiro da Silva. Ano: 1758 - data: 23 jun. 1758. TRINDADE, Raimundo. *Arquidiocese de Mariana. Op. Cit.*, v. 1, p. 292-93.

cutia negativamente na Corte, denunciada com frequência pela correspondência dos juízes seculares, e mesmo por outros eclesiásticos.[89]

Não é nada fortuito que, com exceção do doutor Inácio Corrêa de Sá, os próximos governadores diocesanos não pertencessem ao Corpo Capitular: os doutores Francisco Xavier da Rua e José Justino de Oliveira Gondim. O doutor Inácio de Sousa Ferreira, nos anos 1790, assumindo o posto de vigário geral, ainda não havia se colado em seu canonicato. Segundo os estudos de Caio Boschi, a data de sua posse no cabido é primeiro de março de 1796.[90]

Estes eclesiásticos foram figuras-chave durante as ausências dos titulares diocesanos. Para exercer a jurisdição episcopal, enfrentaram oposições, contestações e especulações. O doutor Francisco Xavier da Rua foi uma destas figuras centrais. Ocupou o alto posto de governador diocesano entre 1772 e 1775, por comissões de dois bispos titulares, Dom Joaquim Borges de Figueiroa, e Dom Bartolomeu Manuel Mendes dos Reis, ambos seculares.[91]

Em seu primeiro ano no cargo, o doutor Francisco Xavier da Rua mandou confirmar as disposições pastorais de Dom Frei Antônio de Guadalupe, publicadas em 1723. O contexto não favorecia, entretanto, um reforço da autoridade episcopal àquela linha tridentina.[92] A atuação do tribunal eclesiástico, ligada a esta matriz, foi tão turbulenta àquela época, que em 1773, o juiz de fora reclamou providências ao governador Antônio Carlos Furtado de Mendonça, por não haver mais espaço na cadeia pública (à Câmara Municipal) para os presos da justiça civil. O governador da capitania enviou um ofício ao Cabido, solicitando, sob pena de providências enérgicas, que cessassem os conflitos e prisões no foro eclesiástico.[93]

Para piorar a situação, o mesmo governador e capitão general protagonizou, em quatro de Dezembro de 1774, um incidente diplomático com o governador diocesano, durante as novenas da Senhora da Conceição, na freguesia de Antônio Dias de Vila Rica.

---

89  AHU/MG, Cx. 103, doc. 93.

90  BOSCHI, Caio César. *O Cabido da Sé de Mariana (1745-1820)*. Belo Horizonte: Fundação João Pinheiro | Editora PUC Minas, 2011, p.45-48. (Coleção Mineiriana: Série Obras de Referência).

91  VASCONCELLOS, Diogo de. *História do Bispado de Mariana*. Belo Horizonte: Apollo, 1935. (Biblioteca Mineira de Cultura); *Idem. Resumo da História da Arquidiocese de Mariana*. Mariana: Typografia Arquiepiscopal, 1919, p 6-8.

92  AEAM, Governos episcopais. Arquivo 1, Pasta 1, Gaveta 4. TRINDADE, Raimundo. *Arquidiocese de Mariana. Op. Cit.*, v. 1, p. 148-49. TRINDADE, Raimundo. *Instituições de Igrejas no bispado de Mariana. Op. Cit.*; VASCONCELLOS, Diogo de. *História do bispado de Mariana. op. Cit.*, p. 146-49.

93  CARRATO, J. F. *As Minas Gerais e os Primórdios do Caraça. Op. Cit.*, p. 117; *Idem*. Igreja, Iluminismo e Escolas Mineiras Coloniais. *Op. Cit.*, p. 90.

Os ductos aplicados aos magistrados presentes deram causa à irritação do governador da capitania, que pretendia que os ductos se destinassem exclusivamente a sua pessoa. Assim, mandou chamar os três sacerdotes oficiantes ao palácio do governo; eles esclareceram que a postura estava correta e em conformidade com o estilo e cerimonial. A explicação foi confirmada posteriormente em portaria do Doutor Francisco Xavier da Rua. Porém, por intimação feita pelo governador à sacristia, no dia da Conceição, 8 de Dezembro, a missa não foi cantada, apenas rezada.[94]

O doutor Francisco Xavier da Rua permaneceu no posto de governador diocesano até o ano seguinte, encerrando a sua gestão em 12 de dezembro de 1775. Malgrado as duas comissões que obteve, para assumir o governo diocesano, o desempenho do doutor Francisco Xavier da Rua é reputado como péssimo, por historiadores sociais e eclesiásticos. José Ferreira Carrato classifica como "frouxo" o governo dos procuradores: "a vida religiosa em estagnação caracterizaria este "período apagado, sombrio, de tibieza moral e espiritual". Os procuradores falhavam no recrutamento do clero, deixavam decair o Seminário diocesano, dissipavam as rendas do bispado e permitiam que a indisciplina prevalecesse por lhes carecer autoridade moral.[95] Não promoviam realizações proveitosas, não ofereciam resistência às invasões, à indisciplina. Os seus exageros e arbitrariedades nas punições originaram inquirições da parte da rainha.[96]

A indisciplina do clero era uma agravante. Observe-se que era formada por eclesiásticos a maioria dos réus envolvidos no levante, tumultuando o governo do doutor Francisco Xavier da Rua. O motivo alegado foi o protesto contra a prisão do doutor Inácio Corrêa de Sá reputado por inconfidente, depois de desentender-se com o Cabido. A nosso ver, o motivo evidente e incofessado era a disputa entre ele e o Cônego José Botelho Borges pelo posto de vigário geral do bispado.[97] Grande agitação política mobilizou mui-

---

94 TRINDADE, Raimundo. *Arquidiocese de Mariana. Op. Cit.*, vol 1, p. 147-51. Para uma interpretação sócio-política dos conflitos de etiqueta e jurisdição em Minas Gerais vide: KANTOR, Iris. "Tirania e fluidez da etiqueta nas Minas Setecentistas". *Lph: Revista de História*, n. 5, 1995, p. 112-13; 116-21.

95 CARRATO, J. F. *As Minas Gerais e os Primórdios do Caraça*. São Paulo: Nacional, 1963, p. 120-21. (Brasiliana, 317)

96 CARRATO, J. F. "As Minas Gerais e os Pimórdios do Caraça". *Op. Cit.*, p. 117; CARRATO, José Ferreira. *Igreja, Iluminismo e Escolas Mineiras coloniais*. São Paulo: Companhia Editora Nacional, 1968, p. 90. (Brasiliana, 334); TRINDADE, Raimundo. *Arquidiocese de Mariana*, 2ª ed. *Op. Cit.*, v. 1, p. 151.

97 IANTT. Padroados do Brasil, Cx. 5, da Mesa da Consciência e Ordens. 4º maço. 22-12-1772. Parecer da Mesa da Consciência e Ordens sobre Representação dos Cônegos de Mariana. Anexo: uma representação dos Cônegos José Botelho Borges e Francisco Ribeiro da Silva. 18-12-1769. Cx.

ta gente; o clima belicoso arrastou-se por dois anos. O movimento reuniu representantes da gente ilustre e culta da cidade episcopal e a raia miúda. Entre os amotinados contra o Cabido (ou seja: contra a linha de ação dos Cônegos José Botelho Borges e Francisco Ribeiro da Silva), favoráveis ao governador do bispado, encontravam-se militares, cônegos, vereadores, advogados e o promotor do juízo eclesiástico; advogados e sacerdotes famosos, como doutor João de Sousa Barradas, vereador em 1772; advogado Dr. Antônio da Silva de Souza, promotor do bispado; Padre Luís Vieira da Silva, Padre João de Lourenço Feital, Padre José de Mainart, Padre Feliciano Pitta de Castro; padre José Bernardes, sobrinho de Inácio Corrêa de Sá; Padre Domingos Xavier Martins, mestre de cerimônias da Sé; Cônegos Antônio Freire da Paz, João Rodrigues Cordeiro. Esta "lista" de rebeldes foi entregue à Mesa da Consciência e Ordens pelos próprios Cônegos José Botelho Borges e Francisco Ribeiro. Informavam que se mantinham "alevantadas" há dois anos; que contavam também com a ajuda de "pessoas da plebe ínfima", listando os nomes seguidos dos epítetos "mulato", ou "homem pardo", "cabeleireiro", "alfaiate", "cobrador", "sem ocupação".[98]

Em 1775, o governador de Minas Gerais, Antônio de Noronha, também mandava prender, nas partes do Curvelo, quinze acusados de conspirar contra a lei do Reino e intentar sublevar o sertão. Novamente viam-se envolvidos em suspeições de inconfidências, os padres José Correia da Silva, vigário de Curvelo, Antônio Pereira de Carvalho, Antônio Pereira Henriques e Cipriano Correia. Além destes, o ouvidor do Sabará, doutor José Góes Ribeiro de Moraes. De acordo com Reis, um entendimento acerca do crime de inconfidência informava a carta régia de 8 de março de 1767 "dirigida ao governador de Minas, então Conde de Valadares que 'manda executar como lei nesta capitania a ordem de 6 de novem-

---

96 doc. 53 cd 28. Vila Rica. Carta de João Caetano Soares Barreto, provedor da real fazenda para Francisco Xavier de Mendonça Furtado, informando que a devassa de denúncia de inconfidência que tirou ao Cabido da Sé de Mariana e ao vigário capitular, Inácio Corrêa de Sá, será remetida para a Secretaria de Estado dos Negócios do Reino. AHU/MG. Vila Rica. 05-9-1769. Cx 96, doc. 9, cd 28. Carta de João Caetano Soares Barreto, provedor da fazenda, para Francisco Xavier de Mendonça Furtado, sobre vários assuntos: entre eles a desordem existente entre o Cabido da cidade de Mariana e o seu vigário capitular, Inácio Corrêa de Sá, da qual tirou devassa.

98 18-12-1769. Cx. 96 doc. 53 cd 28. Vila Rica. Carta de João Caetano Soares Barreto, provedor da real fazenda para Francisco Xavier de Mendonça Furtado, informando que a devassa de denúncia de inconfidência que tirou ao cabido da Sé de Mariana e ao vigário capitular, Inácio Corrêa de Sá, será remetida para a Secretaria de Estado dos Negócios do Reino. IANTT. Padroados do Brasil, Cx. 5, da Mesa da Consciência e Ordens. 4º maço. 22-12-1772. Parecer da Mesa da Consciência e Ordens sobre Representação dos Cônegos de Mariana. Anexo: uma representação dos Cônegos José Botelho Borges e Francisco Ribeiro da Silva. Sobre a atuação do Cônego como Vigário geral substituto e Promotor, vide AEAM-Juízo Eclesiástico, n. 2756, fl. 128; 131-131v.

bro de 1757'". Mandava sua Majestade que os governadores nomeassem juízes para sentenciar réus de Inconfidência formando um tribunal para julgar sumariamente.[99]

Mostram-se, desta sorte, recorrentes, as perseguições oficiais dos delitos de inconfidências, bem como os levantes, que nesse período eram qualificados como inconfidências. Leandro Pena Catão analisou detidamente pelo menos quatro das inconfidências deste período de 1760 a 1770: a Inconfidência de Curvelo de 1760-1763; a Inconfidência de Mariana de 1769; A Inconfidência de Sabará de 1775, e a nova Inconfidência em Curvelo, no ano de 1776.[100]

Considerando a gravidade da situação, e para efetuar os procedimentos judiciais concernentes à punição de crimes de dignidades eclesiásticas, os agentes seculares solicitaram parecer à Mesa da Consciência e Ordens. Este tribunal fornecera uma visão clara sobre o imbróglio: ao bispo, que se encontrava ausente da sua sede, cabia a responsabilidade desta situação.[101] Dom Bartolomeu Manuel Mendes dos Reis, cujo governo transcorreu entre oito de Março de 1772 a 1777, foi convidado a renunciar e, por ato de D. Maria I, nomeou-se Dom Frei Domingos da Encarnação Pontevel em 20 de Novembro de 1777.[102]

Ironicamente, o doutor Inácio Correia de Sá deixava sua marca no início da Sede Vacante do primeiro bispo e no fim do período dos procuradores. Novamente, marcava o início de uma nova gestão episcopal, com o bispo presente, o dominicano Dom Frei Domingos da Encarnação Pontevel, à altura nomeado para a diocese de Mariana. O doutor

---

99    REIS, P. Pereira dos. *O colonialismo português e a conjuração mineira. Esboço de uma perspectiva histórica dos fatores econômicos que determinaram a conjuração Mineira.* São Paulo: Companhia Editora Nacional, p. 90-99. (Brasiliana, 319)

100   CATÃO, Leandro Pena. *Sacrílegas palavras: inconfidência e presença jesuítica nas Minas Gerais durante o período pombalino.* Tese de Doutorado, FAFICH-UFMG, 2005; ATALLAH, C. C. A. *Da Justiça em nome d'el Rey: ouvidores e inconfidência na capitania de Minas Gerais (Sabará, 1720-1777).* Niterói, 2010. Tese de Doutorado Vide capítulo 1.

101   Arquivo Nacional da Torre do Tombo (ANTT). Padroados do Brasil, Cx. 5, da Mesa da Consciência e Ordens. 4° maço. 22-12-1772. Parecer da Mesa da Consciência e Ordens sobre Representação dos Cônegos de Mariana. Anexo: uma representação dos Cônegos José Botelho Borges e Francisco Ribeiro da Silva; AHU/MG. Mariana.5-6-1772. 102, doc. 54, cd 29. Carta de Francisco Xavier da Rua para o governador de Minas Gerais, D. J. L. de Menezes, o Conde de Valadares, informando da prisão de José Botelho Borges; 20-11-1772. cx. 103, doc. 87, cd 30. Vila Rica. Carta de D. J. L. de Menezes, o Conde de Valadares, governador de Minas Gerais, para o Marquês de Pombal, Sebastião J. de C. e Melo, informando, entre outros assuntos, da prisão dos cônegos da Sé de Mariana Francisco R. Silva e José Botelho Borges, bem como do caso de um índio que era tratado como escravo na fazenda do cônegos Francisco R. Silva. TRINDADE, Raimundo. (Côn.) *Arquidiocese de Mariana. Op. Cit.* p. 340.

102   *Idem. Ibidem.*

Inácio Correia de Sá assumiu o posto de governador do bispado, por procuração de 29 de agosto de 1779.[103]

O cônego Inácio Corrêa de Sá conservou-se nos círculos dos poderosos até a sua morte, em 21 de Junho de 1782. Nos seus últimos anos de vida, havendo alcançado o perdão de Sua Majestade, registrou em carta o quanto abominava o fato de haver sido acusado de inconfidente: "Nunca fui inconfidente de Sua Majestade; mas sim, seu fiel vassalo, sedo falsa a culpa que me arguiram".[104]

Mesmo administrada neste contexto de disputa, a justiça eclesiástica registrava, com regularidade, as execuções das sentenças criminais e dos monitórios. Tal atividade deve ser considerada enquanto prática repressiva, conforme se pode observar no Gráfico 1. Todavia, entre 1772 e 1779, as queixas e denúncias apresentam-se em declínio; as excomunhões são cada vez mais escassas, indicando uma viragem de pensamento e linha de ação por parte dos agentes da hierarquia eclesiástica no comando da diocese.

•••

Segundo estudiosos, a Coroa portuguesa preferia nomear sacerdotes regulares como titulares diocesanos. Considerava-os mais dóceis e disciplinados, em razão do voto de obediência. Isto faz sentido no caso mineiro, considerando o malogro das duas últimas escolhas de bispos oriundos do clero secular, e os inconvenientes desta situação naquele contexto.[105] O processo que resultou na nomeação de Dom Frei Domingos da Encarnação Pontevel era de conturbação nos meios político-administrativos na capitania de Minas Gerais. Desde 1773, os governadores e os ministros do Conselho Ultramarino discutiam sobre a execução da derrama - ou a necessidade do seu cancelamento pode ser notado. Esta exacerbação da ameaça da derrama é observável na insistência com a qual os governadores dão conta de providências para intensificar as buscas por ouro e a contenção do contrabando. Em 1773, ocorria um tumulto das gentes de Vila Rica por serem cobradas da multa a título de derrama.[106]

Virgílio Noya Pinto identifica no período pós guerra dos Sete Anos, uma crise generalizada - comercial, econômica e política. Na região das Minas Gerais, a decadência se agrava entre

---

103   VASCONCELLOS, Diogo. *História do bispado de Mariana*. Op. Cit., p. 147-51; 151-60.

104   *Idem*, p. 76; TRINDADE, Raimundo. *Arquidiocese de Mariana*. Op. Cit. p. 290-91.

105   SERRÃO, Joel & MARQUES, A. H. de Oliveira. (Dir.) *Nova História da Expansão Portuguesa: o Império Luso-Brasileiro (1620-1750)*. Trad. Franco de Sousa (Partes I, II e IV). Lisboa: Estampa, 1991, p. 373. Vol 7. Cordenado por Frédéric Mauro.

106   AHU/MG cx. 104, doc. 40, cd 30. Cx. 105, doc. 50.

1760 e 1780, como corolário da administração: "à crise provocada pelo declínio da produção do ouro vinha somar-se uma administração extremamente voraz e violenta".[107] Em 1776, farta correspondência ao Conselho Ultramarino dava conta de prisões de suspeitos de desencaminhar ouro e diamantes.[108] Entre 1774 e 1785, como o rendimento médio do quinto caíra para 68 arrobas anuais, as autoridades portuguesas resolveram efetuar a derrama geral.[109]

Esta derrama seria o detonador da chamada inconfidência mineira, de 1789. Denunciada a conjuração pelos coronéis Joaquim Silvério dos Reis, Basílio de Brito Malheiro do Lago e pelo Mestre de Campo Inácio Correia de Pamplona, o governador Visconde de Barbacena suspendeu, em 23 de março de 1789, por meio de uma circular dirigida às Câmaras, a "derrama projetada".[110]

Em meio aos levante e a acefalia diocesana na sede episcopal de Minas Gerais, a Rainha Dona Maria I pressionava Dom Bartolomeu Manuel Mendes dos Reis para que se mudasse para Mariana. Ou que renunciasse – o bispo preferiu. Depois de reger a diocese

---

107 Virgílio Noya Pinto identifica no período de 1760-80 um momento de crise, que serviu de parâmetro em sua análise sobre a economia colonial. PINTO, Virgílio Noya. *O ouro brasileiro e o comércio anglo-português: uma contribuição aos estudos da economia atlântica no século XVIII.* 2ª Ed. São Paulo: Companhia Editora Nacional, 1979, p. XV-XVI; 64 et seq.; p. 320-30. (Brasiliana, 371).

108 AHU 18-10-1779. Vila Rica. Cx. 115, doc. 55. Cd 33. Carta de D. Antônio de Noronha, governador de MG, a Martinho de Melo e Castro informando acerca das providências que tem tomado no sentido de intensificar a exploração do ouro, entre outros assuntos; AHU, cx. 104, doc 40, cd 30. Vários debates envolvendo a derrama, a necessidade do seu cancelamento, e o tumulto ocorrido entre as gentes de Vila Rica por serem cobradas da multa a título de derrama em 1773; AHU, 17-12-1777. Vila Nova da Rainha. cx. 111, doc. 78, cd 31. Representação dos oficiais da câmara de Vila Nova da Rainha informando a dona Maria I sobre a difícil situação econômica que atravessa a capitania de Minas e solicitando isenção do pagamento da derrama do ouro; AHU, 21-11-1778. cx. 113, doc. 67, cd 32. Representação dos oficiais da Câmara da Vila de São João Del Rei dando conta das dificuldades com que se debate a capitania de Minas e solicitando isenção do pagamento da derrama do ouro; AHU, 18-10-1779, Vila Rica. Cx. 115, doc. 55. Cd 33. Carta de D. Antônio de Noronha, governador de Minas Gerais, a Martinho de Melo e Castro informando acerca das providências que tem tomado no sentido de intensificar a exploração do ouro, entre outros assuntos. AHU, 31-01-1790. Cx. 133, doc. 2. CD 38. Local: Vila Rica. Autos (treslado) da devassa mandada tirar pelo desembargados Pedro de Araújo Saldanha, ouvidor geral e corregedor de Vila Rica por ordem do Visconde de Barbacena, Luís Antônio Furtado e Mendonça, governador de MG, sobre a tentativa de sedição e revolta ocorrida na referida capitania. Obs. Processo volumoso sobre a inconfidência.

109 REIS, P. Pereira dos. *O colonialismo português e a conjuração mineira. Esboço de uma perspectiva histórica dos fatores econômicos que determinaram a conjuração Mineira.* São Paulo: Companhia Editora Nacional, p. 90-99; 108. (Brasiliana, 319)

110 REIS, P. Pereira dos. *O colonialismo português e a conjuração mineira. Op. Cit.*, p. 99-105.

EXCOMUNHÃO E ECONOMIA DA SALVAÇÃO

de Mariana de Lisboa, foi nomeado Arcebispo da Bahia, onde entrou a governar em fins de Outubro de 1773 e permaneceu até 1780, quando foi concedida a demissão que pedira. Diante da recusa de Dom Joaquim, Dona Maria I nomeou Dom Frei Domingos da Encarnação Pontevel, que foi confirmado por Pio VI em primeiro de Março de 1778.[111]

O reinado de D. Maria I iniciara em 1777. A reação antipombalina é apontada como uma circunstância marcante da sua primeira fase. Segundo Joaquim Veríssimo Serrão, a Rainha personificou mais esta contestação política do que uma autêntica ação governativa. Em seu governo, fizeram-se sentir os efeitos políticos da independência dos Estados Unidos e da latente Revolução Francesa, havendo uma série de medidas para a defesa militar do Reino e um acréscimo na atividade diplomática. A política das Luzes se difundiu, devido ao maior contato com as ideias e publicações de caráter enciclopedista, e uma fiscalização menos rígida quanto à censura literária. Outrossim, destaca o mesmo, nenhum aspecto pareceu tão relevante na administração de D. Maria como o que respeita à Justiça, com grande movimento judicial dos corregedores e juízes do Reino. Esta movimentação atingiria o Brasil, sendo que, em 1786, houve larga nomeação de magistrados destinados a cobrir a sua rede judicial. A Rainha cairia em estado de loucura em 1792.[112]

A gestão do quarto titular diocesano de Mariana, coincidente com este período, registrou suas primeiras providências: solicitar autorização régia para nomear as conezias e dignidades que vagassem no Cabido. Um mês depois, o bispo dava conta à Coroa da cerimônia fúnebre que realizara em memória da Rainha Mãe.[113]

Ensaiava-se uma atitude de cooperação que tornou-se dominante, em seu relacionamento com a Coroa. Ao contrário do primeiro, o quarto bispo titular de Mariana mostrava-se pouco combativo em relação às autoridades da capitania. As suas pastorais e providências procuravam atingir as irregularidades onerosas ao erário da Coroa. O quarto bispo possuía uma rica biblioteca, com títulos afinados com as novas ideias ilustradas.

---

111 VASCONCELLOS, Diogo de. *Op. Cit.*, p. 78.

112 SERRÃO, J. V. *História de Portugal (1750-1807).* v. 6 - O despotismo iluminado. Lisboa: Verbo, Capítulo 1, p. 293-94; 340-41;382.

113 AHU/MG/Lisboa.14-4-1781. cx. 117 doc. 12 cd 33. Carta de lei (cópia) de D. Maria I autorizando ao bispo de Mariana, dom frei Domingos da Encarnação Pontevel, que proponha para as dignidades, vigararias, conezias e mais cargos eclesiásticos que vagarem os clérigos mais idôneos; AHU/MG/Mariana.14-5-1781. cx. 117 doc. 22 cd 33. Carta do bispo de Mariana, D. Fr. Domingos da Encarnação Pontevel informando a Martinho de Melo e Castro sobre as cerimônias fúnebres que levou a cabo em memória da Rainha Mãe.

Com alguns matizes, a atuação de Dom Frei Domingos da Encarnação Pontevel reúne determinadas características que o aproximam do modelo episcopal ilustrado.

## A ilustração de Dom Frei Domingos da Encarnação Pontevel

Dom Frei Domingos da Encarnação Pontevel, quarto bispo titular da diocese de Mariana, teve a sua gestão compreendida entre primeiro de março de 1779 e 16 de junho de 1793. Nascera em 3 de novembro de 1721, em Santarém. Quando foi eleito bispo, em 1º de outubro de 1778, e apresentado em 24 do mesmo mês, era um respeitável membro da Ordem de São Domingos. Consagrou-se em abril de 1779, na Igreja de São Francisco da Convalescença. Oficiou a cerimônia o arcebispo de Lacedemônia, Dom Antônio Bonifácio Coelho, com a assistência do bispo de Miranda, dom Minguel Antônio Barreto de Meneses, e Dom Bartolomeu Manuel Mendes dos Reis. Em Agosto de 1779, Dom Frei Domingos tomou posse da diocese de Mariana, por meio de seu procurador, o Cônego Inácio Correia de Sá. Realizou a sua Entrada Solene na Catedral em 25 de Fevereiro de 1780.[114]

Contava 57 anos de idade em 1779, ano de sua bula de nomeação, bem como da sagração e posse. Pio IV exaltou a vocação de Dom Frei Domingos da Encarnação para o Magistério: "pelo espaço de 15 anos, douta e prudentemente exerceste os cargos de Lente de Filosofia e de Teologia e de Diretor da Ordem Terceira do mesmo São Domingos." Ressaltou as suas virtudes morais, endossando as referências da Rainha Maria Francisca, de Portugal: "zelo de Religião, modéstia de vida, honestidade em hábitos espirituais, prudência e louvável consideração das coisas temporais".[115]

Com uma produção de cerca de dez cartas pastorais, Dom Frei Domingos da Encarnação Pontevel mostrou, logo nas primeiras, a grande preocupação com os prejuízos à arrecadação. Como em 24 de julho de 1780, condenou as irregularidades no recolhimento dos dízimos, os descaminhos do ouro, e as confusões com as conhecenças. Repreendeu as práticas dos paroquianos que descontavam das quantias destinadas aos "rendeiros de Sua Majestade", encarregados de recolher os dízimos, as quantias das

---

114 TRINDADE, Raimundo. *Arquidiocese de Mariana. Op. Cit.*, p. 151-60; ALMEIDA, Fortunato de. *História da Igreja em Portugal*. Nova edição preparada e dirigida por Damião Peres, Professor da Universidade de Coimbra. Porto/Lisboa: Civilização, 1968, 5 tomos, v. 3, Cap. XVIII – Bispos das Dioceses - Dioceses do Ultramar, p. 630.

115 AEAM. Governos episcopais - dom frei Domingos da Encarnação Pontevel. Arquivo 1, Pasta 1, Gaveta 4. Bula do Excelentíssimo e Reverendíssimo D. Domingos da Incarnação Pontevel - 03-03-1779. Tradução do latim de Monsenhor Flávio Carneiro Rodrigues.

conhecenças que pagavam aos párocos. Era um "um gravíssimo e execrandíssimo pecado de furto, por pertencerem, nestas terras, os Dízimos, inteiramente a Sua Majestade// por comissão pontifícia (...)", avisava que tanto incorrem nele os que assim praticam como também os párocos, se desta forma deturpada o recolhem.[116] Dom Frei Domingos tratou, ainda, de confirmar a mensagem pastoral que tornava reservado à autoridade episcopal o delito de contrabando.[117]

O quarto titular diocesano visitou mais de uma vez as freguesias do bispado. A rede paroquial havia se expandido; entre as paróquias colativas, somavam-se agora cinquenta e uma. Submetiam-se a nove cabeças de comarcas eclesiásticas: Vila Rica, Rio das Mortes, Rio das Velhas, Serro Frio, Pitangui, Campanha, Aiuruoca, Tamanduá e Cuieté; as quatro últimas sem instituição regular.[118]

O governo de Dom Frei Domingos da Encarnação Pontevel iniciava simultaneamente ao de Dom Rodrigo José de Meneses, governador civil entre 1780 e 1783, que percorreu o território da capitania. Dom Rodrigo informou à Coroa que empreenderia para inspecionar as áreas de sua jurisdição; seguia a linha saneadora e penitenciária do o Conde de Valadares, seu antecessor, que propugnava o castigo e o aproveitamento dos vadios, com autorização do rei, para formar uma espécie de tropa de pedestres, em guerrilhas contra os botocudos e os malfeitores. A partir de 1781, sua correspondência com o Conselho Ultramarino dava conta de problemas com ouvidores, e indicava preocupação com a iníqua administração da justiça na capitania. Sem demoras, comunicava à Coroa suas preocupações, pleiteando mais autonomia. Por seu turno, o bispo dominicano enfrentaria também desafios e oposições. Foi apresentado por Tomás Antônio Gonzaga, nas Cartas Chilenas, como mais uma vítima do governador tirano, seu desafeto. Luís Antônio

---

116 AEAM. Governos episcopais – dom frei Domingos da Encarnação Pontevel. Arquivo 1, Pasta 1, Gaveta 4, fl. 2q - 2q v. Pastoral do Exmo. Sr. Dom Frei Domingos da Encarnação Pontevel, da Ordem dos Pregadores, Bispo deste bispado, sobre a usurpação que fazem os habitadores deste Bispado aos Dízimos de Sua Majestade, tirando deles o que pagam de conhecença aos seus Párocos. Concluindo a mensagem pastoral, o bispo "ordena a publicação, pelos párocos, e a leitura do texto pastoral, bem como 'publicarão prontamente os títulos 21, 22, 23 e 24 do Livro 2º das Constituições porque se rege este bispado e que igualmente farão observar por todos os seus respectivos capelães (...) exortando eficazmente a todos os seus paroquianos ou aplicados a obrigação que têm de satisfazer sem diminuição alguma os referidos dízimos aos respectivos rendeiros e intimando esta mesma obrigação aos pregadores, e confessores'".

117 AEAM. Governos episcopais – dom frei Domingos da Encarnação Pontevel. Arquivo 1, Pasta 1, Gaveta 4, "Pastoral sobre a usurpação da extração de ouro em pó e diamantes.", fl. 3q. 24 de julho de 1780; TRINDADE, Raimundo. *Arquidiocese de Mariana. Op. Cit.*, p. 151-60.

118 TRINDADE, Raimundo. *Arquidiocese de Mariana. Op. Cit.*, p. 151-60.

de Meneses, apelidado Fanfarrão Minésio, faz uma grave afronta ao prelado, que já possuía avançada idade, em uma procissão.[119]

Ademais, o bispo dominicano não logrou alcançar a estabilidade nas relações com o Cabido. Ao contrário, perturbado pelo clima de guerra, mudou a residência episcopal para Vila Rica, em 1788, nomeando por meio de uma portaria de 12 de Agosto de 1788, como governador diocesano, o Cônego chantre, Vicente Gonçalves Jorge de Almeida. No documento, justificava a providência: "considerando que estarei frequentemente fora da sede, em meu hospício em Vila Rica, a serviço ou por interesses da Igreja e da Mitra". Fortunato de Almeida mostra que em várias dioceses de Portugal, a esta mesma altura, conflitos entre a Mitra diocesana e o Cabido eram bastante comuns, como o exemplo da diocese de Elvas, a qual cita, onde, entre 1785 e 1790, as desavenças se tornaram tão sérias a ponto de haver intervenção régia em termos bastante severos. Os cônegos eram acusados de infrações semelhantes às observadas na diocese de Mariana desde os tempos de Dom Frei Manuel da Cruz. Nas palavras do autor, "espírito de intolerância, de se atribuírem direitos e isenções que lhes não competiam; de falta de obediência e respeito ao bispo, confundindo com

---

119 AHU/MG/Mariana. 29-03-1780. Cx. 116, doc. 16. Cd 33. Carta de Dom Frei Domingos da Encarnação Pontevel a Martinho de Melo e Castro informando-o, entre outros assuntos, de sua chegada à cidade de Mariana, assim como do estado do referido bispado; AHU/MG/31-12-1781. cx. 117 doc. 82 cd 34. Carta de D. Rodrigo José de Menezes, governador de Minas informando a Martinho de Melo e Castro, entre outros assuntos, a violência com que as populações têm sido tratadas por parte de alguns ministros; AHU/MG/Vila Rica. 31-12-1781. cx. 117 doc. 87 cd. 34. Carta de dom Rodrigo José de Menezes dá conta informando a Martinho de Melo e Castro sobre a jornada que fez sobre diversas localidades da sua jurisdição; AHU/MG/Vila Rica. 31-12-1781. cx. 117 doc. 88 cd. 34. Carta de D. Rodrigo José de Menezes dando conta a Martinho de Melo e Castro da necessidade que há em se ampliarem as competências dos governadores na América. CARRATO, J. F. *As Minas Gerais e os primórdios do Caraça. Op. Cit.*, p. 146-47. RESENDE, M. E. L. "Notícia biográfica." In: ROCHA, José Joaquim da. *Geografia Histórica da Capitania de Minas Gerais. Descrição topográfica, histórica e política da capitania de Minas Gerais. Memória histórica da capitania de Minas Gerais.* Estudo crítico de Maria Efigência Lage de Resende. Transcrição e colação de textos de Maria Efigência Lage de Resende e Rita de C. Marques. Belo Horizonte: Sistema Estadual de Planejamento/Fundação João Pinheiro/Centro de Estudos Históricos e Culturais, 1995, p. 42-23. (Coleção Mineiriana, Série Clássicos)AHU/MG/Vila Rica. 25-02-1780. CX 116, doc. 12. Cd 33. Carta de D. Rodrigo José de Menezes, governador de Minas, a Martinho de Melo e Castro informando-o acerca de sua chegada a Minas. GONZAGA, Tomás Antônio. *Cartas chilenas.* São Paulo: Martin Claret, 2007, p. 75-78.

geral escândalo a ordem hierárquica, e constituindo-se em corpo acéfalo, sem reconehcerem a autoridade superior de seu prelado".[120]

Os seus conflitos com o Cabido alcançaram notas de ódio. Alguns estudiosos admitem a hipótese de haver este bispo temido por sua própria vida, se continuasse a habitar a sede do bispado. A sua busca de tranquilidade, entretanto, não logrou êxito. Mudando-se em 1788 para a vizinha Vila Rica, no ano seguinte assistiu ao abalo causado do movimento de 1789. O silêncio de Dom Frei Domingos da Encarnação Pontevel acerca da conjura que contou com pelo menos cinco eclesiásticos diocesanos, intrigou os estudiosos. Mediante o fracasso da conjura, a Câmara de Vila Rica solicitou a presença do bispo para um *Te Deum*, após o qual dispureram luminárias por três noites na cidade episcopal.[121]

Se comparado com o primeiro bispo, Dom Frei Manuel da Cruz, o perfil de Dom Frei Domingos é silencioso, quase enigmático. Com uma produção pastoral menor, também o é a sua correspondência com o Conselho Ultramarino. Na maior parte das vezes, visa a dar a notícia do cumprimento das ordens metropolitanas.[122]

Segundo o Cônego Vidigal de Carvalho, seja por virtude, ou por poder-se "julgá-lo inteiramente absolutista", Dom Frei Domingos era "muito culto, exímio teólogo, ótimo

---

120 ALMEIDA, Fortunato de. *História da Igreja em Portugal*. Nova edição preparada e dirigida por Damião Peres, Professor da Universidade de Coimbra. Porto/Lisboa: Civilização, 1968, 5 tomos, v. 3, Cap. 2. "Benefícios eclesiásticos e seus provimentos". Cabidos, p. 32.

121 CARVALHO, J. G. V. de. (Côn.) *Ideologia e Raízes Sociais do Clero da Conjuração: século XVIII, Minas Gerais*. Viçosa: Imprensa Universitária, 1978, p. 45-46; DELAMARE, Alcibíades. *Vila Rica*. São Paulo: Companhia Editora Nacional, 1935, p. 211-12.

122 AHU/MG/Mariana. 29-03-1780. CX 116, doc. 16. Cd 33. Carta de Dom Frei Domingos da Encarnação Pontevel a Martinho de Melo e Castro informando-o, entre outros assuntos, de sua chegada à cidade de Mariana, assim como do estado do referido bispado; AHU/MG/Lisboa.14-4-1781. cx. 117 doc. 12 cd 33. Carta de lei (cópia) de D. Maria I autorizando ao bispo de Mariana, D. Frei Domingos da Encarnação Pontevel que proponha para as dignidades, vigararias, conezias e mais cargos eclesiásticos que vagarem os clérigos mais idôneos; AHU/MG/Mariana.14-5-1781. cx. 117 doc. 22 cd 33. Carta do bispo de Mariana, D. Fr. Domingos da Encarnação Pontevel informando a Martinho de Melo e Castro sobre as cerimônias fúnebres que levou a cabo em memória da Rainha Mãe; AHU/MG/Mariana.15-02-1787. Cx. 126 doc. 18. Carta do bispo dom frei Domingos da Encarnação Pontevel para o Secretário de Estado da Marinha e Ultramar, Martinho de Melo e Castro, informando ter mandado celebrar um ofício e missa solene em memória do falecido dom Pedro III; AHU/MG/01-10-1787. s. l. Cx. 127, doc. 25 cd 36. Carta de José Miguel Licetti para D. Maria I contendo uma relação dos livros impressos, livros em branco e guias impressas enviadas para uma das capitanias ultramarinas; AHU/MG/Mariana. 27-12-1790. cx. 135, doc. 66. Cd 39. Carta de D. Frei Domingos da Encarnação Pontevel, bispo de Mariana dando seu parecer sobre o requerimento de Francisco

pregador". Sob o padroado lhe cabia "portar-se como bom funcionário da Coroa", embora reconheça que os elementos que enumera "não permitem um juízo seguro da atitude deste bispo". Para o autor, Dom Frei Domingos não devia desconhecer que o Cônego Luís Vieira expunha suas ideias nas aulas do Seminário.[123]

O seminário de Mariana recebeu uma atenção generosa do quarto bispo diocesano. Além de incluí-lo entre as realizações físicas que empreendeu, o bispo o dotou, de sua própria côngrua anual, com cento e cinquenta mil réis. Concedeu-lhe, também, certa feita a generosa esmola de 2:000$000, além de pagar pontualmente os aluguéis. Segundo Cônego Trindade, Dom Frei Domingos ordenou, ao longo de seu episcopado, cento e vinte e seis sacerdotes.[124]

Segundo Antonio Irigoyen Lopez, após a reforma tridentina, o bispo ideal deveria ser uma pessoa enérgica, porém de diálogo. O concílio visava o aumento da influência da autoridade espicopal, mas isto implicava diminuir a do Cabido.[125]

Segundo Carrato, o tempo de Dom Frei Domingos da Encarnação Pontevel, e de seu sucessor, eram de "fastígio iluminista".[126] Alcilene Cavalcanti, comparando as atuações de dom frei Manuel da Cruz e a de Dom Frei Domingos da Encarnação Pontevel, conclui

---

de Sales e Morais, procurador geral dos povos das Minas Gerais, a respeito dos pagamentos devidos aos párocos e enviando uma lista das igrejas existentes no bispado de Mariana; AHU/MG/Mariana.31-08-1793. cx. 138, doc. 30. Cd 40. Representação dos capelães do bispado de Mariana para Martinho de Melo e Castro, anunciando a morte do bispo e narrando os distúrbios que se passavam no bispado e pedindo nomeação de novo bispo; AHU/MG/Mariana.20-10-1793. cx.138, doc. 36. Cd 40. Carta de João Paulo de Freitas, capelão da Sé de Mariana, agradecendo os favores feitos aos desembargadores Manuel Gomes Ferreira seu tio e Bernardino José Sena de Freitas, falecidos, declarando não ter culpa na representação feita pelo falecido prelado, a qual provocou grande intriga.

123 CARVALHO, J. G. V. de. (Côn.) *Ideologia e Raízes Sociais do Clero da Conjuração: século XVIII, Minas Gerais*. Viçosa: Imprensa Universitária, 1978, p. 45-46. Cf. TRINDADE, Raimundo. *Arquidiocese de Mariana. Op. Cit.* vol 1, p. 154. O Cônego Trindade registra a sua avaliação do perfil de dom frei Domingos da Encarnação Pontevel: "exagerado absolutista".

124 Vale lembrar, outrossim, a significativa reforma da Catedral, cuja estrutura se via ameaçada por um enorme formigueiro. O paço episcopal sofisticou-se com a concepção de um pavilhão artístico concebido por José Pereira Arouca. TRINDADE, Raimundo. *Arquidiocese de Mariana. Op. Cit.*, v. 1, p. 151-60.

125 LOPEZ, Irigoyen Antonio. "Casa y hogares de los prebendados murcianos durante el siglo XVIII". *Revista de demografía histórica*, XXVI, I, 2008, segunda época, p. 173-202.

126 CARRATO, J. F. *Igreja, Iluminismo e Escolas mineiras coloniais*. São Paulo: Companhia Editora Nacional, 1968, p. XIII. (Brasiliana, 334)

que o segundo transmite um perfil mais compassivo com as circunstâncias do padroado e mediante as agitações políticas; mostrava-se, ademais, obediente à Coroa.[127]

Para Luiz Carlos Villalta, dom frei Domingos da Encarnação Pontevel "não intentou rebelar-se contra o domínio português". Ademais, a sua rica biblioteca, cujos títulos constabilizam, entre 1066 volumes e 412 títulos, exemplares dos escritores esclarecidos, constituem outro forte elemento que favorece a caracterização de bispo ilustrado.[128]

Não contraria este perfil o distanciamento do bispo com a Santa Sé. O Relatório Decenal da Visita *Ad Limina* era uma satisfação obrigatória, devida pelos bispos à Sagrada Congregação do Concílio Tridentino, dada a cada dez anos. O de Dom Frei Domingos da Encarnação não foi encontrado. Segundo Monsenhor Flávio Carneiro Rodrigues, sucessivas buscas foram realizadas nos arquivos do Vaticano. Os dois únicos Relatórios Decenais encontrados foi o elaborado dom frei Manuel da Cruz, em 1757. Após este Relatório, o próximo documento semelhante localizado foi somente o de Dom Frei Cipriano de São José. Estudiosos suspeitam, devido a isso, que o Relatório Decenal não foi composto por Dom Frei Domingos da Encarnação Pontevel. Tampouco Dom Joaquim Borges de Figueiroa e Dom Bartolomeu Manuel Mendes dos Reis, os dois bispos nomeados após o falecimento de Dom frei Manuel da Cruz, produziram relatórios, pois sequer conheceram a diocese.[129]

De acordo com José Pedro Paiva, não é tarefa fácil definir os contornos do que teria sido o padrão de bispo mais difundido no século XVIII, pois esta conturbada centúria apresentaria uma "pluralidade de sentidos e de algum hibridismo que assumiu o modelo episcopal no decurso do conturbado século XVIII". Para Paiva, seria mais certeiro sustentar que nesta centúria não houve um modelo de prelado, mas várias tendências coexistentes que influenciaram o comportamento episcopal. São várias as características que o autor aponta como características do iluminismo católico – depuração da liturgia, vivência de uma piedade mais austera e antimística, sem as manifestações de fé sensorial, exteriorista, de cunho barroco. No plano das relações entre a Igreja e o Estado, observa Paiva, houve uma

---

127   OLIVEIRA, Alcilene Cavalcante de. *A ação pastoral dos bispos da diocese de Mariana: mudanças e permanências (1748- 1793)*. Dissertação de Mestrado, Unicamp, Campinas, 2001, p. 156.

128   VILLALTA, Luiz Carlos. *A "Torpeza diversificada dos vícios": celibato, concubinato e casamento no mundo dos letrados de Minas Gerais (1748-1801)*. Dissertação de Mestrado, FFLCH, USP, São Paulo, 244, p. 8-9.

129   RODRIGUES, F. C. (Mons.). *Cadernos Historicos do Arquivo Eclesiástico da Arquidiocese de Mariana: Os Relatórios Decenais dos Bispos de Mariana enviados à Santa Sé - Visitas ad Limina*, n. 3. Mariana: Dom Viçoso, 2005, p. 50 – Histórico das Visitas *ad Limina* na Diocese de Mariana.

tendência de não contestar a interferência da Coroa e as suas práticas regalistas. Em algumas circunstâncias, essa característica assumiria um pendor episcopalista.[130]

Esta característica se coaduna com a postura assumida por Dom Frei Domingos da Encarnação Pontevel, que quando correspondia ao Conselho Ultramarino, tratava das colações de cargos eclesiásticos, avaliações dos oponentes aos concursos dos lugares que vagavam. Ou da necessidade de informar à Coroa o cumprimento de suas ordens para realizar festejos públicos de aplausos a bodas e nascimentos reais.[131]

Para estudiosos eclesiásticos, o governo de Dom Frei Domingos foi útil, edificante e piedoso, visitando todas as freguesias do bispado. Como o ex-monge de Cister, o prelado dominicano, era dono de muitas virtudes, inclusive a caridade. Considerando estes aspectos, para o Cônego Vidigal de Carvalho, caridade e prudência eram as virtudes por excelência de Dom Frei Domingos da Encarnação Pontevel. Era atento aos mais pobres, e prudente perante as prepotências das autoridades seculares, tais como a do governador Luís da Cunha Meneses.[132]

Houve, porém aspectos de sua ação pastoral que não se coadunavam às tendências ilustradas, nas quais algumas práticas consideradas contaminadas pelo misticismo ou superstições não seriam bem vistas.[133] Dom Frei Domingos da Encarnação Pontevel não deixou de promover o estímulo à piedade, durante uma epidemia de influenza que grassou o bispado. Publicou cartas pastorais com preces e penitências, disposições semelhantes às recomendadas por Dom Frei Manuel da Cruz na década de 1756, por ocasião das pragas das formigas e baratas nas roças do bispado, bem como do terremoto de Lisboa, de 1755. Em 1792, aponta o Cônego Trindade, a situação era dramática, pois a in-

---

130 "O(s) modelo(s) de bispo: pastor, pai, santo, político e ilustrado." In: PAIVA, José Pedro. *Os Bispos de Portugal e do Império. Op. Cit.* O lento despontar de um tipo de bispo marcado pelas propostas do iluminismo católico, p. 155; p. 164-70.

131 CARRATO, J. F. *As Minas Gerais e os Primórdios do Caraça.* São Paulo: Nacional, 1963, p. 118-125. (Brasiliana, p. 317)

132 CARVALHO, J. G. V. de. (Côn.) *Ideologia e Raízes Sociais do Clero da Conjuração: século XVIII, Minas Gerais.* Viçosa: Imprensa Universitária, 1978, p. 45-46.

133 PAIVA, J. P. *Os bispos de Portugal e do Império. Op. Cit.,* p. 160-65. Ver também as considerações de Iris Kantor sobre as tensões entre a Ilustração pombalina e as vertentes do catolicismo ilustrado: KANTOR, Iris. *Esquecidos e Renascidos. Op. Cit.,* p. 244-47.

fluenza grassava "furiosamente" o bispado, e algumas câmaras ordenaram o acendimento de grandes fogueiras nas ruas das vilas e arraiais para debelá-la.[134]

O quarto titular diocesano não pode, porém, ser classificado como tridentino em termos absolutos, pois apresenta tendências, influências e características de atuação de um bispo iluminista. Ele soube manifestá-las, como referimos; e aliá-las à prudência de uma consciência política que o levava a esquivar-se de choques frontais com as autoridades da capitania. Mesmo perantes afrontas, como a do governador Luís da Cunha Menezes e dos Cônegos do Cabido. De sorte que do ponto de vista das relações com o clero, o cabido, e com as autoridades seculares, o governo diocesano de Dom Frei Domingos da Encarnação Pontevel não pode ser caracterizado como tranquilo.[135]

No decorrer dos anos de governo episcopal de Dom Frei Domingos, ressurgiram debates, e persistiram tensões difíceis de sanar, desde o início da diocese: a questão das conhecenças, as disputas com o cabido. Ambas já registravam enorme desgaste àquela altura; as conhecenças, pela quantidade de impostos, a ameaça de derrama geral, e os preços dos serviços espirituais. Pouco antes de instaurar a investigação sobre as conhecenças, Dom Frei Domingos dirigiria-se aos seus súditos diocesanos, a exaltar a importância e da necessidade dos dízimos. Apresentava as irregularidades na arrecadação como "inaceitável usurpação que fazem os habitadores deste Bispado aos dízimos de Sua Majestade, tirando deles o que pagam de conhecença aos seus Párocos·". Esta prática era dos diocesanos "levados da cega e torpe cobiça; e o que é ainda mais horroroso". A todos exortava "se lembrarem de que cometem um gravíssimo e execrandíssimo pecado de furto, por pertencerem, nestas terras, os Dízimos, inteiramente a Sua Majestade".[136]

Na mesma data desta carta pastoral sobre as conhecenças e os dízimos, dom frei Domingos confirmou e ordenou a publicação de uma carta pastoral condenando o contrabando de ouro, e tornando o perdão deste pecado mortal reservado a si. Isso não deve ser visto como um detalhe, ou simples confirmação da pastoral de 1750, publicada por

---

134 TRINDADE, Raimundo. *Arquidiocese de Mariana. Op. Cit.*, p. 151-60; SANTOS, Patrícia Ferreira dos. "O maravilhoso e o terrível nas visitas pastorais a Catas Altas e Curral del Rei: poder episcopal e direito de padroado (1748-1764)". *LPH. Revista de História* (UFOP), v. 16, p. 160-174, 2006.

135 GONZAGA, Tomás Antônio. *Cartas chilenas*. São Paulo: Martin Claret, 2007, p. 75-78.

136 Pastoral do Excelentíssimo Sr. Dom Frei Domingos da Encarnação Pontevel, da Ordem dos Pregadores, Bispo deste bispado, sobre a usurpação que fazem os habitadores deste Bispado aos Dízimos de Sua Majestade, tirando deles o que pagam de conhecença aos seus Párocos. AEAM. Governos episcopais – dom frei Domingos da Encarnação Pontevel. Arquivo 1, Pasta 1, Gaveta 4, fl. 2-3q. Dada nesta cidade Mariana, sob nosso signal (fl. 3q) e sello de nossas Armas aos 24-07-1780.

Dom Frei Manuel da Cruz, não sem antes discutir e manifestar sua descrença na eficácia deste método para combater o contrabando.[137] Deve ser encarado como um indício da tendência de colaboração de Dom Frei Domingos da Encarnação Pontevel com a coroa. As suas preocupações refletiam-se, ainda no campo da arrecadação, eclesiástica e civil. Como sinal desta postura de Dom Frei Domingos, destacou-se a realização de uma sindicância sobre as conhecenças, em 1788. Neste ano, todos os párocos foram convocados a manifestar-se acerca do valor das conhecenças que cobravam das gentes das freguesias do bispado.[138]

Dom Oscar de Oliveira comenta sobre a energia empregada pelo bispo dominicano nesta carta pastoral, na qual ameaça o prelado de suspensão *ab officio et beneficio, ipso*

---

137    AEAM. Governos episcopais – dom frei Domingos da Encarnação Pontevel. Arquivo 1, Pasta 1, Gaveta 4, "Pastoral sobre a usurpação da extração de ouro em pó e diamantes", fl. 3-3q. 24 de julho de 1780.

138    Listamos as referências e os locais de proveniência dos documentos enviados por todos os párocos, atendendo a convocação de dom frei Domingos da Encarnação Pontevel. AHU/MG.16-10-1788. Santa Luzia. Cx 130, doc 11 cd 37. Carta do Padre José Lopes da Cruz, vigário da freguesia de Sta. Luzia, para Luís da Cunha Menezes, dando o seu parecer sobre os emolumentos que os párocos cobravam; AHU/MG. Cx. 128, doc. 42. 12-04-1788. Vila Nova da Rainha. De Antônio Meireles Rebelo Pereira, vigário de Vila Nova da Rainha, do Caeté, para o bispo de Mariana, dom frei Domingos da Encarnação Pontevel, dando um parecer circunstanciado sobre o que os párocos cobravam de conhecenças. Ou ainda: AHU/MG. 24-11-1788. Cx 130, doc. 44, cd 37. De Antônio Caetano de Almeida Vilas Boas, de São João Del Rei, para o bispo de Mariana, dom frei Domingos da Encarnação Pontevel respondendo às acusações que eram feitas aos párocos sobre as suas conhecenças, pelo procurador dos povos. AHU/MG.10-10-1788. cx. 130 doc. 5, cd 37. Do vigário de Raposos. *Idem*; AHU/MG. 12-10-1788. Mariana. Cx. 130 doc. 7, cd 37. Do Padre Antônio Duarte Pinto, cura da freguesia da Sé de Mariana. *Idem*. AHU/MG. 13-10-1788. Do vigário da Vila Real do Sabará. cx. 130 doc. 9, cd 37. *Idem*. AHU/MG. 13-10-1788. cx. 130 doc. 10, cd 37. Do vigário da freguesia de Santo Antônio do Ribeirão de Santa Bárbara. *Idem*. AHU/MG. 20-10-1788. Cx. 130, doc. 12, cd 37. De Matias Alves de Oliveira, vigário encomendado da freguesia de N. Sra. da Assunção do Caminho Novo de Minas. *Idem*. AHU/MG. 20-10-1788. Cx. 130, doc. 13, cd 37. De Lino Lopes de Matos, vigário de Guarapiranga. AHU/MG. 20-10-1788. Cx. 130, doc. 14, cd 37. Do vigário de S. J. Barra Longa, Antônio Pedro de Vasconcelos. *Idem*. AHU/MG. 22-10-1788. Cx. 130, doc. 15, cd 37. N. S. Boa Viagem C. Del Rei. *Idem*. De Lázaro Rodrigues Estorninho, vigário colado da freguesia de N. S. Boa Viagem do Curral Del Rei. *Idem*. AHU/MG.25-10-1788. Cx. 130, doc. 16, cd 37. De Manuel Esteves de Lima, vigário da freguesia de S. Miguel. *Idem*. AHU/MG. 30-10-1788. Cx. 130, doc. 17, cd 37. De Manuel José Barbosa de Faria, vigário da freguesia de R. Acima. *Idem*. AHU/MG. 30-10-1788. Cx 130, doc. 18, cd 37. De Manuel José de Oliveira, vigário da freguesia de Cachoeira do Campo. AHU/MG. 01-11-1788. Cx 130, doc. 19, cd 37. Carta de Manuel Moreira de Figueiredo, vigário de Catas Altas. *Idem*. AHU/MG. 02-11-1788. Cx 130, doc. 20, cd 37. De João Francisco da Rocha, vigário da freguesia de Ouro Branco. *Idem*. AHU/MG. 01-11-1788. Cx 130, doc. 22, cd 37. De Agostinho Monteiro de

*facto*, os párocos e demais curas de almas que ousarem receber em pagamento das co-

---

Oliveira, vigário encomendado da freguesia de S. João B.ta do Morro Grande. *Idem*. AHU/MG. 04-11-1788. Cx 130, doc. 23, cd 37. De Inácio José de Almeida, vigário de São Bartolomeu. *Idem*. AHU/MG. 06-11-1788. Cx 130, doc. 25, cd 37. De Martinho de Freitas Guimarães, vigário da freguesia de N. Sra. do Rosário de Sumidouro. AHU/MG. 10-11-1788. Cx 130, doc. 27, cd 37. De Domingos Lopes de Matos, vigário da freguesia de Baependi. *Idem*. AHU/MG. 10-11-1788. Cx 130, doc. 28, cd 37. De Manuel José Soares, vigário da freguesia de Inficionado. *Idem*. AHU/MG. 10-12-1788. Cx 130, doc. 29, cd 37. De Estanislau da Silveira Ébano, vigário de São Sebastião. *Idem*. AHU/MG. 15-11-1788. Cx 130, doc. 30, cd 37. De Domingos Soares Torres Brandão, vigário de Pitangui. *Idem*. AHU/MG. 16-11-1788. Cx 130, doc. 31, cd 37. De Manuel Acúrsio Nunan Serqueira, vigário de Itaubira. *Idem*. AHU/MG. 17-11-1788. Cx 130, doc. 33, cd 37. De Bernardo da Silva Lobo, vigário da Campanha do Rio Verde. *Idem*. AHU/MG. 20-11-1788. Cx 130, doc. 37, cd 37. De José Jorge de Barcelos, vigário encomendado de Pouso Alto. *Idem*. AHU/MG. 20-11-1788. Cx 130, doc. 38, cd 37. De Vicente Coelho Gomes, vigário de Simão Pereira. *Idem*. AHU/ MG. 22-11-1788. Cx 130, doc. 39, cd 37. Do padre Agostinho Pita de Castro, vigário da freguesia de Borda do Campo. *Idem*. AHU/MG. 24-09-1788. cx. 129, doc 40, cd 37. De José Gomes de Miranda, vigário do Rio das Pedras. *Idem*. AHU/MG. 22-11-1788. Cx 130, doc. 40, cd 37. De João Pimenta da Costa, vigário encomendado das Congonhas do Sabará. *Idem*. AHU/MG. 24-11-1788. Cx 130, doc. 43, cd 37. De João de Sousa de Carvalho, vigário da freguesia do Furquim. *Idem*. AHU/MG. 26-11-1788. Cx 130, doc. 46, cd 37. De Antônio Machado da Costa, vigário da freguesia de Nossa Senhora da Conceição do Antônio Pereira. *Idem*. AHU/MG. 30-11-1788. Cx 130, doc. 47, cd 37. De José da Costa Oliveira, vigário de S.ta Ana das Lavras do Funil de Carrancas. AHU/MG. 30-11-1788. Cx 130, doc. 48, cd 37. Do Padre Manuel de Jesus Maria, Vigário do Rio da Pomba e Peixe. *Idem*. AHU/MG. 01-12-1788. Cx 130, doc. 51, cd 37. De Manuel José da Fonseca Brandão, vigário da V. do Príncipe. *Idem*. AHU/MG. 01-12-1788. Cx 130, doc. 52, cd 37. De Caetano Pinto da Mota e Castro, vigário de S. Caetano. AHU/MG. 06-12-1788. Cx 130, doc. 53, cd 37. Prados. De Manuel Martins de Carvalho, vigário de Prados. *Idem*. AHU/MG. 08-12-1788. Cx 130, doc. 54, cd 37. De Gabriel da Costa Rezende, vigário encomendado da Aiuruoca. *Idem*. AHU/MG. 09-12-1788. Cx 130, doc. 56, cd 37. De Manuel Pires Vergueiro, vigário colado de Casa Branca. AHU/MG. 12-12-1788. Cx 130, doc. 57, cd 37. De José de Lana Porto, vigário colado na freguesia da Itatiaia. *Idem*. AHU/MG. 20-12-1788. Cx 130, doc. 58, cd 37. De Quintiliano Alves Teixeira Jardim, vigário de Congonhas do Campo. *Idem*. AHU/MG. 24-12-1788. Cx 130, doc. 62, cd 37. De José Bento da Silveira, vigário da Vila de Sto. Antônio do Bom Sucesso do Descoberto do Peçanha. *Idem*. AHU/MG. 25-12-1788. Cx 130, doc. 63, cd 37. De Bernardo José da Encarnação, Vigário encomendado de Vila Rica. *Idem*. AHU/MG. 30-12-1788. Cx 130, doc. 65, cd 37. Vila Rica. Carta de José Vidal do Vale, Vigário de Ouro Preto de Vila Rica. *Idem*. Por fim: AHU/MG. 03-11-1788. Cx 130, doc. 21, cd 37. Carta de Fortunato Gomes Carneiro, vigário da freguesia de Carijós, para o bispo de Mariana, dom frei Domingos da Encarnação Pontevel, informando do desaparecimento de alguns livros de registo de ordens, razão porque não se aplicavam as conhecenças dos párocos com rigor.

nhecenças qualquer quantia pertencente aos dízimos. E ordenava-lhes a publicação desta sua carta, seguida dos títulos das Constituições da Bahia, que a fundamentavam.[139]

Sobre as conhecenças, o prelado encomendara uma detalhada dissertação ao Vigário das Congonhas, doutor Quintiliano Teixeira Jardim. A pedido do prelado, o futuro Vigário geral (1798) do bispo Dom Cipriano de São José elaborou um parecer circunstanciado e histórico sobre as conhecenças no bispado de Mariana. No documento, que assinou em dezembro de 1788, concluía sobre os baixos valores das côngruas, e reconhecia que o povo não podia mais suportar as taxas. Segundo José Ferreira Carrato, Dom Frei Domingos havia sido criterioso em toda a sua investigação sobre as conhecenças; bem como ao incumbir o doutor Quintiliano da elaboração de um parecer. A sua dissertação justificava plenamente os párocos, e sugeria o aumento nas côngruas, diminuindo os dízimos prediais, cobrados pela Real Fazenda, e dos quais este órgão deduzia as côngruas dos párocos. Segundo José Ferreira Carrato, aquela era uma "bitributação" não aceita pelo povo.[140]

Após estudar os pareceres dos párocos, no entanto, o que houve foi uma redução nas suas côngruas, de 200 para 50 mil réis anuais. Martinho de Melo e Castro comemorou o fato em 1788. Registrou, na Instrução ao Visconde de Barbacena, que o ocorrido era uma vitória sobre um clero insubmisso.[141]

Cerca de um ano depois deste acerto de contas sobre as conhecenças, descobriu-se a conspiração chamada a Inconfidência em Minas provocando um rebuliço na capitania. Segundo Carlos Guilherme Mota, a Inconfidência resultou das divergências sócio-econômicas entre Minas Gerais e Portugal e da clássica contradição de grupos entre os interesses coloniais e os metropolitanos. O movimento exerceu seu impacto, segundo Maxwell, sobre a elite branca do Brasil e a política imperial do governo metropolitano.[142]

Dom Frei Domingos não lograva alcançar o sossego que aspirava, indo residir em Vila Rica, desde 12 de Agosto de 1788. As devassas sobre o delito apontaram o envolvi-

---

139 OLIVEIRA, Oscar de (Dom). *Os dízimos eclesiásticos do Brasil nos períodos da Colônia e do Império.* Tese de Láurea em Direito Canônico defendida na Pontifícia Universidade Gregoriana no dia 16 de fevereiro de 1938, p.63; Cf. TRINDADE, R. *Arquidiocese de Mariana*, v. 1. *Op. Cit.*, p. 218.

140 Dissertação transcrita em: TRINDADE, Raimundo (Côn.) *Arquidiocese de Mariana*, v. 2. *Op. Cit.*, p. 34-59. CARRATO, J. F. *As Minas Gerais e os Primórdios do Caraça.* São Paulo: Nacional, 1963, p. 120-21. (Brasiliana, 317)

141 CASTRO, M. M. "Instrução para o Visconde de Barbacena, Luís António Furtado de Mendonça, governador e capitão general da capitania de Minas Gerais". *Anuário do Museu da Inconfidência*, II (1953), § 1-123.

142 MAXWELL, Kenneth. *A devassa da devassa. A inconfidência mineira: Brasil e Portugal 1750-1808.* Trad. João Maia. 6ª ed. São Paulo: Paz e terra, 2005, p. 14. MOTA, Carlos Guilherme. *Idéia de revolução no Brasil.* (1789-1801). 4ª edição. São Paulo: Ática, 1996, p. 7; p. 126-28.

mento de vários eclesiásticos da diocese de Mariana. Estudiosos como José Ferreira Carrato e o Cônego Raimundo Trindade mostram-se intrigados com o silêncio enigmático do bispo, quando se constatava a participação de cinco sacerdotes do bispado na conjura. Trata-se dos padres Carlos Correia de Toledo e Melo, José da Silva e Oliveira Rolim, Manuel Rodrigues da Costa, José Lopes de Oliveira e o Cônego Luís Vieira da Silva.[143]

Segundo estudiosos, o clero demonstrava participar da inquietação da época; em bom número de casos, os eclesiásticos foram mesmo agentes da revolução. Muitos aproveitaram a oratória, ou uma oração fúnebre para imiscuir-se em problemas políticos. Assim, contribuíram, não raras vezes, para o retorno das dissensões entre a Igreja e Estado.[144]

Dom Frei Domingos da Encarnação Pontevel deve ser compreendido neste contexto de pressões locais e metropolitanas. Para José Geraldo Vidigal de Carvalho, o dualismo jurisdicional e o fato de a Igreja ser rival do Estado eram algumas das coordenadas que contribuíram para acentuar a indisciplina clerical. Havia, ainda, a extensão do território e os males intrínsecos do Estado Português.[145]

Autor de estudos clássicos sobre a inconfidência, Carlos Guilherme Mota expôs que a inconfidência indicava que o regime absolutista começava a entrar em crise ao nível das consciências, expressando a desagregação de todo um regime.[146] O panorama europeu tendia à elaboração de políticas protecionistas em relação às possessões americanas. Da parte da Metrópole lusitana, verifica-se, nas décadas de 1780 e 1790, um temor, perante a repercussão da Revolução Francesa e revoltas coloniais como a de São Domingos. As cartas das autoridades da capitania das Minas, deixaram pistas das pressões metropolitanas acerca da conservação da ordem, da justiça e do fisco. Por sua vez, os povos pleiteavam uma administração judicial menos onerosa e violenta.[147]

Segundo estudiosos, o governo de Dona Maria I e do Príncipe Regente Dom João não promoveram alterações radicais no tocante ao regalismo. O ritmo de normatização refe-

---

143 ENNES, Ernesto. "A Inconfidência Mineira e o processo dos réus eclesiásticos". Separata. Lisboa: Oficinas Gráficas de Ramos, Afonso e Moita, Ltda., 1950, p. 4-5.

144 MOTA, Carlos Guilherme. *Idéia de revolução no Brasil.* (1789-1801). 4ª edição. São Paulo: Ática, 1996, p. 45-46; RODRIGUES, André Figueiredo. *A fortuna dos inconfidentes: caminhos e descaminhos dos bens de conjurados mineiros (1760-1850).* São Paulo: Globo, 2010.

145 CARVALHO, José Geraldo Vidigal de (Côn.) *Ideologia e Raízes Sociais do Clero da Conjuração Mineira: século XVIII, Minas Gerais.* Viçosa: Imprensa Universitária, 1978, p. 41.

146 MOTA, Carlos Guilherme. *Idéia de revolução no Brasil.* (1789-1801). 4ª edição. São Paulo: Ática, 1996, p. 45-46.

147 AHU/MG/ Vila Rica. 20-12-1773. Cx 105, doc 72, cd 30. Carta de Antônio Carlos Furtado de Mendonça, Governador de Minas Gerais, pedindo providências no sentido de se evitarem

rente aos eclesiásticos, segundo Wehling, exibe uma atividade média de normas visando o clero secular de 1750 a 1770, e uma queda em 1780. As preocupações normativas com os eclesiásticos seculares, retornam na década de 1790, porém, não se mantém nos anos 1800. Segundo os autores, afora atos administrativos, nomeações e remunerações, a Coroa defendeu a obediência ao beneplácito régio, que deveria preceder o acato aos atos pontifícios. Estas medidas refletiriam, para os autores, a preocupação permanente da Coroa de fortalecer o padroado e todos os direitos sobre os negócios eclesiásticos.[148]

Por volta de 1788, o Visconte de Barbacena, novo governador de Minas Gerais recebera a *Instrucção para o Governo da Capitania*. Dentre os aspectos centrais apontados no documento para o aumento da prosperidade da América Portuguesa, encontra-se a redução dos eclesiásticos à função de ensinar aos povos os preceitos que professam. O segundo, que os oficiais da justiça atuassem com prontidão, imparcialidade e desinteresse; e o terceiro, que os governadores cuidassem do fomento da agricultura e das terras, facilitando aos vassalos a permuta da produção, em um comércio lícito, interno e permitido. Em Minas Gerais, o fomento da obediência e da submissão da população e a prevenção do contrabando e dos descaminhos, ao mesmo tempo que da exploração de novas jazidas eram diretrizes normativas.[149]

Corroborando com esta tendência em prol da ordem, o perfil do quarto bispo de Mariana aproxima-se do que José Pedro Paiva classificou como o bispo ilustrado. Malgra-

---

os excessos e injustiças cometidas pelas autoridades judiciais da capitania. Anexo: 1 relação; AHU/MG/Vila Rica. 31-12-1781. Cx. 117 doc. 82 cd 34. Carta de D. Rodrigo José de Menezes, governador de Minas informando a Martinho de Melo e Castro, entre outros assuntos, a violência com que as populações têm sido tratadas por parte de alguns ministros; AHU/MG/Caeté. 13-10-1793. Cx. 138, doc.35. CD 40. Carta de Antônio Gonçalves Gomide, professor de Gramática na vila de Caeté, queixando-se da situação da administração geral, das violências nas Minas Gerais e pedindo justiça para os povos que não se atrevem a queixar-se.

148 WEHLING, Arno; WEHLING, M. J. "Linhas de força da legislação pombalina e pós-pombalina: uma abordagem preliminar". *Anais da Sociedade Brasileira de Pesquisa Histórica*, 2004, p. 136-140. Disponível em <http://sbph.org/2004/personagens-poder-e-cultura/arno-wehling-maria-jose-wehling>; *Idem*. "Regalismo e secularização na ação normativa portuguesa – 1750-1808". *Anais da Sociedade Brasileira de Pesquisa Histórica*, 2005, p. 545-546.

149 "Instrucções para o Visconde de Barbacena". *Anuário do Museu da Inconfidência*, t. II, p. 118. *Apud* SERRÃO, Joel & MARQUES, A. H. de Oliveira. (Dir.) *Nova História da Expansão Portuguesa. O Império Luso-Brasileiro (1750-1822)*. Lisboa: Estampa, 1986, p. 303-04. v. 8. Coordenado por Maria B. Nizza da Silva.

do certos traços que matizam a sua tendência ilustrada, tudo indicava que o bispo dominicano queria conduzir o bispado em consonância a orientação da Coroa. [150]

O tribunal eclesiástico era, nessa perspectiva, muito útil do ponto de vista do enquadramento social. É curioso, porém, que neste contexto, sob o comando de Dom Frei Domingos da Encarnação Pontevel, as ações judiciais e penalidades não desencadeassem muitas polêmicas. Comparada à época da Sede Vacante e dos Procuradores, a movimentação das sentenças insinua uma maior benevolência entre 1780 e 1793. Os registros das sentenças crimes e cíveis são mais curtos, incompletos, e vão cada vez mais rareando. A maior parte dos registros informa apenas dados pontuais - se o réu fora ou não absolvido. De igual forma, os livros de sentenças do período de sua gestão mostram uma ocorrência muito maior da expedição de cartas de seguro (que garantiam a liberdade do réu enquanto transcorria seu livramento), do que de sentenças criminais. Estas, escasseavam visivelmente. Quando as despachavam, o escrivão omitia o arrazoado. Não localizamos registros de penitências públicas, como se pode acompanhar no Gráfico 1, *Movimento das Sentenças de Repressão*. Ele representa a atividade repressiva do tribunal sob o comando dos diferentes dignitários entre 1748 e 1793. Este movimento repressivo foi verificado por meio dos cômputos dos mandados monitórios, cartas de excomunhão, bem como das execuções de sentenças cíveis e criminais.

---

150 Ver sobre os paradigmas de bispo - Príncipe, Pastor e Iluminista, ver: PAIVA, J. P. de M. *Os bispos de Portugal e do Império (1495-1777)*. Coimbra: Imprensa da Universidade de Coimbra, 2006, capítulo 2.

## Gráfico 1

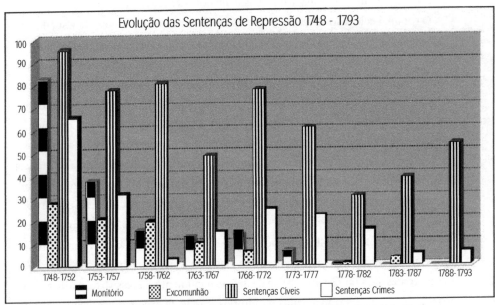

Fonte: Arquivo Eclesiástico da Arquidiocese de Mariana – AEAM – Juízo Eclesiástico.

Conforme comentamos ao longo deste capítulo, no gráfico 1 se mostram as variações dos índices de repressão medidos pelas aplicações de excomunhões, monitórios, bem como das execuções de sentenças cíveis e criminais. Além da apresentação de queixas e denúncias, estas cominações eram fruto de um trabalho religioso da hierarquia eclesiástica. Os dados deste gráfico corroboram à ideia de um exercício da justiça eclesiástica que encontrava sua força motriz na afinidade com o ideal tridentino de conversão. No momento de menor afinidade com os parâmetros tridentinos, como foi o caso da gestão do bispo Dom Frei Domingos da Encarnação Pontevel, o que se vê nos cômputos são raríssimas sentenças de excomunhões e monitórios, e sentenças criminais cada vez mais raras. A ação pastoral a esta altura, ao que tudo indica, orientava-se por outros parâmetros de ação, afinados com o contexto das reformas pombalinas, e as restrições impostas às liberdades eclesiásticas e às formas de devoção religiosa. Outros elementos de compreensão nesse sentido podem ser inferidos mediante a análise dos perfis e da linha de ação dos vigários gerais nomeados por Dom Frei Domingos da Encarnação Pontevel.

## Paradigmática trajetória dos vigários gerais

A fase dos procuradores foi um período tumultuado social e politicamente, mas decisivo do ponto de vista institucional. Neste período de ausência do ordinário diocesano, os procuradores foram figuras-chave. Ao seu lado, os vigários substitutos aproveitaram a experiência no cargo em tempos de crises, para afirmarem-se, posteriormente, como titulares. Um exemplo foi o doutor Francisco Pereira de Santa Apolônia, que à altura de 1773, havia atuado como vigário geral substituto, em razão do livramento do Cônego Inácio Correia de Sá pelo crime de Inconfidência. Exerceu como interino diversas vezes, antes de assumir o cargo como titular, por comissão de Dom Frei Domingos da Encarnação Pontevel. Segundo Trindade, Santa Apolônia foi apresentado à vaga no Cabido por carta régia de quatro de agosto de 1779, e colou-se em sete de janeiro de 1780. Foi depois promovido a chantre, na vaga do doutor José Botelho Borges, colando-se em 11 de Julho de 1797.[151]

Segundo José Ferreira Carrato, Francisco de Santa Apolônia estudou no colégio dos Padres Osórios, que floresceu na segunda metade do século XVIII, na freguesia de Nossa Senhora do Rosário do Sumidouro, vizinhanças de Mariana. Nasceu no Arraial de Carijós em 1743. Até cerca de 1758, ou 1760 teria estudado no colégio no Sumidouro.[152]

Outro exemplo de paciência e capacidade de composição política foi o Cônego chantre Vicente Gonçalves Jorge de Almeida, que somaria cerca de quarenta anos em cargos de confiança no bispado de Mariana. O doutor Vicente Gonçalves Jorge de Almeida testemunhou muitos sucessos no bispado desde que o adentrara em companhia do primeiro bispo.[153]

Doutor Vicente Gonçalves Jorge de Almeida foi o terceiro Vigário Capitular da Vacância de Dom Frei Manuel da Cruz, por eleição do Cabido de 5 de Agosto de 1769. Permaneceu neste posto até fevereiro de 1772, substituindo o Cônego Inácio Correia de Sá, que tratava de seu livramento. Colou-se na cadeira de Chantre em 25 de Janeiro de

---

151 TRINDADE, Raimundo. *Op. cit.* v. 1, p. 337.

152 Não localizamos informações sobre doutor Francisco Pereira de Santa Apolônia na Seção Universidade do Arquivo da Universidade de Coimbra. As informações a respeito deste eclesiástico com base nas informações de: CARRATO, José Ferreira. *Igreja, Iluminismo e Escolas Mineiras coloniais.* São Paulo: Companhia Editora Nacional, 1968, p. 120-21. (Brasiliana, 334), Arquidiocese de Mariana, t. 1, p. 370.

153 BOSCHI, Caio César. *Exercícios de Pesquisa Histórica. Op. Cit.*, p. 251.

1780. Pouco depois, em 1784, assumiu o posto de vigário geral. Faleceu em idade avançada em 26 de abril de 1790.[154]

A permanência lonjeva do doutor Vicente, sempre ocupando altos postos na hierarquia diocesana, insinua a influência do critério de antiguidade, e do peso de haver usufruído a confiança dos bispos antecessores. Na década de 1780, Dom Frei Domingos da Encarnação Pontevel registrou seu nome em segundo lugar para substituí-lo na diocese de Mariana, pouco antes de sua Entrada Solene. O doutor Francisco Pereira de Santa Apolônia era a terceira opção no documento. O primeiro colocado foi o doutor Inácio Correia de Sá, que tomara posse pelo quarto titular da diocese, assentando-se simbolicamente no Áureo Trono.[155]

Assim como estes vigários gerais, o doutor José Justino de Oliveira Gondim registra trajetória ascendente. A sua escalada parece mais dura, se comparada com a de Santa Apolônia e Vicente Gonçalves Jorge de Almeida. Como não o localizamos nas fichas de matrícula da Universidade de Coimbra, encontramo-lo em 1772, como vigário encomendado de Aiuruoca - freguesia da Comarca do Rio das Mortes fundada em 1744. Doutor José Justino efetuava seus contatos com a hierarquia do tribunal eclesiástico, pois recebia e cumpria mandados de diligências assinados pelo doutor Francisco Xavier da Rua para inquirir testemunhas de processos da sede episcopal. Três anos depois, em doze de dezembro de 1775, substituía o governador do bispado. Como vigário geral, há registros de suas sentenças entre março de 1775 e maio de 1778. Nesse período acumulava a vara de provisor. Como sofreu um impedimento, foi substituído entre agosto e dezembro de 1777, pelo doutor Francisco Pereira de Santa Apolônia, que exercia a função de promotor. Permaneceu governando o bispado até vinte e quatro de maio de 1778. Costumava absolver e comutar as penas dos réus, reformando sentenças mais severas dos vigários das varas.[156]

Malgrado os conflitos de jurisdição, sob o comando destes juízes, a justiça eclesiástica logrou efetuar os necessários intercursos e articulações das paróquias com a Sede do Juízo Geral; e desta com as justiças seculares, na tensa conjuntura da segunda metade do século XVIII. A seguir, o gráfico 2 representa o *Movimento dos Mandados da Justiça Eclesiástica*. Seus dados evidenciam uma constante comunicação interna da justiça eclesiástica, com seus próprios agentes; mostram também a colaboração com os foros seculares e de outras co-

---

154 *Idem.*

155 TRINDADE, Raimundo. (Côn.) *Arquidiocese de Mariana: subsídios para sua História*, 2ª ed., 1955 p. 337.

156 AEAM. Governos Episcopais, Armário 6, prateleira 2, Livro 1030 (1765-1784), fl. 63; Livro de Querelas, 2773. Sobre a freguesia de Aiuruoca, ver: MATOS, Raimundo José da Cunha. *Corografia Histórica da Província de Minas Gerais*, v. 2. Belo Horizonte: Itatiaia; São Paulo: Edusp, 1981, p. 143. (Reconquista do Brasil, Nova Série, v. 61-62).

marcas, com a expedição de ampla gama de mandados. Entre os mais comuns, os mandados de comissão destinavam-se a ordenar diligências e inquirições a testemunhas fora da sede; os mandados de absolvição eram dirigidos aos párocos, para facultar-lhes a absolvição pública de censuras e excomunhões. Os mandados avocatórios serviam ao fito de avocar os autos de ações que deveriam tramitar na Sede. Por fim, as cartas precatórias assumiam uma natureza bastante variada: as mais frequentes eram citatórias, para citar pessoas moradoras de outras comarcas; e as executórias, para execução de sentenças no foro secular.

**Gráfico 2**

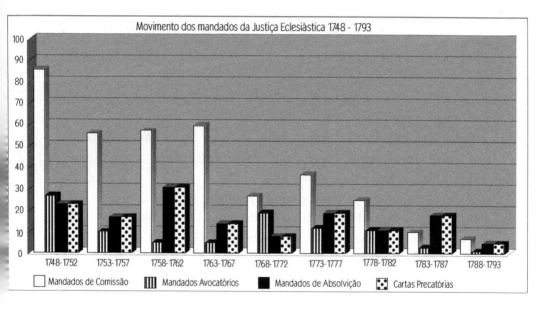

Os dados do gráfico 2 evidenciam as articulações entre os foros secular e eclesiástico para a correta administração da justiça, conforme dispunham as Ordenações. Isso não quer, contudo, induzir a uma falsa ideia de concórdia. Nem o clero lograva realizar seu múnus em uma atmosfera de coesão. Como referimos, o Cabido não se pacificou durante a Sé Vacante de Dom Frei Domingos da Encarnação Pontevel. Grupos rivais tornaram a se enfrentar na disputa para eleger o vigário capitular – o dignitário encarregado de conduzir o bispado durante a Sede Vacante interinamente, até a provisão do novo José Botelho Borges para o posto de vigário geral.

Era 22 de Junho de 1793. Em meio às demandas, o Cabido elegeu novamente o cônego Borges, por ocasião do falecimento de Dom Frei Domingos da Encarnação Pontevel[157] Duas facções do Cabido disputavam o cargo; uma era capitaneada pelo Cônego João Ferreira Soares, com o qual se alinhavam os Cônegos José Botelho Borges, doutor Francisco Pereira de Santa Apolônia, Joaquim Cardoso de Camargo e o arcediago Antônio Álvares Ferreira Rodrigues. O lado oposicionista era comandado pelo doutor José Alexandre de Sousa Gurgel do Amaral, o tesoureiro-mor, doutor João Luís de Sousa Saião, Antônio Amaro de Sousa Coutinho, João Paulo de Freitas e Jacinto Ferreira dos Santos, que haviam protestado ruidosamente contra sua eleição para o cargo de Vigário geral prometendo levar o caso ao metropolita da Bahia. Foram, antes, surpreendidos com a morte do cônego José Botelho Borges. Segundo o Cônego Raimundo Trindade, tendo-se "recolhido de véspera com saúde", foi encontrado morto na manhã seguinte.[158]

Com a morte do doutor José Botelho Borges, em 13 de Agosto de 1795, o doutor Antônio Amaro de Sousa Coutinho, membro do Cabido desde Fevereiro de 1780, assumiu o cargo de vigário geral, com o acúmulo da vara de provisor. Foi forçado, por novos distúrbios, a renunciar, em primeiro de Agosto 1796. Ele acatou o protesto, afirmando fazê-lo "por bem da Igreja e sossego dos povos".[159]

Dom Frei Domingos da Encarnação Pontevel faleceu em 16 de Junho de 1793, aos 70 anos e sete meses de idade, perto da meia noite, na residência episcopal da Rua Nova, Vila Rica, freguesia de Antônio Dias. Estando morto Dom Frei Domingos da Encarnação Pontevel, não era fortuita a reunião do Cabido em 1793, para deliberar sobre a definição de poderes do Vigário geral e do Vigário Capitular, e a distinção entre as suas funções. Decidindo a questão por votos, acordou-se que o Vigário capitular deteria apenas a Vara de Provisor, sem acumular as funções de Vigário geral.[160]

De acordo com o Cônego José Geraldo Vidigal de Carvalho, as honras fúnebres que o bispo recebeu do governador da capitania, Visconde de Barbacena, estavam em confor-

---

157  TRINDADE, Raimundo. *Instituições de Igrejas no Bispado de Mariana. Op. Cit.* VASCONCELLOS, Diogo de. *Op. Cit.*, p. 80-83.

158  TRINDADE, Raimundo. *Arquidiocese de Mariana.* v. 1. *Op. Cit.*, p. 292-93.

159  *Idem*, p.292-95.

160  Definição de poderes do Vigário geral e do Vigário capitular; e Dúvidas Relativas à eleição de Vigário Capitular, fls. 136-7. Livro Primeiro do Cabido. In: BOSCHI, Caio César. *O Cabido de Mariana. Op. Cit.*, p. 344-45; TRINDADE, Raimundo. *Arquidiocese de Mariana*, vol 1. *Op. Cit.*, p. 151-60.

midade com as leis do Reino, mas também com o desvelo de amigo, como fora do prelado. O seu féretro seguira até a catedral com a presença das autoridades da capitania, as tropas de linha e miliciana, e o numeroso clero do bispado.[161]

A galeria dos bispos setecentistas no bispado de Mariana se encerra com Dom Frei Cipriano de São José, entre 1798 e 1817. Não era graduado, mas havia sido declarado professor jubilado pelo Núncio Apostólico. Era Visitador Franciscano e Pregador da Capela Real. Curioso o imbróglio com Dona Maria I que antecedeu sua vinda a Minas Gerais; como relutava em assumir a diocese, uma das condições que impôs foi que a Rainha não acatasse recursos e apelações contra o juízo eclesiástico. Depois de tranquilizado a esse respeito, Dom Frei Cipriano de São José foi confirmado por Pio VI, sagrado bispo em 1797. Nas Minas se espalharam boatos de que chegava um bispo "investido de poder absoluto".[162]

Verificados quem eram os juízes eclesiásticos e detectada a intricada teia de conflito e disputa que envolvia a jurisdição episcopal e os cargos da justiça, pergunta-se: quais eram os mecanismos de sua ação, com vistas a apanhar os réus, puni-los, ou levá-los a livramento? Como se processavam estes livramentos e quais eram os seus efeitos? Este trabalho especializado dos juízes eclesiásticos será objeto da discussão dos próximos capítulos, na terceira e última parte deste estudo.

---

161 ALMEIDA, Fortunato de. *História da Igreja em Portugal*. Nova edição preparada e dirigida por Damião Peres, Professor da Universidade de Coimbra. Porto/Lisboa: Civilização, 1968, 5 tomos, v. 3, Cap. XVIII – Bispos das Dioceses - Dioceses do Ultramar, p. 630. CARVALHO, J. G. V. de. (Côn.) *Ideologia e Raízes Sociais do Clero da Conjuração: século XVIII. Op. Cit.*, p. 45-46. TRINDADE, Raimundo. *Arquidiocese de Mariana. Op. Cit.*, v. 1, p. 153. O Cônego Trindade apresenta a transcrição do registro de óbito e a solene cerimônia fúnebre do funeral de dom frei Domingos.

162 Dom Frei José da Santíssima Trindade, bispo de Mariana entre 1820 e 1835, também não era graduado, mas rogou da Santa Sé as dispensas das exigências de titulação para assumir a diocese de Mariana. POLITO, Ronald. (Org.) *Visitas Pastorais de Dom Frei José da Santíssima Trindade (1821-1825)*. Belo Horizonte: Fundação João Pinheiro/ Centro de Estudos Históricos e Culturais, 1998, p. 24. (Mineiriana, Série Clássicos). VASCONCELLOS, Diogo de. *Op. Cit.*, p. 83-84. BOSCHI, Caio César. *O Cabido de Mariana. Op. Cit.*, p. 49.

# PARTE 3

*A ação: entre o campo religioso e o campo do poder*

# Capítulo 6

## A inculcação da norma e a agência de coerção

Em vários de seus estudos, José Pedro Paiva mostra algumas articulações fundamentais entre os imperativos da colonização e a nomeação dos antístites. Um número significativo dos bispos provinham, na década de 1720, de institutos religiosos nos quais a renovação desencadeada pela Jacobeia foi intensa, como os eremitas de Santo Agostinho, os franciscanos do Varatojo, os cônegos regrantes de Santa Cruz, os cistercienses e os beneditinos. Alguns tinham estreitas relações com Dom Frei Gaspar da Encarnação, como mentor da nova política de nomeação episcopal. Entre os novos critérios dominantes, incluía-se a opção por membros do clero regular, teólogos, bons letrados, homens de grande piedade e virtude, com a consequente retracção da eleição de prelados oriundos da nobreza, por forma a propiciar governos episcopais mais longos e que permitissem um acompanhamento mais intenso, duradouro e consciente por parte do pastor às suas ovelhas.[1]

As atribuições dos agentes eclesiásticos na ordem colonial eram fundamentais, marcando as tarefas administrativas, como os registros de nascimentos, matrimônios e óbitos; a assistência ao pauperismo e o ensino, como observou Caio Prado Júnior. Por fim, como enfoque deste estudo, a vigilância realizada pela hierarquia eclesiástica na comunidade sobre as práticas e no ordenamento das relações sociais e familiares. Assim, os serviços espirituais assumiram grande importância, em seu exercício de controle das consciências e no estímulo à disciplina, bem como à obediência, que não dei-

---

1   PAIVA, Pedro José. "Reforma religiosa, conflito, mudança política e cisão: o governo da Diocese de Olinda (Pernambuco) por D. Frei Luis de Santa Teresa ( 1738-1754)". *Revista de História da sociedade e da cultura*, v. 8. Coimbra/Viseu: Centro de História da Sociedade e da Cultura/Palimage Editores, 2008, p. 161-210.

xava de interligar-se ao dever, com frequência enfatizado, de denunciar os desvios de conduta e erros de fé.[2]

As paróquias seriam sedes da agência eclesiástica de coerção. Como indica a correspondência dos agentes da coroa, o estado eclesiástico garantia estabilidade à ordem e ao sossego público. A documentação normativa e processual eclesiástica evidencia os elos entre as atividades de devoção e disciplina, e o estímulo e vigilância quanto à recomendação acerca da frequência aos sacramentos. Este aparato disciplinador propiciado pela identidade confessional da sociedade possuía a sua eficácia condicionada à tarefa de inculcação da obediência.[3]

Ora, as atas de visitas pastorais, compostas pelos escrivães das visitas, assim como a literatura de viagem, são testemunhos de que nem sempre as obrigações paroquiais eram cumpridas com a esperada assiduidade. Contrastando com a lista de obrigações dos párocos, Auguste de Saint Hillaire acusa sua negligência: "Os párocos não têm obrigações muito mais amplas que a dos simples fiéis. Dizem apenas uma missa simples aos domingos. Não são obrigados nem mesmo a dizê-a sempre na igreja paroquial". Foi "o que eu vi em uma vila em que passei cerca de um mês", onde, relata, jamais se fez a leitura do Evangelho na missa paroquial, não se rezam as orações da prática; não se faz doutrinação e não se sabe o que são vésperas e completas. Os curas só visitam os doentes para a administração dos sacramentos, nunca catequisam as crianças. A confissão, prossegue o viajante, é "de todas as funções sacerdotais a que toma mais tempo aos padres e vi quatro negros sendo despachados em um quarto de hora".[4]

Por outro lado, aos párocos era dada uma importância central naquele universo religioso; a sua influência normativa era tridentina, mas convivia com múltiplas crenças religiosas. Os párocos e capelães eram instados a cooperar, debaixo das pe-

---

2    FAORO, Raimundo. *Op. Cit.*, p. 198; PRADO JÚNIOR, Caio. *Formação do Brasil Contemporâneo.* São Paulo: Brasiliense - Vida social. Observe-se, com os estudos de José Pedro Paiva, que, na primeira metade do século XVIII, verificam-se mais nomeações de bispos canonistas do que teólogos - estes preferidos nos momentos que se seguiram à reforma católica. Vide, a esse respeito: PAIVA, José Pedro. *Os bispos de Portugal e do Império.* Coimbra: Imprensa da Universidade de Coimbra, 2006, p. 78-93; 213-277. *Idem.* "Dom Sebastião Monteiro da Vide e o episcopado do Brasil em tempo de renovação (1701-1750)". In: FEITLER, Bruno; SOUZA, Evergton Sales. *A Igreja no Brasil: Normas e práticas durante a vigência das Constituições Primeiras do Arcebispado da Bahia.* São Paulo: Editora da Unifesp, 2011, p. 29-59, especialmente p. 33-36.

3    Conforme a aplicação dos conceitos de confessionalização e disciplinamento social analisada em PAIVA, José Pedro de M. "El Estado en la Iglesia..." *Op. Cit.*, p. 49-57.

4    SAINT-HILLAIRE, Auguste de. *Viagem pelas províncias do Rio de Janeiro e Minas Gerais.* Trad. Vivaldi Wenceslau Moreira. São Paulo|Belo Horizonte: Edusp|Itatiaia, 2000. (Reconquista do Brasil, 4).

nalidades cabíveis: multas, censuras, suspensões e excomunhão.[5] Não é difícil notar que a hierarquia eclesiástica estabelecida em Minas Gerais buscava articular a sede episcopal às capelanias mais longínquas. Buscou este elo por meio da comunicação e circulação das mais diversas mensagens, deliberações e punições, de paróquia em paróquia, e suas capelanias. No século XVIII estes núcleos configuraram uma malha a exercer vigilância sobre os pecadores públicos. Após a fundação da diocese de Mariana, a rede paroquial tendia a se multiplicar de forma capilar em Minas Gerais, ao longo das zonas habitadas e de cultivo. As paróquias assumiram importância fundamental nas estratégias de manutenção da lucrativa colônia nas terras do Brasil, além de configurarem núcleos de cristianização e de controle social. Nestas circunstâncias, as freguesias ou sedes paroquiais poderiam ser coladas, isto é, pagas pela Coroa; ou poderia haver a criação provisória, pela mitra, de paróquias amovíveis, ou encomendadas, e eram mantidas pelos fregueses. Sendo de natureza colativa ou encomendada, as paróquias atuaram em sintonia com orientações para condicionar a vida social e religiosa da comunidade, amparadas no sistema burocrático e disciplinador elaborado e reafirmado no Concílio de Trento.[6]

Nas sedes das comarcas eclesiásticas, os vigários da vara – alguns dos quais, comissários do Santo Ofício –, cominavam sentenças, das quais se podia apelar ao vigário geral da diocese. O visitador, em conformidade com as Constituições da Bahia, deveria realizar uma busca pelos pecadores públicos, e agir em meio às batalhas por jurisdição com agentes seculares, no século XVIII. Seu trabalho era direcionado às paróquias, vez que estas se apresentavam como células de um complexo sistema, dotado de um circuito capilar, que recepcionava e fazia circular as informações enviadas da sede episcopal e para ela. Em suas atribuições quanto ao Santo Ofício, os comissários eram auxiliados pelos Familiares

---

5    Para citar uma das obras pós-tridentinas que demarcaram este estatuto de importância do pároco, veja-se *Pároco Perfeito*, editada em 1675, por Antônio Moreira Camelo. O seu autor acusa a persistência de falhas na direção das almas. FERNANDES, M. L. C. "Da Reforma da Igreja à reforma dos cristãos: reforma, pastoral e espiritualidade." *Op. Cit.*, p. 20-21.

6    BARBOSA, Waldemar de Almeida. *Dicionário da terra e da gente de Minas*. Belo Horizonte: Arquivo Público Mineiro/ Sec-Mg., 1985. (Publicações do Arquivo Público Mineiro, 5), Verbetes "Coadjutor", "Colativas", "Colar" "Côngrua", "Conhecença", "Vigário Encomendado"; p. 63 ss; p.191. CÓDICE Costa Matoso. "Coleção das notícias dos primeiros descobrimentos das Minas na América que fez o Doutor Caetano da Costa Matoso, sendo ouvidor geral das do Ouro Preto, de que tomou posse em Fevereiro de 1749 & vários papéis". Belo Horizonte: Fundação João Pinheiro/CEHC, 1999. (Mineiriana. Série Obras de Referência). v. 2. Verbetes "Pároco", "Vigário Colado" e "Vigário Encomendado".

do Santo Ofício. Estes eram os chamados "agentes da ortodoxia", como denominou James E. Wadsworth.[7]

Malgrado as importantes conexões da justiça eclesiástica com o Tribunal do Santo Ofício (que se ocupava de delitos contra a fé católica), neste estudo não aprofundamos a investigação destas relações. Nossa preocupação precípua foi enfocar as relações dos juízes eclesiásticos com os seculares e com os fregueses, sob as diretrizes do padroado régio ultramarino. O encaminhamento das ações de evangelização dependiam, em grande medida, de um eficiente sistema de publicação e circulação das informações entre paróquias e capelas, e destas com a cúria episcopal. As paróquias também serviam como ponto de referência e elaboração de mapas de população para a Coroa. Estas circunstâncias, propiciadas pelo padroado, levaram alguns historiadores a se referirem aos sacerdotes do século XVIII como "padres burocratas". O termo refere-se à sua situação enquanto funcionários da Coroa: "O padre cedeu à prisão do padroado e à dependência eclesiástica, funcionário também ele, num universo de funcionários".[8]

Tendo em vista esta mediação exercida pelo sacerdote na vida social, a sua estratégia de legitimação de autoridade ocorria, muitas vezes, por meio do argumento da tradição.[9] A própria Igreja se legitima pela antiguidade com a qual exerce autoridade, e é deste modo que exorta os fiéis à obediência a suas leis. Evocando os antigos estilos praticados, a tradição, também os bispos pleiteavam a adesão da Coroa às suas reivindicações.[10]

Cabia aos párocos executar o trabalho religioso, a inculcar um *habitus* entre os habitantes. Segundo Bourdieu, implantado desde a primeira educação familiar, e constante-

---

7    WADSWORTH, James E. *Agents of orthodoxy: honor, status and the Inquisition in colonial Pernambuco, Brazil.* Lanham/Boulder/N. York/Toronto/Plymouth, UK: Rowman & Littlefield Publishers, Inc, 2007. Sobre os familiares do Santo Ofício em Minas Gerais, ver: RODRIGUES, Aldair Carlos. *Limpos de sangue: familiares do Santo Ofício, Inquisição e sociedade em Minas Colonial.* São Paulo: Alameda, 2010.

8    FAORO, Raimundo. *Op. Cit.*, p. 198; 202.

9    A autoridade é um conceito sociológico frequentemente associado às elaborações do sociólogo alemão Max Weber. Ver: JOHNSON, Allan. G. *Dicionário de Sociologia: guia prático da linguagem sociológica.* Trad. Ruy Jungmann; consultoria: Renato Lessa. Rio de Janeiro: Jorge Zahar Editor, 1997, p. 23-26. WEBER, Max. *Ensaios de sociologia.* Organização e Introdução de H. H. Gerth e C Wright Mills. Trad. Waltensir Dutra. Revisão técnica: Prof. Fernando Henrique Cardoso. Rio de Janeiro: Zahar Editores, s.d. (Biblioteca de Ciências Sociais), p. 98-99; WEBER, Max. *Conceitos básicos de sociologia.* 5ª ed. revista. Trad. Rubens Eduardo Ferreira Frias e Gérard Georges Delaunay. São Paulo: Centauro editora, 2002. *Idem. Economía y sociedad.* México: Fondo de Cultura Económica, 1944.

10   Serviria de amparo a ideia de que "o que sempre existiu é válido". WEBER, Max. *Ensaios de*

EXCOMUNHÃO E ECONOMIA DA SALVAÇÃO

mente reposto e reatualizado, ao longo da trajetória social restante, o *habitus* envolve um conjunto de esquemas que demarca limites à consciência. Em última instância, os esquemas inculcados conformariam o campo de sentido no qual operam as relações de força. A transmissão destes esquemas é uma competência adquirida junto a um grupo. São portadores do *habitus* os que são capazes de atualizá-lo e expressá-lo através de suas práticas, com um aparato institucionalizado em que se assenta a produção simbólica e o trabalho dos agentes especializados.[11]

A investigação do trabalho religioso atende a uma busca da compreensão da ação social dos párocos e juízes eclesiásticos e as suas relações com os governantes, agentes e com a comunidade de fiéis. A autoridade reivindicada pelos párocos era diversa daquela atribuída aos agentes seculares. Os agentes da Igreja e do Estado representavam duas distintas modalidades de autoridade, respectivamente, a hierocrática e a legal. O trabalho realizado pelos padres do século XVIII se aproximou, em alguma medida, do múnus que hoje pertence de forma exclusiva ao Estado. Neste ponto de contato reside um aspecto fundamental: a coerção exercida na comunidade. O burocrata é um "agente especial de coerção", e a sua ação é fundamental na definição do que era lícito. Esta agência de coerção possui sentido lato: compreende a persuasão, ou a simples expectativa de desaprovação e represália por aqueles que são prejudicados por sua violação. A coerção exercida como meio disciplinar no âmbito da Igreja era também psíquica.[12]

Malgrado o papel do pároco e do juiz eclesiástico na agência de coerção levada às freguesias, assumindo a sua missão como um membro do corpo burocrático daquele tempo, o sacerdote do século XVIII, ainda que nas circunstâncias do padroado, reivindicaria uma legitimidade específica, bíblica, fundamentada nas Escrituras, nos concílios e na tradição da Igreja.[13] Representavam, desta forma, um tipo específico de autoridade e a eficácia de sua atuação reside nesta especificidade. Dito de outro modo, os agentes religiosos interpelavam os fiéis por meio da crença. Como referiu Sônia Siqueira, é "feita de fé, portanto, de sentimento", a "espinha dorsal de qualquer instituição confessional". Assim, "o sagrado volta-se para um transcendente psicológico e metafísico conforme

---

sociologia. *Op. cit.*, p. 98-99; WEBER, Max. *Conceitos básicos de sociologia. Op. cit.* O conceito de autoridade legítima.

11 MICELI, Sérgio. *Op. Cit.*, p. LIII-LIV; p. XL-XLIV; BOURDIEU, Pierre. *A economia das trocas simbólicas. Op. Cit.*, p. 55; p. 79. Itálicos nossos.

12 Assim é também denominada ação carismática, pois contém sementes de contágio psíquico, e age como correia de transmissão para os estímulos evolutivos do processo social. WEBER, Max. *Conceitos básicos de sociologia. Op. Cit.*, p. 59-60.

13 BOURDIEU, Pierre. *A economia das trocas simbólicas. Op. Cit.*, p. 55-56.

caracteriza a sua localização ou materialização. Características bivalentes de sublimidade e manipulação sugerem a ambiguidade do sagrado". A religião, afirma a autora, citando Le Bras, é "adesão do espírito e submissão da consciência".[14] A Igreja circunscrevia uma coerção psíquica; a Coroa e seus agentes legitimavam a sua ação coercitiva por meio da lei e do monopólio da violência.[15]

A afirmação da Igreja e do Estado na região mineradora seria viabilizada, deste modo, por meio de um trabalho de articulação. Os seus agentes deveriam estabelecer um esquema de cooperação; e estabeleceram, malgrado também demarcassem a concorrência, a eliminação e a dominação pessoal. Isso porque estas relações envolviam interfaces do mesmo empreendimento: a manutenção da conquista. Este mote perpassava o trabalho religioso no século XVIII. A cristianização e a justiça tocavam amplos objetivos: expansão da fé e a conservação do território, como foi o controle da região mineradora.[16]

Dentre as implicações deste movimento, nota-se, com a criação de um bispado, o estabelecimento de uma estrutura de apoio à agência de coerção; a intensificação da fiscalização da vida social e individual. Malgrado existir uma disputa sobre a aplicação das condenações estabelecidas pela justiça eclesiástica, esta empreenderia seus movimentos pendulares, entre a coerção e a persuasão. Dentre vários mecanismos, a Igreja comemorava os jubileus santos, nos quais distribuía as indulgências, as visitas pastorais, e o tempo da graça, as queixas recebidas. Por outro lado, a justiça eclesiástica aplicou mecanismos específicos de coerção, com várias penalidades previstas na legislação, bem como o encargo das consciências e o medo da condenação. O discurso religioso apresentava e estimulava a culpabilização e a necessidade do castigo.[17]

De igual forma, difundia-se a mensagem religiosa, e as representações da justiça divina, à imitação da qual a Mitra diocesana atuava. Por ocasião do terremoto de 1755 que desencadeou incêndios e destruição de boa parte da Côrte de Lisboa, o bispo de Mariana, Dom Frei Manuel da Cruz, elaborou uma carta pastoral na qual ponderava serem as in-

---

14    SIQUEIRA, Sônia. "Religião e Religiosidade: continente ou conteúdo?". In: ASSIS, Ângelo F. PEREIRA, M. S. (Org.) *Religiões e Religiosidades: entre a tradição e a modernidade*. São Paulo: Paulinas, 2010 (Coleção Estudos da ABHR, v. 7), p. 99; p. 144-145.

15    WEBER, Max. *Conceitos básicos de sociologia. Op. Cit.*, p. 53-58; p. 63 - Cap. 7: A validade da autoridade legítima: tradição, fé, lei.

16    BOSCHI, Caio César. *Os leigos e o poder. Op. Cit.*, p. 2 et seq.

17    Entre muitos estudos a respeito desta temática da culpa e do medo no Ocidente, vide: DELUMEAU, Jean. *A civilização do Reanscimento*. Lisboa: Estampa, 1994. v. 1, p. 143-47. (Nova História, 17).

faustas notícias permitidas "talvez pela Justiça Divina em demonstração do justo castigo que merecem os multiplicados pecados com que temos ofendido a Suprema Majestade".[18]

Em 1751, mediante a invasão de baratas e formigas que assolou o povoado de Nossa Senhora da Boa Viagem de Curral del Rei, a hierarquia eclesiástica apresentou uma leitura do fenômeno tendente à mesma linha. A praga de insetos rastejantes seria uma manifestação da Divina Justiça, alcançando uma comparação com as pragas apocalípticas. Para sanar o problema, os fiéis receberiam penitências prescritas em uma bula do Papa Bento XIV:

> Principalmente se deve recorrer à Divina Clemência, e nós porém julgando que a Divina Ira cada dia mais se aumenta por respeito dos pecados dos homens que tanto a provocam, e agora se pode aplacar nas súplicas recebidas, com o coração contrito, humildes, pedimos o Divino Auxílio (...) Determinamos conceder-lhes as celestiais Absolvições da Indulgência, das quais somos, pelo Senhor, constituídos dispensadores cá na Terra.[19]

Nos dois documentos que publicava àquela altura, a hierarquia eclesiástica referia a sua legítima autoridade de administrar a justiça. Os bispos eram os dispensadores terrestres da Divina Justiça, que detinha um capital de graças, mas que poderia responder às iniquidades humanas com castigos terríveis. A *Pastoral sobre a invasão das baratas e formigas* prescrevia penitências a toda a gente e determinava o acompanhamento das procissões penitenciais. Ao mesmo tempo, anunciava que as pessoas deveriam acompanhar, confessadas e comungadas, o tríduo e a procissão "com pena de excomunhão Maior *ipso facto incorrenda*, principalmente agora, que nos consideramos com obrigas da Divina Justiça, somente nos lembramos para lamentar as nossas culpas do temor do Divino Juízo".[20]

A compreensão das práticas da justiça eclesiástica deve considerar, portanto, as suas práticas e representações discursivas. Elas sugerem a sua linha de ação: era inspirada em Trento, que preconizava uma estreita identificação da pastoral tridentina com a

---

18    AEAM. Pastoral do Excelentíssimo e Reverendíssimo Senhor bispo, dom frei Manuel da Cruz, para se fazerem as preces pelas infaustas notícias dos terremotos e incêndios de Lisboa. Prateleira W, códice 41. fl. 13v. 30-01-1758.

19    Bula de Sua Santidade, o papa Bento XIV, dada em Roma, em Santa Maria Maior, debaixo do anel do pescador, aos 17 dias de Novembro de 1751, XII ano de nosso pontificado. Traduzida do latim pelo Vigário geral do bispado de Mariana, o Dr. José dos Santos. In: AEAM. Pastoral sobre a invasão das baratas e formigas. Prateleira W, códice 41, fl. 10.

20    AEAM. Pastoral sobre a invasão das baratas e formigas. Prateleira W, códice 41. fl. 10-10v.

aplicação da justiça. Esta base doutrinal seria adaptada às dioceses, por meio das constituições sinodais, e apregoado aos fiéis, veiculado em cartas pastorais e sermões. Neste contexto, havia uma grave recomendação para que os párocos estudassem as constituições. Os bispos e visitadores reclamavam que "Achamos que muitos párocos estão mui pouco vistos das Constituições da Bahia, que por ora mandamos guardar neste bispado, pelo que ordenamos que as estudem com todo o cuidado para saberem o como se hão de haver no seu ofício".[21]

As constituições sinodais e regimentos dos bispados determinavam uma uniformidade para o trabalho religioso e lhe concediam os fundamentos que conferiam a sua legitimidade. De modo que a legislação eclesiástica demarcava uma função primordial para o auditório episcopal, em seu foro gracioso e no contencioso: punir os desviantes que não cediam aos estímulos da persuasão e pecavam publicamente. Passando a representar um desafio à autoridade eclesiástica, eles mereceriam uma punição pública e exemplar, que poderia ser ministrada tanto no decorrer das visitas, como nas vigararias da vara, ou no tribunal episcopal.[22]

A intensa atividade do tribunal eclesiástico deveria, portanto, ser amparada pela rede paroquial, em estreita sintonia com a doutrina cristã, na linha de orientação tridentina que associava estreitamente a evangelização à aplicação de penas e, por vezes, à condenação pública e judicial. Configura-se, deste modo, o campo religioso: um campo de forças onde se enfrentam o corpo de agentes altamente especializados - os sacerdotes; os leigos - os grupos sociais cujas demandas por bens de salvação os agentes religiosos procuram atender; e o "profeta", enquanto encarnação típica do agente inovador e revolucionário que expressa, mediante um novo discurso e por uma nova prática, os interesses e reivindicações de determinados grupos sociais. O campo religioso pressupõe a existência de um campo simbólico, visto como um conjunto de aparelhos mais ou menos institucionalizados de produção de bens culturais. Esta concepção considera os corpos de agentes altamente especializados na produção e difusão desses bens.[23]

Estes agentes especializados e em plena atuação nas freguesias, são representados nos párocos e visitadores delegados. Fazia parte do múnus do pároco exercer a coerção

---

21 AEAM. Pastoral do Excelentíssimo e Reverendíssimo Senhor dom frei Antônio de Guadalupe. Prateleira W, códice 41. fl. 1.

22 Conforme vários registros dos livros de sentenças do tribunal eclesiástico neste período.

23 "Introdução: A força do Sentido". Sérgio Miceli. In: BOURDIEU, Pierre. *A economia das trocas simbólicas*. Vários tradutores. Introdução, organização e seleção de Sérgio Miceli. 6ª ed. 2ª reimpressão. São Paulo: Perspectiva, 2009. (Estudos; 20/ dirigida por J. Guinsburg), p. XXV;

sobre os fregueses e seus costumes. Como observou Luiz Carlos Villalta, "o clero pertencia ao grupo que congregava parte dos letrados do século XVIII".[24]

A expansão do monoteísmo, observou Bourdieu, corre paralela à formação de um corpo de agentes especializados capazes de administrar o culto em bases "burocráticas". Os sacerdotes e, por extensão, todo e qualquer corpo de agentes especializados de uma determinada instância simbólica institucionalizada, devem ser considerados em sua qualidade de funcionários de uma "empresa" permanente e organizada em moldes "burocráticos" que conta com lugares e instalações especiais para o culto. Recebem uma formação adequada que lhes transmite um saber específico sob a forma de uma doutrina firmemente estabelecida, fonte de toda a sua qualificação profissional.[25]

Tal "doutrina" é ao mesmo tempo um sistema intelectual e racional e uma ética específica, sistemática e coordenada, cuja difusão se realiza através de um culto regular. Passam ainda por uma aprendizagem das coisas referentes ao culto e dos problemas práticos atinentes à cura das almas, dispondo de uma metafísica racional, uma modalidade elaborada e erudita das indagações que os leigos fazem acerca do "sentido último da existência", e de uma ética religiosa destinada a regular a vida cotidiana dos destinatários leigos.[26]

A elaboração deste sistema, com uma ética específica, e a ação que propugnava torna-se muito clara com o trabalho de difusão da pastoral tridentina em uma região inóspida como foi a área de mineração no século XVIII.

## A economia da salvação na pastoral tridentina

Para João Francisco Marques, o Concílio de Trento foi uma resposta e a concretização da Reforma Católica. Os dogmas solenemente reafirmados e normas pautadas pelo rigor disciplinar e a preocupação da ortodoxia obrigavam a uma contínua vigilância pastoral, obsessiva na aplicação das disposições conciliares. Nada ficaria imune às novas regras: rituais, imaginário, linguagem. Paralelamente, mercê dos descobrimentos ultramarinos, em consequência do aparecimento do *outro*, o gentio ou a-católico, a evangelização tomou um cunho planetário. Por essa dupla ação, Portugal passaria a orientar as conversões para a criação da grande comunidade cristã de além-mar a fun-

---

LIII.

24  VILLALTA, Luiz Carlos. A *"Torpeza diversificada dos vícios": celibato, concubinato e casamento no mundo dos letrados de Minas Gerais (1748-1801)*. Dissertação de mestrado, FFLCH, USP, São Paulo, 1993, p. 8.

25  MICELI, Sérgio. "A força do Sentido". *Op. Cit.*, p. LVI.

26  *Idem*, p. LIII.

cionar segundo o modelo da metrópole: divisão em dioceses, canalização de missionários para suscitar o aparecimento de clero indígena mediante uma escolaridade de raiz local, atração de reis e chefes políticos no intuito de levarem consigo a massa dos súditos. Dessa forma, vieram a ganhar corpo problemas de aculturação e inculturação, de escravização e de liberdade das populações nativas, de sociedades coloniais miscigenadas de credo católico e estereótipo civilizacional europeu: afro-cristão, ameríndio-cristão, indo-cristão, malaio-cristão, sino e nipo-cristão.[27]

No tocante à América portuguesa, território de padroado régio ultramarino, as dioceses receberiam a dupla influência que caracterizava a ação pastoral em tais circunstâncias: a tridentina e a régia. Na ação pastoral desenvolvida nos bispados a orientação régia se afigurava com a diretriz de *Sentir com o Reino*, como interpretou Fernando Torres-Londoño.[28]

Em seu estudo sobre as vivências do religioso e o enquadramento pós-tridentino, Antônio Camões Gouveia observou que "há na prática religiosa uma dimensão de poder, dimensão que submergimos sob o epíteto de Igreja naquilo que ele tem de múltiplo". A Igreja compreende a dimensão institucional e a que envolvia fregueses e clérigos, situados no coletivo cultural e religioso. Os primeiros, compreendidos como um "grupo de crentes vocacionado para o proselitismo e difusor de determinados modelos". Uma das reflexões do autor caminha no sentido de avaliar as possibilidades de inculcação de saber resultantes das medidas tridentinas.[29]

Antônio Camões Gouveia destaca o sentido tridentino de profunda direção das consciências e o controle por meio do número e os registros sobre as práticas religiosas: o batismo, os casamentos, ós óbitos, os róis de confessados. O ápice deste aparato seriam as visitas pastorais.[30] Mas a interpretação dos autores acerca desta ação pastoral tridentina nas dioceses da América portuguesa não é unânime. A historiografia especializada registra, no que se refere ao mundo luso-americano do século XVIII, interpretações divergentes a respeito de uma aplicação efetiva dos decretos conciliares. Os estudiosos se

---

27 MARQUES, João Francisco. "Introdução." In: AZEVEDO, C. M. (dir.) *História Religiosa de Portugal*. Lisboa: Círculo de Leitores, 2000, v. 2 – Humanismos e Reformas, p. 10.

28 TORRES-LONDOÑO, Fernando. "Las cartas pastorales del Brasil del siglo XVIII". *Separata ao Anuario de Historia de la Iglesia*, XII. Navarra: Faculdade de Teología/ Instituto de História de la Iglesia, 2003, p. 231.

29 GOUVEIA, António Camões. "O enquadramento pós-tridentino e as vivências do religioso". In: MATTOSO, José. *História de Portugal. v. IV – O Antigo Regime (1620-1807)*, coordenação de António Manuel Hespanha, p. 290.

30 GOUVEIA, António Camões. *Op. Cit.*, p. 292.

divi*dem* entre os que reconhecem um esforço de aplicação dos decretos conciliares tridentinos no século XVIII; e os que, por outro lado, defendem que os decretos tridentinos seriam implantados no Brasil no século XIX, com o ultramontanismo.[31]

Alguns estudiosos apontam que as circunstâncias do padroado influenciaram decisivamente o tipo de catolicismo na América portuguesa. Com base nos estudos de Riolando Azzi, Eduardo Hoornaert afirma que a influência da Coroa se faria observar de modo a mitigar a de Roma; e encontrando-se a estrutura da Igreja imbricada na do Estado, os decretos do concílio de Trento encontrariam aplicação efetiva no Brasil somente no século XIX.[32]

Defensor deste ponto de vista, Augustin Wernet expôs que, na época colonial, a religiosidade se verificava nas circunstâncias de "interpenetração estreita entre 'religião' e 'sociedade', 'Igreja e Estado', sagrado e profano, em que o poder político e o religioso se confundem". Forjou-se, então, um *catolicismo tradicional*. Este conceito definiria a manifestação da religiosidade que se constituía no Brasil enquanto colônia, sob o padroado régio. Dito de outro modo, na "estreita interpenetração" da religião com a vida social e familiar, teria se forjado um catolicismo "quase que desligado da estrutura hierárquica da Igreja institucionalizada". Assim, retomando as teses de Eduardo Hoornaert, Wernet defendia: "Não havia autocompreensão da Igreja enquanto Igreja, mas sim como uma sociedade global", e sim, portanto, um catolicismo "caracteristicamente leigo, social e familiar".[33]

Há, por outro lado, historiadores que estudaram a documentação eclesiástica e textos da doutrina que entendem que os decretos de Trento foram propagados na colônia, por meio da difusão das práticas e devoções, como oração mental, e a penitência, demarcando a característica da culpa que marcava o discurso religioso naquele tempo.[34]

Nesta discussão sobre a aplicação dos decretos tridentinos, releva retomar, com José Pedro Paiva, o conceito de disciplinamento, relevante para a compreensão da estrutura

---

31     Sobre o catolicismo tradicional, e a respeito da implantação tardia dos decretos tridentinos, ver: WERNET, Augustín. *A Igreja Paulista no século XIX: a Reforma de Dom Antônio Joaquim de Melo (1851-1861)*, São Paulo: Ática, 1987, (Ensaios, 120), p. 18 ss.

32     HOORNAERT, Eduardo. *A Igreja no Brasil. Cit.*, p. 12 – Aliança com o Estado. (Tudo é História, 45)

33     WERNET, Augustín. *A Igreja Paulista no século XIX: a Reforma de Dom Antônio Joaquim de Melo (1851-1861)*, São Paulo: Ática, 1987, (Ensaios, 120), p. 18 ss; p. 188.

34     TORRES-LONDOÑO, Fernando. *A outra família: concubinato, Igreja e escândalo na colônia*. São Paulo: História Social/USP| Loyola, 1999, p. 122-23. SILVA, M. B. N. (Org.) *et al. História de São Paulo Colonial*. São Paulo: Editora da Unesp, 2009, Cap. 3 – "Do Morgado de Mateus à Independência", p. 256 (Párocos e paroquianos). SOUZA, Laura de Mello e. *O diabo e a Terra de Santa*

de dominação criada pelo império colonial português dentro da perspectiva de uma sociedade confessional. [35]

O Reino de Portugal, comprometido com a expansão, carregava a bandeira da fé, que justificava a sua ação colonizadora, mas que somava a ela mecanismos de ação pragmática, como a consolidação das fronteiras, em meio a disputas com a Espanha, e o braço auxiliar do estado eclesiástico, atuando na medida das suas competências para a consolidação do sossego público. [36]

Esta empresa que compreendia a conquista e manutenção nos territórios ultramarinos, por conseguinte, previa a implantação e de um aparato de disciplinamento. Desta sorte, a ação da Igreja diocesana servia à implantação de um aparato disciplinador no século XVIII na capitania de Minas Gerais. Por meio de agentes religiosos, esta instituição exerceria a coerção social, na administração pastoral das circunscrições eclesiástica. Este *trabalho religioso* - conforme a denominação de Bourdieu; ou a *agência de coerção*, de acordo com a caracterização de Max Weber - foram elaborados e direcionados a um alvo: as pessoas leigas e eclesiásticas de qualquer estatuto social que habitassem as circunscrições eclesiásticas sob o domínio do rei lusitano. [37]

---

*Cruz: feitiçaria e religiosidade popular no Brasil Colonial.* 9ª reimpressão. São Paulo: Companhia das Letras, 2005, p. 92. LIMA, Lana Lage da Gama. *A confissão pelo avesso: o crime de solicitação no Brasil colonial.* São Paulo: FFLCH-USP, 1990, 3 volumes. CAMPOS, Adalgisa Arantes. *A terceira devoção do Setecentos mineiro: o culto a São Miguel e Almas.* São Paulo, Tese de Doutorado, FFLCH, USP, São Paulo, 1994, p. 3-4; 13 ; 52 ; 89 ; 118 ; 167-168 ; 262-263 ; 311-313 ; 317; ZANON, Dalila. *A ação dos bispos e a Orientação Tridentina em São Paulo (1745-1796).* Dissertação de mestrado, IFCH, Unicamp, Campinas, 1999; OLIVEIRA, Alcilene Cavalcante de. *A ação pastoral dos bispos da diocese de Mariana: mudanças e permanências (1748-1793).* Dissertação de Mestrado, Unicamp, Campinas, 2001. SANTOS, Patricia Ferreira dos. *Poder e palavra: discursos, contendas e direito de padroado em Mariana (1748-1763).* Dissertação de Mestrado, FFLCH, USP, São Paulo, 2007, especialmente capítulos 2 e 3.

35  PAIVA, José Pedro de M. "El Estado en la Iglesia y la Iglesia en lo Estado..." *Op. Cit.*, p. 47-48.

36  PINTO, Virgílio Noya. *O ouro brasileiro e o comércio anglo-português: uma contribuição aos estudos da economia atlântica no século XVIII.* 2ª Ed. São Paulo: Companhia Editora Nacional, 1979, p. XV-XVI; p. 317-21. (Brasiliana, 371).

37  AEAM. Seção de Livros Paroquiais. Livro de Disposições Pastorais, Prateleira W, Livro n. 3 (1727-1853). Cópia de uma Pastoral do Excelentíssimo e Reverendíssimo bispo deste bispado, dom frei Manuel da Cruz, 28-02-1748, fl. 45. BOURDIEU, Pierre. *A economia das trocas simbólicas.* Vários tradutores. Introdução, organização e seleção de Sérgio Miceli. 6ª ed. 2ª reimpressão. São Paulo: Perspectiva, 2009, p. 34 - Os Progressos da Divisão do trabalho religioso e o processo de Moralização e de sistematização das práticas e crenças religiosas. (Estudos; 20/ dirigida por J. Guinsburg); WEBER, Max. *Conceitos básicos de sociologia.* 5ª ed. revista. Trad. Rubens Eduardo Ferreira Frias e Gerard Georges Delaunay. São Paulo: Centauro editora, 2002,

## Da paróquia ao tribunal: conexões institucionais e normativas

Paolo Prodi chamou a atenção para o fato de a historiografia, nas últimas décadas, explorar a temática do catolicismo pós-tridentino mais em nível interno - onde se costura e recostura o compromisso permanente entre o trono e o altar. Porém, argumenta, mais do que o enfoque na "defesa retrógrada das imunidadese dos privilégios eclesiásticos", as pesquisas se tornaram mais úteis quando se voltam aos menores aspectos da vida das paróquias. Ou, prossegue o autor, num nível ainda mais profundo e recôndito, o problema é o do controle das almas, dos súditos-fiéis, para estudar a nova disciplina do clero e dos fiéis em colaboração e em concorrência com as legislações e os poderes estatais.[38]

A ação pastoral não se desvinculava do contexto social e econômico da capitania, no panorama geral das diretrizes traçadas pela Metrópole. Em meados do século XVIII, a capitania de Minas Gerais se tornara um poderoso sustentáculo econômico de Portugal, com suas ricas jazidas. Mas, com isso passaria a sofrer os malefícios de um sistema tipicamente de exploração. O Estado português, assinala Sérgio Buarque de Hollanda, após ter contribuído para aí enraizar populações, passaria a adotar uma atitude parasitária, por meio de uma política administrativa e fiscal humilhante.[39]

Esta conjuntura de exploração aurífera e de urgência de controle da região mineradora influenciou decisivamente a ação pastoral na região. A esta altura, os bispos do século XVIII, inicialmente os pertencentes ao bispado fluminense, haviam circunscrito as suas tentativas de imposição de uma disciplina religiosa, com forte influência tridentina. Estas influências também pautaram as pastorais dos bispos de Minas Gerais ao longo da centúria, as suas admoestações e interrogatórios, lidos às visitas pastorais.[40]

Os estudos de Iraci del Nero Costa demonstram o incrível aumento populacional em Minas Gerais, mediante os descobertos auríferos. Esta foi a atividade que levou à ocupa-

---

p. 59-60 - Cap. 6. Tipos de autoridade legítima: convenção, lei.

38 PRODI, Paolo. "Cristianimo, modernidade política e historiografia." Trad. Carlos A. M. Zeron. *Revista de História*. 160. 1º semestre de 2009. São Paulo, Usp, p. 118-119.

39 HOLLANDA, S. B. de. *Op. Cit.*, v. 1, p. 70.

40 AEAM. Cartas Pastorais do Senhor bispo D. Frei Manuel da Cruz: *Pastoral que Sua Ex.ª Rma. foi servido mandar passar para ser pública da com todas as freguesias deste novo bispado de Marianna etc.* 28 de fevereiro de 1748. Arm. 1; Gav. 1; Pasta 6. (Nomeação do dr. Lourenço José de Queiroz Coimbra como governador diocesano); Cópia de uma Pastoral de Sua Ex.ª R.ma. Arm. 1; Gav. 1; Pasta 8, 26 de Maio de 1750. (Anuncia a concessão do Pontífice para que os sacerdotes possam celebrar 3 missas no dia 2 de Novembro e proíbe que aceitem esmolas);

ção do interior brasileiro, sendo os limites teóricos fixados em Tordesilhas largamente ultrapassados. As áreas de ocorrência do ouro, afastadas do litoral e de baixa densidade populacional, passaram a exercer tamanha atração sobre o espírito dos reinóis e colonos

---

Pastoral pela qual se patenteiam as graças e Indulgencias, que Sua Santidade foi servido conceder a quem vizitar quatro Igrejas em quinze dias por tempo de seis Meses – prateleira W, códice 41, 14 de Novembro de 1751; Pastoral em que patenteia S. Excelência R.ma que as pessoaz que desencaminharem ouro para fora destaz Minaz; forem cauza da derrama geral pelos povoz dela não só pecam mortalmente, mas ficam com a obrigação de restituirem à Republica os danos que lhe causarem – 12 de Março de 1752, prateleira W, códice 41; Pastoral porque Sua Excelencia Reverendíssima he Servido Rezervar a si o pecado do furto, que cometem as pessoas que, desencaminham ouro destas Minas Gerais, ou concorrem para o seu descaminho com conselho, ajuda, ou favor, pelas circunstâncias que abaixo se declaram – 09 de Setembro de 1753, prateleira W, códice 41; Pastoral do Ex.mo e R.mo Sr. Bispo para se fazerem as preces pellas infaustas notícias dos terremotos e incêndios de Lisboa – 22 de Fevereiro de 1756, prateleira W, códice 41; Pastoral por que Sua Excelência Reveredíssima foi Servido mandar passar o que nela se contém, e declara (Ordena ofícios divinos para aplacar a Ira Divina que recaiu contra Lisboa devastada pelo terremoto e incêndios) – 06 de Maio de 1756, prateleira W, códice 41; Pastoral do Exelentíssimo e Reverendíssimo Senhor D. Frei Manuel da Cruz na qual é servido mandar fazer preces públicas, e uma Quarentena de jejuns para aplacar a ira de Deus que ameaça grande castigo contra nós – 07 de Outubro de 1756 – prateleira W, códice 41; Carta Pastoral na qual o bispo concede faculdade a todos os párocos para assistir, em artigo de morte, aos fregueses como confessores – 02 de Agosto de 1757; Carta Pastoral de Dom Frei Manuel da Cruz que anuncia a Indulgência para quem rezar à Estaçaõ, todas as Sextas feiras do anno, às tres horas da tarde, ao toque doSino etc. – 20 de Setembro de 1757, prateleira W, códice 41; Pastoral do Exelentíssimo e Reverendíssimo Senhor D. Frei Manuel da Cruz para afervorar a devoção dos fiéis seus suúitos para com o veneravel Padre Josê da Anchieta, e dos prodigios que por sua intercessão obrar fazerem uma fiel relaçaõ aos seus pároco, que devem dar disto uma conta exacta ao dito Senhor para se ajuntar ao processo da sua canonização – 14 de Fevereiro de 1758 –, prateleira W, códice 41; Cópia de uma Pastoral de Sua Excelência Reverendíssima (Expulsão dos Padres da Companhia denominada de Jesus pelo bárbaro e sacrílego crime de Inconfidência) – 23 de Novembro de 1759; Carta Pastoral de Sua Excelência Reverendíssima (Por ordem do Rei, ordena solenidades de Aplausos e *Te Deum Laudamus* pelas Bodas de D. Maria, filha do rei D. José I, com o Príncipe Dom Pedro, seu irmão) – 06 de Dezembro de 1760; Carta Pastoral de 05 de Outubro de 1762. (Ordena preces pela Paz no Reino e Portugal, invadido pela Potência Católica unida com a Cristianíssima – Espanha e França). Deliberações e Cartas Pastorais do Senhor bispo dom Frei Domigos da Encarnação Pontevel: Carta Pastoral sobre o indulto do Papa Pio VI a pedido da Rainha Maria I sobre a festa do Corpo de Deus e indulgências aos fiéis que rezassem junto ao Santíssimo Sacramento – 15 de Março de 1783. Edital dada no Convento de Santo Antônio do Rio de Janeiro em 16 de novembro de 1784, que concede indulto aos apóstatas que procurarem refúgio em qualquer convento de Santo Antônio – circulou em Mariana, 15 de Julho de 1785. Prateleira C, Código 18, fls. 75-76. Nossa série de pastorais deste quarto bispo está ainda incompleta.

EXCOMUNHÃO E ECONOMIA DA SALVAÇÃO

que, em pouco mais de noventa anos, a população viu-se decuplicada, concentrando-se no centro-sul. Esta área apresentava antes baixíssima densidade demográfica – cerca de cinquenta por cento do contingente humano da Colônia.[41]

Nessa altura, os bispados, prelazias e missões encontravam-se, com frequência, associados a este aumento demográfico e à abertura de novas frentes de colonização. A consolidação da expansão territorial, no século XVIII, é associada à criação de bispados como os de Belém (1719), de Mariana e São Paulo (1745), e as prelazias de Goiás e Cuiabá (1745).[42]

Esta era uma circunstância peculiar. E sendo diversos os ritmos da ocupação das regiões da América Portuguesa, àquela altura, estudiosos identificaram algumas distinções quanto aos ciclos de propagação e a recepção desta temática pastoral tridentina na região mineradora no século XVIII. Segundo Eduardo Hoornaert, cinco ciclos de evangelização podem ser identificados: o litorâneo, o sertanejo, o maranhense, o mineiro e o paulista.[43]

Segundo Hoornaert, o chamado ciclo mineiro de evangelização era marcado por um catolicismo de origem paulista. Iniciava-se nos finais do século XVII, trazido pelos bandeirantes, que deixavam o apresamento de indígenas para dedicar-se à mineração. Assim, houve características específicas, quanto ao tipo de catolicismo que se formaria em Minas, e quanto às políticas do Estado. Uma das medidas implementadas logo nos primeiros anos da exploração aurífera foi a proibição da instalação de ordens religiosas na capitania.[44]

Desde fins do século XVI, a Coroa autorizava as buscas de particulares ou patrocinava expedições exploratórias pelo interior. Incentivava este avanço pelos sertões, os quais suspeitava esconder ricos minerais. Quando se localizaram ricas jazidas na região mais tarde denominada Minas Gerais, a principal preocupação metropolitana seria regulamentar o acesso das pessoas suspeitas, e reelaborar o direito de exploração mineral.[45]

No contexto de tumulto dos primeiros descobrimentos minerais, o apaziguamento da região e o controle da população que avultava seria um problema em parte sanado por

---

41  COSTA, Iraci Del Nero. "As populações das Minas Gerais no século XVIII: um estudo de demografia histórica." Boletim de História Econômica e Demográfica. Ano 18, n. 65. Disponível em <http://www.brnuede.com/bhds/bhd65/bhd65.htm>. Acesso em 28 jul. 2011.

42  WEHLING, Arno; WEHLING, M. J. *Op. Cit.*, p. 184.

43  HOORNAERT, Eduardo. *A Igreja no Brasil-colônia. Cit.*, p. 28. (Tudo é História, 45).

44  HOORNAERT, Eduardo. *Op. Cit.*, p. 28; p. 60 – O ciclo mineiro; p. 63 – O ciclo paulista. (Tudo é História, 45).

45  PINTO, Virgílio Noya. *O ouro brasileiro e o comércio anglo-português: uma contribuição aos estudos da economia atlântica no século XVIII*. 2ª Ed. São Paulo: Companhia Editora Nacional, 1979, p. XV-XVI; p. 65 et seq; 325-330. (Brasiliana, 371).

meio da presença eclesiástica nos aglomerados que originariam capelas e igrejas paroquiais.[46] Tendo em vista tais circunstâncias dos primórdios dos aglomerados que se formavam em torno às áreas de mineração, é nítida a importância dos agentes religiosos na catequização, na domesticação dos gentios e para promover a estabilização social. A religião funcionava como um sistema disciplinador – uma engrenagem de estabilização daquela sociedade, que se formava em uma cultura de extrema violência.[47]

Outrossim, tendo em conta o panorama normativo vigente no contexto, a frequência aos sacramentos era apresentada como obrigatória. O clero secular atendia a essa "sacramentalização" – ou seja, a administração obrigatória dos sacramentos: batismo, matrimônio, confissão anual, extrema-unção; ainda, a eucaristia, administrada durante as missas, reunia as pessoas para a audição das prédicas, ocasiões de doutrinação, nas quais se encarregavam as consciências. Nesse sentido deve ser compreendida a enorme influência acumulada pelos juízes eclesiásticos, no que se referia às penalidades espirituais, como a excomunhão.[48]

Para emitir eficazmente as orientações pastorais a todo o bispado, a hierarquia eclesiástica necessitava articular o centro, situado na sede, com a rede paroquial, pela qual a mensagem religiosa seria propagada e inculcada. As paróquias se configuraram como um centro irradiador da doutrina e informação das diretrizes da Coroa e da mitra às gentes.[49] Este trabalho religioso envolveu a aplicação de alguns recursos de coerção espirituais e temporais, como as multas e prisões.[50] A excomunhão era uma penalidade espiritual muito antiga, mas de controversa utilização em Portugal. A existência da excomunhão

---

46  BOSCHI, Caio César. Caio César Boschi. *Os leigos e o poder: irmandades leigas e política colonizadora em Minas Gerais*. São Paulo: Ática, 1986, p. 41. PINTO, Virgílio Noya. *Op. Cit.* p. 325–330. (Brasiliana, 371).

47  RAMOS, D. "Códice Costa Matoso: reflexões". *Vária História*, Belo Horizonte: FAFICH–UFMG, n. 21, 1999, p. 25-7. (Número especial sobre o Códice Costa Matoso); ANASTASIA, Carla. *A geografia do crime: violência nas Minas Setecentistas*. Belo Horizonte: Editora da UFMG, 2005. (Humanitas).

48  HOORNAERT, Eduardo. *A Igreja no Brasil-colônia. (1500-1800)*. 3ª Ed. São Paulo: Brasiliense, 1994. (Tudo é História, 45), p. 13-14.

49  TORRES-LONDOÑO, Fernando. (Org.) *Paróquia e comunidade no Brasil: perspectiva histórica*. São Paulo: Paulus, 1997.

50  "Mesmo a 'persuação amigável' que pode ser encontrada em várias seitas religiosas como uma forma de pressão suave sobre os pecadores, constitui coerção em nosso sentido, se for efetuada de acordo com as regras e por um grupo especialmente designado. Isto também é verdade para o uso de censura como um meio para impor normas de conduta moral e ainda mais para a coerção psíquica exercida como um meio disciplinar da Igreja". WEBER, Max. *Conceitos básicos de sociologia*. 5ª ed. revista. Trad. Rubens Eduardo Ferreira Frias e Gerard Georges Delaunay. São Paulo: Centauro editora, 2002, p. 58-60.

tocava o temor do Fim Último da Humanidade. E revelou-se uma pena por seu largo emprego, pela hierarquia eclesiástica, com vários veículos: discursivo, verificável no discurso pastoral; bem como no direito praticado, pois a excomunhão era empregada no tribunal eclesiástico e nas visitas pastorais. Estas eram ocasiões bastante oportunas para a aplicação das penalidades espirituais e pecuniárias previstas na constituição sinodal. Os juízes eclesiásticos empregaram a excomunhão contra pessoas leigas, eclesiásticas, contra pessoas do comum das gentes ou oficiais da Coroa, ou mesmo sacerdotes. Como adiante se verá, a excomunhão era aplicada contra pessoas particulares, ou era expedida geralmente, sob a forma de cartas declaratórias de excomunhão.[51]

Instruídos pelos decretos do Concílio de Trento e títulos das constituições diocesanas, os representantes da Igreja no século XVIII procuravam organizar a paróquia como

---

51 Em ata de visitas às freguesias, era comum o estabelecimento de pena de excomunhão a sacerdotes e leigos. Foi esse o caso da pena de excomunhão aos senhores de escravos que não os desse conta para a factura do Rol da Desobriga, e que se aplicava aos párocos que o consentissem: AEAM. Prateleira W, códice 41. fl. 12. Dom frei Manuel da Cruz chegou a aplicar a pena de excomunhão maior ao ouvidor Francisco Ângelo Leitão, por afrontas que fazia à jurisdição eclesiástica. ANTT. Padroados do Brasil, Cx. 5, da Mesa da Consciência e Ordens. 36° maço. Relato do Padre João Álvares da Costa, Bacharel em Cânones pela Universidade de Coimbra, e colado e investido na posse da Igreja de N. Sra. da Conceição de Mato Dentro da Comarca do Serro Frio, a respeito de sua prisão e excomunhão pelo bispo de Mariana, D. Frei Manuel da Cruz, em 3 de Março de 1752. AEAM. Tribunal eclesiástico. Governos episcopais. Armário 6, prateleira 2, livro 1030 (1765-1784) 25-4-1766. Sentença declaratória a requerimento de Rosa Maria da Conceição contra Honorato Joaquim do Espírito Santo, por não comparecer perante o Vigário geral onde fora notificado a vir sob pena de excomunhão – Vigário geral: Teodoro Ferreira Jácome, fl. 1; 29-4-66: Sentença de absolvição crime a favor de Antônio Manuel Figueiras na causa que lhe formou o Dr. José Sobral e Sousa, Vigário da Vara de São João del Rei, autuado e incurso na pena de excomunhão maior; manda passar declaratória ao mesmo e multá-lo em 20 cruzados aplicados p. as despesas da Justiça – Vigário geral: Teodoro Ferreira Jácome, fl. 1v. Arquivo Histórico Ultramarino, doravante AHU/MG/s/l, Cx. 59, doc. 52. 24/02/A752. Requerimento do Bacharel Francisco Ângelo Leitão, Juiz de Fora da Cidade de Mariana, solicitando provisão para que o bispo de Minas Gerais, Dom Frei Manuel da Cruz, suspenda o procedimento que tem contra ele (excomunhão maior); AHU, Cx. 60, doc. 44. 31/08/1752. Carta do Bispo de Mariana, D. Frei Manuel da Cruz, informando a Diogo de Mendonça Corte-Real acerca dos atos porque se procedeu contra o Bacharel Francisco Ângelo Leitão (excomunhão maior). A aplicação de excomunhão por parte de um bispo a um ouvidor ou juiz de fora, por atentarem contra a jurisdição episcopal não é incomum. Sérgio B. de Hollanda relata um incidente semelhante, que envolveu uma sequência de excomunhões por este motivo, aplicadas pelo segundo bispo do Maranhão, dom frei Timóteo do Sacramento. HOLLANDA, S. B. de. *Op. Cit.*, t.1, v. 2, p. 68. José Pedro Paiva cita exemplos de excomunhões ocasionadas por questões envolvendo as justiças seculares e excomunhões aplicadas a sacerdotes pregadores e confessores, por suas posições políticas durante o período filipino. PAIVA, José Pedro. "A Igreja e o poder". *Op. Cit.*, p. 156-57.

unidades de controle e vigilância da vida cotidiana, capazes de impor um calendário religioso e festivo, e de criar ocasiões para intervir, admoestar e emendar. As pessoas eram compelidas a receber os sacramentos, em especial, a comunhão e confissão, e não faltar à igreja aos dias de preceito. Os fiéis eram doutrinados, e tinham as consciências vigiadas nos confessionários, e atemorizadas nos púlpitos. Apregoando-se que a vivência conforme os preceitos era uma porta aberta para a salvação, suscitava-se o temor do porvir: a punição, temporal e eterna, a vida e a morte.[52]

As paróquias foram além desta dimensão salvífica: Sem se limitar à administração dos sacramentos como a confissão e a eucaristia, elas se configuraram como centro burocrático, normalizador e coercitivo.[53] Como observou Fernando Torres-Londoño, por meio dos sacramentos, subsidiava também a estrutura institucional para o pároco registrar, computar e influenciar a vida social e individual.[54]

Nesta ordem, era fundamental o trabalho religioso, pautado na persuasão e na correção dos fiéis. Levados a enquadrar-se à norma e receberem os sacramentos, viabilizava-se a intervenção institucional nas práticas cotidianas. A paróquia, por norma, acompanhava as estações da vida, desde o nascimento. O batismo deveria ocorrer até oito dias após o nascimento. Por norma eclesiástica, nas paróquias deveriam ser feitas as denunciações dos que desejavam se casar; de sorte que os párocos deveriam acolher as denunciações matrimoniais, da parte dos que conhecessem algum impedimento às uniões, como duplo contrato de esponsais. Ainda, a paróquia se encarregava da extrema-unção e cobrava o emolumento correspondente à sepultura em lugar sagrado. Com relação ao registro destas atividades, rezavam os cânones conciliares, o pároco deveria promover e guardar em livros adequados o cômputo dos fregueses, aos quais deveria conhecer.[55]

Outrossim, este conhecimento dos fiéis, o seu cômputo, e o devido registro eram responsabilidades dos párocos as quais a Coroa cobrava rigorosamente. Não raro, requisitava dos párocos a construção de mapas, com as classes de pessoas das localidades da sua paróquia, para serem entregues aos ouvidores das comarcas respectivas. Eram inú-

---

52 CAMPOS, Adalgisa Arantes. *A terceira devoção do Setecentos mineiro: o culto a São Miguel e almas.* Tese de Doutorado, FFLCH, USP, São Paulo, 1994.

53 ALMEIDA, Marcos Antônio de. "A paróquia no Portugal medieval: um esboço do século XII ao século XVI". In: Fernando Torres-Londoño. (Org.) *Paróquia e comunidade no Brasil: perspectiva histórica.* São Paulo: Paulus, 1997.

54 TORRES-LONDOÑO, F. *Paróquia e comunidade. Op. Cit.*

55 MARCÍLIO, M. L. "Os registros paroquiais e a história do Brasil". *Vária História*, Belo Horizonte: Fafich-Ufmg, N. 31, 2004. (Dossiê Vila Rica do Pilar: reflexões sobre Minas Gerais e a época moderna).

meras, porém, as reclamações de negligência dos párocos e escrivães tocantes ao registro. Eles eram instados a corroborar, mas, por negligência ou sobrecarga de atribuições, descumpriam as suas tarefas.[56]

A assistência espiritual, mediante as celebrações de missas, festas, ofícios religiosos, administração dos sacramentos e o cômputo regular dos fregueses, e a fiscalização, enlaçavam-se a outras responsabilidades dos párocos. Uma das principais envolvia o intercâmbio de informações e procedimentos da justiça eclesiástica. A eficácia da faceta coercitiva da Igreja diocesana não poderia prescindir da ajuda e participação dos párocos e capelães. Quem mais poderia fornecer com precisão, informações da vida social e individual aos agentes do tribunal? Os párocos as enviavam seladas e em segredo de justiça, em certidões juradas. Era comum que enviassem certidões sobre a conduta de pessoas investigadas ao promotor do juízo eclesiástico, para instruir os processos aos vigários gerais e das varas eclesiásticas, em envelopes fechados. A paróquia do século XVIII alcançou uma forte ligação com o tribunal eclesiástico. Veja-se, entre muitos exemplos, esta curiosa queixa, na qual as pessoas classificadas pelo pároco como "pessoas fidedignas e de timorata consciência", confessam haver tirado a Faustino Vaz de Morais algumas mandiocas e um cacho de bananas. Fizeram este depoimento após as admoestações realizadas pelo pároco, segundo as quais o suplicante reclamava haver sofrido muitos furtos: "E como o suplicante é cheio de pobreza além dos muitos filhos de que vive pensionado, recorre a Vossa Excelência Reverendíssima para que se digne mandar que o dito Reverendo capelão admoeste segunda vez os referidos furtos, satisfeito, lhe passe certidão na forma da constituição com as penas de excomunhão nela mesma impostas". [57]

O pároco, ademais, verificava a existência de testamentos, prestando informações à mitra, quando solicitado. Assim, velava pelo direito de alternativa da Igreja, em relação à Coroa, em todas as testamentarias do bispado. Acumulava, ainda, a estratégica função de registrar as infrações dos fregueses, emitir certidões acerca de seus costumes, e detalhes que pudessem acrescentar às investigações sobre os que respondiam processos no tribunal eclesiástico. Outrossim, cabia aos párocos, capelães e coadjutores controlar o acesso de elementos estranhos à sua freguesia. E não foi raro que os bispos encomendassem deles alguns relatórios circunstanciados sobre a terra e as gentes, quando eram assim requisitados pela Coroa. Havia, ainda, a primordial tarefa dos registros, destinados ao

---

56 AEAM, Governos episcopais - dom frei Domingos da Encarnação Pontevel. Arquivo 1, Pasta 1, Gaveta 4, fl. 3q v. 10-11-1780. Edital pelo qual ordena a remessa dos mapas da povoação segundo as classes determinadas em as ordens expedidas pelos Antecessores de Sua Exceleência Reverendíssima.

57 AEAM. Seção de Escrituração da Cúria, processo n. 2826 - 1791.

controle das "almas" de cada paróquia ou capelania (nascimentos, óbitos e matrimônios), e as certidões de fé pública emitidas ao tribunal quando solicitado. Ainda, juntamente com os avisos religiosos, os párocos divulgavam as mensagens oficiais da Coroa.[58]

A intensa atividade paroquial articulava doutrina e ritual, e deveria ser fiscalizada durante as visitas pastorais. As atestações, certidões e informações expedidas a partir das paróquias, compuseram mananciais valiosos de informações para o Promotor da Justiça Eclesiástica agir e poder acusar os infratores. No que tocava a factura dos róis de confessados, a sua função primordial era apontar os fregueses que não frequentavam o sacramento da confissão. Já referimos às especificidades que as visitas pastorais portuguesas guardavam em relação aos demais países católicos. Segundo Joaquim Ramos de Carvalho, esta especificidade residiria justamente no caráter judicial das visitas, ausente das visitas realizadas em outros países. Dentre os desdobramentos desta especificidade, Carvalho destaca: a enorme quantidade de informações sobre pecados públicos; o recurso aos paroquianos como fonte de informação; a execução de medidas corretivas contra leigos pecadores públicos sob a forma de penas pecuniárias e processos em auditório eclesiástico.[59]

Desta forma, a paróquia se inseria no contexto da cristianização da população, e atendia aos interesses da colonização. Por meio do múnus pastoral, com a presença do pároco e dos capelães, efetivavam-se as aproximações entre a hierarquia eclesiástica e o cotidiano colonial. Esta dimensão de extrema importância assumida pela unidade paroquial na articulação do sistema de evangelização não escapou aos estudiosos. Diogo de Vasconcellos se escandaliza com esta ação da Igreja, a qual identifica como ação de "polícia". Já Marcelo Caetano mostra, do ponto de vista da administração pública, a função da paróquia como braço auxiliar em relação à administração, configurando-se, desde tempos antigos, na solução dos litígios. Em sua discussão acerca da lei e dos costumes, e os usos do direito comum, Eduardo Palmer Thompson, ainda que tratando de um contexto bastante diverso do que analisamos, assinala a importância das paróquias para afixar costumes e influenciar ações. Os vigários estabeleciam-se, ao lado dos tribunais senhoriais, como guardiães da memória das paróquias, nas suas relações com a propriedade agrária e seus direitos, além da grande influência sobre os paroquianos, exercida desde os púlpitos. Segundo o autor, os

---

58    AEAM. Seção de Livros paroquiais. Livro de Visitas e Fábrica, Prateleira H, Livro 14. Cópia de um Edital de Sua Excelência Reverendíssima que nos manda fazer relação das povoações, e lugares das terras e rios das freguesias na forma que abaixo se declara, fl. 74.

59    CARVALHO, J. Ramos de. *Op. Cit.*, p.125-129.

perfis dos usos do direito comum se alteraram de paróquia para paróquia segundo inúmeras variáveis, econômicas, demográficas e o papel da Igreja. Isso evidencia uma "interface entre a lei e as ideologias dominantes".[60]

Para entender como os bispos exerceram esta autoridade espiritual em Minas Gerais no século XVIII, é fundamental estudar as ações desempenhadas durante as visitas pastorais, bem como os discursos e representações que produziram. Realizadas pelo próprio ordinário, ou por visitadores delegados, as visitas possibilitavam à hierarquia eclesiástica ouvir reivindicações dos paroquianos e identificar os problemas existentes.[61]

## AS VISITAS PASTORAIS COMO INTERFACE DA JUSTIÇA ECLESIÁSTICA

A justiça eclesiástica se dava a conhecer à população através das visitas pastorais. Não por acaso, elas se transformavam em um evento público, solene e extremamente rigoroso, com todos os ritos litúrgicos regulamentados pelo Ritual Romano.

A visita era anunciada à população, que era preparada com antecedência. Assim, a chegada do Visitador à vila era um evento público de grande concurso de pessoas e autoridades, das quais se exigia rigor quanto ao vestuário e o porte das insígnias que os distinguiam, em razão dos cargos que ocupavam. O cerimonial produzia impacto sobre as pessoas dos lugares.[62]

Os ofícios, sermões, orações e procissões de defuntos teciam representações simbólicas do sagrado e estabeleciam a comunicação da mensagem religiosa aos fiéis. Ao mesmo tempo, o visitador inspecionava a situação do cemitério, da igreja, dos santos óleos e das alfaias. Após a inspeção e procissão dos defuntos, ocorria um sermão e o anúncio das indulgências; em seguida, o atendimento de confissões, e a instalação da Mesa que receberia as denúncias. Se houvesse o conclame de devassas, o visitador seria

---

60 VASCONCELLOS, Diogo de. *História do Bispado de Mariana*. Belo Horizonte: Apollo, 1935 (Biblioteca Mineira de Cultura), p. 22. CAETANO, Marcello. *Estudos de História da administração pública portuguesa*. Organização e prefácio de Diogo Freitas do Amaral. Coimbra Editora, s.l., 1994, p. 336. THOMPSON, E. P. *Costumes em comum: estudos sobre a cultura popular tradicional*. Trad. R. Eichemberg. São Paulo: Companhia das Letras, 1998, p. 86-149.

61 WEHLING, Arno; WEHLING, M. J. *Op. Cit.*, p. 319; FERNANDES, M. L. C. "Da Reforma da Igreja à reforma dos cristãos: reforma, pastoral e espiritualidade." *Op. Cit.*, p. 26-27.

62 SANTOS, P. F. "A Coroa e a Mitra no espaço público: representação de poder nas festas e cerimônias litúrgicas do século XVIII em Minas Gerais". Horizonte: *Revista de Estudos de Teologia e Ciências da Religião*, v. 9, 2011, p. 32 - 45. Disponível em: <http://periodicos.pucminas.br/index.php/horizonte/article/view/P.2175-5841.2011v9n20p64>. Acesso em 24 mai. 2012.

precedido de um solene edital a ser lido publicamente pelos párocos contendo as perguntas. Citava-se os pecados, cujos praticantes eram convocados a denunciar.

Segundo aponta Lana Lage, das trinta e oito questões do Manual de Lucas de Andrade, 14 eram respeitantes ao comportamento e à formação do sacerdote. Para a autora, o manual reproduzia e estimulava a adesão dos sacerdotes ao modelo tridentino de clérigo. Quanto aos crimes referidos, destacam-se: simonia; mancebia pública; vida profana (participação em negócios, portes de armas, saídas noturnas, atuação em comédias, autos folias, danças, uso de trajes indevidos ou falta de tonsura, frequência a tavernas, excessos no comer e beber); solicitação; quebra de sigilo de confissão; o absenteísmo ou negligência aos paroquianos, que pressupunha a negligência de um vasto elenco de obrigações paroquiais. Ainda, o grave crime de alienação dos bens da Igreja, sem as solenidades requeridas pelas constituições eclesiásticas; também eram passíveis de punição as cobranças abusivas na administração da justiça eclesiástica. Sobre o clero regular, recomendava-se que os visitadores apurassem se possuíam filhos ilegítimos, ou a existência de apóstatas; e os recolhimentos femininos, os quais deveriam ser também inspecionados.[63]

Os procedimentos das visitas pastorais se dividem em duas partes. O primeiro momento, a parte espiritual, semelhante ao que acontecia nos outros países europeus, consistia na visita da igreja, pia batismal, santos óleos, imagens, relíquias, livros e alfaias do culto. O segundo momento, ou a parte temporal, consistia em um ato judicial, formalizado pela figura jurídica da devassa geral, com a interrogação de paroquianos, escolhidos a partir do último rol de confessados, sobre os casos enumerados no edital de visita que tinha precedido o visitador. Este interrogatório era feito na ausência do pároco, que se afastava da igreja, finda a visita espiritual.[64]

As visitas pastorais realizavam a audiência das reclamações dos paroquianos. Configurava-se um mecanismo de fiscalização periódica, empregado pelos bispos, na verificação do estado das paróquias de sua jurisdição. Mecanismo normalizador dirigido à população em geral, de grande peso, se comparada à Inquisição, mais seletiva socialmente. Ao promover tais inquirições, a devassa geral da visita se tornava um elo fundamental,

---

63 ANDRADE, Lucas de. *Visita Geral que se deve fazer um prelado no seu Bispado apontadas as cousas por que deve perguntar e o que devem os párocos preparar para a visita.* Lisboa: Oficina de J. da Costa, 1673, p. 1-2. *Apud* LIMA, Lana Lage da Gama. *A confissão pelo avesso: o crime de solicitação no Brasil.* Tese de Doutorado, FFLCH, USP, São Paulo, 1992, v. 2, p.335 ss.

64 *Idem.*

entre a evangelização e a coerção social, bem como quanto ao intercâmbio com outras instâncias, como o tribunal eclesiástico, a Coroa e o Santo Ofício.[65]

Tais conexões entre o tribunal eclesiástico e o cotidiano paroquial são evidentes no Regimento do Auditório Eclesiástico. Segundo o Tít. XV, o *Escrivão da Visitação* deveria entregar seus livros para o Escrivão da Câmara, assim que se recolhessem para a cidade, após a visita. Deveriam cobrar recibos e certidões dos livros e papéis que entregarem. O escrivão da visitação deveria escrever e servir em todas as coisas da Visitação, desde a chegada até os autos que o visitador lhe ordenasse, e os mandados de absolvição dos evitados e admitidos pelos visitadores. Registravam os termos de admoestação, o rol das penas em que os visitadores condenarem os culpados. Deveriam guardar segredo de tudo que tocasse às devassas da visitação, recebendo grave condenação em caso de desobediência.[66]

Muitas vezes, os estudos especializados não deixam muito claras estas conexões fundamentais entre as visitas pastorais e o aparelho da justiça eclesiástica. A visita pastoral costuma ser reduzida em sua importância e significação. Com a vaga definição de "instrumento de ação da Igreja Católica", as visitas são reduzidas a uma instrumentalização pela política colonizadora, devido ao padroado. Mas as visitas eram um instrumento de ação com vistas à procura dos pecadores públicos – claramente explicitada no regimento do auditório eclesiástico. As visitas eram um dos mais importantes recursos do tribunal eclesiástico para apanhar os pecadores públicos e levá-los a livramento judicial ordinário. Isto significa que haviam incorrido em faltas graves, e a instituição possuía jurisdição para inquiri-los e qualificar o seu delito, enquadrando-os em seu panorama normativo. O Padre Visitador possuía as suas obrigações descritas no título VIII. A principal dentre elas seria a busca de pecadores públicos: "Por quando no discurso de nossas Constituições em lugares particulares, conforme a matéria o pedia, se tem dito do que aos visitadores pertence *procurar*, por essa causa é escusado repetir o que fica ordenado". Os párocos estavam obrigados a "dar notícia ao Visitador dos pecados públicos, e de escândalo que souberem fora da Confissão, e nomear testemunhas que dele saibam para se remediarem". Os próprios párocos deveriam ser "sindicados nomeadamente sobre cousas tocantes a seus ofícios". Esta função de procura

---

65  CARVALHO, Joaquim Ramos. *A jurisdição episcopal sobre os leigos em matéria de pecados públicos. Op. Cit.*, p. 172.

66  Regimento do Auditório Eclesiástico da Arquidiocese da Bahia, tít. III – do Visitador geral e do que a seu ofício pertence, n.382, 388 e 390; 395-397; tít. XV – do Escrivão da Visitação e do que a seu ofício pertence.

atribuída ao visitador advinha com a sua nomeação em caráter provisório e para localidades determinadas, pelo ordinário diocesano.[67]

Deste modo, as visitas pastorais possibilitavam um minucioso levantamento *in loco* dos pecadores públicos, a serem descobertos, principalmente, por meio das denúncias, ouvidas de forma mais ampla durante a chamada Devassa Geral da Visita.[68] Antes das devassas gerais, o trabalho religioso era fundamental. Os agentes estimulavam as denúncias, seja nas missas conventuais, ou às visitas pastorais. Alguns historiadores creem que a busca dos crimes notórios respeitava a uma avaliação da sua abrangência social. Para Marcos Magalhães de Aguiar, a ação dos juízes era orientada pela percepção comunitária do delito. Ou seja, haveria uma estrutura de valores - uma economia moral, conforme Edward Palmer Thompson -, que informava os parâmetros gerais de julgamento das ações; uma economia moral do ato de julgar, na qual a própria sociedade colocava-se continuamente em julgamento nas atividades judiciárias. Donald Ramos, em outra via explicativa, afirmou que a procura por pecadores públicos e notórios representava um espaço de debates acerca destes valores pela comunidade. Um espaço significativo, mesmo nos casos considerados mais graves pela Igreja, como a sodomia. O conceito de voz popular representaria, nesse sentido, uma subcultura que, combinando as manifestações de segmentos dominantes e populares, compunha um foco de acomodação dos sistemas de valores conflitantes nas comunidades.[69]

Para combater essas influências concorrentes, muitos vigários gerais percorreram o bispado, como visitadores diocesanos, em busca dos chamados pecadores públicos, conforme estimulavam as constituições que regiam o bispado. Desta sorte, a considerar esta matriz tridentina e a diversidade da população, a eficácia do trabalho religioso não poderia ser alcançada sem lutas

---

67    Regimento do Auditório Eclesiástico da Arquidiocese da Bahia, tít. III - do Visitador geral e do que a seu ofício pertence, n.382, 388 e 390; 395-397; tít. XV - do Escrivão da Visitação e do que a seu ofício pertence.

68    CARVALHO, J. R. "A jurisdição episcopal sobre leigos em matéria de pecados públicos: as visitas pastorais e o comportamento moral das populações portuguesas de Antigo Regime". *Revista Portuguesa de História*, t. XXIV. Coimbra: IHES/ Faculdade de Letras da Universidade de Coimbra, 1990, p. 122-25.

69    FIGUEIREDO, L. R. de A; SOUSA, Ricardo Martins de. "Segredos de Mariana...". *Op. Cit.*, p. 5-9; (AGUIAR, Marcos Magalhães de. *Negras Minas Gerais: uma história da diáspora africana no Brasil Colonial*. Tese de Doutorado em história, FFLCH, USP, São Paulo, 1999. Cap. 1: "Estado e Justiça na capitania de MG", p. 65-66. THOMPSON, E. P. *Costumes em comum. Estudos sobre a cultura popular tradicional*. São Paulo: Companhia das Letras, 1998, p. 150-266; RAMOS, Donald. "A 'voz popular' e a cultura popular no Brasil do século XVIII". In: SILVA, M. B. N. *Cultura Portuguesa na Terra de Santa Cruz*. Lisboa: Estampa, 1995, p. 138 ss; CARVALHO, J. R. "A jurisdição episcopal sobre leigos em matéria de pecados públicos: as visitas pastorais e o comportamento moral das populações portuguesas de Antigo Regime". *Revista Portuguesa de História*, t. XXIV. Coimbra: IHES/ Faculdade de Letras da Universidade de Coimbra, 1990, p. 151.

e reapropriações pela população *in loco*; e concorrências no campo religioso, entre benzedores, curandeiros, e o sacerdote. Referia o Regimento que o vigário geral deveria conhecer todos os casos da visitação, depois que fossem deduzidos ao foro contencioso, e antes lhe não fossem remetidos por via de embargos. Nessas ocasiões o bispo facultava ao visitador o perdão aos casos reservados ou que os cometesse a algum confessor; poderia proceder a algum castigo sumário, ou fazer auto para que o vigário geral procedesse, se porventura alguém procurasse lhe impedir a jurisdição. Mas, durante a visita, o visitador não poderia passar cartas de excomunhão por coisas furtadas, nem conhecer de causas cíveis ou crimes, dispensar em banhos. Deveria entregar o livro das devassas e os demais papéis, assim que retornasse à Sede episcopal.[70]

Deste modo, não podemos concluir que os registros das denúncias contêm todos os passos dos processos de livramento dos réus.[71] As denúncias se configuram como uma das etapas de investigação. Os visitadores aplicariam as penas e livramentos por despachos nos casos mais simples, que dispensavam o livramento ordinário. A fiscalização eclesiástica, levada a efeito no século XVIII, dependia do respaldo institucional, do estabelecimento de uma agência de coerção, onde atuassem os agentes religiosos, emissores de uma mensagem. A articulação entre a sede e as paróquias era fundamental. Uma forma regular de obrigar os párocos a prestar contas da vida pública foi a exigência anual de róis de confessados. Eram listas, que deveriam conter os nomes das pessoas acima de sete anos, de confissão, e comunhão de casa em casa, rua a rua, de cada freguesia. Eram comuns as advertências dos visitadores aos párocos, em suas visitas às freguesias:

> E porque tenho achado que os Reverendos Párocos não advertem sobre no que tão extremamente lhes manda a Constituição em mandarem os róis dos confessados aos juízos da sua comarca para se registrarem e pelo dito Juízo se proceder com cartas de participantes contra os que não satisfizerem ao preceito, sendo certo que pelas demoras que os Reverendos Párocos tem em não mandarem os ditos róis fazem pouco caso os ditos rebeldes, das censuras e assim vão existindo sem procurarem o remédio para a sua salvação e sem evitarem as culpas em que vivem adormecidos, e a mesma Constituição impõe a pena de dois mil réis aos reverendos párocos que não mandarem os ditos róis até quinze dias depois da Dominga do Bom Pastor aos que distarem dez léguas do Juízo aonde pertencem os ditos róis; e um mês aos que distarem vinte léguas, e dois meses aos que estiverem mais distantes, o que (vejo) senão os fazem (...)[72]

---

70    Regimento do Auditório Eclesiástico da Arquidiocese da Bahia, tít. III – do Visitador geral e do que a seu ofício pertence, n.382, 388 e 390; 395-397; tít. XV – do Escrivão da Visitação e do que a seu ofício pertence.

71    RODRIGUES, A. C. *Sociedade e Inquisição...Op. Cit.*, p.

72    AEAM. Seção de Livros Paroquiais. Livro de disposições pastorais, Prateleira W, n. 3. Ata de

Os reincidentes e omissos quanto ao preceito quadragesimal, apontados nos róis de confessados, poderiam originar processos no tribunal episcopal: nas listas, os párocos "darão conta dos revéis, declarando o número e nome deles, e as causas de suas revelias, se as souberem fora de confissão, para nisso se prover". Em uma segunda etapa da ação, o "Provisor mandará entregar as cartas ao Promotor da Justiça, para acusar os revéis". Mais uma vez, indica-se a importância da articulação da malha eclesiástica para a perseguição dos infratores:

> se por ventura alguns dos assim declarados se passarem a outras freguesias: em tal caso, mandamos a todos os priores, reitores e curas que tenham cuidado de os denunciar aos Curas das outras freguesias: aos quais mandamos que os façam deitar fora e procedam contra eles; fazendo-o saber pela mesma maneira aos outros Curas das outras freguesias (...) para que os tais revéis, vendo-se constrangidos pela Igreja, tornem sobre si, e se arrependam de seus pecados, e se confessem, tornando à obediência da Santa Madre Igreja.[73]

Em 1756, o doutor Teodoro Ferreira Jácome, em visita de 29 de Outubro de 1756 à freguesia de Nossa Senhora da Boa Viagem do Curral del Rei, advertia sobre a incúria dos párocos com o envio e a factura correta dos róis de confessados aos juízos da sua comarca para se registarem e pelo dito juízo se proceder com cartas de participantes contra os que não satisfizessem o preceito.[74]

Na missão de procura dos pecadores públicos, o visitador recebia do bispo a jurisdição delegada. De sorte que exercia certo arbítrio sobre a realidade de cada freguesia, como mostra a seguinte ordem de Dom Frei Manuel da Cruz, para uma visita de 20 de Agosto de 1749 à freguesia das Catas Altas:

> Mandamos aos nossos Reverendos Visitadores, que nas suas visitas inquiram e se informem da observância destes capítulos, castigando aos que os não observam, não só com as penas nelas cominadas *mas com as mais que lhes parecer* e nos darão conta com toda a individuação.[75]

---

Visita do Dr. Teodoro Ferreira Jácome à freguesia de Nossa Senhora da Boa Viagem de Curral del Rei, 29-10-1756, Cap. 14°, fl. 23-23v.

73   Primeiras Constituições sinodais do bispado de Elvas. *Op. Cit.* Tít. VI. Do sacramento da confissão. § 4, p.7; CONSTITUIÇÕES sinodais do Bispado do Algarve. *Op. Cit.*, Liv. 1, Cap. LXIV - Da obrigação que os párocos têm de mandar o rol dos confessados e comungados, e como se registará, p. 122-3.

74   AEAM. Ata de visita pastoral do Dr. Teodoro Ferreira Jácome a Curral del Rei. 29-10-1756. Prateleira W, códice 41. fl. 23.

75   AEAM. Seção de Livros Paroquiais. Livro de visitas e fábrica, Catas Altas, (1727-1831). Prateleira

Outrossim, os títulos das constituições recomendam aos visitadores, vigários gerais, promotores e demais ministros eclesiásticos muita consideração ao determinar qualquer tipo de castigo, seja pecuniário, espiritual ou corporal, examinando bem as circunstâncias, particularidades e o escândalo que do delito resultou, e procurando o que podem aliviar o réu e comutar.[76]

As visitas pastorais representaram, além de importante instrumento de controle social, uma conexão fundamental da paróquia e do tribunal eclesiástico. A execução de devassas compreendia momentos nos quais o visitador assumia o papel de juiz.[77] O arbítrio do visitador pode ser verificado, quando separava os casos aos quais concederia o Livramento por despacho - mediante a contrição, assinatura do termo, e pagamento de penas pecuniárias; e quais casos seriam levados a Livramento ordinário, no auditório episcopal. A este livramento estavam obrigados os acusados de se envolverem em delitos graves. Em alguns casos que deixassem dúvidas, este livramento, denominado ordinário, tinha a sua continuidade definida pelo Vigário geral, após conferi-las com o Promotor da Justiça Eclesiástica.[78]

Assim, as visitas configuram uma importante conexão da justiça eclesiástica com as localidades do bispado. O corpo de documentos constituído pelas atas de visitas foi estudado por diversos autores, dentre os quais, Caio César Boschi, Fernando Torres-Londoño, Luciano Figueiredo, Joaquim Ramos de Carvalho e José Pedro de Mattos Paiva. Seus estudos destacam a fiscalização da vida religiosa, à qual as visitas pastorais se encontravam ligadas. Para Luciano Figueiredo, as visitas eram espécie de retaguarda, destinada a vi-

---

H, Códice 14, 20-08-1749. Visita do Excelentíssimo e Reverendíssimo Senhor dom frei Manuel da Cruz à freguesia de Nossa Senhora da Conceição das Catas Altas, cap. 13°, fl. 50. Itálico meu.

76   Primeiras Constituições sinodais do Arcebispado da Bahia feitas e ordenadas pelo Ilustríssimo e Reverendíssimo Senhor Dom Sebastião Monteiro da Vide, 5° Arcebispo da Bahia, do Conselho de Sua Majestade. Propostas e aceitas no Sínodo Diocesano, que o Dito Senhor celebrou em 12 de junho do ano de 1707. Coimbra: no Real Colégio das Artes da Companhia de Jesus, 1720. Com todas as licenças necessárias. Liv. 5, tít. XLIV, n. 1083-84.

77   FIGUEIREDO, L. R. de A; SOUSA, Ricardo Martins de. "Segredos de Mariana: Pesquisando a Inquisição Mineira". *Acervo*. Rio de Janeiro, v. 2, n. 2, jul-dez, 1987.

78   CASTRO, Gabriel Pereira de. *Monomachia sobre as concórdias que fizeram os reis com os prelados de Portugal nas dúvidas da jurisdição eclesiástica e temporal. Op. Cit.* Artigo XII. Sobre culpados em visitação, p. 242-46; REGIMENTO *do Auditório Eclesiástico do Arcebispado da Bahia, Metrópole do Brasil e de sua Relação e Oficiais da Justiça Eclesiástica e mais coisas que tocam ao bom governo do dito Arcebispado ordenado pelo Ilustríssimo Senhor D. Sebastião Monteiro da Vide 5° Arcebispo da Bahia e do Conselho de Sua Majestade*. São Paulo: Typografia 2 de dezembro de 1853. tít. II – do Vigário geral e do que seu ofício pertence, parágrafo 22° - Do modo de proceder nos feitos crimes, n. 254,256,267, 269; tít. XI - Do Promotor da Justiça, n. 417; 420.

giar e controlar a população das Minas: as "punições aplicadas durante as visitas marcavam a presença vigilante da Igreja, mais do que pedagógica".[79]

Na busca dos pecadores públicos, as visitas pastorais eram um dos seus desdobramentos fundamentais, depreendidos dos processos judiciais que tramitaram no tribunal eclesiástico. Este trabalho religioso realizado durante as visitas pastorais auxilia a identificação de um universo de representações, inclusive discursivas, da justiça, que remetia às práticas da justiça episcopal. As circunstâncias do enquadramento pós-tridentino eram, afinal, um mundo de grande influência da oralidade, na qual o sermão adquire relevo, por produzir a difusão de ideias. Nas pequenas homilias diárias, os párocos introduziam o seu saber e as ideias sobre o poder e a sociedade, mas também o boato, a indicação de uma nova lei ou imposto. O mundo da formação doutrinal, como observou Gouveia, tinha na prática do púlpito um meio fundamental, que deveria ser controlado o melhor possível.[80]

José Pedro Paiva observou, nessa linha, que o desvelo pastoral que justificava a realização das visitas pastorais poderia representar a reação defensiva do episcopado, ao avançar dos Setecentos, contra o aguçamento das ingerências da Coroa na jurisdição eclesiástica.[81]

Como se verá em tópico específico, a jurisdição episcopal sobre os pecados públicos causou muito desconforto nos juízes seculares. Não obstante, foi com a contribuição das visitas que o tribunal eclesiástico empregou três formas de livramento judicial, como veremos a seguir.

## OS TIPOS DE LIVRAMENTOS JUDICIAIS: CAMERÁRIO, POR DESPACHO E ORDINÁRIO

Para punir os pecadores que se tornavam públicos e escandalosos, o auditório episcopal pôs em prática três formas de livramento judicial como forma de punir os chamados pecadores públicos e escandalosos. Quando estes réus caíam nas malhas das justiças, poderiam-se livrar-se por via do livramento camerário, isto é, em segredo de justiça. Segundo o Regimento, no livramento camerário, o promotor "não falará em

---

79 FIGUEIREDO, L. R. de A; SOUSA, Ricardo Martins de. *Op. Cit.*, 1987.

80 GOUVEIA, António Camões. "O enquadramento pós-tridentino e as vivências do religioso". In: MATTOSO, José. *História de Portugal. v. IV - O Antigo Regime (1620-1807)*, coordenação de António Manuel Hespanha, p. 295.

81 PAIVA, José Pedro. "A Igreja e o poder." In: AZEVEDO, C. M. (dir.) *História Religiosa de Portugal.* Lisboa: Círculo de Leitores, 2000, v. 2 - Humanismos e Reformas, p. 117-118.

audiência no tal feito, mas irá com a parte e Escrivão do livramento fazer audiência a casa do vigário geral e lá secretamente requererá o que for justiça". Não localizamos muitos livramentos camerários nos registros do tribunal eclesiástico, apenas um ou dois casos. Já referimos antes que o livramento também poderia ocorrer por despacho do visitador, durante as visitas, com a devida e proporcional aplicação de penas espirituais, temporais e/ou pecuniárias. Caso não obtivesse este livramento, quitando-se com a justiça por meio de multas e penitências, haveria de livrar-se pelas vias ordinárias de justiça. Dava-se, então, pelo Escrivão da Visita, a entrega dos autos para o promotor, que tratava de oferecer a denúncia ao vigário geral. Como decorrência desta ação, abria-se um processo criminal que deveria tramitar pelas vias ordinárias no juízo eclesiástico. O livramento por vias ordinárias de justiça destinava-se à apuração dos réus pronunciados e acusados pelo Promotor de Justiça por meio de um libelo. Os réus, por meio de seus procuradores, deveriam defender-se na sede, ou nas vigararias, e assim, apresentar os seus embargos e contrariedades. Os Livramentos por despacho e os ordinários são mais recorrentes nos registros do tribunal eclesiástico de Mariana. Mais complexo, o livramento ordinário correspondia aos casos mais graves. Da visita, querela ou denúncia, eram encaminhados para o Vigário geral que o transferia ao Promotor para que viesse com seu libelo; possuía as contraditas, e a apresentação das testemunhas de defesa e acusação, e todos os trâmites processuais.[82]

Nos fins do século XVIII, as constituições sinodais pós-tridentinas apontavam a necessidade de detectar a forma de livramento mais temida pelos leigos.[83] Na concepção de muitos coevos, o livramento mais temido ainda era a punição pública. Estas punições, todavia, envolviam o risco de oprimir os vassalos, os quais poderiam clamar pelo soberano. Não por acaso, além de registrar a aplicação destes três tipos de livra-

---

82  Regimento *do Auditório Eclesiástico do Arcebispado da Bahia. Op. Cit.*, tít. II – do Vigário geral e do que a seu ofício pertence, parágrafo 22° – Do modo de proceder nos feitos crimes, n. 254,256,267, 269; tít. XI – Do Promotor da Justiça, n. 417; 420. Há que se mencionar, ainda, os Estatutos da Sé Catedral, o qual, muito embora fosse um regulamento distinto do Regimento, elaborado especificamente para o auditório, regulava as funções de cada dignidade capitular e cada cónego, sendo válido notar que muitos deles assumiam funções no Auditório Episcopal. PRIMEIRAS Constituições sinodais do Arcebispado da Bahia. *Op. Cit.* Liv. 5, Tít. 34. Das acusações, e pessoas que podem a ela ser admitidas. Para ver os Estatutos do Cabido, vide: BOSCHI, Caio César. *O Cabido da Sé de Mariana (1745-1820)*. Belo Horizonte: Fundação João Pinheiro | Editora PUC Minas, 2011. (Coleção Mineiriana: Série Obras de Referência), p. 31-41.

83  CASTRO, Gabriel Pereira de. *Monomachia sobre as concórdias que fizeram os reis com os prelados de Portugal nas dúvidas da jurisdição eclesiástica e temporal. Op. Cit.* Artigo XII. Sobre culpados em visitação, p. 242-46.

mentos, o bispado de Mariana apresenta registros das práticas de penitências públicas, impostas pelo tribunal eclesiástico. A própria excomunhão e a sua absolvição poderia ser concedida pelo pároco. Ele recebia do vigário geral ou da vara, um mandado de absolvição, para que, em uma cerimônia pública, absolvesse o réu com todo o rigor do Ritual Romano, da censura em que estava incurso. O *Regimento do Auditório Eclesiástico do Arcebispado da Bahia* orientava ao Vigário geral, "a quem pertence o conhecimento de todas as causas crimes, e cíveis do foro contencioso", que deveria prover que, nas execuções dos condenados em públicas penitências, o Solicitador da Justiça desse ordem a se fazerem, e que a elas deveriam assistir o Meirinho, ou o Escrivão dos Autos. E que aos que se põem à porta da Sé com carocha ou sem ela, um dos homens do Meirinho "lhes ponha a carocha, rótolo e corda."[84]

Preso ou solto, dotado de carta de seguro (liberdade provisória), um réu, para livrar-se, deveria obedecer às disposições do Regimento do Auditório. Por outro lado, as punições públicas eram, em meados da centúria, credoras de muitas críticas, de filósofos e juristas. Em nota às Ordenações Filipinas, Manuel Alvares Pegas comentou sobre as punições públicas:

> O Direito Natural não consente infamar-se publicamente alguma pessoa sem primeiro ser ouvida e convencida judicialmente ou por sua confissão, por ser grande a perturbação que causa na República do contrário costume e opressão e dano que recebem nossos vassalos, a quem como Rei e Senhor temos razão de acudir: os Prelados e seus oficiais devem guardar nas Visitações a forma do direito canônico e o decreto do sagrado concílio tridentino, não procedendo a excomunhão, prisão ou degredo contra os barregueiros casados ou solteiros sem precederem primeiro as três admoestações do dito decreto.[85]

Segundo Pegas, o costume era "infamar na Estação somente pelas testemunhas da visitação, e dar pena pública".[86] Obviamente, ressalvou o comentarista, se o procedimento eclesiástico fosse dado durante as Visitas, dispensava-se a necessidade das três admoestações canônicas. Chama a atenção ainda, o caráter regalista da proteção oferecida ao vassalo régio. Em nota, Cândido Mendes observara que se o mesmo delinquente

---

84 Regimento do Auditório Eclesiástico do Acebispado da Bahia. *Op. Cit.*, tít. II - Do Vigário geral e do que a seu ofício pertence parágrafo 61.

85 Ordenações Filipinas, Livro II, tít. I, § 13. Disponível em: <http://www1.ci.uc.pt/ihti/proj/filipinas/l2p418.htm> Consultado em 24 de abril de 2012.

86 *Idem.*

estivesse sendo arguído em um tribunal secular, não usufruiria destes privilégios, apenas prevenidos no exercício das punições do tribunal eclesiástico.[87]

Os registros dos livros de sentenças do tribunal eclesiástico de Mariana mostram algumas providências comuns a diversas gestões episcopais; por exemplo, o público anúncio da excomunhão às Estações das Missas Conventuais. De igual forma, a cerimônia pública de absolvição, mediante o arrependimento publicamente manifestado. Outra forma de conferir publicidade à ação da justiça eclesiástica eram as prisões, pois nos lugares onde não havia um aljube para este efeito, recorria-se à prática de apelar aos improvisos – em detrimento da segurança física do réu. A norma eclesiástica aponta as finalidades dos processos de livramento ordinário: identificar os pecadores públicos, e levar os casos mais graves a livramento judicial ordinário; outros, eram punidos publicamente e evitados aos sacramentos e ofícios divinos. Assim orientavam as constituições e as atas de visitas pastorais:

> Não serão admitidos à comunhão os pecadores públicos, como são os amancebados públicos, mulheres públicas, feiticeiros ou onzeneiros públicos, e quaisquer outras pessoas que publicamente estiverem em ódio, ou em qualquer outro pecado mortal. E para se terem, e haverem, por pecadores públicos, para este efeito não bastará serem infamados publicamente dos ditos pecados, senão é necessário, que ou por sentença, que passasse em coisa julgada, ou por evidência, que se não possa encobrir, nem desculpar, ou por outro modo legítimo, de Direito, sejam os ditos pecados públicos e notórios: de que os párocos nos darão conta antes de lhes negarem a comunhão, para vermos se podem ou devem ser tidos, conforme a Direito, por públicos pecadores.[88]

Como referimos, os réus do tribunal eclesiástico poderiam livrar-se presos, ou em liberdade, assegurados pelas chamadas cartas de seguro. Eram espécies de *habeas corpus*, bastante utilizados àquele tempo, por meio dos quais o vigário geral concedia de dois meses a um ano de liberdade ao pronunciado, enquanto tratava de seu livramento. O beneficiado deveria obedecer a algumas condições, tais quais, não faltar às audiências. As cartas de seguro foram distribuídas com fartura no tribunal eclesiástico no século XVIII, como melhor representa o gráfico a seguir, *Movimentação das Cartas de Seguro.*

---

87 *Ibidem*, notas 3 e 7.

88 Constituições sinodais do Arcebispado de Lisboa. *Op. Cit.*, Lib.1, tít. IX, do Santo Sacramento da Eucaristia parágr. 3°: Que aos pecadores públicos se não dê a comunhão, e quais se devem ter por pecadores públicos, p. 45.

## Gráfico 3

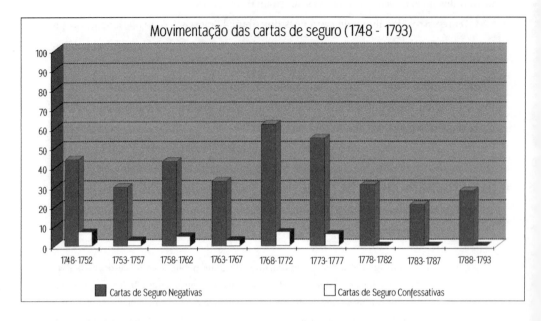

Fonte: Arquivo Eclesiástico da Arquidiocese de Mariana – juízo Eclesiástico.

As cartas de seguro poderiam ser negativas – quando o réu negava a autoria ou participação do delito do qual era arguído. As cartas de seguro negativa eram mais recorrentes, como se observa no gráfico. O réu poderia também solicitar carta de seguro confessativa, assumindo total ou parcialmente alguma culpa perante o juiz. As cartas de seguro eram muito solicitadas, mas não poderiam ser autorizadas a todos os casos (Ver glossário). Se alcançadas garantiam ao réu, uma liberdade condicional para tratar de seu livramento.[89]

## As ações civis e criminais no foro contencioso

Nas últimas décadas, algumas importantes interpretações sobre a administração episcopal foram divulgadas. A justiça eclesiástica e as suas atividades punitivas, corretivas e coercitivas são vistas como forma privilegiada de disciplinamento social. Para o

---

89   PEREIRA E SOUSA, Joaquim José Caetano. *Esboço de um dicionário jurídico, teorético e prático remissivo às leis, compiladas e extravagantes. Obra póstuma.* Lisboa: Tipografia Rolandiana, 1825. Tomo 1 – carta de seguro.

EXCOMUNHÃO E ECONOMIA DA SALVAÇÃO

caso do Brasil, que deve seu sistema normativo à estrutura portuguesa, é necessário ter atençaõ, pois alguns estudos dos tribunais eclesiásticos em Portugal se detém, por vezes, mormente sobre a análise da norma e da estrutura, tendo em vista a escassez de processos eclesiásticos propriamente ditos.[90]

No Arquivo Eclesiástico da Arquidiocese de Mariana, entre as balizas de 1706 – data do mais antigo processo catalogado, e 1922, constante na última série de processos, tramitaram no tribunal eclesiástico cerca de cinco mil ações judiciais. Neste acervo encontram-se computadas as ações do foro gracioso e as demandas do contencioso do tribunal eclesiástico. Congregando os foros gracioso e contencioso do tribunal eclesiástico, tramitaram no século XVIII cerca de 1398 ações, entre autos cíveis, criminais, concessões graciosas, processos sumários.

O estudo de Maria do Carmo Pires apresentou uma visão panorâmica das ações cíveis e criminais do século XVIII, a partir dos casos de feitiçaria e do detalhado estudo da estrutura do tribunal eclesiástico de Mariana. A autora salientou, neste trabalho, a grande procura da parte da população pela justiça eclesiástica. Por sua vez, Marilda Santana analisou os delitos femininos julgados no tribunal diocesano de Mariana, e as transgressões sexuais; mostrou a presença das mulheres no tribunal – daquelas que queriam se divorciar, e as que sofriam sevícias. A interpretação das duas pesquisadoras coincide em pelo menos dois aspectos: o destaque à preocupação precípua da hierarquia eclesiástica em disciplinar a sociedade no século XVIII; e, contextualizando a ação do tribunal na segunda metade desta centúria, constata-se um abrandamento da atuação do tribunal. Marilda Santana observou, neste período, maior incidência de mulheres, como autoras de ações judiciais.[91]

O estudo de Pollyanna Gouveia investigou os delitos dos sacerdotes no tribunal eclesiástico do Maranhão no século XVIII – um dos alvos da justiça eclesiástica. A autora apontou uma ação intensa da hierarquia eclesiástica no sentido de punição de pessoas leigas e eclesiásticas. Seu estudo é importante, dentre outros ricos aspectos

---

90 Vide o ótimo e minucioso estudo de Jaime Ricardo, baseado no Regimento do Auditório Eclesiástico da diocese de Coimbra: GOUVEIA, Jaime Ricardo Teixeira. "Quod non est in actis, non est in mundo: mecanismos de disciplina interna e externa no Auditório Eclesiástico de Coimbra. Revista do Centro de História da Sociedade e da Cultura", v. 9 (2009), p. 179-204.

91 PIRES, Maria do Carmo. *Juízes e infratores: o tribunal eclesiástico do bispado de Mariana (1748-1800)*. São Paulo: Annablume; Belo Horizonte: Fapemig/Pós graduação em História da UFMG, 2008, p. 26; p.120. (Olhares). SANTANA, Marilda. *A transgressão formalizada: mulheres no tribunal eclesiástico (1748-1830)*. São Paulo: Editora da Unicamp, 2001 p. 196. Sobre o clero do bispado de Mariana no século XVIII, ver: FADEL, Bárbara. *Clero e sociedade: Minas Gerais, 1745-1817*. Tese de Doutorado, FFLCH, USP, São Paulo, 1994.

que demonstra, por indicar cabalmente o grande número de denúncias contra leigos e eclesiásticos no período à justiça diocesana, e por comprovar a importãncia deste mecanismo como alimentador da engrenagem movida pela pastoral tridentina e a economia da salvação.[92]

Tais considerações auxiliam nossa demonstração em dois aspectos: o primeiro deles é acusar a forte tendência de procura pelos pecadores públicos, da parte da hierarquia diocesana do século XVIII. Esta tendência, à qual lançaram luz os estudos de Joaquim Ramos de Carvalho, estaria ligada a um sentido de ação pastoral fortemente identificada com a administração da justiça eclesiástica por seus próprios meios. Em segundo lugar, e como desdobramento do primeiro aspecto, convém a revisão de uma ideia equivocada, ainda veiculada em alguns estudos, de instrumentalização das visitas pastorais pelas diretrizes da colonização. As visitas pastorais eram importante recurso de procura dos públicos pecadores, especialmente recomendado após a publicação dos decretos tridentinos. As visitas pastorais tornaram-se uma responsabilidade gravemente recomendada à Mitra diocesana, que deveria ministrar punições exemplares aos infratores escandalosos.[93]

De nossa parte, procuramos inquirir dos registros de sentenças, quais seriam as práticas aplicadas pela mitra diocesana, tendo em vista as limitações propiciadas pelo padroado régio ultramarino. Procuramos, ainda, distinguir os tipos de punições aplicadas aos réus leigos e eclesiásticos. Os nossos cômputos originaram as tabelas a seguir.

## Tabela 1

| PENALIDADES APLICADAS NO TRIBUNAL ECLESIÁSTICO (1748-1793) | | | |
|---|---|---|---|
| Pena | Réus leigos | R. Eclesiásticos | Total |
| Excomunhão | 31 | 3 | 34 |
| Censuras eclesiásticas e reservadas à Santa sé/termo de admoestação | 16 | 7 | 23 |
| Pena pecuniária entre 2 8ªs e 200 mil réis | 37 | 24 | 61 |
| Prisão | 11 | 5 | 16 |
| Degredo para fora do bispado | 18 | 13 | 31 |
| Degredo para Angola | 0 | 1 | 1 |

---

92    MENDONÇA, P. G. *Op. Cit.*, p. 23; 41; 45; 62-64 et passim.

93    CARVALHO, J. R. A jurisdição episcopal sobre leigos em matéria de pecados públicos. *Op. Cit.*, p. 190 et seq.

| | | | |
|---|---|---|---|
| Degredo para fora da comarca | 1 | 1 | 2 |
| Não ter seupultamento em solo sagrado | 1 | 0 | 1 |
| Suspensção de ofício | 0 | 10 | 10 |
| Rezar missas gratuitas em intenção de vitima (80 a 600 missas) | 0 | 5 | 5 |
| Dotar a 1ª contraente – duplo contrato de esponsais | 1 | 0 | 1 |
| Proibição de ver, falar ou tratar lícita ou ilicitamente com amásia | 2 | 1 | 3 |
| Apreensão das esmolas | 1 | 0 | 1 |
| Absolvições | 44 | 59 | 103 |
| Alvará de perdão | 0 | 4 | 4 |

Como bem notou Luciano Raposo de Almeida Figueiredo, estes dados numéricos sobre as absolvições e as penas confirmam certa benevolência do tribunal eclesiástico. Bem maior se mostra a sua preocupação em se fazer presente no cotidiano da população, impor a sua autoridade, promover o exercício da jurisdição episcopal. Mais do que propriamente penalizar ou punir os fiéis. O número de absolvições mostra-se constantemente maior que o das penalidades. E dentre estas, assumem com frequência a dianteira as multas e as censuras espirituais.[94]

Para maior clareza no entendimento da classificação e a tipologia dos processos eclesiásticos catalogados no Arquivo Eclesiástico de Mariana, lembramos a definição, conforme o Regimento do Auditório Eclesiástico, das ações judiciais do tribunal eclesiástico de Mariana. Ou seja, o que vem a ser os casos sumários e os casos de Livramento ordinário. Rezava o Regimento que as causas sumárias deveriam servir ao fito de abreviar as demandas, e reduzir os custos das ações – desde que não privasse as partes de empreender a sua defesa. As causas sumárias não requeriam libelo; consistiam na petição inicial do Autor, a réplica ou contestação, até a primeira audiência, sendo este procedimento não obrigatório; mas sendo oferecida a contestação, o juiz asssinava uma dilação, no Juízo, ou fora dele. Os termos deveriam ser abreviados quanto fosse possível. As ações su-

---

94   FIGUEIREDO, Luciano Raposo de Almeida. *Barrocas Famílias: vida familiar em Minas Gerais no século XVIII*. São Paulo: Hucitec, 1997, p. 66. Para efeito de comparação, as penalidades aplicadas pelo tribunal eclesiástico do Maranhão, apresentam uma larga multiplicação das assinaturas de termos de admoestação: MENDONÇA, Pollyanna Gouveia. *Parochos imperfeitos. Op. Cit.*, p. 111.

márias eram as causas beneficiais e as tocantes a ela: matrimoniais, esponsais; dizimais, de usura, simonia, blasfémia, forças; sobre estipêndio, salários, alimentos depósitos, alugueis de casas, rendas, execuções, liquidações; as causas cometidas da Santa Sé Apostólica com *clausula summarie*; também se deveria proceder sumariamente nas causas de valor até dois mil réis.[95]

Já nas causas ordinárias se deveria proceder conforme a solene ordem judicial, em que se requer libelo, contestação da lide, conclusão na causa, publicação de processo e outras solenidades de direito, inclusive réplica e tréplica.[96] O estudo dos processos eclesiásticos exige uma triagem, tendo em vista a sua natureza, civil ou criminal, ou determinadas imprecisões na nomenclatura, a exemplo da confusão que comumente se estabelece entre uma representação à Coroa e uma queixa. Assim como a representação, a queixa possui o seu formato canônico específico, estabelecido nas constituições diocesanas. Forma um subconjunto entre os processos civis e criminais. De igual forma, trata de outra matéria o subconjunto dos processos de concessão pertencentes ao foro gracioso, da responsabilidade do Provisor do Bispado.

A julgar pela nomenclatura atribuída às pastas de processos, é de se supor que a regra observada toca o feito judicial em causa: juízo, justificação, libelo, queixa, execução, penhora, conta e crédito. Estas são causas cíveis, pertencentes à jurisdição contenciosa. Das ações cíveis, destacam-se os libelos e ações de Juízo. Em menor incidência, há ações de ordem criminal. O gráfico a seguir representa a movimentação das ações cíveis e criminais do tribunal eclesiástico de Mariana entre 1748 e 1793.

---

95  Regimento do Auditório Eclesiástico da Arquidiocese da Bahia. *Op. Cit.*, tít. II – do Vigário geral e do que a seu ofício pertence, parágrafo 6º - Das causas em que se procederá sumariamente, n. 133. Para maiores informações sobre a ordem formal das causas e os estilos praticados, ver: CAMINHA, Gregório Martins. *Tractado da forma dos Libelos, das Alegações Judiciais, do processo do Juízo Secular e Eclesiástico, e dos contratos, com suas glosas do licenciado Gregório Martins Caminha reformado reformado com adições e anotações de João Martins da Costa, advogado na Côrte e Casa da Suplicação.* Coimbra: na Real Imprensa da Universidade – Impresso à Custa de João Antônio dos Reis, Reitor de Verim, 1824.

96  Regimento do Auditório Eclesiástico da Arquidiocese da Bahia. *Op. Cit.*, tít. II – do Vigário geral e do que a seu ofício pertence, parágrafo 7º - Da forma de proceder nas causas ordinárias.

**Gráfico 4**

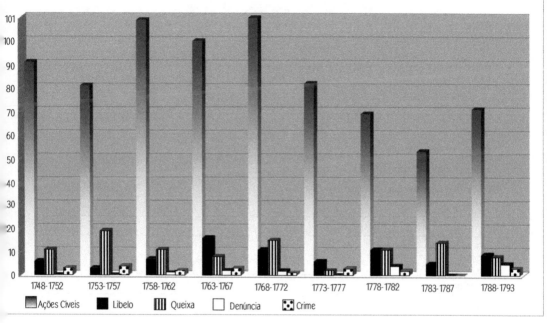

Fonte: Arquivo Eclesiástico da Arquidiocese de Mariana. Seção de Escrituração da Cúria – Juízo Eclesiástico.

Do conjunto destas ações judiciais tramitadas no juízo eclesiástico, ressalta a enorme movimentação das ações cíveis, entre testamentos, execuções, dívidas, cobranças, créditos, penhoras e sentenças cíveis de esponsais e de ações d'alma. Com efeito, o tribunal episcopal de Mariana registra enorme quantidade de execuções de dívidas de sacerdotes, sendo que muitos tiveram seus bens penhorados para saná-las. No gráfico 4, encontram-se reunidas sob a categoria Ações Cíveis, várias séries que envolvem cobranças, contas, penhoras, execuções, ações de dívidas, testamentos, libelos cíveis, justificações (referentes a acertos de contas de testamentarias) etc. Os dados acerca de processos criminais tornam-se mais escassos, com sentenças mais sucintas; porém, a verificação das formas de livramento criminal, estabelecidas e praticadas no tribunal eclesiástico, demonstra uma atuação específica do tribunal, que dizia respeito aos delitos, arguídos de pessoas leigas e eclesiásticas. Deste modo, organizamos os cômputos da Tabela 2, que mostram o panorama das ações criminais e a gama dos delitos autuados e sentenciados no período analisado. Assim como no tribunal maranhense, em Minas Gerais os crimes de maior ocorrência referem-se ao delito de concubinato, com algumas poucas variações qualificadas como adulterina e incestuosa.[97]

## Tabela 2

| DELITOS E RÉUS DO TRIBUNAL ECLESIÁSTICO (1748-1793) | | | |
|---|---|---|---|
| Delitos | Réus leigos | Réus eclesiásticos | Total |
| Quebra de preceito | 6 | 0 | 6 |
| Não comparecer a juízo quando intimado | 11 | 0 | 11 |
| Pedir esmola sem licença. | 1 | 0 | 1 |
| Deixar cadáver insepulto | 1 | 1 | 2 |
| Sacrilégio/ Violação do adro | 15 | 3 | 18 |
| Simonia | 1 | 3 | 4 |
| Furto | 1 | 3 | 4 |
| Depredação | 0 | 1 | 1 |
| Usar arma defesa | 0 | 8 | 8 |
| Desafio | 0 | 1 | 1 |
| Agressão/ Espancamento/ Cutilada/Castigos físicos a escravos | 2 | 8 | 10 |
| Homicídio | 0 | 4 | 4 |
| Suicídio | 1 | 0 | 1 |
| Dívida ao vigário | 1 | 0 | 1 |
| Feitiçaria | 6 | 1 | 7 |
| Pacto com o demônio | 3 | 0 | 3 |
| Curandeirismo/ benzição | 4 | 0 | 4 |
| Aborto (praticar ou cooperar) | 0 | 1 | 1 |
| Incesto | 8 | 0 | 8 |
| Estupro/ rapto | 1 | 6 | 7 |
| Concubinato | 21 | 11 | 32 |
| Concubinato incestuoso | 1 | 0 | 1 |
| Concubinato adulterino | 0 | 1 | 1 |
| Adultério | 0 | 7 | 7 |
| Fornicação | 0 | 1 | 1 |

---

97    MENDONÇA, Pollyanna Gouveia. *Parochos imperfeitos. Op. Cit.*, p. 108.

| | | | |
|---|---|---|---|
| Matrimônio clandestino/ Bigamia | 4 | 0 | 4 |
| Alcovitaria | 4 | 0 | 4 |
| Andar com meretrizes | 0 | 4 | 4 |
| Atos torpes/vida libidinosa/tratos ilícitos/traição/aleivosia | 0 | 7 | 7 |
| Lenocínio e alcouce | 5 | 0 | 5 |
| Meretrício | 2 | 0 | 2 |
| Simular nome | 1 | 0 | 1 |
| Erros/defeitos/falsificações/escritos falsos | 0 | 4 | 4 |
| Indução/ Produção de testemunhas falsas | 2 | 0 | 2 |
| Delatação fraudulenta | 0 | 1 | 1 |
| Perjuro/juramento falso | 2 | 2 | 4 |
| Injúria | 0 | 2 | 2 |
| Vício e falsidade no exame de ordens | 0 | 7 | 7 |
| Usura | 4 | 0 | 4 |
| Perturbar o sossego público | 0 | 5 | 5 |
| Usurpação de águas e terras minerais | 0 | 1 | 1 |
| Irregularidades canônicas (Negligências/falta de Sacramentos/Deixar pessoa morrer sem sacramentos/ multas injustas/impedimento canônico por outra condenação judicial) | 0 | 19 | 19 |
| Sigilismo | 0 | 1 | 1 |
| Desobediência/ revolta/Resistência às Justiças | 0 | 17 | 17 |
| Uso de ordens para Missas, exorcismos e confissões sem licença ou provisão | 1 | 8 | 9 |
| Casos omissos | 7 | 19 | 26 |

Fonte: AEAM. Registros de Sentenças do Tribunal Eclesiástico.

No encerramento desta seção, lembramos que, além das ações cíveis e criminais, é preciso analisar os processos sumários oriundos da ação da hierarquia eclesiástica com vistas a averiguação dos pecadores públicos. Falamos da recepção de denúncias, queixas e querelas. Do detalhamento destes mecanismos de procura e averiguação, e do contingente de réus leigos e eclesiásticos que levaram a livramento judicial falaremos no próximo capítulo.

# Capítulo 7

## Os mecanismos de averiguação da justiça eclesiástica

Já referimos à importância do trabalho religioso nas frentes de colonização, bem como a fundamentação doutrinária que favoreceu a conformação do cariz judicial das visitas pastorais portuguesas. Estas inspeções regulares em todo o território diocesano, originaram detalhados registros: os capítulos do visitador, sob a forma de atas da visitação, nos quais avaliava a vida religiosa da freguesia; e os registros das devassas, ou inquirições, por meio das quais se autuavam os pecadores públicos. Com seus desvios públicos e escandalosos, eles representavam uma afronta às instituições.

Este trabalho de inspeção evidencia as múltiplas formas pelas quais a atividade judicial se entrelaçou à ação pastoral de inspiração tridentina, levada a efeito pela hierarquia eclesiástica no século XVIII, com um sentido de procura dos pecadores públicos. No texto canônico, previa-se mecanismos institucionais para este tipo de averiguação. Instalada no âmbito de uma diocese, a hierarquia religiosa procedeu na averiguação dos delitos, com, pelo menos, três destes mecanismos regulamentados pelas leis eclesiásticas e do Reino: as devassas, as queixas, e as querelas. Segundo Wehling, os procedimentos de investigação vigentes no direito português, poderiam ser acusatórios e inquisitoriais: no primeiro, a iniciativa e o acompanhamento do processo cabiam à parte lesada; no segundo, ao órgão público, ou o promotor de justiça.[1]

### A eficácia persuasiva das denúncias

Os registros das sentenças mostram que significativa parte das ações cíveis e criminais eclesiásticas no século XVIII originavam-se de denúncias; muitas eram oferecidas durante as visitas episcopais. Como ressaltou Fernando Torres-Londoño, as inspeções

---

1 WEHLING, Arno; WEHLING, M. J. *Direito e Justiça no Brasil Colonial: o tribunal da Relação do Rio de Janeiro (1751- 1808)*. Rio de Janeiro: Renovar, 2004, p. 560-563.

episcopais haviam sido revalorizadas em Trento, para que os bispos se fizessem presentes e fiscalizassem todo o território de sua circunscrição.[2]

As denúncias foram uma característica marcante desta ação pastoral tridentina, bastante identificada com a administração da justiça e com a punição pública imposta aos pecadores.[3] No âmbito das visitas, ou nos livramentos, a excomunhão foi um dos recursos mais amplamente aplicados pela hierarquia eclesiástica, para submeter os seus fiéis aos cânones da ortodoxia. No período das reformas pombalinas, quando impõem-se maiores restrições à aplicação das censuras eclesiásticas, os livros do tribunal eclesiástico mostram ainda uma aplicação constante da excomunhão como penalidade espiritual. Persistem também os avisos de que a excomunhão poderia ser suspensa, caso o fiel, arrependido e contrito, se penitenciasse diante de toda a assembleia em uma igreja ou capela lotada em um domingo ou dia Santo. Já as penitências públicas aos infratores tendem a perder pujança, na segunda metade do século XVIII. Há, ainda, significativa quantidade de mandados monitórios, censura eclesiástica por meio da qual se intimava os devedores das fábricas das igrejas: "os suplicados no rol junto para que paguem no termo de nove dias sob pena de excomunhão". Os vigários gerais utilizavam a mesma fórmula, ao declarar um público excomungado, seja por condenação judicial, seja a pedido do Promotor ou mesmo do Vigário da Freguesia, ou ainda pelo fato de a pessoa não haver comparecido a juízo quando intimada: "julgo-a incursa na dita pena de excomunhão até que obedeça. Mariana, seis de fevereiro de 1763. Inácio Corrêa de Sá". Ou ainda: "declaro (a ré e sua escrava) incursas na pena de excomunhão da qual serão absolutas em um domingo ou dia santo por seu Reverendo vigário, publicamente e na forma do ritual romano e nesta forma hei por declaradas a dita sentença e paguem as custas em que outrossim as condeno". Quando uma pessoa era declarada pública excomungada, deveria impetrar um pedido formal de per-

---

2     TORRES-LONDOÑO, Fernando. *A Outra família: Concubinato, Igreja e escândalo na Colônia*. São Paulo: História Social – USP | Loyola, 1999, p. 157.

3     Ver, por exemplo, os estudos de: HOULBROOKE, Ralph Antony. *Church court and the people during English Reformation (1520-1570)*. Oxford University Press, 1979, Especialmente cap. 1, Ecclesiastical jurisdiction and the Reformation, p. 8 et set.; e cap. 8, The Courts and maintenance of Religious Uniformity, p. 214 et seq. O Apêndice traz tabelas com os dados sobre os processos eclesiásticos julgados em Norwich e em Winchester; MARCHANT, Ronald A. *The Church under the Law: justice, administration and discipline in the diocese of York (1560-1640)*. Cambridge University Press, 1969, p. 114 et seq. O capítulo 4, *Visitations*, traz dados sobre as penalidades, inclusive a excomunhão, aplicadas durante as visitas, em várias dioceses e arquidioceses inglesas.

dão. Quando deferido, expediam-se os Mandados de Absolvição, para que o pároco da freguesia absolvesse o réu, em um dia de grande concurso de pessoas, com todo o rigor do Rito Romano.[4]

O réu às vezes era levado a cumprir penitência pública enquanto aguardava a sentença do vigário geral. Não raro este juiz superior o absolvia, ou aliviava, reformando algum excesso do vigário da vara. Assim ocorreu com Antônio Peixoto Louzada, denunciado por sacrilégio. A Justiça Autora o acusava de haver feito agressões na Capela de São Gonçalo da Ibituruna, filial da Igreja de Nossa Senhora do Pilar de São João Del Rei. Antônio Peixoto Louzada estava incurso em excomunhão maior havia já seis meses. Aos domingos e dias santos, fazia penitências públicas nas missas conventuais na mesma capela de São Gonçalo. Após a análise no Juízo Geral da Sede, o Vigário geral concluíra que o seu caso havia sido

> Mal julgado foi pelo Reverendo Dr. Vigário da Vara da Comarca de São João Del Rei em condenar o réu incurso em excomunhão maior, e em que por tempo de 6 meses a contar os domingos e dias santos fizesse penitência pública nas Missas conventuais que se dissessem na Capela de São Gonçalo, com 30 mil réis para as obras da dita capela, e a que fizesse termo de admoestação e emenda. (...) (fl.14) Pelas testemunhas a que se procedeu (...) não constam mais que umas livres presunções contra o Réu. Por se achar nele uma bolsa em que estavam uns paninhos (...) se pretenderam atribuir a oferta dos corporais feito na referida capela o que se não mostra pelas testemunhas (...) além de de se mostrar pelas ditas do réu ser este temente a Deus e amigo da Igreja e bom católico (...) por onde mostra ser incapaz de cometer os delitos de que é argüido. Portanto, reformando a dita sentença, absolvo ao Réu das penas em que é condenado, e que, pagas as custas, seja solto da cadeia em que se acha, e se vá em paz. Mariana, de outubro 27 de 1766. Teodoro Ferreira Jácome.

---

4    AEAM. Governos episcopais, Arm. 6, Prat. 2, Livro 1029, fl. 129v, 12-07-1764, et passim. Excomunhões: *idem*, fl. 121v. Mandado de absolvição a favor de Gonçalo de Paiva Brito para o Reverendo Pároco ou outro qualquer sacerdote de licença sua para o absolver. *Idem*, Livro 1030, fl. 21. 20-03-1771, Mariana. AEAM. Epistolário dos Bispos, EP1592. 1734-1738. *Manifestação de Manuel Francisco da Costa (Catas Altas e Valença do Minho, Arcebispado de Braga, Portugal), após ser notificado de excomunhão em Catas Altas sob responsabilidade do Dr. José de Sousa Ribeiro de Andrade, Vigário da Vara de Vila de Nossa Senhora do Ribeirão do Carmo (Mariana)*. Pede Mandado *ad in reincidentiam* para poder participar dos sacramentos. Deferido o mandado, o suplicante pede para fazer notificar o Vigário de Catas Altas, em 1734.

Devido à discrepância no arbítrio dos seus julgadores, Antônio Peixoto Louzada foi absolvido após haver já cumprido, por seis meses, a cada domingo, as suas penitências públicas, com todo o rigor do Rito Romano. [5]

Esta característica da ação pastoral tridentina, que começa a declinar a partir da década de 1780, encontra-se claramente expressa e fundamentada no conjunto normativo emanado dos decretos conciliares. O Regimento do Auditório Eclesiástico da Bahia confirma este perfil, recomendando à hierarquia uma missão de procura dos pecadores públicos. De sorte que releva indagar: qual ação desencadearia as denúncias, de forma a atrair denunciantes dispostos a falar, "sem dolo ou malícia", conforme rezavam os títulos das Constituições? Era necessário promover um estímulo às denúncias, na forma da doutrina de correção fraterna.[6] A tabela 3, a seguir, mostra o contingente de réus leigos e eclesiásticos implicados por denúncia, cuja sentença ocorreu no tribunal eclesiástico de Mariana.

## Tabela 3

| DENÚNCIAS LEVADAS A LIVRAMENTO (1748-1793) | | | |
|---|---|---|---|
| Ano | Réus leigos | R. Eclesiásticos | Total |
| 1748 | 0 | 1 | 1 |
| 1749 | 3 | 1 | 4 |
| 1750 | 1 | 0 | 1 |
| 1751 | 0 | 0 | 0 |
| 1752 | 0 | 0 | 0 |
| 1753 | 0 | 2 | 2 |
| 1754 | 0 | 0 | 0 |
| 1755 | 0 | 2 | 2 |
| 1756 | 0 | 0 | 0 |
| 1757 | 1 | 0 | 1 |
| 1758 | 0 | 0 | 0 |
| 1759 | 0 | 1 | 1 |
| 1760 | 0 | 2 | 2 |
| 1761 | 1 | 0 | 1 |
| 1762 | 1 | 3 | 4 |

---

5    AEAM. Governos episcopais, Arm. 6, Prat. 2, Livro 1030, fl. 13v; *Idem*, Livro 1029, 1748-1765, fl. 13.

6    Como observou Fernando Torres-Londoño, conclamar o fiel a alinhar-se junto à Igreja: TORRES--LONDOÑO, Fernando. *A outra família: concubinato, Igreja e escândalo na Colônia. Op. Cit.*, p. 156.

| 1763 | 1 | 1 | 2 |
|---|---|---|---|
| 1764 | 2 | 1 | 3 |
| 1765 | 0 | 0 | 0 |
| 1766 | 4 | 2 | 6 |
| 1767 | 1 | 2 | 3 |
| 1768 | 5 | 1 | 6 |
| 1769 | 2 | 10 | 12 |
| 1770 | 1 | 7 | 8 |
| 1771 | 0 | 0 | 0 |
| 1772 | 1 | 6 | 7 |
| 1773 | 4 | 1 | 5 |
| 1774 | 0 | 2 | 2 |
| 1775 | 1 | 8 | 9 |
| 1776 | 2 | 6 | 8 |
| 1777 | 0 | 0 | 0 |
| 1778 | 3 | 0 | 3 |
| 1779 | 3 | 2 | 5 |
| 1780 | 1 | 0 | 1 |
| 1781 | 0 | 1 | 1 |
| 1782 | 0 | 2 | 2 |
| 1783 | 0 | 0 | 0 |
| 1784 | 0 | 0 | 0 |
| 1785 | 0 | 0 | 0 |
| 1786 | 0 | 0 | 0 |
| 1787 | 0 | 0 | 0 |
| 1788 | 0 | 0 | 0 |
| 1789 | 0 | 0 | 0 |
| 1790 | 0 | 1 | 1 |
| 1791 | 0 | 0 | 0 |
| 1792 | 0 | 1 | 1 |
| 1793 | 1 | 1 | 2 |

Fonte: Arquivo Eclesiástico de Mariana – Juízo Eclesiástico.

A documentação do tribunal eclesiástico de Mariana confirma a assertiva corrente da historiografia de que as denúncias eram necessárias para a alimentação dos processos naquele sistema de evangelização.[7] Embora nem todas fossem levadas a livramento ordinário, elas eram oferecidas a todo o tempo, quer seja pelas pessoas leigas, pelo solicitador de causas, ou o próprio Promotor eclesiástico e Procurador da Mitra. Ou pelo pároco, como ocorreu na Queixa de Tomé do Couto Ferreira, na freguesia dos Prados, sobre o sumiço de vários papéis, dentre clarezas, libelo de razão e Quitação, furtadas por ocasião do falecimento do seu dono, Antônio Silva. Após receber várias denúncias sobre o ocorrido, o pároco expediu certidão a atestar que lera e afixara a carta de excomunhão geral à porta da Matriz, mas que a mesma desaparecera de lá quando por ali andava João Francisco Silva.[8]

Por outro lado, caso o vigário geral constatasse uma delatação fraudulenta, fato que não era raro, a denúncia original desdobrava-se em outra ação judicial, desta vez a ser movida pelo denunciado, para solicitar reparos por perdas, danos e injúria ou calúnia. Estes casos consagraram as fórmulas: "Deixo direito salvo para da mesma haver perdas e danos e injúria de sua pessoa visto vir a Juízo infamar o Reverendo Réu sem prova manifesta do crime que lhe imputou". Ou "deixo direito salvo ao Reverendo Réu para haver todas as perdas e danos de quem direito lhe parecer".[9]

Esta faceta judicial da igreja tridentina integrava-se harmoniosamente com as práticas litúrgicas. Nos sermões, os padres pregadores estimulavam a culpabilização pelos pecados e a manifestação da ira divina. O temor do castigo divino, ocorrido em vida, e após a morte, era forma de estimular a obediência. Ao mesmo tempo ocorriam, na sede do bispado e nas menores freguesias, leituras de éditos das visitas, e dos públicos excomungados que deveriam ser evitados aos ofícios divinos e isolados do convívio com os membros da comunidade religiosa. Os Editais da Visita, e os chamados Mandados *De Evitandis*, as cartas declaratórias de excomunhão, as cartas de excomunhão geral, e os Mandados Monitórios, eram documentos eclesiásticos afixados às portas das igrejas e capelas.[10]

Estas cartas e mandados, solenemente lidos antes de expostos, conferiam publicidade às decisões da Câmara episcopal. Assinados e selados com os emblemas da

---

7      Cf. Ronaldo. *Trópico dos Pecados: moral, sexualidade e inquisição no Brasil*. Rio de Janeiro: Nova Fronteira, 1997, p. 219; especialmente 221.

8      AEAM. Epistolário dos Bispos, Queixa, n. 2835, 26-05-1751.

9      AEAM. Governos Episcopais. Armário 6, prateleira 2, livro 1030 (1765-1784), Mariana, 10-5-1770. Vigário geral, Dr. José Botelho Borges, fl. 13v; *idem*, Mariana 11-10-1772. Governador do Bispado e Vigário geral Dr. Francisco Xavier da Rua, fl. 73.

10      *Idem*, livro 1029 (1748-1765), fl. 131v. Mandado *De Evitandis* cometido ao Reverendo Vigário da freguesia dos Carijós, para evitar dos ofícios divinos as pessoas que no rol junto se mostram de-

Câmara e da Chancelaria episcopais, tornavam visíveis as suas deliberações e intervenções na vida dos fiéis e das comunidades. Nestas circunstâncias, além da frequência aos sacramentos como a confissão e a comunhão, era apresentado ao fiel o dever de denunciar o irmão flagrado em erro. As denunciações judiciais eram estimuladas com o fundamento bíblico da correção fraterna, conforme o Evangelho segundo Mateus. Era um fundamento canônico para as delações dos atos que feriam a doutrina cristã.[11]

Entre os livramentos eclesiásticos, havia significativa quantidade de denúncias da Justiça, Autora, por seu Promotor. Elas chegavam ao tribunal por vias diversas: pelo Promotor; pelas vigararias das varas, que poderia proceder como primeira instância em determinados casos; por meio das queixas; dos róis dos que "resultaram" culpados nas visitas pastorais; das devassas gerais das visitas. E das querelas, quando o querelante desistia da acusação, o promotor era obrigado a assumi-la e oferecê-las como denúncia. As denúncias eram minuciosamente reguladas nas Constituições da Bahia, que estabeleciam quem poderia acusar, e quais seriam os procedimentos a serem tomados, desta vez, pelo promotor, ou procurador da Mitra.[12]

Com este perfil de trabalho religioso, os registros de denúncias, além das devassas gerais da visita, realizadas no âmbito de uma visita pastoral, originaram livramentos judiciais. Era uma prática corrente e regulamentada em tratados jurídicos lusitanos do século XVII e XVIII. A *Prática judicial* de António Cabral Vanguerve, publicada em 1740, explica pormenorizadamente o funcionamento, os cargos e as causas prioritárias do juízo eclesiástico – esponsais e sevícias. Neste tratado, o autor esclarece que tanto no secular, como no eclesiástico, crimes se descobrem por devassa geral, particular, ou por querelas. Os "vigários gerais são obrigados a receber as querelas e denunciações, que as partes, ou meirinho do eclesiástico ou o promotor do

---

ver ao Reverendo Padre Francisco Lopes do Valle enquanto não mostrarem haverem satisfeito as ditas quantias.

11  BIBLIA de Jerusalém. *Op. Cit.*, Mt 18: 15-18; ANDRADE, Lucas de. *Visita Geral que se deve fazer um prelado no seu Bispado apontadas as cousas por que deve perguntar e o que devem os párocos preparar para a visita.* Lisboa: Oficina de J. da Costa, 1673, p. 1-2. *Apud* LIMA, Lana Lage da Gama. *A confissão pelo avesso: o crime de solicitação no Brasil.* Tese de Doutorado, FFLCH-USP, São Paulo, 1992, v. 2, p. 335 ss.

12  Primeiras Constituições sinodais do Arcebispado da Bahia. *Op. Cit.* Liv. 5, Tít. 34. Das acusações, e pessoas que podem a ela ser admitidas, 1028-30; tít. 38: Da denunciação judicial, n. 1050.

auditório derem e as aceitarão e procederão nelas na forma que o Direito e Constitui-ções dispõem".[13]

Em um dos estudos mais tradicionais sobre a ação da igreja na região das Minas, Diogo de Vasconcelos salientou as instransigências e abusos que a jurisdição eclesiástica sobre os pecados públicos propiciava; bem como o reflexo dos ódios e rixas das comunidades nas delações tão estimuladas àquela época. Em sua *História do Bispado de Mariana*, o autor esboça a imagem de uma justiça episcopal "arbitrária e desatinada". Uma justiça que prendeu e cobrou multas de pessoas que nada tinham a ver comum a afronta ao prelado fluminense que visitou Vila do Carmo e seu termo em 1743.[14]

O autor chamou a atenção, ainda para a contaminação dos mecanismos judiciários pelos ódios e vinganças pessoais nas relações comunitárias: "Instalada a devassa, ficava o juiz, que era o visitador, à espera dos denunciantes; e estes, bem fácil é ver, não eram senão inimigos".[15]

Para Diogo de Vasconcellos, a organização judiciária eclesiástica desvirtuava a ação da Igreja. Investidos os sacerdotes visitadores de um "poder draconiano", a religião se afastava de seu papel, e "fazendo-se de polícia, perdia toda a força moral; visto que recorria a penas temporais, como se a Igreja duvidasse da sua eficácia em matérias de fé". O historiador mineiro mostrava-se, ainda, inconformado com as penas das quais lançava mão a justiça eclesiástica: "Que valor, com efeito poderia ter a multa de três mil réis por um pecado?".[16]

Naturalmente, este trabalho de fiscalização desenvolvido pela hierarquia religiosa congregava o objetivo de disciplinar o próprio clero. Os desvios de conduta dos sacerdotes eram comuns nas querelas, como na correspondência dos povos, representados pelas câmaras, ao Conselho Ultramarino; também nas devassas, o clero escandalizava, como mostrou José Ferreira Carrato e outros estudiosos.[17]

Deste modo, foi bastante ambígua e difícil de qualificar a ação dos agentes religiosos neste contexto. A uma altura em que o bispo ainda nem se havia feito

---

13    CABRAL, António Vanguerve. *Pratica judicial muyto util e necessaria para os que principiam os officios de julgar, e advogar, e para todos os que solicitão causas nos auditorios de hum e outro foro tirada de varios autores practicos e dos estylos mais praticados nos auditorios.* Lisboa Ocidental: Oficina de Carlos Esteves Mariz, 1740, p. 94. "Nas causas crime do juízo eclesiástico".

14    VASCONCELLOS, Diogo de. *História do Bispado de Mariana. Op. Cit.*, p. 34-37.

15    *Idem*, p. 45.

16    *Ibidem*, p. 46-47.

17    CARRATO, J. F. *Igreja, iluminismo e escolas mineiras coloniais.* São Paulo: Nacional, 1968, p. 9-11.

presente, muitos fomentaram o florescimento da religiosidade ortodoxa nas freguesias setecentistas. Nas mais longínquas localidades do bispado, havia um pároco, ou um capelão, ou ainda um vigário da vara. Esperava-se que entre eles, mensageiros da ortodoxia, e as justiças locais, se esboçasse a cooperação, para a boa ordem e o sossego público. Se assim não fosse, não haveria pedidos, como o da Câmara da Vila de São José à Coroa solicitando a fundação de vigararias da vara eclesiástica em seu território.[18]

Com esta ação dos vigários da vara, visitadores delegados, e do próprio bispo, constata-se a importância da intervenção eclesiástica nas menores comunidades da diocese. Como ressaltou Antônio Camões Gouveia, não obstante as limitações do regalismo português, a mitra preservou um arcabouço doutrinal e burocrático que lhe permitia, ainda ao avançar do século, pôr em prática um dos seus maiores trunfos: influenciar, aliviar ou encarregar as consciências das gentes. De modo que o episcopado logra, segundo o autor, manter-se como a espinha dorsal no exercício do poder eclesiástico, e possui na capacidade de intervenção ao nível das mentalidades a sua força específica e de maior peso.[19]

A recepção constante das denúncias e a condução dos casos mais graves a livramento judicial foi uma das formas desta intervenção. Analisando a frequência das denúncias nos livros de sentenças, fruto da conclusão dos livramentos criminais, nota-se que, não obstante as dificuldades institucionais, o episcopado lograva atingir as consciências e exercer as suas imunidades e prerrogativas no âmbito da justiça eclesiástica. Havendo um trabalho religioso de estímulo às denúncias nas freguesias, tudo indica sua importância como a matéria-prima de primeira linha dos processos, para a alimentação do sistema que articulava a cristianização dos espaços pagãos e defesa territorial. Ocorria um trabalho sistemático da hierarquia eclesiástica, que compreendia a doutrinação das gentes, e um aparelho de coerção reservado aos desviantes e pecadores públicos. Era ainda difusa a distinção entre o conceito de pecado, como desobediência à lei moral e o conceito de infra-

---

18 AHU/MG/Vila de São José. 24-09-1783. Cx. 120, doc. 13. Cd 34. Representação da câmara da Vila de S. José a D. Maria I solicitando a criação do cargo de vigário da vara com seus oficiais para a referida vila.

19 GOUVEIA, Antônio Camões. "O enquadramento Pós-Tridentino e as vivências do religioso". In: J. Mattoso, (Dir.) *História de Portugal*, v. 4. Lisboa: Estampa, 1993, p. 293-298.

ção, como desobediência à lei positiva; as denúncias poderiam ser encaminhadas a qualquer tempo.[20]

Por outro lado, durante a devassa geral da visita, as denúncias ocorriam em profusão. O Escrivão da Visita, em atenção ao Regimento do Auditório, as registrava e conduzia os livros de réus para o "Juízo geral da Sede".[21]

## AS DENÚNCIAS LEVADAS A LIVRAMENTO JUDICIAL

Como já discutimos, amparados em estudos recentes, as denúncias eram fruto de uma linha de ação, de um trabalho religioso especializado.[22] Desde a Entrada Solene do primeiro bispo de Mariana, até a década de 1780, nota-se uma curva descendente no registro e autuação de denúncias eclesiásticas. Elas atingem um pico em meados do século, e chegam a compor a maior parte das ações levadas a livramento no tribunal eclesiástico. Mas ao final do século, coincidindo com o início da gestão episcopal de Dom Frei Domingos da Encarnação Pontevel, as denúncias vão-se escasseando, assim como as próprias sentenças de livramento crime. Durante a gestão do bispo cisterciense, as denúncias proliferavam entre as ações judiciais, cíveis e criminais. Os livros de sentenças registravam páginas inteiras de declaratórias de excomunhão, passadas a requerimento do Promotor de Justiça, e Procurador da Mitra. Já a partir da gestão do bispo dominicano, nota-se 1782 como última baliza a registrar uma ação levada a livramento ordinário tendo como origem uma denúncia do Promotor, uma figura doravante cada vez mais subsumida. O feito que passa a proliferar, a partir deste mo-

---

20 Primeiras Constituições sinodais do Arcebispado da Bahia. *Op. Cit.* Liv. I, tít. III – Da especial obrigação dos Párocos para ensinarem a doutrina cristã a seus fregueses. Liv. III, Tít. 32 – Da obrigação que os Párocos tem de fazer práticas espirituais e ensinar a Doutrina cristã a seus fregueses, n. 549; Forma da Doutrina Cristã, n. 551. Liv. V, tit. 34 – Das acusações e pessoas que a ela podem ser admitidas; tit. 38 – Da denunciação judicial; tit. 37 – Da correção fraterna. Sobre este longo e penoso processo que envolveu, na história concreta da civilização ocidental, o nascimento do estado de direito e do ideal liberal, bem como uma progressiva distinção entre pecado e infração, vide: PRODI, Paolo. *Uma história da justiça. Do pluralismo dos foros ao dualismo moderno entre consciência e direito.* Trad. Karina Jannini. São Paulo: Martins Fontes, 2005, p. 11. (Justiça e Direito).

21 As devassas poderiam ser gerais – inquirições gerais feitas durante as visitas pastorais; ou devassas especiais – ou seja, investigações particulares ocorridas no âmbito de processos judiciais quanto a pessoas ou delitos específicos. Primeiras Constituições sinodais do Arcebispado da Bahia. *Op. Cit.*, Liv. V, tít. 39. N. 1056.

22 Ver, por exemplo, o estudo de doutoramento de Pollyanna Mendonça Gouveia Muniz, já referido: *Parochos imperfeitos. Op. Cit.*, p. 23; 41; 45 – nota 91; 56 et passim.

mento são as cartas de seguro, concedidas pelo tempo de 2, 6 ou 12 meses ao réu, para, em liberdade, tratar de seu livramento.[23]

Quanto à natureza das ações levadas a efeito no período de grande pujança das denúncias, nota-se ampla gama de violências cometidas no adro, configurando sacrilégio; suicídios, homicídios, perjuros, incestos, concubinatos, bigamias, simonia, tratos ilícitos, desafios com armas e outros delitos, ocorridos em diversas freguesias, algumas bem longínquas da sede. Em doze de outubro de 1761, por exemplo, o Promotor denunciou o crime de Dionísio de Moraes de Sá. Ele havia sido preso, por cometer violências e agressões no arraial de Antônio Pereira, onde vivia. O crime foi qualificado como sacrilégio público e escandaloso, pois ele havia dado pancadas no sargento Jerônimo Carneiro, com quem se inimizara no meio da missa em dia de Santo Antônio, com grande concurso de gente, e ameaçado matar com uma faca de ponta ou flamenca, a qual, a muito custo, lhe foi tirada da mão. A sentença cominou a pena de excomunhão maior *ipso facto*, e o condenou na quantia de vinte oitavas de ouro, "que aplico para a fábrica da catedral e também para as despesas da súplica e nas facturas dos autos. Mariana de março 10 de 1762".[24]

Nas denúncias do tempo de Dom Frei Manuel da Cruz, o doutor Antônio Tavares e Barros, promotor deste bispado, se autodefinia como o "fiscal do mesmo". Ao doutor Geraldo José de Abranches, vigário geral, o promotor oferecia denúncia contra alguns "culpados em a devassa da visita que na dita freguesia se tirou em 1749, foram pronunciados a fazerem termo em forma de 1º lapso o que até agora não fizeram". O Réu, João Pinto dos Santos, era morador no Redondo, freguesia das Congonhas do Campo, e trabalhava como feitor de Salvador Dias. Achava-se denunciado por concubinato com uma escrava maior de 60 anos por nome Inácia, nação mina.[25]

Os párocos também poderiam representar os olhos da justiça eclesiástica na apuração das denúncias. Eram sempre solicitados a expedir certidões jurada *in verbo sacerdoti* ates-

---

23    Conforme dados computados nos Livros de Sentenças do Juízo Eclesiástico, 1029 (1748-1765), 1030, (1765-1784) e 1031 (1784-1830). Carta de seguro é a promessa judicial pela qual o réu debaixo de certas condições se exime da prisão até a decisão final da causa. PEREIRA E SOUSA, Joaquim José Caetano. *Esboço de um dicionário jurídico, teorético e prático remissivo às leis, compiladas e extravagantes. Obra póstuma*. Lisboa: Tipografia Rolandiana, 1825, 4 tomos. Verbete Carta de Seguro.

24    AEAM, Juízo Eclesiástico (JE), Processo 2765. 12-10-1761. Denúncia. Vigário geral doutor Inacio Corrêa de Sá. Autor: a justiça por seu Reverendo Promotor. Réu preso: Dionísio de Moraes de Sá. Violência e agressões no arraial onde vive, Ant. Pereira. Sacrilégio público e escandaloso por ter dado pancadas em um sargento Jerônimo Carneiro, com quem se inimizara no meio da missa em dia de Santo Antônio.

25    AEAM-JE, Processo 2782. 9-11-1750, fl. 6. Denúncia oferecida pelo doutor Antônio Tavares e

tando à hierarquia eclesiástica conhecer ou não notícias sobre o crime. Assim ocorreu com João Pinto dos Santos, feitor de escravos, denunciado por concubinato. O pároco foi solicitado a passar uma certidão de que o suplicante tinha posto a escrava fora de casa, muito embora ele requeresse ao Vigário geral "não julgasse esta (denúncia) por verdadeira. Não tem obrigação de pôr fora de casa a sua escrava que lhe está fazendo o comer". O pároco, porém, comunicou ao tribunal que a tal negra Ignácia estava ainda a residir na freguesia de Congonhas. A sentença dada em seis de outubro de 1750 por Abranches, confirmava a pronúncia e condenava o réu "ao termo de 20 dias dar à preta saída", e pagar as custas de seu livramento: "Quatro oitavas por si, e por ela três; com a cominação de que sendo outra vez com ela compreendido, ser castigado com as penas de $3^o$ lapso". Abranches manteve a sentença mesmo perante o embargo impetrado pelo réu.[26]

De outra forma, eventuais depoimentos, ou os ditos das testemunhas denunciantes, como referiam os juízes, recolhidos pelos párocos, poderiam ser apresentados ao promotor ou procurador da mitra, pelo fiel "em sua própria pessoa", ou por meio de um solicitador de causas. Este agente levaria as denúncias ao promotor, que se encarregava de apontar ao tribunal os culpados ou suspeitos de delitos. Estas informações ocasionavam a abertura de um processo no qual ele solicitaria do vigário geral a condenação do delito denunciado e a penalidade proporcional. As denúncias poderiam ser apresentadas também ao vigário da vara. Assim ocorreu nesta denúncia oferecida pelo doutor promotor do juízo eclesiástico contra Aniceto Lobo de Oliveira, filho de José Lobo de Oliveira. Despachada na vila de São João Del Rei e Comarca do Rio das Mortes, a denúncia foi recebida pelo vigário da vara doutor Francisco José Pereira de Castro. Aniceto era filho de José Lobo de Oliveira; vivia em Aiuruoca com Anna Custódia dos Anjos "fazendo com esta vida marital". Era bígamo, sendo ainda viva a sua primeira mulher, Anna Soares, com quem era casado na freguesia de Congonhas. O doutor João Felisberto Gomes do Couto jurou não oferecer a denúncia por malícia ou vingança e sim por zelo da justiça. O vigário da vara encaminhou o caso para a sede episcopal: "treslade os autos para se remeterem ao Ilustríssimo e Reverendíssimo Senhor Governador do bispado, lá se farão juntar as ditas testemunhas".[27]

Como mostrou Bruno Feitler em estudo recente, o objeto de determinadas denúncias não deixava de configurar um impasse concernente a jurisdição sobre os delitos de

---

Barros, promotor deste bispado "e como tal fiscal do mesmo".

26   *Idem*, fl.5-6.

27   AEAM-JE. 2976 - 27-11-1793. Auto de denúncia oferecida pelo Dr. Promotor do juízo, contra Aniceto Lobo de Oliveira, filho de José Lobo de Oliveira, Despachada na Vila de São João Del Rei,

foro misto. De acordo com sua pesquisa, nos autos da Arquidiocese da Bahia, a bigamia era delito de foro misto. Poderia pertencer ao conhecimento do Estado e da Igreja, mas também pertencia ao foro inquisitorial. Os casos estudados por Feitler, no entanto, foram autuados e julgados pelo Arcebispo da Bahia, no tribunal eclesiástico.[28]

Entre os casos de foro misto cujos autos localizamos no tribunal eclesiástico de Mariana, encontram-se casos de público adultério, bigamia, blasfêmia, sortilégio, perjuro, concubinato, incesto, sacrilégio, simonia, lenocínio, sodomia, usura e manutenção de casas de jogos. O tribunal eclesiástico de Mariana investigou e procedeu contra os bígamos, que descobriu por meio de denúncias e devassas. Vale lembrar que assumia o mesmo peso da culpa de bigamia os implicados em matrimônio clandestino, ou aqueles denunciados por fazerem duplos contratos de esponsais.[29]

As sentenças de esponsais, sevícias e impedimentos matrimoniais eram de natureza cível. Assim também as causas de testamentarias e alcance de dívidas tocantes a elas. Mas, como se pode verificar na Tabela na Seção dos Anexos, todas estas eram matéria de denunciações. Entre os demais casos de crimes denunciados, encontram-se agressões, sacrilégios, incestos, concubinatos, perjuros, suicídios, homicídios, simonia, tratos ilícitos, desafios com armas e outros delitos, ocorridos em freguesias diversas, circunvizinhas ou longínquas da sede. As denúncias respeitavam a questões de interesse da Igreja: a formação das famílias, o matrimônio, os direitos de sucessão com os testamentos, e os crimes da jurisdição eclesiástica. As Consituições da Bahia estabeleciam quem poderia acusar, e quais seriam os procedimentos do promotor, ou procurador da Mitra.[30]

Graças ao trabalho especializado dos oficiais das justiças, as denúncias eram rapidamente encaminhadas e diligenciadas. Particularmente importante, o trabalho do solicitador de causas, como previa o Regimento, que realizava a procura das denúncias para

---

Comarca do Rio das Mortes, pelo Vigário da Vara, doutor Francisco José Pereira de Castro. Crime: Aniceto Lobo de Oliveira estaria a praticar a Bigamia em Aiuruoca, com Anna Custódia dos Anjos "fazendo com esta vida marital, sendo, aliás, ainda viva Anna Soares, primeira mulher com quem o mesmo suplicado era casado na freguesia de Congonhas".

28 FEITLER, Bruno. "Poder episcopal e inquisição no Brasil: o juízo eclesiástico da Bahia nos tempos de dom Sebastião Monteiro da Vide". In: FEITLER, Bruno & SOUZA, Evergton Sales. (Org. ) A Igreja no Brasil. São Paulo: Editora da Unifesp, 2011, p. 89 et seq.

29 Auto crime porque procedeu o Vigário da Vara da Comarca de Vila Rica pelo crime de casar-se com palavras com Manuel Machado da Costa tendo contraído esponsais de futuro antecedentemente com José Luís dos santos (...) incorrendo nas penas de matrimônio inválido clandestino. AEAM, Governos Episcopais, Livro 1030, 31-10-1768, fl. 40v.

30 Primeiras Constituições sinodais do Arcebispado da Bahia. Op. Cit. Liv. 5, Tít. 34. Das acusações, e pessoas que podem a ela ser admitidas, 1028-30; tít. 38: Da denunciação judicial, n. 1050.

levar ao promotor. Este se encarregava de pronunciar os culpados ou suspeitos de delitos, para que pagassem por suas faltas. Estes oficiais marcariam maior presença nos povoados mais distantes da sede. Em outros casos, muitas violências foram perpetradas por aqueles de quem os povos esperavam "receber justiça". Este auto de denúncia por matrimônio clandestino, que já citamos anteriormente, mostra que a ré permaneceu dias amarrada ao tronco, por ordem do vigário da vara, enquanto seu companheiro se encontrava com carta de seguro. Com a ajuda de pessoa letrada, pois era analfabeta, ela dirigiu a petição ao governador do bispado para livrar-se ali mesmo, pois "nada tem de seu e se está alimentando de algumas esmolas, pelo que lhe é dificultoso poder mandar tratar de seu livramento nesta cidade".[31]

De Mariana, em oito de janeiro de 1773, o governador do bispado delegou poderes ao vigário da vara para "poder conhecer do crime que expõe a suplicante na sua justiça, processando os autos até o final e para serem sentenciados os remeterá a este juízo. Rua".[32]

As informações das denúncias ocasionavam, deste modo, a abertura de um processo no qual o promotor solicitaria do vigário geral a condenação do delito denunciado e a penalidade proporcional. Assim demonstram os Autos de denúncia dados pelo promotor em 6 de Julho de 1743, Francisco José Santi e Silva, que havia encontrado Miguel de nação Angola, seu escravo, que se havia enforcado em sua casa. Como o caso era de suicídio, o próprio vigário da vara e Comissário do Santo Ofício, doutor Manuel Pereira Corrêa, expediu a sentença de condenação ao acusado, conforme a sentença:

> Visto o sumário das testemunhas e como por ele se prova que o denunciado tinha seu juízo perfeito e nele falecera em razão de ser conservado poucos dias ou horas antes de se enforcar com a mesma capacidade que de antes tinha e outrossim que per si se havia enforcado por não haver na casa outra pessoa que o fizesse sendo achado com laço ao pescoço e suspenso do chão, e deporem as testemunhas que o trazia aquele fato com desesperação por se ver castigado por seu senhor sendo de má nação e de ânimo vingativo, como de experiência depõem as testemunhas por ser da mesma casa, o que tudo visto julgo ao denunciado (carecer de recle...a) a sepultura por se haver privado da vida voluntariamente e com desesperação dela e mando se lance ao campo e lugar fora de sagrado para castigo seu e emenda (...) Vila de Nossa Senhora do Carmo, 6-7-1749. Manuel Pereira Corrêa.[33]

---

31  2791 – 26-01-1773. Denúncia e autos de livramento crime. Autor: por parte da justiça, por denúncia que dela deu o meirinho do Juízo Manuel José de Azevedo por matrimônio clandestino. Réus denunciados: Vitória Maria Assunção, presa; e Constantino Mendes Raposo, seguro.

32  *Idem.*

33  AEAM: Juízo Eclesiástico, 2985.

Muito embora as Constituições e Ordenações prevessem penas para os que denunciassem maliciosamente, as denúncias expressam também as rixas e inimizades e vinganças entre pessoas da mesma comunidade. Nesta denúncia, um morador de Roça Grande havia denunciado um comerciante de bigamia. Dizia o denunciante que o denunciado, sendo casado, vivia maritalmente com a sua escrava. O vigário geral acabou absolvendo os acusados, por julgar insuficientes as provas do delito.[34]

As denúncias eram apreendidas em massa durante as visitas pastorais. Eram denominadas Devassa Geral da Visita. Nestas ocasiões, o juiz eclesiástico poderia valer-se da notoriedade de algumas infrações (infâmia), para tomar conhecimento de casos que, de outra forma, pertenceriam exclusivamenteao conhecimento do Estado.

## A DEVASSA GERAL DA VISITA NAS FREGUESIAS E CAPELANIAS

Como vimos afirmando, o tribunal eclesiástico foi um instrumento privilegiado de aplicação dos decretos de Trento, cujos ensinamentos eram reiterados pela via da correção. Além da recepção permanente das queixas e das querelas, nas paróquias, a Mitra deveria, por rigorosa norma, promover visitações a todo o território diocesano, para exercer a sua jurisdição sobre os pecados públicos. Orientados pela norma eclesiástica, o tribunal episcopal dirimiu questões pecuniárias dos sacerdotes, bem como averiguou e puniu centenas de infratores, leigos e eclesiásticos. As devassas gerais e as visitas foram um dos seus mais importantes mecanismos de procura de infratores. Os autos processuais e os registros de sentenças evidenciam o largo uso das denúncias, e os livramentos das pessoas implicadas nas chamadas devassas gerais da visita, que ocorriam anual ou bienalmente. Na identificação do denunciante, era muito comum aparecer a Justiça, Autora, por seu Promotor, ou que o réu havia sido implicado na devassa geral da visita a sua freguesia.[35]

A principal conexão entre as visitações e o tribunal eclesiástico se encontrava determinada pelo próprio Regimento do Auditório Eclesiástico: o Escrivão da Visita, deveria, assim que adentrasse novamente a sede após a visita, entregar os autos para o promotor, que trataria de oferecer as denúncias.[36]

Na visão de Diogo de Vasconcellos, as devassas faziam mais mal do que bem: "querendo corrigir os costumes quanto mais os pervertiam, e basta dizer que santificavam o

---

34     AEAM: Juízo Eclesiástico, 2850.

35     CARRATO, J. F. *Igreja, iluminismo e escolas mineiras coloniais*. São Paulo: Nacional, 1968, p. 7-8. (Brasiliana, 334).

36     REGIMENTO *do Auditório Eclesiástico do Arcebispado da Bahia. Op. Cit.*, tít. II – do Vigário ge-

sistema das delações e das animosidades dando campo a espionagens e maledicências. Os graúdos, que eram os mais culpados, não tinham quem os denunciasse".[37] Depois do doutor Diogo, muitos historiadores se debruçaram sobre a história da ocupação da capitania de Minas Gerais. Utilizando em especial as devassas, corpo de fontes privilegiado para o estudo do comportamento e das mentalidades, historiadores mostraram o exercício pastoral, sob a inspiração tridentina e a perseguição aos desvios. Observe-se a análise de José Ferreira Carrato, e a visão panorâmica que esboçou, com os dados aduzidos dos registros das devassas realizadas pelo doutor Lourenço José de Queiroz Coimbra, em nove localidades da comarca do Sabará, visitadas entre 1734 e 1735. Os dados foram comparados aos das devassas promovidas em 1763, pelo visitador geral do bispado, doutor José dos Santos, às freguesias da comarca do Ouro Preto e do Rio das Mortes.[38]

O autor mostrou que, nas duas inquirições, os denunciantes eram, em sua imensa maioria, agricultores e artesãos. Destacou-se grande presença de comerciantes e mineradores, marcando uma presença significativa de oficiais régios e militares, e profissionais liberais. Sobre as origens dos denunciantes, constam dados apenas nos registros efetuados em 1763. Predominam, segundo Carrato, elementos de origem portuguesa; os mais numerosos eram do Arcebispado de Braga, seguidos do Bispado do Porto e de Angra, e uns poucos de Lisboa e do sul de Portugal.[39]

Quanto aos delitos, José Ferreira Carrato mostrou que a maior parte dos que foram penalizados nas devassas de 1734 possuíam relações de concubinatos. Em oito freguesias

---

ral e do que a seu ofício pertence, parágrafo 22° - Do modo de proceder nos feitos crimes, n. 254,256,267, 269; tít. XI – Do Promotor da Justiça, n. 417; 420. Primeiras Constituições sinodais do Arcebispado da Bahia. *Op. Cit.* Liv. 5, Tít. 34. Das acusações, e pessoas que podem a ela ser admitidas.

37  VASCONCELLOS, Diogo de. *História do Bispado de Mariana. Op. Cit.*, p. 46-47.

38  Cabeça da Comarca do Rio das Mortes, a vila de São João del Rei possuía em 1818 uma população de 21010 almas. O pároco recebia, entre Pés de altar, côngrua e pensão, 1:161$200 réis, além da côngrua de 200$000. Pagava 155$000 réis de pensão. Possuía muitas igrejas diliais e capelas curadas, existindo dez dentro da vila, como a Capela de N. Sra. das Dores, do Hospital da Misericórdia; Sr. B. Jesus do Monte; Capela de N. Sra. das Mercês; Sr. Bom Fim; S. Gonçalo Garcia; Sto. Antônio do Tejuco; S. Caetano; S. Francisco dos Terceiros da Ordem Seráfica; de N. Sra do Carmo, dos Irmãos Terceiros; N. Sra. do Rosário. Das sete Igrejas filiais curadas de S. J. del Rei Cunha Matos conhecia cinco - a do Espírito Santo, do arraial de Matozinhos; S. Gonçalo, do arraial de Brumado; Santo Antônio do Rio das Mortes; São Gonçalo de Ibituruna; e a igreja do Arraial de Bertioga. MATOS, Raimundo José da Cunha. *Corografia Histórica da Província de Minas Gerais*, v. 2. Belo Horizonte: Itatiaia; São Paulo: Edusp, 1981, p. 139-40. (Reconquista do Brasil, Nova Série, v. 61-62).

39  As nove localidades visitadas a esta ocasião foram: Caeté, Rio das Pedras, Rio Acima, Raposos,

visitadas, houve, segundo o autor, 184 concubinatos masculinos, 195 femininos, e as outras transgressões reunidas não passavam de 44. Perfazendo um quarto da concubinagem, aponta, encontram-se as culpas dos senhores que possuem mancebas entre as suas próprias escravas. Após o concubinato, o autor enumera o adultério feminino, que desponta nas devassas do doutor José dos Santos, em 1763.[40]

Outros estudiosos que amplificaram essas balizas espaço-temporais, apontam a predominância do concubinato entre os delitos punidos às ocasiões das devassas. Porém, os róis das culpas registram também penas para lenocínios, bigamias, incestos, malefícios e cartas de tocar, danças supersticiosas, curas e benzições, usuras e traficâncias, desobediência ao preceito. E muitos casos de violências cometidas pelos sacerdotes, inclusive homicídios.[41]

As visitas pastorais e devassas revelaram-se fundamentais como forma de alcance dos delitos de foro misto pelo juiz eclesiástico. Se considerarmos o posicionamento do vigário geral Doutor Francisco Pereira de Santa Apolônia, veremos que, fora do âmbito das visitas, o conhecimento de alguns crimes deveria pertencer ao Estado. Este vigário geral despachara, em 1784, uma sentença de desagravo ao juízo secular, por haver o vigário da vara aceito proceder contra um réu da jurisdição real. Admoestando o juiz eclesiástico, asseverara: "é vulgar entre os Pragmáticos, que sendo o delito *mixti fori*, dele só pode inquirir a Igreja por via da Visitação Geral, havendo infâmia e publicidade, como recomenda a Ordenação e Edital Expresso da dita Visitação".[42]

A importância das visitas pastorais e das devassas enquanto mecanismo sócio-regulador é enorme. As visitas exerciam também esta regulação das próprias relações entre as justiças seculares e eclesiásticas, na administração dos delitos, na constatação da infâmia. Estas circunstâncias, como referimos, vinham sendo objeto de

---

Curral del Rei, Congonhas de Sabará, Arraial Velho, Bom Retiro da Roça Grande e Macaúbas. CARRATO, J. F. *Igreja, Iluminismo e Escolas mineiras coloniais*. São Paulo: Companhia Editora Nacional, 1968, p. 5. (Brasiliana, 334).

40  *Idem. Ibidem*, p. 10-11.

41  TORRES-LONDOÑO, Fernando. *A outra família: concubinato, Igreja e escândalo na Colônia. Op. Cit.*, p. 169; CARRATO, J. F. *Igreja, Iluminismo e Escolas mineiras coloniais*. São Paulo: Companhia Editora Nacional, 1968, p. 5-17; ver, especialmente, o Quadro das culpas canônicas de uma devassa, p. 16-17.

42  Sentença de desagravo – Da carta de excomunhão sobre coisas furtadas. Mariana, 3-10-1784. AEAM. Tribunal eclesiástico. Governos episcopais. Armário 6, prateleira 2, livro 1030 (1765-1784), fl. 5-5v.

debates entre os juristas coevos. Não obstante, a hierarquia eclesiástica possuía respaldo canônico para o estímulo às denúncias. Para promovê-las, um ensinamento bíblico revelou-se fundamental: a correção fraterna, que tornava a denúncia uma obrigação de todo bom cristão.[43]

Observe-se este caso de homicídio, cometido por um padre, após violenta luta de corpo a corpo com seu próprio sobrinho. A morte ocorrera, relatava o padre, pois estava "dando-lhe com um pau na cabeça algumas pancadas, não teve intenção de matá-lo agiu em legítima defesa". Assim, pleiteava a suspensão da irregularidade canônica em que caíra. Além desta censura, fora condenado e pagara uma pena pecuniária de mandar rezar cem missas no altar privilegiado de Nossa Senhora de Monteserrate, na matriz da freguesia de Roça Grande, onde ocorrera o crime pela alma do defunto Antônio José Ferreira, de esmola de oito oitavas de ouro cada uma. O homicídio fora cometido pelo padre em seu sobrinho.[44]

O estudo de Luciano Figueiredo e Ricardo Sousa mostra o avançado grau de sistematização das devassas eclesiásticas efetuadas nas freguesias mineiras do século XVIII. O autor observa que uma mesma localidade poderia ser visitada sucessivas vezes; a primeira ou mesmo à segunda vez, para colher testemunhos. Outra visita posterior se destinaria à aplicação das punições aos infratores.[45]

A chamada devassa geral da visita, como constam nos autos, ou, simplesmente as devassas, motivaram importantes investigações acerca da vida religiosa e do exercício disciplinador nas freguesias da América Portuguesa. Ocorridas por ocasião das visitas pastorais, elas constituíram o mecanismo de inspeção e averiguação da vida sócio-religiosa. As visitas propiciavam investigações detalhadas dos costumes na freguesia, com um ritual e uma prática oral que incentivavam as denúncias; às visitas instauravam um aparelho de punição local, cujos casos veniais obtinham despacho do visitador ali mesmo mediante a aplicação de multas e penitências, enquanto os mais graves eram encaminhados ao promotor ou Procurador da Mitra. Estudos específicos mostram que as devas-

---

43 Primeiras Constituições sinodais do Arcebispado da Bahia. *Op. Cit.* Liv. V, tit. 34 – Das acusações e pessoas que a ela podem ser admitidas; tit. 38 – Da denunciação judicial; tit. 37 – Da correção fraterna; sobre a infâmia, ver comentários de Pegas às ORDENAÇÕES Filipinas, Livro II, tít. I, § 13. Disponível em: <http://www1.ci.uc.pt/ihti/proj/filipinas/l2p418.htm>. Acesso em 24 abr. 2012.

44 AEAM: Juízo Eclesiástico, processo 4445.

45 FIGUEIREDO, L. R. de A; SOUSA, Ricardo Martins de. "Segredos de Mariana: Pesquisando a Inquisição Mineira". *Acervo*. Rio de Janeiro, v. 2, n. 2, jul-dez, 1987, p. 9.

sas funcionaram como filtro dos casos de livramento do crime, tanto para o tribunal eclesiástico quanto para o Santo Ofício.[46]

Para além de todo um alcance institucional, os mecanismos judiciais revelam ações, estratégias, prerrogativas e usos que delas fizeram os vigários gerais e demais agentes, de outro, os leigos não se comportam como agentes passivos nas mediações cotidianas ocorridas nas comunidades. Assim, devemos indagar também dos usos e apropriações dos leigos, enquanto consumidores dos seus produtos, para usar uma expressão de Michel de Certeau.[47]

Levando em conta os usos dos mecanismos institucionais pelos leigos, as relações sociais e comunitárias podem ser vistas sob dois ângulos: o das relações institucionais, que envolve a autoridade legítima, ou o agente especializado a quem a autoridade foi delegada; e a posição dos receptores da mensagem oficial, imiscuídos nas relações comunitárias.[48] A ordem é exercida e burlada, como apontou Michel de Certeau. A coerção institucional encontrava uma infinidade de microrresistências manifestas nas práticas dos leigos. Não raro, os mecanismos institucionais propiciavam ocasiões de subverter o objetivo da correção fraterna em vingança pessoal. Os próprios agentes não deixaram de se apropriar dos recursos como arma de destruição de inimigos. Nota-se, com as queixas, que não era raro, a população colonial se servia dos recursos do juízo episcopal para solucionar ampla variedade de situações, que envolveram as perdas e danos dos fiéis do século XVIII. Era prática comum apresentar queixas desta natureza ao vigario da paróquia. Desde que o dano fosse maior que um marco de prata, e não se soubesse quem o fizera, como rezavam as Constituições. Nesse sentido, algumas significações devem ser destacadas: o tipo de autoridade que a hierarquia eclesiástica assumiu, a intervir no cotidiano dos fiéis. Mesmo sem a presença do antístite, disponibilizava-se solidariedade na busca de informação; e os usos, por parte destes fiéis, dos mecanismos que a insituição lhe oferecia.[49]

O recurso às queixas evidencia a necessidade de mediação nos problemas cotidianos, lacuna na qual o juiz eclesiástico procurou atuar. Os fregueses não deixaram

---

46  Cf. VAINFAS, Ronaldo. *Trópico dos Pecados: moral, sexualidade e inquisição no Brasil*. Rio de Janeiro: Civilização Brasileira, 2010.

47  CERTEAU, Michel de. *A Invenção do quotidiano*, vol 1. As artes de fazer. Trad. Ephraim Ferreira Alves. 16ª edição. Petrópolis: Vozes, 2009, p. 38-39.

48  WEBER, Max. *Conceitos básicos de sociologia*. Op. Cit., p. 97, Cap. 16. Os conceitos de poder e dominação.

49  GIARD, L. "História de uma pesquisa." In: CERTEAU, Michel de. *A Invenção do quotidiano*. Op. Cit., p. 17-18; CERTEAU, Michel de. *Idem*, p. 38-39.

de fazer um uso pragmático dos recursos institucionais e bens simbólicos - como as cartas de excomunhão geral. Solicitadas junto às vigararias das varas ou no juízo geral da sede, apresentavam-se como forma de garantir a própria sobrevivência e a segurança, na sua faina diária.

Esta liberdade encontrada pelos indivíduos no âmbito das práticas institucionais pode ser percebida nos três mecanismos implantados pela hierarquia eclesiástica: nas devassas e denúncias, as quais, como vimos, eram, muitas vezes, promovidas por perseguições, vinganças e ciúmes; nas queixas, pelos motivos pragmáticos de obter informações sobre perdas e danos; e também nas querelas, mecanismo legal de acusação formal de sacerdotes. Como se infere das tabelas das querelas e denúncias, livramentos criminais, alguns deles sabiam ser violentos, andavam armados, ameaçavam e cometiam crimes, portavam armas e praticavam violências e raptos; e contra os quais, não raro se indispuseram os fregueses.

Ao contrário, porém, do que constatamos com as séries das Denúncias entre 1748 e 1793, as Queixas foram representadas constantemente, durante quase todos os anos de cada gestão episcopal, sob os procuradores dos bispos, e o Cabido Sede Vacante. Há significativos registros mesmo nas décadas finais do século XVIII, também, no século XIX, quando este costume entrou em progressivo declínio.

## Tipologia das Queixas ao bispo: o réu anônimo

As ações judiciais sumárias denominadas Queixas foram um mecanismo de averiguação eclesiástica empregado durante todo o século XVIII. Atendiam a motivação diversa, e se encerravam com vistas a expedição de cartas de excomunhão geral. Recebendo as queixas sobre perdas e danos acima de um Marco de prata, os párocos faziam três admoestações canônicas na freguesia ou capelania onde o delito ocorrera. Após esta etapa, o queixoso ganhava uma certidão paroquial atestando haverem sido cumpridas as admoestações em três dias de grande concurso de pessoas, e ninguém aparecera com notícia. O queixoso deveria dirigir-se com este documento até a sede episcopal. Procuraria o vigário geral do bispado, juiz competente para expedir a carta declaratória de excomunhão geral, anatemizando o autor, mesmo anônimo, do furto ou prejuízo denunciado à paróquia. A carta era afixada às portas das igrejas, e excomungava geralmente a quem houvesse praticado o crime, e quem soubesse e se calasse sobre algum detalhe do ocorrido. O intercâmbio destas informações entre as paróquias e capelanias, e o Juízo Geral da Sede, e das Vigararias das Varas torna evidente a impor-

EXCOMUNHÃO E ECONOMIA DA SALVAÇÃO

tância das paróquias e as conexões que realizavam, para efetivar a procura e a ação coercitiva sobre os pecadores públicos.

Estas construções religiosas não se esgotavam na dimensão espiritual; burocratizavam-se e especializavam-se, de forma a desenvolver mecanismos de intervenção direta nos problemas cotidianos. Minas Gerais possui mapas estatísticos que mostram a recorrência, nas freguesias, de topônimos inspirados no culto aos santos católicos. As aglomerações se multiplicavam no século XVIII, se organizavam em torno às construções religiosas, regularmente visitadas pelos bispos ou seus delegados. As práticas de rituais e discursivas apontavam os padroeiros como modelos para veneração.[50]

Como reminiscência da chamada pedagogia do medo, levada a cabo pela hierarquia católica pós-tridentina, a excomunhão demarca um campo específico de atuação da justiça episcopal, em uma região mineradora e assaz visada da colônia americana. O bispo e seus delegados poderiam excomungar, perdoar e conciliar, oferecendo uma mediação institucional dos conflitos sócio-comunitários. Observe-se as diferentes formas de se representarem as queixas pelos fregueses das paróquias do século XVIII. Através das queixas, as cartas de excomunhão por coisas furtadas, regulamentadas nas constituiçoes sinodais, se tornaram um recurso contra a ausência total de notícias, "para se descobrirem testemunhas em causas civis na forma que fica disposto em nossas constituições, livro 5, título 46, n. 1087".[51]

As queixas visavam a informação sobre o réu anônimo. Os fiéis buscavam-nas orientados pela devoção, mas também por necessidades práticas. Estas relações ficam nítidas nos curtos processos, transcorridos entre a representação da queixa ou paulina ao pároco e a expedição da carta de excomunhão geral.[52] Como era praxe, os queixosos pediam a excomunhão automática do autor de furtos, perdas, danos, ou invasão de domicílio. Via de regra, alegavam não dispor de outra forma para alcançar seu prejuízo, recuperar seus bens.

De sua parte, a hierarquia diocesana concedeu grande importância às queixas que lhe eram apresentadas. Era mais uma forma de promover a inserção do pároco na instru-

---

50 Raimundo José da Cunha Matos estudou os mapas de 1818 e 1821 para compor a *Corografia Histórica de Minas Gerais*, em 1837. MATOS, Raimundo José da Cunha. *Corografia Histórica da Província de Minas Gerais*, v. 2. Belo Horizonte: Itatiaia; São Paulo: Edusp, 1981, p. 122-3. (Reconquista do Brasil, Nova Série, v. 61-62)

51 REGIMENTO do Auditório Eclesiástico do Arcebispado da Bahia. *Op. Cit.*, Tít. II – Do Vigário geral e do que a seu ofício pertence, parágrafo 72.

52 HOORNAERT, Eduardo. *A Igreja no Brasil. (1500-1800)*. 3ª Ed. São Paulo: Brasiliense, 1994. (Tudo é História, 45), p. 27.

ção dos processos eclesiásticos. Esta tendência revela a importância da rede paroquial na difusão das informações e mensagens como o comunicado de censuras e monitórios. Dotada de fé pública, a voz do pároco abre um campo de atuação nos círculos do poder nas comunidades religiosas. A comunicação da palavra oral, neste esquema, era muito importante. A Igreja reservava um momento especial, com um rito solene, para esse efeito: as Estações das missas. Era o momento das leituras das cartas pastorais, dos capítulos da visita anterior, dos pontos a serem arguídos em uma próxima, ou em uma Devassa Geral. Com um eloquente conclame geral às denúncias, às admoestações canônicas respeitantes às queixas da comunidade, às denunciações dos impedimentos matrimoniais.[53]

As missas conventuais constituíam-se em fonte de notícias, anúncios, denunciações. As Estações ocorriam no início da missa conventual, logo após a procissão dos defuntos. Era um espaço canônico instituído que tornava acessível o braço auxiliar da justiça eclesiástica em cada paróquia ou capelania. Os párocos divulgavam, entre as diversas mensagens religiosas e oficiais, as queixas por danos físicos e materiais apresentadas pelos paroquianos. Para se obter a carta de excomunhão, era necessário que o pároco da freguesia da ocorrência atestasse, sob juramento, haver admoestado três vezes, em dias de grande concurso de gente, em alto e bom som, aos seus aplicados sobre o dano. Era obrigatória a certidão do pároco de que este trabalho fora realizado, e atestando a recepção ou não de testemunhos, ou se sabia ou não informações para o caso.[54]

As Estações obedeciam a um rito austero, à abertura da missa conventual, para a escuta dos avisos de interesse geral, notícias e deliberações da Coroa; mensagens e exortações da mitra diocesana – leituras de cartas pastorais, deliberações dadas em visitas episcopais na comunidade e indulgências.[55]

O viajante Saint-Hillaire mostrou pasmo com a procissão das Almas, que presenciou na maioria das paróquias da Província de Minas. Ocorria em torno do cemitério, antes das Estações das Missas. Destinava-se ao resgate das almas do Purgatório, explicava o viajante, que registrou a impressão de que em Minas aquele era um costume mais

---

53 FIGUEIREDO, L. R. de A; SOUSA, Ricardo Martins de. "Segredos de Mariana: Pesquisando a Inquisição Mineira". *Acervo.* Rio de Janeiro, v. 2, n. 2, jul-dez, 1987.

54 CONSTITUIÇÕES primeiras do Arcebispado da Bahia. Lib V, 1087. AEAM. Seção de Escrituração da Cúria. Juízo Eclesiástico. Queixas. Epistolário dos bispos: queixas. As 150 queixas que levantamos nos fundos do Juízo Eclesiástico estão acompanhadas das certidões dos párocos, juradas *in verbo sacerdoti*, afirmando conhecer ou não informações do caso, e/ou atestando a credibilidade dos testemunhos.

55 CONSTITUIÇÕES da Bahia. *Op. Cit.* Lib. III, Tít. 33.

forte: "o resgate das almas do purgatório de que se ocupam dessa região mais talvez que em outros lugares".[56]

Em momento subsequente a tal incursão, ocorria a veiculação de situações de perdas, declaradas a pedido dos fiéis – superiores a um marco de prata, sob ameaça de excomunhão. Denunciados a primeira vez nas paróquias, estes casos eram lidos em três dias de grande concurso de pessoas, para cumprir as três admoestações canônicas do estilo. O pároco deveria proferir alto e claro, durante três Estações em dias festivos ou de maior concurso de fiéis, as denúncias sobre perdas, furtos e danos ao patrimônio – escravos, casas, roças, hortas, animais; ou à segurança pessoal: incêndios propositais, pedradas, danos físicos causados a roças, hortas e criações de animais.[57] As admoestações exortavam aos que conhecessem algo acerca dos fatos da queixa, que denunciassem, pois, como referia o processo, o queixoso "pretendia tirar carta de excomunhão".[58]

A excomunhão aterrorizava, na medida em que preconizava a exclusão dos ofícios, e a privação dos sacramentos e da proteção dos santos e a proibição de ter sepultura em solo sagrado; sem contar o anátema – a eterna maldição, que acompanhava expressamente o seu texto. Esperava-se que o medo da excomunhão movesse as pessoas a falar o que sabiam. De modo que, na paróquia, se organizou um serviço de registro, dos danos às pessoas e ao patrimônio; perdas e furtos de escravos, ataques e invasões a casas, roças, hortas, animais; ou à segurança pessoal; incêndios propositais, pedradas, danos físicos causados às roças, hortas e criações de animais. Devido ao movimento em torno da mineração, muitas queixas tocavam o sumiço de quantias em ouro, ou de grande quantidade de ferro, comumente empregado na mineração. A região central das Minas possuía ricas jazidas de ferro em suas encostas. Isso propiciou a criação de pequenas forjas nas quais se fabricavam toda a sorte de utensílios e ferramentas de trabalho agrícola e mineração.[59]

Outra modalidade de queixas que correram no bispado de Mariana reclamavam do extravio de papéis; ou pediam informações para colaborar em causas judiciais. Malgrado haverem sido aceitas, e em quantidade bastante significativa, esta era uma das circunstâncias para as quais Dom Sebastião da Vide não considerava apropriado o uso de carta de

---

56  SAINT-HILLAIRE, Auguste de. *Viagem pelas províncias do Rio de Janeiro e Minas Gerais*. Trad. Vivaldi Wenceslau Moreira. São Paulo|Belo Horizonte: Edusp|Itatiaia, 2000. (Reconquista do Brasil, 4), p. 102.

57  CONSTITUIÇÕES da Bahia: Lib. III, Tít. 33, n. 585

58  *Idem.*

59  LIBBY, Douglas Cole. *Transformação e trabalho em uma economia escravista*. São Paulo: Brasiliense, 1988, p. 135–36.

excomunhão geral. Nos demais casos, as constituições derminavam ao pároco que proferisse alto e claro as denúncias, e admoestasse seus aplicados que soubessem algo a respeito, que denunciassem, pois o queixoso "pretendia tirar carta de excomunhão".[60]

Em 1749, após realizar as admoestações na paróquia de Sumidouro, um coronel apresentou a seguinte petição ao então Vigário geral Geraldo José de Abranches:

> Diz o tenente coronel Tomé de Araújo (Pereira) morador na Igreja do Sumidouro, que pela certidão das admoestações que junto oferece consta fazer o Suplicante admoestar que um seu escravo por nome Alexandre Mina deu uma libra de ouro a uma negra do distrito do Bacalhau, com ânimo de tirar carta de excomunhão no caso de se não saber qual negra recebeu a dita libra, de (quem ela era), e porquê fazendo-se as três admoestações na forma do estilo, o que, consta da certidão do Reverendo Vigário da freguesia de Piranga, (não) se descobre, somente com as ditas admoestações, que negra recebeu a dita libra de ouro. (E) quer o Suppte. proceder a mais, tirando carta de excomunhão na forma costumada para se publicar na capela do Bacalhau, filial da freguesia da Piranga, e nas mais sendo necessário e *logo protesta o Suplicante não proceder criminalmente em outro Juízo, só sim eclesiástico*, sendo (necessário), pelo que, Pede a V. M. seja servido mandar passar carta de excomunhão na forma costumada para se publicar na dita capela do Bacalhau ou aonde necessário for. E. R. M.[61]

O coronel jurou sobre os Santos Evangelhos os três requisitos exigidos pelas Constituições: se lhe pertencia o que lhe fora furtado; se a quantia alcançava o que exigia a Constituição; se tinha alguma outra prova para alcançar a satisfação. Garantiu que seu prejuízo era muito maior que um marco de prata. A queixa foi admoestada na freguesia de Guarapiranga, pelo fato de o coronel ter notícias que a negra seria do Bacalhau, sua filial:

> Queixa-se à Santa Madre Igreja o tenente coronel Tomé de Araújo (corroído 1 palavra) que tem por notícia que um escravo por nome Alexandre (Mina) (deu) uma libra de ouro a uma negra deste distrito do Bacalhau e como não sabe quem, (ele) pede a toda pessoa que souber (a quem) o dito negro tenha dado a libra de ouro o descubra aliás pretende tirar carta de excomunhão.[62]

---

60    Primeiras Constituições sinodais do Arcebispado da Bahia. *Op. Cit.* Liv. 5, tít. 46, n. 1093, Lib. III, Tít. 33, n. 585; Liv. 5, tít. XLVI, n. 1088.

61    AEAM, Epistolário dos bispos, processo n. 1608.

62    *Idem.*

A fuga ou furto do escravo, objeto desta queixa, foi encerrada sem notícias, representando uma importante perda de patrimônio. O seu autor pagou as custas de cada oficial: ao vigário geral, escrivão e chancelaria do bispado. Obteve a carta de excomunhão geral que havia solicitado para publicar em sua freguesia. Quase um ano depois, saíram muitas notícias sobre o caso. Para obter o dito destas testemunhas, o coronel novamente jurou:

> Por este termo disse se obrigava não acusar pessoa alguma daquelas que em virtude da carta de excomunhão que se lhe concedeu foram denunciadas e descobertas criminalmente; que não usaria dos testemunhos que saíram para acusar de algum modo criminalmente os autores do seu dano e que queria e era contente que as testemunhas dissessem os nomes e ditos e se lhes passasse certidão, não tenham fé em Juízo nem fora dele, e de como assim o disse, e prometeu debaixo do dito juramento, assinou com o Muito Reverendo Doutor Vigário geral, e eu, Antônio Monteiro de Noronha, ajudante da Câmara Eclesiástica, que o escrevi. Abranches. Tomé de Araújo Pereira. [63]

Todos os depoimentos apresentados, com um e outro detalhe, confirmavam a informação de "João de Miranda Silva que ouvira dizer a Manuel (corroído 1 palavra) de Freitas que o negro do Tenente-Coronel Tomé de Araújo Pereira, por nome Alexandre, dera uma libra de ouro a uma negra de Ignácia Ferreira, de nome Esperança, e a tal a dera a sua escrava para a sua alforria, e *al* não disse". Inácia Ferreira, dona da escrava que ganhara a libra de ouro, era uma preta forra daquela freguesia. A excomunhão era uma pena espiritual que aterrorizava os coevos, na medida em que preconizava a exclusão dos ofícios religiosos, dos sacramentos, da proteção dos santos; da sepultura em solo sagrado e da comunidade. Sem contar o anátema, ou a eterna maldição, que acompanhava expressamente o texto da carta de excomunhão geral na qual o vigário geral historiava a queixa, e exortava:

> O doutor Geraldo José de Abranches, Comissário do Santo Ofício, Cônego da Sé Catedral de Mariana e Arcediago nela e em todo o seu bispado, Vigário geral, Juiz dos Casamentos, (corroído 3 palavras), das Justificações *De Genere*, por Sua Excelência Reverendíssima. &c. Aos que a presente minha Carta Declaratória de Excomunhão virem, saúde e paz para sempre em Jesus Cristo Nosso Senhor, que de todos é o verdadeiro remédio, luz e salvação. Faço saber que a mim me enviou a dizer o Tenente Coronel Tomé de Araújo Pereira, morador na freguesia do Sumidouro que pela queixa junta consta fazer admoestar na freguesia de Guarapiranga em como um escravo negro de nome Alexandre Mina dera uma libra de ouro a uma negra do distrito de Bacalhau e lhe não saiu pessoa alguma, como consta da certidão do Reverendo escrivão perante mim reconhecida, pedindo-me por fim

---

63  AEAM, Epistolário dos bispos, processo n. 1608.

de sua petição, que visto não sair pessoa alguma, nem lhe saber quem tenha a dita libra de ouro, lhe mandasse passar carta de excomunhão na forma do estilo, a qual petição, sendo-se apresentada, nela, por meu despacho, mandei lavrar a carta, e jurando na forma da Constituição se fizessem os autos conclusos, em cumprimento da qual deu o queixoso seu juramento, que por mim lhe foi deferido e fazendo serem os autos conclusos neles proferi minha sentença do teor seguinte: Hei por justificados os requisitos visto o que declara o justificante no termo do seu juramento, passe carta de excomunhão na forma costumada e pague as custas. Mariana, 21 de Agosto de 1749. Geraldo José de Abranches. *Em cumprimento da qual se deu e passou carta de excomunhão que é a presente pela qual requeiro e admoesto a todas as pessoas de um e outro sexo, de qualquer qualidade, preeminência ou condição que sejam, que souberem ou tiverem notícia a quem o referido negro deu ou entregou por qualquer modo a libra de ouro assim declarada, o descubram ao seu Reverendo Vigário, a quem esta publicar no termo de 9 dias, e não o fazendo assim lhe ponho a Lei por imposta a censura de Excomunhão maior e como tais os hei por publicados e excomungados, malditos e amaldiçoados da maldição de Deus padre Todo-Poderoso e dos Bem-Aventurados e Apóstolos e Santos Pedro Paulo e todos os Santos e santas da corte celeste, até que com o efeito de (corroído 1 pal.) uma pessoa ou pessoas que em seu poder tenha o dito ouro, ou tendo-o tido, dê conta ao seu Reverendo Vigário ou a quem esta publicar ainda que seja por qualquer forma dado pelo dito negro e para que chegue a notícia de todos mando a qualquer sacerdote a leia e publique, no arraial do Bacalhau onde for lida se fixará na porta da capela onde estará os dias determinados, no fim dos quais passará certidão e também se lerá nas mais partes onde necessário for. Dada e passada nesta Cidade Mariana sob o selo das armas de Sua Excelência Reverendíssima e meu sinal aos 22 de Agosto de 1749. Eu Manuel Ferreira Coutinho, Escrivão da Câmara Eclesiástica, por impedimento do atual, que a sobscrevi. Geraldo José de Abranches. Coutinho.* Registro no Tombo 1 de Provisões fl. 171 em Mariana 22 de Agosto de 1749.[64]

Entre as perdas materiais que levavam os fregueses a procurar o pároco, há grande número de fuga de escravos. A escravidão, sobretudo, em uma sociedade que entrelaçava três burocracias: a militar, a eclesiástica e a judicial permeava todos os aspectos da vida e afetava toda a gente na colônia.[65]

Sobre as perdas reclamadas, os párocos assumiam importância central na veiculação das admoestações canônicas, na emissão da certidão jurada *in verbo sacerdoti*, e também dando a sua declaração, se sabia notícias sobre o crime denunciado. Estes crimes poderiam ser, como se observa a seguir, de vária natureza, contra o patrimônio, a pessoa,

---

64 AEAM, Epistolário dos bispos, processo n. 1608.

65 SCHWARTZ, Stuart. "O Brasil no sistema colonial". Francisco Bethencourt & Kirti Chaudhuri. (Org.) *História da expansão portuguesa.* v. 3 – *O Brasil na balança do Império (1697-1808).* Lisboa: Círculo de Leitores, 1999, p. 147-48.

ou mesmo, tocavam às perdas e extravios de ouro e papéis. Com as queixas, solicitava-se também informações acerca de testamentarias e bens furtados a pessoas falecidas. Como observou Gouveia, a incorporação das normas tridentinas propiciava a criação de uma cultura religiosa controlada pelo eclesiástico.[66]

## Imagens 1 a 4 - Carta de excomunhão geral do Arquivo Eclesiástico da Arquidiocese de Mariana

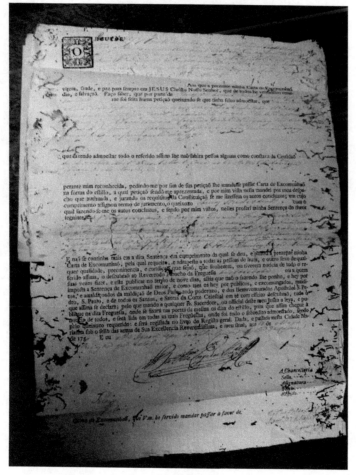

Imagem 1

---

66  GOUVEIA, António Camões. "O enquadramento pós-tridentino e as vivências do religioso". In: MATTOSO, José. *História de Portugal*. v. IV - *O Antigo Regime (1620-1807)*, coordenação de António Manuel Hespanha, 1993, p. 292.

Imagem 2

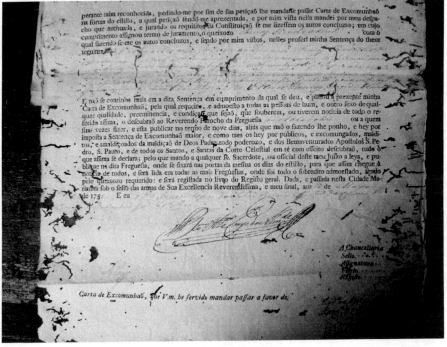

Imagem 3

Imagem 4

## OS CRIMES CONTRA A PESSOA E CONTRA O PATRIMÔNIO

Ao registrar a sua queixa junto ao vigário geral, que residia na sede do bispado, ou junto ao vigário da vara, o queixoso viajava léguas de distância, para tentar reaver os seus bens, ou descobrir informações. Para isso, acreditava que, logrando a publicação de uma carta de excomunhão geral acerca do caso que relatava ao pároco, obteria testemunhos fidedignos. Em 1747, A Matriz de Nossa Senhora da Conceição de Mariana ainda não era Catedral; mas a população que se aglomerava em seu entorno reconhecia poder de mediação dos homens da Igreja, nos destinos das pessoas após a Morte e também na vida. Assim, a excomunhão exerceu, nesse contexto, um componente coercitivo sobre as consciências. Foi largamente utilizada pela hierarquia eclesiástica, como pena, mas, no século XVIII, primordialmente como forma de coerção e atemorização para que os que conhecessem detalhes acerca de danos materiais e morais trouxessem esta informação ao vigário paroquial.

> Diz Valério Simões de Matos que fez admoestar a queixa junta pelo R. Dr. Vigário desta Matriz pelo que nela se declara para o efeito de tirar a carta de excomunhão

geral por dois negros nela declarados pelos nomes Antônio e Pedro, ambos couranos, que já procura e porque não tem dúvida jurar na forma da Constituição, Livro 5°, título 46, parágrafo 1087, os três requisitos pede a Vossa Mercê seja servido admiti-lo ao dito juramento e mandar lhe passar sua carta de excomunhão na forma costumada, mas deprecada geralmente para se ler nesta comunidade e em outra qualquer por assim lhe ser preciso. E. R. M.[67]

Informado da denunciação à paróquia, o vigário geral geralmente aceitava a petição mediante um juramento solene sobre os Evangelhos, e a resposta dos três requisitos que autorizavam a expedição da carta de excomunhão geral para ser publicada onde ao queixoso conviesse:

> Termo de juramento: aos 14 dias do mês de Julho de 1747 anos nesta cidade Mariana a casas de morada do M. Reverendo Dr. vigário da Vara aonde eu, escrivão, fui vindo e sendo aí presente Valério Simões de Matos, a quem o Reverendo Ministro Deferiu o juramento dos Santos Evangelhos em um Livro deles e lhe encarregou dissesse a verdade do que lhe fosse perguntado e logo por ele foi dito *que o furto de que se queixa valia muitos marcos de prata, e que queria sua carta de excomunhão. E para ver se por este meio lhe aparecia o dito furto, prometia não usar de penas crimes no caso que (lhe aparecesse) e se obrigava a responder neste juízo a tudo o que por ele se lhe mandar para o que desistia de juízo de seu foro, e de qualquer privilégio de que gozasse e de como assim o disse jurou assinou* e com o Reverendo Ministro eu, Luís Paulo Lobo da Costa, Escrivão do Eclesiástico que o escrevi. Rangel. Valério Simões de Matos.[68]

O juramento visava a identificação do caso com os três requisitos, o vigário geral expedia o seu despacho, ou sentença:

> Sentença: *Visto não se saber quem fez os danos ao queixoso Valério Simões de Matos e ter este jurado valerem mais de um marco de prata os bens furtados, e não querer usar de penas crimes, sujeitando-se a responder só neste Juízo, passe carta de excomunhão na forma do estilo, e pague o mesmo queixoso as custas. Cidade Mariana, 14 de jul. 1747. António Ribeiro Rangel.* [69]

As cartas de excomunhão geral eram a última etapa de processo investigativo iniciado em uma freguesia, capelania ou paróquia. No corpo de seu texto, a declaratória

---

67    AEAM-JE, Epistolário dos Bispos, 1610.

68    AEAM-JE, Epistolário dos Bispos, proc.1610. 1747.

69    AEAM: Juízo Eclesiástico, n. 2934; Epistolário dos bispos, 1625.

geral de excomunhão reafirmava a autoridade de Pedro, estendida a seus sucessores – os bispos, por faculdade apostólica. Assim, historiava todo o caso de furto, dano ou perda, antes de fazer a exortação final:

> Requeiro e admoesto a todas as pessoas de um e outro cepo, de qualquer qualidade, preeminência e condição que sejam, que souberem ou tiverem notícia de todo o referido acima, o descubram ao Reveredo Pároco da freguesia (manuscrito: de Antônio Pereira) ou a quem suas vezes fizer e esta publicar no termo de 9 dias, aliás que não o fazendo lhe ponho, e hei por imposta a sentença de excomunhão maior, e como tais os hei por públicos e excomungados, malditos e amaldiçoados da maldição de Deus todo-poderoso e dos Bem-aventurados Apóstolos São Pedro, São Paulo e de todos os Santos e Santas da Corte celestial em té com efeito descubram tudo o que acima se declara; pelo que mando a qualquer R. Sacerdote, ou oficial deste meu Juízo a leia, e publique na dita freguesia onde se fixará nas portas da mesma os dias do estilo, para que assim chegue à notícia de todos e será lida em todas as mais freguesias, onde foi todo o sobredito admoestado, sendo pelo queixoso requerido: e será registada no livro do registo geral. Dada e passada nesta cidade Mariana sob o selo das armas de S. Excelência Reverendíssima, e meu sinal, aos 7 de Junho de 1781 e eu, José da Costa Ferrão, escrivão ajudante da câmara episcopal, que o escrevi. Vicente Gonçalves Jorge de Almeida.[70]

Em 26 de Outubro de 1747, em casas de pousada do escrivão, na sede episcopal de Mariana, foi apresentada uma certidão de denúncia de queixoso e uma petição com despacho do Dr. Antônio Ribeiro Rangel, Vigário da Vara em Mariana. O autor era o Reverendo Mateus de Sousa Teixeira, sacerdote do hábito de São Pedro e capelão da capela de Santo Antônio da Pinduca, filial da freguesia do Furquim. Reclamava da fuga de um negro por nome José, de nação mina e pedia a quem dele soubesse o descubra. Como alegava, o padre Mateus tinha "suspeita de que alguém o terá sonegado". Jurando sobre os Evangelhos, respondeu ao vigário geral às perguntas do estilo exigidas nas Constituições:

> o furto de que se queixa é verdadeiro e que vale muitos marcos de prata, e não sabe quem o tem e por esta causa usa dos meios da carta de excomunhão; e prometia não usar de outro meio e menos de causa crime e fazendo o contrário se obrigava a responder neste juízo e de como assim jurou e se obrigou fazer assinou com o reverendo ministro.

A sentença do vigário geral foi favorável à expedição da carta de excomunhão:

> Visto não se saber quem fizesse o dano, conteúdo na petição acima, feita ao Reverendo queixoso e ter este jurado em como vale mais de 1 marco de prata o negro furtado e

---

70  Idem.

> *q não queria usar mais do q deste meio mando se lhe passe carta de excomunhão na forma do estilo e pague as custas. Cidade de Mariana, 26 de Outubro de 1747. Antônio Ribeiro Rangel.[71]*

Esta queixa foi denunciada na capela de Nossa Senhora da Glória, Passagem, filial da Catedral, pelo pároco Reverendo Custódio Machado de Barcellos. Mas o queixoso não recebeu nenhuma notícia. Denúncias como estas foram apresentadas aos párocos das freguesias das comarcas mineiras, ao longo de todo o século XVIII, tendo na certidão paroquial a sua peça fundamental para que o processo seguisse para a cúria episcopal. Do tribunal, expedia-se a carta de excomunhão, a anatemizar o criminoso oculto e os que deles soubessem ou colaborassem.[72]

Nesta categoria, furtos, perdas, danos, destacam-se as fugas de escravos, registradas em grande número, pelos donos, que suspeitavam que alguém os tivesse "subnegado", ou os mantivessem ocultos.[73] A escravidão era um aspecto fundamental na forma-

---

71  AEAM: Juízo Eclesiástico, n. 2934.

72  AEAM: Juízo Eclesiástico, n. 2906.

73  AEAM: Epistolário dos bispos: n. 1603; 1610 - 1747. Queixa. Fuga de escravos; furtos diversos. Mariana. Sem notícias; 1610 - 1750. Queixa - Fuga de escravos. Denunciou em Mariana. S. Notícias; 1603 - 1759. Queixa. Furtos; fuga de escravo. Vila Rica. Com Notícias; 1603 - 1759. Queixa. Furtos; fuga de escravo; extravios de bens. Antonio Pereira. Com Notícias; Juízo Eclesiástico: n. 2813 - 1746. Queixa. Fuga de escravos. Furtos. Mariana. Sem notícias; 2815 - 1746. Queixa. Fugas de escravos. Furtos. Guarapiranga. Sem notícias; 2802 - 1746. Queixa. Furtos e extravios de escravos. Mariana. Sem notícias; 2823 - 1746. Queixa. Fuga de escravo. Furtos. Inficionado. Sem notícias; 2923 - 1746. Queixa. Furtos diversos e morte de um escravo de Francisca, preta forra. São Caetano. Sem notícias; 2827 - 1747. Queixa. Fuga da escrava Micaela. São Caetano. Sem noticias; 2934 - 26-10-1747. Mariana. Queixa Fuga de José, Mina. Sem notícias; 2934B. 26-01-1747. Queixa. Arraial da Passagem, fuga de um negro crioulo. Sem notícias; 2534 - 26-10-1747. Queixa. Mariana. Fuga de um negro do Padre Matheus Teixeira. Denunciou na matriz de N. Senhora da Glória da Passagem. Sem notícias; 2534 - 26-01-1747. Queixa. Fuga de um negro. Denunciou na Matriz de N. Sra. da Glória da Passagem. Sem notícias; 2919 - 30-06-1747. Queixa. Furtos e fuga da negra Florência, Mina, Ladina. Capela de N. Sra. do Rosário do Gualaxo do Sul, freguesia do Sumidouro. Sem notícias; 2911 - ca. 16-04-1752. Queixa. Fuga de negros. Denunciou em Santa Rita Durão - Inficionado. Sem notícias; 2834G - 14-01-1752. Queixa. Fuga de dois escravos; furtos diversos de bens e criações de sua fazenda. Denunciada em Catas Altas. Com Notícias. 2871 - 07-06-1753. Queixa de Luzia da Silva, preta forra, moradora no arraial da Passagem. Fuga da negra Francisca, courana, e furtos de vários trastes de casa e vestuário. Denunciada na Igreja de Nossa Senhora da Glória, Passagem; 2903 - 15-12-1756. Queixa. Samambaia, freguesia de Santo Antonio do Rio das Velhas, Comarca do Sabará. Fuga de sua escrava Maria, de nação angola, que em seu poder tinha mais quatro escravos, um deles bebê de um ano. Com notícias; 2869 - 12-08-1758. Queixa. Fuga de uma negra, Ana de

ção das sociedades coloniais. Para Julita Scarano, a escravidão se distingue em Minas, pois nesta região havia maiores possibilidades de o escravo tornar-se livre, pela presença do inusitado, como a chance de achar uma pedra preciosa de valor excepcional, ou ainda denunciando seu senhor como contrabandista.[74]

Como ressaltou Fernando Torres-Londoño, as Constituições Primeiras do Arcebis-pado da Bahia, publicadas em 1707, representam um esforço de estabilização e uniformi-zação da Igreja no ultramar, compondo uma legislação voltada às condições coloniais e à escravidão. Os títulos normativos reproduziam o ideal tridentino, mas adaptava-os à realidade específica da colonização e da escravidão.[75]

Nas queixas registradas junto ao vigário geral de Mariana, os escravos reclamados possuíam histórias das mais diversas. Veja-se a perda de alguns escravos de Manuel Ro-drigues Abrantes, que em 1764 ia pessoalmente até a cidade de Mariana. Procurava o vi-gário geral do bispado com uma petição, na qual afirmava haver feito admoestar uma queixa, na igreja paroquial de São Bento do Tamanduá, sobre o extravio de bens a uma ação de penhora, que executara. Alegava que mesmo diante das admoestações do pároco nenhuma pessoa saíra com notícias; e ele, autor, o seu constituinte, e as mais partes in-teressadas na ação registravam gravíssimo prejuízo. Pedia ao vigário geral que "mandas-se passar carta de excomunhão na forma do estilo para o suplicante fazer publicar nas partes que lhe parecer. E. R. M".[76]

Manuel Rodrigues Abrantes era procurador de Francisco Ferreira da Silva, Rema-tante do Real Contrato das Entradas. A queixa e posterior pedido de carta de excomunhão

---

nação angola e "há notícia certa de que anda nesta cidade". Denunciada em Mariana, Catedral. 2865B – 30-04-1759. Queixa. Fuga da escrava Esperança. Denunciada em 24-04-1759, Gua-rapiranga. Sem notícias. 2917 – 29-09-1760. Queixa. São Sebastião. Dívidas não pagas a seu marido. Furtos de vários trastes, bens móveis e escravos. S. José da Barra Longa em 9-09-1760, São Sebastião, 21-03-1761, 21-12-1753, na igreja de N. Sra. do Pilar do Taquaral. Sem notícias. 2928 – 09-11-1760. Queixa. Furtos diversos e fuga de negros jornaleiros; dívidas devidas a seu falecido marido. Denunciada na Vila de São João Del Rei, 4-9-1759. Sem notícias; 2932 – 8-1-1770. Queixa. Aplicação da capela de N. Sra. da Oliveira da Piedade de Goiases, filial da matriz de S. Antônio da Vila de S. José Rio das Mortes. Fuga de quatro escravos; 2851B – 5-01-1771. Queixa. Furtos e fuga de um negro. Denunciada em Santo Antônio do Itatiaia, 01 de jan. 1771. Com Notícias. Encerramento em 19-01-1771; 2936 – 1791. Queixa. Fuga de escravo. Mariana. Sem notícias.

74 SCARANO, Julita. *Devoção e escravidão*. São Paulo: Nacional, 1978, p. 87.

75 Sobre as Constituições da Bahia e a sua adequação à realidade da América Portuguesa, ver: TORRES-LONDOÑO, Fernando. *A outra família: concubinato, Igreja e escândalo na colônia*. São Paulo: História Social/USP| Loyola, 1999, p. 117-121.

76 AEAM. Governos Episcopais. Epistolário dos Bispos, n. 1599.

geral tiveram a sua motivação em uma execução que haviam feito ao Guarda-Mor Manuel Roiz Gondim e seu irmão, Francisco Roiz Gondim, por dívidas procedidas de direitos do Real contrato. Em 10 de Fevereiro de 1761, haviam feito a penhora de vários bens móveis e de raiz dos irmãos Roiz, entre os quais 56 escravos designados pelos nomes e nações. Querendo Abrantes levá-los à praça para os fazer rematar, deu falta dos escravos do guarda-mor - Caetano Congo, Manuel Congo, Francisco Angola, José Angola, Antônio Angola (purgo), José Mina Cobre e Eusébio Mina. Da conta de Francisco Roiz, faltavam Antônio Angola, Prácia Angola, Manuel Angola, Francisco Angola Ponte, Manuel Angola, Isabel Mina, Maria Angola, Manuel Crioulo, Mateus Congo, Paulo Vaca, Mateus Simão Angola digo, (emmambu), Manuel Ferreiro, Francisco Barbeiro e Simão Angola Vaqueiro. Apontava ainda que, desde o tempo da referida penhora, faltava diversa qualidade de ferramentas dos penhorados, um potro, muitas cabeças de gado vacum e de porcos, éguas, bestas muares, cavalos pastores e um de sela e escravos. Abrantes supunha tudo desencaminhado em sertão aberto. Reiterando a reclamação do gravíssimo prejuízo, pelas avultadas dívidas das execuções, arrematou a sua petição: "E porque não sabe quem lhe causa tão grande dano, pede a toda pessoa que souber de alguma das referidas coisas ou de outras quaisquer que por algum modo pertençam aos executados as descubra; aliás, pretende fixar carta de excomunhão".[77]

Ano após ano, os bispos e seus procuradores receberam queixas de pessoas de todas as condições sociais e diversas localidades a respeito de perdas, danos, furtos, invasões, incêndios criminosos e ataques a seus domicílios e roças; queixas por agressões, extravios de bens, gado e escravos, ou de papéis, títulos de créditos e dívidas, testamentos e autos, cíveis e crimes, de vários cartórios.[78]

O vigário geral atuava como juiz no tribunal eclesiástico. Era o representante da mais alta confiança do bispo. Com o material colhido em denúncias, o múnus no auditório eclesiástico conferia ao vigário geral um privilegiado campo de visão da vida de toda a gente, seus negócios, rendas, amigos, inimigos, costumes. Entre as suas diversas atribuições, encontrava-se a de despachar as cartas de excomunhão geral. Em sua casa, atendia e ouvia o queixoso. Deveria ministrar-lhe o juramento sobre os Santos Evangelhos somente após certificar-se de que os procedimentos canônicos haviam sido cum-

---

77  *Idem.*

78  Primeiras Constituições sinodais do Arcebispado da Bahia feitas e ordenadas pelo Ilustríssimo e Reverendíssimo Senhor Dom Sebastião Monteiro da Vide, 5° Arcebispo da Bahia, do Conselho de Sua Majestade. Propostas e aceitas em o Sínodo Diocesano, que o Dito Senhor celebrou em 12 de junho do ano de 1707. Coimbra: no Real Colégio das Artes da Companhia de Jesus, 1720. Com todas as licenças necessárias. Liv. 5, tít. XLVI, n. 1087-93.

pridos na sua paróquia de origem. Ou seja, se aquela queixa havia sido precedida das três admoestações canônicas que deveriam ser solenemente lidas pelos párocos nas paróquias e capelanias indicadas pelo queixoso, exortando as denúncias. Durante o solene juramento, o vigário perguntava sobre as três condições ou requisitos exigidos nas Constituições do bispado para expedir a carta de excomunhão geral: se lhe pertencia o que reclamava; se o prejuízo em questão era maior que um marco de prata; se possuía alguma prova ou outro meio para reclamá-lo em juízo. Em qualquer caso, era exigido que o queixoso abrisse mão de proceder ou usar criminalmente das certidões contendo os ditos das testemunhas obtidas no eclesiástico contra os delinquentes.[79]

Cumpridas estas etapas, o vigário geral expedia a carta de excomunhão geral. Também denominada declaratória de excomunhão, a carta historiava o processo, o dano e, ao final, o anátema – uma maldição sobre o infrator, que causara, colaborava ou que guardava silêncio sobre qualquer informação sobre o dano em questão. Com base na noção de *correctio charitativa*, a hierarquia eclesiástica exortava as denúncias. O queixoso poderia reaver, ou conhecer o paradeiro dos seus bens, por meio dos ditos das testemunhas que deveriam procurar o pároco e depor.

Observemos novamente o exemplo de Abrantes, cujo desfecho processual redundou em outros dois registros na paróquia de origem. Em 4 de abril de 1764, o padre Gaspar Alves Gondim, Vigário encomendado da freguesia de São Bento do Tamanduá, Comarca do Rio das Mortes, expediu uma certidão na qual atestava não saber notícias dos prejuízos reclamados, nem haver recebido informação de pessoa alguma. Com esta certidão, o processo se encerrara, sem notícias do crime, em maio do mesmo ano. Nos dois meses depois, contestações foram apresentadas ao pároco acerca dos direitos do queixoso sobre alguns daqueles escravos.[80]

A excomunhão era definida nas constituições da Bahia como a "espada espiritual da Igreja". Ali se orientava que esta punição espiritual não deveria ser banalizada. As queixas registradas no tribunal eclesiástico demonstram que esta arma espiritual, canonicamente aplicada, atuava como eficaz mecanismo de intervenção espiritual nos problemas temporais, desavenças e conflitos sociais.[81]

Nem sempre as queixas sobre perdas de bens tocavam a grandes fortunas. Malgrado a exigência das Constituições da Bahia, de que os bens ou o valor do prejuízo somasse ao

---

79 Primeiras Constituições sinodais do Arcebispado da Bahia. *Op. Cit.* Livro 5°, título 46, parágrafo 1087.

80 AEAM. Governos Episcopais. Epistolário dos Bispos, n. 1599.

81 Primeiras Constituições sinodais do Arcebispado da Bahia. *Op. Cit.* Liv. 5, tít. XLV, n. 1085-86.

menos um marco de prata, há queixas de furtos de hortaliças e cachos de bananas, e até de gatos, galinhas e cachorros.[82] Deste modo, além da pobreza que predominava na capitania de Minas Gerais do século XVIII, as queixas sobre prejuízos também dialogam diretamente com o cotidiano de luta pela sobrevivência, de violência cotidiana e de defesa do patrimônio apontada por estudiosos como elementos onipresentes nas relações comunitárias.[83]

Os estudos de Marcos Magalhães de Aguiar, Marco Antônio Silveira, Carla Anastasia, Ivan de Andrade Vellasco e Carmem Silva, mostram os altos índices de violência no contexto social de Minas Gerais. Embora os números oscilassem ao longo da centúria, a violência sempre foi presente no cotidiano. Os trabalhos destes autores têm em comum o fato de haverem investigado o universo sócio-político configurado na capitania de Minas Gerais, tendo por base de suas análises processos crime sob a alçada de autoridades seculares.[84]

Embora registrassem as suas especificidades, as queixas eclesiásticas não deixam de confirmar a presença da violência nas relações entre os fregueses da capitania no século XVIII. Entre muitos exemplos, em 1770, Pedro Rodrigues Viana representou um queixa alegando agressões a pedradas, em Passagem:

> Ao Reverendo Escrivão (A.r) em 1 de Março de 1770. Diz Pedro Roiz Viana que fazendo admoestar na Capela de N. Sra. da Glória do Arraial da Passagem o conteúdo

---

82 Epistolário 1605 - Queixa de Rosa Maria da Fonseca Magalhães - 27-01-1747 a 25-02-1747. Denúncia em: Camargos.

83 SOUZA, L. de M. e. *Desclassificados do Ouro: a pobreza mineira no século XVIII*. Rio de Janeiro: Graal, 2004; SILVEIRA, Marco Antônio. *O universo do indistinto: Estado e sociedade nas Minas Setecentistas (1735-1808)*. São Paulo: Hucitec, 1997, p. 25.

84 Os gráficos elaborados pelo autor mostram que em Mariana, entre 1713 a 1726, o padrão dos crimes que caracterizavam violência somavam 27%; atinge os 60% entre 1730 e 1750; entre 1750 a 1769, a violência caracteriza 33% das ações contabilizadas. Entre 1770 e 1791, 30% dos casos. Em Vila Rica, entre 1739 a 1811, há 42% das ações caracterizadas como de violência; entre 1775 e 1810, 34%. Em comarcas como Sabará se verificam índices mais altos de violência, às quais o autor atribui ao maior dinamismo econômico da região. AGUIAR, Marcos Magalhães de. *Negras Minas Gerais. Op. Cit.*, Cap. 2. Padrões de criminalidade na capitania de Minas, p. 75-76. Ver: VELLASCO, Ivan de Andrade. "A Cultura da violência: os crimes na comarca do Rio das Mortes - Minas Gerais Século XIX". Disponível em <http://www.historia.uff.br/tempo/artigos_livres/artg18-8.pdf>. Acesso em 02 jun. 15. Para Marco Antônio Silveira, o fortalecimento dos mecanismos institucionais a partir de 1735 conviveu com uma constante instabilidade social; de sorte que em Minas Gerais os conflitos deixariam de ser expressos por meio de revoltas para se manifestarem na violência cotidiana. SILVEIRA, Marco Antônio. *O universo do indistinto: Estado e sociedade nas Minas Setecentistas (1735-1808)*. São Paulo: Hucitec, 1997, p. 25; ANASTASIA, Carla. *A geografia do crime: violência nas Minas Setecentistas*. Belo Horizonte: Editora da UFMG, 2005. (Humanitas).

na admoestação junto lhe não saiu a mesma pessoa alguma, como se verifica da certidão inserta na mesma admoestação, e porque o Suppte. não só padece grave prejuízo, mas inda corre risco e sua família. Pede a Vossa Mercê seja servido mandar distribuir e (mandar que) se lhes passe carta de excomunhão, e que esta seja lida não só na capela, mas inda nas partes públicas do sobredito arraial. E. R. M. [85]

A queixa foi aceita pelo vigário geral, doutor José Botelho Borges, publicada com o formato de praxe:

> Queixa-se a Santa Madre Igreja de Roma Pedro Roiz Viana que a 2 para 3 meses lhe estão quebrando com pedras seu telhado do que recebeu grande prejuízo não só temporalmente como também pessoal por lhe estarem caindo as pedras sobre as cabeças da sua família e como não sabe certamente quem lhe faz o dito dano por todos se desculparem na vizinhança que não são quer o Suppte. tirar carta de excomunhão e toda pessoa que souber de qualquer branco, pardo ou preto o descubra, aliás procede a dita carta de excomunhão. [86]

Não apareceram notícias; o vigário expediu a carta de excomunhão:

> Visto não resultar das admoestações pessoas que dêem notícias de quem fez o dano e ter o queixoso provado por seu depoimento o interesse, passe carta de excomunhão na forma do estilo, pagas as custas dos autos. Mariana, 2 de Março de 1770. José Botelho Borges. [87]

Maria Sylvia de Carvalho Franco também analisou processos de crimes do século XIX no interior de São Paulo. Em seu estudo observou que os ajustes violentos encontram-se associados a circunstâncias banais do cotidiano, como regularidade nos setores fundamentais da relação comunitária: nos fenômenos que derivam da "proximidade espacial" (vizinhança), nos que caracterizam uma "vida apoiada em condições comuns" (cooperação) e naqueles que exprimem o "ser comum" (parentesco). Franco observa que a violência atravessa toda a organização social, surgindo nos setores menos regulamentados da vida, como as relações lúdicas e projetando-se até a codificação dos valores fundamentais da cultura. Para a autora, a mesma condição objetiva que leva a uma complementaridade nas relações de vizinhança conduz necessariamente a uma expansão das áreas de atrito e a um agravamento das pendências aí resultantes. A po-

---

85    AEAM: Epistolário dos bispos, n. 1602. 02-02-1770 a 03-03-1770.

86    AEAM: Epistolário n. 1602. 02-02-1770 a 03-03-1770.

87    *Idem.*

breza das técnicas de exploração da natureza, os limites estreitos das possibilidades de aproveitamento do trabalho e a consequente escassez dos recursos de sobrevivência não podem deixar de conduzir a uma sobreposição das áreas de interesse. Instalam-se, assim, processos competitivos sem alternativas muito plásticas para se resolverem. A manutenção das prerrogativas de uma das partes implica, simplesmente, em eliminar as da adversária. Ou seja, se uma cultura pobre e um sistema social simples efetivamente tornam necessárias relações de recíproca suplementação por parte de seus membros, também aumentam a frequência das oportunidades de conflito. Nesta perspectiva devem ser interpretados certos desenlaces drásticos, ou ainda os incidentes relativos à preservação de roçados, à utilização de animais ou de benfeitorias de uso coletivo, ou aproveitamento de recursos naturais ou de coleta.[88]

Isto se faz notar na queixa de Manuel Ferreira do Vale, morador no Gualaxo. Era proprietário de uma lavra no Caraça; mataram-lhe um cavalo de sela, furtaram uma novilha e duas vacas, um boi marrão. Após ser denunciada em Antônio Pereira, a queixa foi despachada pelo doutor José dos Santos, mas não logrou obter notícias.[89] Do mesmo modo, nota-se a relação de concorrência pelos bens de sobrevivência na queixa de Manuel d' Arruda. Procurando o pároco, ele queixou-se de que no seu sítio em Santa Rita "lhe faltou um potro crioulo", que procurado pelos pastos por onde pastava, foi encontrado morto em lugar onde se tinha procurado com umas feridas mortais em lugar limpo sem atoleiro que pudesse causar perigo. Também faltou, conforme relatava, um negro de nação benguela e nome Clemente e levou vestido e tanga de baeta da mesma cor; houve outros furtos de madeira. O sitiante obteve vários depoimentos acerca do paradeiro dos objetos.[90]

Esta queixa de dona Rosa Maria da Fonseca Magalhães mostra também a competição pelos recursos e materiais ligados à sobrevivência:

> Queixa-se a Santa madre Igreja D. Rosa Maria da Fonseca Magalhães que a ela lhe tem faltado as coisas seguintes em 4 deste mês de Janeiro: uma vaca vermelha com um sinal branco na testa; mais 3 vacas, duas (pa...eiros) e (uma) pequena,

---

88  FRANCO, M. S. de C. *Op. Cit.*, p. 25-26.

89  2904 – 21-12-1753. Queixa de Manuel Ferreira do Vale, morador no Gualaxo, proprietário de uma lavra no Caraça despachada pelo doutor José dos Santos. Furto de uma novilha e duas vacas, um boi marrão, por terem lhe matado um cavalo de sela. Denunciada em Antonio Pereira. Sem notícias.

90  2851B – 5-01-1771. Queixa de Manuel d' Arruda despachada pelo vigário Capitular do bispado, sobre furtos e fuga de um negro. Denunciada em Santo Antônio do Itatiaia, 01 de jan. 1771. Com Notícias. Encerramento em 19-01-1771.

estas faltam há 2 anos para mais; um cão alto castanho carioca (...) sinal nelas; mais 2 dúzias de ovos que lhe tiraram da casa do Arraial; mais (?) cabeças de porcos; mais duas portas; (ilegível 1 palavra) (cozinha c?omada) a (sola) pedra. Pede de quem souber destes danos referidos lha faça saber, e quando não, pretende tirar carta de excomunhão.[91]

Com efeito, muitas queixas insinuam a cobiça pelos bens que garantiam a subsistência. Observe-se o caso de Rafael João, morador em sua Fazenda da Tapanhuacanga, da freguesia de Catas Altas. Ele fez admoestar queixa pela fuga de dois de seus escravos; reclamava furtos diversos de bens e criações de sua fazenda. Após as três admoestações canônicas em Catas Altas, o vigário geral doutor Geraldo José de Abranches expediu a carta de excomunhão, e o queixoso obteve as notícias de seus bens. Cinco pessoas de lugares diferentes deram seus depoimentos: Inficionado, Morro da Água Quente, em Vila Rica, um omisso, e dois de Catas Altas.[92]

A Igreja diocesana, por meio das queixas e das composições, oferecia recursos de pacificação e de estabilização destas relações. Como apontou Maria Sylvia de Carvalho Franco, a violência eclode em circunstâncias que não comprometem as probabilidades de sobrevivência e apresenta um caráter costumeiro suficientemente arraigado para ser transferido a situações que apresentam pelo menos alguns sinais de mudança.[93]

Assim, a queixa do sargento-mor Francisco da Fonseca Ferreira, em 1769, dava contas a Inácio Corrêa de Sá, Provisor do Bispado, de graves furtos e danos. Queixava-se o militar que alguém que não descobria a identidade "lhe tem furtado, perdido, morrido ou matado os bens seguintes": dois anéis, dois litros de ouro com pedra incarnada e branca com dois diamantes cada um, um par de brincos de diamantes, e outras joias e miudezas feitas em ouro e prata, que descreve, toalhas e utensílios da casa; ferramentas da roça e lavra; quatro bois de carro e uma vaca e oito novilhos que lhe mataram e outras criações menores, taboado - portas e janelas e telhas. Além disto, queixava-se que "nesta freguesia lhe tem morrido 27 escravos, alguns destes suspeita façam as suas mortes a

---

91 AEAM. Epistolário 1605 - Queixa de Rosa Maria da Fonseca Magalhães. 27-01-1747 a 25-02-1747. Denúncia em: Camargos.

92 2834G - 14-01-1752. Queixa de Rafael João morador em sua Fazenda da Tapanhuacanga da fregusia de Catas Altas, despachada por Geraldo J. de Abranches. Fuga de dois escravos; furtos diversos de bens e criações de sua fazenda. Denunciada em Catas Altas. Carta de excomunhão encontra-se anexa, muito corroída, preenchida por Abranches. Com Notícias - 5 depoimentos, um morador no Inficionado, outro no Morro da Água Quente, Vila Rica, um omisso, e dois moradores de Catas Altas.

93 FRANCO, M. S. de C. *Op. Cit.*, p. 28; p. 36.

pancadas que lhes dessem ou venenos". Nesse ponto, o militar esplanava longamente sobre a possibilidade de seus escravos terem sido embriagados em vendas e terem sido postos para fora. Reclamava, ainda andarem também perdidos 26 cavalos e 3 machos "e desconfia de algumas pessoas; alguns anos lhe botaram fogo em seus pastos". Reclamava, ainda, que há dois meses lhe fugiram dois negros angolas, um por nome Gaspar, outro, Francisco, barbeiro, e lhe roubaram, levando espingarda, ouro em pó e ferramentas e uma caixa cheia de roupas.[94]

O recurso às queixas convivia com táticas inusitadas, tais como tentativas de tirar informações de alguém acerca de perdas de bens ou de instrumentos de sobrevivência. Registram-se situações diversas, como o problema apresentado por Teodósio Gonçalves Cardoso ao vigário geral.

> Queixa-se a Santa Madre Igreja Teodósio Gonçalves Cardoso que trazendo um negro por nome João Nação Sobarú e nome de sua terra, Yaco vendendo (bananas – corroído 1 palavra) (azeite de mamona) por todo este distrito da Cidade (Corroído) Morro de Santa Anna e Ouro Preto (cujo escravo morreu) e (di... corroído 1 palavra) que várias pessoas lhe ficaram devendo e como ignora (quem) elas sejam, e se acha prejudicado em mais de (tre)zentas oitavas pede a quem dever o dito negro ou (corroído uma palavra) ou tiver notícia o descubra aliás, pretende tirar carta de excomunhão.[95]

Também Alexandre Mina, escravo do Coronel Tomé de Araújo, causou um prejuízo financeiro, ao doar uma libra de ouro que pertencia a seu senhor a uma negra chamada Esperança, a fim de que ela comprasse a sua liberdade:

> Diz o tenente coronel Tomé de Araújo (Pereira) morador na Igreja do Sumidouro, que pela certidão das admoestações que junto oferece consta fazer o Suplicante admoestar que um seu escravo por nome Alexandre Mina deu uma libra de ouro a uma negra do distrito do Bacalhau, com ânimo de tirar carta de excomunhão no caso de se não saber qual negra recebeu a dita libra, de (quem é a negra) e porquê fazendo-se as três admoestações na forma do estilo, o que consta da certidão do Reverendo Vigário da freguesia de Piranga, (não) se descobre somente com as ditas admoestações que negra recebeu a dita libra de ouro, quer o Suplicante proceder a mais, tirando carta de excomunhão na forma costumada para se publicar na capela do Bacalhau, filial da freguesia da Piranga, e nas mais sendo

---

94    2829 – 1769. Queixa do Sargento-Mor Francisco da Fonseca Ferreira despachada pelo Provisor do Bispado Inácio Corrêa de Sá, por furto e dano. Denunciada em São Caetano. Sem notícias.

95    AEAM. Epistolário: 1606. Queixoso: Teodósio Gonçalves Cardoso. Motivo: dívida. Denúncia em: Mariana. 25 de Junho a 25 de Julho de 1762.

necessário e *logo protesta o Suplicante não proceder criminalmente em outro Juízo, só sim eclesiástico*, sendo (necessário), pelo que, Pede a V. M. seja servido mandar passar carta de excomunhão na forma costumada para se publicar na dita capela do Bacalhau ou aonde necessário for. E. R. M.[96]

Ao longo de um ano que se passou, o Tenente Coronel Tomé de Araújo Pereira obteve várias informações sobre o fato. Em 21 de Abril de 1750, solicitou junto ao auditório episcopal a certidão contendo os ditos das testemunhas que levaram informação sobre a negra que recebeu o dinheiro, novamente jurando sobre os Santos Evangelhos não usando os ditos para caso crime:

> Em Mariana, em casas de morada do doutor Vigário geral do Bispado, doutor Geraldo José de Abranches, em 21 de Abril de 1750, pelo Tenente Coronel Tomé de Araújo Pereira "pessoa de mim reconhecida de que dou fé", em casas de morada do M. Revdo. Dr. G. J. de Abranches, Vigário geral, que lhe ministrou apresentando os livros dos Santos Evangelhos, e que lhe encarregou dissesse a verdade do que soubesse e fosse perguntado, o que prometeu fazer (...) *Por este termo disse se obrigava não acusar pessoa alguma daquelas que em virtude da carta de excomunhão que se lhe concedeu foram denunciadas e descobertas criminalmente; que não usaria dos testemunhos que saíram para acusar de algum modo criminalmente os autores do seu dano e que queria e era contente que as testemunhas dissessem os nomes e ditos e se lhes passasse certidão, não tenham fé em Juízo nem fora dele, e de como assim o disse*, e prometeu debaixo do dito juramento, assinou com o Muito Reverendo Doutor Vigário geral, e eu, Antônio Monteiro de Noronha, ajudante da Câmara Eclesiástica, que o escrevi. Abranches. Tomé de Araújo Pereira. [97]

Manuel Machado da Costa, da Comarca do Rio das Mortes, via-se em outra situação que associava a queixa a interesses financeiros e pragmáticos. Casado em face da Igreja com Maria Moraes, parda e forra, queria verificar a paternidade de sua mulher, a qual suspeitava ser filha do senhor. Sua esposa era filha natural de Ana Nunes, que foi escrava do falecido Bartolomeu Nunes Machado, da Itaubira. A queixa foi despachada pelo Provisor do bispado, Francisco Xavier da Rua. Denunciada em Itaubira, em cinco de março de 1772, "não saiu pessoa alguma que declarasse era sabedora se a sobredita Maria é ou não filha de Bartolomeu Nunes e eu também disto não tenho certeza."; S. Gonçalo da

---

96  AEAM. Epistolário: 1608. Sumidouro, 13 a 23-08-1749. Queixa do tenente coronel Tomé de Araújo Pereira Cardoso. Motivo: furto. Denunciada em Bacalhau, filial da Matriz de Guarapiranga - 21 de Abril de 1750.

97  *Idem.* Itálico meu. Vide a transcrição completa deste processo, com os ditos das testemunhas e a carta de excomunhão geral na Seção dos Anexos.

Ponte, filial de N. Sra das Conceição das Congonhas em 27 de março de 1772. Logo após, o doutor Francisco Xavier da Rua sentenciou: "deponha o Suplicante sobre o que expõe na sua petição". Em termo de juramento se justificou: "por ignorar quem era o pai de sua mulher". A sentença do Vigário geral ordenava: "Passe carta de excomunhão na forma do estilo visto ter o suplicante jurado os requisitos necessários e que manda a constituição e não sair pessoa alguma e pague as custas". Mariana, 4 de junho 1772.[98]

As queixas davam conta de outros tipos violentos de ataque ao patrimônio, como os incêndios propositais, ataques noturnos e a matança de animais dos rebanhos alheios.[99] Sob esta ótica dos prejuízos pessoais, verifica-se outro grupo de queixas por extravios de papéis. Muitos fregueses, notários e advogados reclamavam seus papéis extraviados. Eram perdas que assumiam um grande alcance material por envolver testamentos, dívidas e créditos perdidos.

## PAPÉIS EXTRAVIADOS

No conjunto das queixas registradas no auditório episcopal, nota-se um número significativo de pessoas ensaiando uma tentativa de recuperar documentos – sejam eles autos de cartórios, ou créditos e papéis correspondentes às dívidas e à administração dos negócios pessoais. Outros procuravam, com o mesmo recurso às queixas, reaver livros de contas pessoais, além de recibos e documentos de testamentos. Buscou-se, ainda, sanar sumiços de livros de registros, como foi o caso de irmandades rivais, e o dos moradores da Igreja de Santana, no morro de mesmo nome, em Mariana. Registrando queixa junto ao Vigário geral, doutor Manuel Cardoso Frazão, em 1757, eles obtiveram algumas notícias acerca do livro e do documento que estivera guardado dentro dele. Foi Luis Teixeira da Silva, morador no Morro de Santa Ana desta cidade, quem registrou a queixa. Dava conta do extravio, por mandar o livro de Inventário da Igreja a Juízo, de uma petição, que fora por engano no meio dele, na qual os moradores do Morro se comprometiam em "vestir e ornar a dita capela de todo o necessário" e a folha do livro onde ela também

---

98  2887 – 8-5-1772. Queixa de Manuel Machado da Costa, despachada por F. X. Da Rua.

99  2866 – 14-10-1796. Em Tiradentes. Queixa. Despachada por Antônio Freire da Paz, de Luís José Gouveia; 1624 – 1791. Queixa. Danos por incêndio criminoso. Catas Altas. Sem Noticias; 2918 – 3-12-1781. Queixa despachada. pelo Reverndo Provisor do bispado, de D. Maria Caetana da Cunha, da freguesia da Itaverava, "que a 10 do mês de agosto lhe queimaram uma casa junto ao arraial da Itaverava, reduzindo-lhe a cinzas várias coisas que dentro se conservavam como era uma espingarda; 2829 – 1769. Queixa do sgto. Mor. Francisco da Fonseca Ferreira desp. pelo Prov.or do Bispado Inácio Corrêa de Sá.

estava copiada foi arrancada. Pedia a quem soubesse devolvesse ao pároco da Sé. As denunciações ocorreram na Sé Catedral e as notícias davam conta que "o Reverendo Cura remeteu em carta fechada ao Escrivão da câmara".[100]

A carta de excomunhão geral contra os fautores foi expedida, preenchida, asssinada por Amaro Gomes de Oliveira, e foi lida na capela de Sant'Ana. Quatro pessoas apareceram com notícias em 4 de junho de 1757. Manuel Pereira de Bessa indicava pessoas que tinham em seu poder o livro e a petição. João Moreira Bessa dera seu depoimento ao cura da Sé, Luciano Pereira da Costa, informando que ouviu na porta da capela do Antônio Pereira, em 3 de abril de 1757, do Padre Manuel Gonçalves, o primeiro capelão daquela capela do Morro Sant'Ana que possuía petição para apresentar em juízo uma provisão do bispo Dom Frei João da Cruz. O depoimento de Manuel de Moura e Silva confirmou a existência da petição, e da cópia dela no livro, e de um seu outro capelão por muitos anos – Clemente Gomes. Diz também que a pequena igreja não tinha patrimônio, e "somente os moradores por padroeiros e estes a ornavam e vestiam de todo o necessário".[101]

Por sua vez, José de Sousa e Antônio Rosales dos Prazeres afirmaram ouvir de Cristóvão Nogueira que vira a petição dos assinados no Livro do Inventário da Capela de Santana em casa de Manuel Pereira Bessa e que Bessa também a viu, estando presente Luís Teixeira da Silva. O depoimento de Cristóvao Nogueira de Sousa afirma a existência de um despacho de Dom Frei Antônio de Guadalupe para os moradores haverem a capela, com a condição de que não fosse de pau a pique.[102]

Pessoas forras a advogados ilustres registraram reclamação de extravios de papéis. Este foi o caso do doutor Manuel da Guerra Leal Sousa e Castro, advogado de prestígio, que chegou a assumir o cargo de promotor no juízo episcopal. Em 02 de Junho de 1752, apresentou a sua queixa que foi despachada pelo doutor José dos Santos, vigário geral do bispado. Reclamava sobre o extravio de autos de um processo de execução movido por um cliente. Explicava que o sumiço ocorreu devido a uma entrega atrapalhada por um escravo, a diversos advogados da cidade: os doutores José da Silva Soares Brandão, João Dias da Silveira, Manuel Brás Ferreira, Paulo de Sousa Magalhães e Jorge de Abreu Caste-

---

100   05-05-1757. Queixa despachada pelo doutor Manuel Cardoso Frazão, de Luis Teixeira da Silva, morador no Morro de Santa Ana desta cidade, do extravio do livro de Inventário da Igreja. AEAM: Juízo Eclesiástico, n. 2870.

101   *Idem.*

102   *Idem.*

lo Branco. O sumiço dos autos foram denunciados na catedral de Mariana, mas não apareceram testemunhas com notícias.[103]

Outras pessoas lançaram mão do mesmo recurso, suspeitando de fraude nos papéis de testamentos de seus familiares. Assim, denunciavam e solicitavam carta de excomunhão geral, pois acreditavam que ao ouvi-la, as testemunhas que soubessem de algum detalhe procurariam o sacerdote para falar o que soubessem.[104]

O Capitão Manuel da Costa Souto Maior demonstrou, em 1758, outro modo de subtrair auxílio com o recurso à carta de excomunhão geral. Ele fez admoestar uma queixa "para ver se achava testemunhas que pudessem jurar na causa de embargo que faz a um alferes, sobre venda fantástica e não pagamento de dívida". A queixa foi deferida por Manuel Cardoso Frazão Castelo Branco, denunciada na Catedral de Mariana, mas não suscitou respostas.[105]

Em 1754, Antônio de Araújo de Aguiar, de Catas Altas, queixou-se ao vigário geral de um problema semelhante. Relatava que desapareceram vários papéis e provisões da criação da Capela sita na freguesia de Catas Altas, quando do falecimento de seu pai, Paulo de Araújo Aguiar. Obteve notícias com a publicação da carta de excomunhão geral. O auditório registrava muitos outros casos semelhantes.[106]

Em 1747, uma viúva moradora no Rio de Janeiro registrou junto ao vigário da vara uma queixa, na qual reclamava os bens ocultos, inclusive créditos de dívidas, de seu ma-

---

103 02-06-1752. Queixa do Dr. Manuel da Guerra Leal Sousa e Castro, advogado, despachada pelo Dr. José dos Santos sobre o extravio de autos de processo de execução movido por seu cliente, após entrega atrapalhada por escravo a diversos advogados da cidade. Denunciou em Mariana. Sem notícias. AEAM: Juízo Eclesiástico, n. 2906.

104 Esse é o caso do processo 2844 - 1739-1746. Queixa. caso *sui generis* - pedem a carta de excomunhão porque querem fazer falar as testemunhas sobre dívida deixada por testador, atribuindo ao medo em silêncio quanto ao dolo na constituição do testamento.

105 15-09-1758. Queixa do Capitão Manuel da Costa Souto Maior "para ver se achava testemunhas que pudessem jurar na causa de embargo que faz ao alferes M. Teixeira e a qual se opôs o licenciado Constantino José Ribeiro" sobre venda fantástica e não pagamento de dívida. Despachada por Manuel Cardos Frazão Castelo Branco. Denunciada Catedral de Mariana. Sem notícias. Mariana. AEAM, Juízo Eclesiástico, 2902.

106 2799 - 27-03-1754. Queixa de Antônio de Araújo de Aguiar despachada pelo doutor José dos Santos Vigário geral do bispado, que, por falecimento de seu pai, Paulo de Araújo Aguiar, desapareceram vários papéis e provisões da criação da Capela sita na dita freguesia de Catas Altas. Com notícias; 25 fev.1757 - Queixa do Alferes Tomé Soares de Brito, tesoureiro dos ausentes e o capitão Paulo Mendes Campelo despachada por Manuel Cardoso Frazão sobre furto e extravios de bens do falecido capitão-mor Ferrão Lima. Denuciada em Catas Altas. Sem notícias. AEAM. Juízo Eclesiástico, 2834F; 06-12-1758. Queixa de D. Mariana Teresa de São Boaventura, viúva

rido, vítima de estupor, de quem ficou ficou sendo tutora. A queixa foi denunciada em Catas Altas.[107] Em 1749, também o Sargento Ambrósio Dias Raposo, de São João Del Rei, reclamou o sumiço de créditos e papéis extraviados, mas não obteve notícias.[108]

Em onze de agosto de 1772, Alferes Luís Teixeira Sobral e o Sargento-Mor Domingos Barbosa Pereira fizeram admoestar uma Queixa, despachada pelo Vigário geral do bispado, Francisco Xavier da Rua, acerca do desaparecimento de autos de execução que fez João Barbosa da Cruz a Manuel Fagundes a que se achavam apensos várias execuções que se faziam ao dito executado, entre as quais, duas deles, queixosos, cujos autos se achavam em termos de se proceder ao rateio no depósito de um conto e tantos mil réis, do produto dos bens rematados ao executado, do qual era depositário Caetano Teixeira. O coadjutor da paróquia colada de São João Del Rei certificou a publicação da carta de excomunhão geral em 23 de junho de 1772, "na forma do Sagrado Concílio Tridentino e Constituição do Bispado".[109]

Os negócios pessoais e a produção de provas para defender-se na justiça deram causa a outro grupo de queixas. Foi este o caso de dezembro de 1774, de dona Mariana de Almeida e Silva, viúva do tenente-coronel Marcos de Sousa Magalhães. Era moradora da Vila de São João Del Rei e proprietária de uma lavra no distrito de São Gonçalo do Brumado por si e seu defunto marido, há mais de 35 anos em posse pacífica, sem contradição de pessoa alguma. De presente se protestou um chamado título de 25 datas de terras com as águas minerais do Ribeirão do Brumado com a qual perturbação a querem expulsar das mesmas lavras em razão de ter mandado escrever no Livro dos Registos da Superintendência da comarca ao referido do denominado título. E porque se oculta o descobrir-se quem foi o fabricador do sobredito, concorreu, ou sabe disto, em parte ou em todo, o faz saber a toda e qualquer pessoa para que

---

que ficou do tenente Antonio Menezes da Silva, despachada por Manuel Cardoso Frazão. Sumiço de uma carta de quitação de dívida com Luís Antônio de Queiroz Vasconcelos, assinada pelo próprio credor, que lhe tem movido processos. Denunciada em Guarapiranga. Sem notícias. AEAM. Juízo Eclesiástico, 2834.

107 1747. Queixa. Bens ocultos e créditos de dívidas do marido vítima de estupor, de quem ficou sendo tutora, moradora no Rio de Janeiro. Denunciou em Catas Altas. Sem notícias. AEAM. Juízo Eclesiástico, 2925.

108 07-05-1749. Queixa do Ambrosio Dias Raposo, de São João Del Rei, despachada por Geraldo José de Abranches. Dívidas e papéis de créditos extraviados. Denunciada em Mariana. Sem notícias. AEAM. Juízo Eclesiástico, 2814.

109 2865 - 11-08-1772. Queixa, despachada pelo Vigário geral, doutor Francisco Xavier da Rua, do bispado do Alferes Luís Teixeira Sobral e o Sgto Mor Domingos Barbosa Pereira. Desaparecimento de autos de execução que fez João Barbosa da Cruz a Manuel Fagundes a que se achavam apensos várias execuções que se faziam ao dito executado.

o denuncie pois pretende tirar carta de excomunhão. A queixa foi denunciada em São João Del Rei "como manda o concílio tridentino e Constituições" sem notícia alguma.[110]

O extravio de papéis - ou de ouro, dinheiro e bens móveis - era muito comum por ocasião do falecimento de alguém de posses. Em 1751, Tomé do Couto Ferreira, da freguesia dos Prados, fez queixa junto ao vigário geral do bispado sobre o sumiço e papéis, clarezas, libelo de razão e quitações que por falecimento tiraram do defunto Antônio da Silva.[111]

Após a petição, o Vigário da Vara da Comarca de Rio das Mortes, José Sobral e Souza, afirmava: "Não posso deferir ao Suplicante sem expressa ordem de Sua Excelência Reverendíssima na forma da Constituição". O queixoso obteve várias notícias por depoimentos, inclusive do pároco, que acusou o desaparecimento da carta de excomunhão, que havia lido e afixada à porta principal da Matriz.[112]

Em outro inusitado uso da carta de excomunhão, Teresa de Sousa Loba, da Vila do Príncipe, queixou-se perante o doutor Inácio Corrêa de Sá que "contendendo neste juízo sobre divórcio de seu marido, Manuel Gomes, deveras fez seu sequestro de bens do casal" pela razão de o Suplicado pretender ausentar-se. Mas, alegava não saber das quitações e letras do marido passadas ao Rio e a Lisboa, e que as pessoas não lhe querem falar por respeito a ele. Esperava conseguir as informações através da carta de excomunhão. A queixa foi admoestada na Matriz de Nossa Senhora da Conceição da Vila do Príncipe, Comarca de Serro Frio em março de 1767. A ela saiu o doutor José Pinheiro, declarando-se devedor a Manuel Gomes; e Matias Teixeira Chaves, que contou que levaria ouro de Gomes ao Rio de Janeiro. O processo encerrou com o mandado de expedição da carta de excomunhão, com mais notícias.[113] Muitas outras pessoas reclamaram o sumiço de escrituras de vendas, e outros prejuízos configurados pelo extravio de papéis.[114]

Até Joaquim Silvério dos Reis registrou queixa em 1794, sobre extravios de títulos de dívidas e furtos de uma boa quantidade de ferro, junto ao vigário geral doutor José Bote-

---

110 2926 - 4-2-1775. Queixa. Despachada pelo provisor e Vigário geral Francisco Xavier da Rua, de D. Mariana de Almeida e Silva, viúva do tenente Coronel Marcos de Sousa Magalhães, moradora da Vila de São João Del Rei.

111 2834B -26-05-1751. Queixa de Tomé do Couto Ferreira, da freguesia dos Prados despachada por Geraldo José de Abranches. Sumiço e papéis, clarezas, libelo de razão e quitações que por falecimento tiraram do defunto Antônio da Silva. Denunciou na paroquial Igreja de Santo Antônio da Vila de São José, comarca do Rio das Mortes.

112 2834B -26-05-1751.

113 2894B - 12-03-1767. Queixa de Teresa de Sousa Loba, da Vila do Príncipe, despachada por Inácio Corrêa de Sá.

114 2921A - 12-12-1780. Queixa despachada pelo Provisor Inácio Corrêa de Sá, de Maria Francisca,

EXCOMUNHÃO E ECONOMIA DA SALVAÇÃO

lho Borges. A queixa foi denunciada na Catedral, na igreja de Nossa Senhora do Pilar em Vila Rica, Nossa Senhora da Conceição em Vila Rica, mas ele não obteve notícias.[115]

Muitos reclamaram, ainda, do extravio de autos de cartórios.[116] Em 1751, o capitão Caetano José de Almeida, escrivão das execuções de Mariana, reclamou o sumiço de autos de seu cartório, sem obter notícias.[117] O mesmo sucedeu com o Tesoureiro da Provedoria dos Ausentes de Mariana.[118]

Outro caso similar se passou à altura de 22 de Agosto de 1777, período de vacância episcopal. Era vigário geral o doutor Francisco Pereira de Santa Apolônia. Uma petição de

---

moradora em Braga, por seu bastante procurador, Custódio Luís Soares, como herdeira de seu primo, Manuel Ferreira Braga, pelo desaparecimento de uma escritura de venda que o falecido fizera e entregara a seu procurador Cipriano da Silva Rego, hoje falecido, de umas roças no arraial do Furquim com moradas de casas, várias cabeças de gado, porcos, ovelhas, milho, feijão, algodão, 11 escravos, 10 praças de terras, ferramentas de uso de cultura de mineirar e outros trastes do serviço de casa. Denunciada na Igreja de Bom Jesus do Monte do Furquim. Com notícias em 10-12-1780. Em 12-12-1780 foi autorizada a expedição da carta de excomunhão e o processo se encerrou com as contas em 14-12-1780.

115 1794. Queixa do contratador Joaquim Silvério dos Reis despachada pelo Vigário geral, doutor José Botelho Borges. Extravios de títulos de dívidas e furtos denunciada na Catedral, na Igreja de Nossa Senhora do Pilar em Vila Rica, Nossa Senhora da Conceição em Vila Rica. AEAM. Epistolário dos bispos -1637. Neste mesmo ano, em 25 de outubro, este personagem que ficou conhecido como símbolo da traição, recebeu das mãos do Príncipe o Hábito de Cristo, com 200 mil réis de tença "pelos relevantes serviços praticados com exemplar fidelidade de Catholico e leal vassalo". Pouco depois, foi suspenso o sequestro de seus bens. SERRÃO, J. V. História de Portugal (1750-1807). v. 6 - O despotismo iluminado. Lisboa: Verbo, Capítulo 1, p. 387.

116 2916 - 05-03-1760. Queixa do (Ledor) João Francisco Nogueira, morador na freguesia de São Sebastião, despachada pelo Vigário geral, M. C. Frazão sobre desaparecimento dos autos do cartório dos Órfãos. Denunciada em 4 de março de 1760, na Catedral de Mariana e em São Caetano, em 6 de fevereiro de 1760. Sem notícias.

117 04-12-1751. Queixa do Capitão Caetano José de Almeida, escrivão das execuções de Mariana despachada por Geraldo José de Abranches. Furto de Autos de seu cartório. Denunciou em Mariana. Sem notícias. AEAM. Juízo Eclesiástico, 2821; 1770. Queixa. Autos crimes desaparecidos do cartório. Mariana. Sem Notícias; 2872 - 14 a 16-01-1771. Queixa de Manuel de Moraes Coutinho pelo desaparecimento de 2 inventários do cartório dos Órfãos despachada pelo Vigário Capitular do Bispado. Denunciada na paróquia de São José da Comarca do Rio das Mortes. AEAM - Epistolário dos Bispos,1604.

118 2854 - 22/08/1777. Queixa do tesoureiro da provedoria dos Ausentes José Dias de Souza despachada pelo Vigário geral Francisco Pereira de Santa Apolônia. Autos desaparecidos. Denunciada na Catedral. Sem notícias; 1789. Queixa. Furto de autos de seu cartório e bens pessoais. São José da Barra Longa e Mariana. Sem Noticias. Epistolário dos Bispos -1628.

José Dias de Sousa, autuada nesta data, dava início a uma rápida ação judicial. O queixoso era tesoureiro da provedoria dos ausentes. Alegava endividamento da provedoria, e apelava ao tribunal diocesano para que, através do recurso à carta de excomunhão, se pudesse obter alguma notícia dos bens supostamente extraviados, de dois cônegos falecidos: Teodoro Ferreira Jácome e Francisco Ribeiro da Silva. Pedro Inácio Lopes da Silva, escrivão ajudante da câmara eclesiástica, lavrou o termo de queixoso:

> Diz o Tesoureiro da Provedoria das Fazendas, Defuntos e Ausentes desta Cidade, José Dias de Sousa, que ele fez admoestar nesta matriz o que consta do papel junto à certidão e como estejam findas as três admoestações, *quer se lhe passe carta de excomunhão e que esta seja lida nos [arraiais] que ele declarar*. Para Vossa Mercê seja servido assim mandar. E. R. M. [119]

O vigário geral apresentava o dano à comunidade de fiéis:

> Queixa-se à Santa Madre Igreja José Dias de Sousa como tesoureiro da provedoria dos ausentes desta cidade que por falecimento de seu antecessor, o capitão Manuel Dias da Silva Bastos, se experimenta grande falta de bens para segurança do alcance em que o mesmo ficou com o dito juízo, pelo que faz admoestar o referido a qualquer pessoa que souber ou tenha notícia de alguns móveis de casa, roupas, prata, ouro, escravos e dívidas que se lhe ficaram devendo, por clarezas e sem elas; como também da mesma sorte os de toda a qualidade que forem pertencentes às heranças dos Reverendos Cônegos falecidos, Teodoro Ferreira Jácome e Francisco Ribeiro da Silva, declarem onde se acham com a individuação necessária para se poderem arrecadar e virem todos ao dito juízo, porque, não o fazendo, pretende tirar carta de excomunhão a respeito dos três nomeados.[120]

O coadjutor da catedral passava a certidão de teor seguinte:

> Certifico que este papel foi publicado na Catedral à estação da Missa Conventual três vezes em voz alta e inteligível e também à Missa das Almas; porém até agora me não denunciaram coisa alguma nesta Cidade, e nem eu sei de nada, e assim o juro *in verbo Parochi*. Mariana, 19 de agosto de 1777. O coadjutor Manuel da Silva Salgado. [121]

---

119    AEAM. Juízo Eclesiástico. Seção: Escrituração da Cúria, Processo n. 2854, folhas não numeradas. Itálico meu.

120    *Idem.*

121    *Ibidem.*

O termo de juramento da denúncia, escrito pelo escrivão ajudante Pedro Inácio Lopes da Silva, apontava:

> Termo de Juramento. Mariana. 27 de Agosto de 1777. Casas de morada do Muito Reverendo Doutor provisor e vigário geral deste bispado onde eu adiante nomeado fui vindo e sendo aí apareceu presente o *queixoso*, a quem o Muito Reverendo Ministro lhe deferiu o juramento dos Santos Evangelhos em um livro deles em que pôs sua mão direita para dizer a verdade (...) *E sendo perguntado pelos mesmos, disse que não sabe nem tem notícia onde se acham os bens que faltam na admoestação destes autos* (...) *e faz esta diligência não para usar em causa alguma, sim para fazer arrecadação pelo juízo e porque somente pela carta de excomunhão virá no conhecimento onde se acham os ditos bens*; por esse motivo a requer e para constar, fiz este Termo que assinou com o Muito reverendo ministro. Eu, Pedro Inácio Lopes da Silva, escrivão ajudante da câmara eclesiástica que o escrevi. Rubrica do escrivão José Dias de Sousa. Pereira, o vigário geral.[122]

Esta ação judicial se encerrou em Mariana mediante o pagamento de 775,00 réis das custas processuais, em 16 de setembro de 1777. O despacho do vigário geral Francisco Pereira de Santa Apolônia afirmava que "Visto o juramento retro e sentença paroquial de que não resultou declaração alguma, se passe carta de excomunhão na forma da lei pelas custas delas. Mariana, 27 de agosto de 1777".[123]

Como se observa, a carta declaratória de excomunhão geral foi um recurso amplamente utilizado no juízo eclesiástico. A excomunhão se tornava, com as queixas, um recurso para obter, por meio do temor religioso, o socorro perante danos, informações ou notícias de extravios. As queixas evidenciam uma relação ambivalente da mitra diocesana com a população: era uma forma de mediação da justiça episcopal nos danos e perdas cotidianos. Por outro lado, as queixas propiciavam uma apropriação dos recursos institucionais pela população. Esta procura e intermediação se mostram constantes na segunda metade do século XVIII, como indica o gráfico a seguir.

---

122    *Ibidem*. Itálico meu.

123    AEAM. Juízo Eclesiástico. Seção: Escrituração da Cúria, Processo n. 2854. Consta a seguinte relação de despesas pagas ao Reverendo escrivão: o Auto e raza, 155,00; reconhecimento de firma, 150,00; 300,00 do termo de juramento; conclusão e publicação do auto, 170,00; da factura da conta, 300,00.

**Gráfico 5**

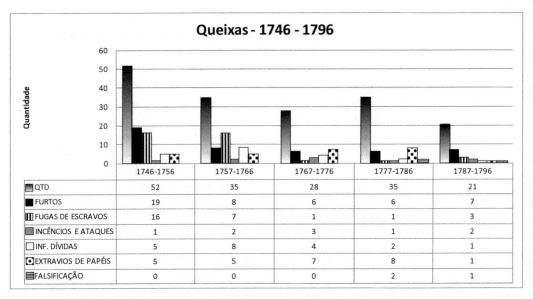

fonte: Acervo do Arquivo Eclesiástico da Arquidiocese de Mariana.

Constantes em todo o século XVIII, nas paróquias e capelanias da diocese, as queixas revelam muito acerca das relações comunitárias no século XVIII. Expressam esquemas complexos de representação de um conjunto de valores, temores, crenças e sensibilidades coletivas. Este trabalho esboça, entretanto, uma tendência de declínio ao avançar da centúria. Não obstante, a apresentação de uma queixa revela muito acerca das relações de vizinhança: a cooperação, delação, violência. Maria Silvia de Carvalho Franco realizou uma caracterização sociológica destas relações sociais, com base nas ações judiciais de Guaratinguetá. Estas evidenciaram a tensão, e principalmente a violência como componentes principais das relações comunitárias.[124]

Por sua vez, Julita Scarano apontou um outro amálgama destas relações comunitárias: a religiosidade. Nas Minas Gerais do século XVIII havia uma flutuante e caótica população, sensível à fé. Os homens da terra do ouro, segundo a autora, ainda quando praticassem as maiores iniquidades, não deixavam de crer profundamente no Céu e no Inferno, no Cristo e na Virgem. A vida confusa, instável, insegura, era propícia àquela extrema religiosidade. A morte era a presença mais palpável, que a todos

---

124 Segundo a autora, a sua verificação contrasta com a definição conceitual de Weber de comunidade, apresentada como uma contraposição radical à luta, por envolver sentimentos e ligações emocionais. FRANCO, Maria Sylvia de Carvalho. *Op. Cit.*, p. 22-23.

parece trazer constante preocupação. As promessas da Igreja sobre a salvação e o valor que atribui à eternidade, como contrapartida do vale de lágrimas tornava a excomunhão um terrível castigo.[125]

As queixas se harmonizam com estes costumes e crenças. Constituindo uma peça com forma jurídica determinada, iniciavam com uma petição apresentada à paróquia de origem. Seguiam depois os trâmites judiciais sob o encargo do vigário geral. Como o réu era uma incógnita, destinavam-se à investigação dos delitos ocorridos nas paróquias. As queixas criavam uma esfera de cooperação para obter notícias de bens perdidos e a instituição oferecia este amparo e possibilidade de averiguação, apelando para a fé, e baseando-se na excomunhão e no temor que causava junto às consciências. A excomunhão no mundo cristão era exclusão da comunidade e uma espécie de morte social, que afetaria, inclusive, a família do excomungado.[126]

Apresentadas aos párocos das freguesias de todas as comarcas mineiras, as queixas persistem por todo o século XVIII reguladas pela norma das Constituições da Bahia. Assim, cediam matéria de investigação e acusação ao promotor do juízo eclesiástico.[127]

Nesta prática, se evidenciam alguns dos mecanismos de coerção psíquica utilizados pela hierarquia eclesiástica. A excomunhão geral era o corolário de todas as queixas; o mote para os depoimentos que contribuiriam decisivamente com as notícias que o queixoso buscava, dos danos reclamados. No tribunal eclesiástico, à disposição do escrivão do foro contencioso existia um estoque impresso das cartas de excomunhão com os campos em branco para preenchimento dos dados individuais: o autor da queixa e um relato circunstanciado dos fatos, que precedia a excomunhão. A diocese oferecia os chamados bens de salvação – os sacramentos, a solidariedade; e punia com armas temporais e simbólicas – as excomunhões, gerais e particulares, amplamente utilizadas inclusive contra autoridades coloniais.[128]

Por outro lado, esta documentação paroquial nos auxilia a notar as dimensões assumidas pela prática coercitiva levada a cabo pela hierarquia católica. Práticas que envol-

---

125  *Idem*. SCARANO, Julita. *Devoção e Escravidão*. São Paulo: Nacional, 1978, p.51-53.

126  João Henrique dos Santos mostrou que o recurso à excomunhão era bem mais utilizado na religião católica do que entre os judeus; por conseguinte, para o autor o medo da exclusão era maior entre os cristãos que entre os judeus. SANTOS, J. H. dos. "A aproximação dos distantes: os Éditos de anátema e excomunhão cristão no século XVII". *Revista Vértice*, 10. São Paulo: Centro de Estudos Judaicos da FFLCH-USP.

127  Primeiras Constituições sinodais do Arcebispado da Bahia. *Op. Cit.* Liv. 5, tít. XLVI, n. 1090-93.

128  Arquivo Nacional da Torre do Tombo - ANTT. Padroados do Brasil, Cx 5, da Mesa da Consciência e Ordens. 36º maço. Relato do Padre João Álvares da Costa, Bacharel em Cânones pela

viam uma ação articulada, fundamentalmente amparada nas atividades paroquiais, permanentemente visitadas e fiscalizadas. O recurso às queixas possui um correspondente praticado pela tiara pontifícia. As chamadas Queixas Paulinas eram um protótipo de queixas sobre perdas e danos, encaminhadas ao pontífice. As Paulinas eram similares no formato e no procedimento às queixas recebidas pelos párocos. Em meados do século XVIII circulou, no bispado de Mariana, uma Paulina do Pontífice Romano Bento XIV.

## As Queixas Paulinas

Era praxe no âmbito de uma diocese que os fiéis reclamassem seus prejuízos ao pároco e pedissem a excomunhão automática do autor. As queixas tratavam de furtos, perdas, danos, ou invasão de seus domicílios que configurassem valores maiores que um marco de prata. Mas a queixa registrada por Dona Maria dos Santos Ferreira, viúva riquíssima que teve os seus bens roubados no bispado do Rio de Janeiro, recorreu à Santa Sé sob o pontificado de Bento XIV. Mediante o termo de juramento da queixosa acerca do dano

---

Universidade de Coimbra, e colado e investido na posse da Igreja de N. Sra. da Conceição de Mato Dentro da Comarca do Serro Frio, a respeito de sua prisão e excomunhão pelo bispo de Mariana, D. Frei Manuel da Cruz, em 3 de Março de 1752. *Registro a minha gratidão ao Prof. Dr. Caio C. Boschi pela indicação desta valiosa documentação.* AEAM. Tribunal eclesiástico. Governos episcopais. Armário 6, prateleira 2, livro 1030 (1765-1784) 25-4-1766. Sentença declaratória a requerimento de Rosa Maria da Conceição contra Honorato Joaquim do Espírito Santo, por não comparecer perante o Vigário geral onde fora notificado a vir sob pena de excomunhão – Vigário geral: Teodoro Ferreira Jácome, fl. 1; 29-4-66: Sentença de absolvição crime a favor de Antônio Manuel Figueiras na causa que lhe formou o Dr. José Sobral e Sousa, Vigário da Vara de São João del Rei, autuado e incurso na pena de excomunhão maior; manda passar declaratória ao mesmo e multá-lo em 20 cruzados aplicados para as despesas da Justiça – Vigário geral: Teodoro Ferreira Jácome, fl. 1v. Arquivo Histórico Ultramarino - doravante AHU/MG/s/l, Cx. 59, doc. 52. 24/02/A752. Requerimento do Bacharel Francisco Ângelo Leitão, Juiz de Fora da Cidade de Mariana, solicitando provisão para que o bispo de Minas Gerais, Dom Frei Manuel da Cruz, suspenda o procedimento que tem contra ele (excomunhão maior); AHU, Cx. 60, doc. 44. 31/08/1752. Carta do Bispo de Mariana, D. Frei Manuel da Cruz, informando a Diogo de Mendonça Corte-Real acerca dos atos porque se procedeu contra o Bacharel Francisco Ângelo Leitão (excomunhão maior). HOORNAERT, Eduardo. *História da Igreja no Brasil: ensaio de interpretação a partir do povo.* Petrópolis: Vozes, 1977, 2 volumes. A História vista de baixo visa a um contraponto com a história tradicional oferece essa visão de cima, concentrada nos feitos dos grandes homens, estadistas, generais, e ocasionalmente, eclesiásticos; destinando um papel secundário ao resto da humanidade no drama da história. Vide: BURKE, Peter. "Abertura: a Nova História, seu passado e seu futuro" e "A história dos acontecimentos e o renascimento da narrativa." In. BURKE, P. (Org.). *A escrita da história: novas perspectivas.* Trad. Magda Lopes. São Paulo: Editora da Unesp, 1992. (Biblioteca Básica), p. 10-25; p. 327-48.

que sofreu, em 22 de setembro de 1747, a corte romana publicou um breve pontifício, em latim, no qual o papa ordenava ao bispo de Mariana, Dom Frei Manuel da Cruz, e a todos os bispos da América Portuguesa, a publicação e a posterior investigação em devassas do paradeiro daqueles bens roubados.[129]

O documento exortava aos que tivessem qualquer notícia ou informação a respeito dos furtos que se manifestassem. O bispo de Mariana expediu edital em 1748, conclamando denúncias ou notícias em tom grave, acerca do roubo dos bens de Maria dos Santos Ferreira. O documento foi afixado às portas de igrejas de todas as freguesias do bispado e lido às Estações das Missas, em obediência à determinação pontifícia.[130]

As chamadas Paulinas se assemelham a um correspondente superior das Queixas aos bispos, dirigidas ao pontífice. Para o exercício da sua jurisdição, os bispos dispunham, portanto, de variados mecanismos de investigação levados a efeito no século XVIII. Recebiam queixas, promoviam as denúncias, instauravam devassas gerais. Deveriam os prelados também receber querelas. Estas conformam a última categoria dos recursos de procura dos pecadores públicos prescrita pelas constituições. Trata-se de uma acusação judicial formal, mediante a apresentação de testemunhas e atenção a requisitos obrigatórios para se apurar casos de violências cometidas por sacerdotes.

## As querelas: os réus notórios

Como temos mencionado, na outra ponta da hierarquia, a população colonial não deixou de fazer uso dos mecanismos do juízo episcopal para representar as mais variadas queixas. Esta era uma prática regulamentada em tratados jurídicos lusitanos do século XVII e XVIII. A *Prática judicial,* de António Cabral Vanguerve, publicada em 1740, explica pormenorizadamente o funcionamento, os cargos e quais eram causas prioritárias do juízo eclesiástico – esponsais e sevícias. Neste tratado, o autor esclarece que, tanto no secular, como no eclesiástico, os crimes se descobrem, ou por devassa geral, ou particular, ou por querelas:

> Os vigários gerais são obrigados a receber as querelas e denunciações, que as partes, ou meirinho do eclesiástico ou o promotor do auditório derem e as aceitarão e procederão nelas na forma que o Direito e Constituições dispõem.[131]

---

129 AEAM Seçao: Governos Episcopais – Armário 1, pasta/gaveta1.

130 *Idem.*

131 CABRAL, António Vanguerve. *Pratica judicial muyto util e necessaria para os que principiam os officios de julgar, e advogar, e para todos os que solicitão causas nos auditorios de hum e outro foro*

As querelas, segundo a norma das constituições, deveriam ser oferecidas ao Vigário geral, em forma de petição, e com a apresentação de testemunhas e um fiador eclesiástico, ou alguma pessoa abonada, que assumisse as despesas da investigação. Destinava-se, ao contrário das queixas, a apontar, acusar o réu. Diferentemente das querelas apresentadas ao ouvidor da comarca, ou ao provedor da Fazenda, conforme o caso, as querelas interpostas no juízo eclesiástico tratavam de crimes cometidos por sacerdotes.[132]

As Ordenações faziam constante referência aos tratados de Vanguerve Cabral e de Gabriel Pereira de Sousa, que versavam sobre as querelas, e explicavam as suas origens no direito português. Os primórdios da prática de querelar verificam-se em forais registrados desde o tempo do Conde Henrique. Naquela época, as pessoas lesadas deveriam ir gritando o ocorrido, enquanto estavam ainda vendo o criminoso, indo assim, até chegar à presença do juiz. Além de descrever a prática de querelar, os forais antigos consagraram a importância das testemunhas idôneas: "*Ao querelante se não lhe valha a querela sem o testemunho dos bons homens*".[133]

As querelas se originaram destes usos. Com o tempo sofreram mudanças. O Código Manuelino distinguiu os crimes mais graves. As Ordenações Filipinas estipularam os casos nos quais se deveria proceder à prisão mediante querela jurada e testemunhada; e os casos nos quais a prisão deveria ser precedida de investigações. Em todos os casos, a prisão dependeria do conhecimento sumário de três ou quatro testemunhas.[134]

As Ordenações Filipinas dedicam vários títulos que estabelecem minuciosamente os casos e circunstâncias nos quais os julgadores deveriam receber querelas. Eles deviam receber querelas: se a pessoa fosse querelada por alguém que era cristão e se tornou judeu, ou de outra seita, ou que blasfemou contra Deus e os Santos; feiticeiro, sorteiro ou adivinhador; quem cometeu crime de lesa-majestade, assaltou estradas, matou alguém, dormiu com mulher de Ordem; por incesto, estupro, sodomia, alcovitaria; de falsários, incendiários de pães, vinhas, ou outras coisas; ladrão de 100 réis para cima; que feriu pai ou mãe; quem fez assuada, quebrantou cadeia, saltou o muro da cidade ou vila que estivesse cercada ou guardada; sendo carcereiro, tendo lhe fugido um preso; falsificador de moedas; testemunho falso ou que o fez dizer; que casou ou dormiu com criada daquele

---

*tirada de varios autores practicos e dos estylos mais praticados nos auditorios*. Lisboa Ocidental: Oficina de Carlos Esteves Mariz, 1740, p. 94. "Nas causas crime do juízo eclesiástico".

132 Primeiras Constituições sinodais do Arcebispado da Bahia. *Op. Cit.* Liv. 5, Tít. 36. Das querelas.

133 ORDENAÇÕES Filipinas *on* line. <http://www1.ci.uc.pt/ihti/proj/filipinas/ordenacoes.htm> consultado 04/04/2011. Livro V, tít. 117. Em que casos se devem receber querelas.

134 *Idem.*

com quem vive; por bigamia; infiel que dormiu com cristã ou vice-versa; barregã de homem casado; barregueiro; barregã de homem cortesão ou manceba de clérigo; rufião. Deveria acolher querela a pessoa ferida desde que as mostrasse, ou por tabelião que dê fé tê-las visto; desde que soubesse quem lhe fez as feridas, poderia querelar dentro de um ano, mas passado este prazo poderia acusar sem querela; adultério cometido com sua mulher; fruto colhido de sua árvore. Não se deve querelar de inimigo e se a querela for aceita por calar a inimizade e depois ser constatada, o querelante será condenado às custas e a querela ficará nula. Inimigo só poderá querelar se se tratar de falsificação de sinal da justiça, apostasia da Santá fé, traição ou culpa por escritura, testemunho ou moeda falsa; meirinho e alcaide poderiam querelar, mas não em favorecimento de amigos.[135]

O julgador deveria receber a querela referente a crime cometido em sua jurisdição, e sendo ele morador nela. Assim, se o juiz não conhecer o quereloso, deveria exigir que ele se fizesse acompanhar de uma testemunha que o conheça. Os escrivães e tabeliães deveriam registrar a querela como as partes o relatarem, sem alterar palavra, sob pena de perder os ofícios e responder por falsários.[136]

O julgador das querelas era o Vigário geral, conforme rezavam as Constituições da Bahia. Deveria despachar com brevidade os casos nos quais não houvesse mais parte além do Promotor. Isso ocorria quando o querelante desistia; assim, a justiça eclesiástica deveria prosseguir com a ação.[137]

Havia alguns procedimentos obrigatórios a serem tomados nas querelas, tais como: o *Juramento dos Santos Evangelhos*, no qual o querelante deverá pôr a sua mão e jurar fazê-lo bem e verdadeiramente. Era necessário jurar dar a querela sem ódio, dolo ou malícia; não ter fiador; ser verdade o alegado em sua petição; jurar não encontrar fiador eclesiástico nem secular que ficasse por ele e quisesse assinar a dita fiança. A próxima etapa seria a *nomeação das testemunhas*, com seus nomes, apelidos e ofícios; a *Fiança*, que o quereloso deverá dar, a não ser em casos que a ele pertença. Se o quereloso for alcaide ou meirinho deveria dar fiança. Se o caso tratasse de defloramento, era procedimento de praxe um *Exame feito por Cirurgiães e Parteiras*; deveria ser realizado mediante as presenças da vítima, seu pai, mãe e tutor, para atestar o delito ao vigário geral. Era também obrigatória a *apresentação de provas testemunhais*. Sobre a fiança, existia alguns detalhamentos destinados aos ca-

---

135 Ordenações Filipinas on line. (http://www1.ci.uc.pt/ihti/proj/filipinas/ordenacoes.htm) Acesso em 04 abr. 2011. Livro V, tít. 117. Em que casos se devem receber querelas.

136 *Idem.*

137 Regimento do Auditório Eclesiástico do Arcebispado da Bahia. *Op. Cit.*, tít. II – Do Vigário geral e do que a seu ofício pertence, parágrafos 63 e 71.

sos nos quais os querelosos eram obrigados à fiança. Se fosse por perdas e danos e satisfação e emenda das culpas, ela equivaleria a 20 mil réis ao menos, bastando que o fiador o diga. Se o juiz se contentasse com fiador cuja fazenda não seja suficiente, caberá a ele arcar com as custas. Sendo o querelante clérigo ou beneficiado, deveria dar fiador leigo.[138]

Respeitando essas condições, as querelas poderiam ser aceitas ou não. Havia algumas situações, definidas nas Ordenações, nas quais o julgador *não* deveria receber querelas, a saber: se viessem de presos condenados em degredo para sempre; de pessoas executadas em causas crimes ou cíveis, que quiserem querelar da parte que os executou, a menos se fosse caso de ferida aberta, ou se em tudo já se houverem sido executados em tudo o que foi condenado a dar ou entregar à parte. Em caso de acusação por morte, esta não se poderá dar sem antes o acusador querelar. Outrossim, querelas não poderão ser dadas por injúrias ou más palavras, ou porque alguém investiu contra o quereloso para o matar – este caso deverá se demandar por petição e a pessoa ser citada.[139]

Rezava, ainda, a norma que, se o caso tratasse de querela perfeita, o réu não deveria ser preso antes das investigações. A querela perfeita era quando o queixoso jurava, nomeava as testemunhas e dava Fiança. Diferia da querela simples, que era a simples queixa, ou voz, como referem as Ordenações, ou dizer algo de alguém sem o afirmar com juramento, nem dar as três testemunhas da Lei, nem prestar fiança à perda e dano. Equivalia à denunciação, ou denúncia. Perfazer uma querela significava incluir estes procedimentos.[140]

Os casos localizados da diocese de Mariana são querelas perfeitas. Seus registros encontram-se em um único códice localizado que contém registros de acusações oferecidas pelas pessoas leigas ofendidas por eclesiásticos entre 1764 e 1793. Predominam as acusações por delitos sexuais contra réus sacerdotes, como adultério, estupro, prefigurado nos defloramentos e raptos, escritos amatórios, registraram-se casos de negligência espiritual, furtos, desordens e violências praticadas por sacerdotes.[141]

Há ainda portes de armas proibidas e contendas envolvendo escravas. As penalidades para estes crimes variavam entre a obrigação de se casar, pagamento de multa, prisão, degredo para a África, ou, conforme a posição social do réu, açoites. Entre outros, este foi o caso da querela dita por Quitéria Antônia de Souza, a respeito do Padre secular Francisco Pereira da Silva, por crime contra a honra e virgindade. O doutor Francisco

---

138 ORDENAÇÕES Filipinas on line. (http://www1.ci.uc.pt/ihti/proj/filipinas/ordenacoes.htm) consultado 04/04/2011. Livro V, tít. 117. Em que casos se devem receber querelas.

139 *Idem.*

140 *Ibidem.* Livro V, tít. 28, parágrafo 5, nota 1.

141 AEAM. Governos Episcopais. Armário 1, gaveta 3. Livro de Querelas, 1776, fl.1-1v.

Pereira de Santa Apolônia deu o libelo, na qualidade de promotor da denúncia, na audiência pública de 11 de Julho de 1776 em Mariana, por comissão do Muito Reverendo doutor José Justino de Oliveira Gondim, então Provisor e Vigário geral do bispado pelo Senhor bispo deste bispado Dom Bartolomeu Manuel Mendes dos Reis.[142]

Apareceu presente a queixosa à casa deste ministro com a assistência de sua mãe. Era moradora nesta cidade, afirmou a mãe, moça donzela, honesta e bem procedida. Constatado o defloramento, a querelante afirmou que o padre réu, "entrando a solicitar Quitéria Antônia de Sousa recolhida em casa de sua mãe, Anna da Costa Muniz, conseguiu levá-la de sua honra e virgindade chegando a alugar umas casas (...) e a chegou a raptar". O crime ocorrera no meio de janeiro próximo passado, do corrente ano, quando

> a começou a afagar com carícias e induzir para com ela se desonestar o Reverendo Padre Francisco Pereira da Silva, na catedral desta Cidade e com efeito com afagos e carícias e promessas de a casar com bom dote a levou de sua honra e virgindade no dito mês de janeiro e com ela continuou o trato ilícito em umas casas que mandou alugar pelo genro de Tomé Dias Manuel vizinho de parede meia de donde morava e mora a suplicante com sua mãe (...) quando esta saía fora de casa ia o reverendo suplicado continuar o seu trato ilícito como continuou até o dia de São José 19 de março do corrente ano e neste dia a furtou e raptou o Reverendo suplicado à Suplicante (...) e a levou contra sua vontade para sua própria casa onde morava e a teve oculta (...).[143]

Por fim, alegava a suplicante ser pobre e não ter fiador eclesiástico nem secular, e estava pronta para jurar sobre esta situação na forma das Constituições da Bahia, por onde se rege este bispado. O padre réu querelado havia obtido uma carta de seguro para livrar-se da acusação. Era patrocinado pelo famoso advogado de Mariana, o doutor João de Sousa Barradas. Bem assistido, reuniu testemunhas cujos ditos foram aceitos como provas de que a autora teria fugido de sua casa para a casa de João José Carneiro. Portanto, não a havia deflorado, como o acusavam. A sentença foi publicada pelo doutor José Justino de Oliveira Gondim:

> (...) Portanto e a mais dos autos disposições de direito com que me conformo absolvo o padre réu de toda a culpa acima porque foi acusado pela justiça e Autora,

---

142  Este crime era regulado como caso de querela por meio da *Ordinatione Lib* 5°, tít. 23°, parágrafo 1° e Livro 2, *Constitutiones do Bispado*, título 21, n. 976. ORDINAÇÕES Filipinas, Livro 5°, tít. 23°, parágrafo 1° – *Do que dorme com mulher virgem ou viúva honesta por sua vontade*. *Constituições Primeiras do Arcebispado*, Livro 2, tít. 21, n. 976; AEAM. Livro de Querelas 1776, fl. 11v.

143  AEAM. Livro de Querelas 1776, fl. 11v.

(...) declarando carecer de ação pelos fundamentos ponderados e mando-o vá em paz e pague as custas. Mariana, 21 de março de 1778.[144]

As contas encerraram a ação de Quitéria Antônia, em Mariana, 22 de maio de 1778. O período transcorrido entre a petição inicial, a aceitação da querela, os juramentos e devidas apresentações das provas testemunhais, e fiança costumava alcançar mais ou menos um mês. Como um indício de que as querelas não apenas eram recebidas, mas que as investigações poderiam ser levadas a efeito, localizamos uma pasta contendo as informações complementares deste caso de rapto em outro fundo: o dos processos eclesiásticos dos réus obrigados a Livramento ordinário.[145]

Rosa Maria Pereira ofereceu querela semelhante à de Quitéria. Deflorada por um sacerdote, procurou o vigário geral, doutor Inácio Corrêa de Sá, junto de seu pai, Pedro Duarte Pereira, para ser examinada pelas parteiras. A querela foi aceita após o exame, feito por um cirurgião e duas parteiras, que juraram ser fidedigna a constação de que a querelante fora levada de sua honra e virgindade. Como Rosa acusava o padre doutor Antônio José de Azevedo Pereira, o auto foi registrado em 1764, à casa do vigário geral, em Mariana. O escrivão relatou: "Fui vindo e sendo aí apareceu presente a Querelante Rosa Maria Pereira em face de seu pai, Pedro Duarte Pereira". Rosa estava prometida em casamento ao comissário do Rio de Janeiro, Domingos Teixeira Leitão. O querelado padre Antônio de Azevedo era seu vizinho, morador na mesma rua. O delito teria ocorrido em 6 ou 7 de março próximo passado, em casa de seu tutor, e se encontrava pejada dele há

---

144   7-5-1776. Auto de Querela que dá a querelante Quitéria Antônia de Sousa com assistência de sua mãe (Lisanda) Costa Muniz do Reverendo Francisco Pereira da Silva, (Chantre) da catedral desta Cidade, de honra, virgindade e furto. Mariana e Palácio Episcopal da residência do M. Reverendo José Justino de Oliveira. AEAM. Governos Episcopais. Armário 1, gaveta 3. Livro de Querelas 1776, fl. 11v-12.

145   AEAM: Juízo Eclesiástico, processo n. 2773. Querela. Crime contra a honra e virgindade. Autora e querelante: Quitéria Antônia de Souza - e hoje o Dr. Promotor, dr. Francisco Pereira de Santa Apolônia, na audiência pública na qual deu o libelo - 11-07-1776, em Mariana por comissão do M. R. Dr. José Justino de Oliveira Gondim, provisor e Vigário geral deste Bispado. Réu seguro e querelado: Reverendo Padre Francisco Pereira da Silva, padre secular, capelão da capela de N. Sra da Conceição da Tapera, filial da Matriz de Nossa Senhora da Conceição do Piranga. Patrocinado pelo Dr. João de Sousa Barradas, que "entrando a solicitar Quitéria Antônia de Sousa recolhida em casa de sua mãe, Anna da Costa Muniz, conseguiu levá-la de sua honra e virgindade chegando a alugar umas casas (...) e a chegou a raptar". Segue-se a defesa. As contas encerram em Mariana, 22-05-1778. Sentença do Dr. José Justino de Oliveira Gondim: "Portanto e a mais dos autos disposições de direito com que me conformo absolvo o padre réu de toda a culpa acima porque foi acusado pela justiça (e Autora) falta de parte declarando carecer de ação pelos fundamentos ponderados e mando-o vá em paz e pague as custas. Mariana, 21 de março de 1778".

EXCOMUNHÃO E ECONOMIA DA SALVAÇÃO

três meses, pouco mais ou menos. O querelado, ao mesmo tempo em que a persuadia a se casar com o comissário do Rio de Janeiro, pedia uma receita abortiva ao doutor Paulo de Souto Araújo e Lima e com efeito este a dera. Por esta razão, o Reverendo querelado estava ausente da cidade. Portanto, a querelante pedia ao vigário geral que, distribuída a autuação, e jurando, se lhe tomasse o Auto de querela e se perguntassem as testemunhas, que nomeava: doutor Paulo de Souto Araújo e Lima, doutor Antônio Pires da Gaia; o Reverendo doutor Jorge de Abreu Castelo-Branco; José Gaspar (ilegível 1 palavra), e o Reverendo doutor Antônio Pires da Gaia. O cirurgião e as parteiras juraram nos autos haverem constatado o defloramento.[146]

Foi escandalosa a querela de adultério dada contra o reverendo Jorge de Abreu Castelo Branco com a esposa do Capitão Vicente Ferreira de Sousa, em 1768. O vigário geral doutor José Botelho Borges foi procurado em sua casa pelo suplicante, Vicente Ferreira de Sousa, da freguesia de Sumidouro, morador na Fazenda da Barra do Pinheiro. Relatava que dona Maria Isabel da Purificação, sua esposa, vinha cometendo adultérios e vivia amancebada com o réu, doutor Jorge de Abreu Castelo Branco, morador nesta Cidade. Era voz constante e geral o seu trato ilícito com a mulher do suplicante desde a fazenda da Barra do Pinheiro; tratamento que antecedia a vinda de sua mulher para morar nesta cidade. Após relatar os detalhes do envolvimento de sua mulher com o letrado, nomeava várias testemunhas, de sua Fazenda, da freguesia de Sumidouro e também de Mariana. Obteve o provimento do vigário geral para receber a querela, jurou sobre os Santos Evangelhos "não querelar por ódio, e sim por bem de sua justiça".[147]

Esta declaração era obrigatória, pois tanto as Constituições diocesanas quanto as Ordenações Filipinas, no Livro V, título 118, previam rigorosas penas para os que querelassem maliciosamente ou não provassem o conteúdo de sua acusação. A penalidade pecuniária equivalia ao valor das custas, ou poderia ser dobrada e triplicada caso se constatasse o dolo ou malícia ao querelar.[148]

O roceiro Manuel Alves Mendes, morador no Pinheiro, assinou o Termo de Fiança à casa do Vigário geral, em nove de Agosto de 1768. Disse ao escrivão em presença das ou-

---

146 Treslado de juramento dos cirurgiões e parteira abaixo assinados e nomeados para o efeito de virem e examinarem a querelante Rosa Maria Pereira; 1764. Auto de querela que deu Rosa Maria Pereira - esta de seu pai, Pedro Duarte Pereira, do Reverendo Dr. Antônio José de Azevedo Pereira de honra e virgindade etc. AEAM. Governos Episcopais. Armário 1, Gaveta 3. Livro de Querelas, 1776, fl.1.

147 AEAM. Governos Episcopais. Livro de Querelas, 1776. Auto de querela que deu o Capitão Vicente Ferreira de Sousa do Reverendo Dr. Jorge de Abreu Castelo Branco. Crime: adultério, fl. 5v-6.

148 Ordenações Filipinas on line. (http://www1.ci.uc.pt/ihti/proj/filipinas/ordenacoes.htm)

341

tras testemunhas, ser de sua livre vontade e sem contrangimento de pessoa alguma, que se obrigava a todas as custas e penas que o querelante, o capitão Vicente Ferreira de Sousa, fosse condenado, conforme a constituição do bispado. Para isto se obrigava a tudo quanto a dita constituição declara. E assinaram todas as testemunhas.[149]

Todavia, tudo indica a grande dificuldade do querelante em fazer punir o reverendo Jorge de Abreu Castelo Branco. No livro de sentenças do tribunal, o padre réu registrava a obtenção da segunda Carta de Seguro negativa do crime do qual o acusava o Capitão Vicente Ferreira de Sousa. Esta segunda carta foi concedida pelo doutor José Botelho Borges, por acórdão do Ilustríssimo Cabido e chancelaria, em oito de Agosto de 1769. Desde a expedição da primeira carta, o Autor apresentava recursos à Coroa, para impedir que o Réu ficasse em liberdade. A esse respeito, enviou petição ao Conselho Ultramarino acerca do adultério público e escandaloso, apelando simultaneamente à justiça do rei e à eclesiástica.[150]

Eram tempos difíceis para este militar, que novamente recorreu ao auditório eclesiástico por perdas materiais, em 1768. A sua queixa ao vigário geral José Botelho Borges reclamava que a Fazenda Barra do Pinheiro sofrera vários furtos de bens valiosos.[151]

Somente em maio de 1773, o doutor Francisco Pereira de Santa Apolônia expediu uma Precatória à Ouvidoria da Comarca para a prisão do reverendo Doutor Jorge de Abreu

---

Acesso em 04 abr. 2011. Livro V, tít. 118, Livro V. Dos que querelam maliciosamente ou não provam suas querelas e denunciações. O marido ultrajado mostrava-se ávido pela punição dos infratores. 00-00-1766. Cap. Vicente Pereira de Sousa. Morador na Fazenda Barra do Pinheiro, termo de Mariana. s/d. Certidão e outros documentos relativos aos escandalosos procedimentos que sua mulher, Maria Isabel da Purificação e da Silva Muniz, praticou contra si; 00-00-1766. AHU/MG. s.l. cx. 89, doc. 55, cd. 26. Certidão e outros documentos relativos ao requerimento do Capitão Vicente Pereira de Sousa. Morador na sua Fazenda Barra do Pinheiro, termo de Mariana, respeitante aos escandalosos procedimentos que sua mulher, Maria Isabel da Purificação e da Silva Muniz, praticou contra si.

149 AEAM. Governos Episcopais. Livro de Querelas, 1776. Auto de querela que deu o Capitão Vicente Ferreira de Sousa do Reverendo Dr. Jorge de Abreu Castelo Branco. Crime: adultério, fl. 5v-6. 09-08-1768.

150 1ª Carta de seguro negativa ao Dr. Jorge de Abreu Castelo Branco, dada pelo Dr. Inácio Corrêa de Sá, em 1768. 2ª Carta de seguro negativa ao Reverendo Suplicante, Jorge de Abreu Castelo Branco, pelo crime cometido ao Cap. Vicente Ferreira de Sousa – dada pelo doutor José B. Borges, por acórdão do Ilustríssimo Cabido, e chancelaria, 8-8-1769. AEAM. Tribunal eclesiástico. Governos episcopais. Armário 6, prateleira 2, livro 1030 (1765-1784), fl. 39v; Juízo Eclesiástico, n. 2732.

151 2834I – 01-11-1768. Queixa do capitão Vicente Ferreira de Sousa, da fazenda da Barra do Pinheiro, sobre furtos de bens valiosos. Denunciada na Sé Catedral de Mariana. A carta de excomunhão geral anexada, muito corroída, foi assinada por J. Botelho Borges, em 3-11-1768. Atrás, há uma certidão do Cônego e Cura da Sé Catedral, Domingos Fernandes de Barros, atestando, não somente a sua publicação, mas apresentando as notícias que a ela lhe saíram quinze dias depois – 15-11-1768.

Castelo Branco, a requerimento do doutor Promotor de justiça. Mas em 1779, o réu adúltero ainda não havia se livrado, e obteve mais uma carta de seguro negativa do doutor Inácio Corrêa de Sá, vigário geral e governador diocesano.[152]

A despeito deste complexo livramento do doutor Jorge de Abreu Castelo Branco, nas querelas, assim como nas Queixas, entre a interposição da petição e as investigações, ou o interrogatório das testemunhas apontadas como provas, transcorria um mês, verificável por meio da data da petição e a das contas, que encerravam o curto processo. Muitos querelantes não dispunham dos recursos obrigatórios para arcar com as diligências. A justiça eclesiástica assumia as custas, conforme as normas das Constituições.[153]

Os registros do Livro de querelas mostram que estas circunstâncias eram comuns. Em auto de querela oferecido em 1772, no Palácio Episcopal, onde habitava o governador diocesano Cônego Francisco Xavier da Rua, João Rodrigues Lima, pardo forro, morador no Bacalhau, acusava de furto o Reverendo Manuel da Fonseca, Morador no Pitangui.[154]

Em 31 dias de Julho de 1772 anos, relata o escrivão do auditório, "fui vindo", nesta Leal Cidade Mariana e Palácio Episcopal, à residência do Muito Reverendo doutor Francisco Xavier da Rua, Provisor e Vigário geral deste Bispado, e sendo aí apareceu presente João Rodrigues Lima, pardo forro, morador no Bacalhau, freguesia de Guarapiranga. Afirmava, em sua petição, querer denunciar do Padre Manuel da Fonseca, morador no Pitangui. A razão de sua queixa ou de sua denúncia era que, sendo o suplicante senhor e possuidor há mais de 10 anos de uma negra por nome Maria, de Nação Angola, e estando em pacífica posse da mesma no Bacalhau, onde é casado e morador, sendo no dia 24 de Agosto de 1769, achando-se o suplicante ausente de sua casa, foi a ela o Reverendo Suplicado sem temor de Deus nem das Justiças, e pegando na negra do suplicante na sua autoridade própria, a levou para o Pitangui aonde é morador, e lá a conserva em seu poder, utilizando-se dos seus serviços e por mais cometendo por este modo o delito de furto. E, prossegue o quereloso

> porque o caso é de denúncia, pretende dá-la perante V. S.a por lhe ser o furto cometido a ele Suplicante. Pede a V. S.a seja servido mandar que jurando o Suplicante se lhe prove a sua denúncia e pergunte suas testemunhas nesta declaradas e provado se proceda contra o Reverendo Suplicado, por todas as penas cíveis e crimes que por direito Leis e Constituições pertencer E. R. M.

---

152  AEAM, Livro 1030 (1765-784), 18-05-73 Precatória do Dr. Francisco Pereira de Santa Apolônia, vigário geral do bispado "para ser preso o Dr. Jorge de Abreu Castelo Branco.", fl. 70; fl. 109.

153  Constituições Primeiras do Arcebispado da Bahia, Livro 5°, tít. 36, n. 1042.

154  AEAM, Livro de Querelas, 1776, fl. 9v-10.

Assim, nomeou as suas testemunhas: um dono de estalagem, um ferreiro, um alfaiate, um ferrador. A petição foi vista e aceita pelo reverendo ministro. Em observância ao despacho a petição foi distribuída ao escrivão do José Bernardo Teixeira Álvares. O suplicante, então, fez uma réplica contendo a sua declaração de pobreza:

> O suplicante é muito pobre e tem procurado fiador e nem leigo acha quanto mais eclcesiástico, que um e outro em atenção ao Reverendo Suplicado não querem ser fiadores, talvez fundados em que pelo Suplicante ser pobre e não achar fiador, despede dar à sua denúncia, ficando sem castigo tão grande delito, porém, como a retidão de V. S.a é tão grande e notória e a constituição deste bispado, talvez já prevendo semelhantes casos, dá neles providência, quer o Suplicante jurar não só ser muito pobre senão também que tendo procurado fiadores, os não acha nem eclesiásticos nem seculares, (e servindo-se) V. S.a mandar que prestado o referido juramento se tome a denúncia ao Suplicante E. R. M".[155]

O despacho do vigário geral afirmava que: "Jurando e preparando para as despesas da denúncia se lhe tome como está deferido. Francisco Xavier da Rua". Mas a seguinte réplica pode ser lida: "Muitíssimo e Reverendíssimo Senhor. O requerimento do Suplicante é fundado na Constituição deste bispado, Livro 5°, tít. 36, n. 1042 e não tem dúvida o suplicante prestar os juramentos na forma que determina a mesma Constituição, e quanto às custas e despesas da querela que o suplicante requer como suas testemunhas se acham nesta Cidade e as mais as quer fazer vir a ela está o suplicante pronto a satisfazer como deve e se pratica sendo V. S.a servido assim ordenar E. R. M". O suplicante teve despacho favorável do vigário geral.[156]

Todavia, o pagamento da fiança às vezes deixava dúvidas, como se percebe nesta querela acerca de adultério:

> O Reverendo Felipe Néri de Almeida por morar vizinho do suplicante se tratava ilicitamente com a dita mulher deste com grande injúria e ignomínia do suplicante (...) é certo que suplicante não era obrigado a dar fiança porque como o caso pertence a ele próprio, não tinha lugar semelhante fiança nos termos da ordenação, livro 5°, tít. 117, parágrafo 6° *ad fin.* (27°) e dando a querela de caso (quer que lhe tome a presente como) o suplicante é tanto da jurisdição eclesiásti-

---

155  AEAM. Livro de Querelas 1776, fl. 9v.

156  Auto de querela que dá João Rodrigues Lima, pardo forro, morador no Bacalhau, filial da freguesia do Guarapiranga, do Reverendo Manuel da Fonseca, Morador no Pitangui. O quereloso acusava de furto. Livro de Querelas, fl. 9v-10; fl. 15. Ordenações Filipinas, livro 5°, tít. 117, parágrafo 6° ad fin. (27°). Mesma lei, parágrafo 8°, cita as *Constituições Primeiras do Arcebispado da Bahia, Livro 5°, tít. 36, n. 1042.*

EXCOMUNHÃO E ECONOMIA DA SALVAÇÃO

ca é obrigado a dar fiança nos termos das ordenações digo nos termos da mesma lei parágrafo 8º, que citam a (ilegível 1 palavra) a Constituição do bispado, livro 5º, tít. 36, n. 1042 (...)[157]

O querelante defende-se por não ter fiador e não dispõe de meios para pagar a fiança. O termo de Juramento foi feito por Joaquim Corrêa da Silva, escrivão, em 18 de Setembro de 1778, em Mariana, às casas de morada do Vigário geral, Cônego Inácio Corrêa de Sá. O suplicante jurou sobre os Santos Evangelhos ser pobre, não ter fiador, e querelar por esta causa não se prestar a fiança e assinou. As contas encerraram o caso em 18 de Janeiro de 1779 sem mais registros acerca do mesmo.[158]

No ano anterior, o Doutor Francisco Pereira de Santa Apolônia, Vigário geral no impedimento do atual, Dr. José Justino de Oliveira Gondim, acatou a declaração de pobreza de Maria Antônia de Lima. Em 1777, ela ofereceu uma querela por crime contra sua honra e virgindade, de estupro e escritos amatórios, cometidos por um sacerdote seu vizinho. A querelosa alegou não dispor de recursos para pagar a fiança, foi atendida, pois a querela foi registrada, em primeiro de Fevereiro de 1777, à casa do vigário geral, em Mariana. Estando presente a queixosa Maria Antônia de Lima, moradora na Vila de São João Del Rei do Rio das Mortes, relatou que vivendo com toda a honra e honestidade e recolhimento em casa e companhia de sua mãe, Rita Maria de Jesus, assistente na mesma vila e sendo nela vigário encomendado o Reverendo Lourenço dos Santos Batista Jaques, entrou a desinquietar a ela, queixosa para fins torpes e desonestos mandando vários recados por uma sua escrava chamada Genoveva. Relatou ainda que, em outras vezes, recebera recados por um negro por nome Amaro, marido da dita, remetendo-lhe também o Reverendo querelado escritos amatórios que juntos se lhe ofereciam, escritos pela sua própria letra e punho como diriam as testemunhas, sendo-lhes mostrado. De sorte que, prosseguia, chegou o Reverendo querelado a ir algumas vezes a casa da mãe dela, queixosa, com o pretexto de lhe fazer alguma costura o que tudo se encaminhava para ter entrada na dita casa e melhor poder conseguir os seus depravados intentos. E segredando-lhe que a haveria de casar e dotar se dela conseguisse o que intentava, ultimamente depois de muitas persuasões e enganos, chegou a

---

157 Livro de Querelas, fl. 14v. Auto de querela que dá João da Silva Cardoso, morador na freguesia de S. J. da B. Longa, contra o R. do Vigário da mesma freguesia, Felipe Neri de Almeida por adultério cometido por sua mulher, Sebastiana de Mendonça Martins.

158 Auto de querela que dá João da Silva Cardoso, morador na freguesia de São José da Barra Longa, contra o Reverendo Vigário da mesma freguesia, Felipe Néri de Almeida por adultério cometido por sua mulher, Sebastiana de Mendonça Martins. Crime: Adultério. 1778. AEAM. Livro de Querelas, Cit., fl. 14v-15.

345

levar a ela, queixosa de sua honra e virgindade na noite do dia 29 de agosto do ano passado de 1776. E então cometeu a gravíssima culpa de estupro, fazendo-se esta mais abominável por ser, naquele tempo, o Reverendo querelado um pastor e cura de almas. Assim, alegava, como o caso era de querela pelas Leis do Reino e Constituições por onde se rege este bispado, ela, queixosa a quer dar do reverendo querelado, visto estar em tempo por ser o estupro de que trata cometido há menos de um ano, além de ser ela, queixosa, menor de 25 anos, pois teria de idade 17 para 18, competindo-lhe assim o benefício da restituição, caso ela necessitasse, "como também não duvida a queixosa jurar como não tem fiador tanto secular como eclesiástico para o prestar no caso presente e que é sumamente pobre E. R. M". Assim, a querelosa nomeou as suas testemunhas. Junto a essa petição da queixosa, havia uma cópia dos escritos amatórios do padre, que iniciava com *"Meu bem..."* Em um Termo de reconhecimento, o escrivão reconhecia a letra do Reverendo Lourenço dos Santos Batista Jaques "como de seu próprio punho" naqueles escritos amatórios. De modo que o despacho foi deferido pelo Ministro que determinou o juramento dos Santos Evangelhos. A queixosa havia sido submetida a exames e jurou não possuir recursos nem fiador. O Vigário geral recebeu o auto *si et inquantum* na forma da lei.[159]

O benefício da justiça gratuita sob alegação de pobreza era com frequência pleiteado ao vigário geral. A mãe de Luísa Anna do Sacramento foi até a casa do doutor José Botelho Borges, Vigário geral do bispado, em Fevereiro de 1767, em Mariana. Para lá também acorreu o escrivão, que narra o feito: "aí apareceu Margarida Pereira que reconheço pela própria que dou fé". E por ela foi apresentada sua querela. "Morava na Lagoa Dourada, era viúva do defunto Antônio Rodrigues, e tutora de duas filhas donzelas". A querelosa afirmara estar "assistindo ela em sua casa mansa e pacificamente", quando o Reverendo Joaquim Roque Lopes de Oliveira

> foi afeiçoando com uma das filhas da suplicante por nome Luísa Anna do Sacramento e esquecido do estado sacerdotal a levou de sua honra e virgindade chegando a tanto excesso que no dia 1º, 5ª feira do Divino Espírito Santo deste presente ano de 1767 pelas Ave Marias, pouco mais ou menos, a roubou da casa de um seu cunhado aonde se achava junto com a suplicante sua mãe, levando-a daí para o mato, aonde a conserva até o presente com escândalo universal de todo o povo daquele continente e como o sobredito caso seja de querela, *Ordinatione Lib* 5º, tít. 23º, par. 1º e Lib 2, *Constitutiones do Bisp*, tít. 21, na. 976, (e Ord. De estupro

---

159    AEAM. Governos Episcopais. Livro de Querelas, 1776, fl.13–14v. Auto de querela que dá a querelante Maria Antônia de Lima, moradora na Vila de S. J. Del Rei, do Reverendo Lourenço dos Santos Batista Jaques, Vigário Encomendado que foi da mesma freguesia, de honra e virgindade. Crime: escritos amatórios; estupro.

e rapto), requer a V. M. seja servido mandar que distribuída esta (cautela), jurando se lhe tome sua querela V. M. seja servido deferir-lhe tudo como requer. [160]

Por fim, para provar de sua querela, dona Margarida nomeou suas testemunhas: o
Reverendo Francisco Ferreira e Cunha, Julião da Costa Rezende. Obtendo o deferimento do
doutor José Botelho Borges, vigário geral do bispado, a suplicante replicou, alegando haver-se em situação de pobreza extrema, situação sobre a qual jurou, e o Vigário geral pediu
ao escrivão "a reconheça nesta condição que alega". E fazendo o escrivão conforme sua
ordem, o vigário geral deferiu o juramento dos Santos Evangelhos à querelante, que jurou
não obrar por malícia. Após este procedimento, por não saber ler nem assinar, o Ministro
também assinou por ela. E o escrivão Francisco Pereira da Cunha escreveu o termo. Por fim,
fizeram constar as contas: 1281 réis. O processo encerrou em 2 de Fevereiro de 1767. [161]

Outros procedimentos relativos à obrigatoriedade da fiança se mostram, por exemplo, nesta querela de solicitação e rapto. O querelante pede autorização para que o fiador
seja pessoa leiga, na falta de eclesiástico. Corria o ano de 1774, um dia 7 de Fevereiro; o
doutor Francisco Pereira de Santa Apolônia era o Vigário geral. Estava em sua casa, quando apareceu Manuel Francisco Machado. Relata o auto de querela que, em presença do
escrivão, por ele foi apresentada uma petição de querela ao dito Reverendo Ministro, na
qual relatava que, estando na freguesia de Antônio Pereira, onde era morador estabelecido, com sua loja de fazenda seca, e com inteiro crédito, vivendo com toda honra com sua
mulher e filhos, educando a estes como um bom pai de família, para a dita freguesia fora
por coadjutor o Padre Lourenço Dias de Almeida Costa.

> E devendo este, como o segundo pároco daquela freguesia, cuidar de admoes-
> tar aos seus fregueses, com aqueles suaves conselhos e admoestações que Deus
> manda, dirigindo os seus passos para o serviço do Senhor, esquecido desta obri-
> gação e só levado da sua desenvoltura no péssimo intento de *maquinar a ruína a
> uma filha dele, querelante, por nome Anna e a entrou a solicitar de amores ao mesmo
> passo que tratava de amizade ao querelante e ia a casa deste repetidas vezes* e lhe
> comprava fazendas e aleivosamente a levou de sua honra e virgindade e com
> tal cegueira que no dia 25 de setembro do ano passado de 1773 a mandou tirar
> da casa dele, querelante, seu pai e pô-la em Vila Rica em casa de uma negra que
> havia sido adotiva do pai do reverendo querelado (...)[162]

---

160 AEAM. Governos Episcopais. Livro de Querelas, 1776, fl.4v-5. Auto de querela de Margarida
Pereira. Estupro.

161 *Idem.*

162 Auto de querela que dá Manuel Francisco Machado, morador na freguesia de Antônio Pereira

E no referido, prosseguia o comerciante, o querelado havia se portado com traição, aleivosia e rapto, na forma da Constituição e Leis do Reino. Sendo o caso de querela e denúncia, queria dá-la do Reverendo querelado para ser punido em todas as penas cíveis e crimes intituladas por Direito Canônico, Constituição do Bispado, Leis do Reino e suas extravagantes para emenda e satisfação da República e ele, querelante, ofendido em custa mais agravante. Por fim, pedia que sua petição fosse admitida e que a ele, querelante, desse a sua querela e denúncia e provando o necessário, mandasse passar as ordens necessárias para ser preso.[163]

O querelante nomeou as suas testemunhas: um auxiliar de ferrador, morador em Vila Rica, um licenciado cirurgião de Água Limpa em Vila Rica, um feitor, morador no Antônio Pereira, um homem pardo, auxiliar de alfaiate. O vigário geral deferiu: "Distribuída, jurando e prestando o suplicante a fiança de pessoa eclesiástica a todas as custas, perdas e danos na forma da Constituição se lhe tome sua querela e inquiram as testemunhas nomeadas. Santa Apolônia". O suplicante replicou, afirmando não dispor de fiador eclesiástico; requeria autorização para apresentar um fiador secular. Obteve novo deferimento e a querela foi distribuída ao escrivão do auditório Bernardo Teixeira Alvares. Donde se passou ao juramento aos Santos Evangelhos, no qual o quereloso precisava jurar não dar a querela por ódio ou calúnia, mas sim para ter justiça; não ter fiador eclesiástico, só sim secular chão e abonado, que era Roque Afonso Monteiro, morador na Itaubira e freguesia de Antônio Pereira deste bispado. Visto o juramento pelo Reverendo Ministro, mandou fazer o auto de querela para por ele se proceder sumário das testemunhas, que assinou com o dito querelante. Assim, "logo recebeu *si et inquantum* na forma da lei e eu, João Álvares Vieira, escrivão ajudante deste juízo eclesiástico contencioso o escrevi. Santa Apolônia. Manuel Francisco Machado".[164]

Por fim, o doutor Francisco Pereira de Santa Apolônia assinou em sete de Fevereiro de 1774, em suas casas, em Mariana, com Roque Afonso Monteiro morador em Itaubira, termo de Vila Rica, o Termo de Fiança, lavrado por João Álvares Vieira, escrivão ajudante do juízo eclesiástico do contencioso. Nele jurava o fiador que muito de sua livre e espontânea vontade e sem constrangimento de pessoa alguma ficava por fiador do querelante Manuel Francisco Machado e se obrigava a pagar todas as custas, perdas e danos em que

---

contra o Reverendo Lourenço Dias de Almeida Costa, morador na mesma freguesia. Crime: solicitação de sua filha Anna; defloramento; estupro. AEAM. Livro de Querelas, 1776, fl. 10-11.

163 Auto de querela que dá Manuel Francisco Machado, morador na freguesia de Antônio Pereira contra o Reverendo Lourenço Dias de Almeida Costa, morador na mesma freguesia. Crime: solicitação de sua filha Anna; defloramento; estupro. AEAM. Livro de Querelas, 1776, fl. 10-11.

164 *Idem.*

EXCOMUNHÃO E ECONOMIA DA SALVAÇÃO

o querelante for condenado por sentença sem para isso ser requerido ou notificado. E que se obrigava debaixo de juramento dos Santos Evangelhos a responder sobre a dita fiança perante as justiças eclesiásticas e renunciava o juízo de seu foro para o que se obrigava sua pessoa e bens havidos e por haver.[165]

Além dos adultérios, defloramentos e escritos amatórios, há casos de sacerdotes querelados devido à negligência espiritual. Esta situação se deu a propósito de um sepultamento, em Vila Rica, 1777, ocasião na qual deu-se um desentendimento com o sacerdote da Matriz do Antônio Dias. Após o imbróglio, o testamenteiro do defunto foi até a cidade de Mariana, registrar a sua petição. Em casas de morada do doutor Inácio Correia de Sá, Vigário Capitular e geral deste bispado, com o escrivão do auditório, apareceu Silvério Anacleto Vilas e Sousa, o testamenteiro do defunto Antônio Ribeiro Lopes, e por ele foi apresentada uma petição ao Ministro, que por seu falecimento da vida presente, na freguesia onde era morador, em N. Senhora da Conceição de Vila Rica, e o suplicante deu parte ao sacerdote para que rezasse o ofício de três lições. Lembrava que, pelo costume determinado na *Constituição* por onde se rege este bispado, Livro 4°, Tít. (48), deve ser feito um ofício de três lições quando morre qualquer freguês; igualmente, quando são conduzidos à sepultura. Mas o sacristão da Matriz, Antônio Freire de Andrade, ao tempo de ser lançado nela o suplicado teria protestado, maliciosamente, a sua obrigação, como em toda a matéria lhe impõe a mesma *Constituição* o Lib 3°, tít. 37. De modo que queria o querelante acusar o querelado de introduzir o preceito retro de extorquir aos defuntos e seus herdeiros. Para isso, nomeava as suas testemunhas: Manuel Pinto Cardoso, Antônio Vieira de Carvalho, Ventura Vieira Carapina, João de Gomes, pedreiro, Bento Fernandes Torres, moradores em Vila Rica. O denunciante jurou não fazê-lo por ódio, mas pelo bem de todos naquela freguesia.[166]

Outros sofreram acusação devido aos usos de violências e armas proibidas, casos de querela conforme Ordenações lib. 5, tít. 117, parágrafo 1°. Um morador de Mariana, o querelante Antônio José Fagundes, recorria ao vigário geral do bispado, contando que o Reverendo Ignácio Inácio Cordeiro de Matos lhe fizera ferimentos e o furtara, na noite declarada nos autos. Estando o suplicante na noite do dia 30 de julho próximo passado, em um dos degraus do adro da Sé desta cidade da parte da sacristia dela, das 8 para as 9

---

165    Auto de querela que dá Manuel Francisco Machado, morador na freguesia de Antônio Pereira contra o Reverendo Lourenço Dias de Almeida Costa, morador na mesma freguesia. Crime: solicitação de sua filha Anna; defloramento; estupro. AEAM. Livro de Querelas, 1776, fl. 10-11.

166    Auto de denúncia que deu Silvério Anacleto Vilas e Sousa (contra o R.do) Antônio Freire de Andrade, sacristão da Matriz de Antônio Dias. Livro de Querelas, Cit., fl. 3-3v. *Constituição*, Lib 3°, tít.37 e *Constituição* deste bispado, Livro 4°, Tít. (48).

349

horas, quieto e pacífico sem ofender pessoa alguma de fato ou por palavra, esperando por um conhecido, sucedeu passar o Reverendo Ignacio Cardoso de Matos, também morador na Cidade, acompanhado por uma escrava de Josefa Maria, com quem era público e notório, andava concubinado. Nesse momento, relatou o quereloso, o querelado

> entrou-se a descompor o suplicante de palavras injuriosas chamando-lhe cachorro, maroto, caboclo e o mais que lhe veio da cabeça e não satisfeito com isso puxou da espada que trazia e a cometendo com ela ao suplicante lhe deram várias pancadas.[167]

Para Antônio Fagundes, a agressão e injúria teria ocorrido "porque ele deu a seu respeito uma denúncia eclesiástica". E, prosseguia,

> porque o caso é de querela conforme ordenações lib. 5, tít. 117, parágrafo 1°, o suplicante quer querelar do reverendo suplicado o qual é costumado andar de noite com armas ainda das proibidas pela Lei Novíssima, como faca e a provocar e descompor a muitas pessoas.[168]

Antônio José Fagundes nomeou as testemunhas, e uma delas assumiu as custas. O Termo de fiança em Agosto de 1769, em casa do doutor José Botelho Borges, Vigário geral deste bispado por Antônio Álvares de Castro. Morava na cidade, e afirmou na presença das testemunhas os termos necessários.[169]

Este não foi o único caso de sacerdote querelado por portar e ameaçar pessoas com armas proibidas. Em 1792, há querela contra sacerdotes apanhados em bandos, em desordens tais que foram acusados arrombar a janela e pular o muro da casa de um comandante. Além de cometerem uma injúria atroz, estariam, todos juntos, portando armas proibidas pela Lei Novíssima. O querelante era o comandante Manuel José Corrêa, do distrito de Santiago da freguesia de São João Del Rei, do termo da Vila de São José do Rio das Mortes.[170]

Em nove de Novembro de 1792, compareceu em pessoa às casas de morada do Reverendo doutor Inácio de Sousa Ferreira, Vigário geral deste bispado. Disse que que-

---

167   2-08-1769. Auto de querela do Reverendo Inácio Cordeiro de Matos que dá Antônio José Fagundes, do ferimento e furto na noite declarada nos autos. AEAM. Livro de querelas, Cit., fl. 7-9.

168   *Idem.*

169   *Ibidem.*

170   9-11 1792. Auto de querela que dá o querelante o Capitão Manuel José Corrêa, comandante do distrito de Santiago da freguesia de S. J. Del Rei, do termo da Vila de São José. Crime: desordens

ria querelar do Reverendo Suplicado, o Padre Francisco Rodrigues Pacheco, capelão da capela da sua freguesia. Passou a contar em detalhes as desordens pelo querelado promovidas, acrescentando que dela participaram vários padres juntos, todos portando armas proibidas. E nomeou as testemunhas. Sendo aceita a sua querela pelo reverendo ministro, em 31 de Outubro de 1792, foi registrada pelo Escrivão Joaquim Corrêa da Silva, juntamente com uma ordem do vigário geral: "Depositem para as justiças 2 mil réis dos autos. Mariana, 9-11-1792". As contas deste curto processo foram encerradas em 20 de Dezembro de 1792.[171]

Não são poucos os estudos históricos que investigam os processos contra sacerdotes, e os delitos nos quais se envolviam. Diogo de Vasconcellos observou que, entre as orientações régias e canônicas repassadas àqueles sacerdotes, e a sua obediência, havia grande distância. Entendia o historiador que, embora turbulento, o clero estabelecido nas freguesias de Minas Gerais se mostrava afinado com a sociedade da qual fez parte. Estas circunstâncias, ao que tudo indica, não eram ignoradas pelos bispos. Comenta, ainda, desolado, o mesmo autor, que os bispos, ansiosos por ordenar sacerdotes acabavam conferindo desordenadamente o sacramento da Ordem a pessoas despreparadas, havendo casos de ordenações apressadas para subtrair indivíduos pronunciados em motins à justiça civil.[172]

As querelas foram proscritas pela Lei de 29 de novembro de 1832, que interpôs outro código de processo criminal. A antiga expressão querela foi substituída pela de queixas e denúncias.

A existência e aplicação dos mecanismos de averiguação eclesiástica – queixas, querelas e devassas –, em todo o século XVIII, evidenciam pontos de contatos entre a paróquia e o tribunal episcopal. Eles favoreciam a visibilidade do exercício da caridade, apregoada no discurso religioso em associação com a prática da justiça eclesiástica. A justiça necessitava mostrar-se acessível a pessoas de todos os grupos sociais, inclusive aos que não podiam pagar as custas das investigações. A administração destes recursos de vigilância e investigação pela hierarquia eclesiástica indicava uma tentativa da Igreja diocesana de inserir-se nos conflitos cotidianos – mesmo quando estes envolviam sacerdotes. As queixas, querelas e denúncias sugerem um interesse institucional em ouvir a

---

e arrombamento de janela e muro da casa do comandante, injúria atroz, e porte de armas proibidas. AEAM. Livro de Querelas, fl. 16.

171 Auto de querela que dá o querelante o Capitão Manuel José Corrêa, comandante do distrito de Santiago da freguesia de S. J. Del Rei, do termo da Vila de S. José. AEAM. Livro de Querelas, fl. 16. Ordenações Filipinas, Liv. 5°, tít. 37.

172 VASCONCELLOS, Diogo de. *História do Bispado de Mariana*. Belo Horizonte: Apollo, 1935. (Biblioteca Mineira de Cultura), p. 21-23.

comunidade. As querelas conformaram este espaço institucionalizado de escuta voltado, particularmente, para os delitos dos sacerdotes – desde que o quereloso oferecesse provas suficientes. O próprio promotor do bispado lançou mão deste mecanismo. Com base nas denúncias, em Março de 1759, o Dr. Manuel da Guerra Leal de Sousa e Castro, advogado nos auditórios de Mariana e Promotor do Juízo Eclesiástico Geral do Bispado e Procurador da Mitra, foi à casa do Reverendo José Botelho Borges, Vigário geral do bispado, e lhe disse que queria lavrar uma querela, pois à sua noticia havia chegado que o Reverendo João Faustino de Oliveira, indo à Cidade da Bahia receber ordens de presbítero raptara uma moça.[173]

A radicalização de um aparelho de fiscalização, em Minas Gerais no século XVIII, encontrava reforço na estrutura de cargos públicos. Do ponto de vista da Coroa, as circunstâncias históricas dos descobertos na região das Minas no século XVIII, com todas as suas implicações – explosão demográfica, alta de preços, crises de fome, violências, contrabando – exigiam um trabalho oficial articulado, coercitivo, pedagógico, repressor. Isso requeria um projeto de dominação, cuidadosa e estrategicamente elaborado, cimentado pela doutrina.

Naturalmente, a articulação verificada entre a rede paroquial e a cúria interessava à Coroa de Portugal. Esta circunstância auxilia a demarcação de outro polo das relações entre os agentes locais: o interesse religioso. Ou seja, as demandas religiosas das elites. Este interesse religioso levava ao estabelecimento de relações entre os juízes eclesiásticos e seculares. Aos eclesiásticos pareceria impossível ater-se às relações inerentes ao campo religioso. Nas circunstâncias do seu tempo, eles estabeleceram relações com os agentes da Coroa, demarcadas também no campo do poder. Verificados os seus mecanismos do tribunal eclesiástico, esbarra-se em outra interrogação: como seria o relacionamento dos seus juízes com a população? Esta era uma interface primordial da atuação das justiças eclesiásticas; a que atraía os recursos, a que propiciava o exercício da autoridade, e também da dominação pessoal. Estas relações não eram nada pacíficas, como se procura mostrar no capítulo a seguir.

---

173    11-3-1759. Auto de querela que deu o doutor promotor contra o Reverendo João Justino de Oliveira (Cotrim) por raptos e furto de uma moça. Crime: rapto. AEAM. Livro de Querelas. *Op. Cit.*, fl. 7.

# Capítulo 8

## Diálogos e embates no campo do poder

### Os juízes eclesiásticos nos círculos letrados

Os eclesiásticos ligados ao ofício da justiça encontravam círculos bastante amplos de atuação, que propiciavam contatos não circunscritos ao clero. O Regimento do Auditório Eclesiástico rezava que, para boa administração da Justiça às partes, convém que haja advogados que requeiram e procurem por elas, e as encaminhem nas suas causas com verdade. Com esta orientação normativa, muitos advogados seculares atuaram nas dioceses, lado a lado com os juízes eclesiásticos, para a execução das penas e sentenças cíveis dos tribunais. Frequentando as audiências públicas no tribunal, as suas relações com os juízes eclesiásticos também demarcaram um campo de debates acerca da configuração política daquele tempo.[1]

Para atuar no auditório episcopal, o advogado deveria atender a certos requisitos morais e acadêmicos, tais como: ser pessoa de "verdade, virtude e letras"; graduado em "Sagrados Cânones", ou Leis, e que tenham cursado oito anos de Direito, e tenham experiência da prática e Estilos eclesiásticos. Além de mostrar a informação sobre seus graus, seria tomada informação da qualidade de sua pessoa, letras, vida e costumes. Se provassem ser regulares, recebiam provisão para advogar no auditório episcopal. Jurariam perante o Chanceler, na forma dos demais oficiais e ministros do Juízo: "e se sujeitarão à nossa juris-

---

[1] REGIMENTO do Auditório Eclesiástico da Arquidiocese da Bahia, título XII – Dos Advogados do Auditório n. 437-458. Em análise minuciosa, Álvaro de Araújo Antunes logra mostrar a função de mediação também conferida e executada pelos advogados na capitania de Minas Gerais Setecentista. Eles não desempenhavam tais funções isentos de interesses, estratégias e intercâmbios com outros grupos sociais, entre os quais o clero. ANTUNES, Álvaro de Araújo. *Fiat Justitia: os advogados e a prática da Justiça em Minas Gerais (1750-1808)*. Tese de Doutorado, IFICH, Unicamp, Campinas, 2005.

dição eclesiástica em tudo o tocante a seu ofício". Deixava-se claro aos advogados nomeados ser uma de suas graves obrigações não obstar a composição entre as partes. Esta era uma vocação do tribunal eclesiástico, salientada pela hierarquia episcopal.[2]

Os processos judiciais mostram, contudo, que malgrado as recomendações canônicas quanto à integridade moral dos advogados do tribunal eclesiástico, eles foram réus em muitos livramentos, cujos autos revelam uma conduta distante do modelo exemplar. Um dos casos mais escandalosos envolvendo um advogado do tribunal eclesiástico foi o do doutor Jorge de Abreu Castelo Branco. Era natural de Viseu, formado em Cânones na Universidade de Coimbra entre 1744 e 1745.[3] Após enviuvar-se, ordenou-se sacerdote pelas mãos do primeiro bispo de Mariana, Dom Frei Manuel da Cruz. Não obstante esta dignidade, envolveu-se em um caso público de adultério com a esposa do Capitão Vicente de Sousa, que dele querelou em 1768. Os registros mostram uma persistente perseguição promovida pelo marido ultrajado; mas o sacerdote e advogado logrou sucessivas cartas de seguro para tratar de seu livramento, até que finalmente foi preso, na década de 1770.[4]

Entre os advogados que acumularam influência pelos anos de serviço nos tribunais, inclusive no eclesiástico de Mariana, merece ser citado o doutor João de Sousa Barradas, filho de José de Sousa Moura. Havia nascido nesta cidade, à rua dos Monsús. Formou-se em Leis na Universidade de Coimbra em 1757, ano no qual obteve o conceito "Bom estudante".[5] Como advogado, defendeu várias pessoas de prol na capitania de Minas Gerais, comerciantes e sacerdotes implicados em crimes. Colecionava êxitos nos livramentos dos réus que defendia. O doutor João de Sousa Barradas também constituiu carreira como edil. Nesse âmbito, assumiu frontal oposição à administração do tribunal eclesiástico, sob o comando do doutor José Botelho Borges. Alinhou-se em torno do nome do

---

2  REGIMENTO do Auditório Eclesiástico da Arquidiocese da Bahia, título XII – Dos Advogados do Auditório n. 437-458.

3  Ficha de Matrícula: CASTELO-BRANCO, Jorge de Abreu. Ficha de Matrícula: natural de Viseu. Faculdade: Cânones. Matrículas: 01/10/1736 (Instituta). 01/10/1737. 01/10/1738. 01/10/1739; 01/10/1740; 01/10/1741; 01/10/42; 01/10/1743. (*Dados Biográficos: serviu no Audotório Eclesiástico de Mariana*). No *Livro de Informações Gerais 1730-1770*, à fl. 124, consta: Jorge de Abreu Castelo Branco, filho de João Rabelo, natural de Viseu. Entre os Formandos de Cânones do ano acadêmico de 1744 para 1745, obteve o conceito "Suficiente".

4  AEAM. Governos Episcopais. Armário 1, gaveta 3. Livro de Querelas, 1776. Auto de querela que deu o Capitão Vicente Ferreira de Sousa do doutor Jorge de Abreu Castelo Branco. Crime: adultério, fl. 5v-6.

5  AUC. Série Cartas de Curso. Cx 7, 2ª série, ano 1757, dep IV, Sec 2ª D, Est. 13, Tab. 5, Secção Universidade. *Livro de Informações Gerais 1730-1770*, fl. 241, respeitante ao ano acadêmico de 1756 para 1757.

Cônego Inácio Correia de Sá quando este, acusado de inconfidência, foi preso. O doutor Barradas era vereador na Câmara de Mariana, e apoiou o levante contra os desmandos atribuídos ao governador Francisco Xavier da Rua.[6]

O terceiro e último episódio digno de nota nesta seção envolveu todos os advogados de Vila Rica e Mariana; já nos referimos a ele antes. Trata-se da concordata de 1755, que mostra coesão entre os advogados locais, e revela suas estratégias de afirmação, baseada em sua influência enquanto grupo. O fato ocorreu durante a gestão do primeiro bispo de Mariana, Dom Frei Manuel da Cruz. Nesta época, os advogados do auditório eclesiástico eram os doutores Jorge de Abreu Castelo Branco, João Dias Ladeira, Manuel Brás Ferreira e João da Costa Maia. Eram solicitadores o capitão Domingos Correia Rabelo, Sebastião Meireles Barbosa Coutinho, Tomás José de Oliveira e João Batista do Vale Amiel. O porteiro do auditório era Miguel Rabelo da Costa. O doutor Manuel da Guerra Leal de Sousa e Castro havia sido advogado no tribunal eclesiástico e nele assumira o posto de promotor.[7]

O próprio bispo encarregou-se de relatar as ações ao governador e ao rei, qualificando-as como "aleivosas e iníquas". A "inaudita concordata", era perturbativa do exercício da jurisdição eclesiástica, infamatória e caluniosa contra o vigário geral do bispado, e "petulante e desatenciosa a minha pessoa, e a meu caráter". Pedia: "espero da grande bondade e retidão de Vossa Senhoria não faça juízo em matéria tão grave sem me ouvir, porque convém a eles". Desqualificava as suas causas do movimento, com a garantia que nos processos mais graves pertencentes à jurisdição ordinária, as decisões do vigário geral fundavam-se nas opiniões certas e comuns dos pragmáticos, ou agravos da Coroa dirigidos pelas mesmas Constituições. E que o vigário geral em semelhantes matérias, conferia com ele.[8]

Segundo o bispo, o objetivo dos autores da concordata era "pôr em consternação" o juízo eclesiástico, subtrair os advogados que patrocinavam as causas das partes, tudo "para

---

6    IANTT. Padroados do Brasil, Cx. 5, da Mesa da Consciência e Ordens. 4º maço. 22-12-1772. Parecer da Mesa da Consciência e Ordens sobre Representação dos Cônegos de Mariana. Anexo: uma representação dos Cônegos José Botelho Borges e Francisco Ribeiro da Silva. Ver ainda: TRINDADE, Raimundo. (Côn.) *Arquidiocese de Mariana. Op. Cit.*, p. 340.

7    TRINDADE, Raimundo. (Côn.) *Arquidiocese de Mariana. Op. Cit.*, p. 370-71.

8    Carta de Dom Frei Manuel da Cruz, Bispo de Mariana, informando José Antônio Freire de Andrade, Governador de Minas Gerais, sobre o conflito que trava contra os advogados e agentes de causas, assim como o reflexo que o mesmo causa na jurisdição eclesiástica; AHU/MG, Cx.67, doc. 11, 23/01/1755. Carta de José Antônio Freire de Andrade, Governador de Minas Gerais, para Diogo de Mendonça Corte-Real, Secretário de Estado da Marinha e Ultramar, dando conta da concordata obtida pelo Bispo de Mariana com vista a pôr termo às sublevações; AHU/MG, Cx.67, doc. 15, 23/01/1755. Tejuco. Carta de José Antônio Freire de Andrade, Governador de Minas, informando Dom José I sobre o que lhe escreveu o Bispo de Mariana, Dom Frei Manuel da Cruz, acerca dos ex-

me obrigarem violentamente a depor do vigário geral, um ministro da Igreja que tem todos os requisitos para o ser tanto em letras como em virtudes, prescrevendo-me também para o mesmo fim a câmara desta cidade uma carta.[9] Numerosos advogados e agentes de causas aderiram e assinaram a concordata, "uns por ódio, ou por intemporização". E outros por temor das ameaças aos que a burlassem, pois previam-se penas pecuniárias exorbitantes aos advogados - duzentas oitavas se advogassem no auditório eclesiástico; e aos agentes, de cem oitavas, se requeressem no mesmo auditório. Ainda, a pena de ficarem inabilitados para advogarem, caso fossem requerer no auditório secular. Nestes termos, "foi esta iníqua concordata julgada e sentenciada pelo ministro e publicada na sua audiência". O ministro era Silvério Teixeira, juiz de fora de Mariana. Era natural de Lisboa, filho de Rodrigo Teixeira. Formado em Leis na Universidade de Coimbra em 1743.[10]

O prelado concluía sua defesa - "eram estes os aquedutos por onde correram águas tão venenosas". Foi necessária a intervenção régia, e nova concordata do bispo com seus oponentes seculares, visando a pôr termo à sublevação e esvaziamento do tribunal ecle-

---

cessos cometidos pelos advogados e solicitadores da cidade de Mariana. As cartas que antecederam esta discussão foram: AHU, Cx.66, doc. 17, 10/11/1754. Carta de Silvério Teixeira, Juiz de Fora da cidade de Mariana, queixando-se a D. José I das perturbações que o bispo de Mariana, Dom Frei Manuel da Cruz e os ministros eclesiásticos lhe causam pelos excessos que praticam; AHU, Cx.66, doc. 60. 22/12/1754. Carta de Dom Frei Manuel da Cruz, Bispo de Mariana, informando o Governador de Minas Gerais, José Antônio Freire de Andrade, sobre perturbações existentes no âmbito de sua jurisdição; AHU/MG/Mariana, Cx.66, doc. 62. 22/12/1754.

9    AHU, Cx. 68, doc. 28. 7/07/1755. Consulta do Conselho Ultramarino sobre a conta que deu o Governador de Minas, José Antônio Freire de Andrade acerca do que lhe escreveu o Bispo de Mariana, Dom Frei Manuel da Cruz, no que toca à conduta dos advogados e solicitadores face às Justiças Eclesiásticas; AHU/MG, Cx. 67, doc. 64. 05/05/1755. Carta de Dom Frei Manuel da Cruz, Bispo de Mariana, informando o Secretário de Estado, Diogo de Mendonça Corte-Real, ter recebido o novo Regimento dos Ministros e Oficiais da Justiça Secular de Minas; AHU/MG/Cx. 69, doc. 8. 08/01/1756. Consulta do Conselho Ultramarino sobre a pretensão do Bispo em construir aljube.

10   AHU, Cx 66, doc. 60, de 22/12/1754. Carta de Dom Frei Manuel da Cruz informando o Governador de Minas Gerais, José Antônio Freire de Andrade sobre perturbações existentes no âmbito de sua jurisdição. AUC. Livro de Informações Gerais. Silvério Teixeira.

siástico. Uma negociação com perda evidente, uma vez que o doutor José dos Santos foi susbstituído no posto máximo da justiça eclesiástica – o de vigário geral.[11]

...

A concordata dos advogados intercambiava-se às disputas em torno do exercício da autoridade episcopal. Observe-se as alegações de defesa do Cônego Domingos Fernandes de Barros, em seu livramento judicial por perjuro e desobediência. Preso em homenagem de sua casa, o réu mostrou-se informado da crise deflagrada em 1755, no auditório epis-copal, pelos advogados que tentaram esvaziar o tribunal.[12] Pronunciado por perjuro pela justiça eclesiástica, o Cônego Réu endereçou petição ao Vigário geral, reclamando que a sua causa se encontrava estagnada há catorze meses, nas mãos do seu Procurador, uma vez que os vinte e oito advogados de Mariana e Vila Rica haviam sido rogados por meio de "huma Concordata para não advogarem e requererem enquanto Vossa Mercê fosse Vigá-rio geral, e a fizeram julgar por sentença pondo-lhe graves penas a que se obrigavam". Todos a aceitaram por temor, afirmava o Réu, inclusive os requerentes ou solicitadores de causas que eram clérigos. Eles não sabiam que lhes estava imposta por direito uma exco-

---

11  Vide a cópia desta carta régia em: TRINDADE, Raimundo. *Arquidiocese de Mariana: subsídios para sua História*, 2ª ed. Belo Horizonte: Imprensa Oficial, 1953, p. 122-124. AHU, Cx.66, doc. 60. 22/12/1754. Carta de Dom Frei Manuel da Cruz, Bispo de Mariana, informando o Governa-dor de Minas Gerais, José Antônio Freire de Andrade, sobre perturbações existentes no âmbito de sua jurisdição; AHU/MG, Cx.67, doc. 11, 23/01/1755. Carta de José Antônio Freire de Andra-de, governador de Minas Gerais, para Diogo de Mendonça Corte-Real, Secretário de Estado da Marinha e Ultramar, dando conta da concordata obtida pelo Bispo de Mariana com vista a pôr termo às sublevações - Concordata conspiratória contra o juízo eclesiástico; AHU/MG, Cx.67, doc. 15, 23/01/1755. Tejuco. Carta de José Antônio Freire de Andrade, Governador de Minas, informando Dom José I sobre o que lhe escreveu o Bispo de Mariana, Dom Frei Manuel da Cruz, acerca dos excessos cometidos pelos advogados e solicitadores da cidade de Mariana. AEAM. Governos Episcopais. Arm. 6, Prat. 2, Livro 1029.

12  AEAM. Juízo Eclesiástico, n. 2733 e 2770. São muito comuns os conflitos entre juízes de fora e vigários gerais, como mostram estudiosos, como Sueli Creusa Cordeiro de Almeida: ALMEI-DA, Sueli C. Cordeiro de. "As peripécias dos magistrados: juízes de fora e um cotidiano nada tranquilo entre Recife e Olinda". Anais do II Encontro de História Colonial. Mneme - Revista de Humanidades. UFRN. Caicó (RN), v. 9, n. 24, Set/Out. 2008. Disponível em http://www.cerescaico.ufrn.br/mneme/anais/st_trab_pdf/pdf_6/suely_st6.pdf Acesso em 18 out. 2012.

munhão, apontava, "além de Vossa Mercê os suspender em Audiência Pública por Requerimentos do Promotor e o *Idem* de Sua Excelência".[13]

Enquanto o rei Dom José I não oficializava decisão para dissolver a concordata, o bispo e o vigário geral procuravam manter o juízo episcopal em funcionamento. Mas faziam-no, segundo o cônego Domingos Fernandes de Barros, contando com apenas dois advogados eclesiásticos intimados pelo bispo para atuar no tribunal eclesiástico: "Neste Auditório Eclesiástico não há mais do que dois Advogados, um é o doutor Promotor, e outro o Reverendo José Batista da Silva". Se há alguns mais que de fato vem algumas vezes a esta Cidade a audiências Eclesiásticas, são outros dois que moram em Vila Rica - "distante desta Cidade duas léguas"; um, o doutor Teodoro Ferreira Jácome, promotor na Vigararia da Vara de Vila Rica; outro, o Reverendo José de Leal de Carvalho - "duvido dizer que há também na dita Vila José Joaquim, porque este se acha no Rio de Janeiro; como é notório, nem na dita Vila e menos nesta Cidade, há outro letrado desse nome." Quatro, tão somente, eram os advogados, "dos quais dois aqui assistentes e os outros dois em tanta distância". Não é muito que os não aceite e tenha razões particulares para isso, e se basta em Direito recusar aceitá-los.[14]

Referia-se o réu à sua defesa, para a qual declarava não poder dispor de advogados. Mediante estas alegações e circunstâncias, o caso do Cônego Domingos Fernandes de Barros arrastou-se por muitos anos. Muitos padres foram arguídos, levados a livramento judicial, por desobediência, revoltas, sacrilégios, resistência às Justiças, perturbação do sossego público. Disto resultaram alguns dos mais curiosos diálogos entre agentes da mesma hierarquia, situados em polos distintos: o juiz eclesiástico e o padre réu.

## O perjuro do Cônego Domingos Fernandes de Barros

O Cônego Domingos Fernandes de Barros exerceu por longos anos o posto de Cura da Sé Catedral. Entre 1752 e 1753, quando o bispo se encontrava fora da Sede em visitas pastorais, rebelou-se com grande escândalo contra a substituição do seu sacristão, que estava sendo pronunciado por furto de bens da Catedral. E por ter dado pancadas em um homem dentro de uma capela, além das referidas dívidas na fábrica da Catedral.[15]

Denunciado por desobediência e perjuro, o Cônego promoveu um desabafo contra a forte influência do vigário geral do bispado em seu julgamento. O seu auto de denúncia,

---

13    AEAM. Juízo Eclesiástico, n. 2733.

14    AEAM. Juízo Eclesiástico, n. 2770.

15    AEAM. Juízo Eclesiástico, n. 2770: AHU, Cx. 69, doc. 17 - 16/01/1756; Cx. 70, doc 13 -

lavrado em 2 de outubro de 1753, trazia o depoimento de Simplício de Moraes Henriques, o novo sacristão provido na catedral, em primeiro de junho de 1753, por Dom Frei Manuel da Cruz. Havia entrado em exercício em dez de junho. Junto do padre Manuel Pereira de Pinho, havia provido as galetas de vinho e deixado prontas as hóstias e cera nos altares para o cônego Domingos Fernandes de Barros poder celebrar a missa. Este não apenas recusou-se a dizer missa com o vinho ministrado pelos novos providos, como, achando--o na galeta, lançou-o fora, lavou e lançou nela o vinho do sacristão expelido do cargo, Custódio Ferreira dos Santos. Dentro de poucos dias, o denunciado mandou um menino do coro com uma galeta provida com o vinho do dito Custódio para a credência do altar maior, onde havia de celebrar a missa conventual. Não querendo desobedecer as ordens do bispo, o menino do Coro respondeu que lá já havia provimento. O Cônego foi da sacristia ao coro, onde se rezava a *Tercia*. Lá entrou somente em loba, sem o hábito coral, iracundo; levava a galeta na mão e a pôs na credência, a induzir os mais sacerdotes a que aceitassem apenas o vinho e as hóstias do sacristão expelido. [16]

Em outro dia, o cônego réu, vestido para dizer missa, vendo um dos altares da dita catedral com a cera trazida pelos novos providos, rejeitou-a e mandou seu acólito levar a cera do expelido. O novo provido, Simplício de Moraes Henriques, intimou-lhe a ordem do bispo novamente. Mas o cônego Domingos reiterou que não queria a cera que ali se achava por ordem de Sua Excelência Reverendíssima. Com a sua própria mão pegou-a e lançou ao chão. Não obstante estar revestido no altar para dizer missa, de lá se retirou para a sacristia sem dizê-la, "sucedendo todo este fato perante muitas pessoas que estavam na dita catedral em que houvera público escândalo". O caso era de denúncia, como informavam os autos, e o doutor promotor "a dava, real e verdadeira, contra o sobredito reverendo denunciado, que havia incorrido no crime de desobediente e perjuro e devia ser punido e castigado". E porque se oferecia a apurá-la nomeava por testemunhas ao reverendo padre mestre da capela Manuel da Costa Dantas, o reverendo padre Manuel Pereira de Pinho, o padre coadjutor e o reverendo Simplício de Moraes Henriques, sub-

---

16/07/1756; COPIADOR de algumas cartas particulares do Excelentíssimo e Reverendíssimo Senhor dom frei Manuel da Cruz (1739-1762). *Op. Cit.*, fl. 186-186v.

16  AEAM. Juízo Eclesiástico, Processo 2733 – 1755. Apelações do Cônego Domingos Fernandes de Barros.

-chantre da mesma catedral, clérigo tonsurado natural de São Paulo, que morava em Mariana e contava 31 anos.[17]

O promotor requereu ao vigário geral, doutor José dos Santos, que, provado o que bastasse, fosse servido proceder contra o denunciado, com todas as penas crimes e cíveis determinadas por direito canônico, concílio tridentino, e constituições pelas quais se governa este bispado.[18] Doutor José dos Santos assinou a ordem de prisão do Cônego Domingos Fernandes de Barros; era endereçada ao sacristão-mor, Pedro Borges de Área: *"prenda em húa casa que lhe assino por cadeia"*. Anexo aos autos, um decreto de Sua Majestade Fidelíssima "pelo qual ordena a Sua Excelência Reverendíssima que na criação da catedral deste bispado fizesse jurar aos reverendos capitulares dela obedecer-lhe em tudo o que lhes determinasse para bom regulamento da mesma catedral". Requereu do escrivão uma certidão do juramento de obediência feito pelo Cônego nas mãos do mesmo Excelentíssimo Reverendíssmo Prelado.[19]

O Cônego Domingos foi pronunciado a prisão em homenagem, em uma casa que o Vigário geral assinalou como cadeia. Fora preso no mesmo dia que a ordem foi publicada, em 4 de setembro de 1753, na Rua Nova. Preso, fora notificado pelo escrivão que se dela saísse perderia a homenagem e seria levado à cadeia comum.[20]

Este procedimento baseava-se no Estatuto 60, exposto na Sacristia da Catedral. Em 3 de outubro de 1753, o vigário geral ordenou ao escrivão Francisco da Cunha e Souza que anexasse ao processo uma certidão com a transcrição do Estatuto que dispunha os procedimentos quanto aos delitos das dignidades, cônegos e beneficiados. Rezava que daqueles delitos deveria conhecer o bispo "ou o nosso Vigário geral de especial comissão nossa para serem castigados conforme o direito e merecerem". Nos casos em que merecerem ser presos, deveriam ser em homenagem, tanto as dignidades, cônegos e beneficiados como os Cavaleiros das Ordens Militares e fidalgos; exceto nos crimes graves pelos quais, sendo provados, mereçam pena de degredo perpétuo ou temporal para Angola ou São Tomé, privação de seus benefícios ou outra maior pena que se lhes der em pena de

---

17 Manuel da Costa Dantas era presbítero do Hábito de São Pedro e Mestre da Capela na Catedral de Mariana. Natural da freguesia de Sampaio de Guimarães, Arcebispado de Braga, de idade 41 anos. O padre coadjutor Manuel Pereira de Pinho era coadjutor na catedral de Mariana, natural da freguesia de São Martinho de Salzedas, bispado de Coimbra, e de idade 58 anos. AEAM. Juízo Eclesiástico, Processo 2733 – desobediência e perjuro do Cônego Domingos Fernandes de Barros.

18 AEAM. Juízo Eclesiástico, Processo 2770 – 1753. Desobediência e perjuro do Cônego Domingos Fernandes de Barros.

19 AEAM. Juízo Eclesiástico, Processo 2733.

20 AEAM. Juízo Eclesiástico, n. 2770, fl. 35v.

delito sendo condenados a que estejam presos por alguns dias. Dispunha-se que na Catedral, Coro e Cabido todos se haveriam com a maior modéstia; qualquer dignidade, Cônego ou beneficiado que nos tais lugares dissesse ao outro palavras injuriosas ou lhe fizer outra qualquer afronta, se lhe prescreverá pena ordinária que pelo caso merecer conforme a atrocidade da injúria para a qual se procederá judicialmente na forma de Direito.[21] O próprio bispo fez questão de registrar e assinar um auto de denúncia:

> Por nos constar por verdadeira informação que o Reverendo Cônego Domingos Fernandes de Barros, devendo obtemperar a todas as nossas Ordens, em razão dos juramentos que em nossas mãos prestou na Instituição e colação do seu benefício, o tem feito pelo contrário principalmente depois que nos ausentamos da Cidade de Mariana, e andamos em visita desta Comarca, desobedecendo clara e escandalosamente, e desprezando as nossas Ordens, preceitos, e Portarias, e o que mais é impedindo per si e por outros a execução delas, o que é digno de exemplar castigo (...).[22]

O Livramento judicial do Cônego Domingos Fernandes de Barros mostra bem os procedimentos, levado a efeito pela hierarquia diocesana para o enquadramento dos infratores, em meados do século XVIII. Envolviam as vias ordinárias de justiça, com a devida denúncia e pronunciação do réu nos casos graves, que merecessem mais do que admoestações ou multas. Para agravar a desobediência formal do Cônego, havia a publicidade: o "para escândalo geral" a ira "perante toda a gente". O Cônego defendia-se alegando que sofria injúrias; era dado como culpado sem que houvesse uma condenação. O vigário geral respondeu que o Reverendo Suplicante não possuía razão em dizer que o injuriava com o seus despachos - "pois não digo mais que o que consta de autos". Não julgo que seja perjuro antes, mas "desejo que no Livramento do predito crime em que se acha pronunciado por tal, mostre defesa com que o julgue inocente".[23]

Com as providências tomadas após este imbroglio, o Vigário geral destacou uma característica de ação da hierarquia eclesiástica, e dos agentes ligados à matriz tridentina: a de julgar e aplicar penalidades canônicas às pessoas leigas e eclesiásticas infratoras. Após despachar a sentença supra, o vigário geral pediu ao Reverendo escrivão, "a quem entrego esta com todos os meus despachos", que "antes de a entregar ao Reverendo Suplicante, passe por certidão *de verbo ad verbum* o teor de todas estas petições, réplicas,

---

21 AEAM. Juízo Eclesiástico, n. 2770 – desobediência e perjuro do Cônego Domingos Fernandes de Barros, fl. 14v–15v.

22 *Idem.*

23 AEAM. Juízo Eclesiástico, n. 2733.

informações e despachos". Ele deveria ter em seu poder a certidão para evitar inconvenientes - para "constar a todo o tempo da formalidade e justiça com que foram proferidos os meus despachos". Porém "os poderá mostrar antes de passar a certidão ao Reverendo Suplicante requerendo-lho para continuar nos seus requerimentos = Santos".[24]

Para livrar-se judicialmente, o Cônego alegou em uma petição formal, que sentia "pejo" dos dois únicos advogados disponíveis nos tribunais eclesiásticos de Vila Rica e de Mariana - "não se achará direito que disponha que uma parte para se defender seja obrigado a aceitar o advogado que o julgador lhe quer dar se ela se não agradar dele e para o não aceitar seja obrigado a declarar as causas que tem para o recusar".[25]

A pedido do Vigário geral, uma certidão do escrivão Antônio de Araújo Carvalho de dezenove de julho de 1755 indicava os nomes dos advogados que serviam nos tribunais eclesiásticos de Mariana e Vila Rica. Na sede episcopal, atuava o Reverendo doutor José Batista da Silva e o Reverendo doutor Promotor José Botelho Borges. Em Vila Rica, os doutores José Joaquim e o Reverendo doutor José de Leal de Carvalho, além do Reverendo Promotor daquele Juízo, doutor Teodoro Ferreira Jácome. O Vigário geral intimou: "Respondam os Advogados deste Juízo cada hum per si se entre eles e o Reverendo Suplicante há alguma razão de pejo. Santos". Verificando o procedimento, o réu impetrou ação de suspeição para desqualificar a legitimidade do vigário geral em julgá-lo naquele caso, sendo parte e um dos autores da denúncia.[26] Não sem algum cinismo, o Cônego réu acusou que todos temiam o vigário geral:

> É certo que Vossa mercê no caso do procedimento do auto de prisão de que o Suplicante tem apelado é Vossa Mercê parte, e pelo poder do cargo que exerce é pessoa tão poderosa //[verso da 5ª f. s/n ] como se não ignora, e contra tais pessoas não querem nem costumam os advogados atritar por temerem o seu poder.[27]

A defesa do Cônego alegou, em maio de 1755, que o ocorrido não havia representado grande escândalo, por não ser dia dedicado a Deus. O Reverendo Réu contava "bons 80

---

24    AEAM. Juízo Eclesiástico, n. 2733.

25    AEAM. Juízo Eclesiástico, n. 2733.

26    AEAM. Juízo Eclesiástico, n. 2733- 1753. Desobediência e perjuro do Cônego Domingos Fernandes de Barros; n. 2770, fl. 8-9v.

27    AEAM. Juízo Eclesiástico, n. 2733.

anos de idade"; era "muito curto de vista". Questionou-se a legitimidade da mudança do sacristão – deveria ter sido submetida à aprovação do Cabido.[28]

Nos dois processos judiciais de livramento do Cônego Domingos Fernandes de Barros, consta a sentença apenas no primeiro: condenado, deveria passar a homenagem e depois ser levado a cadeia pública e se proceder contra ele com as mais penas de direito. O segundo processo não deixou desfecho conhecido, pois o réu havia apelado à Santa Sé Apostólica.[29]

O Cônego Domingos apelou também à corte, pois a última movimentação em seu processo refere-se ao Termo de Fiel da Apelação, lavrado pelo escrivão Cunha, com a nomeação de Miguel Peixoto de Araújo, morador de Mariana. Este se obrigava, como fiel do juízo, por sua livre vontade, "a entregar o treslado destes autos que vão por apelação, para o Tribunal da Legacia na Corte e Cidade de Lisboa, para donde apelou o Reverendo Apelante, Cônego Domingos Fernandes de Barros, sem vício algum nem signal de obter em razão de os receber". O voluntário se obrigava a passar naquele juízo, certidão em forma autêntica de todo o referido até a futura frota primeira que vier de Lisboa ou Rio de Janeiro.[30]

Após grande número de recursos movidos por este Cônego, a sua resistência era mantida pelas próprias margens deixadas nos interstícios da legislação. Como se vê no livro de sentenças, em 1769, ele ainda obtinha cartas de seguro negativas, para livrar-se em liberdade dos crimes dos quais estava acusado desde 1753. Na década de 1768, exercia normalmente as suas funções de Cura da Igreja Catedral.[31]

Para Marco Antônio Silveira, este caso é indício da batalha institucional que diuturnamente tinha lugar na administração setecentista. No ambiente conflituoso das Minas, poderes diversos se degladiavam em uma constante guerra de usurpação institucional. O acordo expressaria o enredo de disputas entre partidos e corporações,

---

28    AEAM. Juízo Eclesiástico, n. 2733.

29    AEAM. Juízo Eclesiástico, n. 2770 – 1753.

30    Auto de Prisão, fl. 35v. AEAM. Juízo Eclesiástico, Processo 2770 – 1753; n. 2733 – 1755.

31    Sentença de livramento crime do cônego Domingos Fernandes de Barros por seu desordenado procedimento. 6-11-1769. AEAM. Tribunal eclesiástico. Governos episcopais. Armário 6, prateleira 2, livro 1030 (1765-1784), fl. 6v. Juízo Eclesiástico, n. 2770. Termo de Auto de denúncia de 4-9-1753. Autor: a Justiça por seu Reverendo Promotor do Juízo. Réu o Reverendo Cônego Domingos Fernandes de Barros. Autos de livramento crime. 27-9-1753. Despachado pelo Vigário geral Dr. José dos Santos, em casas de sua morada. Apareceu presente Antônio Ribeiro da Cunha, Promotor do juízo por Desobediência e perjuro, após recusar a demissão de Custódio Ferreira dos Santos, ex-sacristão expelido por estar envolvido em roubos à Catedral. Encerra em 24-10-1753 apelando o réu para a Santa Sé e para o Tribunal da Legacia da Corte de Lisboa. AEAM. Juízo Episcopal. Queixa, n. 28341 – 01-11-1768.

no qual os letrados e solicitadores das Minas escandalizaram a Metrópole, formalizando a concordata, julgada pelo juiz de fora, que supostamente protestava contra injustiças cometidas pelos ministros eclesiásticos. Segundo o autor, os eclesiásticos também se utilizavam das crenças e instrumentos jurídicos como armas de guerra e captação de recursos.[32]

José Pedro Paiva chama a atenção para os diversos conflitos na administração eclesiástica, cuja imensa maioria tocava a disputa de recursos materiais, a definição de competências jurídico-legais, que acabavam tendo importância econômica; e dissensões sobre o cerimonial, a tradição, ou a representação social. Estes conflitos internos indicam a fragmentação de poderes e interesses existentes dentro da instituição.[33] Outros autores situam tais problemas no contexto de um processo de reforma no qual o quesito formação sacerdotal ainda se mostrava deficitário. Para António Camões Gouveia, a instabilidade, irregularidade no funcionamento do sistema de ensino e a necessidade de intervenção e proteção régia pareceram ser os denominadores comuns em todo este processo.[34]

Os casos analisados evidenciam que o vigário geral atraía muitos inimigos e despontava como o proeminente juiz episcopal que representava o bispo e assumia a administração do foro contencioso. O discurso do Reverendo Réu dimensiona a influência do Vigário geral, e sugere as razões para que fossem temidos e combatidos.[35]

Os embates do vigário geral com o ouvidor de Vila Rica repercutia diretamente sobre a vida das pessoas e a administração das justiças e dos bens e testamentarias. As justiças e seus

---

32  SILVEIRA, M. A. "Guerra de usurpação, guerra de guerrilhas: conquista e soberania nas Minas setecentistas". In: *Vária História*, 25. Belo Horizonte: FAFICH-UFMG, 2001, p.128-130.

33  PAIVA, José Pedro. "A Igreja e o poder." In: AZEVEDO, C. M. (dir.) *História Religiosa de Portugal.* Lisboa: Círculo de Leitores, 2000, v. 2 – Humanismos e Reformas, p. 117-118. ASSIS, Ângelo F. "Entre a coerção e a misericórdia: sobre o tribunal do Santo Ofício da Inquisição em Portugal." *Op. Cit.*, p. 135-36.

34  GOUVEIA, António Camões. "O enquadramento pós-tridentino e as vivências do religioso". In: MATTOSO, José. *História de Portugal. v. IV – O Antigo Regime (1620-1807)*, Lisboa: Editora Estampa, 1993, p. 293.

35  2770. 27-9-1753. Autor: a justiça pelo Dr. Promotor do Juízo Antônio Ribeiro da Cunha. Réu. O R. Côn. Domingos Fernandes de Barros. Autos de livramento crime de Desobediência e perjuro, após recusar a demissão de Custódio Ferreira dos Santos, ex-sacristão expelido por estar envolvido em roubos à Catedral. Despachado pelo Vigário geral Dr. José dos Santos, em casas de sua morada. Termo de Auto de denúncia. 4-9-1753, onde apareceu presente o Promotor do Juízo. A ação encerra em 24-10-1753, com recurso impetrado pelo réu para a Santa Sé e para o Tribunal da Legacia da Corte de Lisboa.

EXCOMUNHÃO E ECONOMIA DA SALVAÇÃO

conflitos inpiraram, sendo assim, algumas construções discursivas, como a do testamenteiro Antônio Álvares da Silva, responsável pelos bens do Padre Pantaleão Álvares de Oliveira, falecido na freguesia de Nossa Senhora da Conceição das Catas Altas. Em doze de abril de 1755, o testamenteiro dirigia representação ao bispo, reclamando estar sendo prejudicado pelos conflitos entre os foros. Os bens da referida testamentaria necessitavam ser postos em praça pública e apregoados pelo porteiro; mas este não existia no juízo eclesiástico, em razão das contendas entre o Vigário geral e o ouvidor de Vila Rica (este magistrado mandara prender o segundo porteiro consecutivo do auditório). Requeria providência, uma vez que

> procurando vários porteiros, nenhum o quer ser; e indo a Vila Rica para o daquela vila vir dar os pregões a esta cidade lhe pediam exorbitância tão excessiva que lhe não faz conta, antes serve de prejuízo notável; e como na mora da vinda dos bens da testamentaria se segue o mesmo dano irreparável, pois vão morrendo escravos e perecendo outros trastes; e porque pertence *a Vossa Excelência como Príncipe Legislador o dar providência pondo os oficiais necessários ao juízo para cumprimento dos requerimentos das partes. Por isso recorre a V. Excelência para que se digne dar remédio a semelhante caso por evitar as consequências expostas; e justamente não pertencer ao suplicante o procurar o oficial fora desta cidade para lhe vir fazer e dar pregões.* D. Venha o porteiro de Vila Rica visto não haver neste juízo porteiro. [36]

A petição do testamenteiro foi atendida, ocorrendo o auto de rematação. Os bens consistiam em moradas de casas, uma na Barra do Córrego das Catas Altas, cobertas de telhas com senzalas; outra da outra banda do córrego, com um bananal e cerca de braúnas, lavras e chão com madeiras defronte a casa; e uma lista de bens preciosos que ocupava três folhas. Os bens foram arrematados por Filipe da Costa Neves, morador na cidade, em pregão feito por Jerônimo Pereira de Sousa, alvitrado pelo Vigário geral, que assinou a petição com o porteiro do auditório eclesiástico de Mariana e de Vila Rica. [37]

Como afirmou Stuart Schwartz, o cerne da estrutura burocrática colonial eram os letrados. Eles estabeleciam o equilíbrio entre o poder executivo dos governadores

---

36  AEAM. Juízo Eclesiástico. 4638. Mariana, 12-04-1755. Testamentaria do Padre Pantaleão Álvares de Oliveira, falecido na fregusia de N. Sra da Conceição das Catas Altas. Petição do testamenteiro Antônio Álvares da Silva, cujos bens necessitam ser postos em praça pública e apregoados por porteiro, mas como não há neste juízo em razão das contendas entre o Vigário geral e o ouvidor de vila Rica, requer do Vigário geral providência. Processo findo e resolvido, terminando com o termo de plena quitação ao testador Antônio Álvares da Silva, e as custas processuais encerradas em Mariana, 10-12-1755. Itálicos meus.

37  *Idem.*

e as demandas dos povos através das câmaras. Como ressaltou, não é de surpreender que, sendo o rei o dispensador de justiça, a burocracia real fosse a magistratura. Esta era um atributo tradicional do monarca e característica central de sua autoridade. Apesar da acentuada presença da nobreza nos cargos de governador e vice-rei, muito do funcionamento do governo colonial caiu nas mãos da burocracia de letrados que serviam como ouvidores, desembargadores e juízes de fora. Malgrado as tentativas para separá-los da sociedade colonial por meio de altos salários e promoções por bons serviços, estes juízes desenvolveram seus próprios interesses e entraram em relacionamentos locais. [38]

Esses agentes foram fundamentais no contexto de uma política cerceadora da atuação das justiças eclesiásticas. Por outro lado, o tribunal eclesiástico logrou levar as sentenças cíveis e criminais à execução. Com variações e ritmos respeitantes à linha de atuação de cada gestão, expressiva quantidade de penalidades cíveis e criminais foram aplicadas contra pessoas leigas e eclesiásticas; penitências públicas, admoestações e penas pecuniárias, espirituais e disciplinares foram aplicadas, como se pode verificar junto à tabela de cômputo das Penalidades no Tribunal Eclesiástico. Este exercício, todavia, prescrevia um movimento pendular entre a jurisdição secular e a eclesiástica. Os dilemas que caracterizaram as justiças nesse contexto ficam evidentes nos imbroglios sobre a excomunhão, na segunda metade do século XVIII.

## AS PENALIDADES ESPIRITUAIS ENTRE O SECULAR E O ECLESIÁSTICO

Ao longo de sua existência no século XVIII, o tribunal eclesiástico puniu as infrações de pessoas leigas e eclesiásticas com penalidades espirituais, disciplinares e criminais. Logrou exercer, como se acompanha no Gráfico Movimento das Sentenças de Repressão, bem como na Tabela 1 e 2, dos réus, e das penalidades, a coerção física e psíquica, nos casos pertencentes à sua jurisdição. Os livros de registros das sentenças, cartas de seguros e mandados permitem computar os processos concluídos e as sentenças despachadas na diocese. Dentre as penalidades aplicadas, verificam-se grande frequência das pecuniárias. Especificamente no tempo de Dom Frei Manuel da Cruz a frequência das censuras espirituais (Cf. Tabela 1 - Das penalidades) era mais intensa. Praticou-se, ainda, em larga

---

38 SCHWARTZ, Stuart. "O Brasil no sistema colonial". BETHENCOURT, Francisco; CHAUDHURI, Kirti. (Org.) *História da expansão portuguesa*. v. 3 - *O Brasil na balança do Império (1697-1808)*. Lisboa: Círculo de Leitores, 1999, p. 147-49.

escala, a punição com o degredo para fora de comarcas eclesiásticas, e mesmo para fora do bispado; e as temidas penitências públicas.[39]

Talvez o estado eclesiástico associasse as penas pecuniárias e espirituais a uma maneira mais rápida e autônoma de punir e coagir os seus réus, considerando o cerceamento legal da execução de punições físicas. Porém, a forma de aplicação de todas as penalidades, mesmo espirituais, além de variar conforme a linha atuação dos agentes, dependiam cada vez mais de circunstâncias políticas e das mudanças na legislação portuguesa. Cada vez mais, juristas influentes abominavam os vexames e a infâmia a que eram submetidos os réus.[40]

Segundo Wehling, a burocracia pombalina e pós-pombalina explicitava os seus objetivos e reformas principalmente por meio das leis, decretos, alvarás, assentos, tratados, convenções, avisos, portarias, circulares, editais e provisões reais. A matéria legislativa era a expressão formal das reformas, com pontos altos nos anos de 1750 e 1790.[41]

Sob a influência do chamado Despotismo Iluminado, propugnava-se que a razão deveria conduzir a monarquia. Tal doutrina vigorou com a ascensão de Dom José I; visava reformar a sociedade por meio de leis justas e adequadas, que orientariam o funcionamento de órgãos de governo que deveriam operar pelo bem dos vassalos. Era comum que, sempre que houvesse "justas queixas" por motivo de opressão das leis, os povos deviam sentir a "real benignidade".[42]

Este apelo à benignidade real, mediante constatação de alguma opressão na aplicação de penalidades pode ser observada nos casos de excomunhão. No período pombalino ampliaram-se as restrições a esta censura eclesiástica. O caso do Alferes Miguel Peixoto da Rocha ilustra esta ingerência do poder secular na esfera da atuação exclusiva do episcopado. Por não comparecer à presença do Vigário geral, quando intimado, "para depor o que soubesse em matéria muito conveniente ao serviço de Deus e da

---

39    Há um registro de 12-04-1772 um degredo para Angola, condenação para crimes graves: "degredo será de 5 anos para Angola e a condenação de 150$000 para as despesas e pague os autos." AEAM. Livro 1030 (1765-1784), fl. 83. Sobre a importância das penalidades públicas para a Igreja Tridentina, ver: TORRES-LONDOÑO, Fernando. *A outra família: concubinato, Igreja e escândalo na Colônia. Op. Cit.*, p. 156.

40    BECCARIA, Cesare Bonesana, Marchese di. *Dos delitos e das penas.* Trad. Maurício Barca do original italiano *Dei delitti e delle pene.* São Paulo: Cedic-Germape, 2003, p. 49.

41    WEHLING, Arno; WEHLING, M. J. "Linhas de força da legislação pombalina e pós-pombalina: uma abordagem preliminar". Anais da Sociedade Brasileira de Pesquisa Histórica, 2004, p. 136-138. Disponível em <http://sbph.org/2004/personagens-poder-e-cultura/arno--wehling-maria-jose-wehling> Acesso em: 30 nov. 2012

42    SERRÃO, J. V. *História de Portugal (1750-1807). v. 6 - O despotismo iluminado.* Lisboa: Verbo, Capítulo 1, p. 13-14; 88-93.

Igreja", o alferes foi notificado de excomunhão em nove de outubro de 1769, por ordem do Dr. José Botelho Borges. Mas a decisão final sobre o seu estatuto de excomungado só foi definida em 1771. O imbroglio iniciou quando o réu notificado de excomunhão recusou-se a depor sobre um caso de sátiras que circulavam contra pessoas eclesiásticas. O Vigário geral reclamava que, sendo o Réu intimado por seu despacho para que, no tempo peremptório de 24 horas, se pronunciasse, veio com uns embargos em que dizia "não podia jurar em razão de se achar nesta Cidade o doutor Ouvidor José da Costa Fonseca, em correição", e este ter dado "ordem expressa ao alcaide da mesma, para que prendesse a todos os seculares que viessem depor neste meu juízo (Eclesiástico), em devassa ou sumário de sátiras, ou libelos formados que se tirasse contra pessoas eclesiásticas".[43] O vigário geral declarou o ouvidor público excomungado. O magistrado agravou para o Régio Tribunal da Coroa, onde obteve provimento. No entendimento do vigário geral, obteve "sem atenção às dúvidas de fato e de direito que ofereci". Atropeladamente, o obrigou com temporalidades executadas fora das determinações régias, e passou *anulatória* da excomunhão, que "muito à sua satisfação, escandalosamente fez o Juiz pela Ordenação publicar pelas ruas desta Cidade".[44]

Subindo os Autos deste Recurso ao Desembargo do Paço na Relação do Distrito, pelos prudentíssimos Ministros palatinos foi unanimemente determinado, em presença do Ilustríssimo e Excelentíssimo Senhor Marquês de Lavradio, Meritíssimo Vice-Rei do Estado do Brasil, que a sentença do Juízo da Coroa era nula. Diante da revogação da anulação da excomunhão, o Dr. José Botelho Borges declarou novamente a excomunhão do alferes:

> Em observância do dito assento (...) como tal o hei novamente por público excomungado, maldito e amaldiçoado da mão de Deus Padre Todo Poderoso e dos Sagrados Apóstolos São Pedro, São Paulo e de todos os Santos e Santas da Corte Celestial e como tal será evitado da Igreja e ofícios divinos e da recepção dos Santos Sacramentos aos que não será admitido sem que primeiro conste que humildemente procurou o benefício da absolvição. Mariana no Primeiro dia de fevereiro de 1771.[45]

---

43     AEAM. Governos Episcopais, Arm. 6, Prat. 2, Livro 1030, fl. 19v-20v.

44     Anulatória de sentença de pública excomunhão a favor Alferes Miguel Peixoto da Rocha. 30-04-1771. J. B. Borges, Mariana. AEAM. Governos Episcopais, Arm. 6, Prat. 2, Livro 1030, fl. 21v.

45     AEAM. Governos Episcopais, Arm. 6, Prat. 2, Livro 1030, fl. 19v-20v; *Idem*, fl. 48. Aos 14-04-71 se registrou uma Sentença Declaratória de Excomunhão Maior passada contra o Alferes Miguel Pinho da Rocha *ex officio* da justiça passada por virtude de um acórdão ou sentença alcançada pela mesma justiça no Régio Tribunal da Coroa na Cidade do Rio de Janeiro.

Essa questão, contudo, não se encerrou. O alferes tornou a apelar da decisão da Coroa no ano seguinte.[46] Essas são algumas das incongruências que envolviam o exercício coercitivo ordinário. Tais debates, impasses e confrontos mostram como a aplicação de penalidades eclesiásticas condicionava-se pelo apoio ou resistência das forças locais. Não obstante a influência da hierarquia eclesiástica nas mentalidades e comportamentos, não deve ser esquecida os cerceamentos promovidos pelo braço secular.[47]

Tradicionalmente, as relações do episcopado setecentista com os ouvidores de comarca e provedores da Real Fazenda – responsáveis pelos pagamentos das côngruas e benefícios eclesiásticos – não foram tranquilas. A tendência de controlar as investidas do estado eclesiástico junto às pessoas leigas, e da jurisdição real, manifestou-se no discurso e na ação de sucessivos ouvidores e juízes de fora, ao longo de toda a centúria. Dom Frei Manuel da Cruz havia excomungado o ouvidor de Vila Rica, Francisco Ângelo Leitão, que sucedia Caetano da Costa Matoso.[48]

Outro exemplo, o caso dos badalos dos sinos de Vila do Carmo, roubados para não saudar a despedida do Dom Frei João da Cruz. Não se deve desprezar o fato deste episódio ocorrer após um ciclo de visitas pastorais à então Vila do Carmo, com farta aplicação de

---

46     AEAM. Governos Episcopais, Arm. 6, Prat. 2, Livro 1030, fl. 54v. Mandado de Absolvição *Ad Reinicidentiam* "the a decisão do recurso à Coroa, que interpôs do Reverendo Vigário geral que foi deste bispado sobre a declaratória contra o mesmo, a favor do alferes Miguel Pinto da Rocha. Francisco Xavier da Rua, 06-04-72.

47     O estudo de Joaquim Ramos de Carvalho não apenas confirma essa perspectiva como ressalta inúmeros conflitos, ocorridos nesse âmbito, entre padres visitadores e oficiais da justiça secular. CARVALHO, J. R. "A jurisdição episcopal sobre leigos em matéria de pecados públicos: as visitas pastorais e o comportamento moral das antigas populações portuguesas de Antigo Regime". *Revista Portuguesa de História*, tomo XXIV. Coimbra: Instituto de História Econômica e Social da Faculdade de Letras da Universidade de Coimbra, 1990, p. 158.

48     AHU MG/s/l, Cx. 59, doc. 52. 24/02/A752. Requerimento do Bacharel Francisco Ângelo Leitão, Juiz de Fora da Cidade de Mariana, solicitando provisão para que o bispo de Minas Gerais, Dom Frei Manuel da Cruz, suspenda o procedimento que tem contra ele; AHU, Cx. 60, doc. 44. 31/08/1752. Carta do Bispo de Mariana, D. Frei Manuel da Cruz, informando a Diogo de Mendonça Corte-Real acerca dos atos porque se procedeu contra o Bacharel Francisco Ângelo Leitão; AHU/MG/Lisboa, Carta do Bispo de Mariana, D. Frei Manuel da Cruz, informando a Diogo de Mendonça Corte-Real acerca dos atos porque se procedeu contra o Bacharel Francisco Ângelo Leitão. COPIADOR de algumas cartas particulares, fl.147.

multas e condenações pelo prelado fluminense. Perante a afronta, o bispo, que já havia saído da Vila, retornou para instaurar devassas e prisões.[49]

Igualmente públicos e dramáticos foram os confrontos do ouvidor de Vila Rica, Caetano da Costa Matoso, o bispo Dom Frei Manuel da Cruz e o vigário geral, doutor José dos Santos, acerca dos recursos impetrados pelos réus leigos e eclesiásticos no Juízo da Coroa, sob alegação de opressão. Esta atribuição era, à altura, acumulada pelos ouvidores. Mas, após confrontos públicos mais violentos, o ouvidor foi enviado preso ao Rio de Janeiro. A Coroa retirou provisoriamente o cargo de juiz dos feitos do rei à ouvidoria de Vila Rica.[50]

Considerando os constantes vexames, as visitas pastorais afirmavam-se como meio fundamental para que a Mitra exercesse a sua jurisdição sobre os pecados públicos. Eram associadas a bispos que se destacaram pelo desvelo pastoral, como avaliou José Pedro Paiva; e muitos antístites empenharam-se em transformar a situação nas dioceses que aceitaram dirigir. Mas as mudanças que protagonizaram estiveram na origem de conflitos, não só com outras instâncias e agentes do campo religioso.[51]

De modo que, apesar de caras, lentas e perigosas, as visitas pastorais ainda eram o meio institucional que melhor possibilitava o contato direto com o rebanho e o exercício da autoridade episcopal conforme os parâmetros tridentinos. Era um modo lícito da Mitra

---

49 TRINDADE, Raimundo. *Arquidiocese de Mariana. Op. Cit.*, 1ª Edição, p. 70; VASCONCELLOS, Diogo de. *História do bispado de Mariana. Op. Cit.*, p. 34ss.

50 "Graças a Deus que ficou de alguma forma verificada a jurisdição eclesiástica, a quem tanto tinha ultrajadado aquele mal homem, e pior ministro, porque ministro de Satanás; e entendo que as suas desordens e desconcertos foram a última disposição que moveu a Sua Majestade a tirar por um decreto os juizados da Coroa a todos os ouvidores do Brasil, mandando se julguem nas Relações respectivas, fazendo-se só nas ouvidorias os preparatórios, como Vossa Excelência lá saberá, e Sua Majestade foi servido mandar-me participar por uma ordem sua: e assim viverão os prelados e seus ministros com algum sossego, e livres das opressões de algum insolente." In: COPIADOR de Algumas Cartas Particulares do Excelentíssimo e Reverendíssimo Senhor Dom Frei Manuel da Cruz, Bispo do Maranhão e de Mariana (1739-1762). Transcrição, revisão e notas por A. L. Leoni. Brasília: Senado Federal, 2008.

51 TORRES-LONDOÑO, Fernando. *A outra família: concubinato, Igreja e escândalo na colônia*. São Paulo: História Social/USP/Loyola, 1999, p. 113-114; 157. PAIVA, J. P. "Reforma religiosa, conflito, mudança política e cisão: o governo da diocese de Olinda (Pernambuco) por D. Frei Luís de Santa Teresa (1738-1754)". In: MONTEIRO, Rodrigo Bentes e VAINFAS, Ronaldo (Coord). *Império de várias faces: relações de poder no mundo Ibérico da Época Moderna*. São Paulo: Editora Alameda, 2009; PAIVA, Pedro José. "Reforma religiosa, conflito, mudança política e cisão: o governo da Diocese de Olinda (Pernambuco) por D. Frei Luis de Santa Teresa (1738-1754)". *Revista de História da Sociedade e da Cultura*, v. 8. Coimbra/Viseu: Centro de História da Sociedade e da Cultura/Palimage Editores, 2008, p. 161-210.

EXCOMUNHÃO E ECONOMIA DA SALVAÇÃO

apanhar os delitos de foro misto, de punir os infratores pelos próprios recursos eclesiásticos. Mesmo assim, visitadores delegados incomodavam às pessoas leigas e eclesiásticas.

## OS INCÔMODOS VISITADORES

Tendo em vista os conflitos dos juízes seculares e eclesiásticos sobre procedimentos judiciais, a comparação entre os dois procedimentos de inspeção das Justiças, como as visitas pastorais e as correições, foi tema de análise em estudos históricos. Marcos Magalhães de Aguiar aponta que estes dois métodos de inspeção divergiram no quesito violência. A ação da Coroa se definia por uma homogeneidade e coerência, a demarcar espaços de atuação para seus provedores. Bispos diocesanos também costumavam comparar as visitas pastorais às correições. Seus conflitos com os visitadores se mostraram recorrentes, e não circunscritos à região mineradora.[52]

Recebendo das Câmaras e dos ouvidores muitas reclamações dos visitadores, a Coroa também instruiu aos eclesiásticos para utilizar o regimento dos ministros seculares no seu auditório.[53] As visitas pastorais conferiam ao visitador grande importância

---

52  TRINDADE, Raimundo. *Arquidiocese de Mariana: subsídios para sua História*, 2ª ed. Belo Horizonte: Imprensa Oficial, 1953, p. 70-71. AGUIAR, M. M. de. "Estado e Igreja na capitania de Minas Gerais: notas sobre mecanismos de controle da vida associativa". *Vária História*, 21. Belo Horizonte: FAFICH-UFMG, 1999, p. 42-50. (Número especial sobre o Códice Costa Matoso); AHU, Cx. 55, doc. 34. 23/03/1750. Carta de Caetano da Costa Matoso, Ouvidor de Vila Rica, para D. João V, dando conta dos procedimentos dos eclesiásticos relativamente aos recursos que se interpunham no Juízo da Coroa. AHU, Cx.55, doc.44, de 05/07/1750. Vila Rica. Carta de Caetano da Costa Matoso, Ouvidor de Vila Rica, para D. João V, dando conta dos conflitos que havia entre os eclesiásticos e as instituições judiciais, sobre diversas matérias. AHU, Cx.55, doc. 62, de 21/08/A750. Requerimento de Francisco Gomes da Cruz, preso na cadeia de Vila Rica, por conta de algumas discórdias religiosas, solicitando a Dom João V a mercê de permitir seu livramento sob fiança, a fim de poder cuidar dos seus bens; COPIADOR de Cartas Particulares de Dom Frei Manuel da Cruz: Francisco Ângelo Leitão substitui Caetano da Costa Matoso no cargo de ouvidor, mas foi preso em 1759; carta 191; 230: expõe um organograma das suas funções cargos do juízo eclesiástico; 238: o aljube; 252: 1754, de Dom Frei Manuel, Bispo de Mariana, para o ouvidor Francisco Ângelo Leitão, que estaria perseguindo uma lista de sacerdotes e suas imunidades; 253: sobre a chamada concordata conspiratória; 262: bispo agradece haver recebido regimento dos ministros e oficiais da justiça secular, que diz manou trasladar e observar nos auditórios eclesiásticos, conforme ordem régia; 281, juiz de fora dá parte ao bispo de que padre protegia um fugitivo em Catas Altas; 288: bispo relata as diferenças na administração judiciária; 321: bispo reclama do prejuízo da jurisdição eclesiástica; 381: bispo relata contestações sofridas sob o padroado, que vão ser tratadas judicialmente. Carta de 1751: a Gomes Freire de Andrade, fl. 135-136.

53  AHU Cx. 66, doc. 10. 06/11/1754. Mariana. Carta de Antônio Mendes da Costa, da Câmara de Mariana, informando a Dom José I acerca da Correição feita na referida Cidade pelo ouvidor

como julgador. Representante do poder espiritual, dotados de jurisdição para autuar, julgar, aplicar multas e condenações espirituais, eles podiam livrar réus por despacho ou encaminhá-los a livramento ordinário judicial. Ainda, tomavam conhecimento dos delitos de foro misto. Padres visitadores costumavam irritar-se com alguns usos dos oficiais de justiça que cercavam fiéis à porta da Igreja aos domingos para notificá-los. O doutor Manuel Ribeiro Taborda repudiou o fato de os oficiais de justiça esperarem os povos às saídas das matrizes, para citá-los em inquirições, em domingos e dias santos de guarda e de preceito, provocando as faltas às funções religiosas.[54] As *Constituições Primeiras do Arcebispado da Bahia* determinavam que nenhum julgador ou ministro da justiça secular fizesse audiência ou ouvisse partes em Igrejas ou em seu adro, nem fizessem arrematações, execuções de qualquer tipo, nem deitasse pregões, ou quaisquer atos de jurisdição contenciosa ou voluntária, sob pena de excomunhão maior ou de cinquenta cruzados, aplicadas não apenas aos juízes e ministros, mas também aos escrivães, advogados e quaisquer oficiais. Aos oficiais da justiça eclesiástica, não era dado "perguntar testemunhas" sem especial licença.[55]

Os visitadores por seu turno, costumavam ser acusados de abusos pelos próprios párocos das freguesias. Entre outras questões polêmicas sobre as visitas pastorais, encontram-se as despesas que causavam. Havia muitas reclamações quanto aos custos causados aos vigários paroquiais. Os párocos queixavam-se que os visitadores se constituíam habitadores em suas casas, obrigando-os a um agasalho pessoal tão exorbitante que a côngrua da igreja não chegava para os gastos da visita de um ano, pelo muito que o visitador demorou, e pela comitiva que levava. Em 1753, Dom Frei Manuel da Cruz explicou que pelas extensões do bispado, as visitas eram feitas de dois em dois anos. Esclareceu, ainda, que os visitadores que mandava visitar algumas comarcas só levavam em sua companhia um escrivão de visitas e um meirinho, três cavalos, em que vão montados, mais dois cavalos, cada um com duas capas para os seus vestidos e roupas. Ademais, o visitador e o escrivão da visita levavam dois escravos ou seus pajens a cavalo. Isto era trivial na capitania, relatava o bispo, por medo

---

Francisco Ângelo Leitão, assim como do conflito que travam com o mesmo.

54 Visita do Dr. Manuel Ribeiro Taborda à freguesia de Nossa Senhora da Boa Viagem de Curral Del Rei, em 20/08/1753. AEAM, Seção de Livros Paroquiais. Prateleira W, Livro de disposições pastorais (1727-1853), n.º 3, fl 15.

55 CONSTITUIÇÕES Primeiras do Arcebispado da Bahia, Feitas e Ordenadas pelo Ilustríssimo, e Reverendíssimo Senhor Dom Sebastião Monteiro da Vide. São Paulo: Tipografia 2 de dezembro, 1853. Livro IV, Título XXIX: Que nas Igrejas e seus adros se não façam feiras, mercados, contratos, ou escirpturas, nem acto algum de jurisdição secular, parágrafos 738-741.

dos negros fugidos, os quilombolas, que continuamente andam pelas estradas e casas, salteando, roubando e matando.[56]

Considerando tal precariedade dos caminhos, a comitiva era grande e cara. Visitadores deveriam levar no lombo de animais de carga os seus paramentos, objetos de culto e as esmolas recolhidas durante o trajeto. Era necessário, ainda que se fizessem acompanhados de uma pequena guarda, devido ao dinheiro e os objetos de valor que levavam. A comitiva da visita levava, ainda, pessoas entendidas em reparos nas carroças e nos animais, e escravos que carregassem a ampla bagagem. Era necessário levar gêneros alimentícios que garantissem o sustento de todo esse grupo, como recurso de prevenção pelos meses passados fora.[57]

Um ano antes, o bispo havia admitido, em carta ao rei, que "algumas despesas fazem os párocos no comestível somente, mas não tão grandes, como exageram":

> Antes de sair em visita, recomendei aos párocos moderação, determinando-lhes o que haviam de despender, e vendo depois que alguns excediam à minha determinação os repreendi, ao que me disseram, que não podia deixar de em alguns dias excesso, principalmente nos domingos e dias santos, porque nesses dias se achavam muitos fregueses de longe, uns compadres, e outros amigos, aos quais lhes era preciso convidar para jantar, ou cear. (...) por isso, tomei o expediente de abreviar a visita quanto me foi possível em forma que em cada freguesia não me demorava, nem metade do tempo, que costuma deter-se qualquer visitador, e além disso regularmente os fregueses em semelhantes ocasiões costumam oferecer aos seus párocos do que tem nas suas fazendas, e roças, e um destes párocos me disse no fim da visita da sua freguesia, que inda lhe ficava com que sustentar-se uns poucos de dias do que lhe mandaram os seus fregueses.[58]

56    AHU, Cx. 61, doc. 52, de 26/02/1753; e AHU/MG/Mariana, 16/01/1756. Carta do bispo de Mariana a Dom José I defendendo-se das queixas contra ele formuladas.

57    POLITO, Ronald. (Org.) *As visitas pastorais de Dom Frei José da Santíssima Trindade.* Belo Horizonte: Fundação João Pinheiro/ Centro de Estudos Históricos e Culturais, 1998, p. 42. (Mineiriana, Série Clássicos).

58    COPIADOR de Algumas Cartas Particulares do Excelentíssimo e Reverendíssimo Senhor Dom Frei Manuel da Cruz, Bispo do Maranhão e de Mariana (1739-1762), fl. 142v. Transcrição, revisão e notas por A. L. Leoni. Brasília: Senado Federal, 2008.

Em 1756 a Coroa exigiu novos esclarecimentos sobre as visitas. Dom Frei Manuel da Cruz tornou a defender os seus visitadores delegados, apontando os excessos dos provedores nas correições.[59]

> O emolumento, que tomar as tais contas levam os visitadores é mais diminuto que o que levam os provedores, por eles tomaram contas em correição, que há em todos os anos, e as visitas são de dois em dois anos, e muitas vezes passam ao terceiro, em que os visitadores têm o trabalho de rever as contas de dois em três anos, e rateado o seu emolumento pelos dois e três anos, fica muito mais diminuto que os dos provedores, que os recebem anualmente. Além do que os provedores tomam juntas em sua casa, onde os administradores levam os livros (...) sendo os administradores obrigados a ir repetidas vezes procurá-los fazendo gastos à custa das Irmandades. O que não sucede com os visitadores, por que na visita de cada freguesia tomam as contas sem os administradores fazerem despesa alguma em jornada (...).[60]

O bispo acusou a corrupção dos párocos e a intransigência dos juízes de fora. Segundo ele, a demora dos visitadores não era a que falsamente se representou a Majestade. Era a demora necessária, porque havia na diocese freguesias de oito, dez, quinze, vinte léguas. As grandes despesas que os párocos diziam ter com os visitadores não seriam com eles, mas, sim, com os seus próprios compadres. A causa eram os excessivos banquetes que os párocos do bispado costumavam dar, com rol de desobrigado do testemunho do visitador. Aqueles compadres os banqueteavam para que lhes não fossem conhecidos como suspeitos. Por isso alguns párocos se queixavam injustamente dos visitadores - "só queriam que jurassem os seus compadres".[61]

Nota-se que as amizades e associações locais, nas quais se inseriam os párocos, e que tanto incomodavam o bispo, eram também recorrentes em livramentos judiciais envolvendo sacerdotes. Eram componentes das relações comunitárias, que não raro ocasionavam o abuso do exercício de autoridade, prefigurado na dominação pessoal. Como

---

59 AHU, Cx. 61, doc.52, de 26/02/1753; e AHU/MG/Mariana, 16/01/1756. Carta do bispo de Mariana a Dom José I defendendo-se das queixas contra ele formuladas.

60 AHU/MG, Cx. 69, doc. 17, 16/01/1756. Carta de Dom Frei Manuel da Cruz, dirigida a Dom José I, defendendo-se das queixas contra sua pessoa pelos camaristas e párocos do referido Bispado.

61 AHU/MG, Cx. 69, doc. 17, 16/01/1756. Carta de Dom Frei Manuel da Cruz, dirigida a Dom José I, defendendo-se das queixas contra sua pessoa pelos camaristas e párocos do referido Bispado.

mostram estudos, essa conduta se orientava antes pelos fortes interesses, que por longínquos e abstratos controles legais.[62]

## As alianças locais e o exercício da dominação pessoal

Os sacerdotes alcançavam condições de se posicionar de forma privilegiada na hierarquia social – como mediadores entre a ordem celeste e a temporal, afirmaram-se também na esfera material. Por conseguinte, constituindo notável patrimônio, alguns se alçavam à condição de temidos potentados locais. Os párocos, como observou Faoro, aliados à categoria dos proprietários, "davam cunho ideológico às resistências", contrapondo-se aos padres burocratas "subvencionados pelas côngruas saídas dos cofres públicos".[63]

Muitos padres atuavam como fazendeiros, inseriam-se em redes de amizades com pessoas seculares, ou em arranjos e conflitos. Falando sobre esta parcela do clero, José Ferreira Carrato afirmou que o dinheiro e o poder econômico eram as "seduções do século", da qual uma parte do clero, com pródigos exemplos entre os inconfidentes e os citados pelos viajantes, não se mostrou imune. Estes padres buscaram o conforto material não apenas em suas côngruas, mas em múltiplos rendimentos oriundos de atividades profanas.[64]

Os párocos assumiram grande importância neste sistema. Por meio deles, o trabalho religioso encontrava uma espécie de fio condutor. A necessária comunicação da sede episcopal com as paróquias era dependente da sua mediação cotidiana na vida e nos problemas da população. Se o clero era detentor de poderosos recursos, persuasão

---

62 Maria Sylvia de Carvalho Franco aponta, como práticas integradas a esse sistema de dominação, transformar a autoridade inerente ao cargo em proveito próprio, servir-se da superioridade garantida pela riqueza, posição social para pressionar o agente governamental; e a transferência da inimizade pessoal para o plano das organizações do governo, usadas como armas contra os adversários. Para a autora, essas modalidades todas de integração dos serviços oficiais à vida da comunidade permitem constatar que o baralhamento das atividades públicas e privadas – condição de onde germina o entrelaçar de influência entre um e outro desses setores – articula-se à dominação pessoal, o princípio mais geral de regulamentação das relações sociais. FRANCO, Maria Sylvia de Carvalho. *Op. Cit.*, Capítulo 3 – O homem comum, a administração e o Estado, p. 103-04; p. 130.

63 FAORO, R. *Os donos do poder: formação do patronato político brasileiro.* São Paulo: Globo, 2004, v. 1, p. 174-176.

64 CARRATO, José Ferreira. *Igreja, Iluminismo e Escolas Mineiras coloniais.* São Paulo: Companhia Editora Nacional, 1968, p. 66. (Brasiliana, 334).

e de informação, o seu poder de articulação gerou, por outro lado, curiosos contrapontos. O poder conferido aos párocos de intervir ou cooperar nos processos de investigação episcopais não deixou de incomodar e despertar reações. Era de tal forma corriqueiro que os párocos emitissem certidões acerca da vida dos investigados pelo tribunal eclesiástico, ou em queixas, que não faltou quem contestasse a sua isenção. Este foi o caso do Padre José Antônio Muniz, em uma queixa que representou ao vigário da paróquia de Itabira, por ocultação de bens e negócios de um falecido, cuja herança cabia às suas sobrinhas. Ele dirigiu uma petição ao Vigário geral para que o caso fosse diligenciado pelo meirinho

> porque o suplicante tem justa razão de pejo no vigário e sacerdote daquele arraial por o terem amigos de Antonio Muniz Pedra intitulado testamenteiro do dito seu tio e amigos dos amigos deste, pretende a sua custa que o meirinho da Igreja da Comarca vá à paragem ler a admoestação em 3 dias Santos à porta da Igreja, nas horas em que estiver mais concurso de gente, intimando logo publicamente que todos os que souberem de alguma coisa o venham no prazo termo de 8 dias declarar perante o escrivão do contencioso da dita comarca E. R. M. [65]

O vigário geral não defendeu a imparcialidade do pároco, mas deferiu sem pestanejar o pedido do queixoso. Autorizou que o meirinho admoestasse os fregueses no adro sobre o dano reclamado: "Como pede, sendo certo o que alega. Botelho". A queixa sobre ocultação de bens foi denunciada em Itaubira em 29 de Setembro de 1771, pelo Meirinho do Juízo Eclesiástico de Vila Rica, Manuel Pereira de Faria. Em lugar do pároco, o meirinho emitiu certidão atestando que lera em voz alta e inteligível a admoestação referida, em três dias de grande concurso de gente na Igreja. Atestou que todos entenderam o ocorrido. A queixa obtivera notícias e os testemunhos das pessoas, falando o que sabiam, juntamente com a carta de excomunhão geral, às pessoas que soubessem do dano ou que o tivesse feito e se calassem, também, assinada pelo doutor José Botelho Borges. Após a publicação da carta de excomunhão geral e recebendo os muitos depoimentos que apareceram, por meio de certidão do meirinho, o doutor José Botelho Borges sentenciou:

> *Jurando o Reverendo queixoso por Termo de não usar dos ditos dos denunciantes que saíram em virtude da carta de excomunhão para acusar criminalmente no Juízo Secu-*

---

65 AEAM. Seção de Escrituração da Cúria. Juízo Eclesiástico, processo n. 2851 – 8-10-1771. Queixa despachada pelo Vigário geral do bispado, doutor José Botelho Borges, do Padre José Antônio Muniz *per si*, e como procurador bastante de suas irmãs, sobrinhas de João Muniz, falecido e sepultado na freguesia de Itaubira deste bispado de Mariana, sobre ocultação de bens e negócios do referido falecido.

*lar,* passe certidão na forma do estilo. Botelho. Publicação da sentença em 31-01-1772. Contas 01-02-1772.[66]

Nota-se, além do problema da insubordinação de alguns clérigos, episódios que revelam abusos cotidianos. Estas práticas, que influenciavam a administração da justiça, não separavam do contexto político e das relações travadas pelos agentes eclesiásticos com os poderes coloniais. Denunciam os abusos e o exercício da dominação pessoal, respaldados em alianças locais; expõem os limites da jurisdição e dos recursos institucionais perante as relações que os indivíduos teciam.[67]

Segundo Paiva é preciso considerar, no que se refere às clientelas ligadas à Corte de Roma ou à realeza lusitana, a lógica de defesa de interesses privados e não institucionais, que comandava estratégias e ações. Deve ser observado, seguindo esta linha, que a análise individual no âmbito da diocese é importante, para tentar ir além da ação institucional, e da busca de sobreposição de interesses ou vitórias alcançadas pela Igreja ou pelo Estado.[68]

Estas ações dos sacerdotes nas circunscrições eclesiásticas, não raras vezes configuravam abusos, desmandos, ou o exercício de uma autoridade personalizada, muito próxima da dominação. Como mostrou Maria Sylvia de Carvalho Franco, certas relações no seio das comunidades indicam figuras que constituíam-se como as forças ativas de um sistema de dominação, bem como as organizações às quais estiveram ligadas. Para a autora, estas situações indicam as condições existentes para um exercício personalizado e autoritário do poder".[69]

Como vimos na tabela 1, o tribunal eclesiástico de Mariana absolveu maior número de pessoas leigas que eclesiásticas. Estas também obtiveram com maior frequência alvarás de perdão, com imposição de segredo sobre seus crimes. O trabalho dos advogados, auxiliado por agentes públicos locais, muitas vezes, ajudou a reverter essa imagem do sacerdote - de infrator a amigo da paz, a agente pacificador. De modo que os livramentos

---

66  AEAM. Seção de Escrituração da Cúria. Juízo Eclesiástico, processo n. 2851 – 8-10-1771. Itálicos meus.

67  Pierre Bourdieu observou que os corpos de agentes dedicados às diversas atividades simbólicas, como os sacerdotes, formavam *grupos,* cujo trabalho lhes permite fazer valer seus interesses no campo das relações de classe MICELI, Sérgio. "A força do Sentido." In: BOURDIEU, Pierre. *A economia das trocas simbólicas.* Vários tradutores. Introdução, organização e seleção de Sérgio Miceli. 6ª ed. 2ª reimpressão. São Paulo: Perspectiva, 2009. (Estudos; 20/ dirigida por J. Guinsburg), p. LIII-LIV; p. XL-XLIV. BOURDIEU, Pierre. *A economia das trocas simbólicas. Op. Cit.,* p. 55; p. 79. Os itálicos são nossos.

68  PAIVA, José Pedro. "A Igreja e o poder." *Op. Cit.,* p. 143-145.

69  FRANCO, Maria Sylvia de Carvalho. *Op. Cit.,* p. 18.

de réus eclesiásticos descortinam dois perfis de sacerdote: o juiz e o infrator. Uma terceira categoria costumava, entretanto, ser construída: a do sacerdote pacificador. Os casos a seguir expõem esta multiplicidade de perfis de sacerdotes e as situações nas quais os padres foram alçados à condição de interventores, pacificadores, em lugar de réus em livramentos judiciais. Amparados nas relações que cultivavam, quando incorriam nas malhas das justiças, alcançavam maior probabilidade de se livrar do que o réu leigo de condição social humilde.

## O Padre José de Oliveira acusado de depredação do patrimônio público

O Reverendo José de Oliveira, Sacerdote do Hábito de São Pedro, havia sido duas vezes Vigário da Freguesia de Itaverava; em 1748, foi também vigário na de Santo Antônio do Rio Acima, Comarca do Rio das Velhas.[70] Entre 9 de junho de 1763 e 14 de outubro de 1763, este padre se encontrava em processo de livramento judicial no tribunal eclesiástico, respondendo a acusações gravíssimas. O Promotor e Procurador da Mitra do Bispado apresentou um libelo contra o Padre Réu, o qual teria cometido vários crimes por "por denúncias de várias pessoas", de que era "homem de mau viver"; vivia de caluniar, enredar e induzir as pessoas a dar testemunhos falsos, visando a incriminar pessoas perante as justiças seculares; e que recentemente, "teve o atrevimento" de mandar os seus escravos derrubarem "uma ponte no Rio navegável do Piranga"; o fato "proibiu o comércio e transporte daqueles povos". Esta ponte, prosseguia o auto de pronunciação, servia de dar passagem e comunicação aos moradores daquele distrito para irem à matriz receber os Sacramentos, e juntamente facilitava o comércio público daqueles distritos e vizinhanças. Dava caminho a que os Reverendos párocos pudessem mais facilmente ir dar o pasto espiritual às suas ovelhas. Porque nisto cometeu o "dito Réu um atroz e execrando crime insultando a autoridade pública e Lei Civil da Convivência e Harmonia que entre os Seculares e Eclesiásticos Ministros deve haver para a saúde da República". Como a edificação da ponte fora por ordem do Ilustríssimo Governador deste Continente, de-

---

70 Sem mencionar datas de fundação e colação da freguesia de Itaverava, Cunha Matos apontou, em sua Corografia Histórica de Minas Gerais, que em 1818 havia ali 6849 almas. O vigário recebia 214$925 réis de pé de altar, fora a côngrua anual de 200$000 réis. De suas 5 igrejas filiais, o autor menciona a Capela de São Gonçalo da Noruega; São Francisco, do Arraial de São Francisco das Catas Altas da Noruega; São Gonçalo, do Arraial do mesmo nome; Capela do Arraial da Piranguinha. Ver: MATOS, Raimundo José da Cunha. *Corografia Histórica da Província de Minas Gerais*, v. 2. Belo Horizonte: Itatiaia; São Paulo: Edusp, 1981, p. 137. (Reconquista do Brasil, Nova Série, v. 61-62).

fendia o Promotor, o Reú deveria "abster-se do atrevimento e despotismo absoluto e punível de derrubar a dita ponte e caso contra o dito edifício tivesse que requerer o devia fazer pelos meios e nos Tribunais competentes".[71]

Não bastasse a destruição do patrimônio público, prosseguia a acusação, na noite de Natal proximamente passado, o Réu, com sua autoridade absoluta, "se estendeu a derrubar e queimar algumas cabanas e ranchos que os moradores na vizinhança daquele Rio e Ponte tinham feito para se esconder e abrigarem de noite" quando assim necessitassem em "seus trabalhos e ocupações rústicas". O Reverendo Réu "se fez criminoso cometendo o detestável crime de incendiário e queimador público de casas e edifícios". Incorria em censuras eclesiásticas gravíssimas, expondo-se, como se expôs, até a um homicídio voluntário, porque podia o fogo queimar algumas pessoas ali albergadas.[72]

Da defesa ficou encarregado o doutor João de Sousa Barradas, que preparou um elaborado libelo, contrariando o da acusação. Tratou primeiro de esclarecer quem eram os denunciantes, e quais eram os seus interesses. Trouxe riqueza de detalhes sobre a vida de Antônio Jose de Frias, Manuel Lopes e João Barbosa Castro, sócio de Manuel Lopes. Eram todos inimigos do réu, e seus vizinhos que, assim como os mais moradores daquele sertão, tinham, e têm caminho por onde se servem, o qual atravessa as sesmarias, e terras do Reverendo Réu com ponte real feita pelo referido Frias no Rio do Piranga, por cima da Barra do Córrego chamado das Olarias. Intentaram a construção da ponte por serem conhecidamente maus e inimigos capitais do Reverendo Réu, invejosos da sua sesmaria, e sem meios de passar por suas terras, para inquietarem e perseguirem o Reverendo Réu, convocando para o dito fim pessoas de sua facção.[73]

O padre réu de Itaverava obteve a primeira carta de seguro por tempo de um ano a contar de 9 de junho de 1763, para tratar em liberdade de seu livramento. Foi pronunciado em 27 do mesmo mês. No dia seguinte, o Vigário geral, doutor Teodoro Ferreira Jácome, ordenou por Alvará, a todos os Escrivães da Câmara Episcopal que "falem com todas as culpas, denunciações, querelas e devassas que tiverem do Reverendo José de Oliveira e não as tendo também declarem".[74] Nomeou também um juiz comissário para fazer a diligência, junto do Escrivão-Ajudante, de inquirir as testemunhas do caso. O escolhido

---

71 AEAM. Juízo Eclesiástico, n. 2786. Depredação/Perturbação do sossego público, fl. 12.

72 *Idem*, fl. 10-10v.

73 *Ibidem*, fl. 14-14v.

74 *Idem*, fl. 4-7.

era o Doutor Simão Caetano de Moraes Barreto, ex-cônego que renunciou para colar-se à freguesia de Carijós, Comarca da Vila de São João del Rei. [75]

As testemunhas da defesa começaram a depor e apontar as falsidades nos testemunhos dos acusadores. O Reverendo Réu era sacerdote, e bom sacerdote, há mais de quarenta anos, e as acusações haviam sido maquinadas por inimigos terríveis, pois nunca havia medido esforços para o sossego público, e para a edificação de igrejas. O Reverendo José de Oliveira não ia até a paragem de sua sesmaria desde outubro do ano de 1761. Antes disso só ia lá quando os seus moradores careciam de satisfazer aos preceitos da Igreja, no que o Reverendo Réu, com vontade, os ia servir, por perigos e riscos de vida evidentes e sem outro lucro mais do que a satisfação ordinária da esmola de alguma missa que lhe mandavam dizer. Tal era seu desvelo que enfrentou estes riscos e já fez aquele caminho certa vez a pé e descalço, "como fez em maio de 1761 por ir confessar naquele sertão a Amaro escravo do Capitão Francisco Andrade". O Réu assiste nestas Minas e Bispado há cerca de 36 anos, quase sempre na freguesia de Itaberaba, obediente às Justiças.[76]

Após longa descrição das benfeitorias e virtudes do sacerdote, observou-se que o Reverendo Réu não tem dúvidas com pessoa alguma e caso, mil vezes negado, as tivesse só seria com aquelas que o obrigam a defender-se de lhe não usurparem a sua fazenda. Por isso é falso dizer-se que tem feito desterrar algumas pessoas deste continente, o que só poderiam jurar pessoas suas inimigas, e sem temor de Deus. [77]

Manuel Lopes e João Barbosa, por exemplo, levantaram esteios no Rio defronte de seu terreiro para fazerem ponte, há cinco anos ou mais. Não finalizaram a obra com o receio de que os moradores daquele sertão para o futuro lhe fizessem estrada pela sua porta. Pela mesma razão descuidou-se o dito Frias de fazer outra ponte na sua mesma testada, e por maquinarem fazê-la na fronteira da vivenda da Sesmaria do Reverendo Réu, sem mais ordem judicial, ou motivo além do seu querer. Antônio José de Frias devia ao Reverendo Réu certa quantia procedida das terras da própria fazenda em que mora. É sujeito de tão mau viver, que no Juízo secular do Rio das Mortes possuía sentença de ladrão. E por pertencer ao Reverendo Réu lhe cobrar o que deve, tem maquinado e maquina contra ele, a fim de o destruir.[78]

O livramento é composto por cem laudas contendo a lide, os requerimentos às audiências, réplicas e tréplicas das partes. Estas etapas foram sucedidas por cerca de dezesseis

---

75    *Ibidem*, fl. 16-16v.

76    AEAM. Juízo Eclesiástico, n. 2786. Depredação/Perturbação do sossego público, fl.14v-15.

77    *Idem*, fl. 6; fl. 12-13v.

78    *Ibidem*, fl. 14-14v.

declarações de idoneidade do padre José de Oliveira. As certidões eram assinadas por fazendeiros e titulares de cargos públicos; todos possuíam firma reconhecida, com textos de igual formato. Juntaram-se às declarações, algumas certidões de antigos párocos, acerca da idoneidade do padre José de Oliveira, morador da Fazenda da Toga da Itaberaba.[79]

As declarações eram assinadas pelos edis, Juiz e Procurador da Câmara da Vila de São José, comarca do Rio das Mortes; o Capitão Jacinto José Pereira, morador em São João del Rei há 18 anos, onde serviu três de escrivão da Ouvidoria Geral e seis de Tesoureiro da Fazenda dos Defuntos e Ausentes da Comarca; várias vezes Provedor das mesmas Fazendas, e um ano de Juiz Ordinário e Ouvidor, destacando os episódios nos quais o Reverendo Réu, "por ser amigo da paz", fora livrar presos da cadeia.[80]

Entregaram declarações semelhantes, o Intendente da Real Casa de Fundição da Comarca do Rio das Mortes e Juiz Executor das Sesmarias, doutor Manuel Caetano Monteiro; o Dr. Antônio José de Mello, Juiz de Letras e Procurador da Fazenda e da Coroa na mesma comarca e Juiz dos Órfãos da Vila de São João del Rei; em 21 de julho de 1763, disse, como os outros, que o Réu apenas fazia cobrar suas dívidas e agia, assim mesmo, com "muita piedade com os devedores", pois era *muito amigo da paz*.[81]

Outros oficiais e ministros também apresentaram declarações similares: José Martins Duarte, sargento-mor de ordenanças na Vila de São José da Comarca do Rio das Mortes, quatro vezes juiz ordinário na Vila de São João, e várias vezes ouvidor; Pedro Teixeira de Carvalho, capitão-mor da Vila de São José, várias vezes juiz ordinário; João Rodrigues Silva, Sargento Maior das Ordenanças de São João Del Rei; Padre João Carneiro de Barros, vigário na Freguesia dos Prados e morador na Vila de São José do Rio das Mortes há três anos; Padre Julião Nunes dos Reis, Vigário Encomendado da Freguesia de Itaberaba, Comarca do Rio das Mortes; Padre José Moreira da Silva, Vigário colado da Freguesia de Santo Antônio da Itaberaba, Comarca do Rio das Mortes; o Padre Frutuoso da Silva; o próprio Vigário da Matriz de Santo Antônio da Itaverava, Padre José de Almeida Brito, que certificou que o Réu se achava servindo na Capela de São Gonçalo de Nossa Senhora da Conceição das Catas Altas. Muitos outros vigários colados e encomendados de várias igrejas das vizinhanças manifes-

---

79  *Ibidem*, fl. 68.

80  AEAM. Juízo Eclesiástico, n. 2786. Depredação/Perturbação do sossego público, fl. 54v.

81  *Idem*, fl. 56. Itálico meu.

taram-se com suas declarações formais; e também fazendeiros locais assinaram declarações de apoio ao Reverendo Réu.[82]

A acusação denominou "adulações" aqueles papéis, que mais representam "a generosidade de quem os escreveu do que atestações de inocência do Réu" e questionava o porquê de, se diziam a verdade, buscar o réu atestações e intercessores; "*se nada tinha feito para que buscar o patrocínio de tantas certidões que não busca senão quem é culpado*". Para a acusação, a "afluência *de atestações declara a adulação áulica e a assistência que o dito Reverendo Réu faz aos magnatas das suas Províncias e territórios onde vive*".[83]

Não obstante, a sentença do doutor Teodoro Ferreira Jácome, dada em 14 de outubro de 1763, reflete claramente a forte impressão causada por aqueles testemunhos. A defesa o havia calculado: "as testemunhas que juram a favor são mais dignas de crédito do que as contrárias ao Réu". O vigário geral considerou este aspecto relevante, bem como julgou suficientes as provas de que, na noite do Natal, em que se queimaram as ditas cabanas ou ranchos, se achava o Réu na casa do Capitão Antônio Francisco França, assistente na Soledade das Congonhas do Campo, distante mais de dez léguas da chamada ponte, no que não há dúvida. Ademais, a dita ponte ainda não tinha mais que uns esteios postos no rio. Tudo isto se faz certo pelos ditos das testemunhas, entre as quais, destacou, "até ministros da comarca do Rio das Mortes e outras pessoas que nunca concorreram para atos criminais nem para outros quaisquer pleitos". Para o juiz eclesiástico, constava, mediante estes elementos, que o *Réu era de boa vida e procedimento, amigo da paz e sempre pronto para a administração dos sacramentos para todos os que o chamaram para o referido Ministério como na forma de direito é necessário*". Absolveu-o das acusações da Justiça, sem deixar de destacar o inteiro crédito que se devia dar às suas testemunhas. "Portanto atendendo a veemente prova de que mostra sua inocência *julgo não ter cometido os delitos de que é acusado e o absolvo das penas requeridas pela Justiça e pague as custas de seu Livramento*. Mariana, de outubro 14 de 1763. Teodoro Ferreira Jácome".[84]

Esta proteção exercida por titulares de cargos públicos a determinadas pessoas era recorrente em muitos processos. Em 1759, o Padre Jorge de Abreu Castelo Branco obtivera um documento semelhante, assinado pelos edis de Mariana, atestando que ele estava sendo perseguido "por inveja, e natural incidência de êmulos, malgrado

---

82     AEAM. Juízo Eclesiástico, n. 2786. Depredação/Perturbação do sossego público, fl. 56; 62-68v.

83     *Idem*, fl. 97.

84     *Ibidem*, fl. 98-99. Itálico meu.

seu bom relacionamento nos auditórios eclesiásticos e seculares, onde advoga, e seu gênio pacífico".[85]

Por outro lado, muitos edis receavam a influência dos vigários nas comunidades. Especialmente, vigários de "gênio inquieto" que, "não sendo sacerdote prudente, e que se não intermeta a governar as Justiças, e a dirigir pela sua vontade as eleições dos que hão de servir os Conselhos e Assembléias". Assim representaram os edis da Vila de Pitangui ao Rei, pedindo em favor do Reverendo padre Felipe Ferreira da Rocha, opositor em um concurso para provimento do pároco da igreja matriz. Este, atestavam, era opositor no mesmo concurso, e "sacerdote não só prudente, mas sábio, e bom pregador, de boa vida e exemplares costumes, despido de desordenada ambição".[86]

Em todos os casos, as caracterizações das testemunhas, devidamente instruídas pelo advogado de defesa, revelam muito mais acerca da influência local do sacerdote e a sua inserção nas relações comunitárias. Estas relações evidenciam um modelo de bom vigário apregoado e legitimado pelos agentes seculares moradores nas freguesias distantes do bispado: o "amigo da paz"; aquele que podia, com sua autoridade atenuar as discórdias, representar, e, em certa medida, interferir nas justiças e nos julgamentos, colaborando, mas também ajudando a "livrar" pessoas que saíam incriminadas em devassas. Veja-se o depoimento do Capitão Baltazar da Costa Pinho, homem branco, de 62 anos, da freguesia de Cavalhada, Arcebispado de Braga. Morava no Itaberava há 23, ou 24 anos e vivia de mineirar. Sendo compadre do Reverendo Réu, afirmou conhecê-lo há cerca de 23 anos, e que os fregueses, "inda os mesmos escravos", até hoje, "suspiram pelo tempo em que foi Vigário o dito Reverendo Réu *pela mesma caridade com que tratava a todos acomodando devassas contra muitas desordens que havia entre os fregueses e vizinhos*". Assim aconteceu com Diogo Antônio e uma viúva da comunidade, Dona Joana e seus filhos. Como relatou o Alferes Francisco Caetano Dantas, de 37 anos, estes fregueses saíram "criminosos em uma devassa", mas o sacerdote livrou-os de várias devassas que contra eles se intentava tirar. Afirmou que com todos o padre mostrava-se sempre pronto para concorrer com seu bom zelo, procurando todo o sossego e descanso dos seus fregueses assim no espiritual como no temporal, acomodando as discórdias que entre eles havia. Além das esmolas que concedia, para a factura das Igrejas da dita freguesia como foi a

---

85    AHU/MG. Cx. 73, doc. 7. 22-01-1759.

86    AHU/MG. Cx. 88, doc. 53. Vila do Pitangui em Câmara de 20-09-1766.

Matriz e a Igreja das Catas Altas, concorrendo com a sua fazenda, "o que tudo sabe ele testemunha pelo ver e conhecer e ser público e notório".[87]

O Dr. Manuel Caetano Monteiro, Intendente da Casa de Fundição de Rio das Mortes e Juiz das Sesmarias, também referiu-se às intervenções do sacerdote na vida comunitária. Em sua declaração a favor do Padre Réu, *salientou as vezes que necessitou chamá-lo para compor as dúvidas que se moveram entre os sesmeiros "em razão de reconhecer nele aptidão capacidade e respeito para esse efeito"*.[88] Este foi o modelo de sacerdote instruído pele defesa: o agente do sossego público. Como depôs o Capitão Baltazar da Costa Pinho - o seu compadre, vigário de Itaverava, padre José de Oliveira, "sempre trabalhara naquele bispado atuando em favor da pública paz".[89]

Por meio destes testemunhos, os processos de livramento ordinário descortinam também algumas das relações entre os vizinhos, as alianças, vinganças, a conflituosidade, e as intervenções nos julgamentos e nas justiças. A maioria dos casos expõe disputas entre vizinhos sobre meios de sobrevivência. Até mesmo um benefício eclesiástico era passível de tornar-se objeto de disputa entre sacerdotes, e motivar perseguições, como indica a denúncia do crime canônico do Padre Jorge Álvares Diniz, que se livrou entre fevereiro e setembro de 1749.

### CRIME CANÔNICO NO CONVENTO DAS MACAÚBAS: O PADRE JORGE ÁLVARES DINIZ

A visita pastoral de 1748, feita pelo Dr. Miguel de Carvalho de Almeida Mattos ao recolhimento das Macaúbas e a comunidade em seu entorno resultou em uma Devassa Geral. Nesta, saiu pronunciado o próprio Capelão, pelo crime canônico de omissão e falta de sacramentos a seus aplicados.[90]

Situado entre as freguesias de Roça Grande e Santa Luzia, o Recolhimento das Macaúbas ofereceu os primeiros cursos de formação para moças na capitania de Minas Ge-

---

87    AEAM. Juízo Eclesiástico, n. 2786. Depredação/Perturbação do sossego público, fl. 29-30; fl. 32v. O segundo depoimento a confirmar a proteção oferecida pelo sacerdote a seus fregueses durante a Devassa foi o do Alferes Francisco Caetano Dantas, homem branco, casado, natural da Freguesia de N. Sra. da Conceição de Monte Alegre, Arcebispado de Braga, e morador na Freguesia de Santo Antônio da Itaverava há 15 ou 16 anos, pouco mais ou menos, que vive de mineirar e de sua roça, de idade de 36 para 37 anos. Itálico meu.

88    AEAM, Juízo Eclesiástico, n. 2779. Crime canônico, fl.55. Certidão do Dr. Manuel Caetano Monteiro passada em 22-07-1763.

89    AEAM. Juízo Eclesiástico, n. 2786, fl. 29.

90    AEAM, Juízo Eclesiástico, n. 2779. Crime canônico, fl. 9.

EXCOMUNHÃO E ECONOMIA DA SALVAÇÃO

rais. Suas origens estão ligadas à ermida fundada pelo beato Félix da Costa, que admitia educandas por caridade. Em 1743, foi inaugurado o seu edifício pelo vigário da vara de Vila Rica, Doutor Amaro Gomes de Oliveira, por comissão do bispo do Rio de Janeiro.[91]

Em 1749, os depoimentos ocorridos à Devassa Geral da Visita indicavam o poderio econômico e a influência da administração do Recolhimento na vida sócio-religiosa da comunidade a seu entorno. Denunciado por omissão quanto aos sacramentos, o Capelão do Recolhimento das Macaúbas, Padre Jorge Álvares Diniz, argumentava ser vítima de perseguições. Assim como pelo que respeitava ao bem comum e ao espiritual das almas no Recolhimento das Macaúbas, mas também pela administração e governo dos bens, negócios e prendas, vinha adquirindo muitos inimigos. E "se odiou com a maior parte dos moradores daquele sítio, por querer evitar muitas ofensas de Deus e escândalo público, que há entre eles. Disto teriam nascido muitas discórdias, inclusive com algumas recolhidas e as suas madres".[92]

Era comum que o Promotor iniciasse o libelo de acusação a mostrar o modelo ideal de conduta para o réu leigo ou eclesiástico. No caso do sacerdote, afirmava que, invés de proceder como "dispenseiro que é na Terra dos bens do Céu, fazia tanto pelo contrário". Era tão omisso na administração dos Sacramentos, que "sendo chamado várias vezes para conferir o da Penitência aos enfermos, respondia que chamassem outros sacerdotes, porque não tinha obrigação". Relatava-se várias situações nas quais o padre teria se recusado a dar assistência espiritual a escravos, enfermos e moribundos. O doutor João Martins Cabrita, promotor e procurador da Mitra, pedia sua prisão e condenação em degredo e suspensão. O crime em que o Réu estava implicado na devassa geral da visita pertencia aos da primeira cabeça. Como não havia sido pronunciado a prisão, como deveria, requeria ainda o promotor que antes de contrariar, prestasse fiança segura à pessoa, julgado e sentenciado.[93]

O libelo de defesa refutou a acusação de que o sacerdote havia abandonado ou negado socorro e sacramento a sua escrava Maria de Souza; ao contrário, garantia havê-la assistido, bem como em todos os episódios que configuravam negligência: "é falso dizer-se que o Réu não quisera ir confessar ao defunto Manuel Lopes Duarte". Se em alguma ocasião deixou de ir onde o chamavam era por moléstias, que padecia havia dois anos: "andava muito mal das pernas por causa das suas parebas fundas que o impossibilitavam andar a cavalo". Desta for-

---

91 CARRATO, José Ferreira. *Igreja, Iluminismo e Escolas Mineiras coloniais*. São Paulo: Companhia Editora Nacional, 1968, p. 116. (Brasiliana, 334); ALGRANTI, L. M. *Honradas e devotas: condição feminina nos conventos e recolhimentos femininos do sudeste do Brasil (1750-1822)*. Brasília: EdUnB; Rio de Janeiro: José Olympio, 1993, p. 93; 133; TRINDADE, Raimundo. *Arquidiocese de Mariana: subsídios para sua História*, 2ª ed. Belo Horizonte: Imprensa Oficial, 1953, p. 70-71.

92 AEAM, Juízo Eclesiástico, n. 2779. Crime canônico, fl. 9.

93 *Idem*, fl. 6v.

ma remeteu o bilhete ao Reverendo Vigário Padre Antônio de Figueiredo, Vigário da Roça Grande que se achava naquele sítio. Ele lhe respondeu enfadado que ia dizer Missa, sem o desenganar se ia ou não, sendo aliás, que a ele, Reverendo Vigário, pertencia mais aquela obrigação, pela razão de ser o pároco. Não havia deixado morrer sem sacramentos o negro em Ribeirão da Mata, apenas tivera dificuldade em encontrar a casa, "estando duvidoso, por não saber com certeza em que casa era, por não declararem de quem era, nem saber também onde ficava aquele sítio", mesmo assim "se foi com aquela notícia procurando onde era e sendo em direitura de uma légua, encontrou ao Reverendo Antônio de Figueiredo que lhe disse não fosse para diante, pois que ele o tinha confessado.[94]

A defesa procurava mostrar os fundamentos de ordem material que moviam a denúncia e pronunciamento judicial do Capelão. Contrariando o Libelo da Justiça, sucedia a tradicional desqualificação das testemunhas de acusação. O Reverendo Jorge Álvares Diniz era odiado e malquisto com algumas Recolhidas, "pelo grande zelo e são cuidado com que o réu trata dos negros e pessoas do dito Recolhimento". Ainda, porque, em observância de várias determinações que os Excelentíssimos Prelados deixaram encarregados os capelães do dito Recolhimento, costumam estes consultar com as Madres regentes as matérias mais importantes, e úteis ao governo do bem comum, de que nascem várias inimizades contra os referidos capelães e regentes.[95]

De acordo com a defesa, os que juraram contra o Réu eram seus inimigos capitais, como os padres Antônio de Macedo Rêgo, seu parcial, porque pretendera ficar por Capelão no Recolhimento Velho. O Padre Vasco Bouza de Almeida era seu inimigo capital. Pertencia ao partido das pessoas do governo passado do Recolhimento, que haviam sido expulsas pelo Excelentíssimo Senhor Dom Frei João da Cruz e imputavam a culpa ao réu; o Reverendo Padre Antônio de Figueiredo, Vigário da Roça Grande lhe cultivava um ódio capital, por querer espoliar ao Réu da posse em que estava de Capelão do Recolhimento e sítio, e este o haver impugnado. Além dos padres, também se tornaram seus inimigos capitais e declarados, Antônio Teixeira e Manuel Borges Teixeira e Antônio Soares Camelo, em razão dele, Réu, lhes não alugar umas casas de venda, que o Recolhimento tem no sítio. Para isto, se valeram de empenhos grandes, sendo especiais amigos do Reverendo Manuel Maciel Síndico, do mesmo Recolhimento, com quem tem tido contendas grandes sobre o governo e pessoas da comunidade.[96]

A defesa alegava que somente tais inimigos poderiam jurar contra o Reverendo Réu, porque "todas as mais pessoas hão-de depor do seu honesto procedimento, e diligência na administra-

---

94   *Idem*, fl.10-11v.

95   AEAM. Juízo Eclesiástico, n. 2779. Crime canônico, fl.14-14v.

96   *Idem*, fl.14-14v.

ção dos Sacramentos, de sorte que nunca morreu pessoa alguma por culpa sua". Portanto, pedia, nos referidos termos e nos de direito, ser absolvido dos crimes que falsamente lhe imputaram, pelo que protestava. Seguia a desqualificação moral de cada acusador do Reverendo Réu.[97]

A sentença de 19 de outubro de 1749, do doutor Geraldo José de Abranches, vigário geral do bispado, não dava muito crédito às justificativas apresentadas: "absolvo ao Réu das ditas Culpas", concedia; "mas atendendo a que por quatro testemunhas da mesma culpa se provam que o Réu não fora muito diligente em administrar os Sacramentos às pessoas de fora do Recolhimento, quando por isso era chamado," deveria assinar termo de admoestação, com a cominação de, obrando o contrário, ser condenado pelas mesmas culpas, com todo o rigor de Direito. E que o Réu pagasse as custas dos Autos de seu Livramento *ex causa*.[98]

Após este episódio, a julgar pelas cartas pastorais e atas de visitas de Dom Frei Manuel da Cruz, a administração do Recolhimento pareceu haver encontrado equilíbrio. A instituição conquistou grande simpatia do primeiro bispo, que elogiava as recolhidas em atas de visitas pastorais, pelas virtudes de sua vida religiosa, e exortava aos benfeitores para que oferecessem contribuições à instituição.[99]

Os párocos apresentam-se, deste modo, em sua responsabilidade de colaboração com as justiças; mas sem deixar de exercer ele próprio, a função de agente da ordem pública, e assim exercer infuência, praticar a dominação pessoal. Apresentam-se, nos livramentos criminais, algumas potencialidades dos seus contatos com o rebanho: o elemento da discórdia, o amigo da paz. Estas práticas tenderam a se conservar. Não obstante as intervenções das Juntas de Justiça (cujos acórdãos reduziam as penas eclesiásticas a uma ação corretiva), na década de 1790, observa-se, ainda, um perfil de sacerdote dividido entre os modelos de *pacificador* ou de *elemento da discórdia*. Assim demonstra a denúncia contra o padre Cristóvão Jorge de Barcellos, por envolvimento em um desafio com armas. O seu livramento transcorreu entre 1792 e 1795.

## PADRE CRISTÓVÃO JORGE DE BARCELLOS RÉU POR CUMPLICIDADE EM DESAFIO COM ARMAS

Era 20 de dezembro de 1793, quando o Padre Manuel Teixeira de Sousa, escrivão do juízo eclesiástico, estava indo ao Arraial do Piranga, reconhecer pessoalmente, e conferir, junto ao Tabelião, as assinaturas das testemunhas de acusação do padre secular Cristóvão Jorge de Bar-

---

97  *Ibidem.*

98  AEAM. Juízo Eclesiástico, n. 2779. Crime canônico.

99  Pastoral de sua Excelência Reverendíssima, D. Manuel da Cruz, julho de 1761. AEAM, Seção de Livros Paroquiais, prateleira W, Livro 3, Disposições Pastorais (1727-1853), fl. 33-34.

cellos. Havia sido denunciado ao juízo eclesiástico pelo Médico Francisco José Álvares da Silva, em abril de 1792. Era acusado de ser cúmplice de João José da Silva, que injuriou ameaçou, e desafiou publicamente o médico, ofendendo a Ordenação Livro V, Título 43, parágrafo 1.[100]

De acordo com a denúncia, o Reverendo Réu sugeriu o duelo a João José da Silva, soprando-lhe as palavras de injúria ao médico. Ambos teriam saído resolvidos da casa do doutor Lino Lopes de Matos, vigário de Guarapiranga.[101] Dali se lhe agregaram outros, enquanto João José da Silva descompunha o médico para escândalo aos circunstantes por se tratar do coadjutor do vigário da freguesia.[102]

Segundo testemunhos, no dia do desafio, o Réu havia passado por várias ruas em companhia do padre Cristóvão Jorge, que com ele ria e conversava, enquanto aplicados o solicitavam para fazer confissão, falecendo sem o sacramento. Confirmam a negligência vários testemunhos, como o de Antônio Martins Teixeira, segundo o qual, em vão, mandara Dorothéa, sua escrava, chamar o Reverendo Réu.[103]

Dona Francisca Ignácia do Espírito Santo, viúva, branca, moradora no Arraial do Piranga, relatou que o desafio ocorreu em 22 de dezembro de 1791. O médico achava-se em sua casa, para onde se dirigiu João José da Silva, homem pardo, morador em Guarapiranga. O desafiante viera da casa do Vigário Lino Lopes junto do Reverendo Cristóvão Jorge. Segundo Dona Francisca, chegaram ao adro da Igreja, e seguiram pela Rua do Estudo onde ela morava. Deste ponto o Reverendo Cristóvão Jorge seguiu pela outra Rua, a da Botica, enquanto João José iniciou o desafio ao médico à sua porta. Trazia armas defesas, e à ela, dona Francisca, perguntou pelo médico. Ela lhe disse que estava dentro, com o comandante Antônio Gomes de Sande. Que saísse – havia ordenado tratando-o com nomes injuriosos; que "viesse mostrar a sua sepultura, que ele desafiante lhe mostraria a sua", que o havia de ensinar, que o havia de picar. E tornava a descompô-lo. O padre fi-

---

100 Ordenações Filipinas, Livro I, Título 42 e 43, par. 1°. Dos que ferem ou injuriam (Conc.), Dos que fazem desafios, respectivamente. Disponível em http://www.ci.uc.pt/ihti/proj/filipinas/l1p112.htm Acesso em 12 mai. 2009.

101 Segundo Cunha Matos, em 1818, Guarapiranga tinha 11517 almas. O pé-de-altar do vigário era orçado em 528$000 réis, além da côngrua de 200$000 réis. Havia uma filial dentro do arraial: Capela de N. Sra. do Rosário, e fora, existiam cerca de 11 igrejas filiais das quais, Cunha Matos elencou seis: Senhor dos Matozinhos, no Arraial do Bacalhau; São José, do Arraial do Chopotó; São Caetano, do Arraial de São Caetano do Chopotó; Santa Ana dos Ferros, do arraial do mesmo nome; Nossa Senhora da Piedade, do Arraial da Espera; São Miguel, do Arraial do Anta. Ver: MATOS, Raimundo José da Cunha. *Corografia Histórica da Província de Minas Gerais*, v. 2. Belo Horizonte: Itatiaia; São Paulo: Edusp, 1981, p. 130-31. (Reconquista do Brasil, Nova Série, v. 61-62).

102 AEAM. Juízo Eclesiástico, n. 2768 – 1792. Desafio, fl. 73.

103 *Idem*, fl. 5-5v.

cou à porta da mãe de Dona Francisca, até que finalmente se retiraram o Reverendo Réu, o mulato Manuel Jorge, fâmulo da sua casa, e Pedro Toucinheiro. Todos regozijavam-se e riam-se, porque o desafiado não saíra para duelar nem proferira uma só palavra.[104]

João dos Santos França e Gato, homem branco, morador do Piranga, cobrador na botica, de 31 anos, contou que ao sair de sua casa, soube por Félix Gonçalves Aranha, que o réu brigava a segunda vez com o médico. Tudo porque João José oferecera tabaco ao médico na casa do padre mestre Silvério; e ele, tendo os dedos ocupados com outro tabaco, agradecera o oferecimento.[105]

Testemunhas produzidas pelo médico, autor da denúncia, afirmaram que ele nada teria respondido, nem saíra da casa para aceitar o desafio. Apenas pedira ao comandante que observasse como o réu o desatendia e que lhe fizesse justiça. Presenciando os convícios do desafiante para com o médico, o comandante Antônio Gomes Sande lhe havia replicado que o doutor era filho de uma mulher casada. Teria ouvido do Reverendo Réu a seguinte resposta: "todas as mulheres brancas casadas tinham seus divertimentos e se esfregavam com mulatos e negros".[106]

Além de provar com testemunhas a injúria e a cumplicidade no desafio, a acusação recordava os furtos dos quais foi acusado o Reverendo Réu, aos bens da Irmandade do Rosário dos Pretos de Guarapiranga, em 1784, quando exercia como capelão. Os Irmãos do Rosário encaminharam a denúncia ao bispo de Mariana em 29 de abril daquele ano. Relatavam que ele não cumpria a sua obrigação e recusava-se a devolver, entre outros "trastes", as Constituições, e o Ritual Romano, pertencentes à Irmandade, sendo que o Ritual "barganhou com o Padre João Rodrigues Pacheco". O então Capelão teria rompido em palavras alteradas contra o Padre João de Sousa, quando ele "humildemente pediu os pertences da Irmandade". Sendo expulso, os irmãos recusaram-se taxativamente a readmiti-lo, apesar de suas muitas instâncias.[107]

Réu na ação por concorrer para o desafio feito por João José, que portava armas proibidas, o padre Cristóvão Jorge de Barcellos, natural da freguesia do Sumidouro, estava preso em segredo de justiça, na cadeia de Mariana desde novembro de 1792. O escrivão do contencioso que tomou seu depoimento registrou que o encontrara preso na cela livre desta cadeia, com "vestido decente ao estado clerical". Possuía estatura mediana, olhos e cabelos pretos, rosto cheio e claro sem qualquer sinal; era cheio também de corpo e

---

104  AEAM. Juízo Eclesiástico, n. 2768 – 1792. Desafio, fl. 220.

105  *Idem*, fl. 203v.

106  *Ibidem*, fl. 5–5v; fl. 203v.

107  *Ibidem*, fl. 201.

tinha barba fechada. Perguntando-lhe donde era natural, respondeu que da freguesia do Sumidouro, mas que era assistente na freguesia de Guarapiranga, exercendo ofício de coadjutor na mesma freguesia. Era filho legítimo de Manuel Jorge de Barcellos e sua mulher Vicência Maria do Nascimento. Dissera que se achava preso por uma denúncia falsa que contra ele havia dado o licenciado Francisco José Álvares da Silva, de Guarapiranga. O escrivão notificou o carcereiro para que não o deixasse sair da prisão sem ordem de Justiça, sob pena de assumir a custa de todo o livramento.[108]

O padre réu Cristóvão mostrava-se indignado, alegando que em tudo obrara para que o desafio não ocorresse. Para provar sua inocência, escolhera advogados proeminentes, como o doutor José Pereira Ribeiro, e o experiente doutor João de Sousa Barradas. A linha de defesa era instruir as testemunhas para afirmarem que o padre estava lá para apaziguar o conflito. Este testemunho foi dado, por exemplo, pelo Furriel João Dias Braga, homem branco, morador no Arraial de Guarapiranga, e confirmado por todos os outros.[109]

Em seguida, os advogados do Padre Cristóvão passaram ao trabalho de desqualificação da credibilidade de cada testemunha da acusação. Esta era uma prática jurídica adotada pela defesa e também pela acusação. O doutor José Francisco de Almeida Machado, advogado nos Auditórios de Cidade Mariana, era o Procurador do Autor e denunciante. Este também lançou mão da desqualificação de testemunhas, defendendo ser necessário expor claramente os seus defeitos, e os motivos pelos quais não merecem ser acreditados – "porque as testemunhas devem ser em grau superlativo inculpáveis, e sem mancha no seu procedimento".[110]

Nessa linha, as testemunhas de acusação juravam, por exemplo, que Pedro, o Toucinheiro, preso por ser guarda-costa do Reverendo Réu no dia do desafio, mesmo sendo casado, furtara uma escrava da casa do Alferes Manuel Joaquim, e de sua mulher. Segundo o Alferes Anacleto Martins Teixeira, morador em São Miguel do Piranga, era público haver escondido a escrava em casa de Custódia, viúva, onde sempre vai o dito Pedro.[111]

Por seu turno, os advogados do Reverendo Réu apontavam que Francisco Nunes de Oliveira era muito obrigado ao Autor da denúncia, havendo jurado falsamente contra o Reverendo Réu. Era vadio, muito pobre, pois quase nunca trabalhava no ofício de sapateiro de que tinha alguma luz. Já havia sido espancado e preso por furtos, com os quais foi apanhado por Matias Corrêa Bento. Possuía maus costumes, era inquietador de negras cativas, pelas quais arromba cercados e salta quintais, como aconteceu com as escravas do Alferes

---

108    *Idem*, fl. 3v.

109    *Ibidem*, fl. 217.

110    AEAM. Juízo Eclesiástico, n. 2768 – 1792. Desafio, fl. 201v.

111    *Idem*, fl. 222.

Joaquim Eloy de Almeida. Saíra culpado no sumário de culpa tirado pelo Comandante do Distrito e fora remetido preso para Vila Rica. Logrou-se solto pelas choradeiras de seu pai, Eleutério Nunes. Francisco teria jurado com tanta paixão que, ao sair, dissera publicamente na Rua do Rosário "parti o Padre com o meu juramento hei de ter o gosto de o ver brevemente sair deste Arraial com uma corrente". Tudo isto o fazia indigno de crédito.[112]

A defesa alegava ainda que João Monteiro Ferreira era também muito obrigado ao autor, que o curava, bem como às enfermidades de sua mãe, Marianna Nunes e irmãs de graça. José, João e Angélica Monteiro eram três irmãos inimigos do Reverendo Réu, pelo fato de este não haver admitido toda a sua casa à Desobriga. José Monteiro Ferreira foi visto insinuado-lhes o que deveriam jurar. Era grande inimigo do Reverendo Réu e depois de jurar disse que para o ano não haveria de zombar dele, ou de sua mãe e irmãs, trazendo-os da prática para a Desobriga. Era rapaz sem pejo ou vergonha, que andava pelas ruas e tavernas a jogar com negros e mulatos. Por sua vez, José Pereira de Queiroz era apaixonado pela casa de Marianna Nunes, por causa da filha. Serafim Afonso do Rego e sua mulher Genovesa Maria de Juno são pessoas de fácil convenção e pouca vergonha, pois sabendo que sua mãe e sogra Juliane Maria de Jesus anda concubinada com José Monteiro Ferreira, que a furtou do seu marido, a consentem em sua casa, e conservam particular amizade com o dito Monteiro. Também Antônio José Muniz era muito apaixonado pelo Autor, que o cura de graça. Sujeito de pouco acento, que mereceu ser despedido da casa do Alferes Antônio Carneiro. Bento José de Araújo possuía má conduta e era pouco temente a Deus, por ter sido público na Pirapetinga e suas vizinhanças que quisera casar com uma moça que havia furtado da casa da Mãe, com quem também havia tido trato. Por ser mal dizente e revoltoso, era público haver apanhado um tiro no Arraial do Piranga.[113]

Além desta desqualificação das testemunhas de acusação, a defesa do Padre Cristóvão solicitou um alvará de fiança ao Cabido Sede Vacante. O vigário geral concedeu, em 11 de dezembro de 1793. Escalonando a gravidade das culpas, o juiz afirmou que o crime de que era arguído o Reverendo Réu não era de usura, simonia, ou adultério, mas, segundo dizem, de ter concorrido para um desafio. "Não me parece ser dos mais escandalosos", ponderava o juiz eclesiástico, mas se encontrava em termos de se lhe conceder a graça.[114]

Considerando aquele sumário de testemunhas, o doutor José Botelho Borges, vigário geral do bispado, produziu a sentença publicada em 28 de janeiro de 1794, que absolvia o Reverendo Réu Cristóvão Jorge de Barcellos. Para o juiz eclesiástico, o Autor não

---

112　*Ibidem*, fl. 52-52v.

113　AEAM. Juízo Eclesiástico, n. 2768 – 1792. Desafio, fl. 52-52v.

114　*Idem*, fl. 224.

havia conseguido provar que o Padre Réu acompanhou João José ao desafio, nem que lhe ensinou palavra ou convício algum. Antes, se provara o contrário pelas próprias testemunhas contraproducentes, que depuseram em seu Libelo. E muito mais se provara por parte do Réu, que naquele dia às horas que se diz João José descompusera o Autor, estava dizendo Missa na Matriz, e fazendo um batismo. Daí sair em direitura para casa do Tenente Joaquim José de Almeida, aonde se ouviram as razões de João José. E *o dito Almeida lhe pediu fosse lá pacificar João José, assim o fez*. E chegando, o chamou; ele resistiu e não quis sair da postura. Tornou a chamá-lo e o ameaçou que chamaria o Vigário para o vir tirar daquele lugar, e fazendo renitência o pegou e o levou consigo para a casa do Reverendo Vigário, e assim o provaram as testemunhas. Deste modo, doutor José Botelho Borges condenou o Autor da denúncia pelo dolo e malícia com que a intentou, e ao pagamento em dobro do valor das custas, deixando direito salvo ao réu para haver do autor e testemunhas do sumário, as perdas, danos e injúria da sua pessoa.[115]

O médico, autor da denúncia, contudo, apelou à Relação Metropolitana da Bahia, mas o Vigário Geral do bispado de Mariana lhe negou o recurso. O autor reclamou, então, ao Juízo da Coroa, por se sentir oprimido pela justiça eclesiástica. Alegava que, embora o réu fosse da jurisdição eclesiástica, ele era secular e da jurisdição de Sua Majestade. Um longo arrazoado antecedeu o Acórdão em Junta da Justiça que despachou a nova decisão para o caso, na qual o Procurador da Coroa constatava uma violência da parte do vigário geral do bispado ao médico Denunciante, o licenciado Francisco José Alves da Silva. O doutor José Caetano César Manitti, Procurador da Coroa, deu seu parecer após a leitura do arrazoado do Dr. Antônio Ramos da Silva Nogueira, Juiz dos Feitos da Real Coroa e actual no Desembargo, Ouvidor Geral e Corregedor da Comarca do Ouro Preto.[116]

Concluía-se que o doutor José Botelho Borges "não guardou no despacho de que se agrava a claríssima, expressa e terminante disposição das Leis Pátrias, que ficam mencionadas" conforme a Lei da Boa Razão, de 18 de agosto de 1769, parágrafo 14, em tudo superior aos costumes praticados no Bispado ou nas suas Constituições. O Foro Eclesiástico é concedido aos Reverendos Bispos por privilégio do Príncipe. E nem eles nem os seus Ministros, na Administração da Justiça devem afastar-se do que prescrevem as Leis do Estado a que estão sujeitos. Ninguém ignora que na punição dos delitos temporais provêm aqueles em nome de Vossa Majestade, e como seus Ministros; e que se não castigam

---

115    *Ibidem*, fl. 225v. Itálico meu.

116    *Idem*, fl. 245v.

os Eclesiásticos como devem, cumpre a Vossa Majestade a castigá-los Ordenação Livro 2º Tít. 3, *In Principio*.[117]

Fundamentada nestes pareceres, a Rainha expediu uma carta rogatória ao Cônego e Vigário geral Dr. José Botelho Borges, intimando o vigário geral do bispado a cumprir o Acórdão em Junta de Justiça, "*pelo qual se julgou provada a violência e lhe rogo, e encomendo queira desistir de toda opressão que fez ao Recorrente não dando dia de aparecer na Apelação interposta*". Deveria fazer cumprir tudo na forma do mesmo Acórdão, e quando o não fizesse, "o que dele não espero, *mando a todas as minhas Justiças não cumpram suas Sentenças, mandados nem levem penas de Excomungados*". A Rainha estava a proibir que o vigário geral excomungasse, por esta causa, aos seus ministros. Ao contrário, o vigário geral deveria dar o cumprimento "logo que esta lhe for apresentada" e na forma dita, "o que espero faça, e assim lhe rogo e encomendo".[118]

A rogatória é uma sentença impetrada nos casos em que o Juízo da Coroa detecta alguma "violência e opressão" praticada pelo juízo eclesiástico, chamando a si o direito de interferir ou julgar a ação, ou a irregularidade a qual se refere. Por meio da rogatória, a Rainha encomendou ao Reverendo Recorrido que acatasse a Apelação interposta para o Superior, "remetendo a este Tribunal Certidão de assim o haver cumprido". Mediante a rogatória, o vigário geral foi forçado a expedir o termo de fiel, assinado em fevereiro de 1797, para levar os autos à Relação Metropolitana da Bahia.[119]

O caso do padre Cristóvão Jorge de Barcellos não foi isolado. Sacerdotes em outras freguesias também envolviam-se em violências. Veja-se o caso dos aplicados de Santo Antônio da Peçanha, que representaram queixa contra o Vigário Manuel Gonçalves Nunes. Ele andava armado de facas e pistolas, a fazer desafios em vários casamentos, "descalço de pé no chão". No tribunal eclesiástico, registrara-se atrás da representação que a queixa era "verdadeira, e parte dela foi confirmada por informação digna de crédito".[120]

A intervenção da Junta de Justiça no livramento do padre Cristóvão Jorge de Barcellos, que anulou a sua sentença de absolvição no tribunal eclesiástico[121] deixou registro

---

117    AEAM. Seção de Escrituração da Cúria. Juízo eclesiástico; processo n. 2768. Réu: Padre Cristóvão Jorge de Barcellos - desafio com armas, fl. 242v-243.

118    *Idem*, fl. 245v.

119    *Ibidem*, fl. 239-239v; 245v; fl. 340.

120    AEAM: Juízo Eclesiástico, n. 2885, Ca. 1760.

121    AEAM. Juízo Eclesiástico, n. 2768. 1792. Desafio com armas, fl. 242; fls. 244-45.

das ponderações do juiz dos feitos da Coroa sobre o abuso dos Arcebispos, bispos e vigários usurparem constantemente a jurisdição real:

> Sendo certo que o foro eclesiástico é concedido aos reverendos bispos por privilégio do Príncipe esquece que nem ele nem os seus ministros na administração da justiça devem jamais afastar-se do que prescrevem as Leis do Estado a que estão sujeitos Lib 43, prag. 1°, cod. *De Episcop. Audience*. Em Vila Rica. 5-5-1795.[122]

O doutor Antônio Ramos da Silva Nogueira, Juiz dos Feitos da Real Coroa e actual no Desembargo Ouvidor Geral e Corregedor da Comarca do Ouro Preto havia, também, realizado uma comparação entre os Juízes seculares e os juízes eclesiásticos. Estes não ascendem ao posto por mérito.[123]

Através da movimentação processual cível e criminal, os juízos episcopais ofereceram espaço para os debates acerca das autoridades de seu tempo e seus mecanismos. A atuação dos sacerdotes nas justiças propicia diálogos, entre as mais distintas camadas sociais - desde o vigário geral do bispado, até o rei, ou deste com os sacerdotes e os fregueses. As tensões fomentavam manifestações dos orgãos da Coroa, faziam registrar testemunhos dos debates que realizavam estes agentes eclesiásticos, no campo dos poderes coloniais. Os diálogos registrados nestas esferas evidenciam elementos importantes na compreensão das relações entre os vizinhos, e na presença da dominação pessoal na vida daquelas comunidades. Como mostrou Maria Sylvia de Carvalho Franco, a manutenção dos homens livres pobres na margem das decisões políticas, ocorre em uma sociedade na qual o poder se assentava sobre uma trama de fidelidades e lealdades pessoais. Neste fabricar de lealdades e fidelidades, através de um processo cumulativo de recíprocos encargos e favores, se suprimia a possibilidade de um existir autônomo, atingindo a consciência do mundo social, e nela provocando a asfixia da consciência que se encontra ligada ao exercício da dominação pessoal. [124]

Nas freguesias setecentistas de Minas Gerais, quando se devia um favor, ou gratidão, ocorriam ações como as que descreve o depoimento de Manuel Fernandes Quintão, 32 anos, testemunha de defesa do Padre José de Oliveira: "Antônio Frias possui testemunhas de mãos postas para lhe jurarem tudo quanto ele quer e que é inimigo declarado do Reverendo Réu".[125] Como mostrava Franco, os segmentos iluminados

---

122  *Idem*, fls. 244-45.

123  AEAM. Seção de Escrituração da Cúria. Juízo eclesiástico; processo n. 2768. Réu: Padre Cristóvão Jorge de Barcellos - desafio com armas, fl. 242v-243.

124  FRANCO, Maria Sylvia de Carvalho. *Op. Cit.*, Capítulo 2, p. 84-88.

125  Manuel Fernandes Quintão era homem branco, solteiro, natural da Freguesia de Santo André

pela vontade dominadora ficam visíveis. As propriedades e as qualidades da 'autoridade', os seus atos e as consequências resultantes são identificados com o mundo social objetivo, que só pode ser percebido através de uma mediação que anula qualquer possibilidade de sua apreensão num nível institucional. O destino do homem pobre se inseria neste mundo regido pelas associações morais e pelas ligações de interesses. Eram dois princípios divergentes de ordenação das relações sociais, que se articulavam e tiveram efeitos deletérios recíprocos.[126]

Estes casos evidenciam que a mensagem religiosa que circulava nos territórios das paróquias do século XVIII, em conformidade com os parâmetros de justiça colonial. Os aplicados não se restringiam a receber esta mensagem, mas elaboravam as suas representações e manifestações acerca dos juízes e sacerdotes. As queixas por opressão eram uma forma dos súditos apelarem à Coroa. A multiplicidade das práticas dos fregueses encontravam outras brechas institucionais, que comportavam seus protestos cotidianos e anônimos, para que delatassem os abusos. Esta diversidade de práticas propiciou diálogos significativos no campo religioso, como mostra a sentença do Padre Jerônimo de Sá.

## A EMBLEMÁTICA SENTENÇA DO PADRE JERÔNIMO DE SÁ

A regulamentação das conhecenças no bispado de Mariana foi uma das maiores causas de tensões e conflitos entre os párocos, fregueses e edis das Câmaras no século XVIII. Autor de um dos principais estudos sobre os dízimos eclesiásticos, Dom Oscar de Oliveira observou que as conhecenças faziam parte das rendas eclesiásticas. Eram espécies de dízimos pessoais que cobravam os párocos. O clero no Brasil colonial e imperial recebia as conhecenças ou vestígios dos dízimos pessoais.[127]

Estas rendas eram mal administradas, avaliou o mesmo autor, pois eram poucas as paróquias de criação régia ou paróquias coladas. O governo tinha interesse em restringi-las afim de não despender com as côngruas delas os abundantes dízimos da Ordem de

---

do Canidelo, Câmara e Bispado do Porto, e morador nas Catas Altas da Noruega, Freguesia de Itaberaba, há 12 ou 13 anos, pouco mais ou menos, que vive do seu Engenho, e Roçadeira. AEAM, Juízo Eclesiástico, n. 2786. Depredação/Perturbação do sossego público, fl. 31v.

126   FRANCO, Maria Sylvia de Carvalho. *Op. Cit.*, p. 83; Capítulo 2, p. 103–04; 127–29.

127   TRINDADE, R. *Arquidiocese de Mariana. Op. Cit.*, p. 150. Dom Oscar de Oliveira define que as conhecenças eram vestígios de dízimos pessoais, existentes anteriormente em Portugal. Refere o estudo do Cônego Raimundo Trindade, *Arquidiocese de Mariana*, v. 2. *Op. Cit.*, cap. XII, p. 986–1035, Fortunato de Almeida, Bento Pereira e Souza Lobão. Ver: OLIVEIRA, Oscar de. (Dom). *Os dízimos eclesiásticos no Brasil. Op. Cit.*, p. 125–126. Cap. X.

Cristo. Os bispos, vendo as necessidades de cura de almas, criavam outras paróquias, cujos párocos efetivamente não recebiam côngruas da Real Fazenda, e se sustentavam com dificuldades das conhecenças e do direito de estola, denominado pé-de-altar. Algumas destas paróquias instituídas pelos Ordinários eram, muitos anos depois, confirmadas por Alvarás do governo que começava a exercer sobre elas o padroado, como Grão Mestre da Ordem de Cristo, assinalando-lhes as côngruas provenientes das rendas dos dízimos da mesma Ordem.[128]

Segundo dados de José Joaquim da Rocha, os vigários cobravam anualmente dos seus fregueses 300 réis por pessoa de comunhão, e 3$300 de cada pessoa que morre, além dos ofícios e missas desses mesmo defuntos, batizados e festas, pelas quais recebiam 4$800 réis de cada uma.[129]

Em 1758, o padre Jerônimo de Sá, vigário colado na Igreja Paroquial de Nossa Senhora do Pilar das Congonhas do Sabará foi alvo das queixas dos fregueses ao rei. O caso originou uma consulta assinada pelo desembargador Feliciano O Velho Oldemberg, expedida em Lisboa em 24 de setembro de 1758. O desembargador relatava que os moradores estavam se queixando ao rei das "exorbitâncias odiosas com que são vexados, inquietos e perturbados de seu sossego", com odiosas conhecenças, conforme qualificaram. Relatavam os prejuízos, conhecenças e fintas odiosas que lhes aplicavam. Dom José I devolvera a questão ao vigário geral para "deferir como fosse justiça":

> Faço saber a vós, Reverendo Bispo de Mariana, do meu Conselho, que eu hei por bem remeter-vos por cópia a representação que me fizeram os moradores da freguesia de N. Senhora do Pilar das Congonhas do Sabará e os documentos e papéis com que a instruíram, p. q. à vista de tudo defiras ao Suplicante como lhe parecer

---

128 OLIVEIRA, Oscar de. (Dom). *Os dízimos eclesiásticos no Brasil. Op. Cit.*, p. 114.

129 Existem pelo menos dois documentos importantes para a comprensão das conhecenças no século XVIII. A *Geografia Histórica da Capitania de Minas Gerais*, obra de José Joaquim da Rocha, concluída em 1780: ROCHA, José Joaquim da. *Geografia Histórica da Capitania de Minas Gerais. Descrição topográfica, histórica e política da capitania de Minas Gerais. Memória histórica da capitania de Minas Gerais.* Estudo crítico de Maria Efigência Lage de Resende. Transcrição e colação de textos de Maria Efigência Lage de Resende e Rita de C. Marques. Belo Horizonte: Sistema Estadual de Planejamento/Fundação João Pinheiro/Centro de Estudos Históricos e Culturais, 1995, p. 97. (Coleção Mineiriana, Série Clássicos). Outro texto coevo foi escrito em 1788, pelo pároco de Congonhas, Quintiliano Alves Teixeira Jardim, uma dissertação sobre as conhecenças que tornou-se célebre. Ordenado em Lisboa pelo próprio Dom Bartolomeu Manuel Mendes dos Reis, o doutor Quintiliano foi vigário geral do bispado de Mariana em 1798, por comissão de Dom Frei Cipriano de São José. Sua dissertação se encontra transcrita em: TRINDADE, Raimundo (Côn.) *Arquidiocese de Mariana*, v. 2. *Op. Cit.*, p. 34-59.

justiça, o que a mim cumprireis. El rei N. Sr. O mandou pelos DD Manuel Ferreira de Lima e Francisco de Campo Limpo, deputados da Mesa da Consciência e Ordens. Joseph do Nascimento Paes em Lisboa aos 25 de Outubro de 1758.[130]

Em cinco de Outubro de 1759, o padre Jerônimo de Sá enviou a petição de sentença ao doutor Manuel Cardoso Frazão Castelo Branco, então vigário geral do bispado. Defendendo-se, o sacerdote comparou a cobrança dos emolumentos paroquiais com a dos dízimos e dos reais contratos; nem por isso estes eram contestados, pertencendo à Real Fazenda o seu contrato. Os párocos colados, reivindicava, eram providos pelo mesmo rei, Grão-Mestre e Senhor Monárquico:

> É de Lei Divina e Humana que se paguem os dízimos a Deus e a Sua Majestade; como Grão-Mestre e Senhor Monárquico, os cobra pelos seus valados contratadores de sua Real Fazenda; sem que por isso se possa nem se atreva alguém a malquistar a cobrança da Fazenda Real. E da mesma sorte a respeito de um vassalo a quem a mesma Majestade beneficiou para se sustentar dos réditos que lhe competem do trabalho de pastor (...) (fazem) infâmia e adiantam a injúria contra todo o estado eclesiástico, de transgressores das Leis, bula da ceia, regimento de 1749 e várias acusações. [131]

O doutor Manuel Cardoso Frazão que, à medida que lia o processo, deixava seus comentários à margem das suas 120 folhas, não apenas aprovou a argumentação do pároco, como escandalizou-se, concordando que os queixosos faziam uma afronta a todo o estado eclesiástico. Em suas exclamações à margem das páginas, mostrava-se ofendido: "Jesus, aí vão agora todo o estado eclesiástico, párocos e todos os sacerdotes". Sugeriu aos queixosos: "Talvez por abusarem do benefício que Deus lhes fez". Questionava "Quem disse isto ao Senhor Palheiras? Isto é palhada; não sejam tão faltos e gastadores do dinheiro." E aconselhava "Não gastassem tão mal o que Deus lhes deu com mão larga". [132]

Os comentários rabiscados pelo Vigário Geral e a dissertação do pároco Jerônimo de Sá e Vilhena expõem um diálogo dos sacerdotes sobre a autoridade da Igreja e a sua submissão ao julgamento dos juízes ordinários, que eram os autores naquela representação ao Conselho Ultramarino. Mediante a ordem do rei para que o bispo, ou o vigário geral procedesse como fosse justiça, seguia a contestação do pároco às queixas contra ele formuladas em 43 capítulos, compondo uma longa dissertação assinada em Congonhas do

---

130   AEAM. Juízo Eclesiástico, n. 2839.

131   *Idem.*

132   *Idem.*

Sabará em 12 de julho de 1759. Os povos das Congonhas do Sabará acusavam "exorbitâncias odiosas com que são vexados, inquietos e perturbados de seu sossego". Anexo ao processo, há várias petições do pároco e um novo duelo de dissertações. Na última parte da defesa, o pároco Jerônimo de Sá e Vilhena afirmava estar há dois anos e meio em Sabará. Quanto a conhecerem as Justiças Seculares dos Eclesiásticos, avaliava: "escusado era o conselho; pois que na Ordenação do Reino se declara até adonde se pode conhecer". Os juízes "do conventículo nomeado" estavam querendo "introduzir a este povo a promessa de uma justiça separada para melhor negócio seu". Paradoxalmente, o pároco expressava aversão à ideia da separação entre as Justiças:

> Veja Vossa Excelência que proposição esta! Se a há mais bárbara: adonde em Deus e a mesma consciência como testemunha ocular que fui duas vezes visitar a Europa, nunca vi sacerdotes mais sujeitos, nem mais castigados, porque a experiência, mostra Vossa Excelência, como prelado o sabe muito bem governar e como Pai os sabe severamente repreender. Duro conselho querendo contra a Ordenação do Reino L. 2º tit. 3 e tít. 4 usurpar o que só a Majestade é concedido. [133]

O vigário geral absolveu o pároco Jerônimo de Sá. Examinando as representações a Sua Majestade Fidelíssima feita pelos moradores da freguesia de Nossa Senhora do Pilar das Congonhas da Comarca do Sabará, considerava que se dirigiam "contra todo o Estado Eclesiástico deste bispado e positivamente contra o seu próprio pároco", e com uma "petulante e apaixonada soltura" se atreviam a pôr tal representação na presença do soberano, a ostentar aparências de verdadeira. Mas se fazia injuriosa aos excelentíssimos prelados deste bispado e seus ministros "pela falta de administração da justiça qua nela se supõem". Os documentos utilizados para instruí-la consistiam em "uma nula e disforme justificação fabricada em juízo secular totalmente vedado e incompetente para semelhantes procedimentos contra eclesiásticos". Vendo os documentos jurídicos que o Reverendo pároco dos queixosos juntou em resposta, o vigário geral avaliava que a representação era "totalmente convencida e digna de se reputar por caluniosa e falsa", efetuada em comarca diferente da que são domiciliários os queixosos e o Reverendo Pároco. Relatava, por último, pessoalmente haver tomado, naquela mesma freguesia

> de seus paroquianos que uniformemente me certificaram ser a referida representação dos queixosos um monstruoso parto de seu ódio contra o mesmo Reverendo pároco sem mais fundamento que o serem de gênio revoltoso e inquieto." A que tudo isto atendendo a cruel realidade da mesma representação e informi-

---

133    AEAM: Juízo Eclesiástico, processo n. 2839.

EXCOMUNHÃO E ECONOMIA DA SALVAÇÃO

dade dos documentos com que a quiseram comprovar, a julgo fantástica, dolosa, e indigna de produzir o efeito pretendido pelos queixosos, que poderão usar da ação conforme lhes parecer para que tomando-se dela pleno conhecimento se lhes administre justiça conforme o direito. Mariana, 24 de Março de 1760. Manuel Cardoso Frazão Castelo Branco.[134]

O cotidiano paroquial compreendia duelos, discursos e conflitos. Conflitos dos mais diversos eram protagonizados pelos fregueses, o pároco, ações de particulares, eclesiásticos e seculares. As paróquias, como se observa, se revelavam um eixo de convergência de informações de interesse da comunidade e das justiças. A administração da justiça eclesiástica cedeu matéria a arrazoados jurídicos de juízes e desembargadores da Coroa, acerca dos limites em suas jurisdições. Através deste pausado diálogo das missivas, a corte de ministros da Coroa em Lisboa procurava comandar os negócios e arbitrar as contendas nas possessões coloniais da América. As ações da justiça eram definidas em manuscritos que viajavam milhas antes de alcançarem o local de execução da ordem que portavam.[135]

A chegada das frotas navais na cidade do Rio de Janeiro era ansiosamente aguardada, no século XVIII: "*Tandem* [finalmente] chegaram estes navios, cuja demora ia pondo em consternação esta terra", afirmava Dom Manuel da Cruz.[136] O motivo da expectativa não se restringia ao abastecimento ou à chegada das pessoas. As comunicações dos agentes reais com Lisboa dependiam de longas viagens dos navios, em frotas que traziam cartas e provisões com os quais o rei comunicava a sua decisão sobre muitos assuntos e destinos. Algumas frotas se aproximavam dos cem navios, e deixavam Lisboa em direção ao Rio de Janeiro, Bahia e Recife em três caravanas anuais. As viagens entre Lisboa e Salvador duravam em torno de setenta dias e para o Rio

---

134 *Idem.*

135 Sobre a ideia da orquestração de forças pela Coroa lusitana, no contínuo exercício de manutenção de sua autoridade, ver: PAIVA, José Pedro. "Reforma religiosa, conflito, mudança política e cisão: o governo da diocese de Olinda (Pernambuco) por D. Frei Luís de Santa Teresa (1738-1754)". In: MONTEIRO, Rodrigo Bentes e VAINFAS, Ronaldo (Coord). *Império de várias faces. Relações de poder no mundo Ibérico da Época Moderna.* São Paulo: Alameda, 2009. LARA, Silvia Hunold. *Fragmentos setecentistas: escravidão, cultura e poder na América Portuguesa.* Campinas Unicamp, 2004. Livre-docência, p. 10

136 Carta para o Reverendo Padre João Batista Carboni, de 1747. COPIADOR de Cartas Particulares do Exm°. e Revm°. Dom Frei Manuel da Cruz (1739-1762). Transcrição, Revisão e notas de Aldo Luiz Leoni. Brasília: Senado Federal, 2008, p. 212.

de Janeiro, oitenta ou noventa. Os ministros recebiam, após meses de espera, as consultas às suas demandas.

Em uma sociedade na qual os letrados compunham uma minoria, a escrita foi um poderoso instrumento da comunicação e de oficialização. A escrita alcançava o sentido solene, quando reforçava a visibilidade da declaração pública dos excomungados, das queixas nas paróquias; sem falar no registro das informações dos processos, na interlocução entre as partes, e destas com as instâncias de justiça, com o rei e seus conselhos, quando se punham, juízes seculares e eclesiásticos, à espera das cartas régias.[137]

Em meio a este devir, os conflitos entre os agentes locais eram cotidianos. A chegada de uma ordem de Lisboa, não raro, ocorria após certas medidas apressadas, tomadas no calor do conflito. Sucederiam eloquentes justificativas à Coroa, visando a atenuar as intemperanças e persuadir o rei de sua fidelidade e bons préstimos. Os envolvidos apontavam, então, outros culpados.[138] Para sanar tais situações, praticavam-se as residências; eram sindicâncias acerca dos seus atos dos dignitários ao fim dos triênios. Eram encomendadas pela Coroa, que convocava ministros de outras comarcas para promover as investigações e escrever o relatório circunstanciado do desempenho do investigado. Muitas sindicâncias conduziam ministros à prisão, por arranjos ilícitos ou conflitos ocorridos em seus triênios.[139]

A necessidade da consolidação de uma hierarquia no ultramar era forçada por parâmetros do direito e da administração lusitana; mas era burlada pelos indivíduos comuns, que também encontravam brechas, institucionais ou não para ascender socialmente, escapar da repressão institucional, ou simplesmente para sobreviver em meio à escravidão e ao monopólio dos recursos pelos que se estavam melhor posicionados na estrutura social.[140]

Juízes seculares e eclesiásticos, advogados e ministros eram graduados conforme os parâmetros do Antigo Regime. Mas, as realidades distintas das partes do Império desafia-

---

137  COELHO, Maria Filomena. "Justiça e representação: discursos e práticas da tradição portuguesa na América." *Múltipla*, n. 21, v. 15, dez/2006. Brasília: UPIS Faculdades Integradas, Ano XI, p. 74.

138  "Beijam os reais pés de Vossa Majestade estes seus fiéis e humildes vassalos..." (AHU, Cx. 53, Doc. 33), Vila Rica, 01/03/1749; "Rogamos, prostrados aos pés de Vossa Majestade, com profundo respeito nos conceda uma mercê para que estes vossos vassalos possam [aliviar] suas aflições. Deus guarde a Real Pessoa." (AHU, Cx. 53, doc. 33, V. Rica, 01/03/1749). "Senhor: reverentemente prostrados aos Reais pés de Vossa Majestade lhes rendemos graças pelo excesso de piedade com que a Real Clemência de V. Majestade se dignou prover de saudável remédio da criação deste novo bispado na cidade de Mariana." AHU, Cx. 53, doc.33, Vila Rica, 01/03/1749.

139  AHU/MG, CD 16, Cx. 53, Docs. 14 e 37.

140  Para Michel de Certeau, afora a investigação das instituições, proposta por Pierre Bourdieu, a pesquisa deste universo institucional deve considerar os consumidores dos produtos institucionais. A importância de buscar enxergar esta resistência significa não tomar os outros por

EXCOMUNHÃO E ECONOMIA DA SALVAÇÃO

va o seu conhecimento formal. Não surpreende que entre as décadas de 1750 à 1790, a correspondência de sucessivos governadores desse conta da impossibilidade de recebe-rem a tempo as respostas que haviam demandado. Ou que pleiteassem deliberar com mais autonomia, ao menos até que a sua decisão final endossasse ou retificasse suas pro-vidências. Para atender à urgência de algumas questões, nem sempre as decisões da Co-roa chegavam a tempo.[141]

Segundo o sistema recomendado pela burocracia pombalina, os governadores e ca-pitães generais deveriam dar contas de sua atuação à Coroa conforme três classificações de correspondência: primeira, cartas sobre o Estado Político e negócios; segunda, cartas sobre o Estado Militar; terceira, sobre as Finanças e Rendas Reais. Os governadores obe-deciam ao Regimento dos Governadores de 1677 e as respectivas Instrucções, que rece-biam quando nomeados.[142]

À luz dos apontamentos da historiografia, o estudo dos duelos discursivos e do ce-nário de luta social na capitania de Minas Gerais, possibilitam uma visão geral acerca da justiça no século XVIII. Arno Wehling identificou alguns problemas de fundo sobre o exercício judicial. Cita, em primeiro lugar, o problema da distância entre o soberano e as autoridades subalternas, do qual decorre a dificuldade de comunicação. A distância geo-gráfica, nota o autor, exerce um papel diluidor da autoridade real, agravado pela morosi-dade dos pleitos judiciais. Outro problema, o da impunidade; segundo Auguste de Saint--Hillaire "na capitania de Minas Gerais menos de dez por cento dos criminosos eram

---

idiotas. Nos interstícios do trabalho de coerção institucional encontram-se microliberdades, microrresistências, e uma *liberdade gazeteira das práticas*. Por entre as determinações das ins-tituições dão-se, ainda, as trocas sociais, as invenções técnicas e as resistências morais. CER-TEAU, Michel de. *A Invenção do quotidiano*, vol 1. As artes de fazer. Trad. Ephraim Ferreira Alves. 16ª ed. Petrópolis: Vozes, 2009, p. 38-39. FRANCO, Maria Sylvia de Carvalho. *Homens livres na ordem escravocrata*. 2ª Ed. São Paulo: Ática, 1974, p. 235 (Ensaios, 3). 3ª Ed. São Paulo: Kairós, 1983, p. 13-15.

141 AHU/MG cx. 87, doc. 4, cd 25. Vila Rica. Carta de Luís Diogo Lobo da Silva, governador de MG, para Francisco Xavier de Mendonça Furtado, informando que teve conhecimento, pela carta de 25-11-1765, que as suas cartas enviadas para o Reino foram apresentadas a Dom José I, mas que a sua resolução não pôde vir no iate São João Batista por falta de tempo. Ver também: AHU/MG, cx. 89, doc. 5, cd 25. 23-2-1766. Sobre a necessidade constatada por alguns governadores de usufruir mais autonomia ver: AHU/MG cx 120, doc. 56; AHU/MG, cx. 117 doc. 88 cd. 34. e 31-12-1781. V. Rica. Carta de D. Rodrigo José de Menezes dando conta a Martinho de Melo e Castro da necessidade que há em se ampliarem as competências dos governadores na América.

142 SERRÃO, Joel & MARQUES, A. H. de Oliveira. (Dir.) *Nova História da Expansão Portuguesa. O Império Luso-Brasileiro (1750-1822)*. Lisboa: Estampa, 1986, p. 279. v. 8. Coordenado por Maria B. Nizza da Silva.

levados a julgamento e punidos". Estes fatores, e o alto custo, inclusive da justiça eclesiástica, prejudicariam o funcionamento efetivo da justiça colonial. Estes problemas impediam que a população fosse majoritariamente beneficiada pela justiça oficial.[143]

Heloísa Liberalli Bellotto mostrou, em seu clássico *Autoridade e Conflito em São Paulo Colonial*, um dos problemas frequentes na história dos impérios coloniais. As comunicações eram morosas e difíceis, para dar conta do cumprimento das ordens emanadas de um poder central distante e desconhecedor das condições reais do meio colonial. A autora chama a atenção para o tempo existente entre uma ordem, enquanto tramita entre o poder superior de onde emana, e a autoridade subalterna, encarregada de fazê-la ser cumprida; o tempo em que a lei já existe, mas aqueles a quem se destina ainda a desconhecem. Ao administrador local, cabe muitas vezes, tomar resoluções nem sempre concordes com a vontade régia, havendo casos nos quais temiam "desacertar", e que estariam a apostar o seu prestígio.[144]

A comunicação entre os juízes seculares e eclesiásticos e o Conselho Ultramarino evidencia uma tensão constante, e o misto de tendências, centrípetas e centrífugas, na administração local. Muitos ouvidores e juízes de fora encerravam os seus triênios presos, enviados para o Rio de Janeiro, de onde partiriam para prestar esclarecimentos à Corte. Por outro lado, a pressão exercida pela Coroa se torna evidente com essa atividade repressiva – são constantes as prisões, residências tiradas acerca da atuação dos agentes.[145]

Na interpretação de António Manuel Hespanha, as inúmeras ousadias e tendências centrífugas representam localismos, expressos em descumprimentos "de ordens metropolitanas, de instituições localmente criadas, de conflitos insanáveis de jurisdições, de atropelos e de desaforos, de poderosas coligações vitoriosas de interesses coloniais".[146] Decerto que, para manter a colônia, a Coroa necessitava empregar agentes altamente especializados, religiosos, militares, oficiais, ouvidores, para enviar às partes ultramarinas. Uma vez instalados em porções distantes da Corte, iniciava o desafio da experiência do poder. Uma experiência que se consolidava por meio de uma multiplicidade de práticas e de comunicação, oral, escrita, e cerimonial. A tensão era um elemento predominante nestas relações. Corolário da tensão, o risco, e a negociação permanente, entre as

---

143 WEHLING, Arno. *Direito e Justiça no Brasil Colonial: o tribunal da Relação do Rio de Janeiro (1751-1808)*. Rio de Janeiro: Renovar, 2004, p.115-16.

144 BELLOTTO, Heloísa L. *Autoridade e conflito no Brasil colonial: o governo de Morgado de Mateus em São Paulo colonial.* 2ª ed. Revista. São Paulo: Alameda, 2007, p. 117-18.

145 30-03-1785. cx. 123, doc. 27, cd 35. Tejuco. Carta de José Antônio de Meireles Freire, dando conta da residência que tirara a Joaquim Manuel de Seixas Abranches.

146 HESPANHA, A. M. "Depois do Leviathan." *Almanack Braziliense*, n. 5, mai de 2007, p. 62.

atividades dos ministros e oficiais de diversas instituições, e o desacordo natural decorrente de suas atividades. Mediante os inevitáveis impasses, revelava-se constante o risco de, por decisões ou atitudes precipitadas, algum agente eclesiástico ou secular, ver ruir o seu estatuto de privilégio.[147]

Parece arriscado, neste cenário, definir o predomínio de alguma instituição ou indivíduo. Diferentes ações, acordos, conflitos, e manobras diversas tornam aquele universo social bastante dinâmico. Havia múltiplas reações, levantes e estratégias, levadas a cabo, pela Coroa e os seus agentes pró-centralização, como também, pelos poderes particulares, com interesses políticos e econômicos centrípetos. Há casos de agentes da Coroa que lidaram habilmente com esta concorrência de interesses. E lograram permanecer nos seus cargos por décadas, além de obter promoções.[148]

As demandas obtinham a resposta da Metrópole, ainda que transcorrido algum tempo. As práticas locais relatadas por correspondência cediam matéria e demanda de pareceres e consultas aos jurisconsultos da Corte, posicionados na Mesa da Consciência e Ordens e no Conselho Ultramarino. Esse material originava decretos, cartas e alvarás régios - elaborados casuisticamente, conforme observara Caio Prado Júnior. A manutenção da conquista implicava em uma produção legislativa adequada às suas contingências. Enquanto durou o regime de união entre o Estado e a Igreja, preconizado pelo padroado, houve conflitos internos, no âmbito das dioceses, e externos. As cartas e representações ao Conselho Ultramarino mostram que aquelas relações oscilavam entre um certo grau de cooperação, à competição e a claras investidas de mútua destruição.

---

147 AHU/MG. Mariana.5-6-1772. 102, doc. 54, cd 29. Carta de Francisco Xavier da Rua para o governador de Minas Gerais, D. J. L. de Menezes, o Conde de Valadares, informando da prisão de José Botelho Borges; 20-11-1772. cx. 103, doc. 87, cd 30. V. Rica. Carta de D. J. L. de Menezes, o Conde de Valadares, governador de Minas Gerais, para o Marquês de Pombal, Sebastião J. de C. e Melo, informando, entre outros assuntos, da prisão dos cônegos da Sé de Mariana Francisco R. Silva e José Botelho Borges, bem como do caso de um índio que era tratado como escravo na fazenda do cônegos Francisco R. Silva.

148 Veja-se o mencionado exemplo do juiz de fora de Mariana, Silvério Teixeira, e a concordata que sentenciou entre os letrados da capitania para esvaziar o tribunal eclesiástico, em 1755.

# Considerações finais

Ao longo deste estudo, procuramos recuperar o panorama normativo e doutrinal que associou a Igreja diocesana à justiça colonial. Estabelecemos o objetivo maior de compreender os meandros da aplicação de seus mecanismos sobre os fiéis nos espaços coloniais sob as contingências do padroado régio ultramarino. O desdobramento fundamental desta questão foi mostrar os efeitos e dilemas da associação entre a coroa e a mitra no âmbito de uma diocese. A atuação das justiças - eclesiástica e civil - deixou vestígios por meio das atas de visitas pastorais, devassas e processos de livramentos judiciais que deixam evidente as múltiplas estratégias de imposição e de infração das normas. É que o exercício da justiça eclesiástica envolveu múltiplas conexões entre a atuação dos agentes da coroa, entre os juízes seculares e eclesiásticos e suas relações sociais locais. Tudo isto repercutia na aplicação das penas e nos usos, pela população, dos recursos institucionais - nomeadamente, as denúncias e queixas, que implicavam usos e apropriações da excomunhão, e querelas eclesiásticas. A tensão entre este trabalho de imposição das normas e a sua assimilação/reapropriação pelas gentes ocasionou tensos intercursos dos juízes eclesiásticos entre o campo religioso e o campo do poder local.

Esta tensão onipresente ressalta da análise da correspondência dos agentes - governadores, ouvidores e ministros da coroa. Entre os governadores, veja-se o exemplo de Gomes Freire de Andrade, que, em 1749, criticou a iníqua administração da justiça, cujos agentes assumiam um comportamento ganancioso. Acusava o célebre capitão general uma carência de justiça que lograria deturpar a face do rei, a perfeita virtude régia preconizada pela doutrina neo escolástica: a justiça. Os parâmetros da justiça perfeita, espelhada na Justiça divina, incólume perante ambições e vinganças, era uma imagem envelhecida em fins do século XVIII, quando este sistema doutrinário entrava em colapso. Ainda assim, durante toda a centúria, a justiça era fundamental na estrutura de governo das conquistas e no estabelecimento do controle social, a par e passo com a Fazenda e as Armas.

Por outro lado, ainda que a ordem colonial fosse defendida, por meio do trabalho destes agentes especializados, era também subvertida. Escravos, proprietários de terras, comerciantes, sacerdotes, vizinhos, amigos e inimigos, cada um a seu modo e nos limites de sua condição social, buscou suas estratégias para burlar as duras engrenagens coloniais. Muitos recursos institucionais aplicados pelo tribunal eclesiástico representavam mais que o conforto e assistência espiritual nas horas extremas. Traziam alguma esperança, ou solução pragmática para as agruras cotidianas dos súditos: furtos, perdas, danos, agressões, ataques noturnos. Os aplicados, alvos desta ação, enquanto agentes naquele cenário de luta, também demarcavam múltiplas estratégias e astúcias desde as freguesias. De forma lícita ou não, para atender às suas demandas, necessidades e aspirações, lançavam mão dos recursos institucionais. As vinganças e juramentos falsos eram manobras comuns nas denunciações e demandas criminais; as queixas para descobrir informações sobre os mais diversos assuntos, eram apropriadas para descobrir informações de outros processos, encontrar documentos perdidos, bens de testamentos extraviados. O tribunal eclesiástico e seus agentes no século XVIII eram levados a manter relação constante e dialética com esta diversidade de sentidos e influências, e de tendências de ação social. Pelos delitos e manobras que seu sistema comportava, a justiça perfeita era carência comum aos vassalos, ao clero e aos juízes seculares e eclesiásticos.

Mediante a aplicação dos recursos jurídico-normativos disponíveis e regulamentados pelo padroado régio ultramarino, os agentes religiosos deveriam exercer um controle institucional da vida sócio-religiosa nas freguesias e nos menores arraiais e capelanias da diocese. O tribunal eclesiástico propiciava a atuação *ad correctionem*. Previa o uso de procedimentos de averiguação de infrações - como foram queixas, querelas, denúncias e devassas. Estes recursos eram dados a conhecer aos fiéis por meio de um trabalho de doutrinamento, a encargo dos párocos, em suas paróquias.

As paróquias, unidades fundamentais neste sistema de evangelização, fortaleciam a ação da justiça eclesiástica, que operava por meio de um trabalho religioso de orientação tridentina, no qual cabia ao agente religioso fazer-se presente na vida cotidiana dos fiéis, seja ele sacerdote ou os oficiais auxiliares do tribunal. O estímulo às denúncias consiste em um dos exemplos deste trabalho. Elas eram oferecidas durante as devassas gerais da visita, ou a qualquer tempo, aos agentes do tribunal eclesiástico. Elas alimentavam o sistema de evangelização tridentino, que estabelecia uma forte identificação entre a ação pastoral e os mecanismos da justiça eclesiástica.

Os usos destes mecanismos só fazem realçar a importância do amparo institucional oferecido pelas atividades paroquiais, para a efetivação do controle social. Nas paróquias, ocorria a disseminação das práticas religiosas fundamentais para a eficácia do sistema de evangelização tridentino: a *correctio fraterna*, a *compositio fraterna*, a *correctio charitativa*. Regulados pelas constituições diocesanas, estes ensinamentos configuravam uma concepção de evangelização ancorada em parâmetros punitivos e judiciais. Os decretos do Concílio de Trento estabeleceram canonicamente os métodos de ação considerados mais eficazes, para marcar presença junto aos fiéis. O rigor cerimonial reforçava o sentido de hierarquia e a formação de comunidades obedientes às orientações do seu Pastor. Este arcabouço doutrinal e persuasivo que envolveu a ação pastoral no século XVIII requeria habilidade em lidar com as sensibilidades, com a esperança da salvação, o temor da condenação junto às consciências coletivas.

Efetivamente, os mecanismos empregados pela hierarquia eclesiástica, em sua busca pelos pecadores públicos, evidenciam o enlace entre o trabalho de busca e a eficácia doutrinal; a vigilância, a persuasão e a coerção; e os usos dos mecanismos de fiscalização - as queixas, denúncias, e querelas. O corolário da organização eclesiástica que daí se verifica é a articulação, a busca da coesão: toda a perspectiva de ação da hierarquia eclesiástica deveria se escorar nas múltiplas responsabilidades dos párocos. Pelo cotidiano da paróquia é que mais se evidenciam os enlaces institucionais cuidadosamente estabelecidos entre o tribunal eclesiástico e a rede paroquial.

Por outro lado, releva observar o âmbito da recepção da mensagem religiosa. Se os procedimentos canônicos de investigação eclesiástica demonstram o alto grau de complexidade das atividades desenroladas nas sedes paroquiais, expõem, de outro lado, múltiplas facetas das relações travadas no seio das comunidades. Evidenciam, apropriações e reapropriações dos recursos institucionais disponíveis pelas pessoas leigas. Como mostram os autos judiciais, muitos agentes e usuários não prescindiram da instrumentalização das amizades e das práticas de vinganças nas comunidades religiosas. É importante considerar, neste âmbito, os diversos mecanismos de ação individual, anônima e coletiva nas comunidades, e os usos que faziam das instituições e dos seus recursos, na solução de conflitos, ou no atendimento às suas necessidades e demandas. Observem-se os livramentos de alguns sacerdotes, de cujas práticas se nota um respaldo social expresso em depoimentos, oriundo de suas boas relações com potentados, fazendeiros e funcionários públicos locais.

Entre as penalidades, assiste-se a uma predominância das de natureza espiritual e pecuniária, tendo em vista a limitação da autonomia do estado eclesiástico quanto à aplicação das punições temporais. A ação pastoral de inspiração tridentina revela, deste modo, uma grande afinidade com as práticas da justiça eclesiástica, especialmente no que toca à aplicação da correção. As prerrogativas episcopais representaram, para seus portadores legítimos, um espaço para circunscreverem uma atuação judicial. O mercado de bens simbólicos – bens de salvação – apresentado pelo agente religoso favorecia à estabilização e conclamava à ordem. De igual forma, auxiliava na inculcação de uma disciplina religiosa apregoada pelos agentes eclesiásticos.

Este esquema de ação pastoral era regulamentado por corpos legislativos específicos. As Constituições Primeiras do Arcebispado da Bahia fundamentavam a mensagem religiosa destinada aos leigos e também ao clero. Além do aspecto doutrinário, os sacerdotes deveriam se comprometer com a tarefa de procura do pecador público, de vigia do rebanho cristão. Muitos sacerdotes colados eram formados em Leis e Cânones pela Universidade de Coimbra. Não por acaso, pois, atuando junto aos leigos e conhecendo-os, os párocos se assemelhavam a proto-juízes: correspondiam-se com a sede, em vária documentação: sumários de testemunhas, admoestações e pareceres sobre queixas; também nos processos ordinários, nos quais recebiam mandados de comissão. A confecção dos róis de confessados pelos párocos era obrigatória; a negligência era passível de multas e censuras, deveria adestrá-los nesse conhecimento detalhado da vida social de seus aplicados. Assim, párocos e capelães emitiam certidões juradas, dotadas de fé pública, contendo informações sobre seus aplicados, seus meios de vida e costumes. Deveriam remeter os documentos selados, em segredo de justiça, atestando a idoneidade, ou a má conduta do investigado, ou as suas rendas. O vigário geral solicitava diligências dos párocos, coadjutores ou capelães, ou mesmo informações sobre algum réu; enviava mandados de absolvição para que absolvessem publicamente os excomungados reconciliados, mediante um público pedido de perdão, com toda a comunidade presente. À instância dos vigários da vara ou geral do bispado, o pároco poderia colaborar com a justiça eclesiástica. Os acontecimentos das paróquias e a movimentação processual do tribunal episcopal guardaram, assim, uma estreita relação. O pároco exercia o poder simbólico de mediador entre as pessoas e as instâncias judiciais.

Além destes aspectos presentes na doutrina e na norma eclesiástica, as relações do estado eclesiástico com a coroa e com os seus agentes eram determinantes da tranquilidade para exercerem o seu múnus nas partes da conquista. O que geralmente é referido como as relações entre a Igreja e o Estado, portanto, inclui o trabalho de agentes especializados, com objetivos bem definidos e orientados, no panorama institucional da colonização. Neste aspecto, das relações com a coroa, seria demarcada uma especificidade da atuação judiciária dos agentes da Igreja diocesana. Os teóricos regalistas defendiam o estabelecimento de limites para a coerção que legitimamente poderiam exercer os prelados sobre os vassalos. Ela deveria ser *ad correctionem*, tão-somente, pois somente o rei era o legítimo distribuidor da justiça, o defensor dos vassalos.

Esboçam-se, deste modo, as várias facetas da justiça colonial. O rei, conforme a doutrina da Razão de Estado, era o distribuidor da justiça, do bem comum, defensor da Igreja, vigário de Deus na terra. E o bispo, também "Príncipe Legislador" por faculdades apostólicas, exercia sua jurisdição em assuntos eclesiásticos e espirituais, submetido, porém ao soberano conforme as concordatas pontifícias e o padroado régio ultramarino. Este arranjo, sob a égide da colonização, vigorou por meio de um esquema de constante vigilância, com frequentes denúncias dos juízes da coroa a respeito de supostas investidas da mitra diocesana. Os juízes seculares eram orientados a controlar e a restringir o estado eclesiástico, de todos os modos, nos espaços de conquista. Não à toa, estudiosos expõem visões acerca de uma Igreja colonial engessada pelas circunstâncias cerceadoras do padroado régio ultramarino. Não é isso que a atividade do tribunal eclesiástico indica. Por outro lado, as investidas de defesa da jurisdição eclesiástica não deixam de ser ressaltadas pelos autores.

A mitra diocesana, os juízes eclesiásticos, os párocos e seus aplicados não são atores inertes, sem margem de ação naquele sistema. Ao contrário, esboçam diversificadas estratégias e distintos movimentos de afirmação jurisdicional e também pessoal. Estes atores representavam forças locais em pleno movimento, cuja influência preocupava a Coroa. A dinâmica desta ação demarcou várias esferas de intersecção entre o campo religioso e o campo do poder. Os eclesiásticos eram agentes da ordem; se não se opuseram às políticas metropolitanas e aos objetivos colonizadores, lograram, mediante o emprego da persuasão, da coerção, e variadas estratégias, demarcar um espaço específico de atuação da Igreja. Esta especificidade verifica-se nos casos reservados, nas composições amigáveis, nas queixas e declaratórias de excomunhão geral, nas infrações da alçada eclesiástica, nos casos de foro misto detectados por infâmia durante as visitas, nos livramentos judiciais de sacerdotes.

Com estes instrumentos, a hierarquia eclesiástica logrou demarcar uma linha de ação coativa e investigativa, sobre leigos e eclesiásticos do bispado. Esta linha de ação fica evidente, primeiro, mediante a aplicação das punições espirituais e pecuniárias; segundo, nos processos de busca de informações: queixas, denúncias e querelas. Além da complexidade que envolvia a aplicação, pela mitra, destes recursos jurídicos, sob as orientações metropolitanas e as demandas locais, devem ser verificadas, ainda, as variações no perfil dos bispos diocesanos. No caso da diocese de Mariana, Dom Frei Manuel da Cruz era mais afinado com a economia da salvação de matriz tridentina, fortaleceu os mecanismos da justiça eclesiástica: aplicou multas, monitórios, excomunhões e penitências públicas à exaustão. Dom Frei Domingos da Encarnação Pontevel, já identificava-se aos novos parâmetros da ilustração - mostrou-se mais propenso a obedecer ao rei que ao pontífice. Seus agentes delegados não mostravam o vigor de antes na procura dos públicos pecadores. Tampouco produziam arrazoados que exaltassem a necessidade da sua punição. Os pecadores públicos não deixaram de existir; as cartas de seguro, concedidas amplamente nesta última década da centúria, o evidenciam. O declínio da tendência de ação pastoral fortemente identificada com a justiça tendia a se acelerar, devido ao recrudescimento das tendências regalistas prefiguradas nas reformas pombalinas. Nota-se uma queda nos números de denúncias, excomunhões e sentenças criminais. Não obstante, nas últimas décadas da centúria, até os anos de 1790, é possível verificar um número significativo de querelas, queixas e monitórios entre as ocorrências do tribunal eclesiástico. Muito embora as sentenças criminais registrem queda livre. As poucas que ainda são aplicadas trazem um texto mais sucinto. As cartas de seguro apresentam maior número de registros no fim do século.

Estes valiosos registros do tribunal eclesiástico de Mariana apontam para uma realidade múltipla, que envolvia os fregueses, que expressavam suas reações e sua inteligência do sistema, a sua resistência, como leigos, em busca da melhor forma de sobrevivência cotidiana. Além da ação dos agentes oficiais, que não deixaram de entravar, mas, ao mesmo tempo, de procurar encampar a justiça eclesiástica e seus recursos. As queixas, querelas, denúncias e monitórios mostram usos múltiplos da prerrogativa de excomungar, e aquilatavam o peso e o impacto da ameaça de excomunhão no meio social - desde a comunidade de fiéis até os círculos mais altos do poder e da corte. Se a coroa recrudesce a sua tendência regalista que preconiza o direito exclusivo do soberano de exercer a força sobre os súditos, a mitra diocesana mantém forte a sua influência sobre as consciências do orbe cristão.

Na diocese e nas partes das colônias lusitanas, coroa e mitra diocesana punham em prática os seus mecanismos de ação, coerção e de territorialização. Violenta ou pacífica, ao longo do século XVIII configurou-se a luta social. Entrecruzavam-se, desta forma, feixes de forças centrípetas e centrífugas, nos espaços da colônia. Em sua complexa prática, e as variações de direção, o tribunal eclesiástico atuava como um efervescente cadinho de recursos e mecanismos de controle social que mostrou-se mais eficaz em coagir do que propriamente em punir.

# Anexos

## ANEXO 1 - GLOSSÁRIO

***Al.***: Abreviatura de aliud (palavra usada nas nossas leis) quer dizer mais, ou tudo o mais, ou alguma coisa. Veja-se Ord. Liv. 1, Tít. 88, § 10.

**Aljube**: cárcere para os presos do juízo eclesiástico. Não eram, bem entendido, propriamente prisões de clérigos.

**Alta traição**, ou **Lesa-Majestade**: é o crime dos que atentam contra a soberania do Estado.

**Altar (Pé-de-Altar)**: se diz a administração dos Sacramentos, as Missas e os outros Ofícios porque se dá esmolas aos Curas.

**Alvará de perdão**: Perdão e arquivamento concedido a título gracioso pelo excelentíssimo bispo diocesano. Os poucos alvarás de perdão localizados, com imposição de segredo, diziam respeito aos delitos de sacerdotes.

**Apresentar testemunhas**: é trazê-las à presença do juiz ou inquiridor para serem perguntadas.

**Ara (pedra de)**: Pedra de Ara é uma pedra benta que se põe nos altares sobre a qual se põe o Cálice e a Hóstia consagrada; altar em que os sacerdotes realizam o sacrifício eucarístico.

**Avocatório**: é a carta, ou mandado que passa um Juiz para vir a seu Juízo a causa que corre em outro diverso e cujo conhecimento lhe pertence.

**Auto**: significa o instrumento público que certifica a existência e qualidades de algum ato judicial (...) Auto vem a ser o mesmo que processo. (...) Autos sobem os próprios para o Juízo Superior por apelação ou agravo ordinário ficando o traslado no inferior. Alvará de

18 de agosto de 1747; e sem treslado os de casos de recurso dos Juízes Eclesiásticos para a Coroa. Assento de 20 de maio de 1783.

**Autuação:** é o auto porque começa o processo o qual contém a apresentação da primeira peça dele para ter depois a sua continuação.

**Autuar** quer dizer fazer autos, reduzir a escrito em Juízo algum dito ou fato. Assim se diz autuado o réu a quem se abre culpa.

**Benefício** é o Ofício Eclesiástico a que está anexo o direito de gozar o clérigo a que nele é provido durante a sua vida a renda de certos bens consagrados a Deus. (...) Os benefícios são seculares, ou regulares, aqueles são os que pertencem a Eclesiásticos não professos por votos em alguma Ordem Religiosa; e estes são os que não podem ser possuídos senão pelos Religiosos. Da natureza daqueles são os Bispados as Dignidades, os Cabidos, os Canonicatos, como também os Priorados, Vigararias Perpétuas e as Capelas. Da natureza dos benefícios regulares são as Abadias, e os Ofícios claustrais, que tem uma renda anexa.

**Benesses:** são o emolumento que tem os curas e vigários de pé de altar além dos dízimos ou côngruas.

**Camarariamente** (Livramento): quer dizer livrar-se por intermédio de um conselho particular.

**Carocha:** mitra de papel com pinturas que se põem para impor ignomínia a alguns.

**Carta Citatória:** é aquela por que se manda citar alguém fora do distrito.

**Carta de Guia:** é o mesmo que salvo conducto, ou passaporte que se dá às pessoas que devem passar de um lugar para o outro a cumprir o seu destino.

**Carta de seguro:** é a promessa judicial pela qual o réu debaixo de certas condições se exime da prisão até a decisão final da causa. Cartas de seguro não se concedem pelo crime de defloração; pelos crimes militares dos soldados, não assim pelos crimes civis; pelos crimes de papéis falsos; pelos crimes de almotaceria; pelos crimes de contrabando de tabaco; de travessia de pão; de palha; de cerceamento da moeda; de não recuar carruagem, vender escusas de soldados; de uso de armas curtas; de crimes resultantes de Devassas. As Cartas de seguro em caso de morte só se concedem em Relação por seis desembargadores. (...) Sendo negadas não se concedem mais. Em crimes de erros de ofício passa as cartas de seguro o Juiz da Chancelaria. O Juiz do Fisco as passa nos casos da sua competência. Em crimes de Fazenda o Juiz dos Feitos da Fazenda em Relação, sendo confessativas com defesa ou negativa coartada; a negativa absoluta a passa o Corregedor dos Crimes da Corte. (...) Carta Judicial se chamava algum dia a Carta de Seguro.

**Carta Rogatória:** é a que se passa pela Relação aos Juízes Eclesiásticos em casos de Recurso para que desistam da violência. Elas são verdadeira Sentença.

**Castigo:** este termo compreende todos os meios de severidade permitidos aos Chefes das Sociedades Particulares que não tem o direito da vida, e da morte; e se empregam, ou para expiar erros cometidos pelos Membros da Sociedade, ou para os reconduzir a seu dever e os conter neles.

**Censura:** toma-se por uma repreensão feita por Superior Legítimo. Toma-se também pela ameaça pública de infligir a alguém grandes penas canônicas. Censuras eclesiásticas são as penas espirituais de que a Igreja faz uso para punir os fiéis que se fazem culpáveis de algum erro grave e escandaloso. Distinguem-se três espécies de censuras: Excomunhão, Interdito, Suspensão.

**Comutar** (pena): alterar ou moderar a pena, conforme o mérito do pedido de clemência apresentado pela parte.

**E. R. M:** abreviatura de "Espera receber mercê", expressão conclusiva e costumeira de um requerimento, apelando para um despacho positivo.

**Fuão, fuam:** contração de fulano (metaplasmo de diminuição: síncope).

**Libelo:** é uma exposição breve e distinta por artigos, por escrito, do que o Autor demanda do Réu, podendo referir-se a feitos criminais ou cíveis.

**Livramento:** decisão, acórdão, resolução. Ord. Afonsinas Liv.1, Tít. 5, § 15.

**Livrar:** defender; também quer dizer escapar.

**Loba:** com o sentido de batina, túnica.

**Monitório:** Letras de um Juiz Eclesiástico pelas quais se intima aos fiéis que venham, debaixo de excomunhão, declarar o que sabem dos fatos que se contém nessas Letras. Começaram a usar-se os Monitórios na Igreja desde que o papa Alexandre III decidiu, no ano de 1170, que se podia constranger por censura aqueles que recusassem testemunhar em algum negócio. Os monitórios se publicam no púlpito.

**Precito:** condenado, réprobo, sentenciado.

**Prelazia:** disignação dada a uma circunscrição eclesiástica em formação, privada de algumas condições para se tornar uma diocese. Aparece muito em regiões de missão.

**Processo sumário:** era a ação judicial breve, que dispensava a solene ordem judicial, presente nas causas ordinárias, nas quais se deveria proceder conforme a norma processual, em que se requer libelo, contestação da lide, conclusão na causa, publicação de processo e outras solenidades de direito, inclusive réplica e tréplica.

**Procurador da Mitra:** o responsável pelos bens patrimoniais e pela economia do bispado.

**Protonotário:** 1º secretário. Dignidade do Cabido para o Cônego incumbido da escrituração, dos registros, atas, correspondência etc.

**Província Eclesiástica:** circunscrição que compreende um grupo de dioceses, entre as quais a mais importante (arquidiocese que é a sede da província) se chama metropolita e as demais, que lhe são sujeitas, são ditas sufragâneas.

**Provisão:** Documento expedido pela Cúria e assinado pelo Bispo (ou seu delegado), conferindo a uma pessoa (clérigo ou leigo), algum ofício ou benefício eclesiástico. Equivale a uma nomeação.

**Provisor e Juiz das Justificações:** O responsável pelos processos *de genere et moribus*, dos candidatos às ordens sacras.

**Querela:** denúncia criminal levada ao tribunal eclesiástico contra um sacerdote.

**Rol:** apontamento de nomes de pessoas, de coisas etc.

**Transitar em julgado:** aquele período de tempo regulamentar que medeia entre a sentença ditada pelo juiz (*res judicata*) e o começo da vigência desta sentença.

**Tribunal:** Sede ou personificação do Poder Judiciário, exercido no passado, em grande escala, pela Igreja também, mesmo sobre situações hoje afetas ao tribunal civil.

**Vigário Capitular:** aquele que era eleito pelo Capítulo dos Cônegos para assumir temporariamente uma diocese vaga, até que fosse eleito novo Bispo.

**Vigário Ecônomo:** o eclesiástico que regia um paróquia de forma provisória, não exclusiva ou sem residência in loco. Antes, era também dito "substituto" e hoje qualificado como "administrador paroquial".

**Vigário Encarregado:** o pároco que, além de sua própria freguesia, se encarregava interinamente da direção de uma outra, vizinha da sua.

**Vigário Forâneo:** pároco ou sacerdote distinguido pelo bispo com uma autoridade maior sobre seus pares, dentro de uma circunscrição, chamada de forania, câmara ou vara eclesiástica. Substitui aí eventualmente o bispo.

**Vigário geral:** Preside a Cúria, onde despacha com poderes delegados pelo Bispo.

**Vigário Paroquial:** o que auxilia um pároco na condução e serviço da paróquia. Chamado antes como coadjutor ou vigário cooperador.

**Visita *Ad Limina*:** encontro pessoal (ou por procurador) e periódico (de cinco em cinco anos) dos Bispos com o Santo padre, quando então os Bispos dão contas de sua administração nas dioceses e rendem homenagem de obediência ao Papa.

**Vista:** reexame de um documento ou de auto dos processos.

## Expressões Latinas

*Ipso Facto*: pelo mesmo fato. Imediatamente. Automaticamente.

*Ipso Jure*: pelo próprio direito; em decorrência do que prescreve a própria lei.

## Fontes

BLUTEAU, Raphael. (Pe) *Vocabulário Portuguez e latino* (...) Coimbra: Real Colégio das Artes, 1720.

PEREIRA E SOUSA, Joaquim José Caetano. *Esboço de um dicionário jurídico, teorético e prático remissivo às leis, compiladas e extravagantes. Obra póstuma.* Lisboa: Tipografia Rolandiana, 1825. 4 t.

RODRIGUES, Flávio Carneiro. (Mons.) *Glossário de Arquivo*. Mariana: Departamento de Letras do Instituto de Ciências Humanas e Sociais da Universidade Federal de Ouro, 1995.

# ANEXO 2: TABELA 4

| Pecados reservados à Santa Sé pela Bula da Ceia do Senhor – Paulo IV |
|---|
| 1. Hereges, cismáticos e impressores de seus livros. |
| 2. Corsários e ladrões do mar e quem os favorece. |
| 3. Quem impõe novos tributos ou leva tributos defesos. |
| 4. Falsários de letras apostólicas de graça ou de justiça. |
| 5. Os que levam às terras dos infiéis, armas, instrumentos de guerra e utilidade. |
| 6. Os que impedem de levar mantimentos e coisas necessárias à Corte de Roma. |
| 7. Os que fazem ofensa aos que vão ou vêm de Roma e nela vivem e peregrinos e romeiros. |
| 8. Os que põem mãos nos prelados e os encarceram, ou mandam fazê-lo. |
| 9. Os que impedem a alguém de recorrer à Santa Sé. |
| 10. Os que se intrometem a julgar causas eclesiásticas. |
| 11. Os que atentam contra as liberdades da Igreja do papa e da Sé Apostólica, fazendo estatutos e nomeações. |
| 12. Os juízes eclesiásticos que avocam causas espirituais dos juízes apostólicos. E aos que por autoridade secular impedem a execução de mandados apostólicos. |
| 13. Aos que ocupam ou destroem terras da Santa Sé. |

Fonte: SUMA BREVE dos casos reservados do Arcebispado de Braga. Pelo Douto Manuel de Barros e Costa Abade de S. Cipriano da Refontoura do dito Arcebispado, natural da cidade de Braga das Hespanhas e Primaz etc. Oferecidos à Virgem Senhora da Conceição segunda vez, e acrescentado com o aviso e exame dos confessores. Coimbra: com as licenças necessárias na Oficina de Joseph Ferreira, Impressor da Universidade, ano 1681, p. 57-9.

# ANEXO 3 - TABELA 5

## PECADOS RESERVADOS EM QUATRO DAS DIOCESES PORTUGUESAS

| LISBOA 1674 (16 CASOS) | BRAGA 1681 (14 CASOS) | ELVAS 1634 (16 CASOS) | ALGARVE 1674 (15 CASOS) |
|---|---|---|---|
| 1. Heresia | 1. Heresia | 1. Blasfêmia pública. | 1. Heresia |
| 2. Blasfémia pública | 2. Blasfémia pública | 2. Juramento falso | 2. Blasfêmia pública. |
| 3. Feitiçaria | 3. Feitiçaria | 3. Enterrar em sagrado o público excomungado. | 3. Feitiçaria |
| 4. Invocação do demônio | 4. Homicídio voluntário | 4. Defraudar dízimos acima de dois tostões | 4. Homicídio voluntário |
| 5. Homicídio | 5. Incêndio | 5. Homicídio voluntário. | 5. Incêndio proposital, antes que seja denunciado. |
| 6. Incêndio proposital | 6. Sacrilégio | 6. Aborto | 6. Sacrilégio |
| 7. Sacrilégio, esp. Mãos violentas em clérigos | 7. Excomunhão | 7. Simonia. | 7. Excomunhão maior |
| 8. Excomunhão Maior posta por Direito ou por homem | 8. Reter o alheio cujo dono se não sabe | 8. Incêndio proposital | 8. Reter o alheio, cujo dono se não sabe, acima de 400 réis. |
| 9. Juramento falso | 9. Matrimônio clandestino | 9. Falsários | 9. Dízimos não pagos, acima de 400 réis. |
| 10. Dízimos não pagos acima de 200 réis | 10. Comutação de votos | 10. Feiticeiros ou feiticeiras | 10. Os que se não confessam na Quaresma |
| 11. Reter o alheio cujo dono se não sabe acima de 500 réis | 11. Mãos violentas em clérigos | 11. Sacrilégios | 11. Casamentos clandestinos e testemunhos |
| 12. Casamentos clandestinos | 12. Receber ordens com falsificações | 12. Quebrar o sigilo da confissão. | 12. Mãos violentas em clérigos |
| 13. Ordenar sem patrimônio ou benefício ou com documentos falsos | 13. Testemunho falso | 13. A excomunhão maior *ab jure vel ab homine*, não reservada a outrem. | 13. O que se ordenou por falto ou com licença falsa. |

| 14. Fazer ou usar escritura falsa | 14. Dízimos não pagos à Igreja que passem de um tostão | 14. Reter o alheio acima de quantia de dois mil réis cujo dono se não sabe. | 14. Comutação de votos. |
|---|---|---|---|
| 15. Quebra do sigilo confessional | XXXX | 15. Mãos violentas em clérigos de ordens sacras ou menores. | 15. Testemunho falso em atos ou juízo |
| 16. Solicitação, de conhecimento privativo do S. Ofício | XXXX | 16. Ordenar-se com patrimônio fingido por falto, ou com dimissória ou reverenda falsa | XXXX |

Fonte: CONSTITUIÇÕES sinodais do Bispado do Algarve novamente feitas e ordenadas pelo Ilustríssimo e Reverendíssmo Senhor Dom Francisco Barreto, segundo deste nome, Bispo do Reino do Algarve, e do Conselho de Sua Alteza, publicadas em Sinodo diecesano, que celebrou em a See da Cidade de Faro em 22 de Janeiro de 1673. Com todas as licenças necessárias. Évora: Impressão da Universidade. Ano de 1674. Cap. LXVI: Que os bispos podem reservar alguns pecados em seus bispados: quais são neste nosso os reservados (...), p. 143-44.

PRIMEIRAS constituições sinodais do bispado de Elvas feitas e ordenadas pelo Illmo. e Revmo. Senhor Dom Sebastião de Matos de Noronha, 5° Bispo d'Elvas & do Conselho de Sua Majestade. Lisboa. Sínodo realizado entre 1633-34. Tít. VI. Do sacramento da Confissão. § 20, p. 28. Casos a nós reservados.

CONSTITUIÇÕES sinodais do Arcebispado de Lisboa novamente feitas no sínodo diocesano, que celebrou na Sé Metropolitana de Lisboa o Ilustríssimo e Reverendíssmo Senhor Dom Rodrigo da Cunha, Arcebispo da mesma cidade, do Conselho de Estado de Sua Majestade em os 30 dias de maio de 1640. Concordadas com o Sagrado Concílio Tridentino, e com o Direito Canônico, e com as Constituições Antigas, e Extravagantes primeiras, e segundas deste Arcebispado. Ano: 1656. Acabadas de imprimir e publicadas por mandado dos muito Revdos. Srs. Deão, & Cabido da Santa Sé de Lisboa, Sede Vacante, no ano de 1656. Em Lisboa: com todas as licenças necessárias. Na oficina de Paulo Craesbeeck. Taxado em oitocentos réis em papel.

EXCOMUNHÃO E ECONOMIA DA SALVAÇÃO

SUMA BREVE dos casos reservados do Arcebispado de Braga. Pelo Douto Manuel de Barros e Costa Abade de S. Cipriano da Refontoura do dito Arcebispado, natural da cidade de Braga das Hespanhas e Primaz etc. Oferecidos à Virgem Senhora da Conceição segunda vez, e acrescentado com o aviso e exame dos confessores. Coimbra: com as licenças necessárias na Oficina de Joseph Ferreira, Impressor da Universidade, ano 1681.

# ANEXO 4 - TABELA 6

## OS PECADOS RESERVADOS NA ARQUIDIOCESE DA BAHIA E NA DIOCESE DE MARIANA - SÉCULO XVIII

| Arquidiocese da Bahia - 1719 | Diocese de Mariana |
|---|---|
| 1. Homicídio voluntário | 1. *Idem* |
| 2. Feitiçaria | 2. *Idem* |
| 3. Furtar algo da Igreja acima de um marco de prata. | 3. *Idem* |
| 4. Jurar falso, mesmo sem prejuízo de outrem | 4. *Idem* |
| 5. Aconselhar ou procurar aborto | 5. *Idem* |
| 6. Incêndio proposital | 6. *Idem* |
| 7. Dízimos não pagos, acima de 400 réis. | 7. *Idem* |
| 8. Reter o alheio cujo dono se não sabe acima de 10 tostões. | 8. *Idem* |
| 9. Excomunhão Maior posta por Direito ou por homem*** | 9. *Idem* |
| XXXX | 10. Desencaminhar ouro, ou concorrer, com ajuda, conselho e favor |

**Fonte:** PRIMEIRAS Constituições sinodais do Arcebispado da Bahia feitas e ordenadas pelo Ilustríssimo e Reverendíssimo Senhor Dom Sebastião Monteiro da Vide, 5º Arcebispo da Bahia, do Conselho de Sua Majestade. Propostas e aceitas em o Sínodo Diocesano, que o Dito Senhor celebrou em 12 de junho do ano de 1707. Coimbra: no Real Colégio das Artes da Companhia de Jesus, 1720. Com todas as licenças necessárias. Liv. 1, tít. 44, n. 177. Dos Casos Reservados, p. 81; Liv. 5, tít. 52, n. 1160.

Carta para o Ilustríssimo e Excelentíssimo Senhor Gomes Freire de Andrade, governador e capitão-general destas Minas e Rio de Janeiro, de 24 de janeiro de 1752. In: COPIADOR de Algumas Cartas Particulares de Dom frei Manuel da Cruz. Brasília: Editora do Senado; Mariana: Gráfica e Editora Dom Viçoso, fl. 139-139v.

Arquivo Eclesiástico da Arquidiocese de Mariana. (AEAM). Seção de Livros paroquiais. Prateleira W, Códice 41. "Pastoral pela qual Vossa Excelência Reverendíssima declara que as pessoas que desencaminharem ouro para fora destas Minas forem causa da Derrama Geral pelos povos delas não só pecam mortalmente, mas ficam com a obrigação de restituírem à República os danos que lhe causarem" - 12/03/1752, fls. 9-9v; Prateleira H, Códice 14 de Visitas e Fábrica (1727-

1831). Pastoral de Dom Frei Manuel da Cruz que torna de perdão reservado o crime de desencaminho do ouro destas Minas. Dada em 9 de setembro de 1753, fl.63v-64; Livro de disposições pastorais W-3, 1727 a 1853, fl. 14. Sobre os casos de perdão reservado da diocese de Mariana.

# ANEXO 5

## EX-ALUNOS DA UNIVERSIDADE DE COIMBRA ATUANTES EM MINAS GERAIS – SÉCULO XVIII

1.  Alexandre Nunes Cardoso
2.  Antônio Amaro de Souza Coutinho (Pe.)
3.  Antônio Freire da Paz
4.  Amaro Gomes de Oliveira
5.  Caetano da Costa Matoso
6.  Caetano Furtado de Mendonça
7.  Cláudio Manuel da Costa
8.  Francisco Ângelo Leitão
9.  Francisco Ribeiro da Silva
10. Francisco Xavier da Rua
11. Geraldo José de Abranches
12. Gonçalo de Souza Falcão
13. Inácio Correia de Sá
14. Ignácio José de Alvarenga Peixoto
15. Inácio de Sousa Ferreira
16. João de Souza Barradas
17. João Martins Cabrita
18. Jorge de Abreu Castelo-Branco
19. José Botelho Borges (vários homônimos)
20. José Justino de Oliveira Gondim
21. José Pereira Ribeiro
22. José dos Santos (vários homônimos)
23. Lourenço de Queirós Coimbra
24. Manuel Cardoso (Frazão Castelo-Branco)
25. Manuel da Cruz (dom frei)
26. Manuel da Rosa Coutinho
27. Manuel Ribeiro Soares
28. Silvério Teixeira
29. Simplício de Moraes Henriques
30. Tomás Antônio Gonzaga
31. Tomás Robim de Barros Barreto
32. Teodoro Ferreira Jácome
33. Vicente Gonçalves Jorge Almeida

# ANEXO 6 – TABELA 7

## O CABIDO E O TRIBUNAL ECLESIÁSTICO DE MARIANA NO SÉCULO XVIII

| CÔNEGO/POSSE | CARGOS | FORMAÇÃO | FILIAÇÃO/NATURALI-DADE |
|---|---|---|---|
| 1a Dignidade, Arcediago Geraldo José de Abranches. (07-12-1748-1787) | VG (16-12-1748-1752); CSO. | Cânones – U. C | Filho de Antônio Martins da Costa; natural de Vila Cova de Sub-Avô. (– morto em 1787) |
| 2a Dignidade, Arcipreste José de Andrade Moraes. (07-12-1748-1751) | PRM (04-03-1748), PRV e juiz das Justificações *De Genere* (16-12-1748). | Cânones – U. C | Francisco Fernando de Andrade; Miranda do Douro. |
| 3a Dignidade, Chantre Alexandre Nunes Cardoso. (07-12-1748-03-10-1764) | (VC– 4-01-1764 a 10-10-1764); ESCR/Câmara, ESCR/Reg.Geral e INQ. – 09-01-1764) | Cânones – U. C Conclusão de 1718 para 1719 | Antônio Nunes da Costa e Maria Cardoso; Verride, bispado de Coimbra. (–morto em 10-10-1764) |
| 4a Dinidade, Tesoureiro--Mor João de Campos Lopes Torres. (07-12-1748-) | | Cânones – U. C | (–morto em 13-04-1757) |
| Côn. Doutoral João Martins Cabrita. (1748-1751) | PRM (07-12-1748-1752) | Cânones – U. C: 1740-1745. | João Martins Cabrita. Natural de Pêra, Bispado do Algarve. |
| Côn. Magistral João Rodrigues Cordeiro (07-12-1748-) | ESCR/Cont. | Cânones – U. C | Miguel Rodrigues Santarém, de Pastor. Natural da freguesia de Santa Eufêmia Termo de Penela, Bispado de Coimbra. |
| Côn. Penitenciário Simão Caetano de Moraes Barreto. (07-12-1748 a 28-08-1752) | | | João Gomes Barreto. Natural da Bahia. (–morto em 1792) |

| | | | |
|---|---|---|---|
| Manuel Ribeiro Soares, C. O. de Cristo. (07-12-1748-02-07-1752) | | Mestre em Artes. | Filho de Francisco Jordão e Ana Ribeiro. Natural da Quinta da Cerdeira, Freguesia de São Sebastião do Touro, Termo de Vila Cova e Coelheira, Bispado do Lamego. (- morto em 15-04-1785) |
| Vicente Gonçalves Jorge de Almeida. (07-12-1748-) | Secretário do bispado (1748-64); (VC e ESCR/Serro do Frio 5-08-1769 a 03-02-1772); VG e PRV (ca 1781-83); GD | Mestre em Artes. | (-morto em 1790) |
| Antônio Freire da Paz. (07-12-1748-1787) | Escrivão - R. Mortes | | Natural de Constantina, Freguesia de Ancião, Porto. (- morto em 1787) |
| Francisco Ribeiro da Silva. (07-12-1748 a 13-08-1778) | (CONT, DISTR. TES.- 01-03-1748); Visitador Geral (07-12-1764-) | | Natural de Santa Comba de Regilde; (1701-13-08-1778) |
| Francisco Xavier da Silva. (07-12-1748-) | | U. C Cânones. 06/06/1733, formatura 22/05/1734. | Filho de Pascoal da Silva. Natural de Lisboa. (- morto em 23-04-1775) |
| Francisco Gomes de Sousa (07-12-1748-). | ESCR/Sabará | | Filho de Alexandre Gomes de Sousa e Ana da Encarnação. Natural da Bahia. (-morto em 4/7/1780) |

| | | | |
|---|---|---|---|
| Cônego Domingos Fernandes de Barros; Padre Cura da Catedral da Sé de Mariana. (07-12-1748-1795) | | | |
| Amaro Gomes de Oliveira. (11-05-1752-23-07-1758) | VV - Sabará e V. Rica; (PRV - 12-05-1752 a 23-07-1758.) PRV (12/05/1752 a 23/07/1758) | U. C/Cânones 19/11/1718 a 01/10/1723. | José Gomes Barreto. Natural da Bahia. |
| José dos Santos. (05-10-1753- c.a 1763) | (VG - 16-05-1752 a 14-07-1756) | | |
| José Botelho Borges. (Cônego em 14-04-1793) | (VG 07-04-1767) PRV. | U. C/Cânones | (- morto em 01/08/1795) |
| Teodoro Ferreira Jácome (13-03-1759 a 28-12-1766) | PRM (c.a de 1756), (VG 13-01-1761 a 03-01-1764; 18-10-1764-), CSO e GD (03-08-1763). | | (- morto a 28-12-1766) |
| Luís Manuel Menezes Mascarenhas, (3º Arcipreste do Cabido em 22-10-1772-1792) | | U. C. Cânones. 01/10/1750 a 01/10/1753. | Manuel Dias de Meneses, natural das Minas de São João del Rei. ( - morto em 1792) |
| João Ferreira Soares (30-08-1788 a 08-09-1820) | PRM/Mariana | U. C. Cânones. | |
| Antônio Álvares Ferreira Rodrigues (2º arcipreste em 1787-1816) | | | |
| Côn. Doutoral Inácio Correia de Sá. (13-03-1759-1782) | VG e PRV (1764), (VC em 09-03-1764), CSO e GD. | U. C. Cânones 01/10/1728 a 01/10/1734. | João Moreira de Figueiredo e Mariana de Sampaio e Sá. Natural de Santa Marinha de Paradela. (- morto em 21-06-1782) |

| | | | |
|---|---|---|---|
| João Paulo de Freitas. (15-02-1779 a 09-06-1803) | | | Martinho de Freitas Guimarães e Francisca Teresa de Jesus. Natural de Mariana. (-morto em 09-06-1803) |
| Francisco Pereira de Sta. Apolônia (07-01-1780) | VG interino; VG titular. | Seminário de Mariana, Rio de Janeiro e Coimbra (Direito Canônico). | Filho de Apolinário Pereira e Luisa Maria Rosa. Natural de Carijós (08-04-1743- morto em 10-07-1831) |
| Joaquim Cardoso de Camargo (08-01-1780 a 09-10-1787) | | | Luís Manuel Cardoso e Catarina da Silva Camargo. Natural de N. Sra. Monteserrate de Cotia, bispado de São Paulo. (– morto em 09-10-1787) |
| João Lourenço Feital (25-01-1780-1787) | | | Domingos Lourenço Aldeia e Luisa Domingues. Natural de S. Pedro de Gondarém. |
| Antônio Amaro de Sousa Coutinho. (Cônego - 06-02-1780) | VV/V. Rica; VG; PRV (1752); VV S. Frio. | U. C. Cânones, de 29/01/1752 a 1755 para 1756. | Tomé de Souza Coutinho. Natural de Mariana. |
| Luís Vieira da Silva. (Cônego - 25-03-1783 - ?) | | Filosofia - Seminário N. Sra. B. Morte de Mariana/MG. Teologia - Colégio dos Jesuítas de São Paulo. | Filho de Luís Vieira Passos e Josefa Maria do Espírito Santo. Natural de Lobo Leite, freguesia de Ouro Branco, Termo de Vila Rica. |
| Jacinto Ferreira dos Santos. (08-06-1787 a 26-12-1813) | | Seminário N. Sra. B. Morte de Mariana/MG. | João Rodrigues dos Santos e Maria Ferreira da Anunciação. Natural de Guarapiranga |

| | | U. C. Teologia. | Natural de S. J. Del Rei. |
|---|---|---|---|
| Antônio Álvares Ferreira Rodrigues (2º Arcediago –12–09–1787–1816) | | U. C. Teologia. | Natural de S. J. Del Rei. (– morto em 13–07–1816) |
| João Ferreira Soares (31–08–1788–) | PRM (ca 1781). | U. C. Cânones. | Agostinho Ferreira da Costa e Antônia Soares Teixeira. Natural de Casa Branca (Glaura), Ouro Preto. (– morto em 08–09–1820) |
| Manuel Cardoso Frazão Castel-Branco. (Arcipreste – c.a de 1756–1772) | VV– de Vila Rica (VG – 14–07–1756–1761) | U. C. Cânones: 16/11/1739 a 16/11/1742. | Natural de Castelo Branco. |
| José Alexandre de Sousa Gurgel do Amaral (Arcipreste em 12–03–1793–1795). | PRV; VG | | Natural do Rio de Janeiro. (morto em 1795). |
| Dr. Inácio de Sousa Ferreira. (Cônego em 1793 a 19–03–1812) | VV/V. Rica. VG | U. C. Cânones, de 29/11/1756 a 01/10/1760. | Filho de Manuel de Sousa Ferreira e Luzia Rosa da Silveira. Natural de Sumidouro/ Mariana. (– morto em 19–03–1812) |
| Dr. João Luís de Sousa Saião (21–12–1792–1820) | | Bel. Direito Canônico. | Natural de Vila Rica. |

Abreviaturas: VG – Vigário geral; VC – Vigário Capitular; PRV – Provisor; PRM – Promotor/Procurador da Mitra; JJDG – Juiz das Justificações De Genere et Moribus; GD – Governador Diocesano; ESCR/Cont – Escrivão do Contencioso; VIS – Visitador Geral; ESCR/Câm. – Escrivão da Câmara Eclesiástica; ESCR/Câm – Escrivão da Câmara; ESCR/Reg. Geral – Escrivão do Registro Geral; INQ. – Inquiridor; CONT – contador, DISTR. – distribuidor. TES. – tesoureiro.

Fontes: AUC. Seção Universidade. *Matrículas; Livro de Informações Gerais 1732-1770.* Cota: depósito IV. Secção 1ª D, Estante 2, Tabela 1, n. 53; Série Ordenações Sacerdotais. D. G., V. M. de 1719 - P. 1723. Caixa 113, D III - S. 1ª E - E. 3 - T. 3. n. 3.

BOSCHI, Caio César. *O Cabido da Sé de Mariana (1745-1820).* Belo Horizonte: Fundação João Pinheiro | Editora PUC Minas, 2011, p. 45-48. (Coleção Mineiriana: Série Obras de Referência).

TRINDADE, Raimundo. (Côn.) *Arquidiocese de Mariana: subsídios para sua História,* 2ª ed., 1955, p. 289-345.

# ANEXO 7 - TABELA 8

| Vigários gerais do Juízo Geral da Sede (1748 e 1793)[1] | | | | |
|---|---|---|---|---|
| PERÍODO NO TRIBUNAL | NOME/NATURALIDADE | FORMAÇÃO | CARGO NO TRIBUNAL | NASC./FILIA-ÇÃO |
| Março de 1748 a 17-12-1748 | Lourenço José de Queiroz Coimbra. (Amarante, Portugal) | U. C - Cânones: 01/10/1719 a 01/10/1726. | VG. | João de Queirós Coimbra, natural do Amarante. |
| 16-12-1748 a 1752. | Dr. Geraldo José de Abranches. (Vila Cova de Sub-avô, Portugal) | U. C - Cânones: 01/10/1731 a 01/10/1737. | VG; CSO. | Antônio Martins da Costa. |
| 16-05-1752 a 14-07-1756. | Dr. José dos Santos.[2] | | VG; Cônego penitenciário; Visitador Geral. | |
| 14-07-1756 a 03-01-1761. | Dr. Manuel Cardoso Frazão (C. Branco, Portugal) | U. C - Cânones: 01/10/1734 a 01/10/1739. | VG. | |
| Ca.1759 | Dr. Inácio Corrêa de Sá | U. C - Cânones: 01/10/1728 a 01/10/1734. | VG (A substituir o Dr. M. C. Frazão); CSO. | João Moreira de Figueiredo e Mariana de Sampaio e Sá. Natural de Santa Marinha de Paradela, Portugal. (morto em 21-06-1782) |
| Ca.1756; 03-01-1761 a 03-01-1764. 18/10/1764 03/08/1763 a 28/12/1766 | Dr. Teodoro Ferreira Jácome | U. C - Cânones: 01/10/1732 a 24/10/1746. | CSO/PRM; VG; GD. | Mateus Ferreira Jácome. Natural de Figueira da Foz, bispado de Coimbra. |

| | | | | |
|---|---|---|---|---|
| 04-10-1764 a 18-10-1764. | Dr. Ignácio Correia de Sá | U. C - Cânones: 01/10/1728 a 01/10/1734. | VG, PRV e CSO. | João Moreira de Figueiredo. |
| 07-04-1767 a 1772. | Côn. José Botelho Borges | U. C - Cânones. | VG. | |
| 1772-1774 | Côn. Francisco Xavier da Rua (Alverca) | U. C. 1743-1750. Bacharel em Leis 21/06/1749. | GD | Filho de António da Rua |
| 1774. | Francisco Pereira de Santa Apolônia | Colégio dos Osórios, Sumi-douro. | VG Interino diversos períodos. | |
| 1776; | José Justino de Oliveira Gondim. | | VG e PRV | |
| 1777 | Francisco Pereira de Santa Apolônia | | PRV e VG Interino, impedimento do Dr. J. J. Gondim. | |
| 1778 | Dr. Inácio Corrêa de Sá | | Côn. Doutoral, PRV, VG e GD | |
| 24-05-1778 a 12-12-1785 | José Justino de Oliveira Gondim. | | VG e PRV | |
| Ca. 23-4-1784 | Dr. Vicente Gonçalves Jorge de Almeida. | | VG | |
| Ca de 2-7-1784. | Dr. Francisco Pereira de Santa Apolônia. | Colégio dos Osórios, Sumi-douro | VG | |
| 1792 | Dr. Ignacio de Sousa Ferreira. (Mariana) | U. C. Cânones, de 29/11/1756 a 01/10/1760. | VG | Manuel de Sousa Ferreira |
| 22-07-1793 | Côn. J. Botelho Borges | U. C - Cânones | VG. | |
| 13-8-1795. | Antônio Amaro de Sousa Coutinho. | Faculdade: Cânones. 29/01/1752, a 01/10/1754. | VG e PRV | Tomé de Souza Coutinho, de Mariana. |

**Abreviaturas:** CSO: Comissário do Santo Ofício; VG. Vigário Geral; PRM: Procurador da Mitra; G.D: Governador Diocesano; PRV: Provisor; U.C: Universidade de Coimbra

## ANEXO 8

### TRANSCRIÇÃO DE UMA RARA QUEIXA PAULINA AO PONTÍFICE BENTO XIV

Ano 1747.

Local: Rio de Janeiro.

Assunto: Intervenção pontifícia em favor de Maria dos Santos Ferreira, vítima de furto no Rio de Janeiro.

Tradução. Saibam todos em toda a parte manifestamente seja-lhes notório que no ano do nascim.to de N. S. J. C. de 1747 e no dia 22 de setembro, no 8º ano do pontificado de N. SS. Padre Benedito, por mercê de Deus, papa 14º = eu, oficial deputado abaixo assinado, vi e li certas letras apostólicas expedidas com o selo de chumbo, como é costume da cúria romana, do teor seguinte a saber: Benedito, Papa, servo dos servos de Deus, aos veneráveis irmãos, arcebispo da Bahia e bispos do Rio de Janeiro e da cidade Mariana, no Brasil, ou aos amados irmãos seus oficiais, saúde, bênção apostólica. Nossa amada filha em Cristo **Maria dos Santos Ferreira, moradora** na cidade; ou bispado do Rio de Janeiro, no Brasil, antigamente herdeira de Antônio Francisco da Silva, seu marido, enquanto viveu, nos representou que certos homens de má consciência aos quais ela ao certo não sabe, lhe furtaram certas rendas, terras, casas e outras coisas que possuía, bens móveis e de raiz, escrituras públicas e papéis particulares que faziam fé, livros da raza e de contas, também grande soma de dinheiro, de ouro, prata, ferro, metal, estanho, arame e linho, e muito azeite, cevada, trigo e outros legumes, joias, pedras preciosas, (corroído 1 pal.) (...yo), colares de ouro, panos de lã, e de linho, e de seda; alfaias de casa de grande preço, que pertenciam a ela, suplicante, por razão de ser legítima herdeira do defunto Antônio Francisco e sem consciência os tomaram e se atreveram maliciosamente a ocultá-los e atrevem-se a retê-los, oculta e indebitamente, do qual furto causaram grandes danos à dita sup.te, que excedem o valor de 50 ducados, (com perda de suas ...das)‖ e grande detrimento da dita suplicante, à cena do que se valeu ela da Santa Sé Apostólica, pela qual razão, mandamos por este breve apostólico, a vós, irmãos Arcebispo e bispos, encomendamos à vossa discrição, vós filhos oficiais, saber que cada um de vós em vossas cidades, dioceses, seja examinada por vós diligentemente e com grande prudência esta causa conforme as qualidades da causa, lugar, tempo e pessoas vos parecer conforme vossa consciência convir, a mostreis a todos os que retém os tais bens. E os que os ocultam ou deles sabem; e estes ocultos danificadores da nossa parte publicamente, nas igrejas ante do povo, vós mesmos, ou outros por vós que dentro do tempo competente, vós mesmos ou outros, por vós que dentro do tempo competente, que lhe determinareis, os que o retém, e tomarão os restituam a ela, suplicate, que lhe pertencem e eles devem restituir, porém os que os ocultam e os que têm notícia deles o declarem dentro de outro tempo competente, que julgares que se lhe há de peremptoriamente determinar. Desde então os excomungueis geralmente e mandareis que se publiquem solenemente, onde quando e quantas vezes virão que convém até total satisfação, e a devida declaração. Porém queremos que desta declaração, se acaso se fizer, não se possa tratar senão por algum interesse civil e somente civilmente; aliás esta tal declaração não fará fé nem em Juízo nem fora dele. Dado em Roma, em S.ta Maria Maior no ano da Encarnação de N. S. J. C de 1747, aos 13 de setembro, ano VIII de nosso Pontificado. **Anexo** *o breve em latim.* Lugar do selo de chumbo conforme as quais letras eu, notário público abaixo assinado, trasladei esta cópia e pus o selo e sobscrevi; e tenha o mesmo lugar como original, se fosse mostrado. Feito em Roma estando ali presentes como test.nhas os senhores Francisco Balesdrini e Lourenço Mafi. Concorda com o original João Batista Riganti, oficial = João Cardeal Dario. Assim eu Philipe (*Revel in onus*) Aplico.

**Termo de Juramento:**

A 9 de junho de 1758 nesta Leal Cidade Mariana, casas de pousada do M. R. Ministro, apareceu presente Manuel João Soares e José Antônio Correa de Lago, e ambos moradores na freguesia de São Caetano, de mim escrivão recebidos pelos próprios de que dou fé, a quem o M. R. Ministro deferiu o juramento dos Santos Evangelhos em um livro deles em que pôs sua mão direita sob a qual lhes encarregou dissessem a verdade do que soubessem e fossem perguntados o que prometeram fazer.

E sendo-lhes feitas as perguntas da Constituição, se os bens declarados no Breve junto a estes autos lhes pertenciam, a quanto importam, e se sabem quem os tinham em seu poder, ou se descobrem outro meio para o saber, por eles foi respondido que a outros pertencem os bens que ficaram do alferes, o defunto Antônio Francisco da Silva, por cabeça de sua mulher. E que avaliam o prejuízo que têm recebido em 50 mil cruzados e que não sabem quem os tinha em seu poder as coisas que pertencem ao casal, não descobrem outro meio para o saber, só se *pela carta de excomunhão ou Paulina*, se descobria, porque ainda que sua irmandade fizesse algumas admoestações, é certo que algumas pessoas a ela só irão declarando cada uma o que sabia (e algumas das que saíram não eram a todas a que incorre nas penas) e de como assim disseram, assinaram com o M. R. Ministro e eu, Antônio Monteiro da Cunha, escrivão ajudante da Câmara episcopal o escrevi. (*Com outra letra o juramento foi complementado com a seguinte informação*) "*E de como juraram não usar criminalmente com as pessoas compreendidas (ilegível 1 palavra), mas sim civilmente, como do sobredito juramento declararam. Oliveira."*

**Conclusão:** Conclusos ao M. R.do Dr. Provisor deste bispado aos 9-6-1758.

**Observação inscrita:** Não teve efeito. Rubrica. *Cristi nomine inviati.*

**Despacho:** Vistos estes autos Paulinos a fls. a favor de Manuel João Soares por cabeça de sua mulher e José Antônio Corrêa do Lago por cabeça de sua mulher e que estes impetrantes tem jurado os requisitos da Constituição e de não acusarem criminalmente perante as justiças seculares os que pela publicação da dita Paulina se reconhecerem devedores passe edital com o teor da dita Paulina para se publicar nas partes requeridas e onde mais parecer conveniente neste bispado. Mariana e de junho 10 de 1758 anos.

**Publicação:** (...) R. Dr. Provisor deste bispado me foram dados estes autos com sua sentença supra aos (...) de junho de 1758 anos.

**Amaro Gomes de Oliveira (Provisor).** O edital ou editais em que se declara que por parte de Manuel João Soares por cabeça de sua mulher e José Antônio Corrêa do Lago por cabeça de sua mulher, se tem alcançado (via) Paulina de Sua Santidade para serem admoestados os bens que se acham sobnegados e se ficaram por falecimento de Antônio Ferreira da Silva, e pertencem a sua mulher, e senhora Maria dos Santos Ferreira, os quais bens consistem em certas prendas, terras, casas e outras que possuía, bens móveis e de raiz e escrituras públicas e papéis particulares que faziam fé, livros de razão e de contas e também grande soma de dinheiro, ouro, prata, ferro, metal, estanho e quaisquer outros bens de que resulta as ditas perdas considerável dano e prejuízo que excedem a quantia de 50 ducados com grande encargo de suas consciências. Portanto mando que em pública estação da Missa Conventual se publique este meu edital em qualquer das freguesias ou capelas deste bispado; (...) que será constante para que no termo de 9 dias que lhes assino para as 3 canônicas admoestações se denunciem e descubram qalquer das sobreditas cousas sobnegadas de que houver notícia, com a cominação de que não se descobrindo no dito termo tem outros 9 dias que por equidade de Sua Santidade lhe dei por assinados depois do R. Pároco passar certidão da dita admoestação se proceder a pública declaratória de excomunhão maior fulminada para a dita Paulina e com certidão do R. Pároco será remetido o dito meu edital a esta Câmara. Mariana e de julho 9 de 1758. Amaro Gomes de Oliveira.

# ANEXO 9

**Epistolário dos bispos, n. 1608. Sumidouro, 20-08-1749.**

**Assunto:** Queixa do tenente coronel Tomé de Araújo Pereira Cardoso.

**Motivo:** furto.

**Denúncia em:** Bacalhau, filial da Matriz de Guarapiranga

**Autuação de uma petição de queixoso:** Ano do Nascto. De N. S. J. C. 1749, aos 20 dias do Mês de Agosto do dito ano nesta cidade Mariana em casas de morada de mim, escrivão adiante nomeado e sendo aí por parte de queixa me foi dada uma sua petição com um despacho nela posto do M. Rdo. Dr. Geraldo J. de Abranches, Vigário geral em todo este bispado, requerendo-se a tomasse e autuasse para o efeito nela declarado (...) do que para constar fiz estes autos (...)

**Petição:** Diz o tenente coronel Tomé de Araújo (Pereira) morador na Igreja do Sumidouro, que pela certidão das admoestações que junto oferece consta fazer o Suppte. admoestar que um seu escravo por nome Alexandre Mina deu uma libra de ouro a uma negra do distrito do Bacalhau, com ânimo de tirar carta de excomunhão no caso de se não saber qual negra recebeu a dita libra de (quem) e porquê fazendo-se as três admoestações na forma do estilo, o que consta da certidão do Revdo. Vigário da freguesia de Piranga, (não) se descobre somente com as ditas admoestações que negra recebeu a dita libra de ouro, quer o Suppte. proceder a mais, tirando carta de excomunhão na forma costumada para se publicar na capela do Bacalhau, filial da freguesia da Piranga, e nas mais sendo necessário e *logo protesta o Suppte. não proceder criminalmente em outro Juízo, só sim eclesiástico*, sendo (necessário.), pelo que, Pede a V. M. seja servido mandar passar carta de excomunhão na forma costumada para se publicar na dita capela do Bacalhau ou aonde necessário for. E. R. M.

**D.:** Os requisitos. Abranches.

**Termo de juramento:** 20-08-1749 nesta cidade Mariana em casas de morada do M. Revdo. Dr. Geraldo José de Abranches, Vigário geral em todo este Bispado, onde eu, adiante nomeado fui vindo e sendo aí, presentes o tenente coronel Manuel de Araújo Pereira, morador nesta freguesia do Sumidouro, pessoa de mim reconhecida pelo próprio, de que dou fé, a quem ele, Revdo. Dr. Vigário geral deferiu o juramento dos Santos Evangelhos em um livro deles em que pôs sua mão direita sob cargo da qual lhe encarregou jurasse a verdade do que lhe fosse perguntado, o que prometeu fazer e sendo perguntado *se (lhe pertencia o 3 ou 4 palavras ilegíveis) declarado na sua admoestação (e a) quantia declarada e se (sabia) o que declara a Constituição; e se tinha alguma prova (para que) pudesse alcançar a satisfação; por ele foi respondido que nem (sabe) qual, tinha dado uma libra, (...1 palavra ileg.) nem saber qual seja a (negra) do Bacalhau e que vale muito mais de 1 marco de prata (...)* Rubricas (Abranches) Tomé de Araújo Pereira.

**Queixa:** Queixa-se à Santa Madre Igreja o tenente coronel Tomé de Araújo (corroído 1 palavra) que tem por notícia que um escravo por nome Alexandre (Mina) (deu) uma libra de ouro a uma negra deste distrito do Bacalhau e como não sabe quem, (ele) pede a toda pessoa que souber (a quem) o dito negro tenha dado a libra de ouro o descubra aliás pretende tirar carta de excomunhão.

**Certidão:** Luís Pinho de S. Jerônimo Bel. Formado em Cânones pela Universidade de Coimbra, Protonotário Apostólicos de Sua Santidade, Vigário Encomendado da freguesia de Guarapiranga, certifico em como se admoestou na forma do estilo e não saiu pessoa alguma, o que passa na verdade, e sendo necessário o afirmarei *in verbo sacerdotis*. Guarapiranga, de Agosto 13 de 1745. Vigário Luís Pinho de São Jerônimo.

**Reconhecimento:** Reconheço a este sinal (por lugar Lem.eS) que tenho nesta câmera e por ter visto escrever (em m.a ...a). Mariana, -- Agosto de 1749.

**Conclusão:** 20-08-1749. Casas de morada de mim, escrivão adiante nomeado, sendo aí, fiz estes autos conclusos ao M. Revdo. Min. Dr. G. José de Abranches, vig. Geral em todo este bispado...(C.o.)

**D.:** Hei por justificados os requisitos, visto o que declara o Justificante no termo do seu juramento, passe carta de excomunhão na forma costumada e pague as custas. Mariana, de Agosto 21 de 1749. Geraldo José de Abranches.

**Publicação:** 21-08-1749. Casas de morada de mim, escrivão adiante nomeado, sendo aí. fiz estes autos conclusos ao M. Revdo. Min. Dr. G. José de Abranches, vig. Geral em todo este bispado...

**Despesas:**

Do M. Reverendo Min. Abranches:

Do Termo de Juramento, 375.

Do Termo de Conclusão e Sentença, 1875.

Soma, 2230.

Do Reverendo Escrivão Almeida:

Autuação, 135.

Reconhecimento, 1874

Termo de juramento, 375.

Conclusão e Publicação, 405.

Raza, 375.

Soma, 1477 e ½

Desta conta, 730.

Mariana, 23 de Agosto de 1749.

...

**Um ano depois, ajuntam-se registros:**

**Termo de Ajuntada**

Escrito pelo escrivão da Câmara Eclesiástica, por requerimento do Provisor e Vigário geraldo bispado Geraldo José de Abranches, o que cumpriu e fez o termo para constar, em 21 de Abril de 1750.

Diz o Tenente Coronel Tomé de Araújo Pereira que, fazendo passar a seu requerimento uma carta de excomunhão na freguesia de Guarapiranga (t...) saíram a ela algumas pessoas declarando que sabiam sobre o caso, e por os (tos) dar nele por certidão o teor das ditas declarações, para o Suppte usar (corroído 1 palavra) caso lhe acinta, para o que já por desp.to (de um) assinou o de não usar (corroído 1 palavra) para caso crime, como cosnta dos autos donde se extraiu a dita carta rezão porque Pede a Vossa Mercê seja servido mandar se lhe passe por certidão o teor das ditas declarações, das pessoas que saíram a dita carta, para o referido, em (modo) que faça fé.

D. 1: Informe-se o ajudante da Câmara a qualidade do testemunho que diz tem (fto.) (Mor.es)

D. 2.: *ficando junto aos autos da Carta de Excomunhão e (certidam) das pessoas que saíram e de seus (depoimentos) se lhe passe certidão assinando primeiro testemunho na forma das Constituições na minha presença.*

**Resposta do ajudante:** *O juramento que o justificante prestou nos autos é o ordinário; é o que posso informar a V. M. que mandará o que for servido. Mariana, e de Abril 21 de 1750.*

**Termo de juramento** feito em Mariana, em casas de morada do Dr. Vigário geral do Bispado, Dr. G. J. de Abranches, em 21 de Abril de 1750, pelo Tenente Coronel Tomé de Araújo Pereira "pessoa de mim reconhecida de que dou fé", em casas de morada do M. Revdo. Dr. G. J. de Abranches, Vigário geral, que lhe ministrou apresentando os livros dos Santos Evangelhos, e que lhe encarregou dissesse a verdade do que soubesse e fosse perguntado, o que prometeu fazer (...) *Por este termo disse se obrigava não acusar pessoa alguma daquelas que em virtude da carta de excomunhão que se lhe concedeu foram denunciadas e descobertas criminalmente; que não usaria dos testemunhos que saíram para acusar de algum modo criminalmente os autores do seu dano e que queria e era contente que as testemunhas dissessem os nomes e ditos e se lhes passasse certidão, não tenham fé em Juízo nem fora dele, e de como assim o disse, e prometeu debaixo do dito juramento, assinou com o Muito Reverendo Doutor Vigário geral, e eu, Antônio Monteiro de Noronha, ajudante da Câmara Eclesiástica, que o escrevi.* Abranches. Tomé de Araújo Pereira.

Publicada a Carta de Excomunhão me saíram as pessoas abaixo assinadas com os seus ditos:

Disse **Manuel Álvares Ribeiro**, que ele tinha ouvido a (M... corroído 1 palavra) Pinto de Freitas, assistente na Cidade de Mariana, que (corroído 1 palavra) negro tinha dado uma libra de ouro a Ignácia (Fr...; corroído 1 palavra) da alforria de sua escrava Esperança, e (tam...) que o dito se tinha gavado a uma negra forra (corroído 2 palavras) Conceição assistente na dita Cidade no Rosário (e *al* não disse) e o mandei assinar. Assinatura: **Manuel Álvares Ribeiro**.

Disse **João de Miranda Silva** que ouvira dizer a Manuel (corroído 1 palavra) de Freitas que o negro do Tenente Coronel Tomé de Araújo Pereira dera uma livr, digo, por nome Alexandre, dera uma livra de ouro a uma negra de Ignácia Ferreira de nome Esperança e a tal a dera a sua escrava para a sua alforria, e *al* não disse. Assinatura: João de Miranda Silva).

Disse **Francisco Álvares da Costa** que ouvira dizer ao Alferes **Simeão Coelho de Almeida** que um negro do Tenente Coronel Tomé de Araújo Pereira dera uma libra de ouro a uma negra de **Ignácia Ferreira** e que fora para a alforria da dita negra e *al* não disse. Assinatura: Francisco Álvares da Costa.

Disse **António João** que ouvira dizer em conversa a quem se não lembra que um negro do Tenente Coronel Tomé de Araújo, que por nome não save dera um pouco de ouro a uma negra que lhe não sabe o nome para a sua alforria, escrava de Ignácia Ferreira e al não disse. Bacalhau, 31 de Agosto de 1749. Sinal de Antônio João. (Sinal de uma cruz com um ponto acima e outro abaixo do braço direito)

**Em 08 de Setembro de 1749, atestou o vigário de Bacalhau, que:** Certifico eu, o Padre Manuel Fernades Santiago, capelão que sou na capela do Bacalhau, filial da Matriz de Guarapiranga, em como publiquei a carta de excomunhão junta (corroído 1 palavra) de Missa Conventual que disse a meus aplicados em (corroído 1 palavra) de Agosto e afixei, ou lacrei na porta principal da dita capela os nove dias como da dita carta consta; e sabe pelas (obreias?) que em si leva, e pela grande tempestade que de noite houve, que se destacou e assim não faça dúvida alguma mancha ou nota nela causado da mesma tempestade, e me não saíram mais pessoas que as conteúdas retro, onde vão seus sinais e ditos e por esta me ser pedida, a passei na verdade, a qual juro *in verbo sacerdoti*. Bacalhau, hic ut, digo hoje, 8 de 7bro de 1749. Pe. Manuel Frz. Santiago.

**Bonifácio da Costa Matos**, sacerdote do Hábito de (S. Pedro?), Capelão das Almas nesta Capela de Santo Antônio do Bacalhau, certifico que o requerimento do tenente Coronel Tomé de Araújo Pereira li, publiquei (ecco.) Carta de Excomunhão e me saíram as pessoas nomeadas:

**Simeão Coelho de Almeida:** Diz o Alferes Simeão Coelho de Almeida lhe disseram (corroído 3 palavras) por nome Alexandre escravo que foi do tenente (corroído 3 palavras) o dito ouro a uma preta (corroído 1 palavra. Esperança, escrava de Ignácia Ferreira, preta Forra, e *al* não disse. Simeão Coelho de Almeida.

**Felipa da Silva.** Diz Felipa da Silva, parda forra, lhe disseram que o (corroído 1 palavra) nome Alexandre, escravo que foi do tenente Tomé de Araújo Pereira dera o dito ouro a uma preta por nome Esperançça, escrava de Ignácia Ferreira, preta forra, e mais não disse. Sinal de Felipa da Silva (Sinal de uma cruz).

Diz **Thereza Muniz**, preta forra, que em seu poder tivera 36 oitavas de ouro que lhe pediu lho guardasse a preta, por nome Esperança, escrava de Ignácia Ferreira, mas que não sabe quem lho deu. Sinal de thereza Muniz. (Sinal de uma cruz com dois traços diagonais formando um triângulo sobre seus dois braços).

Disse **Rosa**, escrava de João Lopes, que a preta, por nome Esperança, escrava de João de Ignácia Ferreira, lhe mostrara em certa ocasião 16 oitavas de ouro, mas não sabe quem lho tinha dado. Sinal de Rosa, escrava de João Lopes. (Sinal de uma cruz)

Disse **Manuel de Souza Sampaio** que em certa ocasião teve em seu poder setenta e tantas oitavas de ouro que era da preta por nome Esperança, escrava de Ignácia preta forra, que lhe disse a dita preta, que o escravo por nome Alexandre, escravo do tenente coronel Tomé de Sousa, lhe tinha dado (as) onças (corroído).

**Sentença**: O dr. Geraldo José de Abranches, Comissário do Santo Ofício, Cônego da Sé Catedral de Mariana e Arcediago nela e em todo o seu bispado, Vigário geral, Juiz dos Casamentos, (corroído 3 palavras), das Justificações De Genere, por S. Excelência Reverendíssima &c. aos que a presente minha (corroído 2 palavras) Excomunhão virem, saúde e paz para sempre em Jesus Cristo Nosso Senhor, que de todos é o verdadeiro remédio, luz e salvação. Faço saber que a mim me enviou a dizer o tem. Cel. Tomé de Araújo Pereira, morador na freguesia (corroído 1 pal.) que pela queixa junta consta fazer admoestar na freguesia de Guarapiranga em como um escravo negro de nome Alexandre Mina dera uma libra de ouro a uma negra do distrito de Bacalhau e lhe não saiu pessoa alguma, como consta da certidão do Reverendo (Escrivão) perante mim reconhecida, pedindo-me por fim de sua petição, que visto não sair pessoa alguma, nem lhe saber quem tenha a dita libra de ouro, lhe mandasse passar carta de excomunhão na forma do estilo, a qual petição, sendo-se apresentada, nela, por meu despacho, mandei (lavrar a carta), e jurando na forma da Constituição se fizessem os autos conclusos, em cumprimento da qual deu o queixoso seu juramento, que por mim lhe foi deferido e fazendo serem os autos conclusos neles proferi minha sentença do teor seguinte: Hei por justificados os requisitos visto o que declara o justificante no termo do seu juramento, passe carta de excomunhão na forma costumada e pague as custas. Mariana, 21 de Agosto de 1749. Geraldo José de Abranches. *Em cumprimento da qual se deu e passou carta de excomunhão que é a presente pela qual requeiro e admoesto a todas as pessoas de um e outro sexo, de qualquer qualidade, preeminência ou condição que sejam, que souberem ou tiverem notícia a quem o referido negro deu ou entregou por qualquer modo a libra de ouro assim declarada, o descubram ao seu Revdo. Vigário, a quem esta publicar no termo de 9 dias, e não o fazendo assim lhe ponho a Lei por imposta a censura de Excomunhão maior e como tais os hei por publicados e excomungados, malditos e amaldiçoados da maldição de Deus padre Todo-Poderoso e dos Bem-Aventurados e Apóstolos e Santos Pedro Paulo e todos os Santos e santas da corte celeste, até que com o efeito de (corroído 1 pal.) uma pessoa ou pessoas que em seu poder tenha o dito ouro (ou tendo-o tido ainda que) ao seu Revdo. Vigário ou a quem esta publicar ainda que seja por qualquer forma dado pelo dito negro e para que chegue a notícia de todos mando a qualquer sacerdote a leia e publique, no arraial do Bacalhau (onde for lida) se fixará na porta da capela onde estará os dias determinados, no fim dos quais passará certidão e também se lerá nas mais partes onde necessário for.* Dada e passada nesta Cidade Mariana sob o selo das armas de Sua Excelência Revma. e meu sinal aos 22 de Agosto de 1749. Eu Manuel Ferreira Coutinho, Escrivão da Câmara Eclesiástica, por impedimento do atual, que a sobscrevi. Geraldo José de Abranches. Coutinho. Registro no Tombo 1 de Provisões fl. 171 em Mariana 22 de Agosto de 1749.

Despesas.

Carta de excomunhão que V. M. é servido passar a favor do Tem. Cel. Tomé de Araújo Pereira &a.

## (Footnotes)

1 Abreviaturas: U. C. – Universidade de Coimbra; VG – Vigário geral; CSO – Comissário do Santo Ofício; PRM – Promotor; PRM – Promotor/Procurador da Mitra; JJDG – Juiz das Justificações De Genere et moribus; GD – Governador Diocesano. Fontes: Arquivo da Universidade de Coimbra (AUC) – Fichas de matrículas; Arquivo Eclesiástico da Arquidiocese de Mariana (AEAM) – Livro de Querelas, 1776; Sentenças, Livros 1029 a 1031 (1748-1840); BOSCHI, Caio César. *O Cabido da Sé de Mariana (1745-1820)*. Belo Horizonte: Fundação João Pinheiro | Editora PUC Minas, 2011. (Coleção Mineiriana: Série Obras de Referência); CARRATO, José Ferreira. *Igreja, Iluminismo e Escolas Mineiras coloniais*. São Paulo: Companhia Editora Nacional, 1968, p. 120–21. (Brasiliana, 334); TRINDADE, R. O. (Côn) *Arquidiocese de Mariana: subsídios para sua História*, 2ª ed. Belo Horizonte: Imprensa Oficial, 1953, p.289-293.

2 Como assinalou o próprio Francisco Morais, ao fazer seu inventário dos Estudantes da Universidade de Coimbra nascidos no Brasil, uma das maiores dificuldades neste trabalho junto às Fichas de Matrículas do Arquivo da Universidade de Coimbra, é os homônimos. Muitos matriculados estão identificados como José dos Santos, com datas coincidentes, referentes às suas eventuais matrículas na Universidade, em cursos de Cânones e Teologia. De sorte que, não dispondo de sua filiação e datas de nascimento para eliminar a dúvida, as informações acerca da sua filiação, naturalidade e formação acadêmica permanecem incompletas. Um dos homônimos cujas datas fazem sentido vez que em 1750 Doutor José dos Santos assumiu o posto de Vigário geral do bispado de Mariana: SANTOS, José dos. (Cx. 41, doc. IV, 2ª D – 12) Matriculado na Faculdade de Cânones entre 1734-1742. Filho de Ambrósio dos Santos, natural de Portunhos. Bacharel em Cânones em 27/07/1741, com formatura em 25/07/1742. Outro caso semelhante foi o do Cônego José Botelho Borges, cuja procura esbarrou nas dificuldades acerca de seus dados de filiação, dificultando a eliminação das dúvidas quanto aos homônimos.

# Fontes e Bibliografia

## Fontes manuscritas

### Arquivo Eclesiástico da Arquidiocese de Mariana – AEAM
### Seção de Livros Paroquiais

Prateleira W, Códice 3 – Disposições Pastorais de Dom Frei Guadalupe e de Dom Frei Manuel da Cruz à freguesia de Nossa Senhora da Boa Viagem do Curral Del Rei.

Prateleira W, Códice 41: Livro de Disposições Pastorais de Dom Frei Manuel da Cruz, Dom Frei Cipriano de São José e Dom Frei José da Santíssima Trindade (1727-1853).

Prateleira H, Códice 14: Livro de Visitas e Fábrica (1727-1831) – Freguesia de Nossa Senhora da Conceição das Catas Altas.

### Arquivo Eclesiástico da Arquidiocese de Mariana – AEAM

| Processos do Tribunal eclesiástico | |
|---|---|
| Início: | Crime/Ação - Número do Processo: |
| 1748 | Execução: 3017; Queixa: 2814. Libelo: 3432. Conta: 4371. Juízo: 4449, 4554, 4560. Justificação: 4669, 4676. Cobrança: 5040, 5159. |
| 1749 | Execução: 3010, 3088, 3133, 3171, 3141. Crime canônico: 2779. Testamento: 2749. Libelo: 3338. Dívida: 4153, 4217. Crédito: 4172, 4308. Cobrança: 4360, 4811, 4905, 5144, 5160, 5169, 5188, 5189. Conta: 4379, 4426, 4426. Juízo: 4446, 4475, 4550, 4564, 4641; Queixa: 2814; |

| | |
|---|---|
| 1750 | Queixa: 2847, 2864, 2899, 2940. Crime: 2794. Execução: 3027, 3147, 3173. Libelo: 3452. Crédito: 4157, 4171, 4179, 4214, 4230, 4157, 4171, 4179. Juízo: 4438, 4545, 4658, 4659, 4660. Justificação: 4701, 4730, 4732. Cobrança: 4792, 4962, 5009, 5087. |
| 1751 | Execução: 3102, 3145, 3061; Queixa: 2821, 2831. Crime: 2782. Libelo: 3469. Crédito: 4257. Conta: 4267. Juízo: 4440, 4479, 4512; 4516. Cobrança: 5050, 5066, 5179, 5185, 5262, 5286. |
| 1752 | Execução: 3028, 3128; Queixa: 2834, 2906, 2911. Libelo: 3361, 3390. Crédito: 4396. Conta: 4404. Juízo: 4448, 4503, 4544. Cobrança: 4789, 4864, 4879, 5074, 5124, 5132, 5157, 5165, 5177, 5276. |
| 1753 | Cobrança e penhora: 4245; Cobrança: 4805, 5133, 5156, 5153, 5156, 5166, 5175, 5249, 5257, 5265. Crime de roubo à Catedral: 2768 [1792] e 2761 [1765]. Perjuro e desobediência: 2770. Queixa: 2806, 2822, 2857, 2871, 2904. Libelo: 3463. Ereção: 3738, 3739. Conta: 4182, 4201, 4218, 4351, 4182. Dívida: 4279. Juízo: 4445, 4530. Justificação: 4721. |
| 1754 | Queixa: 2799, 2843, 2930, 2843. Execução: 3136, 3141, 3175. Ereção: 3564, 3829. Conta: 4213, 4261, 4290, 4410. Juízo: 4434, 4450. Justificação: 4753. Cobrança: 4812, 5082, 5138, 5140, 5148, 5273, 5275. |
| 1755 | Apelação e réplica: 2733. Testamento: 2756; 2801, Queixa; 2805, 2811, 2816; Execução: 3163. Ereção: 3719. Conta: 4330. Juízo: 4435, 4638. Queixa: 2801, 2805, 2811. Cobrança: 4996, 5174, 5278. |
| 1756 | Execução: 3065; Queixa: 2901, 2903. Ereção: 3644. Dívida: 4243. Conta: 4287, 4427. Crédito: 4369. Justificação: 4736, 4742. Cobrança: 4804, 4932, 5011, 5037. |
| 1757 | Execução: 3072, 3075, 3097, 3102, 3166, 5209B; Queixa: 2817, 2870. Libelo: 3457. Crédito: 4354. Juízo: 4478, 4499, 4595. Libelo: 3335, 3457. Cobrança: 4851, 4857, 4977, 5036, 5115, 5268, 5291. |
| 1758 | Execução: 3007, 3096, 3181; Queixa: 2839, 2869. Libelo: 3398. Conta: 4183, 4349, 4411. Cobrança: 4245, 4858, 4987, 5000, 5014. Juízo: 4539, 4557, 4589. Justificação: 4722. |
| 1759 | Cobrança: 2727, 4781, 4808, 3495. Justificação: 2738. Execução: 3003, 3061, 3142. Justificação: 2738. Queixa: 2798. Ereção: 3521, 3801. Conta: 4159, 4368, 4370. Dívida: 4162, 4353. Juízo: 4468, 4518, 4516, (4659). Libelo: 3336, 3337. |
| 1760 | Execução: 3081, 3018, 3032, 3033, 3034, 3165, 3180; Queixa: 2916, 2917; 2886, 2928. Conta: 4182, 4221, 4362. Juízo: 4444, 4454, 4480, 4661. Justificação: 4744. Cobrança: 4772, 4775, 4944, 4979, 5005, 4963, 5026, 5182. |

| | |
|---|---|
| 1761 | Execução: 3074, 3048, 3029, 3150; Crime: 2765, 2780. Libelo: 3328, 3342, 3384. Ereção: 3693. Conta: 4193, 4199, 4200. Crédito: 4285, 4322, 4324. Juízo: 4473, 4611. Justificação: 4696, 4715, 4754. Cobrança: 4832, 4841, 4845, 4871, 4935, 4940, 5001, 5015, 5019, 5022, 5038, 5046, 5102, 5079, 5070, 5154, 5158. |
| 1762 | Execução: 3019; Denúncia: 3000. Queixa: 2804, 2809, 2848 [Portugal], 2804. Libelo: 3461. Ereção: 3763, 3789, 3821. Conta: 4137, 4160, 4304. Cobrança: 4269, 4972, 5034, 5080. Crédito: 4312, 4408. Juízo: 4481, 4501(Côn. Francisco Ribeiro Silva), 4602. Justificação: 4675, 4718, 4731. |
| 1763 | Cobrança: 4236, 4886, 5051, 5105, 5072. Execução: 3002, 3072, 3075, 3091, 3140, 3176; Queixa: 2891; queixa (Representação contra Párocos): 2734, 2886. Crime: 2786, 2791. Testamento: 2753. Libelo: 3405. Ereção: 3684, 3713, 3732, 3815, 3820. Conta: 4185, 4229. Dívida: 4252. Juízo: 4447, 4548. Justificação: 4672, 4708. |
| 1764 | Execução: 3039, 3043, 3060, 3103, 3116, 3137, 5209C; Queixa: 2933, 2938. Libelo: 3360, 3365, 3371, 3372 (s.d). Dívida: 4181, 4397. Conta: 4184, 4250, 4303, 4381. Juízo: 4561, 4602. Justificação: 4737. Cobrança: 4797, 4813, 4820, 4953, 4968, 4966, 5060, 5089, 5122. |
| 1765 | Queixa: 2849. Crime de roubo à Catedral: 2761. Denúncia: 2992. Execução: 3087. Libelo: 3388. 4141, 4234. Conta: 4158, 4190, 4231, 4384. Juízo: 4441, 4456, 4457, 4630, 4657 [Juízo e certidão de batismo/Braga Portugal]. Justificação: 4667. Dívida: 4234. Cobrança: 4988, 4964. |
| 1766 | Testamento: 2755. Denúncia: 2982. Libelo: 3323, 3328, 3335, 3336, 3337, 3396, 3445. Crédito: 4147, 4211. Conta: 4174, 4208, 4222, 4223. Dívida: 4228. Juízo: 4605. Justificação: 4706, 4747. Cobrança: 4989, 4961, 5039, 5043, 5100. |
| 1767 | Cobrança: 3401 (Cobrança e Libelo civil do Mestre José Pereira Arouca); 4837, 4872, 4891. Execução: 3020, 3044, 3151, 3156; Queixa: 2829, 2889. Conta: 4154, 4249. Crédito: 4166, 4195, 4216, 4235. Dívida: 4292, 4367. Juízo: 4490. Justificação: 4688, 4712, 4714, 4757. |
| 1768 | Execução: 3058, 3086, 3062, 3069, 3093, 3094, 3123, 3132. Queixa: 2808, 2893, 2894, 2896, 2902, 2915; 3086. Libelo: 3399. Crédito: 4148, 4299. Protesto: 4233. Dívida: 4298. Conta: 4314. Juízo: 4520, 4562, 4568, 4574, 4568, 4621, 4634, 4647. Cobrança: 4817, 4822, 4864, 4924, 5129, 5135, 5145, 5155, 5164, 5172, 5191. |
| 1769 | Execução: 3070, 3085, 3115, 3162, 3179, 5209. Apelação: 2739. Crime: 2771. Queixa: 2883, 2896. Libelo: 3385, 3395, 3401. Conta: 4161, 4176. Crédito: 4173, 4256, 4347, 4388, 4407. Cobrança: 4343, 4848, 4869, 4970, 5110, 5208, 5207, 5192. Juízo: 4429, 4439, 4616, 4644. Embargo: 2729 |

| | |
|---|---|
| 1770 | Denúncia: 2997. Queixa: 2797, 2932. Execução: 3025, 3110, 3143, 3167. Libelo: 3464. Dívida: 4168, 4355, 4406. Conta: 4186, 4206, 4284, 4400. Crédito: 4301, 4334. Recibo: 4307. Dívida: 4406. Cobrança: 4409, 5107, 5125. Juízo: 4519, 4609, 4637, 4551. Justificação: 4674. |
| 1771 | Execução: 3022,3066; Queixa: 2872. Libelo: 3364, 3391, 3397, 3402, 3391. Ereção: 3601. Crédito: 4238, 4293. Conta: 4264, 4323. Cobrança: 4315, 4795, 4809, 5194, 5195, 5209. Juízo: 4442, 4469, 4470, 4551, 4582, 4643. |
| 1772 | Queixa: 2851, 2887, 2865; Execução: 3057, 3024; Denúncia: 2980. Testamento: 2754. Certidão de batismo: 2732. Libelo: 3341. Dívida: 4196, 4227, 4240. Crédito: 4228, 4241. Conta: 4266, 4345, 4377, 4387, 4413. Conta do Procurador da Mitra: 4413 Diversos, 4414. Juízo: 4452, 4535, 4607, 4620. Cobrança: 4821, 4975, 4993, 5017, 5042, 5068, 5076. |
| 1773 | Execução: 3099, 3101. Crime: 2791. Libelo: 3367, 3368, 3377. Conta: 4155, 4283. Juízo: 4517, 4528, 4583, 4599, 4600, 4618. Cobrança: 4779, 4986, 5007, 5053, 5077, 5090, 5099. |
| 1774 | Crime: 2785. Execução: 3084. Dívida: 4187. Conta: 4194, 4361. Juízo: 4498, 4576, 4608, 4632. Cobrança: 4827, 4862, 5055, 5078, 5113. |
| 1775 | Execução: 3090, 3177; Queixa: 2926. Libelo: 3381. Conta: 4142, 4242, 4253, 4260, 4271, 4278. Juízo: 4455, 4643. |
| 1776 | Execução: 3092, 3100. Crime: 2773[roubo à Catedral. Cobrança: 2726, 4774, 4793, 4818, 4854, 4874, 4887, 4994, 5049, 5059, 5091. Crédito: 4169, 4180, 4286. Conta: 4375. Juízo: 4433, 4467, 4559, 4593. Libelo: 3468. |
| 1777 | Execução: 3012, 3013, 3026, 3047 [Côn. Ribeiro]; Queixa: 2875. Libelo: 3382. Ereção: 3624. Conta: 4342. Juízo: 4436, 4477, 4482, 4493, 4508, 4531, 4533, 4635. Cobrança: 4788, 4863, 4941, 5008, 5032, 5044, 5062. |
| 1778 | Crime: 2759. Libelo: 2776, 3376, 3379, 3382, 3403. Queixa: 2850. Execução: 3017. Conta: 4189, 4239. Juízo: 4428, 4431, 4521, 4541, 4553, 4565, 4571, 4614, 4571. Cobrança: 4794, 4946, 5092. |
| 1779 | Crime: 2762. Queixa: 2836, 2854, 2912, 2913. Execução: 3064, 3089, 3107. Libelo: 3383, 3383. Juízo: 4522, 4652, 4693. Justificação: 4670, 4693. Cobrança: 4978, 4998, 5045, 5054, 5067. |
| 1780 | Penhora: 2745. Libelo: 3350, 3456. Cobrança: 4827, 4951, 4959, 4973, 5041, 5118, 5223. Juízo: 4526, 4527(s.d). Justificação: Queixa: 2921. Execução: 3073. Conta: 4390. Denúncia: 2991. |
| 1781 | Penhora: Libelo: 3326, 3329. Cobrança: 4791, 4923, 5057, 5228. Juízo: 4474, 4497. Justificação: Queixa: 2914, 2918. Execução: 3068, 3108, 3125. Crédito: 4344, 4383. Denúncia: 4743. |

| | |
|---|---|
| 1782 | Cobrança: 4801, 4917, 5199. Juízo: 4488, 4586, 4587. Justificação: 4711. Queixa: 2811, 2873. Execução: 3001, 3095. Conta: 4365. Denúncia: 2989. |
| 1783 | Libelo: 3394, 3454. Cobrança: 4859, 4936, 4981, 5071, 5098, 5209E, 5215. Juízo: 4491. Justificação: 4700. Queixa: 2881, 2884, 2908, 2920, 2937. Execução: 3104. Conta: 4363, 4374. Dívida: 4178, 4247, 4309, 4310 (s.d). Crédito: 4198. Tráfico de escrava: 2746. Procuração: 2784. |
| 1784 | Libelo: Cobrança: 5106, 5193, 5250, 5307. Juízo: 4575. Queixa: 2905, 2922, 2939. Execução: 3129. Conta: 4244, 4281. Dívida: 4262, 4350. Ereção: 3666. |
| 1785 | Libelo: 3351. Execução: 3021, 3035, 3127, 3178. Ereção: 3475. |
| 1786 | Libelo: 3339. Cobrança: 4907, 5114. Juízo: Justificação: Queixa: 2812, 2820, 2862, 2876. Crédito: 4403. |
| 1787 | Libelo: 3419. Cobrança: 4796, 4836, 4927, 4931, 5028, 5056, 5058, 5243. Justificação: 4679. Queixa: 2880. Execução: 3124, 3160. Embargo: 2724. |
| 1788 | Cobrança: 2741, 4899, 4826. 4843, 4913, 4920, 4938, 5020, 5163, 5216. Libelo: 3465. Juízo: 4464. Justificação: 4703 Execução: 3040. Conta: 4356, 4405. Dívida: 4321. Crédito: 4259, 4391. Ereção: Denúncia: 2984, 2993. |
| 1789 | Libelo: 3346. Cobrança: 4248, 4922, 4991. Juízo: 4437, 4556, 5300. Justificação: 4665, 4709. Queixa: 2796, 2859. Execução: 3154. Conta: 4276. Crime: 2772, 2778. |
| 1790 | Cobrança: 4833, 5018. Juízo: 4597. Justificação: 4694. Crédito: 4139. |
| 1791 | Juízo: 4655, 4659(s.d). |
| 1792 | Libelo: Cobrança: 5197, 5217. Juízo: 4525. Justificação: 4638, 4745. |
| 1793 | Cobrança: 4798, 4835, 4937, 5229. Juízo: 4540, 4653. Justificação: 4681, 4735, 4740. Conta: 4422. |
| FONTE: Arquivo Eclesiástico da Arquidiocese de Mariana – AEAM. Juízo Eclesiástico. | |

## Arquivo Eclesiástico da Arquidiocese de Mariana

### Seção de Escrituração da Cúria – Governos episcopais

Governos Episcopais. Juízo eclesiástico. Armário 6, prateleira 2, livro 1029 (1748-1765).

Governos Episcopais. Juízo eclesiástico. Armário 6, prateleira 2, livro 1030 (1765-1784), 141 folhas numeradas a mão.

Governos Episcopais. Juízo eclesiástico. Armário 6, prateleira 2, livro 1031 (1784-1830).

Governos episcopais. Armário 1, Gavetas 1 a 3, Pastas 02 a 44.

Governos Episcopais. Armário 1, gaveta 3. Livro de Querelas, 1776.

Governos Episcopais. D. Frei Domingos da Encarnação Pontevel (1779-1793). Armário1, gav.4, pasta 2. Pastorais Mandamentos – 1780.

Governos Episcopais. D. Frei Domingos da Encarnação Pontevel. Armário.1, gav.4, pasta 1. Carta Pastoral – 1780.

Governos Episcopais. D. Frei Domingos da Encarnação Pontevel. Arq.1, gav.4, pasta 10. Recomendação episcopal sobre a observância das ordens reais. 1790.

## GOVERNOS EPISCOPAIS – EPISTOLÁRIO DOS BISPOS
### DOM FREI MANUEL DA CRUZ
### (28-11-1748 A 3-01-1764)

1589. Precatória; 1590. Excomunhão; 1591. Sentença; 1592. Queixa; 1593. Queixa; 1594. Precatória; 1595. Precatória; 1596. Traslado/autos; 1597. Penhora; 1598. Posse judicial; 1599. Queixa; 1600. Queixa; 1601. Queixa; 1602. Queixa; 1603. Queixa; 1604. Queixa; 1605. Queixa; 1606. Queixa; 1607. Rogatória dos Cônegos; 1608. Queixa; 1609. Queixa; 1610. Queixa; 1611. Queixa; 1612. Queixa; 1613. Queixa.

### DOM BARTOLOMEU MANUEL MENDES DOS REIS
### (1773-1779)

1614. Demissórias; 1615. Queixa; 1616. Legado; Procuração de um testamenteiro para proceder a uma execução.

### DOM FREI DOMINGOS DA ENCARNAÇÃO PONTEVEL
### (1779-1793)

1617. Arrematação; 1618. Agravo contra o Vigário geral; 1619. Carta de Frei João de Monserrate Cotia, bispado de São Paulo, ao Cabido de Mariana, Sede Vacante, pedindo ajuda em dinheiro para o seu convento; 1620. Queixa; 1621. Queixa; 1622. Queixa; 1623. Queixa; 1624. Queixa; 1625. Queixa; 1626. Queixa; 1627. Queixa; 1628. Queixa; 1629. Queixa.

## Seção de Escrituração da Cúria
## Queixas – Série: Juízo Eclesiástico

2900 – 1736 – ação civil; 2890 – 1738 – ação civil; 2844 – 1739; 2935 – 1742; 2897 – 1743; 2813 – 1744; 2838 – 1746; 2815 – 1746; 2802 – 1746; 2823 – 1746; 2923 – 1746; 2909 – 1746; 2827 – 1747; 2934 – 1747; 2925 – 1747; 2919 – 1747; 2814 – 1749; 2847 – 1750; 2864 – 1750; 2899 – 1750; 2940 – 1750; 2821 – 1751; 2911 – 1752; 2906 – 1752; 2834 – 1752; 2904 – 1753; 2857 – 1753; 2822 – 1753; 2806 – 1753; 2871 – 1753; 2843 – 1754; 2930 – 1754; 2799 – 1754; 2811 – 1755; 2805 – 1755; 2801 – 1755; 2901 – 1756; 2903 – 1756; 2817 – 1757; 2870 – 1757; 2839 – 1758; 2869 – 1758; 2886 – 1760; 2916 – 1760; 2917 – 1760; 2928 – 1760; 2804 – 1762; 2809 – 1762; 2848 – 1762; 2734 – 1763; 2891 – 1763; 2933 – 1764; 2938 – 1764; 2849 – 1765; 2829 – 1767; 2889 – 1767; 2915 – 1768; 2808 – 1768; 2893 – 1768; 2894 – 1768; 2902 – 1768; 2896 – 1769; 2883 – 1769; 2797 – 1770; 2932 – 1770; 2872 – 1771; 2887 – 1772; 2926 – 1775; 2851 – 1772; 2865 – 1772; 2875 – 1777; 2854 – 22/08/1777; 2850 – 1778; 2912 – 1779; 2913 – 1779; 2836 – 1779; 2921 – 1780; 2914 – 1781; 2918 – 1781; 2811 – 1782; 2873 – 1782; 2908 – 1783; 2920 – 1783; 2937 – 1783; 2884 – 1783; 2881 – 1783; 2885 – s.d; 2905 – 1784; 2922 – 1784; 2939 – 1784; 2812 – 1786; 2820 – 1786; 2796 – 1789; 2876 – 1786; 2862 – 1786; 2880 – 1787; 2859 – 1789; 2877 – 1790; 2826 – 1791; 2936 – 1791; 2931 – 1791; 2831 – 1792; 2832 – 1792; 2879 – 1794; 2882 – 1794; 2888 – 1796; 2866 – 1796; 2927 – 1797; 2892 – 1797; 2856 – 1798; 2800 – 1799; 2819 – 1799; 2867 – 1799.

## Juízo Eclesiástico – Série Denúncias – Século XVIII

2890 – 1738; 2985 – 1743; 3000 – 1762; 2992 – 1765; 2982 – 1766; 2997 – 1770; 2980 – 1772; 2991 – 1780; 2989 – 1782; 2984 – 1788; 2993 – 1788; 2976 – 1793; 2999 – 1793; 2978 – 1798; 2986 – 1798; 2987 – s.d; 2998 – 1799;.

## Arquivo da Universidade de Coimbra (AUC)
## Seção Universidade
### http://www.uc.pt/auc

Série Cartas de Curso e Fichas de Matrículas dos ex-alunos, por sobrenome dos ex-alunos; conforme lista do Anexo 5.

Série Ordenações Sacerdotais. Processos *De Genere et Vita et Moribus*:

1. Alexandre Nunes Cardoso. Verride, 1714. D. G. 1714. V. M.1715. cx. 23. D III – S. 1ª E – E. 3 – T. 3. n. 3.

2. Antônio de Torres e Cunha. Monte Redondo, Freguesia de Figueira de Lorvão, 1756. D. G. V. M. 1756 – P. 1757. Autos de renovação de patrimônio, 1757. Autos de apresentação de um Breve de Interstícios e extra-temporas que alcançou de S. Santidade para dentro do ano e fora de temporas poder ser ordenado de ordens de Evangelho e Missa, 1758. cx. 262. D III – S. 1ª E – E. 6 – T. 2. 8.

3. Antônio Freire da Paz. Constantina, Freguesia de Ancião, 1719, D. G., V. M. de 1719 – P. 1723. Caixa 113, D III – S. 1ª E – E. 3 – T. 3. n. 3.

4. Cláudio Manoel da Costa. 1755. Cx.

5. Geraldo José de Abranches. Vila Cova de Sub Avô, 1736. D. G. V. M. 1734 – P. 1735. Justificação das Premissas de um Breve de Interstícios e extra-temporas que de S. Santidade alcançou para poder ser ordenado de Epístola. Evangelho e Missa dentro do ano e fora de temporas. Cs. 545 Depósito III, Seção 1ª E, Estante 8, Tabela 5, n. 15.

6. Simplício de Morais Henriques. São Paulo, Brasil, 1752. Requerimento de D. G. Cx. 1674. Depósito III, Seção 1ª E, Estante 17, Tabela 4, n. 20.

7. Teodoro Ferreira Jácome. Tavarede, 1736-1738. Processos de Inquirição De Genere para ordenação Sacerdotal. Simeão dos Santos a Teodoro Pinto Coelho de Moura. Arquivo da Universidade de Coimbra. Cx. 1674, Depósito III, Seção 1ª E, Estante 17, Tabela 4, n. 20.

8. Inácio de Sousa Ferreira. Nossa Senhora do Rosário do Sumidouro, Bispado de Mariana, 1771. V. M. 1771. Processos de Justificação De Genere para ordenação Sacerdotal. Cx. 566: Inácio Rodrigues Saraiva a Inácio Xavier de Andrade Rocha. Arquivo da Universidade de Coimbra. Depósito III, Seção 1ª E, Estante 9, Tabela 1, n. 8.

9. José de Andrade e Morais. Caixa 200, Processo 1720-1725.

10. Lourenço José de Queirós Coimbra. Amarante, 1727. V. M. Cx 1545, D. III, S. 1ª E, E. 16, T. 4, n. 19. Obs. Sua ficha remete à da Ordenação do irmão, Manoel Teixeira de Queirós Coimbra, 1545, Amarante, 1727.

11. Manoel Ribeiro Taborda: Ameal, 1746 a 1750. DG. 1746. V. M. 1748. P. 1750. Cx. 1542, D III, S. 1ª E, E. 16, T. 4, n. 16.

12. José dos Santos. Vide Antônio dos Santos, Manuel dos Santos, João dos Santos, Francisco dos Santos. Torres Novas, 1728. D. G. 1728. Cx. 244, D III, S. 1ª E, E. 5, T. 5, n. 6.

Seção Universidade. *Livro de Actos e graus (1752 a 1753)*. Depósito IV, Secção 1ª D, Estante 1, tabela 2, n. 30.

Seção Universidade. Livros de Informações Gerais (1618 a 1706) – Depósito IV, Seção 1ª D, Estante 2, Tabela 1, n. 54; (1713 a 1732). *Idem*, n. 52. (1732-1770). *Ibidem*, n. 53.

## Arquivo da Universidade de Coimbra
## Caixas da Câmara Eclesiástica – Processos

AUC. Caixas da câmara eclesiástica. III/D, 1,6,1, 2. Doc. 1, Ano de 1733 – Processo contra Maria da Costa, da freguesia de São Cristovão de Coimbra, acusada de alcouceira.

Ano de 1737, Processo de livramento apresentado pelo vigário de Maçãs de Caminho, frei António Vaz da Silveira, acusado de amancebamento em visita, III/D,1,6,1,1, doc. 3

Ano de 1762, Processo de embargo da pronúncia que resultou em visita contra o padre Inácio Pimentel de Sousa, de Reveles, acusado de se servir com criada de menos de 50 anos. III/D,1,6,1,1, doc. 5

Ano de 1774, Requerimento do vigário de Mortágua, Manuel Soares Coelho, protestando contra o antigo vigário da paróquia que através de bulas papais pretende a restituição da vigararia de Mortágua, III/D,1,6,1,12, doc. 6

Ano de 1760 – Processo em que a madre prioreza e mais religiosas do Mosteiro de Santa Ana dizem que se querem consertar com o Doutor Manuel de Santa Teresa sobre a herança que ficou do Dr. Manuel Dias Ortigão, III/D,1,6,1,14, doc. 66

Ano de 1733 – Processo relativo ao caso de José Rodrigues Trovão da Carapinheira não fazer vida marital com sua mulher Cristova Pessoa, III/D,1,6,1,14, doc. 67.

Ano de 1733 – Processo contra Maria da Costa, da freguesia de S. Cristovão de Coimbra, acusada de alcouceira, III/D,1,6,1,2, doc. 1

Ano de 1729 – Processo relativo ao pároco de S. Martinho de Montemor-o-Velho, João da Costa Pinto, que ao deslocar-se a Arazede, e estando aí o visitador, foi por este notificado a fazer um termo, por se não apresentar com decência. Recusando foi preso de imediato. III/D,1,6,1,4, doc.18.

Extractos do Vouga no ofício do Seminário - repartição baixa (1745-1764), III/D,1,5,2,122.

Livro de extractos do Vouga (1692-1733), III/D,1,1,1,38.

Extractos das freguesias do arcediagado de Penela (1676-1777), III/D,1,5,2,120.

## Instituto Nacional Arquivo da Torre do Tombo (IANTT)
### http://digitarq.dgarq.gov.pt

1.  Habilitações do Santo Ofício. Nomes listados Anexo 5.

2.  Provimentos da Ordem de Cristo. Índices da Mesa da Consciência e Ordens.

3.  Chancelarias régias. Sala dos Índices Próprios e Comuns.

4.  Decretamento de Serviços. Ministério do Reino. Decretamentos de Serviços. Índice do Livro 1 (1734-1761)

5.  COM. Mesa da Consciência e Ordens. Secretaria do Mestrado da Ordem de Cristo. Padroados do Brasil. Bispado de Mariana, Maço 5, Caixa 5, 6 e 7.

## Arquivo Histórico Ultramarino - AHU

AHU, Cx 53, doc. 51. 20/03/1749. Carta de Gomes Freire de Andrade, Governador de Minas Gerais, para Dom João V, dando seu parecer sobre uma queixa apresentada pelos moradores da cidade de Mariana contra o Ouvidor José Antônio de Oliveira Machado e o Juiz de Fora José Caetano Galvão de Andrade.

AHU, Cx 53, doc. 14. 28/01/1749. Carta de José Antônio de Oliveira Machado, Ouvidor de Vila Rica, para Dom João V, respondendo as acusações contidas na representação dos moradores, sobre a aplicação da Justiça.

AHU, Cx 53, doc. 37. 02/03/1749. Mariana. Carta de Francisco Ângelo Leitão, Juiz de Fora de Mariana, para Dom João V, dando conta das informações que colhera a respeito da representação dos moradores que se queixavam da administração da Justiça que se executava em Mariana.

AHU/MG/Vila Rica, Cx. 55, doc. 34, 23/03/1750: Carta de Caetano da Costa Matoso, Ouvidor de Vila Rica, para D. João V, dando conta dos procedimentos dos eclesiásticos relativamente aos recursos que se interpunham no Juízo da Coroa.

AHU/MG, Cx. 72, doc. 22, 01/07/1757. Carta de Dom Frei Manuel da Cruz, Bispo de Mariana informando a medida como os Ministros Eclesiásticos se interpõem os recursos para o tribunal da Coroa, depois que os recorrentes os extraem do Juízo Preparatório de Vila Rica.

AHU, Cx.55, doc.44, de 05/07/1750. Vila Rica. Carta de Caetano da Costa Matoso, Ouvidor de Vila Rica, para D. João V, dando conta dos conflitos que havia entre os eclesiásticos e as instituições judiciais, sobre diversas matérias.

AHU MG/s/l, Cx. 59, doc. 52. 24/02/A752. Requerimento do Bacharel Francisco Ângelo Leitão, Juiz de Fora da Cidade de Mariana, solicitando provisão para que o bispo de Minas Gerais, Dom Frei Manuel da Cruz, suspenda o procedimento que tem contra ele.

AHU, Cx. 60, doc. 44. 31/08/1752. Carta do Bispo de Mariana, D. Frei Manuel da Cruz, informando a Diogo de Mendonça Corte-Real acerca dos atos porque se procedeu contra o Bacharel Francisco Ângelo Leitão.

AHU/MG/Lisboa, Cx. 59, doc. 66. 11/03/1752. Consulta do Conselho Ultramarino sobre a conta que deu o bispo de Mariana, Dom Frei Manuel da Cruz, acerca do modo como deve responder os recursos.

AHU/MG/s/l, Cx. 60, doc. 38. 28/08/1752. Carta de José Sobral e Souza, Vigário da Vara da Comarca do Rio das Mortes, informando ao Reverendo Dom Frei Manuel da Cruz, Bispo de Mariana, sobre as repetidas violências à jurisdição eclesiástica cometidas pelo Ouvidor-Geral da referida Comarca.

AHU, Cx.66, doc. 17, 10/11/1754. Carta de Silvério Teixeira, Juiz de Fora da cidade de Mariana, queixando-se a D. José I das perturbações que o bispo de Mariana, Dom Frei Manuel da Cruz e os ministros eclesiásticos lhe causam pelos excessos que praticam.

AHU, Cx.66, doc. 60. 22/12/1754. Carta de Dom Frei Manuel da Cruz, Bispo de Mariana, informando o Governador de Minas Gerais, José Antônio Freire de Andrade, sobre perturbações existentes no âmbito de sua jurisdição.

AHU/MG/Mariana, Cx.66, doc. 62. 22/12/1754. Carta de Dom Frei Manuel da Cruz, Bispo de Mariana, informando José Antônio Freire de Andrade, Governador de Minas Gerais, sobre o conflito que trava contra os advogados e agentes de causas, assim como o reflexo que o mesmo causa na jurisdição eclesiástica.

AHU/MG, Cx.67, doc. 11, 23/01/1755. Carta de José Antônio Freire de Andrade, Governador de Minas Gerais, para Diogo de Mendonça Corte-Real, Secretário de Estado da Marinha e Ultramar, dando conta da concordata obtida pelo Bispo de Mariana com vista a pôr termo às sublevações.

AHU/MG, Cx.67, doc. 15, 23/01/1755. Tejuco. Carta de José Antônio Freire de Andrade, Governador de Minas, informando Dom José I sobre o que lhe escreveu o Bispo de Mariana, Dom Frei Manuel da Cruz, acerca dos excessos cometidos pelos advogados e solicitadores da cidade de Mariana.

AHU/MG, Cx. 67, doc. 49. 30/04/A755. Requerimento do Procurador da Mitra do Bispado de Mariana, solicitando que se lhe passe por certidão o teor de uma portaria que Dom Frei Manuel da Cruz, bispo do referido bispado, remeteu ao Juízo Eclesiástico.

AHU, Cx. 68, doc. 28. 7/07/1755. Consulta do Conselho Ultramarino sobre a conta que deu o Governador de Minas, José Antônio Freire de Andrade acerca do que lhe escreveu o Bispo de Mariana, Dom Frei Manuel da Cruz, no que toca à conduta dos advogados e solicitadores face às Justiças Eclesiásticas.

AHU/MG, Cx. 67, doc. 64. 05/05/1755. Carta de Dom Frei Manuel da Cruz, Bispo de Mariana, informando o Secretário de Estado, Diogo de Mendonça Corte-Real, ter recebido o novo Regimento dos Ministros e Oficiais da Justiça Secular de Minas.

AHU/MG/Cx. 69, doc. 8. 08/01/1756. Consulta do Conselho Ultramarino sobre a pretensão do Bispo em construir aljube.

AHU/MG, Cx.67, doc. 75, 07/05/1755. Representação da Câmara de Mariana a Dom José I, expondo os vexames praticados pelo Bispo Dom Frei Manuel da Cruz, na cobrança de emolumentos judiciais e nos expedientes da Câmara Eclesiástica.

AHU/MG/Mariana, Cx. 68, doc. 8. 10/05/1755. Carta de Dom Frei Manuel da Cruz, Bispo de Mariana, informando o Secretário de Estado sobre o estado do seu bispado.

AHU/MG, Cx. 70, doc. 13, 16/07/1756. Carta de Dom Frei Manuel da Cruz, bispo de Mariana, informando a Dom José I, com o seu parecer sobre conflitos havidos entre o vigário geral e o Juiz de Fora da Cidade de Mariana.

AHU/MG, Cx. 73, doc. 7, 25/01/1758. Consulta do Conselho Ultramarino sobre os capítulos que Francisco Ângelo Leitão, Ouvidor da Comarca de Vila Rica, e o Juiz de Fora Silvério Teixeira, usavam para oprimir os povos da cidade de Mariana.

AHU/MG/Lisboa, Cx. 76, doc. 5, 08/05/1760. Consulta (parte final) do Conselho Ultramarino sobre alguns provimentos e glosas feitas por Francisco Ângelo Leitão, ouvidor da Cidade de Mariana.

AHU/MG/s.l., Cx. 76, doc. 18, 21/06/1760. Consulta (parte final) do Conselho Ultramarino sobre a representação dos moradores da cidade de Mariana contra o Juiz de Fora Silvério Teixeira.

AHU/MG/s.l., Cx. 84, doc. 42, 05/11/A764. Representação dos irmãos da Ordem Terceira de Nossa Senhora do Carmo de Vila Rica, pedindo a Dom José I para tomar debaixo de sua proteção a dita ordem, concedendo para comissário um religioso da Província do Rio de Janeiro, para ficarem livre do cabido de Mariana.

AHU/MG/Mariana, Cx. 84, doc. 60, 24/12/1764. Carta de José Antônio Pinto Dantas Boto, Juiz de Fora da Cidade de Mariana, dando sua observância do que se passava naquela cidade e o que nela necessita para a sua melhor administração.

AHU/MG/Vila Rica. 31-8-1765. cx. 86, doc.13, cd 24. Representação dos oficiais da Câmara de Vila Rica pedindo que se mande observar a Constituição sinodal relativa ao pagamento da desobriga de confissão e comunhão pascal.

AHU/MG/Vila Rica. 8-9-1765, cx. 86, doc. 39, cd 25. Carta de José Gomes de Araújo para Francisco Xavier de Mendonça Furtado dando cumprimento a sua carta de 18 de março de 1765, sobre o pagamento das côngruas em débito de Francisco Xavier da Silva, cônego de mariana.

AHU/MG/Vila Rica. 9-7-1765. cx. 85, doc. 57, cd. 24. Carta de Luís Diogo Lobo da Silva, governador de Minas Gerais, para F. Xavier Mendonça Furtado, informando que mandou cartas circulares aos ouvidores de câmaras para execução e afixação dos exemplares do alvará régio relativo à formação da Junta de Justiça para deferir aos recursos relacionados com o Vigário da Vara de Paracatu contra o juiz dos órfãos.

AHU/MG/s.l. 00-00-1765. cx. 86, doc. 62, cd 25. Catálogo das ordens que se expediram do Secretário de estado dos negócios da Marinha e domínios ultramarinos para a capitania das Minas de 1765 e 1766.

AHU/MG/Vila Rica. 2-10-1766. cx. 89, doc. 1, cd 25. Carta de Luís Diogo Lobo da Silva, governador de Minas Gerais, ao Conde Oeiras, Sebastião José de Carvalho e Melo, informando que o provedor da Fazenda, José Gomes de Araújo, mandara satisfazer ao cônego J. B. Borges a côngrua de 2067$500 Réis de sua côngrua, não obstante ter andado ausente por crime e sentença.

AHU/MG/Vila Rica. 23-2-1766. cx. 87, doc. 4, cd 25. Carta de Luís Diogo Lobo da Silva, governador de MG, para F. Xavier Mendonça Furtado, informando que teve conhecimento, pela carta de 25-11-1765, que as suas cartas enviadas para o Reino foram apresentadas a Dom José I, mas que a sua resolução não pôde vir no iate S. J. Batista por falta de tempo.

AHU/MG/Vila Rica. 9-10-66. cx. 89, doc. 9, cd. 25. Carta de Luís Diogo Lobo da Silva, governador de MG, para F. Xavier de Mendonça Furtado, sobre vários assuntos, entre eles, o estado de sua saúde, os jesuítas e os motins de Madri.

AHU/MG/Vila Rica. 15-10-66. cx. 89, doc. 17, cd. 25. Carta de um Padre da Igreja de N. S. Pilar para F. Xavier Mendonça Furtado, lembrando que, a D. José I, como grão Mestre das Ordens, pertence o provimento em muitos assuntos espirituais daquele continente.

AHU/MG/Vila Rica. 15-08-66. cx. 88, doc. 25, cd. 25. Carta de José da Costa Fonseca, ouvidor de V. Rica, para Francisco Xavier Mendonça Furtado, enviando certidão a comprovar a execução do alvará de 1765, janeiro, 18, sobre as Juntas de justiça para se deferirem os recursos da Coroa.

AHU/MG/Vila Rica. 7-9-1766. cx. 88, doc. 39, cd. 25. Carta de Luís Diogo Lobo da Silva, governador de Minas Gerais, para F. Xavier de Mendonça Furtado, sobre a carta que junta do desembargador Manuel da Fonseca Brandão a respeito da devassa que tirou, na Vila do Pitangui, ao Padre Caetano Mendes de Proença, Vigário da Vara e a Antônio Dias Teixeira das Neves, capitão-mor.

AHU/MG/Vila Rica. 14-9-1766. cx. 88, doc. 42, cd. 25. Carta de Luís Diogo Lobo da Silva, governador de Minas Gerais, para o Conde de Oeiras, Sebastião José de Carvalho e Melo, sobre o desempenho de funções por parte de alguns ministros daquela capitania.

AHU/MG/Vila Rica.15-9-1766. cx. 88, doc. 43, cd. 25. Carta de Luís Diogo Lobo da Silva, governador de Minas Gerais, para F. Xavier Mendonça Furtado, informando a recepção de uma carta e bando do governador de São Paulo, D. Luís Antônio de Sousa, relativos à circulação de cópias de uma carta de revolta contra o governador das Minas, escrita pelas câmaras da mesma capitania. Anexo: cópia de uma carta e do bando.

AHU/MG/Vila do Pitangui.20-9-1766. Cx. 88, doc. 53, cd. 25. Representação dos oficiais da câmara Vila Pitangui sobre o mal que tem causado ao povo as desordens ocorridas entre os Vigários paroquiais e da Vara daquela freguesia, temendo ainda o provimento de um pároco de gênio inquieto.

AHU/MG/Mariana.20-9-1766. cx. 88, doc. 54, cd. 25. Carta de Domingos Dias Velho vereador da Câmara de Mariana, para F. X. M. Furtado, acusando a recepção da Colecção Impressa que contém a Lei de 6-3-1765.

AHU/MG/s.l. 00-00-1766. cx. 89, doc. 54, cd. 26. Extrato de cartas de Luís Diogo Lobo da Silva e outras pessoas enviadas ao Conde de Oeiras, Sebastião José de Carvalho e Melo.

AHU/MG/s.l. 00-00-1766. cx. 89, doc. 55, cd. 26. Certidão e outros documentos relativos ao requerimento do Capitão Vicente Pereira de Sousa, morador na sua fazenda a Barra do Pinheiro, termo de Mariana, respeitante aos escandalosos procedimentos que sua mulher, Maria Isabel da Purificação e da Silva Muniz, praticou contra si.

AHU/MG/Vila Rica. 23-9-1766. 88, doc. 57, cd. 25. Carta de Luís Diogo Lobo da Silva para F. X. Mendonça Furtado, sobre a carta de 12-8-1763, na qual lhe determinava que encarregasse a um ministro da maior confiança o exame da representação do Padre Antônio Mendes Santiago, Vigário paroquial e da Vara da freguesia de Paracatu.

AHU/MG/Vila Rica. 23-9-1766. 88, doc. 58, cd. 25. Carta de Luís Diogo Lobo da Silva, governador de Minas, informando a D. José I com seu parecer sobre a representação da Câmara da Cidade de Mariana na qual se queixavam daquilo que lhe cobravam os párocos.

AHU/MG/Vila Rica. 30-4-1766. 87, doc. 85, cd. 25. Carta de Luís Diogo Lobo da Silva, governador de Minas, para F. X. Mendonça Furtado, queixando-se dos procedimentos do provedoria da Real Fazenda, João Caetano Pereira Barreto e dos Cônegos de Mariana.

AHU/MG/S. l.18-03-1767. cx. 90, doc. 26, cd 26. Carta régia (cópia) para D. Antônio Álvares da Cunha, Vice-rei do Brasil e conde da Cunha, ordenando a execução da carta régia de 6-11-1759, a respeito do crime das inconfidências.

AHU/MG/S. l. 24-3-1767. cx. 90, doc. 28, cd 26. Carta (cópia) de Francisco Xavier de Mendonça Furtado, para Luís Diogo Lobo da Silva, enviando uma cópia de carta de Dom José I para ser entregue ao conde da Cunha, D. Antônio Álvares da Cunha, Vice-rei do Brasil, datada de 17-3-1767, a respeito do crime das inconfidências.

AHU/MG/23-9-1767. cx. 91, doc. 29, cd 26. Vila Rica. Carta de Luís Diogo Lobo da Silva para Francisco Xavier de Mendonça Furtado, enviando a cópia de um edital que publicou sobre os jesuítas.

AHU/MG/2-4-1767. Cx. 90, doc. 30, cd 26. S.l. Representação dos oficiais da câmara de Mariana dando o seu parecer sobre o requerimento dos moradores do arraial de São Luís e Santana das Minas do Paracatu no qual se queixam da falta de assistência do Vigário geral e paroquial, Padre Antônio Mendes Santiago.

AHU/MG/30-6-1767. Cx. 90, doc. 62, cd 26. S.l. Vila Rica. Carta de Luís Diogo Lobo da Silva, governador das Minas para o Conde de Oeiras, sobre o desempenho das suas funções para a boa ordem no governo daquela capitania apesar das acusações que contra ele possam fazer.

AHU/MG/9-12-1767. cx. 91, doc. 78, cd 27. V. N. Rainha. Representação dos oficiais da Câmara de V. N. Rainha, solicitando a Dom José I a mercê de dar providências respeitantes aos excessivos direitos paroquiais de que os moradores eram vítimas.

AHU/MG/00-00-1768. s.l. cx. 93 doc. 55, cd 27. Extrato das cartas do Conde de Valadares, dom José Luís de Meneses, e do provedoria da Fazenda Real da capitania das Minas, para Conde de Oeiras, Sebastião José de Carvalho e Melo e Francisco Xavier de Mendonça Furtado.

AHU/MG/00-00-1768. s. l. cx. 93 doc. 56, cd 27. Extrato das cartas de Luís Diogo Lobo da Silva, governador de Minas Gerais, e do ouvidor daquela capitania para o Reino.

AHU/MG/9-2-1768. cx. 92, doc. 16, cd 27. S.l. Lista e resumo das cartas enviadas das Minas Gerais para F. X. Mendonça Furtado.

AHU/MG/9-2-1768. cx. 92, doc. 17, cd 27. S.l. Lista e resumo das cartas enviadas das Minas Gerais para o Conde de Oeiras, Sebastião José de Carvalho e Melo.

AHU/MG/31-8-1768. cx. 93 doc. 20, cd 27. Carta do Conde de Valadares, dom José Luís de Meneses, governador das Minas, para Francisco Xavier de Mendonça Furtado, sobre vários assuntos, dentre eles, a digressão que efetuou naquela terra e boa conduta do provedor da Fazenda Real.

AHU/MG/00-00-1769. s.l cx. 96, doc. 67 Cd 28. Catálogo das Ordens que se expediram pelo Secretário de Estado dos Negócios e Domínios Ultramarinos para a capitania de Minas Gerais em 1769. Anexo: minutas de ordens.

AHU/MG/00-00-1769. s.l cx. 96, doc. 68, Cd 28. Rol dos feitos, certidões e documentos remetidos da câmara e cartório contencioso da cidade de Mariana para a de Lisboa dos delitos dos réus Cônegos Francisco Ribeiro da Silva e J. B. Borges.

AHU/MG/00-00-1769. s.l cx. 96, doc. 69, Cd 28. carta incompleta sobre as qualidades e merecimentos dos opositores as igrejas e canonicatos atualmente vagos no bispado de Mariana. Anexo: 1 rol das coisas necessárias à catedral Mariana.

AHU/MG/05-2-1769. Cx 94, doc. 10, cd 27. Vila Rica. Carta de D. José Luís de Meneses, Conde de Valadares e governador das Minas, para o conde de Oeiras, Sebastião José de Carvalho e Melo, dando conta da situação de acalmia da sua capitania.

AHU/MG/22-2-1769. Cx 94, doc. 22, cd 27. Vila Rica. Carta de João Caetano Soares Barreto, provedor da fazenda real para Francisco Xavier de Mendonça Furtado, entre vários assuntos, sobre a boa relação do povo com o governador e a pobreza da capitania das Minas.

AHU/MG/02-08-1769. Cx 95, doc. 71, cd 27. Vila Rica. Carta do Conde de Valadares, D. José Luís de Meneses, governador das Minas, para o Conde de Oeiras, S. J. de Carvalho e Melo, informando, entre outros assuntos, um caso ocorrido na comarca da cidade de Mariana (delito de inconfidência).

AHU/MG/02-08-1769. Cx 95, doc. 74, cd 27. Vila Rica. Carta de João Caetano Soares Barreto, provedor da fazenda real para Francisco Xavier de Mendonça Furtado, informando, entre outros assuntos, da boa produção de milho e mais gêneros da terra, da queixa dos mineiros da falta de ouro e da boa harmonia que tem com o governador.

AHU/MG/01-9-1769. Cx. 96, doc. 1, cd 27. Vila Rica. Carta do Conde de Valadares, D. José Luís de Meneses, governador das Minas, para Francisco Xavier de Mendonça Furtado, apresentando dois meios para extinguir os extravios do ouro: a construção de três pequenas casas de fundição nas comarcas do Serro, Sabará e Rio das Mortes e existência de moeda provincial de prata e cobre. *Idem* em Cx 96, doc. 2, 01-9-1769, Vila Rica, com uma carta anexa.

AHU/MG/05-9-1769. Cx 96, doc. 9, cd 28. Vila Rica. Carta de João Caetano Soares Barreto, provedor da fazenda, para Francisco Xavier de Mendonça Furtado, sobre vários assuntos: entre eles a desordem existente entre o Cabido da cidade de Mariana e o seu vigário capitular, Inácio Corrêa de Sá, da qual tirou devassa.

AHU/MG/4-12-1769. Cx. 96 doc. 47 cd 28. Carta do Conde de Valadares, D. José Luís de Meneses, governador das Minas, para Francisco Xavier de Mendonça Furtado, dando seu parecer sobre requerimento do bacharel Cláudio Manuel da Costa onde pede a propriedade vitalícia do ofício de provedor da Coroa e fazenda real da capitania das Minas com ordenado de dois mil cruzados. Anexo: 1 carta, 1 requerimento, 1 atestado.

AHU/MG/17-3-1769. Cx. 94 doc. 50 cd 27. Vila Rica. Carta de José da Costa Fonseca, ouvidor da comarca de Vila Rica, para D. José I, sobre as violências e perturbações que praticou o Côn. Francisco Ribeiro da Silva e as providências que deu para evitar estas desordens.

AHU/MG/18-12-1769. Cx. 96 doc. 53 cd 28. Vila Rica. Carta de João Caetano Soares Barreto, provedor da real fazenda para Francisco Xavier de Mendonça Furtado, informando que a devassa de denúncia de inconfidência que tirou ao cabido da Sé de Mariana e ao vigário capitular, Inácio Corrêa de Sá, será remetida para a Secretaria de Estado dos Negócios do Reino.

AHU/MG/18-12-1769. Cx. 96 doc. 54 cd 28. Vila Rica. Carta do Conde de Valadares, D. José Luís de Meneses, governador das Minas, para Francisco Xavier de Mendonça Furtado, informando, entre outros assuntos, do bom desempenho do provedor e do escrivão do intendente desta comarca na devassa contra o padre Inácio Corrêa de Sá vigário capitular do bispado de Mariana.

AHU/MG/18-12-1769. Cx. 96 doc. 55 cd 28. Vila Rica. Anexo: cópia de 1 carta. Carta do Conde de Valadares, D. José Luís de Meneses, governador das Minas, para Francisco Xavier de Mendonça Furtado, sobre a devassa que apresentou ao Conde Oeiras, Sebastião José de Carvalho e Melo contra o capitular Pe. Inácio Corrêa de Sá, do bispado de Mariana, em observância da ordem régia de 1767, março, 24.

AHU/MG/29-12-1769. V. Rica. Cx 96, doc. 59, cd 28. Carta do Conde de Valadares, D. José Luís de Meneses, governador das Minas, para Francisco Xavier de Mendonça Furtado, acusando a recepção de alguns exemplares da lei de 18 de agosto que remeteu aos ministros e dos exemplares do memorial sobre o cisma do sigilismo que os chamados jacobeus e beatos levantaram neste Reino.

AHU/MG/09-11-1770. cx. 99, doc. 9, cd 28. Vila Rica. Carta de D. José Luís de Meneses, conde de Valadares e Governador de Minas Gerais, para D. José I acusando a recepção da Provisão de 8-3-1769 na qual se ordenava que todas as câmaras de Minas concorressem para as despesas que a câmara de Vila Rica fizesse com a transferência de presos para o Rio de Janeiro.

AHU/MG/13-11-1770, cx. 99, doc. 11, cd. 28. Vila Rica. Carta de D. José Luís de Meneses, conde de Valadares e Governador de Minas Gerais, para Martinho de Melo e Castro Secretário de Estado da Marinha e Ultramar solicitando orientações a respeito das dúvidas que se levantaram a junta de ministros criada para julgar certos casos cometidos em Vila Rica.

AHU/MG/24-1-1770, s.l. cx. 97, doc. 12, cd 28. Extrato das cartas de D. José Luís de Meneses, conde de Valadares e Governador de Minas Gerais, para Francisco Xavier de Mendonça Furtado, o secretário de estado da marinha e ultramar.

AHU/MG/23-11-1770, cx. 99, doc. 25, cd 28. V. Rica. Carta de D. José Luís de Meneses, conde de Valadares e Governador de Minas Gerais, para o Conde de Oeiras, Sebastião J. de Carvalho e Melo, dando conta da prisão do clérigo José Joaquim, morador na vila do Sabará. Anexo: um auto de inquirição.

AHU/MG/27-11-1770, cx. 99, doc. 29, cd 28. V. Rica. Carta de José da Costa Fonseca, ouvidor da comarca de Vila Rica, para Martinho de Melo e Castro secretário de estado da marinha e ultramar, informando, entre outros assuntos, sobre a ordem de 18-1-1765 que determinava se constituíssem juntas de justiças em todos os lugares onde houvesse ouvidores.

AHU/MG/07-12-1770. cx. 99, doc. 31, cd 28. Mariana. Representação do Cabido de Mariana a Martinho de Melo e Castro Secretário de Estado da Marinha e ultramar, acusando a recepção de uma coleção de pastorais publicadas pelos prelados metropolitanos e diocesanos de Portugal.

AHU/MG/07-12-1770. cx. 99, doc. 32, cd 28. Mariana. Representação do Cabido de Mariana a D. José I acusando a recepção de uma carta sua datada de 23-8-1770, na qual informava não ser de sua intenção impedir os legítimos recursos do Sumo Pontífice, Clemente XIV e do Tribunal da Cúria de Roma nas matérias que fossem de sua competência.

AHU/MG/02-10-1770. cx. 98, doc. 47, cd 28. Mariana. Representação do Cabido de Mariana a D. José I acusando a recepção da Bula do Jubileu pela exaltação do Santo Padre Clemente XIV ao pontificado bem como da carta evangélica dirigida a todos os prelados do mundo cristão.

AHU/MG/12-8-1771. Cx 101, doc 27, cd 29. Lisboa. Carta (minuta) de D. José I para o conde de Valadares e Governador de Minas Gerais, D. José Luís de Meneses, informando da necessidade de se instituir uma Junta de Justiça em Minas.

AHU/MG/7-9-1771. cx. 101, doc. 37 cd 29. Lisboa. Carta régia (cópia) de D. José I para o conde de Valadares e Governador de Minas Gerais, D. José Luís de Meneses, estabelecendo normas para melhor administração da referida capitania.

AHU/MG/8-6-1771. cx. 100, doc. 58 cd 29. Vila Rica. Carta de D. José Luís de Meneses, conde de Valadares e Governador de Minas Gerais, para Martinho de Melo e Castro, Secrerário de Estado da Marinha e Ultramar informando ter tomado conhecimento e feito registar o alvará de 12-12-1770 que regulava a forma de sucessão nos cargos de governação.

AHU/MG/8-6-1771, cx. 100. Doc. 62. V. Rica. Carta de D. José Luís de Meneses, conde de Valadares e Governador de Minas Gerais, para D. José I acerca da representação dos oficiais da câmara de Vila Nova da Rainha sobre o preço que cobram os carcereiros e tesoureiros do juízo para o sustento dos escravos que passam pelas cadeias daquele juízo.

AHU/MG/Vica Rica. 3-1-1772. cx. 102, doc. 1, cd 29. Carta de D. José Luís de Menezes, Conde de Valadares e governador de Minas Gerais, para Martinho de Melo e Castro, secretário de Estado da Marinha e Ultramar, informando que ia dar pronta execução à ordem régia de criação de uma Junta de Justiça em Vila Rica.

AHU/MG/3-1-1772. cx. 102, doc. 2, cd 29. Extrato de cartas enviadas por D. José Luís de Menezes, Conde de Valadares e governador de Minas Gerais, para M. de Melo e Castro, Secretário de Estado da M. e Ultramar.

AHU/MG/V. Rica. 2-7-1772. cx. 103, doc 3, cd 29. Carta de José João Teixeira Intendente e Ouvidor da comarca de Vila Rica para D. José Luís de Menezes, Conde de Valadares e governador de Minas Gerais, acusando a recepção da sua carta na qual determinava a suspensão do deferimento dos recursos dos cônegos Francisco Ribeiro da Silva e José Botelho Borges. Anexo: vários documentos.

AHU/MG/Mariana. 2-7-1772. cx. 103, doc 4, cd 29. Carta de Francisco Xavier da Rua, Vigário geral e governador interino do bispado de Mariana, para D. José I, dando conta do estado do seu bispado. Anexo: rol dos feitos, certidões e documentos das culpas dos Reverendos Francisco Ribeiro da Silva e José Botelho Borges.

AHU/MG/s. l. 3-7-1772. cx. 103, doc 5, cd 29. Carta de João da Silva Tavares, sargento-
-mor e Juiz de Fora da Cidade Mariana, dando conta dos maus tratos infringidos à crioula
Isabel Pereira pelo Reverendo Côn. Francisco Ribeiro da Silva.

AHU/MG/V. Rica. 3-7-1772. Cx. 103, doc 6, cd 29. Carta de D. José Luís de Menezes, Conde de Valadares e governador de Minas Gerais, para João da Silva Tavares determinando
que o informe a respeito de um índio que havia sido vendido como cativo pelo Reverendo
Côn. Francisco Ribeiro da Silva. Anexo: 1 carta - cópia; 1 auto de inquirição.

AHU/MG/Mariana. 3-7-1772. Cx. 103, doc 8, cd 29. Auto de inquirição de testemunhas
efetuado por João da Silva Tavares, sargento-mor e Juiz de Fora da Cidade Mariana, por
ordem de D. José Luís de Menezes, Conde de Valadares e governador de Minas Gerais,
com vista a esclarecimentos dos castigos praticados contra Isabel Pereira, crioula forra
da freguesia do Inficionado. Anexo: vários documentos.

AHU/MG/Rio de Janeiro 18-9-1772. cx. 103, doc. 50., cd 30. Certidão passada pelo escrivão do Juiz dos Feitos da Coroa da Relação do Rio de Janeiro, atestando terem sido
enviados àquele Juízo, por apelação do arraial do Tejuco, uns autos crimes em que eram
partes apelantes a Justiça e apelado José Antunes.

AHU/MG/Rio de Janeiro.18-9-1772. cx. 103, doc. 51, cd 30. Certidão passada pelo escrivão do Juiz dos Feitos da Coroa da Relação do Rio de Janeiro atestando ter em seu poder,
por apelação do Sabará, uns autos crime em que eram partes apelante a Justiça e apelado
Pedro Rodrigues da Costa. Nota: documento anexo.

AHU/MG/Mariana. 5-6-1772. 102, doc. 54, cd 29. Carta de Francisco Xavier da Rua para
o governador de Minas Gerais, D. J. L. de Menezes, o Conde de Valadares, informando da
prisão de José Botelho Borges.

AHU/MG/Vila Rica. 9-6-1772. cx. 102, doc. 57 cd 29. Carta de D. J. L. de Menezes, o Conde de Valadares, governador de Minas Gerais, para Martinho de M. e Castro, Secretário de
Estado, queixando-se da inobservância de algumas cláusulas do regimento das justiças,
por parte de alguns oficiais.

AHU/MG/11-6-1772. cx. 102, doc. 60 cd 29. Carta de D. J. L. de Menezes, o Conde de Valadares, governador de Minas Gerais, para M. de M. e Castro, Secretário Estado, solicitando informações sobre os tipos de delitos que deveriam ser julgados pela junta de justiça
de Vila Rica. Anexo: 6 cartas cópias.

AHU/MG/Vila Rica. 15-10-1772. cx. 103, doc. 62, cd 30. Carta de D. J. L. de Menezes, o Conde de Valadares, governador de Minas Gerais, para o Marquês de Pombal, Sebastião José de Carvalho e Melo, dando conta do aviso recebido do presidente e mais deputados da Junta da Coroa evitar a ida dos cônegos da Sé de Mariana Francisco Ribeiro Silva e José Botelho Borges, que deveriam seguir presos para o Rio de Janeiro.

AHU/MG/Vila Rica.20-11-1772. cx. 103, doc. 87, cd 30. Carta de D. J. L. de Menezes, o Conde de Valadares, governador de Mg, para o Marquês de Pombal, Sebastião J. de C. e Melo, informando, entre outros assuntos, da prisão dos cônegos da Sé de Mariana Francisco R. Silva e José Botelho Borges, bem como do caso de um índio que era tratado como escravo na fazenda do cônegos Francisco R. Silva.

AHU/MG/s. l. 00-00-1772, cx. 103, doc. 96, cd. 30. extrato das cartas de D. J. L. de Menezes, o Conde de Valadares, governador de MG.

AHU/MG/Vila de S. José.6-3-1773. Cx. 104, doc 41, cd 30. Representação dos oficiais da Câmara da Vila de São José informando a D. José I, entre outros assuntos, sobre as irregularidades praticadas pelos eclesiásticos e solicitando providências contra as mesmas.

AHU/MG/Vila Rica.01-5-1773. cx. 104, doc 55, cd 30. Carta do Conde de Valadares, D. José Luís de Meneses informando Martinho de Melo e Castro sobre a conduta dos oficiais que mais se distinguem na capitania.

AHU/MG/São João Del Rei.20-5-1773. Cx. 104, doc 60, cd 30. Carta de José Sobral e Sousa, Vigário da Vara, informando a D. José I, entre outros assuntos, sobre a tomada de posse de Francisco Xavier da Rua como governador interino do bispado de Mariana e solicitando providências contra os atos praticados pelo mesmo.

AHU/MG/Sabará.20-5-1773. Cx 104, doc 61, cd 30. Carta de José de Góis Ribeiro Lara informando Martinho de Melo e Castro sobre a remessa do mapa das pessoas existentes nas freguesias da comarca do Sabará.

AHU/MG/s.l. 26-11-1773. Cx 105, doc 66, cd 30. Lista das cartas e informações enviadas para o Reino em 1772 e 1773.

AHU/MG/Lisboa.25-06-1773. Cx 104 doc 71, cd 30. Carta de Martinho de Melo e Castro, secretário de Estado, dirigida a Manuel da Fonseca Brandão, pedindo que este informe com seu parecer sobre as culpas dos réus Francisco Ribeiro da Silva e José Botelho Borges, cônegos da Sé de Mariana.

AHU/MG/V. Rica. 20-12-1773. Cx 105, doc 71, cd 30. Carta de Antônio Carlos Furtado de Mendonça, Governador de Minas Gerais, para Martinho de Melo e Castro, secretário de Estado, dando conta das desordens que grassavam no bispado de Mariana. Anexo: um auto – cópia.

AHU/MG/V. Rica. 20-12-1773. Cx 105, doc 72, cd 30. Carta de Antônio Carlos Furtado de Mendonça, Governador de Minas Gerais, pedindo providências no sentido de se evitarem os excessos e injustiças cometidas pelas autoridades judiciais da capitania. Anexo: 1 relação.

AHU/MG/s. l. 00-6-1773. cx. 104, doc 74, cd 30. Lista das cartas dirigidas a D. José I pelo Conde de Valadares, D. José Luís de Meneses, governador de Minas Gerais. Anexo: 1 relação.

AHU/MG/Vila Rica.20-12-1773. cx. 105, doc 74. cd 30. Carta de Antônio Carlos Furtado de Mendonça, Governador de Minas Gerais, para Martinho de Melo e Castro, secretário de Estado, sobre as consequências do aviso feito por Frei Bartolomeu dos Mártires ao Vigário geral Francisco Xavier da Rua, que governa o bispado e o cabido de Minas Gerais relativo ao Fiat colocado em Roma nas suas bulas e na da translação do bispo. Anexo: cópias de vários documentos.

AHU/MG/Vila de S. J. Del Rei.30-7-1774. cx. 107, doc. 23, cd 30. Representação da câmara da vila de S. J. Del Rei expondo os inconvenientes que havia em os ouvidores participarem na eleição das juntas de justiça, podendo fazer entrar pessoas da sua confiança.

AHU/MG/Vila de S. J. Del Rei.30-7-1774. cx. 107, doc. 25, cd 30. Representação da câmara da vila de S. J. Del Rei solicitando providências contra as justiças eclesiásticas do Bispado de Mariana.

AHU/MG/Vila de S. J. Del Rei. 30-7-1774. cx. 107, doc. 26, cd 30. Representação dos oficiais da câmara da vila de S. J. Del Rei pedindo providências a D. José I contra o excessivo peso das cobranças observadas pelos párocos.

AHU/MG/Vila do Príncipe. 2-8-1774. cx. 107, doc. 33, cd 30. Representação dos oficiais da câmara da vila do Príncipe pedindo providências contra as extorsões praticadas pelo pároco contra os habitantes de Minas.

AHU/MG/Vila Rica. 27-4-1775. cx. 108, doc. 23, cd 30. Carta de Pedro Antônio da Gama e Freitas informando Martinho de Melo e Castro, secretário de estado, sobre o envio das contas que tinha dado Manuel de Figueiredo de Sá e Silva contra José de Góis Ribeiro Lara de Moraes, ouvidor da Comarca do Sabará e contra o Padre José Correia da Silva.

AHU/MG/Mariana.13-7-1775. cx. 108, doc. 39, cd 30. Carta de Antônio de Gouveia Araújo Coutinho, Juiz de fora de Mariana dirigida a D. José I, queixando-se dos excessos praticados por Francisco Xavier da Rua, ex-Governador do Bispado. Anexo uma carta. Outros documentos.

AHU/MG/Mariana.19-7-1775. cx. 108, doc. 44, cd 30. Representação dos oficiais da câmara de Mariana dirigida a D. José I solicitando providências contra comportamento do bacharel Antônio de Gouveia Araújo Coutinho, Juiz de fora da referida cidade. *Idem* em Cx 108, doc. 51, cd 30, em Mariana, 2-8-1775, sobre despotismo e excessos do mesmo, acrescido de uma exposição; cx. 108, doc. 59, cd.30, em Mariana, 20-8-1775, carta resposta do juiz de fora, sobre os conflitos de competência com o ouvidor.

AHU/MG/Vila Rica. 25-7-1775. cx. 108, doc. 48, cd 30. Carta de Dom Antônio de Noronha, governador de Minas, informando Martinho de Melo e Castro, secretário de Estado, sobre os métodos que devem ser utilizados na conversão dos índios.

AHU/MG/s.l. 00-00-1775. cx. 110, doc. 55, cd 31. Extrato de cartas que se receberam de Dom Antônio de Noronha, governador de Minas. Há lista das suas cartas a D. José I em cx. 108, doc 79, cd30, s.l.,00-00-1775.

AHU/MG/Sabará.2-1-1776. Cx. 109, doc 1, cd. 31. Certidão especificando os bens sequestrados a José de Góis de Ribeira Lara de Morais ouvidor de Vila Real de N. Sra. da Conceição do Sabará.

AHU/MG/Vila Rica. 13-1-1776. Cx. 109, doc. 10, cd 31. Carta de Dom Antônio de Noronha, governador de Minas, informando a Martinho de Melo e Castro sobre a prisão e sequestro que se fizeram a José de Góis de Ribeira Lara de Morais e o Padre José Correia Silva. Anexo: 1 relação de bens.

AHU/MG/4-10-1776. cx. 110, doc 29 cd 31. Santo Antônio do Curvelo. Autos de devassa de inconfidência a que se procedeu contra o Reverendo Carlos José de Lima. Anexos: 2 autos de perguntas.

AHU/MG/ s.l., Cx. 111, doc. 100, 00/00/1777. Representação da população da cidade de Mariana por seu Procurador, Francisco Antônio de Sales, pedindo providências no sentido de se evitar os conflitos e desordens que se observam anualmente entre os párocos e seus fregueses.

AHU/MG/V. S. José.16-10-1777. Cx. 111, doc. 61, cd. 31. Carta de Domingos Marques Temudo, morador na Vila de São José, comarca do Rio das Mortes, solicitando a D. Maria I mercê de o mandar soltar visto se considerar preso injustamente. Anexo: 1 instrumento de justificação.

AHU/MG/Queluz.11-11-1777. Cx. 111, doc. 68, cd. 31. Ordem determinando ao Marquês de Lavradio, Luís de Vasconcelos e Sousa, vice-rei do Brasil, que solte os padres Carlos José de Lima e João Gaspar Barreto, detidos por ordem de Dom Antônio de Noronha, governador de Minas.

AHU/MG/Vila Nova da Rainha.17-12-1777. cx. 111, doc. 78, cd 31. Representação dos oficiais da câmara de Vila Nova da Rainha informando a dona Maria I sobre a difícil situação eclesiástica que atravessa a capitania de Minas e solicitando isenção do pagamento da derrama do ouro.

AHU/MG/Lisboa.7-7-1778. cx. 113, Doc. 1, Cd 32. Consulta do Conselho Ultramarino sobre a representação dos oficiais da Câmara da vila de N. Sra. do Bom sucesso de Minas Novas do Araçuaí na qual solicitavam providências contra os excessos praticados pelos párocos das freguesias daquele distrito na percepção dos direitos paroquiais.

AHU/MG/Mariana.23-1-1778. cx. 112, Doc. 8, Cd 32. Representação do cabido da Sé de Mariana remetendo a D. Maria I a lista das dignidades e cônegos da Sé de Mariana.

AHU/MG/Vila Nova da Rainha. 26-8-1778. Cx. 113, Doc. 18, Cd 32. Representação dos oficiais da Câmara de Vila Nova da Rainha dirigida a D. Maria I solicitando que se digne decretar que nas freguesias onde existirem as vintenas sejam feitas as citações pelos oficiais de justiça do local em questão.

AHU/MG/Salvaterra de Magos.25-2-1778. Cx. 112, Doc. 28, Cd 32. Decreto por que D. Maria I concede o lugar de ouvidor do Sabará a Luís Beltrão Gouveia de Almeida.

AHU/MG/Lisboa.15-9-1778. Cx. 113, Doc. 33, Cd 32. Consulta da Mesa da Consciência e Ordens sobre o requerimento do bispo de Mariana Dom Bartolomeu Manuel Mendes dos

Reis a respeito das nomeações das conezias, vigararias e benefícios do seu bispado e da faculdade para os poder nomear.

AHU/MG/Vila Rica. 30-3-1778. cx. 112, doc. 45, cd 32. Carta de Dom Antônio de Noronha, governador de Minas, pedindo a Martinho de Melo e Castro sua proteção na eventualidade de ser formulada contra si uma queixa de Bernardo da Silva Xavier.

AHU/MG/Cuiabá.26-5-1778. cx. 112, doc. 62, cd 32. Representação dos oficiais da Câmara de Vila Real do Senhor Bom Jesus do Cuiabá pedindo providências no sentido de atenuar a cobiça dos párocos.

AHU/MG/Lisboa.27-5-1778. cx. 112, doc. 63, cd 32. Aviso para José Alberto Leitão remetendo dois requerimentos do bacharel José de Sousa Monteiro, que servira no cargo de ouvidor do Rio das Mortes, sendo posteriormente preso e sequestrados os seus bens, e solicitando, ainda, o seu parecer. Anexo dois requerimentos e 1 sentença (cópia).

AHU/MG/21-11-1778. cx. 113, doc. 67, cd 32. Representação dos oficiais da Câmara da vila de São João Del rei dando conta das dificuldades com que se debate a capitana de Minas e solicitando isenção do pagamento da derrama do ouro.

AHU/MG/Vila Rica. 3-1-1779. Cx. 114, doc. 1. Cd 32. Carta de Antônio de Noronha, governador de Minas, informando a Martinho de Melo e Castro, entre outras coisas, sobre o ordenado do reverendíssimo Inácio Corrêa de Sá, governador do bispado de Mariana.

AHU/MG/Mariana.13-1-1779. Cx. 114, doc. 9. Cd 32. Carta de João Duarte Pinto dirigida a D. Maria I dando conta das violências de que é vítima por parte do desembargador Inácio de Sousa Rebelo, Juiz de Fora de Mariana.

AHU/MG/Vila Rica. 5-5-1779. cx. 114, doc. 42. Cd 32. Carta de D. Antônio de Noronha, governador de Minas Gerais, a Martinho de Melo e Castro remetendo a relação dos emolumentos, propinas e ordenados dos ministros e oficiais da Justiça e Fazenda.

AHU/MG/Vila de S. J. Del Rei.9-5-1779. cx. 114, doc. 43. Cd 32. Certidão passada por Inácio José de Alvarenga Peixoto, ouvidor da comarca do Rio das Mortes, atestando que João de Faria da Silva é o procurador de causas mais antigas dos auditórios da vila de São João Del Rei.

AHU/MG/Lisboa.17-5-1779. Cx. 114, doc. 48. Cd 32. Carta de Martinho de Melo e Castro a D. Antônio de Noronha, governador de Minas Gerais, dando conta da nomeação de D. Frei Domingos da Encarnação Pontevel para a diocese de Mariana.

AHU/MG/Lisboa.26-5-1779. Cx. 114, doc. 50. Cd 32. Consulta do Conselho Ultramarino sobre a nomeação de pessoas para a Secretaria de Governo de Minas Gerais.

AHU/MG/Vila Rica.8-11-1779. Cx. 115, doc. 59. Cd 33. Carta de D. Antônio de Noronha, governador de Minas Gerais, informando Martinho de Melo e Castro acerca do ouvidor de Vila Rica, Manuel Joaquim Pedroso e do Intendente, por conspirarem contra sua pessoa.

AHU/MG/Vila Nova da Rainha.1-12-1779. cx. 115, doc. 63. Cd 33. Representação dos oficiais da câmara de Vila Nova da Rainha pedindo que seja nomeado um juiz de fora na referida localidade para aí administrar a justiça.

AHU/MG/ s.l. 00-00-1779. cx. 115, doc. 67. Cd 33. Contas que apareceram na secretaria do Conselho Ultramarino a respeito das conhecenças e mais direitos que os párocos cobravam. Anexo; várias representações.

AHU/MG/Mariana. 29-03-1780. CX 116, doc. 16. Cd 33. Carta de Dom Frei Domingos da Encarnação Pontevel a Martinho de Melo e Castro informando-o, entre outros assuntos, de sua chegada à cidade de Mariana, assim como do estado do referido bispado.

AHU/MG/Vila Rica. 25-02-1780. CX 116, doc. 12. Cd 33. Carta de D. Rodrigo José de Menezes, governador de Minas, a Martinho de Melo e Castro informando-o acerca de sua chegada a Minas.

AHU/MG/Catas Altas.04-06-1780. CX 116, doc. 31. Cd 33. Rol das pessoas que não satisfizeram o preceito da quaresma em Catas Altas.

AHU/MG/Lisboa. 22-12-1780. CX 116, doc. 77. Cd 33. Consulta da Mesa de Consciência e Ordens sobre o provimento da dignidade de arcipreste da Sé de Mariana.

AHU/MG/Lisboa.14-4-1781. cx. 117 doc. 12 cd 33. Carta de lei (cópia) de D. Maria I autorizando ao bispo de Mariana, D. Frei Domingos da Encarnação Pontevel que proponha para as dignidades, vigararias, conezias e mais cargos eclesiásticos que vagarem os clérigos mais idôneos.

AHU/MG/Mariana.14-5-1781. cx. 117 doc. 22 cd 33. Carta do bispo de Mariana, D. Fr. Domingos da Encarnação Pontevel informando a Martinho de Melo e Castro sobre as cerimônias fúnebres que levou a cabo em memória da Rainha Mãe.

AHU/MG/31-12-1781. cx. 117 doc. 82 cd 34. Carta de D. Rodrigo José de Menezes, governador de Minas informando a Martinho de Melo e Castro, entre outros assuntos, a violência com que as populações têm sido tratadas por parte de alguns ministros.

AHU/MG/Vila Rica. 31-12-1781. cx. 117 doc. 87 cd. 34. Carta de dom Rodrigo José de Menezes informando a Martinho de Melo e Castro sobre a jornada que fez sobre diversas localidades da sua jurisdição.

AHU/MG/Vila Rica. 31-12-1781. cx. 117 doc. 88 cd. 34. Carta de D. Rodrigo José de Menezes dando conta a Martinho de Melo e Castro da necessidade que há em se ampliarem as competências dos governadores na América.

27-02-1782. cx. 118, doc. 14, cd 34. Decreto de D. Maria I nomeando José Caetano César Manitti para ouvidor de Sabará e Tomás Antônio Gonzaga para ouvidor de Vila Rica. S. l.

AHU/MG/Vila do Príncipe. 16-04-1782. cx. 118, doc. 32, cd 34. Carta de Joaquim Manuel de Seixas Abranches, ouvidor da comarca do Serro Frio para Dona Maria I queixando-se das providências tomadas por dom Rodrigo José de Menezes, governador das Minas, perante a devassa dos concubinados da Vila do Bom Sucesso das Minas Novas.

AHU/MG/Vila do Príncipe.16-04-1782. cx. 118, doc. 31, cd 34. Carta de Joaquim Manuel de Seixas Abranches, ouvidor de Serro Frio para Dona Maria I, sobre as providências que deu dom Rodrigo José de Menezes, governador das Minas, a respeito do crime de falsificação de um testamento, praticado pelos réus moradores na vila do Bom Sucesso das Minas Novas.

AHU/MG/Vila do Príncipe. 16-04-1782. cx. 118, doc. 30, cd 34. Carta de Joaquim Manuel de Seixas Abranches, ouvidor da comarca do Serro Frio, para Dona Maria I queixando-se das providências tomadas por D. Rodrigo José de Menezes, governador das Minas, a respeito da devassa do rábula Simão da Silva Pereira, da Vila do Bom Sucesso das Minas Novas.

AHU/MG/Vila do Príncipe.16-04-1782. cx. 118, doc. 29, cd 34. Carta de Joaquim Manuel de Seixas Abranches, ouvidor da comarca do Serro Frio, para Dona Maria I queixando-se das providências tomadas por D. Rodrigo José de Menezes, governador das Minas, perante a eleição do fiel do Registo das Paragens onde estão os administradores do contrato.

AHU/MG/Vila do Príncipe. 16-04-1782. cx. 118, doc. 28, cd 34. Carta de Joaquim Manuel de Seixas Abranches, ouvidor da comarca do Serro Frio, para Dona Maria I queixando-se das providências tomadas por D. Rodrigo José de Menezes, governador das Minas, perante a eleição do juiz dos órfãos da Vila do Bom Sucesso das Minas Novas.

AHU/MG/Vila Rica. 15-04-1782. cx. 118, doc. 23, cd 34. Carta de D. Rodrigo José de Menezes, governador das Minas, para Martinho de Melo e Castro, informando das providências que deu relativamente à conduta de Joaquim Manuel de Seixas Abranches, ouvidor da comarca do Serro Frio.

AHU/MG/Vila Rica. 15-04-1782. cx. 118, doc. 25, cd 34. Carta de D. Rodrigo José de Menezes, governador das Minas, pedindo a Martinho de Melo e Castro instruções que definam a quem deve remeter as devassas sobre o extravio de diamantes.

AHU/MG/Vila de Pitangui.15-06-1782. cx. 118, doc. 42, cd 34. Carta de Inácio Vieira Barros e Faxardo para D. Maria I, lamentando as ocorrências na capitania de Minas e oferecendo-se para executar prontamente os serviços régios.

AHU/MG/Vila de Pitangui.15-06-1782. cx. 118, doc. 43, cd 34. Carta de Inácio Vieira Barros e Faxardo para D. Maria I, prontificando-se a seguir a boa conduta de seus antepassados.

AHU/MG/Vila de Pitangui. 15-06-1782. cx. 118, doc. 44, cd 34. Carta de Inácio Vieira Barros e Faxardo para D. Maria I, sugerindo novos descobertos importantes no sertão situado entre a cidade de São Paulo e a vila de São Sebastião.

AHU/MG/Vila de Pitangui.15-06-1782. cx. 118, doc. 45, cd 34. Carta de Inácio Vieira Barros e Faxardo para D. Maria I, sobre a situação dos descobertos da América: o alvoroço dos povos, a ambição dos ministros, exploração dos pobres entre muitos outros assuntos.

AHU/MG/Lisboa. 25-07-1782. cx. 118, doc. 61, cd 34. Carta de Gonçalo José da Silveira Preto para o Marquês de Angeja, dando o seu parecer sobre uma carta de excomunhão expedida pelo Vigário da Vara das Minas Novas relacionada com o pagamento dos dízimos.

AHU/MG/12-09-1783. Vila rica. Cx. 120, doc. 9. Cd 34. Carta de D. Rodrigo José de Meneses, governador das Minas, para Martinho de Melo e Castro, sobre o mau procedimento de Joaquim Manuel de Seixas Abranches, ouvidor da comarca do Serro do Frio, dando conta da sua prisão.

AHU/MG/Rio de Janeiro.27-02-1783. Cx. 119, doc. 13. Cd 34. Carta de Antônio Caetano de Almeida Vilas Boas, vigário da freguesia de N. Sra. do Pilar da Vila de S. João Del rei, para o Secretário de Estado da marinha e ultramar dando conta do grande esforço que desenvolvia para extinguir as desordens e queixando-se das arbitrariedades de Luís Ferreira de Araújo e Azevedo, ouvidor da comarca.

AHU/MG/Vila de São José. 24-09-1783. cx. 120, doc. 13. Cd 34. Representação da câmara da Vila de S. José a D. Maria I solicitando a criação do cargo de vigário da vara com seus oficiais para a referida vila.

AHU/MG/Vila de São José. 24-09-1783. Cx. 120, doc. 14. Cd 34. Carta da câmara da Vila de São José queixando-se a D. Maria das arbitrariedades dos ouvidores a respeito das suas interpretações relativamente às propinas que deveriam auferir os oficiais da referida câmara.

AHU/MG/Vila Rica.29-09-1783. Cx. 120, doc. 15. Cd 34. Carta de D. Rodrigo José de Meneses, governador das Minas, para Martinho de Melo e Castro, Secretário de Estado da Marinha e Ultramar, remetendo-lhe um mapa da capitania de Minas Gerais.

AHU/MG/Mariana.10-10-1783. Cx. 120, doc. 22. Cd 34. Representação da câmara da cidade de Mariana a D. Maria I dando conta dos prejuízos resultantes da falta de moeda provincial de prata e cobre.

AHU/MG/Vila Rica. 31-03-1783. Cx 119, doc. 24. Cd 34. Carta de D. Rodrigo José de Meneses, governador das Minas, para Martinho de Melo e Castro, acusando a recepção da carta régia de 1782, julho, 20, a qual lhe conferia o governo da capitania da Bahia. Informa que não se retiraria para a referida capitania enquanto não chegasse seu sucessor.

AHU/MG/Vila Rica. 15-10-1783. Cx. 120, doc. 27. Carta de Luís da Cunha Meneses para Martinho de Melo e Castro, dando conta de ter tomado posse da capitania de Minas Gerais em 10 outubro do corrente.

AHU/MG/s.l. 02-05-1783. cx. 119, doc. 28. Cd 34. Requerimento de Mateus Gonçalves de Andrade, Vigario Encomendado na igreja da freguesia de N. Sra. do Bom sucesso da Vila Nova da Rainha do Caeté, comarca do Sabará, bispado de Mariana, pedindo o pagamento de suas côngruas em débito. Anexo: vários documentos.

AHU/MG/V. Rica. 08-05-1783. Cx. 119, doc. 31. Cd 34. Carta de D. Rodrigo José de Meneses, governador das Minas, para Martinho de Melo e Castro, sobre o estabelecimento, na dita capitania, do direito costumário, oposto à disposição da lei.

AHU/MG/Vila de São José Del Rei. 17-05-1783. Cx. 119, doc. 34. Cd 34. Representação dos oficiais da Câmara da Vila de São José pedindo a prorrogação da serventia de Luís Ferreira de Araújo e Azevedo, ouvidor da comarca do Rio das Mortes.

AHU/MG/Vila Rica. 06-06-1783. Cx. 119, doc. 36. Cd 34. Carta de D. Rodrigo José de Meneses, governador das Minas, para Martinho de Melo e Castro, informando as providências que deu para acabar com a companhia de salteadores que infestava o caminho que segue das Minas para a capitania do Rio de Janeiro.

AHU/MG/Vila Nova da Rainha.02-07-1783. Cx.119, doc. 47. Cd 34. Representação dos oficiais da Vila Nova da Rainha sobre vários assuntos, entre eles: divisão deste termo com a Vila do Príncipe e Cidade de Mariana, vexame dos mineiros, prejuízos que causam os oficiais de justiça, necessidade de mestres de escola e de gramática.

AHU/MG/Lisboa. 04-08-1783. Cx. 119, doc. 66. Cd 34. Certidão (cópia) passada por José Martiniano Rodrigues de Franca, tabelião da cidade de Lisboa, relativa a uma sentença da Relação do Rio de Janeiro em que eram partes a madre regente do Recolhimento das Macaúbas e o Reverendo José Lopes da Cruz.

AHU/MG/s/l. 06-07-1784. cx. 122, doc. 2, cd 35. Inventário dos bens sequestrados a Joaquim Manuel de Seixas Abranches, que servira o cargo de ouvidor do Serro do Frio.

AHU/MG/Vila Rica.12-07-1784. cx. 122, doc. 5, cd 35. Carta de Luís da Cunha Menezes, governador de Minas Gerais, para Martinho de Melo e Castro, Secretário da Marinha e Ultramar, intercedendo a favor do reverendo Vital José do Vale, vigário da Igreja Matriz de N. Sra. do Pilar de Ouro Preto, que aguarda ser colado na mesma igreja.

AHU/MG/Vila Rica 24-09-1784. cx. 122, doc. 28. Carta de Luís da Cunha Menezes, governador de Minas Gerais, para Martinho de Melo e Castro, Secretário da Marinha e Ultramar, dando conta de ter remetido para a relação do Rio de Janeiro os membros de uma quadrilha, presos pelo seu antecessor, em virtude de haver dúvidas sobre as penas a aplicar-se-lhes por serem brancos.

AHU/MG/Vila Rica. 27-07-1786. Cx. 125, doc. 9, cd 35. Carta de Luís da Cunha Menezes, governador de Minas Gerais, para Martinho de Melo e Castro, Secretário de Estado da Marinha e Ultramar, informando estar a cumprir a ordem régia referente ao envio para o Rio de Janeiro de réus de crimes graves, e solicitando o envio urgente de jurisdição relativa a Minas Gerais.

AHU/MG/Vila Rica. 06-08-1786. Cx. 125, doc. 12, cd 35. Carta de Luís da Cunha Menezes, governador de Minas Gerais, para Martinho de Melo e Castro, Secretário de Estado da Marinha e Ultramar, informando ter cumprido as ordens régias referentes à realização de festejos alusivos aos casamentos do Infante dom João com a Infanta D. Carlota Joaquina como e da Infanta D. Mariana Vitória com o Infante Dom Gabriel.

AHU/MG/Vila Rica. AHU/MG. 06-08-1786. Cx. 125, doc. 14, cd 35. Carta de José Honório de Valadares de Aboim para o Secretário de Estado da Marinha e Ultramar, agradecendo-lhe os seus favores e dando conta das incompatibilidades que tinha com o governador Luís da Cunha Menezes por este confiar mais nos seus familiares e até nos mulatos (Outra queixa do mesmo contra o governador em1787, Cx 126, doc. 8).

AHU/MG/Mariana. AHU/MG. 24-10-1786. Cx. 125, doc. 57. Ordem dada ao escrivão do Registo Geral do bispado de Mariana para que passasse uma certidão relativa às ações, sentenças e acórdãos do processo em que eram partes o Reverendo Cabido da catedral e os comissários das ordens terceiras da cidade de Mariana. Obs: Contém a certidão.

AHU/MG/Mariana.15-02-1787. Cx. 126 doc. 18. Carta do bispo dom frei Domingos da Encarnação Pontevel para o Secretário de Estado da Marinha e Ultramar, Martinho de Melo e Castro, informando ter mandado celebrar um ofício e missa solene em memória do falecido dom Pedro III.

AHU/MG/01-12-1787. cx. 127 doc. 44. Carta de Leandro Barbosa da Silveira, Capitão e juiz ordinário na vila de S. João Del rei para o Secretário de Estado da Marinha e Ultramar, Martinho de Melo e Castro, informando do auto que lhe tinha sido levantado pelo desembargador intendente José Carlos Pinto de Sousa, por o signatário ter impedido que se desse cumprimento a pena de morte a que tinha sido condenado um indivíduo sem culpa formada.

AHU/MG/01-10-1787. s. l. Cx. 127, doc. 25 cd 36. Carta de José Miguel Licetti para D. Maria I contendo uma relação dos livros impressos, livros em branco e guias impressas enviadas para uma das capitanias ultramarinas.

AHU/MG/Lisboa. 04-01-1788. Cx. 128, doc. 2 cd 36. Memória que fez Luís Antônio Furtado de Mendonça, Visconde de Barbacena e governador nomeado para Minas Gerais, sobre as dúvidas que tinha a respeito de vários aspectos da administração da referida capitania.

AHU/MG/Vila Rica.16-02-1788. cx. 128, doc. 22. Carta de Luís da Cunha Menezes, governador de Minas Gerais para Martinho de Melo e Castro, Secretário de Estado da Marinha e Ultramar dando conta dos conflitos que tinha com Luís Ferreira de Araújo e Azevedo, ouvidor de Rio das Mortes, que ultrapassava a sua jurisdição.

AHU/MG/Salvaterra de Magos. 29-01-1788. Cx. 128, doc. 18. Instruções (minutas) diversas dadas ao Visconde de Barbacena, Luís Antônio Furtado de Mendonça, governador de Minas Gerais.

AHU/MG/Vila Rica. 24-07-1788. cx 129, doc 12, cd 37. Carta de José Honório de Valadares e Aboim, Secretário do governo de Minas Gerais, para Martinho de Melo e Castro, Secretário de Estado da Marinha e Ultramar, queixando-se do ex-governador Luís da Cunha Menezes.

AHU/MG/s.l. 09-01-1788. cx. 128, doc. 4 cd 36. Representação dos moradores da freguesia de Santo Antônio do Vale da Piedade, da Campanha do Rio Verde solicitando a D. Maria I a mercê de conservar a Bernardo da Silva Lobo como vigário colado da referida freguesia.

AHU/MG/Santa Luzia.16-10-1788. Cx 130, doc 11 cd 37. Carta do Padre José Lopes da Cruz, vigário da freguesia de Santa Luzia, para Luís da Cunha Menezes, dando o seu parecer sobre os emolumentos que os párocos cobravam.

AHU/MG/Vila Nova da Rainha. 12-04-1788. cx. 128, doc. 42. Carta de Antônio Meireles Rebelo Pereira, vigário de Vila Nova da Rainha, do Caeté, para o bispo de Mariana, dom frei Domingos da Encarnação Pontevel, dando um parecer circunstanciado sobre o que os párocos cobravam de conhecenças.

AHU/MG/Raposos.10-10-1788. cx. 130 doc. 5, cd 37. Carta de Nicolau Gomes Xavier, vigário de Raposos, para o bispo de Mariana, dom frei Domingos da Encarnação Pontevel, informando sobre o que os párocos cobravam de conhecenças.

AHU/MG/Mariana.12-10-1788. cx. 130 doc. 7, cd 37. Carta de Antônio Duarte Pinto, cura da freguesia da Sé de Mariana para o bispo de Mariana, dom frei Domingos da Encarnação Pontevel, informando sobre o que os párocos cobravam de conhecenças.

AHU/MG/Vila Real do Sabará.13-10-1788. cx. 130 doc. 9, cd 37. Carta de Manuel de Jesus Viera de Morais Godinho, vigário da Vila Real do Sabará, para o bispo de Mariana, dom frei Domingos da Encarnação Pontevel, informando sobre o que os párocos cobravam de conhecenças.

AHU/MG/Santa Bárbara. 13-10-1788. cx. 130 doc. 10, cd 37. Carta de Antônio da Fonseca Vasconcelos, vigário da freguesia de Santo Antônio do Ribeirão de Santa Bárbara, para o bispo de Mariana, dom frei Domingos da Encarnação Pontevel, informando sobre o que os párocos cobravam de conhecenças.

AHU/MG/N. Senhora da Assunção do Caminho Novo.20-10-1788. Cx. 130, doc. 12, cd 37. Carta de Matias Alves de Oliveira, vigário encomendado da freguesia de N. Sra. da Assunção do Caminho Novo de Minas, para o bispo de Mariana, dom frei Domingos da Encarnação Pontevel, informando sobre o que os párocos cobravam de conhecenças.

AHU/MG/Guarapiranga. 20-10-1788. Cx. 130, doc. 13, cd 37. Carta de Lino Lopes de Matos, vigário de Guarapiranga, para o bispo de Mariana, dom frei Domingos da Encarnação Pontevel, informando sobre o que os párocos cobravam de conhecenças.

AHU/MG/São José da Barra Longa. 20-10-1788. Cx. 130, doc. 14, cd 37. Carta de Antônio Pedro de Vasconcelos, vigário de São José da Barra Longa, para o bispo de Mariana, dom frei Domingos da Encarnação Pontevel, dando o seu parecer sobre o que os párocos cobravam de conhecenças e informando a respeito da vida religiosa na sua freguesia.

AHU/MG/Nossa Senhora da Boa Viagem do Curral Del Rei.22-10-1788. Cx. 130, doc. 15, cd 37. Carta de Lázaro Rodrigues Estorninho, vigário colado da freguesia de Nossa Senhora da Boa Viagem do Curral Del Rei para o bispo de Mariana, dom frei Domingos da Encarnação Pontevel, dando o seu parecer sobre o que os párocos cobravam de conhecenças.

AHU/MG/São Miguel. 25-10-1788. Cx. 130, doc. 16, cd 37. Carta de Manuel Esteves de Lima, vigário da freguesia de São Miguel para o bispo de Mariana, dom frei Domingos da Encarnação Pontevel, informando sobre o que os párocos cobravam de conhecenças.

AHU/MG/Santo Antônio do Rio Acima.30-10-1788. Cx. 130, doc. 17, cd 37. Carta de Manuel José Barbosa de Faria, vigário da freguesia de Rio Acima, para o bispo de Mariana, dom frei Domingos da Encarnação Pontevel, informando sobre o que os párocos cobravam de conhecenças.

AHU/MG/Cachoeira do Campo.30-10-1788. Cx 130, doc. 18, cd 37. Carta de Manuel José de Oliveira, vigário da freguesia de Cachoeira do Campo para o bispo de Mariana, dom frei Domingos da Encarnação Pontevel, dando o seu parecer sobre o que os párocos cobravam de conhecenças.

AHU/MG/Catas Altas. 01-11-1788. Cx 130, doc. 19, cd 37. Carta de Manuel Moreira de Figueiredo, vigário de Catas Altas para o bispo de Mariana, dom frei Domingos da Encarnação Pontevel, dando o seu parecer sobre o que os párocos cobravam de conhecenças.

AHU/MG/Ouro Branco.02-11-1788. Cx 130, doc. 20, cd 37. Carta de João Francisco da Rocha, vigário da freguesia de Ouro Branco, para o bispo de Mariana, dom frei Domingos da Encarnação Pontevel, dando o seu parecer sobre o que os párocos cobravam de conhecenças.

AHU/MG/Campo Alegre dos Carijós. 03-11-1788. Cx 130, doc. 21, cd 37. Carta de Fortunato Gomes Carneiro, vigário da freguesia de Carijós, para o bispo de Mariana, dom frei Domingos da Encarnação Pontevel, informando do desaparecimento de alguns livros de registro de ordens, razão porque não se aplicavam as conhecenças dos párocos com rigor.

AHU/MG/São João Batista do Morro Grande.01-11-1788. Cx 130, doc. 22, cd 37. Carta de Agostinho Monteiro de Oliveira, vigário encomendado da freguesia de Morro Grande, para o bispo de Mariana, dom frei Domingos da Encarnação Pontevel, informando sobre o que os párocos cobravam de conhecenças.

AHU/MG/São Bartolomeu. 04-11-1788. Cx 130, doc. 23, cd 37. Carta de Inácio José de Almeida, vigário da freguesia de São Bartolomeu, para o bispo de Mariana, dom frei Domingos da Encarnação Pontevel, dando o seu parecer sobre o que os párocos cobravam de conhecenças.

AHU/MG/N. Sra. do Rosário de Sumidouro.06-11-1788. Cx 130, doc. 25, cd 37. Carta de Martinho de Freitas Guimarães, vigário da freguesia de N. Sra. do Rosário de Sumidouro, para o bispo de Mariana, dom frei Domingos da Encarnação Pontevel, informando sobre o que os párocos cobravam de conhecenças.

AHU/MG/Baependi.10-11-1788. Cx 130, doc. 27, cd 37. Carta de Domingos Lopes de Matos, vigário da freguesia de Baependi, para o bispo de Mariana, dom frei Domingos da Encarnação Pontevel, informando sobre o que os párocos cobravam de conhecenças.

AHU/MG/Inficionado.10-11-1788. Cx 130, doc. 28, cd 37. Carta de Manuel José Soares, vigário da freguesia de Inficionado, para o bispo de Mariana, dom frei Domingos da Encarnação Pontevel, dando o seu parecer sobre o que os párocos cobravam de conhecenças.

AHU/MG/Arraial de São Sebastião.10-12-1788. Cx 130, doc. 29, cd 37. Carta de Estanislau da Silveira Ébano, vigário do arraial de São Sebastião dando o seu parecer sobre o que os párocos cobravam de conhecenças.

AHU/MG/Vila de Pitangui.15-11-1788. Cx 130, doc. 30, cd 37. Carta de Domingos Soares Torres Brandão, vigário da Vila de Pitangui, para o bispo de Mariana, dom frei Domingos da Encarnação Pontevel dando o seu parecer sobre o que os párocos cobravam de conhecenças.

AHU/MG/Itaubira.16-11-1788. Cx 130, doc. 31, cd 37. Carta de Manuel Acúrsio Nunan Serqueira, vigário de Itaubira, para o bispo de Mariana, dom frei Domingos da Encarnação Pontevel dando uma circunstanciada informação sobre o que os párocos cobravam de conhecenças.

AHU/MG/Campanha do Rio Verde 17-11-1788. Cx 130, doc. 33, cd 37. Carta de Bernardo da Silva Lobo, vigário da Campanha do Rio Verde, para o bispo de Mariana, dom frei Domingos da Encarnação Pontevel dando o seu parecer sobre o que os párocos cobravam de conhecenças.

AHU/MG/Pouso Alto.20-11-1788. Cx 130, doc. 37, cd 37. Carta de José Jorge de Barcelos, vigário encomendado de Pouso Alto, para o bispo de Mariana, dom frei Domingos da Encarnação Pontevel informando sobre o que os párocos cobravam de conhecenças.

AHU/MG/Simão Pereira.20-11-1788. Cx 130, doc. 38, cd 37. Carta de Vicente Coelho Gomes, vigário de Simão Pereira, para o bispo de Mariana, dom frei Domingos da Encarnação Pontevel informando sobre o que os párocos cobravam de conhecenças.

AHU/MG/Borda do Campo.22-11-1788. Cx 130, doc. 39, cd 37. Carta do padre Agostinho Pita de Castro, vigário da freguesia de Borda do Campo, para o bispo de Mariana, dom frei Domingos da Encarnação Pontevel informando sobre o que os párocos cobravam de conhecenças.

AHU/MG/Rio das Pedras.24-09-1788. cx. 129, doc 40, cd 37. Carta de José Gomes de Miranda, vigário do Rio das Pedras para o bispo de Mariana, dom frei Domingos da Encarnação Pontevel informando sobre o que os párocos cobravam de conhecenças.

AHU/MG/Congonhas do Sabará. 22-11-1788. Cx 130, doc. 40, cd 37. Carta de João Pimenta da Costa, vigário encomendado das Congonhas do Sabará, para o bispo de Mariana, dom frei Domingos da Encarnação Pontevel informando sobre o que os párocos cobravam de conhecenças.

AHU/MG/Furquim.24-11-1788. Cx 130, doc. 43, cd 37. Carta de João de Sousa de Carvalho, vigário da freguesia do Furquim, para o bispo de Mariana, dom frei Domingos da Encarnação Pontevel informando sobre o que os párocos cobravam de conhecenças.

AHU/MG/São João Del Rei.24-11-1788. Cx 130, doc. 44, cd 37. Carta de Antônio Caetano de Almeida Vilas Boas para o bispo de Mariana, dom frei Domingos da Encarnação Pontevel respondendo às acusações que eram feitas aos párocos sobre as suas conhecenças, pelo procurador dos povos.

AHU/MG/Nossa Senhora da Conceição do Antônio Pereira. 26-11-1788. Cx 130, doc. 46, cd 37. Carta de Antônio Machado da Costa, vigário da freguesia de Nossa Senhora da Conceição do Antônio Pereira para o bispo de Mariana, dom frei Domingos da Encarnação Pontevel informando sobre o que os párocos cobravam de conhecenças.

AHU/MG/Funil de Carrancas. 30-11-1788. Cx 130, doc. 47, cd 37. Carta de José da Costa Oliveira, vigário de Santa Ana das Lavras do Funil para o bispo de Mariana, dom frei Domingos da Encarnação Pontevel informando sobre o que os párocos cobravam de conhecenças.

AHU/MG/Rio da Pomba e Peixe.30-11-1788. Cx 130, doc. 48, cd 37. Carta do Padre Manuel de Jesus Maria, Vigário do Rio da Pomba, para o bispo de Mariana, dom frei Domingos da Encarnação Pontevel dando o seu parecer sobre o que os párocos cobravam de conhecenças.

AHU/MG/Vila do Príncipe.01-12-1788. Cx 130, doc. 51, cd 37. Carta de Manuel José da Fonseca Brandão, vigário da Vila do Príncipe, para o bispo de Mariana, dom frei Domingos da Encarnação Pontevel dando o seu parecer sobre o que os párocos cobravam de conhecenças.

AHU/MG/Arraial de São Caetano. 01-12-1788. Cx 130, doc. 52, cd 37. Carta de Caetano Pinto da Mota e Castro, vigário de São Caetano, para o bispo de Mariana, dom frei Domingos da Encarnação Pontevel informando sobre o que os párocos cobravam de conhecenças.

AHU/MG/Prados.06-12-1788. Cx 130, doc. 53, cd 37. Carta de Manuel Martins de Carvalho, vigário da freguesia de Prados, para o bispo de Mariana, dom frei Domingos da Encarnação Pontevel informando sobre o que os párocos cobravam de conhecenças.

AHU/MG/Aiuruoca.08-12-1788. Cx 130, doc. 54, cd 37. Carta de Gabriel da Costa Rezende, vigário encomendado da Aiuruoca, para o bispo de Mariana, dom frei Domingos da Encarnação Pontevel, sobre o que os párocos cobravam de conhecenças.

AHU/MG/Casa Branca.09-12-1788. Cx 130, doc. 56, cd 37. Carta de Manuel Pires Vergueiro, vigário colado na freguesia da Casa Branca, para o bispo de Mariana, dom frei Domingos da Encarnação Pontevel, dando o seu parecer sobre o que os párocos cobravam de conhecenças.

AHU/MG/Itatiaia.12-12-1788. Cx 130, doc. 57, cd 37. Carta de José de Lana Porto, vigário colado na freguesia da Itatiaia, para o bispo de Mariana, dom frei Domingos da Encarnação Pontevel, informando sobre o que os párocos cobravam de conhecenças.

AHU/MG/Congonhas do Campo.20-12-1788. Cx 130, doc. 58, cd 37. Carta de Quintiliano Alves Teixeira Jardim, vigário de Congonhas do Campo, para o bispo de Mariana, dom frei Domingos da Encarnação Pontevel, dando um circunstanciado parecer sobre o que os párocos cobravam de conhecenças.

AHU/MG/Santo Antônio do Bom Sucesso. 24-12-1788. Cx 130, doc. 62, cd 37. Carta de José Bento da Silveira, vigário da Vila de Santo Antônio do Bom Sucesso do Descoberto do Peçanha, para o bispo de Mariana, dom frei Domingos da Encarnação Pontevel, dando o seu parecer sobre o que os párocos cobravam de conhecenças.

AHU/MG/Vila Rica. 25-12-1788. Cx 130, doc. 63, cd 37. Carta de Bernardo José da Encarnação, Vigário encomendado de Vila Rica, para o bispo de Mariana, dom frei Domingos da Encarnação Pontevel, informando sobre o que os párocos cobravam de conhecenças.

AHU/MG/ Vila Rica.30-12-1788. Cx 130, doc. 65, cd 37. Carta de José Vidal do Vale, Vigário de Ouro Preto de Vila Rica, para o bispo de Mariana, dom frei Domingos da Encarnação Pontevel, informando sobre o que os párocos cobravam de conhecenças.

AHU/MG/00-00-1788. Cx 130, doc. 67, cd 37. Lembrança dos registos dos livros pertencentes à capitania de Minas Gerais.

AHU/MG/08-01-1790. cx. 134, doc. 2. Cd 38. Carta de Luís de Vasconcelos e Sousa para Martinho de Melo e Castro dando conta, entre outros assuntos, do estado geral em que se achava a capitania de Minas Gerais.

AHU/MG/Vila Rica. 31-01-1790. cx. 133, doc. 2. Cd 38. Autos (treslado) da devassa mandada tirar pelo desembargador Pedro de Araújo Saldanha, ouvidor geral e corregedor de Vila Rica por ordem do Visconde de Barbacena, Luís Antônio Furtado e Mendonça, governador de Minas Gerais, sobre a tentativa de sedição e revolta ocorrida na referida capitania. Obs: Processo volumoso sobre a inconfidência.

AHU/MG/Rio de Janeiro.29-01-1790. cx. 134, doc. 5. Cd 38. Carta (cópia) de Joaquim Silvério dos Reis para o Visconde de Barbacena Luís Antônio Furtado e Mendonça, governador das Minas e do Rio de Janeiro, dando conta do que se passava no Rio de Janeiro.

AHU/MG/São João Del Rei.09-07-1790. cx. 135, doc. 5. Cd 39. Carta de José Carlos Pinto de Sousa dando conta das ocorrências criminosas e das imperícias dos juízes ordinários e muitos outros oficiais das Minas.

AHU/MG/Vila Rica. 31-01-1790. cx. 134, doc. 6. Auto de devassa (cópia) mandado proceder por Pedro de Araújo Saldanha, ouvidor geral de Vila Rica por ordem do Visconde de Barbacena, Luís Antônio Furtado e Mendonça, governador de Minas Gerais, sobre a tentativa de sedição e revolta que se preparara na referida comarca.

AHU/MG/Lisboa.17-07-1790. cx. 135, doc. 7. Cd 39. Carta régia (minuta) para Sebastião Xavier de Vasconcelos Coutinho, chanceler nomeado para a Relação do Rio de Janeiro, ordenando-o, conjuntamente com os doutores Antônio Gomes Ribeiro e Antônio Dinis Cruz e Silva que passassem ao Rio de Janeiro a fim de sentenciar os réus incursos no crime de inconfidência.

AHU/MG/Vila Rica. 11-02-1790. cx. 134, doc. 12. Cd 39. Carta do Visconde de Barbacena, Luís Antônio Furtado e Mendonça, governador de Minas Gerais, informando das medidas tomadas para a segurança da capitania de Minas Gerais e dos reais quintos.

AHU/MG/14-02-1790. cx. 134, doc. 13. Cd 39. Carta do Visconde de Barbacena, Luís Antônio Furtado e Mendonça, governador de Minas Gerais, desejando boa saúde e glória para D. Maria I e agradecendo o apoio por ela dado a seu governo.

AHU/MG/15-02-1790. cx. 134, doc. 15. Cd 39. Representação de Manuel Caetano da Silva, juiz ordinário de Vila Rica sobre a injustiça causada pelo ouvidor da referida vila, Pedro José de Araújo Saldanha.

AHU/MG/15-09-1790. cx. 135, doc. 25. S.l. Cd 39. Provisão (cópia) régia para o desembargador Sebastião Xavier de Vasconcelos Coutinho, da Relação do Rio de Janeiro sobre a maneira como devia proceder para com os eclesiásticos envolvidos na conspiração.

AHU/MG/Vila Rica.27-04-1790. cx. 134, doc. 36. Cd 39. Carta de Pedro José de Araújo Saldanha ouvidor de Vila Rica, dando conta dos vencimentos dos lugares de ouvidor da referida comarca, do juiz de fora de Mariana e dos oficiais da justiça e da Fazenda.

AHU/MG/Queluz.01-10-1790. cx. 135, doc. 36. Cd 39. Carta régia (minuta) para Sebastião Xavier de Vasconcelos Coutinho, chanceler da Relação do Rio de Janeiro, conferin-do-lhe poderes para sentenciar os réus eclesiásticos participantes da Inconfidência devendo a sentença ficar em segredo e com a execução suspensa.

AHU/MG/02-10-1790. cx. 135, doc. 39. Cd 39. Carta régia (minuta) de D. Maria I ordenando ao vice-rei, o conde de Rezende, José Luís de Castro, para que tomasse medida de segurança para a conservação da paz e que Sebastião Xavier de Vasconcelos Coutinho fosse nomeado como chanceler da Relação das Minas para informar sobre os acontecimentos das Minas.

AHU/MG/Queluz.15-10-1790. cx. 135, doc. 46. Cd 39. Carta régia (minuta) para Sebastião Xavier de Vasconcelos Coutinho chanceler da Relação do Rio de Janeiro informando do que decidira a respeito dos réus eclesiásticos e outros que haviam sido sentenciados pela sua participação na Inconfidência.

AHU/MG/Vila Rica.12-06-1790. cx. 134, doc. 57. Cd 39. Carta do Visconde de Barbacena dando conta do mau estado e da desordem no Rio de Janeiro e nas Minas Gerais.

AHU/MG/Mariana. 27-12-1790. cx. 135, doc. 66. Cd 39. Carta de D. Frei Domingos da Encarnação Pontevel, bispo de Mariana dando seu parecer sobre o requerimento de Francisco de Sales e Morais, procurador geral dos povos das Minas Gerais, a respeito dos pagamentos devidos aos párocos e enviando uma lista das igrejas existentes no bispado de Mariana.

AHU/MG/Rio de Janeiro. 14-01-1793. cx. 138, doc. 2. Cd 40. Auto de perguntas feitas ao capitão do navio Pedra, Antônio de Oliveira Guedes. Obs: O inquérito diz respeito à conjura formada em Minas Gerais.

AHU/MG/Sabará. 26-02-1793. cx. 138, doc. 5. Cd 40. Carta de Francisco de Sousa Guerra e Araújo Godinho, ouvidor da comarca do Sabará ao Príncipe regente D. João dando seu parecer sobre o requerimento dos irmãos da irmandade de N. Sra. Mãe dos Homens e de S. Francisco das Chagas do Alto da Serra de Catas Altas pedindo a confirmação do compromisso entre outros assuntos.

AHU/MG/Sabará. 07-06-1793. cx. 138, doc. 17. Cd 40. Carta de Paulo Fernandes Viana, ouvidor da comarca do Sabará dando seu parecer sobre a indevida ereção de capela fora da igreja matriz pelos irmãos da irmandade de Nossa Senhora do Rosário dos Pretos do arraial do Morro Vermelho freguesia do Bom Sucesso da Vila Nova da Rainha, da referida comarca.

AHU/MG/Mariana. 26-07-1793. cx. 138, doc. 24. Cd 40. Representação do cabido de Mariana sobre a vaga que havia na Igreja Catedral de Mariana por falecimento do prelado diocesano D. Frei Domingos da Encarnação Pontevel dando informação sobre a maneira como devia ser substituído.

AHU/MG/Mariana. 29-07-1793. cx. 138, doc.25. Cd 40. Representação da Mesa capitular do Cabido de Mariana queixando-se do bacharel Luís de Sousa Saião a quem o príncipe regente dom João havia conferido canonicato prebenda inteira de canonicato.

AHU/MG/Mariana.16-08-1793. cx. 138, doc. 29. Cd 40. Carta de José Botelho Borges, vigário geral e provisor do bispado de Mariana, para o Secretário de Estado Martinho de Melo e Castro, dando parecer acerca de João Luís de Sousa Saião ser "colado na dignidade de tesoureiro mor repreendido o cabido" da cidade de Mariana.

AHU/MG/Mariana.31-08-1793. cx. 138, doc. 30. Cd 40. Representação dos capelães do bispado de Mariana para Martinho de Melo e Castro, anunciando a morte do bispo e narrando os distúrbios que se passavam no bispado e pedindo nomeação de novo bispo.

AHU/MG/13-10-1793. cx. 138, doc.35. Cd 40. Caeté. Carta de Antônio Gonçalves Gomide, professor de Gramática na vila de Caeté, queixando-se da situação da administração geral, das violências nas Minas Gerais e pedindo justiça para os povos que não se atrevem a queixar-se.

AHU/MG/Mariana. 20-10-1793. cx.138, doc. 36. Cd 40. Carta de João Paulo de Freitas, capelão da Sé de Mariana, agradecendo os favores feitos aos desembargadores Manuel Gomes Ferreira seu tio e Bernardino José Sena de Freitas, falecidos, declarando não ter culpa na representação feita pelo falecido prelado, a qual provocou grande intriga.

ARQUIVO DA CASA SETECENTISTA DE MARIANA

ARQUIVO Histórico da Casa Setecentista de Mariana. 2º ofício. Códice 222, Auto 5535 de Injúria no qual é autor o Cônego José Botelho Borges e Réu o Dr. José Antônio da Silva e Souza de Lacerda, Advogado nos Auditórios Seculares da cidade de Mariana. 1768. Transcrição de Maria José Ferro de Sousa.

# Fontes impressas

1. ALMEIDA, Cândido Mendes de. *Direito Civil eclesiástico brasileiro Antigo e Moderno em suas relações com o direito canônico Ou: Colecção completa cronologicamente disposta desde a primeira dinastia portuguesa até o presente, compreendendo, além do Sacrossanto Concílio de Trento, concordatas, Bullas e Breves; Leis, tanto do Governo como da antiga Mesa da Consciência e Ordens, e da Relação Metropolitana do Império; relativas ao direito público da Igreja, a sua jurisdição, e disciplina; à administração temporal das Catedrais e Paróquias, às Corporações Religiosas, aos Seminários, Confrarias, Cabidos, Missões, etc., etc., etc. A que se adicionam notas históricas e explicativas indicando a legislação atualmente em vigor, e que hoje constitui a jurisprudência civil eclesiástica do Brasil por Cândido Mendes de Almeida.* Tomo Primeiro. Primeira parte. Rio de Janeiro: B. L. Garnier Livreiro Editor, 1866.

2. ANDRADE, Gomes Freire. "Instrução e norma que deu o Ilustríssimo e Excelentíssimo Senhor Conde de Bobadela a seu irmão o preclaríssimo Senhor José Antônio Freire de Andrade para o Governo de Minas, a quem veio suceder pela ausência de seu irmão, quando passou ao sul ". *Revista do Arquivo Público Mineiro*, Belo Horizonte: Imprensa Oficial de Minas Gerais, Ano IV, Fascículos I e II, jan-jun de 1899.

3. ANÔNIMO do Século XVIII. *Arte de Furtar: espelho de enganos, teatro de verdades, mostrador de horas minguadas, gazua geral dos Reinos de Portugal oferecida a El Rei Nosso Senhor Dom João IV para que a emende.* Apresentação de João Ubaldo Ribeiro. Porto Alegre: L & PM, 2005. (L&PM Pocket, 430).

4. ANTONIL. *Cultura e Opulência do Brasil.* 3ª edição, estudo biobibliográfico de A. de E. Taunay, notas de F. Sales e Índices de L. Arroyo. Belo Horizonte/ São Paulo: Itatiaia/ Edusp, 1982. (Reconquista do Brasil, Nova Série, 70).

5. ÁUREO THRONO EPISCOPAL, *collocado nas Minas do Ouro, ou Notícia breve da Creação do Novo Bispado Marianense, da sua felicíssima posse, e pomposa entrada do seu meritíssimo primeiro Bispo, e da jornada, que fez do Maranhão etc.* Lisboa, na Officina de

Miguel Manescal da Costa, 1749. Ver edição crítica e fac-similar em: ÁVILA, Affonso. *Resíduos seiscentistas em Minas*, 2 v. Belo Horizonte: Centro de Estudos Mineiros da UFMG, 1969.

6. BECCARIA, Cesare Bonesana, Marchese di. *Dos delitos e das penas*. Trad. Maurício Barca do original italiano *Dei delitti e delle pene*. São Paulo: Cedic-Germape, 2003.

7. BÍBLIA de Jerusalém. Edição portuguesa trad. dos originais da Sociedade Bíblica de Jerusalém. 4ª impressão. São Paulo: Paulus, 2006.

8. BLUTEAU, Raphael. *Vocabulario Portuguez e Latino*. Lisboa: Real Collegio da Companhia de Jesus, 1712, edição fac-símile em CD.

9. CADERNOS *Históricos do Arquivo Eclesiástico da Arquidiocese de Mariana*. Organização e notas de Mons. Flávio Carneiro Rodrigues. Mariana: Editora Dom Viçoso, 2004-2011, 5 volumes.

10. CASTRO, M. M. "Instrução para o Visconde de Barbacena, Luís António Furtado de Mendonça, governador e capitão general da capitania de Minas Gerais". *Anuário do Museu da Inconfidência*, II (1953), § 1-123.

11. CATECISMO Romano. *Nova versão portuguesa baseada na edição autêntica de 1566*. Organizado por Frei Leopoldo Pires Martins. Petrópolis: Vozes, 1951.

12. CÓDICE, Costa Matoso. *Coleção das Notícias dos primeiros descobrimentos das Minas na América que fez o doutor Caetano da Costa Matoso, sendo ouvidor-geral das do Ouro Preto, de que tomou posse em fevereiro de 1749 & vários papéis*. Coordenação-Geral de Luciano Raposo de Almeida Figueiredo e Maria Verônica Campos. Belo Horizonte: Fundação João Pinheiro; Centro de Estudos Históricos e Culturais, 1999. 2v (Mineiriana. Obras de Referência).

13. COELHO, José João Teixeira. *Instrução para o Governo da Capitania de Minas Gerais*. Introdução de Francisco Iglesias. Leitura Paleográfica e Atualização Ortográfica de Cláudia A. Melo. Belo Horizonte: Sistema Estadual de Planejamento/Fundação João Pinheiro/Centro de Estudos Históricos e Culturais, 1994.

14. COPIADOR *de algumas cartas particulares do Excelentíssimo e Reverendíssimo Senhor Dom Frei Manuel da Cruz, Bispo do Maranhão e de Mariana (1739-1762)*. Transcrição, organização e notas de Aldo Luiz Leoni. Estudo crítico do Códice Original do Arquivo Histórico do Museu da Inconfidência. Ouro Preto, 2003. ICHS/ UFOP. Brasília/DF: Editora do Senado Federal, 2008.

15. COPIADOR *de algumas cartas particulares do Excelentíssimo e Reverendíssimo Senhor Dom Frei Manuel da Cruz, Bispo do Maranhão e de Mariana (1739-1762).* Transcrição, organização e notas de Mons. Flávio Carneiro Rodrigues e Prof.a Maria José Ferro de Sousa. Mariana: Editora Dom Viçoso, 2008.

16. ESTATUTOS da Santa Sé da cidade de Mariana. Lavrados por ordem de Sua Majestade Fidelíssima Dom Joseph I, Nosso Senhor (...), pelo Exc. Rev. Arcebispo Metropolitano da Cidade da Bahia, ano de 1759. ANTT, Catálogo 01.

17. FREYREISS, Georg Wilhelm (1789-1825). *Viagem ao interior do Brasil.* Trad. A. Löfgren. Rev. e notas de M. G. Ferrei; Belo Horizonte: Itatiaia, 1982 (Reconquista do Brasil: Nova Série, 57).

18. NANTES, Martinho de. (Pe.) *Relação de uma missão no Rio São Francisco.* Tradução e comentários de Barbosa Lima Sobrinho. 2ª ed. São Paulo: Companhia Editora Nacional, 1979 – "Justiça e Subordinação". (Brasiliana, 368).

19. REGIMENTO *do Auditório Eclesiástico do Arcebispado da Bahia feitas e Ordenadas pelo Ilustríssimo e Reverendíssimo Senhor D. Sebastião Monteiro da Vide.* São Paulo: Typografia 2 de dezembro de 1853.

20. ROCHA, José Joaquim da. *Geografia Histórica da Capitania de Minas Gerais. Descrição topográfica, histórica e política da capitania de Minas Gerais. Memória histórica da capitania de Minas Gerais.* Estudo crítico de Maria Efigência Lage de Resende. Transcrição e colação de textos de Maria Efigência Lage de Resende e Rita de C. Marques. Belo Horizonte: Sistema Estadual de Planejamento/Fundação João Pinheiro/Centro de Estudos Históricos e Culturais, 1995. (Coleção Mineiriana, Série Clássicos).

21. SAINT-HILLAIRE, Auguste de. *Viagem pelas províncias do Rio de Janeiro e Minas Gerais.* Trad. Vivaldi Wenceslau Moreira. São Paulo|Belo Horizonte: Edusp|Itatiaia, 2000. (Reconquista do Brasil, 4).

22. SIMAM FERREIRA MACHADO. *Triunfo Eucarístico: exemplar da Cristandade lusitana em pública exultação de fé na solene transladação do Diviníssimo Sacramento da Igreja da Senhora do Rosário, para hum novo templo da Senhora do Pilar em Vila Rica, corte da Capitania das Minas, aos 24 de mayo de 1733* etc. Lisboa Occidental, na Officina da Música, MDCCXXXIV. Ver edição crítica e fac-similar em ÁVILA, Affonso. *Resíduos seiscentistas em Minas,* 2 v. Belo Horizonte: Centro de estudos mineiros da UFMG.

23. SPIX, J. B. V. (1781-1862). *Viagem pelo Brasil (1817-1862)* [por] *Johann Baptist Von Spix* [e] *Carl Friedrich Von Martius*. Trad. L. F. Lahmeyer; Ver. de B. F. R. Galvão e B. Magalhães. São Paulo: Melhoramentos, 1968.

24. TRINDADE, R. O. (Côn.) *Um Pleito Tristemente Célebre nas Minas do Século XVIII: contribuição para a História Eclesiástica de Minas*. São Paulo: Empresa Gráfica da Revista dos Tribunais, 1957.

### BIBLIOTECA JOANINA – COIMBRA

CONSTITUIÇÕES sinodais do Bispado do Algarve novamente feitas e ordenadas pelo Ilustríssimo e Reverendíssmo Senhor Dom Francisco Barreto, segundo deste nome, Bispo do Reino do Algarve, e do Conselho de Sua Alteza, publicadas em Sinodo diecesano, que celebrou em a See da Cidade de Faro em 22 de Janeiro de 1673. Com todas as licenças necessárias. Évora: Impressão da Universidade. Ano de 1674.

PRIMEIRAS Constituições sinodais do Arcebispado da Bahia feitas e ordenadas pelo Ilustríssimo e Reverendíssimo Senhor Dom Sebastião Monteiro da Vide, 5° Arcebispo da Bahia, do Conselho de Sua Majestade. Propostas e aceitas em o Sínodo Diocesano, que o Dito Senhor celebrou em 12 de junho do ano de 1707. Coimbra: no Real Colégio das Artes da Companhia de Jesus, 1720. Com todas as licenças necessárias.

SUMA BREVE dos casos reservados do Arcebispado de Braga. Pelo Douto Manuel de Barros e Costa Abade de S. Cipriano da Refontoura do dito Arcebispado, natural da cidade de Braga das Hespanhas e Primaz etc. Oferecidos à Virgem Senhora da Conceição segunda vez, e acrescentado com o aviso e exame dos confessores. Coimbra: com as licenças necessárias na Oficina de Joseph Ferreira, Impressor da Universidade, ano 1681.

PRIMEIRAS constituições sinodais do bispado de Elvas feitas e ordenadas pelo Illmo. e Revmo. Senhor Dom Sebastião de Matos de Noronha, 5° Bispo d'Elvas & do Conselho de Sua Majestade. Lisboa. Sínodo realizado entre 1633-34.

CONSTITUIÇÕES sinodais do Arcebispado de Lisboa novamente feitas no sínodo diocesano, que celebrou na Sé Metropolitana de Lisboa o Ilustríssimo e Reverendíssmo Senhor Dom Rodrigo da Cunha, Arcebispo da mesma cidade, do Conselho de Estado de Sua Majestade em os 30 dias de maio de 1640. Concordadas com o Sagrado Concílio Tridentino, e com o Direito Canônico, e com as Constituições Antigas, e Extravagantes primeiras, e segundas deste Arcebispado. Ano: 1656. Acabadas de imprimir e publicadas por mandado dos muito Revdos. Srs. Deão, & Cabido da Santa Sé de Lisboa, Sede Vacante, no ano de 1656. Em Lisboa: com todas as licenças necessárias. Na oficina de Paulo Craesbeeck. Taxado em oitocentos réis em papel.

CONSTITUIÇÕES sinodais do Bispado de Viseu. Coimbra: por João Álvares, impressor da Universidade, por mandado do Muito Ilustre e Reverendíssmo Senhor Dom Gonçalo Pinheiro, Bispo de Viseu, do Conselho do Rei, Nosso Senhor e seu Desembargador do Paço. E foram acabadas aos 28 dias do mês de Maio, ano do Nascimento de Nosso Senhor Jesus Cristo, 1556.

CABRAL, António Vanguerve. *Pratica judicial muyto util e necessaria para os que principiam os officios de julgar, e advogar, e para todos os que solicitão causas nos auditorios de hum e outro foro tirada de varios autores practicos e dos estylos mais praticados nos auditorios.* Lisboa Ocidental: Oficina de Carlos Esteves Mariz, 1740.

CAMINHA, Gregório Martins. *Tractado da forma dos libellos, e da forma das allegaçoens judiciaes, e forma de proceder no Juizo secular, e Eclesiastico, e da forma dos contratos com suas glosas, e cotas de direito.* Coimbra: João Barreira, 1578.

CAMINHA, Gregório Martins. *Tractado da forma dos libellos, das alegações judiciais, do processo do juízo secular e eclesiástico, e dos contratos, com suas glosas.* Do licenciado Gregório Martins Caminha, reformado com adições e anotações de João Martins da Costa, advogado da Corte e da casa da Suplicação. Coimbra: Real Imprensa da Universidade. Impresso à custa de João Antônio dos Reis, Reitor de Verim, 1824.

CASTRO, Gabriel Pereira de. *Monomachia sobre as concórdias que fizeram os reis com os prelados de Portugal nas dúvidas da jurisdição eclesiástica e temporal. E breves de que foram tiradas algumas Ordenações com as Confirmações Apostólicas, que sobre as ditas Concórdias interpuseram os Sumos Pontífices.* Composta por Gabriel Pereira de castro, Desembargador da Casa da Suplicação, dedicada a Jeronymo Leite de Vasconcellos Pacheco Malheiro, Fidalgo da Casa de Sua Majestade, e Cavalleiro Professo na Ordem de Cristo. Lisboa Ocidental: por José Francisco Mendes, Livreiro, que dá à luz a dita Obra. Ano de 1738.

_____. *De manu regia.* Lisboa: Oficina de João Batista Lerzo, 1742; CASTRO, Gabriel Pereira de. *Tractatus de Manu Regia. Pars prima. Editio novíssima auctior, infinitis pene Mendis, quibus fcatebat, ad amuffin expurgata. Cum novis additoinibus, et duplici Indice locupletiffimo.* Ulyssipone. Ex tipis Joannis Baptiste Lerzo, 1742.

FONSECA, Manuel Themudo da. *Decisiones et Quaestiones senatus archiepiscopalis me-*

*tropolis ulyssiponensis regni portugaliae ex gravissimorum patrum responsis collectae, tam in judicio Ordinario, quàm Apostolico.* A Dom Emmanuele Themudo da Fonseca, Illius Senatus Senatore, & Olim Gubernatore Episcopatus Portaleggrensis, & Provinciae Sanctae Crucis Brasiliensis. Pars prima. Eminentissimo, ac Reverendissimo Domino D. Joanni S. R. e Presbytero Cardinali da Mota. Ulyssipone Occidentali: Expensis, & Tipis Michaelis Rodrigues, D. Patriarchae Typographi. 1734, *cum facultate superiorum.*

MORAIS, Francisco. *Estudantes da Universidade de Coimbra nascidos no Brasil.* Coimbra: Faculdade de Letras da Universidade de Coimbra/ Instituto de Estudos Brasileiros, 1949, Século XVIII – p. 68-378.

PRAÇA, J. J. Lopes. *Ensaio sobre o padroado português.* Coimbra: Imprensa da Universidade, 1869.

SANTA CLARA, frei Joaquim de. Sermão do Santíssimo Coração de Jesus recitado diante de Sua Majestade e Altezas na primeira festa que se celebrou em 11 de Junho de 1790 na Igreja do Real Convento do Coração de Jesus com assistência dos Grão-Cruzes, e comendadores das três ordens militares, por Frei Joaquim de Santa Clara, Monge Beneditino. Lisboa: na Oficina de Fernão Tadeu Ferreira, com licença da Real Mesa da Comissão Geral sobre o Exame e Censura dos Livros. Ano 1791.

SAMPAIO, Francisco Xavier Ribeiro de. Diário da Viagem que em Visita e Correição das povoações da Capitania de São José do Rio Negro fez o Ouvidor e Intendente Geral da mesma, Francisco Xavier Ribeiro de Sampaio, no ano de 1774 e 1775. Exornado com algumas notícias geográficas e hidrográficas da dita capitania com outras concernentes à história civil, política, e natural dela, aos usos, e costumes, e diversidade de nações de índios seus habitadores, e à sua população, agricultura, e commercio. Lisboa: na Tipografia da Academia. 1825. Com licença de Sua Majestade.

## BIBLIOTECA NACIONAL DE LISBOA

COUTINHO, José Joaquim da Cunha de Azeredo. *Discurso sobre o atual estado das Minas dividido em quatro capítulos. No primeiro mostra-se que as Minas de oiro são prejudiciais a Portugal. No segundo mostra-se a necessidade que há de se estabelecerem Escolas de Mineralogia nas Praças principais das capitanias do Brasil, especialmente nas de São Paulo, Minas Gerais, Goiás, Mato Grosso. No terceiro aponta-se o meio para facilitarem as descobertas da História Natural e dos ricos tesouros das colónias de Portugal. No quarto apontam-se os meios de se aproveitarem as produções e a agricultura do continente das Minas que, aliás, já é perdido para o ouro.* Lisboa: Imprensa Régia, 1804.

_____. *Alegação Jurídica na qual se mostra que são do padroado da Coroa e não da Ordem Militar de Cristo as Igrejas Dignidades e Benefícios do Cabo Bojador.* (1804).

_____. *Comentário para a Inteligência das Bulas e Documentos que o Reverendo doutor Dionízio Miguel Leitão Coutinho juntou à sua Refutação contra alegação jurídica sobre o padroado das Igrejas e Benefícios do cabo Bojador para o Sul.*

## Seção Obras Raras
### Arquivo Eclesiástico da Arquidiocese de Mariana:

*BAPTISTERIUM e Cerimoniale Sacramentorum just a ritum Sanctae Romanae Ecclesiae, rituale,* Pauli V. Ad usum multorum Episcopatum dominorum lusitaniae, in quo invenietur per tres modos sus administrandis baptismi sacramentum, in hac nova editione accurate correctum, autis alhs valde utilieus et necessarius, et expunctis non necessarius, in administratione sacramentorum. Olisipone: Typys Simonis Thaddaei Ferreira. Anno: MDCCCI.

*Cazos Raros de Confissam.* Com regras & modo fácil para fazer hua boa confissão geral ou particular. E huas advertências para ter perfeyta contrição & para fe dispor bem em o artigo da morte. Composto em Castellano pelo Padre Christovam da Veiga, da Companhia de Jufus. Pello D. Balthezar Guedes, Clérigo do Hábito de São Pedro (...) & agora nefta fexta Impreffão acrefentados hús solilóquios para bem fé confeffar, e para bem morrer. Lisboa, na Officina de Joseph Lopes Ferreyra. Anno: 1710.

Websites: ORDENAÇÕES Filipinas: índice e 5 livros. Disponível em <www1.ci.uc.pt/ihti/proj/filipinas/l2p427.htm> Consultado em 28 de Maio de 2011.

## Bibliografia

Catálogos:

BOSCHI, C. C. *Inventário dos Manuscritos avulso relativos a Minas Gerais existentes no Arquivo Histórico Ultramarino de Lisboa.* Belo Horizonte: Fundação João Pinheiro, CEHC, 1998, v. 1. (Mineiriana, Obras de referência).

_____. *Fontes Primárias para a história de Minas Gerais em Portugal.* Belo Horizonte: Conselho Estadual de Cultura de Minas Gerais, 1979.

BELLOTO, Heloísa Liberalli. *O Brasil no acervo do Arquivo Histórico Ultramarino: um glossário de Tipologia documental colonial.* São Paulo: 1999.

MARTINHEIRA, José Sintra. (Coord.) *Catálogo dos Códices do Fundo do Conselho Ultramarino Relativos ao Brasil existentes no Arquivo Histórico Ultramarino.* Rio de Janeiro: Real Gabinete Português de Leitura; Lisboa: Fundação C. Gulbenkian, 2000. Editorial Nórdica, LTDA.

## Obras de Referência

ALMEIDA, Antônio da Rocha. *Dicionário de História do Brasil.* Porto Alegre: Globo, 1969. (Enciclopédia do Curso Secundário, 3).

BARBOSA, Waldemar de Almeida. *Dicionário Histórico Geográfico de Minas Gerais.* Belo Horizonte/Rio de Janeiro: Itatiaia, 1995. (Reconquista do Brasil, 2ª série, 181).

_____. *Dicionário da terra e da gente de Minas.* Belo Horizonte: Arquivo Público Mineiro/ SEC-MG, 1985. (Publicações do Arquivo Público Mineiro, 5).

BOSCHI, Caio César. *O Cabido da Sé de Mariana (1745-1820).* Belo Horizonte: Fundação João Pinheiro | Editora PUC Minas, 2011. (Coleção Mineiriana: Série Obras de Referência).

MARQUES, C. A. M. *Dicionário Histórico-Geográfico da Província do Maranhão,* 3ª edição, patrocinada pela SUDEMA, 1970.

NAZ, R. (Dir.) *Dictionnaire de Droit Canonique: contenant tous lês termes Du droit canonique avec um Sommaire de L'Histoire et des institutions et l'etat actuel de la discipline.* Paris VI: Librairie Letouzey et Ané, 1950. (Boulevard Repail, 87).

SERRÃO, Joaquim Veríssimo. *Dicionário de História de Portugal.* Lisboa, 1982.

## Obras Gerais

AZEVEDO, C. M. (dir.) *História Religiosa de Portugal.* Lisboa: Círculo de Leitores, 2000, v. 2 – Humanismos e Reformas.

BETHENCOURT, Francisco e CHAUDHURI, K. (Org.) *História da Expansão Portuguesa.* Lisboa: Círculo de Leitores, 1998, 5 v.

CALMON, Pedro. *História do Brasil*. Com 940 ilustrações. Século XVII – conclusão: formação brasileira; século XVIII – Riquezas e vicissitudes. Capítulo XXIX: Início do Ciclo do Ouro Volume 3. Rio de Janeiro: José Olympio, 1959.

HOLLANDA, S. B. *História Geral da Civilização Brasileira*. São Paulo: Difel, 1960.

MATTOSO, J. (Dir.) *História de Portugal*. Lisboa: Estampa, 1993.

SERRÃO, J. V. *História de Portugal (1750-1807)*. 5ª ed. V. 6 – O despotismo iluminado. Lisboa: Verbo, 1996.

SERRÃO, Joel & MARQUES, A. H. de Oliveira. (Dir.) *Nova História da Expansão Portuguesa: o Império Luso-Brasileiro (1620-1750)*. Trad. Franco de Sousa (Partes I, II e IV). Lisboa: Estampa, 1991. Vol 7. Cordenado por Frédéric Mauro.

_____. *Nova História da Expansão Portuguesa. O Império Luso-Brasileiro (1750-1822)*. Lisboa: Estampa, 1986, v. 8. Coordenado por Maria B. Nizza da Silva.

_____. *História de Portugal. (1750-1807)*. 5ª ed. Lisboa: Verbo, 1996. v. 6 – O despotismo iluminado.

SILVA, Nuno J. Espinosa Gomes da. *História do Direito Português – Fontes de Direito*. 4ª Ed. Revista e actualizada. Lisboa: F. Calouste Gulbenkian, 2006.

## Artigos de Periódicos

AGUIAR, M. M. de. "Estado e Igreja na Capitania de Minas Gerais: notas sobre mecanismos de controle da vida associativa". *Vária História*, Belo Horizonte, FAFICH--UFMG, n. 21, jul. 1999. Especial códice Códice Matoso.

_____. "Festas e rituais de inversão hierárquica nas irmandades negras de Minas colonial". Datilografado.

_____. "Tensões e conflitos entre párocos e irmandades na capitania de Minas Gerais". *Revista da Pós Graduação em História da UnB*, Distrito Federal, EdUnbB, n. 2, v. 5, 1997.

ANASTASIA, C. M. J. "A lei da boa razão e o novo repertório de ação coletiva nas Minas Setecentistas". *Vária História*, Belo Horizonte, Fafich-UFMG, n. 28, dez. 2002.

_____. "Entre Cila e Caribde: as desventuras tributárias dos vassalos de Sua Majestade". *Vária História*, Belo Horizonte, Fafich-UFMG, n. 21, jul. 1999. Número Especial Códice C. Matoso.

BACELLAR, Carlos de Almeida Prado. "A mulher em São Paulo Colonial". *Espacio, tiempo y forma*, Série IV, História Moderna, t. 3, 1990, p. 367-386.

BELLOTO, H. L. "Estudo diplomático da Consulta do Conselho Ultramarino de 22 de maio de 1751, relativa ao Regimento das Casas de Fundição das Minas". *Vária História*, Belo Horizonte, Fafich-UFMG, n. 21, jul. 1999. Número Especial Códice Costa Matoso.

BOSCHI, C. C. "As visitas diocesanas e a Inquisição na Colônia." *Revista Brasileira de História*, São Paulo, Anpuh/Marco Zero, n. 14, v. 7, mar/ago. de 1987, p. 151-184.

_____. "Como os filhos de Israel no deserto? (Ou: a expulsão de eclesiásticos nas Minas Gerais na Primeira metade do século XVIII)". *Vária História*, Belo Horizonte, Fafich--UFMG, n. 21, 1999. Número Especial Códice Costa Matoso.

CARVALHO, Joaquim Ramos. "A jurisdição episcopal sobre leigos em matéria de pecados públicos: as visitas pastorais e o comportamento moral das populações portuguesas de Antigo Regime." *Revista Portuguesa de História*, Coimbra, Faculdade de Letras da Universidade de Coimbra/Instituto de História Econômica e Social, Tomo XXIV, 1990.

CARVALHO, J. R. & PAIVA, José Pedro. "Les visites pastores dans le diocèse Coimbre aux XVIIe-XVIIIe siècle." *La recherche Portugaise en Histoire du Portugal*, n. 1, 1989, p. 49-55.

COELHO, Maria Filomena. "Justiça e representação: discursos e práticas da tradição portuguesa na América". *Revista Múltipla*, Brasília/Distrito-Federal, UPIS - Faculdades Integradas, Ano XI, n. 21, v. 15, dez. 2006.

COSTA, Iraci Del Nero. "As populações das Minas Gerais no século XVIII: um estudo de demografia histórica." *Boletim de História Econômica e Demográfica*. Ano 18, n. 65. Disponível em <http://www.brnuede.com/bhds/bhd65/bhd65.htm>. Acesso em 28 jul. 2011.

FIGUEIREDO, L. R. de A. "Equilíbrio distante: o *Leviathan* dos Sete Mares e as agruras da Fazenda Real na Província fluminense, séculos XVII e XVIII. *Vária História*, Belo Horizonte, Fafich-UFMG, n. 35, jul. 2004.

_____ & SOUSA, Ricardo Martins de. "Segredos de Mariana: Pesquisando a Inquisição Mineira". *Acervo*. Rio de Janeiro, n. 2, v. 2, jul-dez, 1987.

GONÇALVES, Andréa L. "Catequese, côngruas e jurisdição religiosa no Termo de Minas Novas do Araçuaí". *LPH Revista de História*, Dep. de História/ UFOP, Ano II, n. 11, p. 59-70, 2002.

GOUVEIA, Jaime Ricardo Teixeira. "*Quod non est in actis, non est in mundo:* mecanismos de disciplina interna e externa no Auditório Eclesiástico de Coimbra". *Revista do Centro de História da Sociedade e da Cultura*, v. 9,2009, p. 179-204.

HESPANHA, A. M. "Depois do Leviathan." *Almanack Braziliense*, n. 5, mai. 2007.

HOORNAERT, E. "Pour une méthodologie de l'historiographie du Brésil: l'exemple de Minas Gerais". *Separata da Revue de Histoire Ecclesiàstique*, Louvain: *s/e*, n. 1, v.100, 2005.

KANTOR, Iris. "Um visitador na periferia da América portuguesa: visitas pastorais, memórias históricas e panegíricos episcopais". *Varia História*, Belo Horizonte, n. 21, v. 19, p. 436-446, 1999.

_____. "As academias brasílicas e a transmissão do conhecimento no Brasil colônia". *Revista da Biblioteca Mário de Andrade*, v. 63, p. 99-114, 2007.

_____. "Tirania e fluidez da etiqueta nas Minas setecentistas". *LPH. Revista de História (UFOP)*, Ouro Preto, n. 5, p. 112-121, 1995.

_____. "Soberania e territorialidade colonial: Academia Real de História da América Portuguesa e a América Portuguesa". Disponível em <http://www.humanas.ufpr. br/portal/cedope/files/2011/12/Soberania-e-territorialidade-colonial--%C3%8Dris-Kantor.pdf> Acesso em 30 jun. 2015.

LOPEZ, Antonio Irigoyen. "La difícil aplicación de Trento: las faltas de los capitulares de Murcia (1592-1622)". *Hispania Sacra*, LXII, 125, enero-junio 2010, 157-179.

_____. "Aplicaciones Tridentinas: La visita Del obispo Sancho Dávila Al Cabildo de la catedral de Murcia (1592)". IH 22,2002.

MARCÍLIO, M. L. "Os registros paroquiais e a História do Brasil". *Vária História*, (Dossiê: Vila Rica do Pilar: reflexões sobre Minas Gerais e a Época Moderna), Belo Horizonte, Fafich-UFMG, n. 31, jan. 2004.

MOTT, Luiz. "Modelos de Santidade para um Clero Devasso: a propósito do Cabido de Mariana, 1760". *Revista do Departamento de História*, Belo Horizonte, n. 9, 1989.

PAIVA, J. P. "O cerimonial da entrada dos bispos nas suas dioceses: uma encenação de poder (1741-1757)". *Revista de História das Idéias*, v. 15, 1993.

_____. "Inquisição e visitas pastorais: dois mecanismos complementares de controle social?" *Revista de História das Idéias*, v. 11, 1989.

_____. "A administração diocesana e a presença da Igreja: o caso da diocese de Coimbra nos séculos XVII e XVIII." *Lusitania Sacra*, Lisboa: 2ª série, 3, 1991.

_____. "Um Príncipe na diocese de Évora: o governo episcopal do cardeal infante Dom Afonso (1523-1540)". *Revista de História da Sociedade e da Cultura*, Coimbra, n. 7, Centro de História da Sociedade e da Cultura da Universidade de Coimbra; Fundação para a Ciência e Tecnologia, 2007.

_____. "El estado en la Iglesia y la Iglesia en el Estado: contaminaciones, dependencias y disidencia entre la monarquia y la Iglesia del reino de Portugal (1495-1640)". Traducción de Ignasi Fernández Terricabras. *Manuscrits*, n. 25, 2007. Separata. Barcelona: Universidad Autónoma de Barcelona.

PRODI, Paolo. "Cristianimo, modernidade política e historiografia." Trad. Carlos A. M. Zeron. *Revista de História*. 160, 2009. São Paulo, Usp, p. 107-130.

RAMOS, Donald "Códice C. Matoso: reflexões". *Vária História*, Belo Horizonte, FAFICH--UFMG, n. 21, jul.1999. Especial Códice Costa Matoso.

RIBEIRO, M. Moisés. "Caetano da Costa Matoso: o ouvidor naturalista." *Vária História*, Belo Horizonte, FAFICH-UFMG, n. 21. jul. 1999. Especial Códice Costa Matoso.

RODRIGUES, Aldair C. "Clergy, Society and relations Power in colonial Brazil: on the vicar forane (vigário da vara), 1745-1800". *e-Journal of Portuguese History*, n. 1, v. 13, june 2015, p. 40-67.

RUSSELL-WOOD, A. J. R. "Identidade, etnia e autoridade mas Minas Gerais do Século XVIII: leituras do Códice Costa Matoso." *Vária História*, Belo Horizonte, FAFICH--UFMG, n. 21, jul. 1999. Especial Códice Costa Matoso.

SANTOS, Corcino M. "Os jesuítas e a demarcação dos limites estabelecidos pelo tratado de 1750." *Vária História*, Belo Horizonte, Fafich-UFMG, n. 21, jul. 1999. Especial Códice Costa Matoso.

SANTOS, Patricia Ferreira dos. "As práticas de caridade na diocese de Mariana: estímulos devocionais, interditos e protestos anónimos no século XVIII". *Revista de História da Sociedade e da Cultura*, v. 11, 2012, p.195 - 221.

_____. "O sacerdote de direito e a mentalidade religiosa colonial: estratégias episcopais de conversão em Mariana no século XVIII". *LPH (UFOP)*, Ano 20, n. 20, 2010, p. 215-56.

SILVEIRA, Patrícia Ferreira dos Santos. "A justiça eclesiástica e os mecanismos de busca de infratores: as queixas, as querelas e as denúncias no século XVIII". *Boletim do Arquivo da Universidade de Coimbra*, 2013, v. 26, p. 137-60. Disponível em <http://iduc.uc.pt/index.php/boletimauc/article/view/1513/973> Acesso em 07 jun. 2015.

SILVEIRA, M. A. "Guerra de usurpação, guerra de guerrilhas: conquista e soberania nsa Minas setecentistas. *Vária História*, Belo Horizonte, FAFICH-UFMG, n. 25. jul. 2001.

SOUZA, George Evergton Sales. "Igreja e Estado no período pombalino". *Lusitania Sacra*, 2ª série, tomo XXIII, Jan-Jun-2011, p. 207-232. Dossiê Clero, doutrinação e disciplinamento.

SOUZA, Evergton Sales de. "Jansénisme te réforme de l'Église dans l'Amérique portugaise au XVIIIe siécle". *Revue d'histoire des religions*, 226-2/2009, p. 201-226.

SOUZA, L. de M. "As devassas eclesiásticas da arquidiocese de Mariana: fonte primária para a História das mentalidades." *Anais do Museu Paulista*, Tomo 33, 1984.

SOUZA, M. E. de C. "Ouvidorias de comarcas: legislação e estrutura." *Vária História*, Belo Horizonte, Fafich-UFMG, n. 21, jul. 1999. Especial Códice Costa Matoso.

SOUZA, Ney de. (Pe) "A situação do clero brasileiro durante o século XVIII". *Revista de Cultura teológica*. São Paulo, n. 23, 1998, p. 87-109.

_____. "A formação do clero no Brasil colonial e a influência do Iluminismo". *Revista Eclesiástica Brasileira*. Petrópolis, n. 231, v. 58.

TORRES-LONDOÑO, Fernando. "Sob a autoridade do pastor e a sujeição da escrita". *História: Questões e debates*, Curitiba, Editora da UFPR, Ano 19, n. 36, 2002.

_____. "Las cartas pastorales del Brasil del siglo XVIII". *Separata Anuario de Historia de La Iglesia*, XII. Navarra, Faculdade de Teología/ Instituto de História de La Iglesia, 2003.

_____. "El concubinato y La Iglesia en el Brasil Colonial". *Cedhal*, São Paulo, 1988.

TRINDADE, Jaelson Bitran. Cristãos Novos e Inquisição: História e Documentos. *Boletim do Cepehib Centro de Estudos e Pesquisas da História da Igreja no Brasil*, São Paulo, v. 1, n.16, p. 03-17, 1983.

_____. "O Império dos Mil Anos e a arte do tempo barroco: a águia bicéfala como emblema da Cristandade". *Anais do Museu Paulista (Impresso)*, v. 18, 2010, p. 11-91.

VENÂNCIO, R. P. "A História e a Micro-História: uma entrevista com Carlo Ginsburg". Mariana: *LPH: Revista de História*, 1: 1-6, 1990.

VELLASCO, Ivan de Andrade. "A Cultura da violência: os crimes na comarca do Rio das Mortes – Minas Gerais Século XIX". Disponível em <http://www.historia.uff.br/tempo/artigos_livres/artg18-8.pdf> Acesso em 12 mai. 09.

WEHLING, Arno; WEHLING, M. J. "Linhas de força da legislação pombalina e pós-pombalina: uma abordagem preliminar". *Anais da Sociedade Brasileira de Pesquisa Histórica*, 2004, p. 136-138. Disponível em <http://sbph.org/2004/personagens-poder-e-cultura/arno-wehling-maria-jose-wehling> Acesso em 10 jun. 2011.

VILLALTA, L. C. "Eva, Maria e Madalena: estereótipos de mulher no Brasil Quinhentista", *Estudos de História*, Franca, n. 2, v. 6, 1999, p. 35-51.

_____. "El-rei, os vassalos e os impostos: concepção corporativa de poder e método tópico num parecer do Códice C. Matoso. *Vária História*, Belo Horizonte, Fafich-UFMG, n. 21, jul. 1999. Especial Códice Costa Matoso.

## Livros e Teses

AGUIAR, Marco Magalhães. *Vila Rica dos Confrades: a sociabilidade confrarial entre negros e mulatos no século XVIII*. Dissertação de Mestrado, FFLH, USP, São Paulo, 1993.

_____. *Negras Minas Gerais: uma história da diáspora africana no Brasil Colonial*. Tese de doutorado, FFLCH-USP, São Paulo, 1999.

ALBERIGO, Giuseppe. (Org.) *História dos Concílios Ecumênicos*. Trad. José M. De Almeida. São Paulo: Paulus, 1995.

ALBUQUERQUE, Martim de. *A sombra de Maquiavel e a ética tradicional portuguesa: ensaio de História das Idéias Políticas*. Lisboa: Faculdade de Letras da Universidade de Lisboa, 1974 (Série Histórica).

ALMEIDA, Ângela M. de. *O gosto do pecado: casamento e sexualidade nos manuais de confessores dos séculos XVII e XVIII*. Rio de Janeiro: Rocco, 1992.

ALMEIDA, Fortunato de. *História da Igreja em Portugal*. Nova edição preparada e dirigida por Damião Peres, Professor da Universidade de Coimbra. Porto/Lisboa: Civilização, 1968, 5 tomos, 4 v.

ALMEIDA, Luís Ferrand de. (Org.). *Páginas dispersas: estudos de História Moderna de Portugal*. Coimbra: Instituto de História Econômica e Social, Faculdade de Letras da Universidade de Coimbra, 1995.

_____. "Dom João V e a biblioteca real." In: *Idem. Páginas Dispersas: estudos de História Moderna de Portugal*. Coimbra: Instituto de História Económica e Social, Faculdade de Letras da Universidade de Coimbra, 1995.

ANASTASIA, C. M. J. "Levantamentos Setecentistas Mineiros: violência coletiva e acomodação". In: FURTADO, J. F. (Org.) *Diálogos Oceânicos: Minas Gerais e as novas abordagens para uma História do Império Ultramarino Português*. Belo Horizonte: Editora da UFMG, 2001 (Humanitas, 67).

ANASTASIA, Carla. *A geografia do crime: violência nas Minas Setecentistas*. Belo Horizonte: Editora da UFMG, 2005 (Humanitas).

ANTUNES, Álvaro de Araújo. *Um espelho de cem faces: o universo relacional de um advogado setecentista*. São Paulo/Belo Horizonte: Annablume/Pós-Graduação História da UFMG, 2004 (Olhares).

_____. *Fiat Justitia: os advogados e a prática da Justiça em Minas Gerais (1750-1808)*. Tese. IFICH-Unicamp, Campinas, 2005.

ARISTÓTELES. *Ética a Nicômaco*. Trad. de Leonel Vallandro e Gerd Bomhein da versão inglesa de W. D. Ross. São Paulo: Nova cultural, 1987 (Os pensadores).

ASSIS, Ângelo F. "Entre a coerção e a misericórdia: sobre o tribunal do Santo Ofício da Inquisição em Portugal." In: ASSIS, Ângelo F. PEREIRA, M. S. (Org.) *Religiões e Religiosidades: entre a tradição e a modernidade*. São Paulo: Paulinas, 2010 (Coleção Estudos da ABHR, v. 7).

ASTUTI, G. "O Absolutismo esclarecido em Itália e o Estado de Polícia". In: HESPANHA, A. M. *Poder e instituições na Europa do Antigo Regime: coletânea de textos*. Lisboa: Fundação Calouste Gulbenkian, 1984.

ATALLAH, C. C. A. *Da Justiça em nome d'el Rey: ouvidores e inconfidência na capitania de Minas Gerais (Sabará, 1720-1777)*. Niterói, UFF, 2010. Tese.

ÁVILA, Affonso. *O lúdico e as projeções no mundo barroco*. São Paulo: Perspectiva, 1ª ed. 1971; 2ª ed. 1994 (Debates, 35).

_____. *Resíduos Seiscentistas em Minas Gerais*. Belo Horizonte: Secretaria de Estado da Cultura de Minas Gerais | Arquivo Público Mineiro, 2006, 2 v.

AZEVEDO, João Lúcio de. *O marquês de Pombal e a sua época*. Lisboa: Alfarrábio, 2009.

AZEVEDO, T. *Igreja e Estado em Tensão e Crise: a conquista espiritual e o Padroado na Bahia*. São Paulo: Ática, 1978.

AZZI, Riolando. *A Igreja Católica na Formação da Sociedade Brasileira*. Aparecida/São Paulo: Santuário, 2008 (Cultura & Religião).

_____. "Entre o trono e o altar: a Igreja católica em São Paulo." In: VILHENA, M. A. & PASSOS, J. D. (Org.) *A Igreja de São Paulo: presença católica na história da cidade*. São Paulo: Paulinas, 2005.

BACELLAR, Carlos de Almeida Prado. *Viver e sobreviver em uma Vila Colonial: Sorocaba nos séculos XVIII e XIX*. São Paulo: Annablume/Fapesp, 2001.

BARBOSA FILHO, R. *Tradição e Artifício: Iberismo e Barroco na formação americana*. Belo Horizonte/Rio de Janeiro: Editora da UFMG/IUPERJ, 2000 (Origem,1).

BELLOTO, H. L. *Autoridade e conflito no Brasil Colonial: o Governo de Morgado de Mateus em São Paulo Colonial*. São Paulo: Conselho Estadual de Artes e Ciências Humanas, 1979.

BETHENCOURT, Francisco. "A Inquisição." In: AZEVEDO, C. M. (dir.) *História Religiosa de Portugal*. Lisboa: Círculo de Leitores, 2000, v. 2 – Humanismos e Reformas.

BICALHO, M. F; SOUZA, L. de M. e. *O Império deste mundo*. São Paulo: Companhia das Letras, 2000 (Virando Séculos, 4).

_____. e FERLINI, V. L. A. (Org.) *Modos de Governar: idéias e práticas políticas no Império Português (Século XVI a XIX)*. São Paulo: Alameda, 2005.

BOURDIEU, Pierre. *A economia das trocas simbólicas*. Vários tradutores. Introdução, organização e seleção de Sérgio Miceli. 6ª ed. 2ª reimpressão. São Paulo: Perspectiva, 2009.

BOSCHI, C. C. *Os Leigos e o Poder: Irmandades leigas e Política Colonizadora em Minas Gerais*. São Paulo: Ática, 1986.

_____. "Estruturas eclesiásticas e a Inquisição". In: BETHENCOURT, F. e CHAUDHURI, Kirti. (Dir.) *História da Expansão portuguesa*. Navarra: Círculo de Leitores, 1998.

_____. *O Cabido da Sé de Mariana (1745-1820)*. Belo Horizonte: Fundação João Pinheiro | Editora PUC Minas, 2011. (Coleção Mineiriana: Série Obras de Referência).

_____. *Exercícios de Pesquisa Histórica*. Belo Horizonte: PUC-Minas Editora, 2011.

BOXER, C. R. *A Idade de Ouro no Brasil: Dores de Crescimento de uma sociedade colonial*. Trad. de Nair de Lacerda, 3ª ed. Rio de Janeiro: Nova Fronteira, 2000.

_____. *O Império Colonial Português (1415-1825)*. Trad. Lisboa: Edições 70, 1969.

_____. *A Igreja e a expansão ibérica (1440-1470)*. Lisboa: Edições 70, 1981.

_____. *O Império Marítimo Português. (1415-1825)*. Trad. A. O. B. Barreto. São Paulo: Companhia das Letras, 2002.

BURKE, Peter. "Abertura: a Nova História, seu passado e seu futuro". In: BURKE, P. (Org.). *A escrita da história: novas perspectivas*. Trad. Magda Lopes. São Paulo: Editora da Unesp, 1992. (Biblioteca Básica)

_____. *Cultura Popular na Idade Moderna*. São Paulo: Companhia das Letras, 1989.

_____. *A fabricação do rei: a constituição da imagem pública de Luís XIV*. Rio de Janeiro: Jorge Zahar, 1994.

CAETANO, M. *O Conselho Ultramarino: esboço de sua História*. Lisboa: Agência Geral do Ultramar. 1967.

_____. *Estudos de História da administração pública portuguesa*. Organização e prefácio de Diogo Freitas do Amaral. Coimbra Editora, s.l., 1994.

CALÓGERAS, Pandiá. *As minas do Brasil e a sua legislação (Geologia Econômica do Brasil)*. 2ª ed. Refundida actualizada e dirigida por Djalma Guimarães. São Paulo: Companhia Editora Nacional, 1938.

CARRATO, José Ferreira. *As Minas Gerais e os Primórdios do Caraça*. São Paulo: Nacional, 1963. (Brasiliana, 317)

_____. *Igreja, Iluminismo e Escolas Mineiras coloniais*. São Paulo: Nacional, 1968. (Brasiliana, 334).

CARVALHO, J. G. V. de. (Côn.) *Ideologia e Raízes Sociais do Clero da Conjuração: século XVIII, Minas Gerais*. Viçosa: Imprensa Universitária, 1978.

CASTAÑEDA-DELGADO, Paulino; FERNÁNDEZ, Juán Marchena. *La Jerarquía de la Iglesia en Indias: el episcopado americano (1500-1850)*. Madrid: Fundación Mapfre América, 1992. (Colecciones Mapfre, 1492).

CATÃO, Leandro Pena. *Sacrílegas palavras: inconfidência e presença jesuítica nas Minas Gerais durante o período pombalino*. Tese de Doutorado, FAFICH–UFMG, Belo Horizonte, 2005.

CHIZOTTI, G. *O Cabido de Mariana (1747-1820)*. Dissertação de Mestrado, IHSS-Unesp, Franca, 1984.

CRISTIANI, L. *L'Église à l'époque du Concile de Trente*. In: FLICHE, Augustin et MARTIN, Victor. *Histoire de L'Église depuis led origins jusqu'a nos jours*. Lyon: Bloud & Gay, 1948.

DARNTON, Robert. *O diabo na água benta: ou a arte da calúnia e da difamação de Luís XIV a Napoleão*. Trad. Carlos A. Malferrari. São Paulo: Companhia das Letras, 2012.

DELAMARE, Alcibíades. *Vila Rica*. São Paulo: Companhia Editora Nacional, 1935.

DELUMEAU, J. *El Catolicismo de Lutero a Voltaire*. Trad. M. Candel. Barcelona: Labor, 1973.

_____. *História do medo no Ocidente. (1300-1800): uma cidade sitiada*. Trad. M. Lúcia Machado e Heloísa Jahn. São Paulo: Companhia das Letras, 1996.

_____. *A civilização do Renascimento*, 2v. Lisboa: Editorial Estampa, 1994.

_____. *La Reforma*. Trad. J. Termes. Barcelona: Edições Labor, 1967. (Nouvelle Clio, 30)

D'INCAO, Maria Ângela (org.). *Amor e família no Brasil*. São Paulo: Contexto, 1989.

DORNAS FILHO, João. *O Padroado e a Igreja Brasileira*. São Paulo/ Rio de Janeiro/ Recife: Companhia Editora Nacional, 1938.

DUSSEL, Enrique. (Org.) *Historia Liberationis: 500 anos de História da Igreja na América Latina*. Trad. R. Costa. São Paulo: Paulinas, 1992.

FADEL, Bárbara. *Clero e sociedade: Minas Gerais, 1745-1817*. Tese de Doutorado, FFLCH-USP, São Paulo, 1994.

FALCON, Francisco José Calazans. *A Época Pombalina: política econômica e Monarquia Ilustrada*. São Paulo: Ática, 1982.

FAORO, R. *Os Donos do Poder*. São Paulo: Globo, 2004, 2 vols.

FERNANDES, M. de L. C. "Da Reforma da Igreja à reforma dos cristãos: reforma, pastoral e espiritualidade." In: AZEVEDO, C. M. (dir.) *História Religiosa de Portugal*. Lisboa: Círculo de Leitores, 2000, v. 2 – Humanismos e Reformas.

FEITLER, Bruno. "Poder episcopal e inquisição no Brasil: o juízo eclesiástico da Bahia nos tempos de dom Sebastião Monteiro da Vide". In: FEITLER, Bruno & SOUZA, Evergton Sales. (Org. ) *A Igreja no Brasil*. São Paulo: Editora da Unifesp, 2011.

FRANCO, Maria Sylvia de Carvalho. *Homens livres na ordem escravocrata*. 2ª Ed. São Paulo: Ática, 1974, p. 235 (Ensaios, 3). 3ª Ed. São Paulo: Kairós, 1983.

FARINHA, A. D. "O Norte da África". In: BETHENCOURT, F; CHAUDHURI, K. *História da Expansão Portuguesa*. Lisboa: Círculo de Leitores, 1998.

FIGUEIREDO, Luciano R. de A. *Barrocas Famílias: vida familiar em Minas Gerais no século XVIII*. São Paulo: Hucitec, 1997.

_____. *O Avesso da Memória: Cotidiano e Trabalho da Mulher em Minas Gerais no Século XVIII*. Rio de Janeiro: José Olympio/Brasília, Distrito Federal: EdUnB, 1993.

FONSECA, C. D. *Des terres aux Villes d'Or: Pouvoirs et territoires urbains au Minas Gerais (Brésil, XVIIIe)*. Paris: Centre Culturel Calouste Gulbenkian, 2003.

_____. "O espaço urbano de Mariana: sua formação e suas representações". TERMO *de Mariana: História e documentação*. Ouro Preto: Editora da UFOP, 1998.

FURTADO, Celso. *Formação Econômica do Brasil*. São Paulo: Editora Nacional, 1970.

FURTADO, Júnia Ferreira. (Org.) *Diálogos Oceânicos: Minas Gerais e as novas abordagens para uma história do Império Ultramarino Português*. Belo Horizonte: Editora da UFMG, 2001.

GINZBURG, Carlo. *Mitos, emblemas e sinais: morfologia e história*. Trad. F. Carotti. São Paulo: Companhia das Letras, 1989.

_____. *A micro-história e outros ensaios*. Lisboa/Rio de Janeiro: DIFEL, Bertrand Brasil, 1991.

_____. *Olhos de madeira: nove reflexões sobre a distância*. Trad. E. Brandão. São Paulo: Companhia das Letras, 2001.

_____. *O queijo e os vermes: o cotidiano e as idéias de um moleiro perseguido pela Inquisição*. Tradução de Maria Betânia Amoroso e José Paulo Paes, revisão técnica de H. Franco Júnior. São Paulo: Companhia das Letras, 1987.

_____. *Relações de Força: história, retórica, prova*. Tradução de Jônatas Batista Neto. São Paulo: Companhia das Letras, 2002.

_____. *O fio e os rastros: verdadeiro, falso, fictício*. Trad. Rosa Freire d'Aguiar e Eduardo Brandão. São Paulo: Companhia das Letras, 2007.

GODINHO, Vitorino Magalhães. *A estrutura social na antiga sociedade portuguesa*. Lisboa: Arcádia, 1971.

GOLDSCHIMIDT, Eliana M. R. "Matrimônio e Escravidão em São Paulo Colonial". In: SILVA, M. B. N. da. (Org.) *Brasil: Colonização e Escravidão*. Rio de Janeiro: Nova Fronteira, 2000.

GONÇALVES, A. L.; FURTADO, J. F.; FURTADO, J. P. "A historiografia sobre Minas Gerais nos últimos 50 anos". In: GLEZER, Raquel. (Org.). *Do passado para o futuro: edição comemorativa dos 50 anos da ANPUH*. São Paulo: Contexto, 2011.

GONÇALVES, A. L.; ARAUJO, Valdei Lopes. Os múltiplos entrelaçamentos entre impérios, Estados e regiões. In: *Idem*. (Org.). *Estado, região e sociedade: contribuições sobre história social e política*. Belo Horizonte: Argvmentvm, 2007.

_____. "Algumas perspectivas da historiografia sobre Minas Gerais nos séculos XVIII e XIX. In: Ronald Polito de Oliveira". (Org.). *Termo de Mariana: História e documentação*. 1ªed. Ouro Preto: Editora da UFOP, 1998, v. I.

_____. "Ambiguidade da política metropolitana em relação aos ciganos". In: Andréa Lisly Gonçalves; Ronald Polito de Oliveira. (Org.). *Termo de Mariana: História e documentação*. Ouro Preto: Universidade Federal de Ouro Preto, 2004, v. II.

GORENDER, Jacob. *O escravismo colonial*. 3ª Ed. São Paulo: Ática, 1980.

GOUVEIA, António Camões. "O enquadramento Pós-Tridentino e as Vivências do Religioso". In: MATTOSO, J. (Dir.) *História de Portugal*, v. 4. Lisboa: Estampa, 1993.

GOUVEIA, Maria de Fátima. "Poder e político e administração na formação do complexo atlântico português (1645-1808)". In: FRAGOSO, J. *et al* (Org.) *O Antigo Regime nos Trópicos: a dinâmica imperial portuguesa (séculos XVI a XVIII)*. Rio de Janeiro: Civilização Brasileira, 2001.

HANSEN, J. A. "Razão de Estado". In: NOVAES, A. (Org.). *A crítica da razão*. São Paulo: Companhia das Letras, 1996.

_____. "A civilização pela palavra." In: LOPES, E. M. T, *et alii* (Orgs.) *500 anos de educação no Brasi*, 2ª ed. Belo Horizonte: Autêntica, 2000.

_____. "*Teatro do Sacramento: a unidade teológico-retórico-política dos sermões de Antônio Vieira*". Prefácio a PÉCORA, A. São Paulo/ Campinas: Edusp/ Ed. da Unicamp, 1994.

_____. "*Ratio Studiorum* e política católica ibérica no século XVII". In: VIDAL, D. G. e HILSDORF, M. L. S. *Brasil 500 anos: tópicas em História da Educação*. São Paulo: Edusp, 2001. (Estante USP, Brasil 500 anos, 5).

HESPANHA, A. M. "A Igreja" In: MATTOSO, J. *História de Portugal*, v. IV. Lisboa: Estampa, 1999.

_____. "O poder eclesiástico. Aspectos institucionais". In: MATOSO, José (Dir.). *História de Portugal*. vol 4 – O Antigo Regime (1620-1807). Coordenação de António Manuel Hespanha. Lisboa: Estampa, 1999.

_____. *"A fortuna de Aristóteles no pensamento político português dos séculos XVII e XVIII"* aristotelismo político e ragione di stato. Firenze: Olshki, 1995.

_____. *História das Instituições: épocas medieval e moderna*. Coimbra: Almedina, 1982.

_____. "O debate acerca do 'Estado Moderno'". In: TENGARRINHA. J. (Coord.) *A historiografia portuguesa, hoje*. São Paulo: Hucitec, 1999.

_____. *Às Vésperas do Leviathan: Instituições e poder político (Portugal, séculos XVI e XVII)*. Coimbra: Almedina, 1994, p. 682 (Reedição remodelada da edição espanhola, de 1990).

_____. "Introdução". In: *idem* (Coord.) *Poder e instituições na Europa do Antigo Regime: coletânea de textos*. Lisboa: Fundação Calouste Gulbenkian, 1984.

HIGGS, David. "The portuguese Church." In: *Idem* & CALLAHAN, W. J. *Church and society in Catholic Europe of the eigtheenth century*. Cambridge University Press, 1979.

HOLANDA. S. B. de. "Metais e Pedras Preciosas". *História Geral da Civilização Brasileira. A Época Colonial*. São Paulo: Difel, 1961.

HOORNAERT, Eduardo. *Formação do Catolicismo Brasileiro (1500-1800)*, 2ª ed. Petrópolis: Vozes, 1978.

_____. "A Igreja no Brasil." In: DUSSEL, Enrique. (Org.) *Historia Liberationis: 500 anos de História da Igreja na América Latina*. Trad. R. Costa. São Paulo: Paulinas, 1992.

HOORNAERT, Eduardo; AZZI, R.;VAN DER GRIJP, K.; BROD, Benno. *História da Igreja no Brasil: ensaio de interpretação a partir do povo - Primeira Época - período colonial*. Petrópolis/Rio de Janeiro: Vozes, 2008.

HOULBROOKE, Ralph Antony. *Church court and the people during English Reformation (1520-1570)*. Oxford University Press, 1979.

JANCSÓ, István. *Na Bahia, contra o Império: história do ensaio de sedição de 1798*. 2ª ed. São Paulo: Hucitec, 2010.

KANTOR, Iris. *Esquecidos e Renascidos: Historiografia acadêmica luso-americana (1724-1759)*. São Paulo: HUCITEC/Centro Estudos Baianos, 2004. (Estudos Históricos, 55).

_____. *Pacto festivo em Minas Colonial: a EntradaTtriunfal do primeiro bispo na Sé de Mariana*. Dissertação de Mestrado, FFLCH/USP, São Paulo, 1996.

_____ "Entradas Episcopais na capitania de Minas Gerais (1743-1748): a transgressão formalizada". In: KANTOR, Íris & JANCSÒ, Istvan. *Festa: cultura e sociabilidade na América Portuguesa*. São Paulo: Hucitec; Edusp/Fapesp: Imprensa Oficial, 2001, p. 169-189.

KANTOR, Iris; DORÉ, Andréa Carla. "Soberania e territorialidade colonial: Academia Real de Hitória Portuguesa e a América Portuguesa". In: DORÈ, Andrea, SANTOS, Antonio Cesar de Almeida. (Org.). *Temas Setecentistas: governos e populações no império português*. Curitiba: UFPR-SCHLA Fundação Araucária, 2009.

KARNAL. Leandro. *Teatro da fé: representação religiosa no Brasil e no México do século XVI*. São Paulo: Hucitec, 1998.

KUHNEN, Alceu. *As origens da Igreja no Brasil: 1500 a 1552*. Bauru: Edusc, 2005.

LACOMBE, Américo Jacobina. "A Igreja no Brasil Colonial". In: HOLANDA, S. B. de. (Org.) *História Geral da Civilização Brasileira*. Tomo I, v. 2, 6ª ed. São Paulo: Difel, 1985.

LARA, Silvia Hunold. *Fragmentos setecentistas: escravidão, cultura e poder na América Portuguesa*. São paulo: Companhia das letras, 2007.

\_\_\_\_\_ & MENDONÇA, Joseli M. Nunes. *Direitos e Justiças no Brasil*. Campinas: Editora da Unicamp, 2006.

LEAL, V. N. *Coronelismo, enxada e voto: o município e o regime representativo no Brasil*, 3ª ed. Rio de Janeiro: Nova Fronteira, 1997.

LE GOFF, Jacques. *O nascimento do purgatório*. Lisboa: Editorial Estampa, 1993. (Nova História, 1)

LEMOS, Carmem Sílvia. *A justiça local: os juízes ordinários e as devassas da comarca de Vila Rica (1750-1808)*. Dissertação de Mestrado, FAFICH, UFMG, Belo Horizonte, 2003.

LÉVI, Giovanni. "Sobre a micro-história." In: BURKE, Peter. *A Escrita da História: Novas Perspectivas*. Trad. São Paulo: Ed. da Unesp, 1992 (Biblioteca Básica).

LIBBY, Douglas Cole. *Transformação e trabalho em uma economia escravista*. São Paulo: Brasiliense, 1988.

LIMA, L. L.da G. *A Confissão pelo avesso: o crime de solicitação no Brasil Colonial*. Tese de doutorado, FFLCH, USP, São Paulo, 1990.

LOMÉNIE, E. B. *A Igreja e o Estado: um problema permanente*. Trad. do Original francês *L'Église et L'État*, por Valeriano de Oliveira. São Paulo: Flamboyant, 1958.

MAGALHÃES, Joaquim Romero (Coord.) *História de Portugal: no alvorecer da moralidade.* Editorial Estampri, v. 3.

MARAVALL, José António. *Poder, honor y elites en el siglo XVII.* Madrid: Siglo Veintiuno, 1979.

MARCHANT, Ronald A. *The Church under the Law: justice, administration and discipline in the diocese of York (1560-1640).* Cambridge University Press, 1969.

MARQUES, João Francisco. "Introdução." In: AZEVEDO, C. M. (dir.) *História Religiosa de Portugal.* Lisboa: Círculo de Leitores, 2000, v. 2 – Humanismos e Reformas.

MATTOSO, José. "A escrita da História". In: TENGARINHA, José. (Coord.) *A historiografia portuguesa hoje.* São Paulo: Hucitec, 1999. (Estudos Históricos, 40.)

_____. MATTOSO, J. "Antecedentes medievais da expansão portuguesa". In: BETHEN-COURT, F; CHAUDHURI, K. (Org.) *História da Expansão Portuguesa*, v.1, p. 12. Navarra, Espanha: Temas e Debates e Autores, 1998.

MAXWELL, K. *A Devassa da Devassa: a Inconfidência Mineira: Brasil e Portugal (1750 - 1808).* Rio de Janeiro: Paz e Terra, 2ª ed., 1978.

_____. *O Marquês de Pombal: paradoxo do Iluminismo.* 2ª edição. Rio de Janeiro: Paz e Terra, 1996.

MELLO, E. C. de. *A fronda dos mazombos.* São Paulo: Companhia das Letras, 1995.

MENDONÇA Pollyanna Gouveia. *Parochos imperfeitos: justiça eclesiástica e desvios do clero no Maranhão colonial.* Tese de Doutorado, ICHF-Universidade Federal Fluminense, Niterói, 2011.

MICELI, Sérgio. "A força do Sentido." In: BOURDIEU, Pierre. *A economia das trocas simbó-licas.* Vários tradutores. Introdução, organização e seleção de Sérgio Miceli. 6ª ed. 2ª reimpressão. São Paulo: Perspectiva, 2009. (Estudos; 20/ dirigida por J. Guinsburg).

MOTT, Luís. "Cotidiano e vivência: religiosidade entre a capela e o calundu". In: SOUZA, Laura de Mello (Org.) *História da vida privada na América Portuguesa: cotidiano e vida privada na América Portuguesa*, v. 1. São Paulo: Companhia das Letras, 1997. (História da Vida Privada no Brasil, 1)

_____. *Rosa Egipcíaca, uma santa africana no Brasil.* Rio de Janeiro: Bertrand Brasil, 1993.

MOTA, Carlos Guilherme. *Idéia de revolução no Brasil.* (1789-1801). 4ª edição. São Paulo: Ática, 1996.

MUCHEMBLET, Robert. "*Compromis et pratiques molles: la désacralisation judiciaire en marche* (1750-1789)". In: CHAUVAUD, Frédéric (Dir.). *Le Sanglot Judiciaire: la desácralisation de la justice (VIIIe-XXe siècles)*. Éditions Creaphis, 1999. (Séminaire de Royaumont).

NEVES, G. P. das. *E receberá mercê: a Mesa de Consciência e Ordens e o clero secular no Brasil, 1808-1828*. Rio de Janeiro: Arquivo Nacional, 1997.

NEVES, L. F. B. *O Combate dos soldados de Cristo na Terra dos Papagaios*. Rio de Janeiro: Forense Universitária, 1978.

OLIVAL, Fernanda. "Um rei e um reino que viviam da mercê". In: *Idem. As ordens militares e o Estado Moderno: honra, mercê e venalidade em Portugal (1641-1789)*. Lisboa: Estar, 2000.

OLIVEIRA, Alcilene Cavalcanti de. *A ação Pastoral dos Bispos da diocese de Mariana: mudanças e permanências (1748-1793)*. Dissertação de Mestrado, IFCH/Unicamp, Campinas, 2001.

_____. *A diocese de Mariana (1748-1764): palco de conflitos entre o bispo e o cabido*. Monografia, IFAC-UFOP, Ouro Preto, 1999.

OLIVEIRA, Oscar de (Dom). *Os dízimos eclesiásticos do Brasil nos períodos da Colônia e do Império*. Tese de Láurea em Direito Canônico - Pontifícia Universidade Gregoriana no dia 16 de fevereiro de 1938.

PAIVA, José Pedro. *Os bispos de Portugal e do Império (1495-1777)*. Coimbra: Imprensa da Universidade, 2006.

_____. "A Igreja e o poder." In: AZEVEDO, C. M. (dir.) *História Religiosa de Portugal*. Lisboa: Círculo de Leitores, 2000, v. 2 – Humanismos e Reformas.

_____. "Interpenetração da Igreja e do Estado." In: AZEVEDO, C. M. (dir.) *História Religiosa de Portugal*. Lisboa: Círculo de Leitores, 2000, v. 2 – Humanismos e Reformas.

_____. "Dom Sebastião Monteiro da Vide e o episcopado do Brasil em tempo de renovação (1701-1750)". In: FEITLER, Bruno; SOUZA, Evergton S. *A Igreja no Brasil: Normas e práticas durante a vigência das Constituições Primeiras do Arcebispado da Bahia*. São Paulo: Editora da Unifesp, 2011.

_____. "Reforma religiosa, conflito, mudança política e cisão: o governo da diocese de Olinda por D. Frei Luís de Santa Teresa (1738-1754)". In MONTEIRO, Rodrigo Bentes e VAINFAS, Ronaldo (coord.) - *Império de várias faces. Relações de poder no mundo ibérico da Época Moderna*. São Paulo: Editora Alameda, 2009.

_____. *Baluartes da Fé e da disciplina: os bispos e a inquisição* (1536-1750). Coimbra: Imprensa Universitária, 2010.

PERELMAN. C. *O Império Retórico: retórica e argumentação*. Trad. F. Trindade; R. A. Gracio. Porto: Edições Asa, 1993.

PIERUCCI, Antônio Flávio. "Secularização segundo Max Weber". In: SOUZA, Jessé. (Org.) *A atualidade de Max Weber*. Brasília: Editora UnB, 2000.

PINTO, Virgílio Noya. *O ouro brasileiro e o comércio anglo-português: uma contribuição aos estudos da economia atlântica no século XVIII*. 2ª Ed. São Paulo: Companhia Editora Nacional, 1979. (Brasiliana, 371).

PIRES, Maria do Carmo. *Juízes e infratores: o tribunal eclesiástico do bispado de Mariana (1748-1800)*. São Paulo: Annablume; Belo Horizonte: Fapemig/Pós graduação em História da UFMG, 2008. (Olhares).

POLITO, Ronald. (Org.) *Visitas Pastorais de Dom Frei José da Santíssima Trindade (1821-1825)*. Belo Horizonte: Fundação João Pinheiro/ Centro de Estudos Históricos e Culturais, 1998. (Mineiriana, Série Clássicos).

PRADO JÚNIOR, Caio. *Formação do Brasil Contemporâneo*. São Paulo: Brasiliense, 1996.

PRODI, Paolo. *Uma história da justiça. Do pluralismo dos foros ao dualismo moderno entre consciência e direito*. Trad. Karina Jannini. São Paulo: Martins Fontes, 2005. (Justiça e Direito).

PROSPERI, Adriano. "La figura del vescovo fra Quattro e Cinquecento: persistenze, disagi e novitá". In: CHITTOLINI, Giorgio; MICCOLI, Giovanni (Dir.). *Storia d'Italia*. Torino: Giulio Einaudi Editori, 1986, v. 9.

QUEIROZ, Maria Isaura Pereira de. *O messianismo no Brasil e no mundo*. São Paulo: Dominus, 1965.

_____. *O mandonismo local na vida política brasileira e outros ensaios*. São Paulo: Ed. Alfa--Omega, 1976.

QUINTÃO, A. A. "As irmandades de pretos e pardos em Pernambuco e no Rio de Janeiro na época de Dom José I: um estudo comparativo. In: SILVA, M. B. N. da. *Brasil: Colonização e escravidão*. Rio de Janeiro: Nova Fronteira, 2000.

RAMOS, Donald. "A 'voz popular' e a cultura popular no Brasil do século XVIII". In: SILVA, M. B. N. *Cultura Portuguesa na Terra de Santa Cruz*. Lisboa: Estampa, 1995.

REIS, Liana Maria. *Crimes e escravos na capitania de todos os negros (Minas Gerais, 1720-1800)*. São Paulo: Hucitec, 2008. (Estudos Históricos, 70)

REIS, P. Pereira dos. *O colonialismo português e a conjuração mineira. Esboço de uma perspectiva histórica dos fatores econômicos que determinaram a conjuração Mineira*. São Paulo: Companhia Editora Nacional. (Brasiliana, 319).

ROCHA, Marcelo. *Papéis selados: carreira jurídica, estratégias de reputação e poder na Nova Espanha (1580-1730)*. Rio de Janeiro: Mauad | Faperj, 2010.

RODRIGUES, Aldair Carlos. *Limpos de sangue: familiares do Santo Ofício, Inquisição e sociedade em Minas Colonial*. São Paulo: Alameda, 2010.

_____. *Igreja e Inquisição no Brasil*. São Paulo: Alameda, 2014.

RODRIGUES, André Figueiredo. *A fortuna dos inconfidentes: caminhos e descaminhos dos bens de conjurados mineiros (1760-1850)*. São Paulo: Globo, 2010.

ROMANO, Roberto. *Brasil: Igreja contra Estado - crítica ao Populismo Católico*. São Paulo: Kairós, 1979.

RUBERT, Arlindo (Pe). *Historia de la Iglesia en Brasil*. Madrid: Editorial Mapfre, 1992, v. 7. (Colección Iglesia Católica en el Nuevo Mundo)

RUSSELL-WOOD, A. J. R. "Governantes e agentes". In: BETHENCOURT, F. CHAUDHURI, K. *História da Expansão Portuguesa*. Lisboa: Círculo de Leitores, 1999.

_____. "Precondições e precipitantes do movimento de independência da América Portuguesa." In: FURTADO, J. F. *Diálogos Oceânicos: Minas Gerais e as novas abordagens para uma história do Império Ultramarino Português*. Belo Horizonte: Ed. da UFMG, 2001 (Humanitas, 67).

SALGADO, G. (Org.) *Fiscais e meirinhos: a administração no Brasil Colonial*. 2.a ed. Rio de Janeiro: Nova Fronteira, 1985. (Publicações Históricas, 86).

SANTOS, César Augusto dos. "A fundação da cidade no contexto do padroado, a mística e as estratégias evangelizadoras dos jesuítas." In: VILHENA, M. A. & PASSOS, J. D. (Org.) *A Igreja de São Paulo: presença católica na história da cidade*. São Paulo: Paulinas, 2005.

SANTOS, E. dos. "O Brasil Pombalino na perspectiva iluminada de um estrangeirado".

In: TENGARRINHA, J. (Org.) *A Historiografia Portuguesa, hoje*. São Paulo: Hucitec, 1999. (Estudos Históricos, 40)

SANTOS, Patrícia Ferreira dos. *Poder e Palavra: discursos, contendas e direito de padroado em Mariana (1748-1764)*. São Paulo: Hucitec, 2010, (Estudos Históricos, 83).

_____. "Seara Evangelizadora: religião e sociedade nos textos pastorais de Dom Frei Manoel da Cruz (1748-1764)". In: PERARO, Maria Adenir. (Org.). *A Igreja Católica e os cem anos da arquidiocese de Cuiabá (1910-2010)*. 1 ed. Cuiabá: Editora da Universidade Federal de Mato Grosso, 2009, v. 1.

SANTOS, P. F. "A pastoral tridentina e o propósito da justiça: as queixas e querelas oferecidas ao tribunal eclesiástico de Minas Gerais no século XVIII". In: MATTOS, Yllan de & MUNIZ, Pollyanna Gouveia de Mendonça. (Org.) *Inquisição e Justiça eclesiástica*. Jundiaí: Paco Editorial, 2013, p. 77-96.

SANTOS, P. F. "O tribunal eclesiástico à época de dom frei Manuel da Cruz: a afirmação da jurisdição episcopal (1748-1764)". In: FURTADO, Júnia F. & RESENDE, M. L. C. (Org.) *Travessias inquisitoriais das Minas Gerais aos cárceres do Santo Ofício: diálogos e trânsitos religiosos no império luso-brasileiro (séculos XVI-XVIII)*. Belo Horizonte: Fino Traço, 2013, p. 47-77.

SANTOS, Zulmira. "Luzes e espiritualidades. Itinerários do século XVIII." In: AZEVEDO, C. M. (dir.) *História Religiosa de Portugal*. Lisboa: Círculo de Leitores, 2000, v. 2 – Humanismos e Reformas.

SANTANA, Marilda. *Dignidade e transgressão: mulheres no tribunal eclesiástico (1748-1830)*. São Paulo: Editora da Unicamp, 2001.

SCHWARTZ, Stuart. "O Brasil no sistema colonial". In: BETHENCOURT; *História da expansão portuguesa*. v. 3 – O Brasil na balança do Império (1697-1808). Lisboa: Círculo de Leitores, 1999.

SILVEIRA, Marco Antônio. *O universo do indistinto: Estado e sociedade nas Minas Setecentistas*. (1735-1808). São Paulo: Hucitec, 1997.

SCARANO, Julita. *Devoção e Escravidão: a irmandade de Nossa Senhora do Rosário dos Pretos no Distrito Diamantino*. 2a ed. São Paulo: Nacional, 1978.

SEED, Patrícia. *Cerimônias de posse na conquista europeia do Novo Mundo (1492-1640)*. Trad. Lenita R. Esteves. São Paulo: Unesp/Cambridge University Press, 1999.

SILVA, Maria Beatriz Nizza da. *Ser nobre na colônia*. São Paulo: Ed. Unesp, 2005.

_____ (Org) *et al. História de São Paulo Colonial*. São Paulo: Editora da Unesp, 2009.

SILVEIRA, Marco Antônio. Fama pública: poder e costume nas Minas Setecentistas. São Paulo: Hucitec, 2015. (Estudos Históricos, 89)

SIQUEIRA, Sônia. "Religião e Religiosidade: continente ou conteúdo?". In: ASSIS, Ângelo F. PEREIRA, M. S. (Org.) *Religiões e Religiosidades: entre a tradição e a modernidade*. São Paulo: Paulinas, 2010 (Coleção Estudos da ABHR, v. 7).

SOUZA, George Evergton Sales. *Du jansénisme français au jansénisme portugais: L'Empire portugais et la réforme de son Église*. Tese de Doutorado, Université de Paris Sorbonne (Paris IV), Paris, 2002.

SOUZA, Evergton Sales de. "A construção de uma cristandade tridentina na América Portuguesa (séculos XVI–XVII)". Comunicação no Colóquio *Trent and beyond: the Council, other powers, other cultures*, Trento, outubro de 2013. In: GOUVEIA, A. C.; SAMPAIO, D. B.; PAIVA, J. P. *O concílio de Trento em Portugal e suas conquistas: olhares novos*. Lisboa: Centro de Estudos de História Religiosa, 2014, p. 173–193.

SOUZA, L. de M. e. *O diabo e a terra de Santa Cruz: feitiçaria e religiosidade popular no Brasil Colônia*. São Paulo: Companhia das Letras, 1986.

_____. *Desclassificados do ouro: a pobreza mineira no século XVIII*. Rio de Janeiro: Graal, 2004.

_____. *Discurso Histórico e Político sobre a sublevação que nas Minas houve no ano de 1720*. Belo Horizonte: Fundação João Pinheiro, CEHC. (Mineiriana, série Clássicos), 1994.

_____. SOUZA, L. de M. e. *Norma e Conflito: aspectos da história das Minas no século XVIII*. Belo Horizonte: Editora da UFMG, 1999.

_____. *Opulência e Miséria das Minas Gerais*. São Paulo: Brasiliense, 1981. (Tudo é História).

_____. *O sol e a sombra: política e administração na América Portuguesa do século XVIII*, 1ª ed. São Paulo: Companhia das Letras, 2006.

_____. "Política e administração colonial: problemas e perspectivas". In: SOUZA, L. M. e; BICALHO, M. F.; FURTADO, J. F. (Org.) *O governo dos povos*. São Paulo: Alameda, 2009.

SOUZA, Ney de (Pe) "Catolicismo e padroado na São Paulo colonial." In: VILHENA, M. A. & PASSOS, J. D. (Org.) *A Igreja de São Paulo: presença católica na história da cidade*. São Paulo: Paulinas, 2005.

TEIXEIRA, M. L. R. C. *As cartas de seguro: de Portugal para o Brasil Colônia. O perdão e a punição nos processos-crimes das Minas do Ouro (1769-1831)*. Tese de Doutorado em História Social, FFLCH, USP, São Paulo, 2011.

TENGARINHA, José. (Coord.) *A historiografia portuguesa hoje*. São Paulo: HUCITEC, 1999. (Estudos Históricos, 40.)

THOMPSON, E. P. *Costumes em comum: estudos sobre a cultura popular tradicional*. Trad. R. Eichemberg. São Paulo: Companhia das Letras, 1998.

_____. *Senhores e caçadores: a origem da lei negra*. 2ª ed. Trad. Denise Bottmann. Rio de Janeiro: Paz e Terra, 1997.

TORRES, João Camilo de Oliveira. *História das Idéias Religiosas no Brasil*. São Paulo: Grijalbo, 1968.

TORRES-LONDOÑO, F. *Público e Escandaloso: Igreja e concubinato no antigo bispado do Rio de Janeiro*. Tese de doutorado, FFLCH, USP, São Paulo, 1992.

_____. *A Outra Família: Concubinato, Igreja e escândalo na Colônia*. São Paulo: Loyola, 1999.

_____. (Org.) *Paróquia e comunidade no Brasil: perspectiva histórica*. São Paulo: Paulus, 1997.

_____. "O crime do amor". In: D'INCAO, M. A. *Amor e família no Brasil*. São Paulo: Contexto, 1989.

_____. "Cuestiones Teológicas en el Brasil Colonial". In: SARANYANA, Josep-Ignasi (Dir.); GRAU, C. A. (Coord.) *Teología en América Latina: Escolástica barroca, Ilustración y preparación de la Independencia (1665-1810)*, v. II/t.1. Vervuert: Iberoamericana, 2005.

TREVOR-ROPER, H. R. *Religião, reforma e transformação social*. Lisboa: Presença, 1981.

TRINDADE, R. O. (Côn.) *A Arquidiocese de Mariana: subsídios para sua História*, 1ª edição. Liceu Coração de Jesus, São Paulo, 1929, 2v; 2ª edição. Belo Horizonte: Imprensa Oficial, 1953, 3 v.

VAINFAS, Ronaldo. *Trópico dos Pecados: moral, sexualidade e inquisição no Brasil*. Rio de Janeiro: Civilização Brasileira, 2010.

VASCONCELOS, Diogo. *Resumo da História da Arquidiocese de Mariana*. Typographia Archidiocesana, 1919.

_____. *História Antiga de Minas Gerais*. Prefácio de Francisco Iglesias, 4ª ed. Belo Horizonte: Itatiaia, 1974.

_____. *História Média de Minas Gerais*, 4ª ed., Pref. de Francisco Iglesias, Introd. de Basílio de Magalhães, 4ª ed. Belo Horizonte: Itatiaia, 1974.

_____. *História do Bispado de Mariana*. Belo Horizonte: Edições Apollo, 1935. (Biblioteca Mineira de Cultura)

VASCONCELOS, Pedro de Almeida. "Os agentes modeladores das cidades brasileiras no período colonial". In: CASTRO, Ivo Elias de. *Et alii*. (Org.) *Explorações Geopolíticas*. Rio de Janeiro: Bertrand Brasil, 1997.

VASCONCELOS, Salomão de. *Mariana e seus templos: dos Institutos Históricos de Minas Gerais, Ouro Preto e Bahia*. Belo Horizonte: Gráfica Queiroz Breyner, 1938.

VASCONCELLOS, Sylvio de. *Mineiridade, ensaio de caracterização*. Belo Horizonte: Imprensa Oficial.

VEIGA, Afonso Costa Santos. *José Pereira Arouca: mestre pedreiro e carpinteiro – Mariana – Minas Gerais (Século XVIII)*. Arouca: Edição da Real Irmandade da Rainha Santa Mafalda, 1997, p. 25-49. (Colecção Figuras e factos de Arouca - 1).

VENÂNCIO, R. P. "Estrutura do Senado da Câmara (1711-1808)". In: *TERMO de Mariana: História e documentação*. Ouro Preto: Editora da UFOP, 1998, p. 139-141.

VENANCIO, R. P. (Org.); LISLY, A. (Org.); CHAVES, Claudia (Org.) *Administrando Impérios: Portugal e Brasil nos séculos XVIII e XIX*. 1ª ed. Belo Horizonte: Traço Fino, 2011.

VENÁRD, Marc. "O Concílio Lateranense e o Tridentino". In: ALBERIGO, Giuseppe. (Org.) *História dos Concílios Ecumênicos*. Trad. José M. Almeida. São Paulo: Paulus, 1995.

VILLALTA, L. C. *A "torpeza diversificada dos vícios": celibato, concubinato e casamento no mundo dos letrados de Minas Gerais (1748-1801)*. Dissertação de mestrado, FFLCH--USP, São Paulo, 1993.

_____. "A Inquisição de Lisboa e seus agentes na colônia." TERMO *de Mariana: história e documentação*, v. 1. Mariana: Imprensa Universitária da UFOP, 1998.

_____. "O Cenário urbano em Minas Gerais Setecentista: outeiros do sagrado e do profano." In: TERMO *de Mariana: história e documentação*, v. 1. Mariana: Imprensa Universitária da UFOP, 1998.

VILHENA, M. A. & PASSOS, J. D. (Org.) *A Igreja de São Paulo: presença católica na história da cidade*. São Paulo: Paulinas, 2005.

WADSWORTH, James E. *Agents of orthodoxy: honor, status and the Inquisition in colonial*

*Pernambuco, Brazil.* Lanham/Boulder/N. York/Toronto/Plymouth, UK: Rowman & Littlefield Publishers, Inc, 2007.

WEBER, Max. *Conceitos básicos de sociologia.* 5ª ed. revista. Trad. Rubens Eduardo Ferreira Frias e Gerard Georges Delaunay. São Paulo: Centauro editora, 2002.

_____. *Economía y Sociedad.* 17ª Reimpresión. Trad. J. Medina Echavarría *et al.* México: Fondo de Cultura Económica, 2008.

WEHLING, Arno. *Direito e Justiça no Brasil Colonial: o tribunal da Relação do Rio de Janeiro (1751-1808).* Rio de Janeiro: Renovar, 2004.

_____. *A administração Portuguesa no Brasil de Pombal a D. João (1777-1808).* Brasília: FUNCEF, 1986. (História Administrativa do Brasil, 6).

WERNET, Augustín. *A Igreja Paulista no século XIX: a Reforma de Dom Antônio Joaquim de Melo (1851-1861),* São Paulo: Ática, 1987, (Ensaios, 120).

ZANON, Dalila. *A ação dos bispos e a Orientação Tridentina em São Paulo (1745-1796).* Dissertação de mestrado, IFCH-Unicamp, Campinas, 1999.

# Agradecimentos

A gratidão é um sentimento tão elevado, nobre e grandioso, que não cabe em duas páginas de texto escrito de forma acalorada e no cadinho de tantos afetos – tanto carinho reconhecimentos e saudades. Procuro, assim mesmo, ciente deste condicionamento, enfrentar esta tarefa de responsabilidade: dar justa homenagem àqueles que foram condição *sine qua non* para este estudo vir à luz. Ao Prof. Dr. Carlos de Almeida Prado Bacellar, agradeço pela orientação e pela confiança, pelo respeito, paciência e a generosidade em compartilhar a sua vasta experiência como pesquisador e docente. O Prof. Carlos sempre acreditou em mim e neste trabalho. Agradeço a ele por ele ter-me iniciado, pelo grande apoio às etapas concluídas, pela iniciativa desta publicação; enfim, por anos de compreensão, confiança e amizade. À Fundação de Amparo à Pesquisa do Estado de São Paulo agradeço a concessão do apoio financeiro, fundamental para a consecução deste estudo, bem como pela fértil interlocução propiciada pelos pareceres produzidos pela sua abalizada assessoria científica.

Esta pesquisa beneficiou-se decisivamente de um Estágio de Pesquisa na Universidade de Coimbra, em Portugal. A supervisão do Dr. José Pedro de Matos Paiva foi de grande valia. Guiando as nossas explorações no riquíssimo acervo do Arquivo da Universidade de Coimbra, a experiência tornou-se mais rica pelo seu exemplo e constante disponibilidade em nos ouvir, sugerir e criticar. Agradeço a participação nos seminários de pesquisa sob a sua direção científica, na Universidade de Coimbra e na Universidade Católica de Portugal, sobre a vida religiosa em Portugal na época moderna. Foram fundamentais as suas indicações dos ricos acervos da Biblioteca Nacional de Lisboa e da Universidade de Coimbra, a Biblioteca Geral e Biblioteca Joanina. Nestas, usufruímos a solicitude das doutoras Isabel e Manuela, bem como a da Dra. Lygia, no Arquivo da Universidade de Coimbra. Em Portugal, agradeço à Dona Arlinda, em Coimbra, e às irmãs Amália e Clara, que por lá também me adotaram como irmã. Sr. Vasco e Dona Luísa, em Lisboa, e à Ana Ruas

Alves e Margarida Ruas. À Priscilla Versteegh e à Gilda, Kees e João Sança, linda família luso-holandesa, com a qual tanto aprendi.

Por esta rica oportunidade, sou muitíssimo grata à Catedra Jaime Cortesão, e às Professoas Dras. Laura de Mello e Souza e Íris Kantor. A primeira, nos examinando em bancas, com seu profissionalismo e sua leitura sempre arguta, sempre nos inspirou com seu exemplo e incisivos comentários, sugestões e questões. À Professora Íris registro uma dívida enorme, por esta e por inúmeras outras oportunidades de crescimento que sempre e generosamente me propiciou desde o início de minha formação, como bolsista do Programa de Aperfeiçoamento do Ensino, pela elogiada apresentação de nosso estudo em prefácio, e muitas outras ricas oportunidades de aprendizado, sempre ensejando a melhor contribuição e o diálogo acadêmico, emitindo muitos estímulos, aplausos e também os "puxões de orelha" – justas cobranças de quem leva a pesquisa e o ensino muito a sério. A Profª Íris nos propiciou o contato, por meio de sua acolhida com a disciplina ministrada pelo Prof. José Pedro Paiva como docente visitante à Universidade de São Paulo sobre os bispos de Portugal e a Inquisição, tema que sempre nos foi muito caro. Agradeço também à Profª Íris o novo título deste estudo. Quando, à ocasião da defesa deste estudo, o título original – *Carentes de Justiça: juízes seculares e eclesiásticos "na confusão de latrocínios" das Minas Setecentistas* – foi bastante criticado pela banca examinadora, veio justamente dela o socorro expresso, com mais uma das suas luminosas sugestões que aqui contemplamos. O nosso muito obrigada é expressão do mais genuíno sentimento de gratidão.

Como se vê, a Universidade de São Paulo garantiu, de todas as maneiras, o esteio institucional e as condições de desenvolvimento da presente pesquisa. Registro meu reconhecimento à *Pró Reitoria de Pós-Graduação da Universidade de São Paulo*, a qual, por meio do *Programa de Mobilidade Internacional* patrocinado pelo Santander Universidades, propiciou-me o Estágio de Pesquisa de Doutorado no Exterior. Sou também muito grata aos funcionários do Departamento de História da Faculdade de Filosofia, Letras e Ciências Humanas, e aos diligentes bibliotecários da Biblioteca Florestan Fernandes, bem como à sempre querida e acolhedora Bete, no Centro de Apoio à Pesquisa Histórica.

Aos professores, que marcam a nossa trajetória e nos inspiram com o seu exemplo, sou muito grata pelo respeito acadêmico para com nosso percurso e por suas abalizadas críticas. Com o *ingenio* que distingue os grandes mestres, ultrapassam o fito limitado de corrigir equívocos. Tive a imensa honra de contar com uma banca examinadora assim, formada por professores e pesquisadores do quilate dos doutores Renato Pinto Venâncio, Jaelson Bitran Trindade, Iris Kantor e Laura de Mello e Souza. Registro eterno obrigada pelas suas precisas sugestões e críticas, que aqui procuramos contemplar, com enorme reconhecimento por sua generosidade e paciência para com as nossas dificuldades.

Por haver acompanhado nosso percurso, em São Paulo, o Professor Fernando Torres Londoño, e em Lisboa, o Professor Caio César Boschi, da Pontifícia Universidade Católica, respectivamente, de São Paulo e Minas Gerais, aos quais registro grande gratidão; pela minha formação e o incentivo, desde o início, na Universidade Federal de Ouro Preto, agradeço aos professores Ronald Polito, Myriam Bahia Lopes, Renato Pinto Venâncio, Helena Mollo, Andréa Lisly Gonçalves, Ivan Antônio de Almeida (*In memorian*). Na Ufop agradecemos, com imenso carinho, ao GT Jals – *Justiça, administração e Luta Social*, que tanto nos inspira e inspirou com seus estudos, nas pessoas dos Professores Drs. Marco Antônio Silveira e Álvaro de Araújo Antunes, registrando nosso eterno reconhecimento. Pela grande atenção, parceria e amizade, agradeço a Maria Leônia Chaves de Resende, da Universidade Federal de São João del Rei, James Wadsworth, de Stonehill College; Luiz Mott, George Evergton Sales de Souza e Ana Paula Médicci, da Universidade Federal da Bahia. Pelo diálogo e receptividade em seus Simpósios temáticos na ABHR, ao Professor Mauro Passos, da Pontifícia Universidade Católica de Minas Gerais, e a Professora Mara Regina do Nascimento, da Universidade Federal de Uberlândia, assim também como ao Prof. Artur César Isaía, da Universidade Federal de Santa Catarina e Eduardo Meinberg Maranhão, da ABHR; à querida Pollyanna Gouveia, da Universidade Federal do Maranhão, pelo companheirismo e grande incentivo à nossa pesquisa. À professora Sara Albieri, que apoiou e coordenou nossos cursos de difusão oferecidos na Universidade de São Paulo, momentos de grande aprendizado. Na Universidade Federal de Minas Gerais, agradeço à Profª Júnia Ferreira Furtado, pela acolhida de nossa pesquisa de pós-doutoramento em seu grupo de estudos e no Centro de Estudos Mineiros, na Fafich, com a abertura de portas para novas amizades – como Cláudia Atallah, amiga e parceira em projetos e pesquisas. Também à Ísis de Menezes, picada pelo mesmo vírus que eu: a documentação das visitas pastorais e ação dos bispos de Minas Gerais. Cada um a seu modo e tempo, lançaram grande luz em nosso percurso, agindo como mestres, amigos, e grandes incentivadores.

Com carinho, agradeço o apoio e o incentivo e a generosidade da acolhida da Casa de Cultura e Academia Marianense de Letras, prefigurados na família Moura Santos e nas pessoas do Prof. Roque Camello e Merania Oliveira, por tudo o que fazem pela cultura e pela educação na histórica Mariana. Ainda aí, na eterna cidade dos bispos, registro enorme reconhecimento às instituições que preservam ricos tesouros sob forma de papéis, livros e documentos. No precioso Arquivo Eclesiástico da Arquidiocese de Mariana, agradeço ao Reverendo Monsenhor Flávio Carneiro Rodrigues, que zela por um acervo gigan-

PATRÍCIA FERREIRA DOS SANTOS SILVEIRA

tesco e admirável - uma silenciosa testemunha dos mistérios e das múltiplas engrenagens da dominação colonial em Minas Gerais.

E em Mariana e alhures, agradeço a muitos colegas, pesquisadores e amigos, que compartilharam comigo o tenso exercício da pesquisa e que nos serviram de exemplo de vida, de persistência e de brilho: Aldair Carlos Rodrigues, Edu Paranhos Ferreira, Aldo Leoni, Alexandra Pereira, Priscila Corrêa, Ana Médicci, Lena, Bete, Rodolfo e Débora. Em São Paulo, na FFLCH-USP, Robson Manoel, Eleni e Carla Cuccolo, no Crusp. Dr. Antônio Mateus, Cícera, Etelvina e Luciana em Mariana. Ao meu sobrinho Marcos Vinícius, que me reaproximou das novas tecnologias e recursos gráficos. Fecho o círculo, figura sem início ou fim que remete à eternidade, reverenciando outro tesouro: a família, recentemente mais rica, pela presença do Ricardo e mais ainda, pela chegada do pequenino Filipe como um anjo bom a anunciar novas e auspiciosas etapas de vida. Obrigada por serem o que são - *eternos*; e por compreender minhas ausências e silêncios que foram obstáculos *transitórios* perante a grandiosidade da sua importância, infinitamente maior que a distância e a influência dominadora de Clio.

Alameda nas redes sociais:

Site: www.alamedaeditorial.com.br
Facebook.com/alamedaeditorial/
Twitter.com/editoraalameda
Instagram.com/editora_alameda/

Esta obra foi impressa em São Paulo no outono de 2017. No texto foi utilizada a fonte Leitura em corpo 8,5 e entrelinha de 15 pontos.